朱鳳瀚 著

甲骨與青銅的王朝

The Dynasties of Oracle Bones and Bronzes

上海古籍出版社

中冊

本 册 目 録

《召誥》《洛誥》、何尊與成周

　　西周早期文獻中有關營建洛邑的記載,無疑是研究周初歷史極爲重要的史料。但是由於自漢以來的學者即對《尚書》中涉及洛邑營建的幾篇文獻之内容及所記史實的年代在理解上有分歧,迄今異説紛紜,影響了對這一重要史事中一些關鍵性問題的正確認識。

一、《召誥》《洛浩》及《多士》所言爲何年之事?

　　周初幾篇誥命中,注明年代的是《洛誥》,其文末注明是“惟周公誕保文武受命,惟七年”。認爲這句話是記周公事績的學者對此有兩種理解。其一,認爲《洛誥》全文是講周公在洛邑爲成王建宅,並迎成王於洛邑,致政成王,而這與《尚書大傳》所云周公“七年致政成王”之記載相合,所以此七年是指武王卒後周公攝政第七年。其二,認爲是指周公自武王克商以來輔佐王室共七年(即武王二年加成王五年)。依此種解釋,此七年即與前一種解釋差了兩年。此第二種説法的目的,是爲了將《召誥》《洛誥》所記内容説成是成王五年營成周,並與何尊相聯繫。但這樣理解不能解釋“誕保文武受命”如包括佐佑武王二年,爲何不計入輔佐文王之年? 較好的理解應該是,周公所保的“文武受命”,是指“文王、武王受天命所開創的王業”。所以言“保”,是文、武王卒後,要維護其事業。僞孔傳云:“言周公攝政盡此十二月大安文武受命之事惟七年”所言與文義是不相悖的。所以這句話還是按前一種理解爲妥。誕字,當以僞孔傳訓“大”爲宜,這句話寫在文末,是説本篇誥命所記是周公在武王卒後,因成王年少,大保成王承繼文王、武王所受命之王業之第七年,即周公攝政之第七年,這七年應該是從武王卒後次年開始。但王國維認爲此句話應斷開讀,“惟周公誕保文武受命”,是記周公受命留洛之事,“惟七年”,乃是記成王即位七年。[①] 然從文末句式看,王氏之説頗爲勉強。此句話前有記月,與本句連讀,即是“在十有二月,惟周公誕保文武受命,惟七年”。是一完整記月記年(大事記年)形式,中間如插入其他與年份不相干的

---

① 王國維:《觀堂集林》卷一《洛誥解》,中華書局,1984 年,第 31 頁。

記事，上下文意即不暢。尤其是本句上言周公之事，下面繼言"惟七年"，理解爲是記周公攝政之第七年，文通意順。

《洛誥》與《召誥》及《多士》所記述的是同年的事。這從以下文獻内容可看得很清楚：《召誥》："惟二月既望，越六日乙未，王朝步自周，則至于豐。惟太保先周公相宅，越若來三月，惟丙午胐。越三日戊申，太保朝至于洛，卜宅。厥既得卜，則經營。越三日庚戌，太保乃以庶殷攻位于洛汭，越五日甲寅，位成。若翼日乙卯，周公朝至于洛，則達觀于新邑營。"《洛誥》："周公拜手稽首曰：'……予惟乙卯，朝至于洛師。'"《多士》："惟三月，周公初于新邑洛，用告商王士。"《召誥》《洛誥》皆言及周公是乙卯日至洛邑（即"洛師""新邑洛"），《召誥》《多士》又都言周公初至新邑洛是在三月，則此三篇文章應該是講的同一時間的事，即周公是在三月乙卯日朝時初至新建成之洛邑的。《召誥》孔穎達疏云："《洛誥》云周公誕保文武受命惟七年，《洛誥》是攝政七年事也。《洛誥》周公云'予惟乙卯朝至于洛師'，此篇言乙卯周公朝至于洛，正是一事。"《史記·周本紀》雖也是將《召誥》《洛誥》置於同年，但認爲是成王七年。如周公攝政元年是從武王卒後次年算起，而成王在位也自此年計，則此説自然可以。但成王在位年數是否即從武王卒後次年計起，還是一個值得推敲的問題。《尚書》僞孔傳與孔穎達疏均將《召誥》定爲周公攝政七年事，與《洛誥》同年，是正確的。唐蘭《西周青銅器銘文分代史徵》認爲《洛誥》前面所記周公乙卯日至洛師，卜宅及獻圖，卜於成王，和成王間的對話，皆是追溯攝政五年始營建洛邑時的事，而將《洛誥》下面的文字與《召誥》定在攝政七年，這樣即將《召誥》及《多士》所記周公攝政七年之三月乙卯日到達洛邑這本是時間相同的同一件事分作時隔兩年的事了。唐説似帶有過多的假設，於《洛誥》本身文字中找不到證據，且視周公至洛"卜宅""相宅"爲營成周之始，亦實不合"卜宅""相宅"之意（詳下文），似難成立。①

二、《召誥》《洛誥》所言"相宅"之"宅"當如何理解？

《召誥》記周公攝政七年"惟太保先周公相宅"，於三月戊申日召公"朝至于洛，卜宅"。《洛誥》也記成王在接到周公所占卜的王在洛邑居所位置之圖及卜兆後，拜手稽首言："公

① 唐蘭：《西周青銅器銘文分代史徵》卷一下"周公"認爲《洛誥》所記周公卜宅"是經營成周的開始，而是在攝政七年作《洛誥》時追溯的"。認爲周公卜宅時"成周還根本没有經營"。但《召誥》所記召公先去相宅，派庶殷攻位，乙卯，周公"達觀于新邑營"，可以看到新邑業已建成了，如此，則《洛誥》所記周公乙卯日到洛師"是在將營成周之前，而《召誥》的乙卯則在新邑建成之後"（中華書局，1979年，第17頁）。細析唐説，有如下四個主要問題：其一，唐説《洛誥》記周公言"予惟乙卯，朝至于洛師"是追溯攝政五年的事，但這一假設，在《洛誥》本文中顯然看不出來。特別是如果係追溯以往發生的事，不言年月，僅言日，也很難理解；其二，言《洛誥》最前面有關周公獻卜與圖於成王、報告卜宅結果、成王作答對的内容均屬於追溯攝政五年的事，但這幾段話與下文周公與成王繼續對話之間並無間隔，如此將《洛誥》所記强行分爲相隔兩年的言行多有不妥；其三，唐先生將《召誥》中召公"相宅"解釋爲在新邑内營建居住區域，但將《洛誥》周公卜宅、相宅（《洛誥》周公占卜也是卜宅、相宅，由成王答對周公的話語中可知），成王在接受周公所獻占卜結果及圖後言："公不敢不敬天之休，來相宅……"釋作營建成周，把本是同時的同一件事做了兩種解釋；其四，言周公攝政五年、七年來洛邑，皆在三月乙卯日，爲何會這麽巧，乙卯日有何特殊意義，也不好解釋。總之，以上四點，是唐説難以成立的因素。

不敢不敬天之休,來相宅,其作周匹休,公既定宅,伻來,來視予卜……"過去有相當一部分研究者視此"相宅""卜宅""定宅"之"宅"爲洛邑,故認爲《召誥》《洛誥》是記周公始營建洛邑之事。唐蘭先生則以爲《洛誥》開首所記周公卜宅是記始營洛邑,而《召誥》是記洛邑建成後"營建居住區域"。唐説將《召誥》《洛誥》所記拆成非同時的兩件事之誤,已論及,他雖將《洛誥》開首所記"卜宅""相宅"視爲卜建洛邑,但將《召誥》所云"宅"理解爲"居住區域"應該是對的。實則《召誥》《洛誥》中所謂"相宅""卜宅""定宅"之"宅",都應只是指王之居所,即王居住之宮室、宗廟所在。《爾雅·釋言》"宅,居也",《詩經·大雅·文王有聲》"宅是鎬京",鄭箋云:"宅,居也。"宅作動詞是居住,作名詞是居處。單從字詞上看"相宅""卜宅"自然不能排除是與建城邑有關,但細讀《召誥》《洛誥》,則可知與建城邑無關。

從《召誥》《洛誥》文義可以知道,其所記述之史事與召公、周公、成王之言論,已是在洛邑修建完畢後。因洛邑當時新建成,在文中稱之爲"新邑"。如《召誥》中記三月乙卯日"周公朝至于洛,則達觀于新邑營",並在新邑進行郊祭、社祭。《洛誥》則稱此新邑爲洛師(按此師即是卜辭與西周金文中習見之自),而且還記周公對成王曰:"王肇稱殷禮,祀于新邑。"[1]前引《多士》也言同年三月"周公初于新邑洛",凡此皆可證此時洛邑(即新邑洛)已基本建成。從上述文字亦可知,洛是區域名,"新邑"即洛邑,是此區域内新建成之城邑,"新邑營"即新邑所營建之情況。《尚書大傳》言:"周公攝政,一年救亂,二年克殷,三年踐奄,四年建侯衛,五年營成周,六年制禮作樂,七年致政成王。"如此,則周公始建成周應該是在其攝政第五年。

《尚書·康誥》文首曰:"惟三月哉生魄,周公初基作新大邑于東國洛,四方民大和會。"明言周公於此時開始在洛地興建"新大邑"之工程(請注意這裏未言營"宅",是"大邑",與"宅"有別)。基,或釋"始",或釋作"謀",釋"謀"不如釋"始"妥當,因爲初謀劃在此建大邑並非周公,而是武王。[2] 所以《康誥》即應作於周公攝政之第五年所云"初基作新大邑"之時,亦即《尚書大傳》"五年營成周"也。而至《召誥》《洛誥》《多士》所記周公攝政七年時,經過兩年時間,這個新大邑已初步建立。

過去學界曾爭議過究竟是周公執政七年還是五年營洛邑,也是因爲將《召誥》《洛誥》所記七年建宅理解爲始建洛邑引起的。但據上文七年時洛邑已成,而召公、周公又先後來此"相宅",即不當再是卜建城邑,而應當是爲了蓋宮室以迎成王於洛邑,[3]即在此正式建王都以實現武王"余其宅兹中國,自之乂(乂)民"(何尊)之遺志。《召誥》記三

---

① 唐蘭先生在《西周青銅器銘文分代史徵》中認爲自此句後的《洛誥》文字記攝政七年時的事,與《召誥》同時,開首所言周公乙卯日至洛師是追溯攝政五年事,其説之不妥,詳見本文前頁注①。

② 何尊之銘文記武王誥宗小子曰:"唯武王既克大邑商,則廷告于天曰:余其宅兹中國,自之乂(乂)民……"(《集成》6014)

③ 筆者在《西周諸王年代研究述評》一文中已講到,據《召誥》《洛誥》,周公攝政第七年洛邑已基本建成,"爲了給成王營建在洛地新邑内居住的宮室",召公、周公先後卜宅,而且已説明《召誥》《洛誥》所記史事不當理解爲始營建成周。載朱鳳瀚、張榮明:《西周諸王年代研究》,貴州人民出版社,1998年,第388頁。

月召公先卜王宅後於庚戌日“乃以庶殷攻位于洛汭,越五日甲寅,位成”。此“攻位”之“位”應是指所卜王宅之宅位,亦即王宮之地基位置。鄭玄《周禮·天官》“辨方正位”注引《召誥》此文後云“正位,謂此定宮廟”。此言“攻位”應即治位,亦即是指規劃宮室建築之位置,故才能用五日即完成。如是建洛邑工程,而洛邑範圍較遼闊,則“攻位”似不可能只用五天時間即完成。

關於《召誥》《洛誥》所言洛邑中之“宅”爲王之宮殿區的解釋,《尚書序》已有明確表達。《召誥序》曰:“成王在豐,欲宅洛邑,使召公先相宅,作《召誥》《洛誥》。”孔穎達疏曰“成王於時在豐,欲居洛邑以爲王都,使召公先往,相其所居之地,因卜而營之,王與周公從後而往”,實際上都合乎文義的。今之學者亦有部分或全部認同此點的,但往往又對相關問題做出其他解釋。部分認同者,如上舉唐蘭先生說。全部認同者,如朱淵清《成王始即政考略》(下簡稱《考略》),該文正確指出《召誥》所記“經營”者,“只是建宮廟”,[①]但不知爲何又提出《召誥》所謂“太保乃以庶殷攻位于洛汭”,“是在瀍水東之成周區建殷民之祖廟,以留居遷徙之殷民”。從前引《召誥》看,召公以庶殷在洛汭所攻之位,正是召公“先周公相宅”所省視的擬爲成王建於洛汭的宮室所在位置。周人作爲征服者動用被征服的殷遺民來爲自己修建王宮,是很正常的事情。至於言召公、周公要親自領導爲殷遺民建祖廟,則既無根據,也不合情理。

三、洛邑之王“宅”與“王城”

洛邑內王宮之內容,《逸周書·作雒解》曰:“乃位五宮:大廟、宗宮、考宮、路寢、明堂。”孔晁注曰:“五宮,宮府寺也。大廟,后稷。二宮,祖、考廟也。路寢,王所居。明堂,在國南者也。”此中有的宮不像是西周時名稱,未必皆是實錄。但所言王宮之組成有大廟、宗宮、考宮與路寢(明堂在城邑外),應有根據。講洛邑中王宮情況的還有昭王時青銅器作册令方彝(及同銘的作册令方尊)。其銘文(《集成》9901)記錄十月癸未周公之子明保(明公)受王令來成周,“尹三事四方”。隨後“甲申,明公用牲于京宮。乙酉,用牲于康宮。咸既,用牲于王。明公歸自王”。康宮是康王卒後用以祭康王之宗廟,顯然在成王初修王宮時尚未存在。但由此可知,洛邑內之王宮至少包括三部分:有“京宮”,有時王父考宗廟,有“王”。京宮,亦稱“京室”,見於何尊銘文,應該是祭上二代以上先祖之先王宗廟,相當於《作雒解》中的“宗宮”;康宮,是時王父考之廟,相當於《作雒解》中的“考宮”。明公作爲周公子,應是王室宗親中小宗宗子,故雖可以祭祖、考輩先王,但未必能祭遠祖、高祖,所以銘文中未見祭《作雒解》中之“大廟”一類宮廟。至於“王”,舊說或認爲即王城,如唐蘭先生即云“王是王城,即王都的簡稱”。[②] 言其爲王都,似有些過大,王都即應是整個洛邑,應包括

---

① 朱淵清:《成王始即政考略》,《文史》2001 年第 4 輯,中華書局,第 21 頁。
② 唐蘭:《西周青銅器銘文分代史徵》卷四上,昭王“作册令方尊、方彝”,中華書局,1986 年,第 204 頁。

上述幾類宗廟在内。所以"王"可能只大致相當於上引《逸周書・作雒解》與孔晁注中"王所居"之"路寢"之類,即王之寢宮所在。《周禮・天官・宮人》:"掌王之六寢之修。"鄭玄注曰:"六寢者:路寢一,小寢五……是路寢以治事,小寢以時燕息焉。"賈公彦疏曰:"路寢制如明堂以聽政。路,大也。人君所居皆曰路。"前引《作雒解》舉出洛邑内既有宗廟,亦有寢,很可能即是所謂前廟後寢最初之制。作册令方彝(尊)中京宮、康宮是廟,"王"即應是路寢之類。王宮之寢必含已故先王之寢,故令方彝銘文言明公亦曾"用牲于王"。"寢"本義是指居所,但從上引《周禮・天官・宮人》看,王寢諸宮可能不單包括王居,還包括治理朝政之所。而宗廟也不單是祭祀場所,常常作爲廷禮册命之處。這些都體現出王之家事與國事之不分。這可以説是中國古代王朝政治一大特點。所以西周文字中將王祭祀、居住與行政之宮殿區統稱爲"宅",也未可奇怪。

綜上述,周公攝政第七年,即周公致政成王之年(亦即成王元祀之年),在洛邑開始修築的王宮是一規模宏大之建築群,内含多種宗廟、宮室,也是成王(及後世西周諸王)在洛邑居住之處所。王宅之具體位置,由《召誥》《洛誥》文義亦可知。從《召誥》記太保召公"先周公相宅",於三月戊申"朝至于洛",庚戌日"太保乃以庶殷攻位于洛汭"("汭"在這裏當以僞孔傳與孔疏説爲近,是指"水内",即孔穎達疏所云"蓋從南面望水,則北爲内,故洛汭爲洛水之北"),而周公在乙卯日至於洛,"達觀于新邑營",應是親自巡視已建成之新邑並勘察了王宅之地點,以確認召公所相宅之位置的可取,都説明這一建築群應位於洛邑範圍内之洛水北岸,並不是在洛邑外。實則乙卯日周公"達觀于新邑營"包含他在這一天極爲謹慎地通過占卜,再次斟酌了由召公初步選定的王宅位置之妥否。而由《洛誥》中記周公向成王稟告其占卜王宅之位置,知是以澗水以東,瀍水東西兩岸近洛水一帶爲吉。此位置亦獲成王認可。再綜合上引《召誥》召公令庶殷攻宅位於洛水北,則可以認定這一大規模王宮建築群位在洛水北岸、瀍水南端——靠近其入洛水處——一段之東西兩岸。該建築群是否有圍垣,尚未能得知,如有,也可稱爲洛邑内之宮城,或稱内城。由於王宮區域在洛邑之内,故洛邑之範圍應即在澗水東、洛水北之瀍水東西兩側,與洛水毗鄰(參見以下"洛陽西周文化遺存分布示意圖"),故才有"洛邑"之稱。①

---

① 長期在洛陽從事考古工作的學者通過梳理文獻,並與考古資料相聯繫,已指出西周洛邑的位置,最大的可能就是在洛水北、瀍河的兩岸(葉萬松等:《西周洛邑城址考》,《華夏考古》1991 年第 2 期,第 70 頁;洛陽市文物工作隊:《洛陽北窑西周墓》第 7 章,文物出版社,1999 年,第 346 頁)。能支持這一看法的考古資料,可以概括如下:自 1950 年代初以來,洛陽已發現的西周文化遺存,主要集中於洛陽老城區東部,以東、以北地區,洛陽市區西部今澗河附近也有發現,爲探索洛邑的位置提供了重要線索。這些文化遺存可大致歸納爲以下五類:1. 居住遺址與窖穴:在老城區東瀍河之濱發現過有可能屬於宮殿基址之夯土遺存(張劍:《洛陽兩周考古概述》,《洛陽考古四十年》,科學出版社,1996 年,第 14 頁)。1992 年在北窑鑄銅遺址西側發現幾座存有大量魚骨的西周早期窖穴(《中國考古學年鑒・1993》,文物出版社,1994 年,第 178 頁)。2. 手工業作坊遺址:在瀍河西岸北窑村發現有西周鑄銅作坊遺址,有房基三座及熔銅爐壁,房基下有埋人與獸的奠基坑。遺址年代約在西周初至中期中葉(洛陽博物館:《洛陽北窑村西周遺址 1974 年度發掘簡報》,《文物》1981 年第 7 期,第 52 頁;洛陽市文物工作隊:《1975—1979 年洛陽北 (轉下頁)

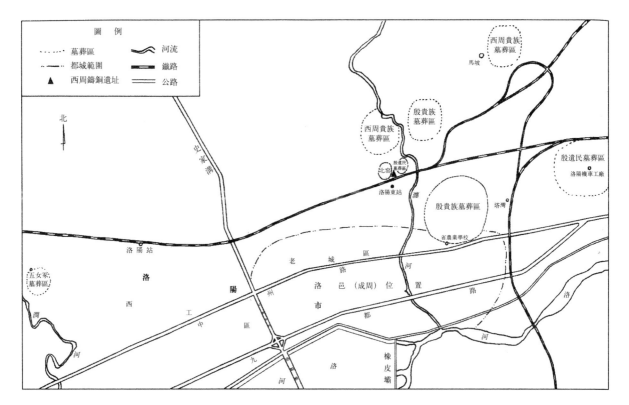

洛陽西周文化遺存分布示意圖

（接上頁）窰西周鑄銅遺址的發掘》，《考古》1983 年第 5 期，第 430 頁；《中國考古學年鑒·1990》，文物出版社，1991 年，第 225 頁）。3. 墓葬：屬於周人的較大的墓地有：(1) 1964—1966 年瀍河以西、邙山南麓發掘的北窰西周貴族墓地，含 348 座墓、7 座馬坑（洛陽市文物工作隊：《洛陽北窰西周墓》，文物出版社，1999 年）；(2) 東北郊馬坡村東、邙山南麓西周晚期墓地（洛陽市文物工作隊：《洛陽東郊 C5M906 號西周墓》，《考古》1995 年第 9 期，第 788 頁；洛陽市文物工作隊：《洛陽東郊西周墓》，《文物》1999 年第 9 期，第 19 頁）。屬於殷遺民的墓地，其中較大的有：(1) 1952 年洛陽東郊擺駕村、下窰村、東大寺等地發掘的殷遺民墓（郭寶鈞等：《一九五二年秋洛陽東郊發掘報告》，《考古學報》1955 年第 9 期，第 91 頁）；(2) 20 世紀 60—90 年代在老城東關、瀍河以東塔灣附近及東花壇發掘的殷遺民墓群（張劍：《洛陽兩周考古概述》，第 14 頁）；(3) 20 世紀 90 年代以來在東郊機車廠發掘的小型西周墓（《中國考古學年鑒·1991》，文物出版社，1992 年，第 225 頁）；(4) 20 世紀 70—80 年代在北窰西周鑄銅遺址發掘的小型西周墓（《中國考古學年鑒·1990》，文物出版社，1991 年，第 248 頁）；(5) 20 世紀 90 年代在澗河東岸五女冢發現的含殷遺民墓的西周早期墓地（洛陽市第二文物工作隊：《洛陽五女冢西周墓發掘簡報》，《文物》1997 年第 9 期，第 23 頁；洛陽市第二文物工作隊：《洛陽五女冢西周早期墓葬發掘簡報》，《文物》2000 年第 10 期，第 4 頁）。4. 道路：北窰鑄銅遺址南發現一條屬西周早期的南北向大道（上引張劍文）。5. 青銅器窖藏：1929 年在今洛陽東北郊邙山南麓的馬坡發現重要西周青銅器窖藏（作册令方尊、方彝、令簋等）。值得注意的是，在澗水東岸的東周王城遺址（亦爲漢河南縣城遺址）迄今罕發現有西周遺存。有關上述洛陽西周考古發現的情況，多承洛陽市第二文物工作隊劉富良先生介紹，謹致謝忱。上舉西周遺存分布於上文所推擬的洛邑分布區域（即今洛陽市區東部，瀍水東西岸，洛水北岸、臨近洛水之區域）的北部、東北部、東部及西部，構成半環繞狀態，是與將這一區域視作洛邑所在而其郊地應有的遺存狀態相符的。洛邑範圍內西周建築遺存迄今發現較少，可能與此區域也正在隋唐洛陽城範圍內，直至近代仍是洛陽老城區，居民密集，千餘年來多遭致人爲損壞有關。上舉考古發現的西周文化遺存也表明：西周時洛邑內的殷遺民可能居於洛邑東部，而今洛陽北部、東北部邙山南麓當是西周時周人墓地的主要分布區。除上述考古發現外，1984 年在洛陽東郊漢魏洛陽故城內發現有不晚於西周中晚期的城牆夯土，城圈近方形（中國社會科學院考古研究所洛陽漢魏城隊：《漢魏洛陽故城城垣試掘》，《考古學報》1998 年第 3 期，第 361 頁），此城垣建成年代可否早到西周初，尚待今後進一步的工作來探討，但其位置距《洛誥》中周公所卜王宅位置以及由此推擬的洛邑位置甚遠，周圍西周遺存分布數量與規模也無法與瀍河東西岸相比，所以未必與洛邑有關。

　　需要在這裏提到的是,有不少學者認爲洛邑内王宫區域應稱"王城"。但"王城"之稱,實際上未見於西周典籍與器銘,是西周時並無此名稱。以往學者或認爲上引作册令方彝(方尊)中明公"用牲于王"及"歸自王"之"王",即王城,但根據並不堅實。實際上此"王"只應是王宫内王之寢宫所在。[①] 近年來還有學者提出,西周時王城定名於成王時期,乃殷遺"商王士"所居,並由此而得名。[②] 但其言西周成王時即有"王城"之稱與所云定名時間均無確證,在定名原因方面亦較費解。這與前引《考略》文將《召誥》《洛誥》之建宅解釋爲是爲殷遺民建宫室思路相近,似均不甚合情理。

　　言西周時即有"王城"始見於東漢典籍,《漢書·地理志》:"雒陽,周公遷殷民,是爲成周……居敬王。河南,故郟鄏地,周武王遷九鼎,周公致太平,營以爲都,是爲王城,至平王居之。"鄭玄《詩經·國風·王城譜》云:"周公攝政五年,成王在豐,欲宅洛邑,使召公先相宅,既成,謂之王城,是爲東都,今河南是也。召公既相宅,周公往營成周,今洛陽是也。""王城者,周東都。王城畿内方六百里之地。"鄭玄此文亦將成王所居洛邑稱王城,以爲在漢之河南,與其所認爲在漢之洛陽城的成周相區分。按《漢書·地理志》與鄭玄均將成周與洛邑(即文中所云"王城")分作兩個城邑,與下面要討論的何尊銘文開首所云"惟王初遷宅于成周"不合,此銘文説明成王所居之洛邑即成周,並非另有一專用來安置殷遺民的成周。對這點,還可以再從兩方面作一申述。其一,從文獻與西周金文辭例看,能稱"周"之城邑,應是王所居之都城。正因爲洛邑内有王宅,即王之宫室宗廟區,洛邑才能稱"周",成周既是王所居之都城,不會只居殷遺民。至酈道元作《水經注》,在其《穀水注》中云:"王城,即成周,故郟鄏地……卜年定鼎,爲王之東都,謂之新邑,是爲王城。"儘管其所云"王城"未必是西周時名稱,且郟鄏(即漢河南縣)是否爲成周所在,亦可討論,但其言王所居新邑即成周,亦即東都,應該比《漢書》與鄭玄所云合理。至於以漢河南縣城爲西周時之洛邑王都説,並未能得到迄今所知考古資料證實。其二,成周城内有王宫,爲王所居,也應有王朝卿士與其他周人貴族居處,但大部分區域應居有殷遺民。《尚書·多士》:"惟三月,周公初于新邑洛,用告商王士……王曰:'告爾殷多士,今予惟不爾殺,予惟時命有申,今朕作大邑于兹洛……今爾惟時宅爾邑,繼爾居,爾厥有幹有年于兹洛。爾小子乃興,從爾遷。'"這是周公代宣王令,可知此新邑洛也是西周王朝安置殷遺民之處。當然,洛邑成周其範圍應較大,王宫區、周人貴族居住區與殷遺民居住區間應有隔離。在成周内居住的殷遺民雖仍保持着其原有的家族組織機構,但已被周人以行政區劃組織"里"編組,這一情況,在西周文獻與金文中均有例證。[③] 直到春秋時魯都城内既有"國社"(周人之社),也有"亳社"(殷

---

① 洛陽市文物工作隊:《洛陽北窑西周墓》在第 7 章(第 346 頁)中曾提出:"而個別西周銅器銘文中的王,當是指成周城内周王居住的王宫。"

② 彭裕商:《新邑考》,《歷史研究》2000 年第 5 期,第 49 頁。

③ 參見拙著《商周家族形態研究(增訂本)》第 2 章,天津古籍出版社,2004 年,第 274 頁。

遺之社),亦反映了周人與被征服的殷人共都邑之史實。所以,東漢時所流行的西周有王城在漢之河南,又有成周在漢之洛陽的二元説未必是事實。

四、何尊"遷宅于成周"與"惟王五祀"如何解讀?

1963 年出土於寶雞的西周青銅器何尊,至 1977 年清銹時方發現其器底内有銘文(《集成》6014)。銘文所述是成王"惟王五祀"經營成周之事,此點大家無異議。但對其内容有爭議處,且與上面討論的問題相關的有以下兩點:

其一,是關於"惟王初遷宅于成周"的理解。對"遷"之字意,過去有多種解釋,其中張政烺先生認爲"遷"與"省"音近通假,可讀作"省","省宅"即"相宅",[1]是一種有影響的説法,但"言王初遷(省)宅于成周"是在成王五祀,與《洛誥》所言成王始親臨洛邑"相宅"是在周公攝政之第七年,無論從何年計算成王元年均難以相合。如從武王去世後次年計算成王五祀,則此年亦應是周公攝政第五年,而此時比《召誥》所記召公"先周公相宅"於洛邑還早兩年,成王不可能早於召公、周公先來洛邑相宅。在讀"遷宅"爲"省宅"(即"相宅")的前提下,即使以五祀爲周公致政成王(時在周公攝政七年,時爲成王元祀)後成王親政第五年,也是不對的,因爲成王親政之元祀即已相宅於洛邑(見《洛誥》),至第五祀,不能再言"初省宅于成周"。張先生解釋"惟王五祀"與《洛誥》"惟七年"不合之由,是因爲尊銘"五祀或是攝王五年"。但尊銘既言"王(成王)初遷宅于成周"又稱攝王爲"王",似難講清楚。此外馬承源先生讀"遷"爲"塸",即堆土造城,[2]是另一種解釋,則初"塸宅"亦即剛開始作邑。但在這裏"宅"的意思,似還是應該與《召誥》《洛誥》中之"相宅""卜宅"相近同,是指成王居住之宫室。而且,初修(以及剛修成而成王未遷都於此時)是否可叫"成周",也是值得斟酌的事情,下文還要論及此。所以即使是讀初"塸宅"也不宜理解爲始作洛邑。而即使將"塸宅"理解爲修王宫,對銘末署明爲成王五祀仍不好解釋,因爲周公、召公在洛邑初建王宫之時應是周公攝政七年,同樣不能與成王"五祀"相合。所以,本銘"遷宅"之"遷"亦不宜讀成與建築有關的"塸"字。實際上,這裏仍將本銘"遷"解釋成遷移是完全可以講通的。"宅"的内涵,在上文已經討論過,王之"宅",不僅包括王居住的宫室,也包括與王朝政治有關的王室宗廟與王理朝政之殿堂。所以何尊銘文言成王"遷宅"於洛邑,實際上即可以理解爲是成王將常住於成周以理朝政,亦即是當時西周王朝政治中心的遷轉。在本銘成王誥宗小子話語中即特別引用武王廷告於天之語曰"余其宅兹中國,自兹乂(乂)民"(這裏的"宅"是動詞,即居住),所以成王遷宅於成周,是秉承武王遺志,乃成王親政後必須做的事。

現所見的資料中,最早出現"成周"名稱的即是何尊。所以洛邑大約是成王遷宅於此

---

① 張政烺:《何尊銘文解釋補遺》,《文物》1976 年第 1 期,第 66 頁。
② 馬承源:《何尊銘文初釋》,《文物》1976 年第 1 期,第 64 頁。

而成爲王都後方才被稱爲"成周"的。以洛邑作爲西周王朝建立後的政治中心，即所謂"天下之中""中國"之理念，始自武王，見於何尊本銘以及《逸周書·度邑》，此爲大家熟知，後世文獻亦多有記載，不必贅言。西周王朝始建後，既要鎮撫東方殷遺民，又要向四方封邦建國以屏藩王室，在很長時段內將經營重點放在東土、北土與南土（長江中下游地區）。在此種歷史背景下，成周在整個西周時期，特別是在西周早、中期，其政治、軍事作用可以說實際上超過宗周。[①] 因此何尊銘文用"遷宅"一詞講成王都成周，正表現了當時對於成周洛邑地位的高度重視。其實何尊本銘內容重點，也正是成王告誡宗小子此中國之地對於王朝統治的重要。過去學者雖多不懷疑成周確爲王都，但懷疑其政治地位曾比宗周重要，如果從周初文獻與金文中所記載之成周的地位來看，再考慮上舉西周早期政治與歷史地理態勢，似可釋疑。

從西周金文可知，成周洛邑建有自成王以後諸王之宗廟，連及上文已述及之宗廟，計有：

    成周大廟（敔簋，《集成》4323）

    京宫（作册令方尊，《集成》6016）

    京室（何尊，《集成》6014）

    康宫（作册令方彝，《集成》6016）

    周康邵（昭）宫（頌鼎，《集成》2827—2829）

    周康穆宫（裹鼎，《集成》2819）

    周康宫：穆大室（伊簋，《集成》4287）

    周康宫徲（夷）宫（此鼎，《集成》2821—2823）

    周康宫徲（夷）大室（鬲攸從鼎，《集成》2818）

    周康宫新宫（望簋，《集成》4272）

以上將昭、穆、夷王之宫均歸在成周，是因其宫前皆冠以"康"或"康宫"。康宫在成周，明見於作册令方彝（尊）。康宫所在可能自昭王始修後，已逐漸發展爲一個極大的宗廟宫殿群區，西周晚期青銅器伊簋記王呼令尹封册命伊"鄩官嗣（司）康宫王臣妾、百工"（《集成》4287），康宫內需要衆多的奴僕與工匠爲王室服務，亦足見其規模之大。故"康"在成周已近於一個區域名，康以後諸王宗廟因爲都建立在此區域內，所以皆在其宫名前加"康"或"康宫"，是標明其所在地，而並不是因爲格外尊崇康王。如是，則這種稱呼可作爲在成周的王室宗廟之特定名稱。

---

① 成周駐有"殷八師"，軍事力量強大。關於其軍事地位，白川靜：《西周史略》第2章"周初の経営"之4"三都の造営"、第5章"夷王期と淮夷の動向"之4"成周の通正"多有論述，分別收入其《金文通釈》46、47，《白鶴美術館誌》第46輯，1977年，第50頁；第47輯，1977年，第131頁。又見張永山：《金文所見成周的戰略地位》，《洛陽考古四十年》，科學出版社，1996年，第213頁。

西周金文中除上舉諸王廟外,可知是王廟的尚有"成宫"(智壺,《集成》9278),[①]"周成大室"(吴方彝蓋,《集成》9898),"周邵(昭)宫"(鄭簋蓋,《集成》4296)。成宫、周成大室可能是成王宗廟,是否也在成周,"周昭宫"是否即"周康昭宫",皆未可確知。"周"在西周金文中,如上文所言是都城之稱,自然未必均是言宗周,且在成周的康宫也可稱"周康宫"。所以,西周都城所在如宗周、成周應均可稱之爲"周"。西周金文中確知設在宗周的王室宗廟迄今只見"大廟"(同簋,《集成》4270、4271;趞簋,《集成》4266)與"穆廟"(大克鼎,《集成》2836),據前引《逸周書·作雒解》孔晁注,大廟是爲供奉后稷之類遠祖的宗廟。上舉成周王室宗廟中也有大廟。"穆廟"當是穆王之廟。由此知宗周可能也有一組先王宗廟,只是金文證據尚不足。

以上論述西周時成周有衆多諸王宗廟的意思,是想説明洛邑成周在西周不僅是王處理多項重要政務、軍務之都城,也是王室祭祀中心,而且更有其特殊神聖之地位。《召誥》記周公曰:"其作大邑,其自時配皇天,毖祀于上下。"已講到要把洛邑作爲王室祭祀先祖及天地諸神的聖地。《史記·魯周公世家》記周公在豐病重,將殁,曾云:"必葬我成周,以明吾不敢離成王。"但成王不敢臣周公,還是將周公葬於宗周附近的畢。畢是戰國以來文獻所記載的文王、武王、周公葬地。武王之後,自成王始直至幽王,此西周諸王的墓地文獻闕載,周公要求死後葬於成周,守護成王於成周,是否也意味着成王以後諸王即葬於成周呢?成周既有西周諸王宗廟,也未嘗不可以有成王之後諸王陵墓。這一問題有待今後西周考古的深入開展。

其二,關於銘末"惟王五祀"如何計算的問題,何尊銘文披露後,此一成王紀年亦成爲爭論之中心。學者多有附會《尚書大傳》所言周公攝政"五年營成周"之記載,將銘文中"遷宅"理解爲"相宅",認爲是始建洛邑,也即是認爲本銘中的"惟王五祀",相當於周公執政之第五年。但上文已論及,言成王在周公始建洛邑時即"初相宅于成周",與《召誥》《洛誥》所記周公攝政第七年洛邑建成後才開始於此建王宅,並敦請成王來"相宅"的記載不合。況上文亦已論及,洛邑應是在成王之宅建成後,成王遷至洛邑治朝政、洛邑成爲王都始才稱爲"成周"的,剛開始修洛邑,未必會有"成周"之稱。

何尊之"惟王五祀",最好的解釋應該是將其理解爲是成王親政後的第五年,亦即以《洛誥》所記周公攝政第七年致政成王這一年爲成王元祀,由此始年計至第五年爲尊銘所記成王五祀。

《洛誥》僞孔傳解題云:"既成洛邑,將致政成王,告以居洛之義。"該傳在解釋文中"周公拜手稽首曰'朕復子明辟'"時言:"周公盡禮致敬,言我復還明君之政于子。子成王年二十成人,故必歸政而退老。"雖此年成王是否剛年屆二十不可確知,但其對《洛誥》之解釋應

---

① 智壺銘文曰:"王各于成宫,井公入右智,王乎(呼)尹氏册令智,曰:'更乃祖考,乍(作)冢嗣(司)土于成周八師。'"智之祖考既在成周御事,即留居於成周不無可能。本銘所言王在成宫册令智,此成宫自有在成周之可能。

該説還是與文義相合的。《召誥》記召公云"王乃初服",也點明了二誥確實記的是成王親政元年之事。

將"惟王五祀"解釋爲成王親政第五年,亦與洛邑内王宮修建時間相吻合。《召誥》《洛誥》所記爲成王元祀,周公、召公開始在洛邑中選定、規劃了王宮區域,並請成王親自來"相宅",即認可他們所定王宅之位置。此一年爲洛邑内王宅始建年。至何尊所記"惟王五祀",即成王親政之五年,過了四年的時間,此王宅當已建成,故王才能在此年四月(或稍早)遷宅於洛邑,洛邑並因成王遷此而始稱"成周"。這種解釋有一個成王在位年數如何計算的問題。一種可能是,武王卒後之次年即爲成王元年,成王儘管年少未親政,但視爲繼位。① 如周公攝政年亦從武王卒年之次年始計,此年也是周公攝政第一年。至周公攝政第七年,即成王繼位第七年,周公致政成王,成王始親政,稱元祀,屬改元。② 另一種可能是,成王在位年應從其親政年,即所謂"元祀"開始。③ 這第二種可能性似也不能排除。厲王在位第三十七年被國人驅趕至彘,而在厲王被流放期間,宣王一直未就位,但亦並未繼續以厲王在位年數紀年,歷史上這一段是以"共和"紀年的,所以如屬第二種可能,如周公攝政元年從武王卒後之次年計起,則自此年至成王親政元年,有六年周公攝政期不當計入成王在位年數中。

從何尊"惟王五祀"可知,成王親政後在位年稱"祀"。武王在位年稱"祀"否,現在没有確切資料可證。稱"祀"原因,比較大的可能爲承襲商人由周祭而引申的王年稱呼方式。從西周器銘來看,成王以後,西周歷代王紀年除稱"年"外,亦皆有稱"祀"之習慣。當然也可能周人王年也稱"祀"是另賦予新意,或與其每年要以王的身份主持對先王的大祭有關。《洛誥》記周公曰:"王肇稱殷禮,祀于新邑,咸秩無文。予齊百工,伻從王于周。予惟曰:'庶有事。'今王即命曰:'記功,宗以功作元祀。'"這一段話講了成王在新邑建成後首次舉行有朝廷百官參加的盛大祭禮。此段話中的"元祀",王國維即理解爲是"始祀于新邑,稱秩元祀",是認爲成王紀年所稱"元祀"是緣於親政第一年開始主持大祭典。

五、周公是否確曾攝政?

上面幾個問題的論述,都涉及一個很基本的問題,即周公攝政之説是否可信。特別是如不將何尊銘末所記"惟王五祀"解釋爲周公攝政之後成王親政之五年,則無法解釋成王爲何在武王卒後第七年才稱元祀。

---

① 參見王國維:《觀堂集林》别集卷一《周開國年表》,中華書局,1984 年,第 1141 頁;倪德衛:《克商以後西周諸王之年曆》(載朱鳳瀚、張榮明:《西周諸王年代研究》,第 380 頁)亦是以武王崩後次年爲成王繼位元年。

② "改元"之説見王國維:《周開國年表》。王氏稱此年爲"成王元祀"。楊筠如:《尚書覈詁》之《洛誥》注,將《洛誥》所記"惟七年"視爲成王即位之七年,"以示别於改元後之元年而已",陝西人民出版社,1959 年,第 210 頁。按:但以這種方法計算成王在位年則包括親政前後兩段年數。

③ 《漢書·律曆志》引《世經》以周公攝政七年之次年爲成王元年。按:此與《洛誥》文義不合。

　　周公攝政之説見於文獻者,大致可分爲三類,已有學者做過分析。[①] 第一類屬於戰國時期成文者,如《韓非子·難二》言周公稱王,"假爲天子七年"。第二類大致屬西周時期的文獻,如《逸周書·作雒解》言"周公立,相天子"。孔晁注:"立,謂爲宰攝政也。"此外較可靠的東周史料如《左傳》亦言"周公右(佑)王"(襄公二十一年)或"周公相王室以尹天下"(定公四年)。第三類爲西漢時文獻,如《史記·周本紀》言周公"攝行政,當國",《衛康叔世家》言"代成王治,當國"。以上第一種"稱王"説,至今爭議較大,不在此展開討論。但從《洛誥》所記周公對成王之言語,可知周公並無僭越心理,且西周中晚期金文中凡歷數周王世系者,如扶風莊白出土之墻盤(《集成》10175)與眉縣楊家村新近出土之逨盤(《銘圖》14543)銘文,確實未有將周公計入王系的。[②] 第三種説法言"代成王治",雖未直言稱王,但也是認爲周公已有王位之實。相比較而言,第二説史料年代相對較早,文獻可信程度也較高,言周公相成王即輔佐成王,所云最爲貼切。其實漢語中所謂"攝政"除代君主行政外,也有輔佐執政之意思。[③] 不論怎樣解釋,嚴格而言,皆不存在實際上的篡取王位之意,所以《尚書大傳》言"周公攝政"應該是符合實情的。

　　不同意周公攝政説的學者,主要是認爲武王卒時,成王並非少年,不必非要周公攝政,而西周成王時青銅器銘文中有周初武王卒後成王親自東征之例,也可證明成王並非孩提,且已主政。[④] 成王在武王辭世時的實際年齡迄今雖難確知,但他在西周人觀念中與事實的能力上,似皆未達獨立主持王朝政治的水平與可以履行王權之年歲,應是大致不誤的。故直到成王親政元年,在《尚書·召誥》與《洛誥》中所記召公、周公的言語中,都反映出希望年輕的成王盡快擔負起王的職責的迫切心情。如《召誥》中召公言於周公曰:"今沖子嗣","嗚呼! 有王雖小,元子哉,其丕能誠于小民。"這是講王的年齡雖小,但其已能和諧民衆。又《洛誥》記周公言於成王曰:"孺子其朋,孺子其朋,其往。""已! 汝惟沖子惟終。""孺子來相宅,其大惇典殷獻民……"皆是周公在以長輩身份告誡晚輩,亦皆説明成王至此時雖已未必還是幼年,[⑤]已有一定治政能力,但在召公、周公這些當權重臣眼中還缺乏相應的政治成熟程度。由此看來,成王在此之前尚不能完全應對周初複雜形勢是可以理解的。也説明成王在稱"元祀"前的幾年確實是一直得到周公輔佐的。

　　西周金文中可確切證明成王曾在伐東方的戰役中親征的,有以下四器:

---

① 參見彭裕商:《西周青銅器年代綜合研究》第3章"西周時期重要史迹之整理",巴蜀書社,2003年,第24頁。

② 參見夏含夷:《周公居東新説——兼論〈召誥〉、〈君奭〉著作背景和意旨》,《溫故知新録》,稻禾出版社,1997年,第125頁。

③ "攝"在古漢語中的用法,可參見《王力古漢語詞典》,中華書局,2000年,第404頁。是書舉《詩經·大雅·既醉》"朋友攸攝,攝以威儀",説明"攝"也有"輔佑"之義。此詩毛傳曰:"言相攝佐者,以威儀也。"朱熹:《詩集傳》亦釋此句詩曰:"而朋友相攝佐者,又皆有威儀。"見朱熹:《詩集傳》,上海古籍出版社,1980年,第193頁。

④ 《商周青銅器銘文選集——西周·方國征伐(一)》,《上海博物館館刊》第1期,上海人民出版社,1981年,第15頁。

⑤ 上引文中"孺子"之稱在兩周時期爲年少者之稱,並非指稚子,關於這點可參見楊朝明:《周公事迹研究》,中州古籍出版社,2002年,第90、91頁。楊伯峻在《春秋左傳注》僖公十五年注中言:"考諸經傳,天子而下以嫡長爲後者,或非嫡長而擬用之繼位者始得稱孺子。"中華書局,1981年,第349頁。

小臣單觶：王後屈，克商，在成𠂤，周公賜小臣單貝十朋。(《集成》6512)

禽簋：王伐㽙侯，周公某禽祝。(《集成》4041)

𣄰劫尊：王征㽙，賜𣄰劫貝朋。(《集成》5977)

沬(沬)嗣(司)土送簋：王來伐商邑，征令康侯啚(鄙)于衛。(《集成》4059)

小臣單觶銘文中的“後”是相對武王克商而言，即史載周公二次克商。“屈”字，過去多隸定爲叐，厂下從丑、土會意，與從又、土會意義近同。亦可寫作屋。厂，《説文》訓爲山石之厓巖。所以厂下從圣，其字義當與“掘”字義近。“圣”字與“掘”“屈”聲母相近(分别爲見、群、溪母)，韻部相同(皆在物部)，故屋字(當從圣聲)，與屈字音近同，可通假。《詩經·魯頌·泮水》：“屈此群醜。”鄭玄箋云：“屈，治。”朱熹《詩集傳》：“屈，服。”所以，“王後叐，克商”可理解爲王第二次征服商，戰勝商人。

禽簋與𣄰劫尊中的“㽙”，即“蓋”字，當從諸家説讀爲“奄”。[①] 沬司徒送簋銘中的“啚(鄙)”，應讀爲《周禮·大宰》“以八則治都鄙”之鄭玄注“都之所居曰鄙”，《廣雅·釋詁四》曰：“鄙，國也。”所以此銘實是令康侯在衛地建國立都。禽簋銘所稱禽是周公長子伯禽，時尚未封爲魯侯；沬司徒送簋記王伐商邑時令康侯建國都於衛，是康叔初封於衛時事。故這三器確是周初成王親政前事。但成王雖已能隨軍出征，並不等於此時成王已親主朝政。

《大誥》篇首言“王若曰”，下連續用幾個“王曰”，與大盂鼎銘文格式同，皆是史官或重臣代宣王命時的習慣的句式。成王雖尚年輕，未實際主政，但周公輔政時告令諸侯百官，自然仍要以王的口氣發誥命。正如《書序》言“武王崩，三監及淮夷叛，周公相成王，將黜殷，作《大誥》”。銅器銘文中皆首言王親征伐，也是出於尊王之觀念。成王實際上並非是戰爭實際指揮者，所以，不宜因成王親征而否定周公是東征這一大規模戰役的實際領導者之事實。

六、結　語

本文所論涉及今日史家多有異議之周初若干重要史事，現將主要觀點歸納如下以爲結語：

(一)《召誥》《洛誥》及《多士》所言均爲周公攝政第七年事，時在武王卒後第七年。是年周公致政成王。洛邑始建於周公攝政五年，作以上三誥時洛邑已建成，時稱“新邑”。

(二)《召誥》《洛誥》所言召公、周公先後在新建的洛邑内“相宅”“卜宅”之“宅”是成王的王宫。此年始在洛邑内爲成王修建王宫，是爲了落實武王在洛邑建東都之遺志。

(三) 在洛邑内所建王宅(即王宫)包含有多種王室宗廟與宫寢，是西周王朝爲治理四

---

① “㽙”字與“蓋”字實爲一字異體，“林”與“艸”屬義近形旁通用，“去”金文字形所從“凵”在此象徵容器，與“皿”同義。蓋，從艸、盍聲。從盍得聲的字聲母多屬牙、喉音，韻在葉部。奄爲影母談部字，影母爲喉音。葉部與談部爲陽入對轉。

土而在天下之中位置設立的祭祀中心與政治中心。作册令方彝所記成周內之名"王"的場所即應是指此王宅內之宮寢,而非"王城"。漢代文獻中所言西周時之"王城"是指作爲都城以後的洛邑,但西周時並無"王城"之稱,且漢人將洛邑定在漢河南縣城址也是不對的。

(四)洛邑之具體位置當在澗水東、洛水北岸之瀍水東西兩岸。洛邑亦即成周,並非如漢以後文獻所言另有一成周,其有"成周"之稱約始於成王以洛邑爲東都後。

(五)何尊所云成王"遷宅"於成周,實際是將王朝政治統治與軍事指揮中心遷至成周。何尊銘末"惟王五祀"是指周成王親政五年。此年洛邑內王宅(即五宮)已建成,周成王遂能遷宅於此。

(六)"周公攝政"未必是稱王,而是輔佐成王,實際主持王朝政事。不宜輕易否定衆多史籍所載周公攝政之事與周公在周初歷史的重要作用。周成王在周公攝政時期已親自參與東征,但未主持朝政。至《洛誥》所記周公攝政七年,致政成王,成王初次主持大祭祀於洛邑,是爲成王元祀,即親政元年。

由本文所論亦可知,《尚書》中成文於西周之反映周初史事的《召誥》《洛誥》及《多士》等典籍有較强的實録性,典籍與同時代金文資料及田野考古資料的相互印證是客觀認識當時歷史的科學途徑。

(原載《歷史研究》2006 年第 1 期)

論西周時期的"南國"

　　西周金文與文獻中常見"南國"之稱,這一地理區域在西周時期始終受到周王朝的高度重視,與整個西周歷史的發展密不可分。"南國"在周人的政治地理觀念中是一個什麼樣的概念? 在西周政治地理結構中屬於何種性質的區域? "南國"到底是否爲周王朝的國土? 這些問題對於西周歷史研究極爲重要,以往治西周金文與西周歷史的學者在有關論著中亦多有涉及,但從正面專門考察該問題的文章尚不多見,而且在理解上彼此間實有較大差異。下面試從幾個角度談一下對這個重要問題的認識,以就正於方家。

一、"南國"與淮夷

　　南夷生活於"南國",見於周厲王自制的器物㝤鐘。其銘文有曰:

> 　　王肇遹省文武堇(勤)疆土,南或(國)艮孳敢臽(陷)處我土。王臺伐其至,撲伐厥都,艮孳廼遣間來逆邵王,南尸(夷)、東尸(夷)具(俱)見(視)廿又六邦。(《集成》260)

這裏明確稱呼被厲王遣兵征討的"艮孳"是"南國艮孳",按此語義,此"艮孳"應該是生活於"南國"區域內的族群。銘文下邊言因攻陷周之國土而遭致王征伐後,表示服從、俱見厲王的有南夷、東夷,則此南國"艮孳"應當即是其中的"南夷"。依筆者的理解,"艮孳"應是對南夷族群的鄙稱,是指被征服後要服事於西周王朝之"孳"(義近於蕃民、番民),類似於十七年詢簋中的"服夷"。[①] 由此銘我們即可斷定,對周王朝時叛時服的南夷確實住於周人所謂"南國"中,而且有其政治實體性組織——也許已具有早期國家形態,因爲銘文言及周厲王"撲伐厥都"。這種早期國家形態的政治實體在當時被周人稱爲"邦",即此銘文中所見"廿又六邦"之"邦"。我們可以推測,南夷、東夷此二十六邦中,至少有相當一部分是屬於南夷的,而且其中會有不少是在南國內。

---

① 參見拙文《由伯笩父簋銘再論周厲王征淮夷》,《古文字研究》第 27 輯,中華書局,2008 年,第 192、193 頁,亦收入本書中,可參看。

　　有助於更深入地揭示南夷(或稱南淮夷、淮南夷)與南國關係的，①是與猷鐘銘文所記史實有關的下列諸器銘。

　　　　王征南淮尸(夷)，伐角、津，伐桐、遹，翏生從。(翏生盨，《集成》4459)

　　　　王南征，伐角、僑，唯還自征，在矿。(噩侯馭方鼎，《集成》2810)

　　　　隹(惟)王九月初吉庚午，王出自成周，南征，伐艮子(孳) 𧎟 、桐、芮(遹)。(伯㠱父簋，《銘圖》5277)②

此三器銘所言，皆爲王親征，所伐地點亦近同，很可能即是同一次戰役。而且伯㠱父簋銘亦言王親自南征艮孳，與上引周厲王猷鐘銘所言王撲伐艮孳亦當是同一場戰事。這樣的話，則猷鐘銘文所言南夷即翏生盨銘文所言南淮夷，鐘銘所言撲伐艮孳之都，也就是南淮夷當時的都城，即應在上引銘文講到的角(角津)、桐、遹一帶，其具體位置，筆者曾推測在今江蘇西北部，淮水與泗水交匯處，今洪澤湖周邊地區。③

　　從猷鐘銘文看，這場戰事表面上是由於"南國艮孳"先陷處周人之土而引起的，周厲王出兵鎮壓之，直接打到其都城，作爲南夷的"艮孳"遂通過"遣閒"，即派中間人在"艮孳"與西周王朝間説和，④並帶動了由於受到震撼而表示歸順的東夷，共二十六邦來拜見厲王。上述器銘中角、桐、遹雖是地名，但也有可能即同時是處於南淮夷都城核心區域的幾個邦名。

　　從上述分析可以得知，西周晚期淮夷主要居住區域與其勢力中心，應在南國範圍內，而且淮夷當時是以若干具政治實體性質的"邦"聚合起來的一個大族群(或稱族團)。因此，如果認爲當時淮夷不在南國內，將南國説成是周之國土似乎是不妥的。

　　從西周文獻看，不僅明確可知淮夷屬於南國，而且長期以軍事力量威脅周人的還有另一族群，它在西周中期後也生活於南國之淮水流域，此即《詩經·大雅·常武》中所講到的"徐方"。據《詩序》，此詩爲"召穆公美宣王也"，旨在歌頌宣王時征伐徐方之戰事。詩中曰："赫赫明明，王命卿士。南仲大祖，大師皇父。整我六師，以修我戎。既敬既戒，惠此南國。"末兩句是講，六師既已警惕，既已戒備，將要"惠此南國"，鄭玄箋曰："警戒六軍之衆，以惠淮浦之旁國，謂勑以無暴掠爲之害也。"孔穎達疏亦曰："施仁愛之心於此南方淮浦之

<hr>

① 關於淮水流域夷人族群，在金文中有"淮夷""南淮夷""淮南夷"及"南夷"諸稱，對於這些名稱所指，學者間有不同意見，筆者以爲這些名稱其實應該是指稱同一族群(或者有親族關係的族群的集合，亦可稱作族團)，這一點由相關銅器銘文的詞句即可推知。"南夷"即"南淮夷"，詳下文。參見以下器銘：屬西周晚期的應侯見(視)工簋銘文曰："王令應侯正(征)伐淮南尸(夷)毛，休，克撲伐南尸(夷)，我孚(俘)戈。"(首陽齋、上海博物館、香港中文大學文物館：《首陽吉金》，上海古籍出版社，2008年，第112—114頁)王所令是征伐"淮南夷"，其結果是"休，克撲伐南尸(夷)"，即順利地征伐了"南夷"，可見所稱"淮南夷"即"南夷"。"淮南夷"應是表示此南夷在南方的淮水流域，不是指淮水以南的夷，實即"南淮夷"。"淮南夷"與"南淮夷"自然可通稱爲"淮夷"。

② 參見拙文《由伯㠱父簋銘再論周厲王征淮夷》，此銘中的"桐"前一字，李家浩釋作"菁"，並指出，此簋銘中的"菁"，即翏生簋、噩侯鼎銘文中作爲地名的"角"，菁、角古音近，可通用，是同一地名的不同寫法。參見李家浩：《讀金文札記兩則》，《古文字研究》第28輯，中華書局，2010年，第246—248頁。

③ 拙文《由伯㠱父簋銘再論周厲王征淮夷》。

④ 拙文《由伯㠱父簋銘再論周厲王征淮夷》。

傍國,勿得暴掠爲民之害。"①所以這樣講,是因爲此詩所記六師要征伐的是徐方,如詩所言是"濯征徐國"。徐國的地理位置,在詩中講得很清楚,如言"王謂尹氏,命程伯休父。左右陳行,戒我師旅。率彼淮浦,省此徐土"。浦,水濱。"率彼淮浦",即"循着那淮水的水濱"。"省"即省視,巡查。可見"徐土"即在淮浦,亦即在淮水沿岸。詩中還言王師"鋪敦淮濆,仍執醜虜。截彼淮浦,王師之所"都證明當時徐方確在淮浦,亦即在淮水流域。其具體位置,則有可能在上文所言淮夷所處之洞庭湖區域以西。《太平御覽》卷三〇五兵部引《紀年》曰:"周穆王三十七年,伐紓,大起九師,東至於九江,比黿以爲梁。"朱右曾《汲冢紀年存真》云:"'紓'當作'紓',形近而訛。"②從"予"得聲的字如"序""杼"等與徐聲韻並同,是"紓"可讀作"徐",此說可信。典籍確有周穆王伐徐之記載。《史記·秦本紀》:"徐偃王作亂,造父爲繆王御,長驅歸周,一日千里以救亂。"《趙世家》:"而徐偃王反,繆王日馳千里馬,攻徐偃王,大破之。"③徐偃王與周穆王不是同時代的人,早有學者指出,但穆王時有伐徐之事則未必是虛構。《紀年》既曰穆王征徐"東至於九江",則此"九江"之所在,即今安徽壽縣一帶。④ 而壽縣正在洪澤湖以西、淮水南岸,與《常武》所云當時徐方位於淮水之濱的地理位置相合。

綜言之,西周晚期時徐方可能即在淮夷盤踞之洪澤湖區域以西,亦屬淮水流域的今安徽淮南地區壽縣一帶。《常武》既言王師征伐之,會"惠此南國",消除徐國帶給南國的災害,亦即鄭箋、孔疏所云惠及淮浦旁國,是鄭、孔皆認爲淮浦之國皆屬"南國",可見處於淮浦之徐國自然也在"南國"範圍内。從上舉西周金文及文獻提供的史實來看,終西周之世,淮夷及徐方等族群與西周王朝的大小戰事始終未斷,因此,如認爲淮夷、徐方所在的"南國"已被周人視爲是自己的國土,這種看法是值得商榷的。

所謂"國土",亦即國家可以在那裏行使主權的區域。西周金文反映出來的情況是,周王朝似並未能對不時反叛的淮夷、徐方等族群聚集的"南國"實現有效的主權管轄,包括在"南國"建立常設的行政管理機構。

西周時周人所謂"南國"的區域較廣闊,筆者曾綜合金文資料記錄的周人與淮夷等在"南國"内活動的若干地塊,推測其地理範圍,應東起今江蘇北部,經今安徽北部、河南南部之信陽地區南部,西抵今河南西南部之南陽地區南部,西南抵今湖北北部地區,大致即在今江蘇和安徽境内之淮水流域、今河南境内之淮水以南地區、南陽盆地南部與今湖北北部之漢淮間平原一帶。⑤

---

① 毛亨傳,鄭玄箋,孔穎達疏:《毛詩正義》,阮元校刻:《十三經注疏》,中華書局,1980年,第576頁。

② 方詩銘、王修齡:《古本竹書紀年輯證》,上海古籍出版社,2005年,第52、53頁。按,現所見古本《紀年》中此所征伐之國名多有異文,或曰"楚",或曰"大越",但楚在西周晚期時勢力似還未達到能在淮水流域威脅周王朝的地步。徐旭生亦指出"楚在熊渠以前,勢力還很微弱,不能爲中國患"(參見徐旭生:《中國古史的傳說時代》,廣西師範大學出版社,2003年,第202頁)。

③ 司馬遷:《史記》,中華書局,1982年,第175頁。

④ 徐旭生雖未展開討論此"九江"地望,但亦説紓(徐)"又與秦漢的九江郡相近",實際上也是傾向於將此"九江"定在今壽縣一帶(參見徐旭生:《中國古史的傳說時代》,第202頁)。

⑤ 參見拙文《柞伯鼎與周公南征》,《文物》2006年第5期,此處略有修訂。以上區域皆在長江以北,漢水以東。《詩經·小雅·四月》言"滔滔江漢,南國之紀",諸家對此句解釋多有不同。疑"紀"在此當讀作"極"(紀,見母之部字;極,群母職部字。二字聲母極近,韻母爲陰入相諧),《廣韻》"紀,極也",是説滔滔江漢是南國之至。此義與下面的詩句"盡瘁以仕,寧莫我有"之"盡"上有字義之聯繫。

在這樣一個地理範圍內,其中的居民自然不止是上述在淮水流域的淮夷(或稱淮南夷、南淮夷)及徐方,上述淮水流域之淮夷聚居地區可以稱爲"南國"的東部區。在這一區域內淮夷勢力較爲强大,故迄今未見到西周王朝在此區域内設置過侯國。至於"南國"的西部區,今湖北北部漢淮間平原,則是西周早期周王朝經營的重點,詳見下文。

二、"南國"與"南土"

前引周厲王㲬鐘銘文曰:"王肇遹省文武堇(勤)疆土,南或(國)艮孳敢臽(陷)處我土。""敢臽(陷)處我土",即是言"膽敢使我土陷落(於其手)而居處之"。由此可見,周厲王所云"艮孳"(即淮夷)所占領之"我土",應非淮夷原來所居處之地(不是上文所述淮水流域之洪澤湖地區)。而且從文義上也可以體會到,此"我土"應不在南國範圍内,而是"文武堇(勤)疆土"的一部分,即當初文王、武王所開創、經營之地,在周王朝實行有效統治的基本版圖内。因此,可以説周人心目中的"我土"還是與"南國"有空間差距的。二者間的地理界限,雖然未必有後世那種國境綫似的形式,二者的邊域具有犬牙交錯的分布態勢,但還是應依各自勢力控制區域的範圍而有個大致的區劃,而且在周人的觀念中,二者實有政治地理概念上的差别。

約宣王時的駒父盨蓋銘文記載,南仲邦父命令駒父"即南諸侯,遀(率)高父見淮夷"(《集成》4464)。"南諸侯"是西周王朝在其南土邊域爲防止南國淮夷等異族侵犯而設立的若干"侯","侯"在西周時是駐守邊域的軍事長官,[1]駒父先"即南諸侯",是説先抵達南土邊域上的諸侯,再率其中的高父去"見淮夷",可見淮夷住居地必已在諸侯所在之外,即是在周人南土之外。

淮夷北上所據周人之"我土",自然亦即周人所謂"南土"。"南土"一詞亦見於《詩經·大雅·崧高》。在此篇詩中,不僅言及"南土",而且言及"南國""南邦",分析一下有關詩句,對於理解周人之"南國"的觀念也是很有必要的。《崧高》詩末言"吉甫作誦,其詩孔碩。其風肆好,以贈申伯",知是君吉甫贈申伯之詩。周宣王封申伯於謝(在今河南南陽東南),此地是在淮水上游之西北,漢水以東,南臨上文所述西周"南國"地理範圍的西部。現將與本文所論有關的詩句摘録於下,並依序對有關字句作簡釋。

(一)"于邑于謝,南國是式"。"于邑于謝"是往建邑於謝。式,諸家多釋爲"法",鄭玄箋云:"南方之國皆統理施其法度。"孔穎達正義曰:"令往作邑於謝之地,以統理南方之國,於是施其法度以治之。"[2]是鄭玄、孔穎達皆將"南國"解釋爲"南方之國",而

---

[1] 參見拙文《關於西周封國君主稱謂的幾點認識》,陝西韓城出土芮國文物暨周代封國考古學研究國際學術研討會論文,2012年8月。按:已收入《兩周封國論衡——陝西韓城出土芮國文物暨周代封國考古學研究國際學術研討會論文集》,上海古籍出版社,2014年,亦收入本書中。

[2] 本節所引《詩經》及傳、箋、疏參見毛亨傳、鄭玄箋、孔穎達疏:《毛詩正義》,阮元校刻:《十三經注疏》,第566、567頁。

且明確指出,建申國於謝,是爲了使之施其法度以統理南國。正如許倬雲所説"周宣王以申鎮南國"。[①] 這也即是説,申本身並非屬於"南國"。[②]

(二)"登是南邦"。毛傳曰:"登,成也。"是言建成此南邦。申在周王畿之南,故稱之爲"南邦"。詩用"南邦"稱申國,以區別於"南國"(南方之國)的概念。

(三)"王命申伯,式是南邦"。式,法也,其義同上。是,此也。"式是南邦",是言建上述之南國之式於此南邦。

(四)"我圖爾居,莫如南土"。鄭箋云:"我謀女之所處,無如南土之最善。"如此,則申國所在之謝邑,今之南陽一帶,是在周人所謂"南土"範圍内。

(五)"往近王舅,南土是保"。毛傳曰:"近,已也。申伯,宣王之舅也。"鄭箋云:"近,辝也,聲如彼記之子之記。"朱熹《詩集傳》曰:"鄭音記,按《説文》從辵從丌,今從斤誤。""南土是保",鄭箋云:"保,守也,安也。"是,則也,[③]是言南土因申伯封於謝而得以受到保護。此既是一句感慨的話,又有勉勵之意。

《崧高》詩,還言及因申伯受封入於謝,"徒御嘽嘽",即徒兵與車兵隊伍盛大,故使"周邦咸喜",因爲"戎有良翰","翰"即"榦"。[④]

從上引《崧高》詩句的文義看,周人稱自己領土即實行有效的政治管轄的區域爲"土","南土"是其在南方的領土。申伯所受封之謝邑尚在南土内,所建申國屬於周之"南邦",並非屬"南國"。在此詩中,"南國""南土""南邦"是不同的概念,不可以相互替代。在謝邑建成申這一周之南邦,正是爲了"南國是式",即如鄭玄箋與孔穎達疏所云,是依靠其施其法度,以統理南方之國。"式"的所施用者是"南國",而對於"周邦"來説,新建立的此申國是其防衛南方蠻夷的"良榦"。僅從上引猷鐘銘文與《崧高》詩,也可知周人視爲"南邦"之國皆屬於"周邦",位於其南土内。而在南土南部邊域上的封國既是周王朝防衛"南國"諸異族的屏藩,也是其力圖治理南國的重要據點。

與"南邦"一詞有關的資料亦見於西周晚期的青銅器士智父盨。其銘文曰:"唯王廿又三年八月,王命士智父殷南邦君者(諸)侯,乃易(賜)馬。王命文曰:遹道于小南。佳(惟)五月初吉,還至于成周,乍(作)旅盨,用對王休。"(《銘圖》5665)[⑤]"殷"在西周金文中凡幾

---

① 許倬雲:《西周史》,三聯書店,1994年,第152頁。

② 毛傳曰:"謝,周之南國也。"對於這種解釋,上引鄭箋與孔穎達之正義似皆未贊同。孔穎達正義曰:"經言'南國'者,謂謝傍諸國。解其居謝邑而得南國法之,故云謝是'周之南國'。杜預云申國在南陽宛縣,是在洛邑之南也。"此雖表面上不破毛傳,但實爲糾正鄭箋。當然,或者亦可以理解爲申之國土已在"南國"區域中。類似於西周早期將甾(曾)、噩、厲等侯置於南國中,以爲控制南國之手段。但即使可以這樣理解,申亦並未像甾(曾)、噩、厲那樣,深入南國較遠,而是近於周人南土之邊域。

③ 參見王引之:《經傳釋詞》,岳麓書社,1984年,第202頁。

④ "周邦",鄭箋云:"遍也。"朱熹《詩集傳》則釋爲"周人"(朱熹:《詩集傳》,上海古籍出版社,1980年,第213頁),當以朱熹説爲是。"戎",鄭箋云"猶女也",即"汝也"。但由文義看,"戎"似釋作戎事爲好。

⑤ 張光裕:《西周士百父盨銘所見史事試釋》,《古文字與古代史》第1輯,"中研院"歷史語言研究所,2007年,第214、221頁。"士百父"之"百"字在拓片上不清晰,李學勤讀作"智"(參見李學勤:《文盨與周宣王中興》,《文博》2008年第2期),今暫從之。

見,均爲王派使臣慰問之意。① 這裏言王命令文(應即士智父名)去慰問南邦君、諸侯,南邦君、諸侯即是諸南邦之君與在南土南部邊域上之諸侯,均屬於西周王朝册命的畿外封君。其中"諸侯"是受王命爲"侯"者,即駐紮於南土邊域、有自己封土的擔負守衛邊域職責的軍事長官。"達道于小南"之"道",在這裏當讀爲"蹈",行也,踐也。"達"通作"率",在此當讀作"循",《詩經·大雅·縣》"率西水滸,至于岐下",毛傳:"率,循也。"循是順行之義,所以"達道于小南"亦即是"循着(諸南邦之君封國的次序)行於小南區域中"。"小南"之稱當近於《詩經·小雅·大東》之"小東大東"之"小東"的稱呼。"大東"亦見《詩經·魯頌·閟宫》:"泰山巖巖,魯邦所詹,奄有龜蒙,遂荒大東,至于海邦,淮夷來同。"鄭玄箋云:"大東,極東。"孔穎達疏云:"泰山之高巖巖然,魯之邦境所至也。魯境又同有龜山、蒙山,遂包有極東之地,至於近海之國。"②可見鄭、孔之意,"大東"是龜山、蒙山以東區域,東及於海濱。詩云"遂荒大東,至于海邦,淮夷來同",毛傳"荒,有也",是據有之意,此言魯國領土東邊能覆蓋至海濱,顯然與從史料與考古資料可推測的西周時魯國實際的領域有違,只是一種誇大、頌揚之詞。如此則"小東",應是相對"大東"而言,指魯國所在,其東境抵龜山、蒙山一帶。③ 綜言之,似可認爲魯與其北邊齊的領域連成一片是西周王國之東土,是"小東"。"小東"再往東至於海濱則是"大東"。士智父盨銘文記王命"達道于小南",即命之"循行於小南區域",聯繫銘文上文,小南亦即是西周王朝之南土。而相對於"小南",當時似亦應該有"大南"概念,指"小南"之南邊的南國。

周人所云"南土"與"南國"在地理位置上的分別,實際上也正可以由上述周王朝分封於南土之南部邊域上的一些重要封國的地理位置來大致劃分。依現有考古與古文字資料可以落實其地理位置的南土南部邊域上的封國,自西向東有:曾、噩(均在今湖北隨州)、厲(隨州北)、吕(今河南南陽)、申(今河南唐河以北)、應(今河南平頂山西)、滕、薛(均在今山東滕州)、蔡(今河南上蔡西南)。以上封國的君主,在西周時期均稱"某(國名)侯",這與他們的身份是王朝封於邊域上的軍事駐防長官相合。與西周王朝在周初欲着力經營南國

---

① 例如小臣傳簋銘文曰"王在莘京,令師田父殷成周年"(《集成》4206),辭卣銘文曰"唯明保殷成周"(《集成》5400)。"殷"或作"廄",如士上卣銘文"王令士上罘史寅廄于成周,眔(穀)百生豚,罘賞卣、鬯、貝"(《集成》5421),又如豐卣銘文曰"王在成周,令豐廄大矩,大矩賜豐金、貝"(《集成》5403)。《周禮·春官·大宗伯》言"以賓禮親邦國……殷見曰同……殷覜曰視",此"殷見""殷覜",是諸侯朝王,或使卿來聘。又,《秋官·大行人》:"殷同以施天下之政。"鄭玄箋:"殷同者,六服盡朝。"(鄭玄注,賈公彥疏:《周禮注疏》,阮元校刻:《十三經注疏》,第 759、760、890 頁)但《周禮》中所講的"殷見""殷覜""殷同",皆是諸侯(或卿)來朝見王。上引西周器銘中則是王派使臣代表王朝去殷成周(所殷者實際主要是指成周内殷民遺民貴族)或殷某人,其用法似與以上文獻用法有别。"殷"在這些器銘中,皆應是一種受命令所行的上對下的慰勞、安撫之禮儀。其取"殷"爲名,也許是取"殷"有"盛"義,意指此種禮儀之隆盛,或是表示情感之親切(張光裕亦認爲"其中因涉禮容之盛,故得以'殷'言之也",參見張光裕:《西周士上父盨銘所見史事試釋》,《古文字與古代史》第 1 輯,第 213—222 頁)。

② 毛亨傳,鄭玄箋,孔穎達疏:《毛詩正義》,阮元校刻:《十三經注疏》,第 617 頁。

③ 傅斯年《大東小東説》亦據《詩經·魯頌·閟宫》,認爲"大東"所在,是"泰山山脈迤南各地,今山東境濟南泰安迤南,或兼及泰山東部。周公勘定之東,當是小東,地則秦漢以來所謂東郡者也"(傅斯年:《大東小東説》,中央研究院《歷史語言研究所集刊》2 本 1 分,1930 年,第 101—109 頁)。其"小東"説可信。"大東"説,東僅及泰山東部,似與詩意"至于海邦"不盡合,"大東"應更向東及於海濱。

西部漢淮間的形勢有關,曾、噩、厲等位於今湖北北部漢東區域的封國已深入"南國"西部區域內,其餘位於今河南的西周封國均多數在淮水以北,少數在淮水南岸。在這些封國以南的今江蘇北部,安徽北部,河南信陽、南陽以南,已無西周封國,而這些區域正對應於上文所云西周時的"南國"範圍內。

周人用"南土"之類以方向加"土"的詞彙來稱自己王國南部的國土,此種命名方式,頗近於殷墟甲骨卜辭中所見商人所稱的"南土""北土""東土""西土"。卜辭卜此四土是否"受年",則四土必是商王國之國土。在這點上,周人與商人有共同的語言習慣。①

三、西周早期對"南國"西部區域漢淮間平原的經營

西周早期時,在"南國"西部之漢淮間地區,即今湖北北部,周王朝曾試圖由所謂隨棗走廊南下,將王朝的國土擴大至長江流域。其中一項重要舉措,即在隨棗走廊一帶冊封諸侯,建立一些小的侯國,其中比較有代表性的,如爲金文研究者所熟知的"噩侯"。厲王時的噩侯馭方,在上文所引銘文記述過的厲王南征淮夷後返師駐於㭌時,還曾"納豊(醴)於王",並與王行射禮,受到周王的禮遇與賞賜(噩侯馭方鼎銘,《集成》2810)。而且,由噩侯作王姑媵簋銘文(《集成》3928—3930)可知噩侯還曾與周王室通婚。但爲時不長,噩侯馭方即行叛周,"率南淮尸(夷)、東尸(夷)廣伐南或(國)、東或(國)",並因而被周人鎮壓(禹鼎銘,《集成》2833)。厲王時,噩國屬地可能已近於淮水流域,故才能帶領淮夷及東夷反叛。② 但在西周早期時,噩的位置應位於今湖北隨州。這已爲 2007 年發現的隨州安居羊子山噩國墓地與出土的噩侯諸器所證明。③ 2011 年,在其東約 25 公里的葉家山又發現西

---

① 《左傳》昭公九年記"王使詹桓伯辭於晉"曰:"我自夏以后稷、魏、駘、芮、岐、畢,吾西土也。及武王克商,蒲姑、商奄,吾東土也;巴、濮、楚、鄧,吾南土也;肅慎、燕、亳,吾北土也。吾何邇封之有。"(杜預注,孔穎達疏:《春秋左傳正義》,阮元校刻:《十三經注疏》,第 2056 頁)此段話中,云克商後周之東土較接近史實,言北土抵達肅慎,顯然與今日所見文獻、古文字、考古資料失之過遠。同樣,所言巴、濮、楚在西周時皆屬周人"南土",也明顯失之過遠,似不可盡信,夾有東周時人的誇大。但值得注意的是,所言"南土"也不包括淮水流域。
② 有助於證明噩國在西周晚期即離開隨州,北遷接近淮水流域的,是 2012 年 5 月在河南南陽市區東北夏餉鋪發掘、清理的春秋早期噩侯墓地。據簡報(《南水北調中線工程南陽夏餉鋪鄂國貴族墓地發掘成果》,《中國文物報》2013 年 1 月 4 日,第 8 版),屬於大型墓(墓口南北長 6 米以上,寬 5 米以上)的 M1 多出銘有"噩侯夫人"的銅器,表明此墓可能即噩侯夫人墓。從兩座夫妻異穴大型合葬墓 M6、M5 出土的有銘青銅器可知,M6 是噩侯墓,M5 是夫人(噩姜)墓,墓地中的中型墓的墓主人有可能是噩侯近親公室成員。南陽位於漢水東部,靠近淮水上游,當然,此墓地可否早到西周晚期或更早,尚待資料的全部公布。由禹鼎銘文可知,厲王在噩侯馭方反叛後,下令西六自、殷八自征伐噩侯馭方,要"勿遺壽幼"。但六自、八自的征伐未能奏效,禹受武公命終"隻(獲)噩君馭方"。被擒獲後並未絕其祀,噩國仍作爲侯國存留,但位於南陽,已在周人南土邊域內,處於西周王朝的管控之下。《漢書·地理志》記南陽郡有西鄂縣(《漢書》卷二十八上《地理志上》,中華書局,1962 年,第 1563、1564 頁),今南陽夏餉鋪噩國墓地,證實了西鄂與噩國的關係,即因是噩國故地而得名,"鄂"是"噩"的同音假借字。按:近年夏餉鋪墓地春秋早期墓 M19、M16 皆出土有噩侯壺,銘曰"噩侯作孟姬媵(滕)壺"(資料見河南省文物局南水北調辦公室、南陽市文物考古研究所:《河南南陽夏餉鋪鄂國墓地 M7、M16 發掘簡報》《河南南陽夏餉鋪鄂國墓地 M19、M20 發掘簡報》,均載於《江漢考古》2019 年第 4 期)。學者或據此認爲此墓地已非姞姓噩侯屬國之墓地,而是西周王朝在剿滅噩侯後,改封姬姓貴族爲噩侯,侯於南陽。這當然是有可能的。但金文中亦有爲陪嫁的異姓女子作器的例子,所以,南陽噩侯的族屬等問題還需再斟酌,也有待於新資料的發現,提供更多的信息。
③ 隨州市博物館:《隨州出土文物精粹》,文物出版社,2009 年,第 19—33 頁。

周早期的㠱(曾)侯墓地。① 這兩次重要發現證明,早在西周早期,周王朝即曾在今隨州册封了噩侯與㠱(曾)侯。此外,西周早期在隨州北還有厲侯,見於岐山出土的大保玉戈銘。噩屬姞姓,有"噩侯作王姞媵簋"(《集成》3928—3930)爲證。從現有資料看,亦不能肯定㠱即是後來東周時的姬姓之曾。值得思考的是,"侯"在西周時期並非爵位,而是設置在周王朝邊域地區的軍事官職,擔負着防衛與周王朝敵對的異族及擴張其版圖的職責。因此,西周早期在已近於長江流域的今隨州一帶即已有若干由周王朝册封的侯國,這表明一個事實,即周王朝在克商不久,就確立了控制南國西部區域江漢間平原的戰略部署。

但直到西周早期偏晚的昭王時期,今隨州一帶仍應屬於周人稱爲"南國"的區域内。昭王時所謂"安州六器"中的中甗銘文言"王令中先省南國貫行,执(設)应在曾。……中省自方、登,造□邦,在噩𠂤(師)",(《集成》949),中方鼎銘文曰"隹(惟)王令南宫伐反虎方之年,王令中先省南或(國)貫行,执(設)王应在夒陴真山"(《集成》2751、2752)。與此二器同時,現藏日本出光美術館的靜方鼎銘文曰:"唯十月甲子王在宗周,令師中㠱靜省南或(國)□,执(設)应。八月初吉庚申至,告于成周。月既望丁丑,王在成周大室,令靜曰'卑(俾)女(汝)□嗣在㠱(曾)、噩𠂤'。"②

此三器銘文記載的是昭王在親自南征江漢之前,命令中"先省南國貫行",命靜"先省南國",以及爲王在王所要經過的地方"設应"。③ 至於"王令中先省南國貫行",唐蘭譯文作"王令中先巡視南國經行的道路"(中甗),"王命令中先去視察南方經行的道路"(中方鼎),④李學勤讀作"王令中先,省南國貫行",認爲"貫行"是路名。⑤ 黄盛璋讀作"王令中先省南國,貫行",認爲"貫行即開路"。⑥ 筆者同意黄先生讀法,"貫行"是指通貫其行程,"按照現在話説,即先行爲王南下打前站,作準備"。⑦

但不論作何種讀法,基本事實是,"貫行""設应",均應是在"省南國"過程中完成的,所"設应"的地點,必亦在"南國"内。中甗銘文還記史兒以王命,命中在南下"省南國"途中,出使"大小邦"。中在此途中經過"方"(一説即今河南方城)、聂(鄧,一説在今湖北襄樊西北,但西周時是否在此尚未能證實)及"泎(?)"等邦,然後在"噩𠂤(師)"。如果"方"還不屬於"南國",那麽鄧與噩,肯定即在"南國"範圍内。依上述,噩在隨州,㠱(曾)亦在隨州,厲在隨州北不遠,這就證明了直到昭王時噩、㠱(曾)、厲三個侯國作爲周王朝擴張領土的先鋒均已深入周人觀念中的"南國"内。但是,昭王在自身南下前,要派臣屬"先省南國",使貫通其行程,要沿途爲之設行宫,皆表明直至昭王時,此"南國"西部區域並沒有完全在

---

① 湖北省文物考古研究所、隨州市博物館:《湖北隨州葉家山西周墓地發掘簡報》,《文物》2011 年第 11 期。
② 徐天進:《日本出光美術館收藏的靜方鼎》,《文物》1998 年第 5 期。又著録於《銘圖》2461。
③ "应"可讀作"居",此"設居"應是爲王南行在旅途中所經地點設置臨時性行宫、別館。
④ 唐蘭:《西周青銅器銘文分代史征》,"四十三,中甗""四十二,中方鼎",中華書局,1986 年,第 285、283 頁。
⑤ 李學勤:《靜方鼎補釋》,《夏商周年代學札記》,遼寧大學出版社,1999 年,第 76 頁。
⑥ 黄盛璋:《關於柞伯鼎關鍵問題質疑解難》,《中原文物》2011 年第 5 期。
⑦ 參見《湖北隨州葉家山西周墓地筆談》中拙文,《文物》2011 年第 11 期。

周人有效的控制之下,無論交通、安全性均要通過“先省”才能保障。這也就是説,今湖北北部的所謂“隨棗走廊”一帶並没有真正具有西周王朝的國土狀態。

這種情況也説明,西周王朝自早期即力圖將“南國”西部漢淮間平原地區完全并入其南土的努力,直至昭王時仍未能完全實現。而且這種努力以昭王南征荆楚時“喪六師於漢”,“王南巡不返”[①]亡於漢水的結果告終,所以在昭王後,即進入西周中期後,周王朝對“南國”西部區域的經營更加力不從心,漸漸鬆懈下去。

與此種歷史背景相應的是,隨棗走廊一帶,考古發現的反映周文化南下的西周文化遺存,“主要屬於西周中期偏晚之前”。學者因此推測“聯繫歷史文獻記載的昭王南征以及相應時期青銅器銘文記載的南征,暗示出周人在西周中期之後對隨棗走廊以東以西地區的失控”。[②]

這種失控狀態,不僅導致西周時“南國”區域之西部地區終未能順利地轉化爲西周王朝的領土,而且造成西周晚期後,此一區域内原來作爲周人政治、軍事勢力前沿據點的某些侯國漸與西周王朝脱離。最典型的例子,即是前述厲王時噩侯馭方的反叛。而如上文所引《詩經·大雅·崧高》表述的周宣王徙封申侯至今河南南陽東南之謝時,從王朝到南土的諸周邦,皆將申國作爲鎮壓“南國”、安保南土的希望,也反映出至此時,原來施加於“南國”西部區域的若干周人侯國的政治、軍事影響力早已微弱,甚至不復存在,周人的政治、軍事勢力基本退守至今豫西南,“南國”的西部區域與西周王朝的關係日益淡化、疏遠。

四、“南國”的政治地理性質

按照上文論述,從嚴格意義上的“國土”概念來看,西周時期周人所謂的“南國”並非可以稱作周王朝的國土,而是僅存在於那一特定歷史時期内,同周王朝有密切關係的政治地理區域。西周金文中經常講到,因爲淮夷“廣伐南國”(或及“東國”),造成周王命令周人貴族征伐淮夷。[③] 這表明“南國”雖不在周王國領土範圍内,但周王朝要動用武力保護這塊區域不被淮夷全部控制,保障“南國”的安定。周王朝所以如此重視這塊區域,最根本的原因,應該在於“南國”對西周王朝具有不可替代的經濟支撐作用。

關於這點,有以下西周晚期金文資料可以證明。

> 王令甲政(征)鬮成周四方賣(責)至于南淮尸(夷)。淮尸(夷)舊我員晦人,毋敢不出其員、其賣(責)。其進人、其貯,毋敢不即師,即市。敢不用令,則即井(刑)撲伐。

---

① 《初學記》卷七《地部下》引《紀年》《太平御覽》卷八七四《咎征部》引《紀年》,方詩銘、王修齡:《古本竹書紀年輯證》,第46頁。

② 參見《湖北隨州葉家山西周墓地筆談》中張昌平文,《文物》2011年第11期。

③ 學者或因銘文言淮夷“廣伐南國”而認爲淮夷不在南國内,但淮夷雖自身即在“南國”範圍内,而南國範圍相當遼闊,淮夷僅爲居住於其中之若干族群中之一主要族群,言其“廣伐南國”,實即是言淮夷要通過征伐控制整個南國,征服居住於其中的其他族群,這自然會使其壯大勢力,直接威脅到周人南土安全,並使南國内的族群均擺脱周王朝的控制,嚴重影響周人的利益,故周王朝對此甚爲緊張。

其隹(惟)我者(諸)侯百生(姓)，厥貯毋不即市，毋敢或入縊(蠻)宄貯，則亦井(刑)。（兮甲盤，《集成》10174）①

王若曰："師袁，粵(粵)淮尸(夷)緐我員晦臣，今敢搏厥衆叚(暇)，反厥工吏，弗速(迹)我東郖(國)。"（師袁簋，《集成》4314）

隹(惟)王十又八年正月，南中(仲)邦父命駒父即南者(諸)侯，達(帥)高父見(視)南淮夷，厥取厥服，堇(謹)夷俗。衮(遂)不敢不敬畏王命，逆見我，厥獻厥服。我乃至于淮，小大邦亡敢不□，具(俱)逆王命。（駒父盨蓋，《集成》4464）②

上引銘文表明，西周王朝長久以來均是將"南國"，確切地說是將"南國"內的主要族群之一——淮夷，當作王朝賴以生存的重要經濟與人力資源之所在。其從淮夷獲取這些資源的方式有兩種，一種方式是完全依賴軍事力量所造成的政治上的壓迫，對淮夷"小大邦"實行超經濟的强制，用武力强迫其貢納物品與人力（所貢物品，從金文信息看主要是布帛等絲織品與糧食及農産品和土特産；所貢人力有可能用作爲王朝服力役者與王室、大貴族家族內的下層家臣及奴僕，在銘文中將這種人力的被掠奪稱爲"進"），或臨時性的有專門目的之征取（例如上引駒父盨蓋銘所表達的那樣，在銘文中稱之爲"取"——與殷墟甲骨刻辭中所見商王朝向屬邦征取資財時用的詞相同）；另一種方式是民間性的商業性質的買賣或交換，這種買賣或交換在銘文中稱爲"貯"。"貯"是雙向的，不僅淮夷賣其商品給周人，而且周人之諸侯、百姓應該亦可向淮夷出賣物品。

從兮甲盤銘文還可知，周人各邦國同南國之淮夷進行商業活動必須通過王朝指定的"市"進行（應該有相應的征税制度），是西周王朝控制淮夷經濟資源與走向，保證西周王朝利益的主要手段。此類"市"應該在周人"南土"與"南國"兩塊政治地理區域的交界處，現在還沒有材料可以指明其數量與具體地點。再有一點值得注意的是，兮甲盤銘文中規定淮夷

① "淮夷舊我員晦人"，員，從貝白聲，其異體字作鼏(參見乖伯簋，《集成》4331)，應讀作"帛"，即絲織品。晦，諸家多讀爲賄，《玉篇》晦同賄，賄、賄音近字通，賄，《玉篇》："贈送財。"《儀禮·聘禮》："賄用束紡。"鄭玄注："賄，予人財之言也。"所以"淮夷舊我員晦人"，即是說淮夷是向周王朝貢納布帛的人。師袁簋銘文更稱淮夷爲"臣"，屬鄙稱。《荀子·富國》："皆使衣食百用出入相揜。"楊倞注："出，出財也。"賣即責，在此應讀作"積"。朱駿聲《説文通訓定聲》曰"禾穀之聚曰積。"《詩經·大雅·公劉》："乃積乃倉。""積"更廣義的意思，不僅指稱穀物，而是指努米菜薪，參見《左傳》僖公三十三年"不腆敝邑爲從者之淹，居則具一日之積，行則備一夕之衛"杜預注。言"其進人"之所進獻之人，固然也可能如諸家所云包括有承擔力役之人，但也可能如白川靜所指出的，是像師酉簋銘文中所見在王朝內服役的諸夷，師詢簋銘文中所見的作爲家臣一種的"夷□三百人"之類的人（《金文通釋》"一九一，兮甲盤"，白鶴美術館，1962—1984年，卷三下，第792頁）。兮甲盤銘所言勒令淮夷"其進人、其貯，毋敢不即餗，即市"，是言凡進人必要在"餗"進行，餗應當是西周王朝在周本土與淮夷聚居地交界處所駐軍之所。"貯"字解釋從高明説（參見高明：《西周金文貯字資料整理和研究》，《高明論著選集》，科學出版社，2001年，第127—136頁）。《廣韻》："賕，貯也"，《玉篇》："賕，賣也"，"貯"本義是貯存貨物，但在字義上也有買賣與交換之意。"其貯"毋敢不"即市"，是要求淮夷在作商品買賣或交換時，必須要在西周王朝指定的市場進行。

② "謹夷俗"，即要注意不違反淮夷之習俗。"厥敢厥服"與"厥獻厥服"相對應。所謂"獻"自然是在周王朝强索性質的"取"之下的行爲。"服"在這裏既可以"取"又可以"獻"，應是具體的物質，或即某類特定的服飾之類，《山海經·西山經》："是司帝之百服"，郭璞注"服，器服也"（郝懿行：《山海經箋疏》，藝文印書館，2009年，第73頁），故這裏的"服"當是具土産性質的淮夷生産物。

"進人"必須要通過周王朝軍事組織的駐屯地"餗"來進行。這透露出一條非常重要的史實,即周王朝在南土邊域專設有防衛淮夷等異族的駐屯軍,也許包括設在該地域上的侯國軍隊。

從上述情況看,西周王朝對"南國"東部區域內的淮夷族群有着緊密的經濟依賴關係,而且兮甲盤銘中明確説明"王令甲征驕成周四方責至于南淮夷",是對淮夷的經濟盤剥已被規定爲王朝重要的常規性的政治行爲。正因爲如此,周王朝高度重視"南國"區域內政治形勢的穩定,銘文中多見王親自或令臣屬"省南國",並多次用軍隊征伐手段來保證這種穩定。透過周人青銅器銘文中周人貴族對王朝强盛的贊頌與自我誇耀的語句,仍然可以看到,實際上周人對作爲"南國"中最重要的族群淮夷的軍事控制並非十分有效。自西周中期始,直至西周晚期,周王朝雖在邊界上有駐屯軍以防衛淮夷,但淮夷對西周王朝間的大小戰爭似未間斷。而且,在"南國"東部區域的淮水中下游流域,迄今未能確證有周王朝派駐的諸侯,猶如上述西周早期經營南國西部漢水東部區域那樣,這也表明在淮夷所聚居的"南國"東部區域,周王朝並未能依賴常設行政機構實行過有效的、常規性的統治,每當淮夷用軍事力量進行反抗時,周王朝只能采取專門出動軍事武裝不定時地給予軍事征伐的方式來鎮壓。

既然就嚴格的概念而言,"南國"不能認爲屬西周王朝的領土,那麼應該如何定位"南國"的政治地理性質呢?"南國"亦並非周人的殖民地,特別是"南國"的東部區域即淮夷聚居區,並未有周人貴族的封土,也未見有周王朝在此區域內設置有行政區域與機構,駐派有行政官吏與軍事長官。雖然在"南國"的西部區域,例如上文所述今湖北北部隨棗走廊一帶,周王朝在西周早期曾有於此封建侯國的舉措,但其終未能有效控制這一區域,且此種局面亦只維持到西周早期末葉,西周中期以後周人勢力已漸失控於該地區。所以,"南國"從整體上看,是一塊最終亦未能納入西周王朝得以實行有效統治的國土版圖內,而又長期被周人壓制、盤剥的地區。對於這樣一塊區域,似可以考慮稱其爲西周王朝的"附屬區"。[①] 而且應該説明,這種"附屬區"之"附屬"最主要是經濟意義上。"南國"內以淮夷爲代表的族群,雖在政治與軍事上長久受周王朝壓制,但並未在政治上完全聽從於周王朝,故多有軍事抗争之舉。

最後還有一個問題,即如何理解"南國"一詞,才更符合西周人當時的觀念。唐蘭在20世紀30年代考釋周膚王鈇鐘時,曾云:"周人稱南國,猶云南域、南疆。蓋周民族與其他民族交壤之地也。"[②]筆者認爲這應該是今人研究所給出的各種解釋中,最貼近周人觀念的解釋。唐先生所指出的周民族與其他民族交壤的狀況也極有見地,對今天研究這個問題極有啓發。"南域""南疆"雖有與他國、他地區交接地段的意思(唐先生稱周民族與其他民族"交壤"當也有這個意思),特別是在早期國家階段,疆界相對後來的國家比較寬鬆與模糊,所以這種説法相當有道理。然而這樣講又似可以使人將"南國"理解爲西周王朝

---

① 現代漢語有"附屬國"一詞,其詞義是指名義上保有一定的主權,但在經濟與政治方面以某種形式從屬於其他國家的國家。參見中國社會科學院語言研究所詞典編輯室:《現代漢語詞典》,商務印書館,2005 年。此借用這一概念。
② 唐蘭:《周王鈇鐘考》,《故宫博物院年刊》,1936 年 7 月。

南部的邊域。而且從當時的族群地理分布看,周人所稱"南國"是一個東西、南北較爲寬闊的地域,還是與"疆域"的概念有差別。① 所以唐蘭的説法雖相當有道理,但似還未能盡合周人之意。上文在引用《詩經·大雅·崧高》時曾提及,對於西周詩篇中的"南國",鄭玄在箋中,孔穎達在其正義中,均有一個極通俗的解釋,即是理解爲"南方之國",其意亦即"南方諸國"。這個説法雖簡單,但好像更爲接近西周人的觀念。"淮夷"等在南國生活的族群,在金文中可以見到當有數十個小大邦,其中較大的邦,很可能已具有某種古代國家的形式,所以漢唐人將周人語言中的"南國"解釋爲"南方之國"實不無道理。當然,這個問題還需要再深入考慮。

限於篇幅與資料,本應與"南國"同時作研究的應該還有西周金文與文獻中見到的"東國",未能在本文中討論。但"東國"與"南國"在西周時期對於周王朝來説有共同的政治地理性質,應無疑問,本文對"南國"政治地理性質的理解也應適合於"東國"。②

如本文在開頭時所言,對於西周時期周人所稱"南國"政治地理性質的研究,是西周歷史研究的重要課題,從本文所討論的内容也可進一步看到,這個問題的明朗化,不僅有助於正確認識西周時期的政治地理格局及與之相關的早期國家形態,有助於了解西周王朝的經濟政策與民族關係,同時也有助於正確闡釋當時的若干重大歷史事件。

(原載《歷史研究》2013 年第 4 期)

---

① 《禮記·樂記》記孔子爲賓牟賈講表現周武王克殷的武舞之程序,曰:"且夫武,始而北出,再成而滅商,三成而南,四成而南國是疆,五成而分,周公左,召公右,六成復綴,以崇天子。""成",鄭玄注解釋曰:"猶奏也。每奏武曲一終爲一成。"(鄭玄注,孔穎達疏:《禮記正義》,阮元校刻:《十三經注疏》,第 1542 頁。句斷參考朱彬撰,饒振農點校:《禮記訓纂》,中華書局,1996 年,第 595、596 頁)參考鄭注及孔穎達疏,此六成舞是: 第一成,舞者先從南排左側第一位而北上,至北排左側第一位,即全舞之第二位;第二成,舞者由北排之第二位,向東行至北排右側的第三位,象徵東進克殷;第三成,即"三成而南"是説舞者從北排右側的第三位南下至南排右側的第四位,表示武王克殷後領兵南下;第四成"南國是疆","是"在此即"於是","疆"在這裏應是"竟"的意思,《詩經·豳風·七月》"萬壽無疆",毛傳曰"疆,竟也","竟"亦即"境",亦同於"界"。《詩經·小雅·信南山》"我疆我理",朱熹《詩集傳》曰"疆者,爲之大界也",所以此"南國是疆"是説南國成了周王朝領土之邊境,亦即是説周王朝南界已抵達南國,與"南國"接壤。學者或以爲此句"表示南方諸國都收入了國界",把這裏的"疆"理解爲"疆土""疆域"。這樣理解似乎是不妥當的,終西周之世,周人也未能將上述地域廣闊的南土納入受周王朝有效治理的王國領域内。

② 在目前所能見到的文獻與西周金文資料中,能有助於具體深入地考察當時周人所謂"東國"的資料不如"南國"充實。從西周金文看,"東國"内的主要居民似即是被周人統稱作"東夷"或"戎"的若干族群。穆王時期的班簋銘文言"王令毛公以邦冢君、土(徒)馭、或人伐東國瘄戎,三年靜東國"(《集成》4341),"瘄戎"冠以"東國",可知瘄戎應該是東夷中一支,本身即居住於"東國"内。像上文所述生活於"南國"的淮夷曾"廣伐南國"即控制整個南國區域一樣,可能是穆王時瘄戎軍事力量強盛,有控制"東國"的趨勢,嚴重影響了周王朝在東國的利益,並威逼周王朝東土,故而王令執政大臣毛公率周人武裝以三年時間鎮壓了瘄戎,達到"靜東國"的局面。西周中期偏晚的史密簋銘文言"故南夷盧、虎會杞夷、舟夷,雚不折,廣伐東國",可知杞夷、舟夷不是"南夷",而應即是生活於"東國"内的"東夷"的兩支(張懋鎔:《安康出土的史密簋及其意義》,《古文字與青銅器論集》,科學出版社,2002 年,第 25 頁。亦著録於《銘圖》5327)。約西周厲王時的晉侯穌鐘銘文記録了厲王"親遹(巡)省東國、南國",令晉侯東伐"夙夷"(馬承源:《晉侯穌編鐘》,《中國青銅器研究》,上海古籍出版社,2002 年,第 313—331 頁),學者多認爲"夙夷"即屬風姓之宿,亦是居住於"東國"的東夷一支。可見"東國"是周人稱爲"東夷"的若干族群主要居住區,周王朝對此一區域内東夷若干族群的政策應與上文所述對淮夷的政策是相同的。"東國"與"南國"一樣,亦是西周王朝在東方的附庸區。"東夷"與"淮夷"不僅有種姓上的淵源關係,而且在西周晚期時,二者由於有相同的政治地位與共同的利益,故常會聯合起來,用武力與周人爭奪對整個"南國""東國"區域的控制權,凡幾見於西周金文。

西周金文中的"取徵"與相關諸問題

一、由矜簋銘文論"訊訟"

矜簋是一件西周中期的青銅器（器形見圖一，銘拓見圖二、圖三），①由器形與紋飾看，約在中期中葉，大致在共王時。作器者矜，字原篆作，同"令"組合的偏旁𦥑與"并"字形有差別，②此暫隸定作"并"。現將簋銘釋文寫在下面（附摹本，見圖四）：

圖一　矜簋

圖二　矜簋銘文（蓋）

圖三　矜簋銘文（器）

---

① 2004 年中國國家博物館徵集入藏。
② "并"在戰國中期的中山王𦉒鼎銘文中寫作𦥑。

圖四　矜簋銘文摹本

隹(惟)正月初吉丁丑昧

霜(爽)，王才(在)宗周，各(格)大室。

澧叔右(佑)矜即立中廷。

乍(作)册尹册令(命)矜，易(賜)絲(鑾)，

令(命)邑于奠(鄭)，訊訟，取邀(徵)

五寽。矜對鼎(揚)王休，用

乍(作)朕文且(祖)豐中(仲)寶

毀(簋)，世孫子其永寶用。

"昧爽"一詞，在金文中亦見於康王時的小盂鼎和西周中期的免簋銘文。作爲佑者的澧叔之澧當與洀讀同，西周金文中有洀公、洀仲、洀季之稱，[①]洀氏居地有洀宮，王曾親至於此。[②] 澧叔應亦屬洀氏宗族，爲洀氏之一支。從本銘所見其政治地位看，澧叔也有可能即是一代洀公。

王命作册尹册命矜的是"令(命)邑于奠(鄭)，訊訟，取邀(徵)五寽"。"邑于某地"的句式，在以往西周器銘中較少見，既然是王"命邑于奠(鄭)"，而且下面還言及要擔負"訊訟"之職務，則顯然不是以此在奠(鄭)之邑爲其封土的意思。《左傳》隱公十一年記鄭莊公言曰"吾先君新邑於此(按：指許國都城西鄙)"，是言"新建邑於此"。又《詩經·大雅·崧高》言"亹亹申伯，王纘之事，于邑于謝，南國是式"。前一"于"是"往"意，"邑于謝"即是建邑於謝。參照此二例看本銘，則王命矜"邑于鄭"，可能是令矜在鄭地建新邑。鄭地應是指今陝西華縣東北之鄭，此地在西周時期地位非常重要，故金文中幾見"王在鄭"之記載。建邑於此地，應是王室一項重要事情，故王要親自下令選擇承擔此事之官吏。"訊訟"之"訊"當同於《周禮·秋官·小司寇》"以三刺斷庶民獄訟，一曰：訊群臣，二曰：訊群吏，三曰：訊萬民"之"訊"，即考問之意。"訟"是獄訟、訟爭，"訊訟"即審理獄訟之事。從邏輯上看，"訊訟"似乎與建邑於鄭無關，但在出現訊訟的銘文中，王所命"訊訟"之職一般也總是接在其他並非是執法的職務後(詳下文)。所以，對於册命銘文中王所命受册命者之職事"訊訟"的實際意義，有必要作一檢討。而且，這也是下文要繼續深入討論往往與"訊訟"並出的"取徵"若干寽之性質的前提。

在已見西周金文中，王册命作器者職務後言及"訊訟"(或作"訊訟罰""訊小大有粦"等)，此種辭例，除現在討論的矜簋銘文以外，還見於屬西周中期偏早的親簋、中期晚葉的

───────────────

① "洀公"見《集成》2659、2730、2740、2741；"洀仲"見《集成》2803；"洀季"見《集成》495。

② 見《集成》2803："王至于洀宮。"

牧簋、揚簋,屬西周晚期的觶簋、趨簋與近年眉縣楊家村窖藏出土之四十三年逨鼎銘文。①細析這幾篇銘文的内容可知,王命擔負"訊訟"職事的受册命者(亦即作器者),基本上皆屬於較基層的且職掌與人事有關的官吏。如觶簋銘文言王命觶"嗣(司)成周里人眔者(諸)侯大亞","成周里人"是成周建成後遷至此地的居民,其居住單位以"里"爲稱,其中當以殷遺民爲主。"諸侯大亞"疑是指受封於外的王同姓或異姓諸侯家族中,未隨諸侯出封而留在王畿地區的小宗分支,"亞"或即此義,由於周初以來世代繁衍,其規模已較大,故稱"大亞"。觶顯然是專司管理成周城内居民事務的官員,自然會涉及獄訟,故要擔負訊訟之職事。

揚簋銘文言王册命揚"乍(作)嗣(司)工,官嗣(司)量(糧)田佃(甸),眔嗣(司)空(应),眔嗣(司)芻,眔嗣(司)寇,眔嗣(司)工史(事)",②西周金文中言及職事"官嗣"或"啻官"某某時,"官"似均應理解作《荀子·解蔽》"執亂其官也"之"官",即楊倞注所謂"官,司主也"的意思,"官嗣"當是同義詞連用。"啻官"之"啻"可讀爲敵,《廣雅·釋詁三》"敵,主也",所以,"啻官"也是同義複合詞。"官嗣"或"啻官"下之"某某",或是所統領之職官名,或是所需管理之臣妾之類。從揚簋銘文内容來看,揚被册命作"嗣(司)工"而官司的應是其下屬的職官,其中"糧田甸"當是專門司理糧田之官職,糧田,按《周禮·地官·廩人》鄭注"行道曰糧",即是專事生産供出行所用之糧的田地。"司应"應當是與建築王宫(行宫)有關。"司芻"在司工領屬下,一説可能是因爲建宫殿需用草履屋頂。③"司工事"似是管理具體工程技術事務的職官。所以揚作爲司工顯然不僅僅是負責工程,而更重要的是要統管與工程諸事相關的屬官。唯糧田甸與司寇爲何也在"司工"轄下尚不清楚,但亦可見當時官吏職掌的部門較龐雜。如此,不僅各屬官間會有種種糾紛,其所承擔的經濟事務也不可避免地會與地方上大小貴族的利益發生矛盾,凡此皆會涉及人事與經濟糾紛,則"訊訟"即審理獄訟之責必不可免。

趨簋則言王册命趨作"數師冢嗣(司)馬",即西周王朝駐紮在數地軍隊之總司馬職,具體要"啻(敵)官僕、射、士",即主管僕(在此似即御人)、射(弓箭手)與士(或即是甲士),所以自然要處理軍伍中人事,故王在册令其上述職務後又言及要負責"訊小大又(有)陼"(《集成》4266)。"訊小大又(有)陼"與下文要引述之牧簋銘文中所言"訊庶右(有)𧴨"(《集成》4343)是同一個意思。"小大"即"庶",訓多、多種;陼(或作眘)字所從炎旁,亦見於殷墟甲骨刻辭,應即是西周金文中𦰩(舜)字之初形,④後或訛

---

① 逨鼎銘文見陝西省文物局、中華世紀壇藝術館:《盛世吉金——陝西寶雞眉縣青銅器窖藏》(北京出版社,2003年),第54—60頁。除逨鼎外,其他幾器銘文内容與出處見本文第二節摘録及其後括弧内《集成》著録號。

② 銘文中"糧田佃(甸)"之"糧"舊多釋作"量",此從裘錫圭先生説,見其《西周糧田考》,《胡厚宣先生紀念文集》(科學出版社,1998年),第221—227頁;又,揚簋現所見同形二器銘文,一器作"嗣(司)工史",另一器則作"嗣(司)工司",分別見《集成》4295、4292。

③ 張亞初、劉雨:《西周金文官制研究》,中華書局,1986年,第25—26頁。

④ 參見于省吾:《甲骨文字詁林》第一册,中華書局,1996年,第236—237頁。

變作炎，作爲人形的"大"旁被分解，遂與炎字混淆。羴字在"訊小大有羴"或"訊庶有羴"句中，疑當讀作"遴"，有貪義（《漢書·魯共王餘傳》注）。"羴"與"吝"音同通假，《漢書·地理志下》"民以貪遴爭訟"，顏師古曰："遴與吝同。"則"訊小大（或"庶"）有羴（遴）"，大意似即審訊各種大大小小的因貪吝而起的訟事。

"訊訟"之類職務在西周時期諸基層官吏職守中的重要性，可以由西周中期偏早的親簋、中期晚葉的牧簋與西周晚期的四十三年逨鼎諸器銘文進一步推知。親簋銘文記王册命親繼承其祖之服，"作冢嗣馬"並要求他"迺諫，訊有羴"（《銘圖》5362）。[1] 作爲"冢嗣馬"除了有要向王進諫之職責外，也要處理獄訟之事，這後一職事與上述趞簋銘文所言近同。牧簋銘文記"王若曰：牧，昔先王既令（命）女（汝）乍（作）嗣（司）士，今余隹（惟）或歔改。令（命）女（汝）辟百寮（僚）……牧，女（汝）毋敢［弗］［帥］先王乍（作）明井（刑）用，雫乃訊庶右（有）𥄉（羴），毋敢不明不中不井（刑）；乃甫（敷）政事，毋敢不妻不中不井（刑）"。牧所受王之册命是將其官職由"司士"改爲"辟百僚"職。"司士"之職可能類似於《周禮·夏官》中之"司士"，主要是管理士的檔案、升遷與刑罰。[2] "辟百僚"之"辟"意爲治理。[3] 牧由專治理士而由王改命爲治理"百僚"，其基本職掌雖仍可能與"司士"類似，只是其管理的官吏範圍擴大了。銘文中王在册命牧此職務後，所强調的是牧應法效先王，"毋敢"以"不明不中不刑"的態度"訊庶有羴"以及以"不妻不中不刑"的態度"敷政事"，即是應當像先王一樣以明德與公正的法規來審理獄訟之事與處理行政事務，可見周王將"訊庶有羴"視爲牧要履行的主要職事，其重要性等同於其所擔負的"政事"。四十三年逨鼎銘文中所記王册命語句與牧簋頗多相近。王在追述其以往所受命之職務後，言要"䎓（申）就（就）乃令（命），令（命）女（汝）官嗣（司）歷人"，並叮囑逨"雫乃尃（敷）政事，毋敢不妻不井（刑）；雫乃訊庶有羴，毋敢不中不井（刑）"（《銘圖》2503 等）。"歷人"一職，不見其他銘文。王所告誡逨的也是在"官司歷人"後，在處理政事與"訊庶有羴"時要遵守法規、要公正，其義與牧簋銘文相同，亦可證"訊庶有羴"即"訊訟"之職務於西周職官之重要。

綜上述，在西周册命金文中，王在册命一些職掌人事的貴族官職後，往往要着重點出"訊訟"（以及類似的"訊小大有羴""訊庶有羴"）之職事，尤其强調這點是因爲在當時這是履行好其本職的很重要的標尺，而並非如白川靜所言是在正職外額外兼任的職務。[4] 在當時沒有專門司理獄訟之類事務的機構之情況下，"訊訟"即掌理獄訟之事是所有較基層

---

① 以上親簋銘文斷句似可以有兩種方式。一是"迺諫，訊有羴"，一是"迺諫訊有羴"。依第一種讀法，諫是入諫於王，猶如大盂鼎銘文"敏朝夕入諫"（《集成》2837）。"訊有羴"以"訊"開頭與其他諸銘句式亦同。二是"諫訊有羴"連讀，諫似可解釋爲告誡，是言親要有告誡、審訊"有羴"之事的職責。

② 《周禮·夏官》所載"司士"之職事爲"掌群臣之版，以治其政令……掌國中之士治，凡其戒令……凡邦國三歲則稽士任而進退其爵祿"。

③ 《尚書·金縢》"我之弗辟"，《釋文》曰："辟，治也。"《左傳》文公六年"辟刑獄"，杜預注："辟，猶理也。"

④ 白川靜：《金文通釋》，趞簋考釋，《白鶴美術館誌》，白鶴美術館，1966 年，第 119 頁。

的軍事或行政官吏都要擔負的。① 除上舉諸例外,在西周中晚期金文中可見,每次貴族間的土地經濟糾紛都會由若干非專職司法的王朝執政官員統合審理,也可以證實這一點。如是,再來看矜簋銘文,便可理解王所以在册命矜建邑於鄭後要言及"訊訟",正是因爲矜在建邑後實際上即要擔任此一新邑的行政長官,故必然要擔負司理訴訟案件的職責。之所以未言其官職當與此篇銘文行文風格較簡略有關。

與矜簋銘文內容很相近的是劉體智《小校經閣金文拓本》3.98 著録之毅𣪘銘文。其文曰:"……王才(在)宗周,王易毅赤市、幽黄,用□,邑于奠(鄭),□□有粦,取遗(徵)十乎。"②"邑于奠(鄭)"的意思應與矜簋銘文中王令矜"邑于奠"的意思相同,也當是受命建邑於奠(鄭),並治理此邑的。"有粦"前二字因爲銹所掩,拓本不甚清楚,今對照上文趞簋、牧簋與四十三年逨鼎銘文,疑亦爲"訊庶"。"毅"作爲人名或氏名幾見於西周金文。

矜簋銘文王册命語中最後所言之"取遗(徵)五乎"之含義是本文要討論的重點,而這個問題的討論牽扯到"徵"字的字釋與相關的多篇銘文的內涵。

二、"取徵"之"徵"字再考辯

因爲徵字字釋已有不少學者討論過,以下論述只是在此基礎上的再申述。下面先將言及"取徵"若干乎的包括矜簋在內的幾篇器銘摘要如下:

(1) 親簋:在乎(呼)乍(作)册尹册䚅(申)令(命)親曰:更迺且(祖)服,乍(作)冢嗣(司)馬,女(汝)迺諫,訊有粦,取遗十乎,易(賜)女(汝)……(《中國歷史文物》2006年第 3 期,《銘圖》5362,西周中期)

(2) 矜簋:澧叔右(佑)矜,即立中廷,乍(作)册尹册令(命)矜,易(賜)絲(鑾),令(命)邑于奠(鄭),訊訟,取遗(徵)五乎。(《銘圖》5258,西周中期)

(3) 楚簋:內史尹氏册命楚,赤⊗市、絲(鑾)旂,取遗五乎。嗣葊啚(鄙)官(館),內師舟。(《集成》4246—4249,西周中期)

(4) 牧簋:王若曰:牧,昔先王既令(命)女(汝)乍(作)嗣士,今余唯或叒改,令(命)女(汝)辟百寮(僚)……今余隹(惟)䚅(申)憙(就)乃令(命)……取□乎。(《集成》4343,西周中期偏晚)

(5) 揚簋:王若曰:揚,乍(作)嗣(司)工,官嗣(司)量(糧)田佃,眔嗣(司)㢟(庭),眔嗣(司)芻,眔嗣(司)寇,眔嗣(司)工史(事),賜女(汝)赤⊗市、絲(鑾)旂,訊

---

① 西周時周人重獄訟,將處理好訟事作爲明政之象徵,亦可由《史記·周本紀》所記"西伯(按:周文王)陰行善,諸侯皆來決平。於是虞、芮之人有獄不能決,乃如周。"以及《燕召公世家》記召公"決議政事"於棠樹下,以至"自侯伯至庶人各得其所,無失職者",故受民擁戴之等事例可以得知。

② 按:此銘《殷周金文集成》未收,從拓本看,字筆畫較軟,但字形、文字皆無硬傷。因原器下落不明,無從目驗,暫收入作參考。(按:毅𣪘現藏於北京師範大學。)

訟,取遺五寽。(《集成》4294,西周中期偏晚)

（6）髍簋:王曰:髍,令(命)女(汝)嗣(司)成周里人,眔者(諸)侯大亞,訊訟罰,取徽五寽。易(賜)女(汝)尸(夷)臣十家,用事。(《集成》4215,西周晚期)

（7）䵼簋:穆公入右(佑)䵼,立中廷,北鄉(向)。王曰:䵼,令(命)女(汝)乍(作)嗣(司)土,官嗣(司)耤田,易(賜)女(汝)䵼衣、赤❷市、緣(鑾)旂楚走馬,取徵五寽。(《集成》4255,西周晚期)

（8）趞簋:密叔右(佑)趞,即立,内史即命。王若曰:趞,令(命)女(汝)乍(作)𢽳師家嗣(司)馬,啻(敵)官僕、射、士,訊小大有舜,取遺五寽。(《集成》4266,西周晚期)

（9）毃甗:王易(賜)毃赤市、幽黄,用□,邑于奠(鄭),□□又舜,取遺十寽。(《小校經閣金文拓本》3.98)

（10）番生簋蓋:王令(命)𩛓嗣(司)公族、卿事、大史寮(僚),取遺廿寽。(《集成》4326,西周晚期)

（11）毛公鼎:王曰:父厝,巳曰:㤅(抄)兹卿事寮(僚)、大(太)史寮(僚)于父即尹,令(命)女(汝)𩛓嗣(司)公族雩(與)參有嗣(司)、小子、師氏、虎臣,雩(與)朕褻事,以乃族干(捍)吾王身,取賫卅寽,易(賜)女(汝)……(《集成》2841,西周晚期)

"取徽"之"徽"字,在以上銘文中有以下幾種寫法(左列爲原篆,右列爲隸定後字形。毃甗銘文"遺"字寫法應與楚簋同,惟有殘泐,此不録):

A　𢾿　髍簋蓋　徽
B　𧵦　髍簋器,親簋同　遺
C　𢾿　羚簋　遺
D　徸　䵼簋　徸
E　𢽳　趞簋,番生簋蓋同　遺
F　徸　揚簋　遺
G　賫　毛公鼎　賫
H　𢽳　楚簋　遺

以上諸形中,C、F、G形中的𡈼均應是A、B、D、E形中𡈼之省變。亦即是將所從之王(玉)簡省作土。C形從𠙵(口)不從貝,應是此字較少見之異體。歸納後可認爲,此字最簡練之形體應是賫,即毛公鼎銘中字形(土恢復作玉),稍繁體是徸或遺,繁體是徽或遺。楚簋將此字寫成遺,應是此字的同音假借字。馬承源先生曾首先著文指出,此字音讀應與遺相同或相近,其説糾正了將此字讀"徵"之不妥,[1]顯然是正確的。因此,此字之最簡體賫

① 馬承源:《説賫》,《古文字研究》第12輯,1985年,第173—180頁。

應是從坣(峃省聲)從貝的字(詳下文),至於又或從彳、辵、又,增加形旁,則是字之繁化(當然增加這幾個表示動作的形旁,或説明此字在當時除作名詞用外,或也可以作動詞)。而上舉此字 C 形即矜簋中的邀字從口,顯然不影響此字音讀爲𝑓(即峃省聲),起"峃省聲"作用的字符𝑓(或𝑓),即"峃"字之省,僅取了峃(𝑥)字人形之首部頂端之形。裘錫圭先生早亦曾指出過這一點。[①] 馬承源先生雖正確地説明了此字與"峃"字爲同音,但他不認爲𝑓是峃字之省形,即標音之符號,而是將從𝑓從玉的𝑥視爲峃字,這顯然是有問題的,因爲"𝑥"是另外一個字。

故宮博物院所藏弯卣(過去曾被稱爲六祀邲其卣)銘文曰:

乙亥,邲其易(賜)乍(作)册弯𝑥琤,用乍(作)且(祖)癸尊彝……(《集成》5414)

此銘文中之𝑥字,張政烺、吴匡先生均先已釋作"瑞",[②]吴文更認爲"上偏旁爲峃,下偏旁爲玉。從玉峃聲,瑞字也"。[③] 吴説是有道理的。只有上部𝑓是𝑥(峃)的代表,標其音,下部確應是玉。李學勤先生亦有此説,認爲坣是從玉從峃省,即瑞字。[④] 所以,馬承源先生將我們討論的"賮"字貝以上部分皆認爲是峃字,是不嚴格的。"賮"字,可以認爲是"從坣、貝會意,坣亦聲",這個字讀音與坣同,即讀"峃"音,但加了貝應該已不是坣(瑞)字,瑞是玉名,不能再加"貝"符。所以加了貝,即是另一個有獨立字義的字。[⑤] 依漢字古文字造字習慣,玉、貝皆象徵財産、財富("寶"字造字構思即爲典型),所以讀峃音的"賮"字應該是一個表示資財之字,並不一定確指是玉或是貝。此字之上舉諸稍繁體,繁體作爲名詞使用時亦是這個意思。

賮字與其各種繁體徵、邀等,以往多被讀作"徵"字,其根據主要是認爲此字金文字形與《説文》之"徵"字小篆字形𝘾形近,將小篆徵字所從𝑓認爲即是此字之上端之𝑓形,但此種字釋實無確切根據。上引諸家之説亦多已提到這一點。這裏應該指出的是,《説文》是將小篆"徵"字歸在"壬"部的,𝑓下所從實是𝑥(壬),而非王(玉),即"徵"所從𝑓與"徵"字所從之𝑥是不同的。西周金文中已有被學者們讀爲"徵"的字,其字形作𝘾或𝘾,亦可隸定作邅。此字與《説文》"徵"字小篆體𝘾較爲接近,二者有字形遞變之關係。[⑥] 而且小篆體"徵"字所從之𝑥上部的𝑓,在西周金文中本應是較長的飄逸的形狀,與𝑥字人形頂端(示"端")的短而斜直的符號也有所不同,只是到小篆字體時有所形變。[⑦] 上引吴匡文,雖正確

① 裘錫圭:《古文字釋讀三則》,收入《徐中舒先生九十壽辰紀念文集》,巴蜀書社,1990 年,第 9—22 頁。

② 張政烺:《邲其卣的真僞問題》,《故宮博物院院刊》1998 年第 4 期,第 1—5 頁。

③ 吴匡:《釋瑞徵》,《大陸雜誌》第 65 卷第 2 期,1982 年,第 1—6 頁。

④ 李學勤:《邲其三卣的有關問題》,收入《全國商史學術討論會論文集》,《殷都學刊》增刊,1985 年,第 453—463 頁。

⑤ 矜簋中此字作邀,所從峃從口不從貝,也是表示與"坣"義有別之專有名詞,猶如"君"與"尹"、"召"與"刀"、"啻(適)"與"帝"。

⑥ 裘錫圭:《古文字釋讀三則》"三,釋寓、遵",第 9—22 頁。

⑦ 殷墟甲骨文字有𝑓或作𝑓,與西周金文中讀作坣的𝑥在字形的特徵上有所區别,似非一個字。

地釋出了垒爲"瑞"字,但仍將"徵"字讀成了"徵",認爲徵是从瑞(垒)得聲的,即不妥貼了。

綜上所析,"取徵"之"徵"字,有簡、繁不同字形,但從其基本形體賌看,是一個从垒、从貝會意而又以垒爲讀音(即音垒)的會意兼形聲字。作名詞時是以資財、財産爲字義。爲書寫方便,本文將其統一隸定爲"徵"。但這個字在上舉西周器銘中具體的含義,下面還需要作進一步討論。

三、"取徵"若干"乎"之"乎"當如何理解

徵字義雖是財産,但究竟指的是什麼? 單從以上銘文文義中都看不大明白。這當然牽涉到"取徵"若干"乎"中"乎"的含義。"乎"字,如梳理一下出現這個字的西周銘文,按年代早晚順序大致排列,即可知在西周早期及多數中期銘文中,其最初之字形應是𤓷,上下雙手形中間有一圓形物,字形所示原義可能是交接,也可能是表示雙手抓持。此字在西周中晚期時有四例字形稍有變,其一是西周中期楚簋,"乎"字寫成𤓷,兩手形中間之圓形已近似於一斜橫,但還可以看出由圓形物轉化的迹象。其他三例一是下文要引用的稱卣,年代約在西周中期,乎寫作𤓷、𤓷;二是下文要引用的西周晚期之毛公鼎,"取徵卅乎"之"乎"亦寫作𤓷,與稱卣寫法近似;三是西周晚期揚簋銘文,"取徵五乎"之"乎"寫作𤓷。這三例的共同特色均是雙手中間已變成一斜綫,但從後二例該字接在"取徵"後面,且以數字爲計看,作這種寫法實爲"乎"字之訛變,依然應讀作"乎"。稱卣之𤓷,儘管不在"取徵"句式中,但因爲有後二例同形字的支援,也還是應讀成"乎"。綜言之,"乎"字之形體演變應是𤓷—𤓷—𤓷,東周器銘中的"乎"字寫成𤓷或𤓷,當是承繼了西周中晚期後漸流行的"乎"字之晚出形體。[①]

在上引銘文"取徵"若干"乎"的句式中,乎是"徵"的計量單位。但"乎"在西周時期都可以作爲何種物品的計量單位,也是有必要討論的。比較清楚的是"乎"可以作爲"金"即銅的計量單位。如西周早期禽簋銘文(《集成》4041)記成王以金賜禽,曰"王易(賜)金百乎",西周中期的𤓷匜銘文(《集成》10285)記牧因訴訟失敗,被判鞭刑並受"罰金""三百乎"。

言及"徵"而以金(銅)多少"乎"作爲其單位的,還有西周中期偏晚時的智鼎銘文(《集

---

① 案:本文於 2006 年 9 月底在"中研院""第一屆古文字與古代史學術研討會"發表後,方拜讀到松丸道雄教授《西周時代の重量單位》一文(《東洋文化研究所紀要》第 117 册,1992 年 3 月,第 1—59 頁),知其先已有與筆者類似的見解。對此字唐蘭先生有不同意見。他認爲𤓷字應讀成"爰"字,像授受銅餅,而"乎"字原作𤓷,只是到了戰國時因爲爰字變成𤓷,兩字才纔區別。(見《陝西省岐山縣董家村新出西周重要銅器銘辭的譯文和注釋》,《文物》1976 年第 5 期,第 55—59、63 頁)。按:先秦文獻與西周金文中乎、爰字釋爭論已久,唐說似仍可爲一說。但商晚期卜辭中有𤓷字,其字形與《說文》"爰"字訓"引也"之字義較爲相合,讀爲爰(援)於卜辭文義無障礙。西周晚期器銘中明確可讀爲"爰"的字,如虢季子白盤"宣廟爰鄉"之"爰"作𤓷,與此時仍流行而唐氏讀爲爰的𤓷字形差異較大。從卜辭中的𤓷到西周晚期金文中的𤓷,可能另有一條演化的途徑。西周中、晚期銘文中出現的𤓷當並非是承繼商卜辭中的𤓷字而來,應只是𤓷的訛變。

成》2838)，智因效父扣押了他"五夫"，遂與效父發生糾紛而訟於井叔。智指使其小子觼申訴，根據雙方的約定，贖人條件爲"用徵誕贖兹五夫，用百孚"，其意是用徵(徵)來贖回這五個人，費用爲"百孚"。其下繼言，如果對方不遵照雙方約定而不願交出五夫，即是違約，是"迺弤有旛(倍)𥝢𧵣(覬)金"。參照李學勤先生的解釋，弤亦是智的下屬，這句話是言對方背離與弤的約定，目的在於"覬金"，即想要索取更多的"金"。① 可見贖人的"百孚"亦是金(銅)的重量，"孚"確是金(銅)的計量單位。而且可以認爲西周時以"徵"作爲表示資財的名詞時，會常以金(銅)的重量多少"孚"來作爲其價值的表徵。

但"孚"在西周時似偶亦被用作貝的計量單位，例如西周中期之稱卣銘文曰：

　　稱從師雍父戍于古𠂤，蔑曆，易(賜)貝卅孚。(《集成》5411)

此"孚"字形作🐟，上文已論及此字形與毛公鼎中"孚"字同形，仍當讀作"孚"。如果在此銘文中也把"孚"理解爲像上引金(銅)多少"孚"一樣是個重量單位，則貝也用重量單位來計數，即不很好理解了。因爲"貝"顯然不適於稱重量來計其多少。② 商周器銘中習見之賜貝多以"朋"計，是以數量爲計的。所以"孚"在這裏也可能是"朋"以外另一種對"貝"的計數方式。由此再聯繫上述西周以"孚"作爲金(銅)的計量單位，則賜貝多少"孚"，也可以理解爲所賜貝價值相當金(銅)的多少"孚"，即可以用此等數值的貝等值置換多少孚金(銅)。

當時的貝與金(銅)之間當有固定的換算方式。貝的計算單位"朋"與"孚"之間的比值多少，或可以由下面的銘文資料推測出來。扶風莊白一號窖藏出土的商尊銘文曰：

　　帝后賞庚姬貝卅朋迖丝廿孚。(《集成》5997)

丝在這裏是讀作"絲"還是讀作"兹"合適呢？ 在西周金文中可見"絲"的單位是"束"，似並不用"孚"來計重。銘文中的迖在這裏可以讀作"代"；"兹"通作"才"，讀作"值"，此句銘文可釋爲以貝幣 30 朋代替銅 20 鋝。③ 30 朋貝相當於 20 孚金(銅)，則 1 孚金(銅)價值相當於 1.5 朋貝。如此則上引稱卣銘文中師雍父賜給稱的貝 30 孚，實際爲貝 45 朋，所以不逕言"四十又五朋"，或是因爲用 30 孚金(銅)來表示，可以更形象化地展現賞賜物之優渥。由於金(銅)可以與貝存在比值關係，所以金(銅)與貝一樣，也可以用來作爲物品交換或買賣中的等價物。

研究貨幣史的學者多相信金(銅)在當時已具有稱量貨幣的作用。如此，則在西周時代可以作爲貨幣使用的有兩種實物，一是海貝，因其來自沿海地區，稀少不易取得，故較爲

① 李學勤：《論智鼎及其反映的西周制度》，《中國史研究》1985 年第 1 期，第 95—102 頁。
② 朱活：《古錢新譚》(山東大學出版社，1992 年)，認爲此銘"易貝卅孚"中所賜之貝是銅貝。
③ 李學勤：《說"兹"與"才"》，《古文字研究》第 24 輯，2002 年，第 170—171 頁。李先生在文中還舉出上海博物館所藏亢鼎銘文中"公大保寧大㝬于羌亞，才五十朋"的例子。"弋"有取代之義，亦見《尚書·多士》"非我小國，敢弋殷命"。

珍貴,並因此可以充當等價物;[1]另一是金(銅)。但在當時究竟何種形態的貝可作爲貨貝,而金(銅)雖可以作爲稱量貨幣,但是否確有專用作貨幣使用的有某種固定形態且爲"寽"的整數倍重的銅錠等,這些問題的解決尚有賴於新的考古發現與更深入的探討。

可以説明貝在西周社會有貨幣功能,即確實可以作爲其他物品的等價物的最直接的例子即是岐山董家村出土的衛盉銘文,其文曰:

> 隹(惟)三年三月既生霸壬寅,王爯旂于豐。矩伯庶人取堇(瑾)章(璋)于裘衛,才八十朋,厥貯其舍田十田。矩或取赤虎(琥)兩、麀韋(韍)兩、賁鞶(帉)一,才廿朋,其舍田三田。(《集成》9456)

如上述,"才"多少朋,即是言值多少朋。在此銘文所講易物過程中,貝並未實際作爲貨幣來使用,而只是充當了玉佩與田地之間交換的等價物,但由此亦可以推知,貝應是亦可以直接用來作爲貨幣購買物品的。

在曶鼎銘文中,記曶經井叔裁決勝訴後,接受了從限那裏所贖之五夫,五夫的主人眂"迺卑(俾)□以曶酒及羊,茲三寽,用侄(致)茲人",前一"茲"通作"才",讀作"值",[2]是説酒、羊價值相當於"三寽"金(銅)。

有了貝作爲這種在物品買賣中使用的貨幣或交換中的等價物,爲什麽還要用金(銅)作爲等價物,並使其亦具有貨幣功能呢? 這很可能是因爲金(銅)在當時有着較強的實用價值與更便於保存的特性,有類似於"貴金屬"的功用,因此亦更易充當貨幣之角色。

一寽銅的重量究竟有多少,對這個問題學者已作過不少的研究。《説文》言:"鋝,十銖二十五分之十三也。从金,寽聲。《周禮》曰:'重三鋝。'北方以二十兩爲[三]鋝。"《考工記》"冶氏"鄭玄注曰一鋝爲"六兩大半兩",《小爾雅·衡》云"二十四銖曰兩。兩有半曰捷。倍捷曰舉,倍舉曰鋝",以6兩爲一鋝。依《説文》前一説一鋝不到漢制半兩。依後二説,一鋝亦只有漢制6兩或"六兩大半兩"不到7兩,與《説文》所云北方之制相合。漢制一斤大約合今250克,[3]而漢制一斤合16兩,則一兩僅合今約15.6克,故漢制一鋝即不到110克。這樣看來,漢人所講鋝之單位重量均嫌較輕,與上述西周金文中所言取徵多少寽時情況似不相適應,説明西周"寽"的重量單位與漢制當有所不同。與西周時"寽"重量單位可能相近的是眾所周知的魏國布幣"梁夸釿五十尚(當)寽""梁夸釿全(百)尚(當)寽""梁正尚全(百)尚(當)寽""梁半尚二全(百)尚(當)寽"之"寽"的重量,依此類布幣實重測得,此

---

① 西周金文中可見王或貴族賞下屬以征伐某地所掠獲之貝,或言征伐於某地而"俘貝"。如小臣謎簋"伯懋父率征自五齵貝"(《集成》4239),霎鼎"惟王伐東尸(夷),……霎俘貝"(《集成》2740—2741)。既要在征伐東夷之地時俘掠貝,即可知貝在當時之珍貴,同時亦可知西周貴族所用之貝有的來自東部沿海地區。

② 李學勤:《説"兹"與"才"》。

③ 參見《中國歷史大辭典》(上海辭書出版社,2000年)所附《中國歷代度量衡演變表》。又參見徐正考:《漢代銅器銘文研究》(吉林教育出版社,1999年),第六章"度量衡問題"。

一寽重在1400至1600克之間,與洛陽金村古墓出土方壺的"寽"數相近同。① 所以,也可以認爲一"寽"重約1500克,即1.5公斤。西周早期的遽伯睘簋銘文言:"遽白(伯)還乍(作)寶尊彝,用貝十朋又四朋。"(《集成》3763)上面曾論及,1寽價值相當於1.5朋貝,則14朋貝即大約可購得13.95公斤銅,如果遽伯睘簋所言用14朋是用來製了這個簋與其他相配的(一套)禮器,13.95公斤銅的重量還是較合適的。② 這似可以作爲西周時1寽重量的旁證。馬承源先生曾注意到西周時圓形銅錠資料,一是《文物》1972年第7期發表的扶風縣法門寺鄉莊白村出土的生紫銅餅,重9.3市斤,按以上所言西周時一寽可能之重量1500克計,約合3寽。《文物》1981年第8期發表的大冶湖邊出土的含銅91.86%的銅餅,每塊重約1500克,恰合以上所述一寽。但這樣的資料還是不多的,西周時這種重爲"寽"整數倍的銅錠是否即作爲金屬貨幣流通,尚待更多的發掘資料來證實。

"寽"是金(銅)的重量單位,在銘文中如不是逕言其是賜金(銅)或罰金(銅)時,應該是一個以金(銅)作爲比值物衡量其價值多少的比值單位,所以銘文中僅言及賜予或罰多少寽時,有一種可能,即此時未必一定是真正用金(銅)來支付,而可能是講要給予或懲罰的是相當於多少寽的財產(自然亦可換算爲相當於多少朋)。例如師旂鼎銘文曰:

> 唯三月丁卯,師旂衆僕不從王征于方雷,使厥友引以告于伯懋父,才(在)葬,伯懋父廼罰得冟(兹)由三百寽。(《集成》2809)

冟當可讀作"兹",似仍可因通作"才"而讀作"值"。由,在此或當讀如猶,猶如也。因爲未明言罰的是金(銅),也許伯懋父罰"師旂衆僕"令其上交的只是價值如"三百寽"的財產,而非必是要罰金(銅)。

據此,上舉諸銘文言及王册命貴族官職及其職掌後"取徵"若干"寽",所取的如僅是指金(銅),則可以直接言"取金",但此類銘文中無一例言及"取金"多少寽。所以,也可能並非必是以金(銅)支付,而只是講授予被册命之貴族相當於此若干"寽"(即相當於若干"寽"銅)的財產。

四、"取徵"若干"寽"的性質

對"取徵"若干"寽"的字面含義如何理解,已見上述。但貴族經册命而有權得到的這若干"寽"的"徵"究竟是什麼性質的財產,還需要根據有關銘文的內容作較客觀的推擬。

對此一問題,較早提出明確觀點的有日本學者貝塚茂樹,他曾有專文闡述"取徵"之含義,認爲是處理爭訟時徵取罰金。③ 與之觀點近同的是陳夢家先生,亦認爲徵(陳氏讀作

① 參見朱德熙:《平山中山王墓銅器銘文的初步研究》,《文物》1979年第1期,第42—52頁。
② 按:此14朋應包括製造工藝之費用,不會全用來購銅,鑄簋未用到13.95公斤的銅。
③ 小川(貝塚)茂樹:《西周時代に於ける罰金徵收制度》,《東方學報(京都)》第七册,1936年11月,第90—102頁。

"徵")是徵取罰款。① 但在涉及"取徵"的銘文中,並無一例明言確屬於徵收罰款。貝塚氏與陳氏之説只是根據金文中"取徵"接在"訊訟"後的幾個例子,以及其他言及罰金若干乎的銘文(如師旂鼎銘文所記對違背命令的部屬徵收罰金)所做的推測,其説並未有紮實的根據。陳小松先生據一些銘文中"取徵"多少"乎"接在"訊訟"字句後,故引《周禮·秋官·大司寇》中有關獄訟之事要交納訟費的内容而認爲"取徵"是收取獄訟者的訴訟費,其不妥之處陳公柔先生已論及。②《尚書·吕刑》有"獄貨非寶"句,恰恰是言獄訟所收費用不可據爲己有。上文亦曾論證,西周金文中王册命官職與職守時,常强調"訊訟",實際上是因爲處理獄訟之事是當時所有較基層官吏的主要職責之一,"取徵"當並非僅與"訊訟"有關,其報酬亦當含在俸禄中,不會再因此單獨收取費用。

此外,由上舉金文亦可知,若干受册命者,像毛公鼎銘文中的毛公、番生簋銘文中的番生、楚簋銘文中的楚、載簋銘文中的載等並未明確言及"訊訟"職責,但也可以"取徵"若干"乎",亦很清楚地説明"取徵"不必非與獄訟之事相關聯。

白川靜氏在《金文通釋》中提出"取徵"是對在本職以外的兼職之俸禄。此説將"訊訟"之職視爲兼職之不妥,本文開首即已論過,此不贅述。松丸道雄氏認爲,把銘文中先言及"訊訟"後講"取徵"者説成是對兼職之給付,其可能性是有的,但也有銘文並未提及"訊訟",卻同樣涉及"取徵",這樣的情況只能理解爲是爲明確受册命者之身份而給予的儀禮性質的一次性賞賜。③ 但在西周金文中,如是一次性的賞賜,通常應該言"賜"而非"取",即然用了"取"字,即説明這種"取"不會是一次性的賞賜行爲,乃是强調受册命者將因其擔負王所册命之職事而可從王(王室)那裏取得報酬。而且,如將"取徵"若干乎這種册命銘文中所規定的一種制度性行爲之性質做多種解釋,似亦是不甚妥當的。

所以,比較起來,認爲受册命貴族"取徵"當是從朝廷取得與其職務相應的固定的俸禄的看法還是相對較爲合理的。此説較早由郭沫若氏提出。④ 可支持此種見解的有如下兩點因素:

(一)"取徵"的"乎"數與受册命的貴族等級高低有連帶關係,如毛公鼎銘中記權臣毛公"取徵""卅乎",番生簋銘記番生"取徵廿乎",毛公的職務範圍甚廣,除統轄卿事、太史二僚以及公族,即王之親近成員組成的宗族外,還包括三有司以及"小子、師氏、虎臣";番生則僅司理卿事、太史僚與公族,職務範圍略小,故取徵數目低於毛公。親簋銘文言親作冢司馬,冢司馬應歸屬上述番生所司理的卿事僚範疇内,職務顯然低於番生,故"取徵"又少

① 陳夢家:《西周銅器斷代(六)》揚簋,《考古學報》1956 年第 1 期,第 85—122 頁。
② 陳公柔:《西周金文訴訟辭語釋例》,收入香港中文大學中國文化研究所、中國語言及文學系:《第三屆國際中國古文字學研討會論文集》,1997 年,第 231—240 頁。
③ 松丸道雄:《西周時代の重量單位》,第 1—59 頁。
④ 郭沫若云:"'取積若干乎',蓋言月取若干以爲薪俸也。"見氏著《兩周金文辭大系圖録考釋》(文求堂,1935 年),第 57 頁,趞簋考釋。

於番生,爲"十孚"。其他言及"取徽"的銘文中所見受册命者以取五孚爲多,蓋因所受之官職更爲基層。取徽多少的這種差距顯然與不同等級貴族所受册封的王朝官職與等級地位高低有關。

（二）馬承源先生曾指出,凡言"取徽"者皆是新命官職而非世襲官職。此説與上面舉出的涉及"取徽"之銘文内容相合。且綜觀西周器銘,凡世襲官職、王册命只是對其世襲官職予以承認或者是王先已經命其職務,而再次重申其任命(在銘文中常用諸如"今余惟霝(申)矞(就)乃令(命)"句),而强調其職掌的兩種情況下,確實無一例言及"取徽"若干"孚"。① 這可以用"取徽"多少孚之俸禄在初次册命時已明確,繼承先人職務或官職未變時不必重言之來解釋。這也説明西周時已有較穩定而規範的職官俸禄制度。只有上引親簋銘文需要説明。該銘言王呼作册尹申命親"更乃祖服,作冢司馬",下銘言及"取徽十孚"。李學勤先生解釋説:"王册命時稱'申命',是親原有官職,到這時改任司馬。"②這種解釋顯然是很有道理的。親既是改任,職官有所變遷,故王要明確其新職俸禄爲"取徽十孚"。

當然,應該看到有一些銘文反映的是王新任受册命者官職,但銘文中也並未言及"取徽"多少,這或與此類銘文較爲簡略有關。

認定"取徽"之性質爲王朝卿士之俸禄,關乎到對西周官制的深入了解。西周官制屬世卿世禄體系,王朝卿士基本上皆是受封賜的世家貴族,有封土,不僅食封土之租(類似於勞役地租),而且有治理與支配封土上屬民之權力。此類貴族其家族生活在封土内,本人則在王朝作内服,他們主要是依靠此種受封賜而來的土田、民人生活,維持本家族之生存與發展。所以其受封賜之土田可以認爲實際上即是其在王朝任官職的俸禄。但由"取徽"這類銘文來看,他們還會因此而得以享受王朝給予的另一類俸禄,數量多少以若干"孚"爲計。③

銘文中"取徽"之數目,是年俸還是月俸則難以確知。從上舉器銘可知,多數王朝卿士享受"五孚"之俸禄,"一孚"重量如采用上文所言約爲1 500克,則五孚爲7 500克即7.5公斤銅。"五孚"如是月俸,一年之俸禄即相當於金(銅)90公斤的價值,如考慮"孚"與"貝"的換算關係。依前文所揭示,一孚約合1.5朋貝,則"五孚"即相當於7.5朋貝。依照董家村衛盉銘文所提供的那場交易中土田之價格,"十田"值80朋,"三田"值20朋,則"一田"約值7至8朋,"取徽""五孚"如是月俸,合7.5朋貝,即大約相當於"一田"之價值,一

---

① 王重申先已任命的職務時即未曾言及"取徽"者,例如屬於此類的師詢簋銘文(《集成》4342)。其文句内容多與毛公鼎合,王亦對師詢寄予厚望,言語懇切,所賜中竟有尸(夷)允(訊)三百人,可知師詢之重要地位,但銘文並未言及師詢"取徽"多少,與毛公鼎銘文相比較,此差異很明顯。

② 李學勤:《論親簋的年代》,《中國歷史文物》2006年第3期,第7—8頁。

③《孟子·離婁》中記孟子與齊宣王所云臣如"去三年不反,然後收其田里",楊寬先生即認爲這反映齊國在實行以糧食爲俸禄的同時,仍然兼用官吏所占有的田地的租税收入作爲俸禄,見《戰國史》(上海人民出版社,1980年)第六章。當然,戰國時官吏所占有之田里的性質與西周的封土是不盡相同的。

年之俸亦即可易十二田。毛公所享月俸"卅寽",約合 45 朋貝,約相當於"五田"至"六田"之價值,一年之俸則可易六十至七十田。惟當時"一田"之大小現在無從得知,疑不會太大。作爲俸禄的徽固然可能確是直接以具有稱量貨幣功能的金(銅)多少寽來支付,但也可能如上文所論及的,實際支付的徽並非是多少寽金(銅),而是指價值相當於此多少寽金(銅)的貴族所需其他用品資財,在具體支付時應當由王朝專門負責此事務的官員給予折合。①

（原載《古文字與古代史》第 1 輯，"中研院"歷史語言研究所，2007 年）

---

① 這當與戰國時期列國以糧食的計量單位"鍾"(齊、魏)、"石"(秦、燕)、"擔"(楚)若干來規定俸禄有相近處,參見楊寬《戰國史》第六章。在實際操作中如僅酬以糧食,似不能滿足官吏多方面生活需要,可能也是以折合糧食的多少來計算俸禄的。

金文所見西周貴族家族作器制度

西周青銅器銘文中有幾篇內容涉及當時貴族家族內製造青銅禮器的制度。這幾篇銘文有近年來發現的,也有很早即著録過的。下面先逐篇做較扼要的考釋與分析,再綜合起來,對銘文內涵所能反映的貴族家族作器制度做一歸納。

一、非 簋

非簋,亦即學者們所稱異好簋(圖一),爲香港私人收藏家藏品。其形製作侈口,腹壁斜收,下部圜轉內收成底,較高斜坡狀圈足,底有矮直階。其形制確與盂近,腹部作由雙龍紋構成的大垂葉紋,亦多見於西周時期的盂上。吳鎮烽先生稱爲"盂"是有道理的。[①] 但此器高僅 17 厘米,體形甚小,迄今稱爲"盂"者,除了商末周初少數小型的盂(但也多高達 20 厘米以上)外,西周時盂均高在 40 厘米以上。小型盂是盛食器,大型者應是盛水器。[②] 從形體上看此器仍以稱爲"簋"較妥。綜合考慮形制、紋飾與銘文字體,其年代應在西周早期約康王時。簋銘(圖二)已先後有幾位學者做過很好的研究,[③]爲讀懂該銘文有開拓之功,對筆者也深有啓發。惟諸家意見未盡一致,蓋因銘文內容與文例均不多見,需大家反復斟酌、討論才能讀懂。先將銘文釋文依筆者的意見寫在下面,再逐句作討論:

> 非曰:"異好,我隹(惟)曰
> 若:'我王(往)艁(瀕)宝事乍(作)

---

① 吳鎮烽:《〈異好簋銘文小考〉補正》,復旦大學出土文獻與古文字研究中心網站(http://www.gwz.fudan.edu.cn/SrcShow.asp? Src_ID=2691),2015 年 12 月 22 日。

② 參見拙著《中國青銅器綜論》上册,上海古籍出版社,2009 年,第 307—311 頁。

③ 曹錦炎:《異好簋銘文小考》,發表於"饒宗頤先生百歲國際學術研討會",2015 年 12 月。吳鎮烽:《〈異好簋銘文小考〉補正》。董珊:《異好簋銘小箋》,復旦大學出土文獻與古文字研究中心網站(http://www.gwz.fudan.edu.cn/SrcShow.asp? Src_ID=2695),2015 年 12 月 23 日。下文引以上諸家見解不再出注。

圖一　非簋器形

圖二　銘文照片與拓本

器,無徉(逢)多爲它(也)。① 異

□小子其肇乍(作)器,逎

必興還,異好自丝(兹)。’”

下面,逐句探討一下銘文的文義。

非曰: 異好,我隹(惟)曰若

從銘文語意看,“非”應是異好所屬家族之長,有宗子身份。整篇銘文在“非曰”以下均當是記録非對異好的訓誥之辭。

若,《荀子‧王霸》“出若入若”,楊倞注:“若,如此也。”“我隹(惟)曰若”,大意即我要説的話如下。“我”在西周時已可作爲第一人稱使用,此應是“非”自稱。

我王(往)陫(瀕)亘事乍(作)器

王,在這裏應讀作“往”。《詩經‧大雅‧板》“昊天曰明,及爾出王”,毛傳曰:“王,往。”朱熹集傳:“王、往通。言出而有所往也。”《莊子‧山木》“攬蔓其枝而王長其間”,陸德明釋文:“王,司馬本作往。”在本銘此處,“往”作過去講。

陫,應是“瀕”字。② 如屬西周中期的效尊、效卣有“公易(賜)氒(厥)陫子效王休貝廿朋”(《集成》6009、5433)句,“陫”字亦與本銘寫法相同。陫子,如讀成“瀕子”,“瀕”通“濱”,皆有旁、邊之意,則“瀕子”應即“旁子”,或亦即所謂支子,指嫡長子以外衆子(或指非嫡之庶子)。約康王時的井侯簋“瀕”字作“顅”(《集成》4241)。周厲王㝬簋此字亦作“瀕”,所以

---

① 它,透母歌部;也,喻母歌部。音極近故可通。西周文獻中“也”作爲語氣詞較少見(參見黄德寬:《説“也”》,收入《第三届國際中國古文字學研討會論文集》,香港中文大學中國文化研究所、中國語言及文學系,1997年),但《詩經》中屬於西周的詩篇則可見“也”作句末語氣詞,如《小雅‧何人斯》:“爾還而入,我心易也。”“壹者之來,俾我祇也。”《巷伯》:“慎爾言也,謂而不信!”《大東》:“哀我憚人,亦可息也。”《大雅‧抑》:“白圭之玷,尚可磨也;斯言之玷,不可爲也。”“也”作句末語氣詞用,不見於《尚書》,但見於《詩經》中西周詩篇,也許是因其口語性較强。

② 《金文編》(中華書局,2011年)即將此字形歸入“瀕”下。見是書第742頁。

從"辵"或從"步"、有無"頁"旁應只是同字異體的關係。"瀕"通"頻",典籍中"頻"多讀作"比"。頻,並母真部字;比,幫母脂部字。二者聲母極近,脂、真陰陽對轉。比,類也,例也。"比宓事"即"類如宓事"。

宓字,其繁文作窤,字之釋讀學者們有許多意見,但似乎未能確識。從其在銘文中的字義看,其字義有三:1."作"義;2. 近似於"賜"義;3. 近似於"休"義。較常見的有前兩個字義。以上三種字義,第一種"作"義,如"用宓丁宗彝"(萬乳方彝,《銘圖》13540。按:《銘圖》稱爲"康方彝",舊稱"戍鈴方彝"),"用宓茲彝"(孟簋甲、乙、丙,《銘圖》5174—5176)。宓皆有"作"義。第二種近於"賜"義的,如"宓絲五十寽"(乃子克鼎,《銘圖》2322),"王親衺庶(宓)師酉,賜豹裘"(師酉鼎,《銘圖》2475)。從後一例看,此字其義與"賜"義又稍有區別。第三種字義,近於"休"義的,如"公賞作册大白馬,大揚皇天尹大保宓"(作册大鼎,《銘圖》2390—2393),"作册令敢揚明公尹人宓"(作册令方彝,《銘圖》13548),"方其日受宓"(方簋蓋,《銘圖》5129)。此第三種字義例句中的宓字,在西周金文中通常用"休"字,《詩經·大雅·江漢》"對揚王休",鄭玄箋:"休,美也。"《左傳》襄公二十八年"以禮承天之休",杜預注:"休,福祿也。"①

本銘言"我王(往)脽(瀕)宓事乍(作)器",此"宓事",依上文對"宓"之字義分析,可能是指受上級貴族賞賜之事。

無逄多爲它(也)

逄通作"逢",迎也,迎合也。

以上兩句話大意是,我以往因類似於受賞賜之事而作器,沒有爲逢迎此類事而做得過多。

---

① 依靠字義訓詁與音同假借而可以大致兼有以上"宓"字三義的字似是"胙"字。胙,從母鐸部字,與"作"(精母鐸部字)音同可通,唐蘭先生即認爲宓字"假借爲胙"(《西周青銅器銘文分代史徵》"作册大鼎"注釋6,中華書局,1986年,第138頁)。而《國語·齊語》"南城周,反胙於絳",韋昭注:"胙,賜也。"胙是祭肉,祭畢頒賜於人,故引申有賜義。《左傳》隱公八年記衆仲答魯隱公語言"天子建德,因生以賜姓,胙之土而命之氏"杜預注訓此處"胙"爲"報",即回報。又《左傳》昭公三年,鄭伯對晉公孫段曰:"賜女州田,以胙乃舊勳。""胙"亦可訓"報",《玉篇》:"報,酬也。"上報下,上酬下,方式皆是給予,引申其義遂有"賜"義。胙因爲本義是頒賜之祭肉,受之有共沾祖先福佑之寓意,故《國語·周語下》"天下所胙"韋昭注:"胙,福也。""胙"在典籍中亦有福祿、吉祥、美善之意。以上"胙"之字義與金文中"宓"之字義多有相近合處,故"宓"似可暫讀作"胙"(袁俊傑、王龍正:《論无鼎與喪服禮》,見《考古》2015年第6期,亦認爲"宓"有"通胙爲賜義")。平頂山應國墓地 M242 出土有🐦鼎(河南省文物考古研究所、平頂山市文物管理局:《平頂山應國墓地》上,大象出版社,2012年,第149—151頁)。其銘文曰:

> 🐦拜稽首,
> 皇兄考(孝)于公,
> 🏠乒(厥)事。弟不
> 敢不羃(擇)衣
> 夙夜用占鯗公。

🏠,發掘報告釋作"宓"。其字形與宓形近,此亦暫隸作宓。皇兄是作器者🐦之兄,因"孝于公"而"宓厥事"之"宓",似仍可讀作"胙"(作),"作厥事"之事,當即是祭祀。衣,或是指祭服。擇衣,選擇祭服,在此也許是表示鄭重對待祭事的一種象徵性的説法。"夙夜用占鯗公","夙夜"應也是表示對祭事之虔誠。"占"在此或當爲"候"義,《方言》卷十"自江而北凡相候謂之占",《後漢書·段熲傳》"上占天心",李賢注:"占,候也。"作器者爲弟,主祭公(即其父)者爲兄,故弟要伺候其兄主祭公時隨時作助祭也。按:《銘圖續》195刊此鼎銘,以上釋"占"一字"口"中似有一點,如是則爲"旨"字,在這裏可讀爲"詣",進也,至也。

異□小子其肇乍(作)器

"異"後一字,右邊似从"頁",左邊銹泐較重,不能確識,但從殘存筆畫看不會是"好"字。[①] 從本銘文義看,既是專門訓誥"異好"的話,這裏不會再出現其他人名。故"異"後此字不會是人名。"異□小子"仍是指異氏内與異好身份相類的諸小子。"小子"即指宗族内小宗之長或指年紀較輕的後生小子。異好即屬於此宗族内之小子。肇,在此應取其"始"意,"肇作器",即首次作器。

迺必興還

迺,乃也,見《爾雅·釋詞》。在此義猶"則",見王引之《經傳釋詞》。興,《説文》:"起也。"還,猶顧也。見《左傳》昭公二十年"無所還忌"杜預注。起顧,即起身回顧,在這裏可能是比喻説法,是講要以起身而向後瞻望的鄭重態度,遵守非所云"我往瀕宦事作器,無逢多爲也"的規矩。

異好自丝(兹)

"丝"在這裏似可讀作"裁",兹,精母之部;裁,從母之部,同韻而聲母極近。"裁"有裁斷或度量之義。[②]

根據上述對非簋銘文的句釋,可以將銘文之大意用現代漢語作一表述:

非説:"異好,我要説的話如下:'我以往因類似受賞賜事而作器,没有爲逢迎此事而做得過多。異氏内小子初始作器,則必要認真回顧以往的做法。異好自己掂量吧。'"

"非"應是異氏的宗子,異好作爲宗小子,很可能是小宗分支之長,當然也可能只是宗族内年少者。"非"要對宗小子做青銅禮器進行訓誥,反映出當時貴族宗族内部宗子對族人在製作青銅禮器方面也具有制約之權。有關宗族内部製作青銅禮器的制度及相關的宗法制度,以往受資料限制所了解的不多,本銘内容有助於了解這方面的情況。

本器銘文皆爲記錄"非"訓誥異好之言語,作器者是何人,值得討論。如果是異好所製,稱其宗子名爲"非",似有不妥,所以此小簋很可能是非所製,銘文是對異好的訓誥之言,簋雖可能已贈給異好,由異好使用,但其重點在要求異好依銘文自律,實與一般重在應用之器不同,故將此器稱爲"非簋"。

二、伯狱諸器與衛簋

伯狱諸器著録包括狱鼎一、伯狱簋二(甲、乙,圖三)、狱簋四(甲、乙、丙、丁)、狱

---

① 從可見筆畫看,字左邊似近於"屯"字,故此字或許是"頓"字。"頓小子"之"頓",一種可能是讀"頓"爲"敦"。《老子》十五章"敦兮其若樸",河上公注:"敦者,質厚樸者。"《後漢書·班固傳》"是故義士偉而不敦",李賢注:"敦,厚也。"如是,"異頓小子"即異氏之敦厚小子。"頓"也可能讀作"屯",均端母文部字。"屯",聚也,聚落也。"異屯",即異氏之族居地,近似於稱"異自"。

② 自,從母質部字;悉,心母質部字。聲母極近而同韻,故"自"在此或可讀作"悉"。"自兹"即"悉此"亦即要了解此點(指上述作器之規矩)。"自"讀"悉",參見下文論作册嗌卣銘文中對"盝"字的考釋。

盤一、獄盉一。除獄簋乙、丙、丁外,均已入藏中國國家博物館。衛簋已見著録有三簋(甲、乙、丙)。① 伯獄諸器與衛簋,屬同一宗族之宗子獄與其弟衛所作祭器,二人所作器之銘文有所重合,依據器物形制與部分器銘中的曆日關係,獄組諸器與衛簋(甲、乙)的年代順序應是:(1) 伯獄簋(甲、乙)、獄鼎——(2) 獄盤、獄盉(圖四)——(3) 衛簋(甲、乙,圖五)——(4) 獄簋(甲、乙、丙、丁)。其作器時段大致在穆、共之際。比較伯獄諸器與衛簋的銘文可以看到,衛簋銘文的文句與詞語,基本上已在先於衛簋製造的伯獄簋、獄盤、獄盉銘文中出現,大致是合此數器銘文詞句而成。關於上述情況,筆者曾在《衛簋與伯獄諸器》一文中予以介紹,②此不贅述。

圖三　伯獄簋(甲)器形與銘文拓本(中爲蓋銘,右爲器銘)

圖四　獄盉器形與銘文拓本(蓋銘)

① 入藏中國國家博物館的獄器,見於《中國國家博物館百年收藏集粹》,31. 獄鼎,35. 伯獄簋甲、乙,44. 獄簋甲,49. 獄盤,50. 獄盉,安徽美術出版社,2014 年。以上諸器亦見於《銘圖》2329(獄鼎)、獄 5275(伯獄簋甲)、獄 5315(獄簋甲)。衛簋甲、乙見於拙文《衛簋與伯獄諸器》,收入《南開學報》(哲學社會科學版)2008 年第 6 期,第 1—7 頁。衛簋丙見於《中國國家博物館百年收藏集粹》42,筆者曾在京見過第四件,即衛簋丁,現不知藏處。
② 拙文《衛簋與伯獄諸器》,《南開學報》(哲學社會科學版)2008 年第 6 期,第 1—7 頁。

圖五　衞簋乙器形與銘文拓本（蓋銘）

　　如獄盤、獄盉及衞簋銘文所示，王賜給伯獄與衞的物品是相同的，這説明在王朝職官系統中，二人的地位可能相近，甚至完全一致。但是在宗族内部，衞爲小宗，雖已未必與獄同居，且有可能已有不受大宗支配的財産，但因其宗法地位低於伯獄，故雖有權獨立鑄造祭祀父考的禮器，但在表達自己作器意圖的銘文中，確是完全仿造大宗伯獄所作器銘，説明其在祭器製造及與之相聯繫的宗教祭祀活動上還是要服從於族長獄。這無疑是宗法制度在當時貴族家族内被嚴格執行、有超越經濟實體作用的表現。

三、由 伯 尊

凷(由)伯尊(圖六)從形制、紋飾及銘文字體(《銘圖》11795)看,應是西周早期偏早,約成王時器。

圖六　凷(由)伯尊器形與銘文拓本

銘文釋文如下:

　　毘由白(伯)曰𢆉钌(御),乍(作)障(尊)

　　彝,曰:母(毋)入于公。曰由

　　白(伯)子曰𢆉,爲氒(厥)父

　　彝,丙日,唯母(毋)入于公。

裘錫圭先生已對此銘有考證。[①]　"毘"字在銘首,應是由伯與𢆉之氏名。

由白(伯)曰𢆉钌(御),乍(作)障(尊)彝。

　　御,即御事。是由伯吩咐𢆉去做事,即"作尊彝"。

曰:母(毋)入于公。

　　也是由伯之吩咐,做完器後不要歸入公家,公家當是指由伯爲宗子的宗族。

曰由白(伯)子曰𢆉,爲氒(厥)父彝。

　　裘錫圭先生解釋説是告訴"由伯之子名𢆉者",即𢆉非由伯親子,而是其兄弟之子。這樣解釋當然是對的,惟銘文一開始頭一句話中已提到𢆉,爲何沒有在首次稱𢆉前加"由伯子",而要放到後邊才提到其與由伯的關係? 是否還有另一種可能,即將"曰由伯子曰𢆉"解釋作"吩咐由伯之子告訴𢆉"。即使如此讀,從由伯關注𢆉作祭器以祭其父來看,𢆉仍可以理解是由伯之從子或其從兄弟。"爲厥父彝"是説所作彝器,作爲𢆉祭其父之祭器。

---

① 裘錫圭:《從幾件周代銅器銘文看宗法制度下的所有制》,收入《裘錫圭學術文集》第 5 卷,復旦大學出版社,2012年,第 202—209 頁。

丙日,唯母(毋)入于公。

"丙日"可從裘先生説,是㠪父之祭日(下文所舉由伯卣銘文朙爲父丙作器可證)。這表明此器是用於㠪在自己私廟中即小宗的廟中祭其父。前文已言由伯曰"毋入于公",故這裏言"唯毋入于公"應是㠪重申此語。

這篇銘文的格式是:前面一段,從"由伯曰"至"曰:毋入于公",是總括全文要旨。後面一段則是稍做具體的説明,前後實際講的是一件事,由伯並没有説了又説。

由伯所作器還有由伯卣(圖七),其銘文(《銘圖》13251)曰:

㠪由伯白(伯)曰:朙乍(作)父丙寶障(尊)彝。

圖七　由伯卣銘文拓本(左爲蓋銘,右爲器銘)

由伯指示"朙作父丙"之祭器,知朙是㠪之兄弟。㠪、朙二人作爲小宗,祭父之禮器均由其大宗由伯指令製作,與以上非簋及獄、衞諸器一樣,體現了大宗對宗族内祭祀制度的維護與對小宗製器的控制權。此外,這兩件器的銘文雖説明是㠪與朙爲父丙所製,但重點似放在了記録由伯之指示上,亦可見在當時宗族内大宗之崇高地位。朙卣銘文字形特徵與㠪尊近同。尊、卣在西周早、中期常相配使用,即形制特徵顯示爲同時所作,紋飾、銘文亦相同。現在㠪尊與朙卣是兄弟二人同在由伯指示下爲父親所作祭器,惟因是二人分作,是否屬相配使用的一組器尚不能肯定,但作爲宗族内小宗,在宗族内宗法與經濟地位均不高,也不排斥有合用一套祭器的可能。①

四、作册嗌卣

此卣失蓋,今藏上海博物館。器内底有銘(《銘圖》13340,圖八)。從器形、紋飾及銘文字體看,約在西周中期中葉(穆共之際)。現將銘文釋文寫在下面:

―――――――――

① 卣銘中"朙"作人名,從裘錫圭先生説(見上引裘錫圭:《從幾件周代銅器銘文看宗法制度下的所有制》)。亦有學者讀作"七月",如作此讀,則此卣作器者仍是㠪,這樣當然可以解釋爲尊、卣可能是同人所作一組器。但解釋作"七月",從語義看,似不如解釋作人名較爲合宜,且那樣解釋此卣銘即没有作器人名了。待再考。

圖八　作册嗌卣器形與銘文拓本

乍(作)册嗌乍(作)父辛障(尊)

禺(厥)名義曰：子=孫=寶。

不录(禄)嗌子征先盡

死,①亡子=引有孫。不

敢娣(弟)爐(擾)虹(兄)薀(鑄)彝。

用乍(作)大禦(禦)于禺(厥)且(祖)

匕(妣)、父母、多申(神)。母(毋)念

弋(哉)。弋(式)勿刂嗌鰥寡

徳(遺)祜,石(祜)宗不剬。

作器者名 ，與曶鼎舊釋作"嗌"的字 當爲同字異體。②

禺(厥)名義曰：子子孫孫寶。

　　宋人著録之秦公鎛銘文有"乍(作)盄(淑)穌鐘,厥名鈷(固)邦"(《銘圖》15827)，又楚公逆鎛銘有"楚公逆自乍(作)大雷鎛,禺(厥)格(名)曰 "(《銘圖》15782)，《考古圖》卷七著録的懷后磬銘文曰"自作造磬,厥名曰懷后"。③ 其文句格式皆是"作(或"自作")某某器(或器名前加修飾語),厥名曰某某"。按"厥名曰……"，所謂"名"，應可以看作爲以上

---

① 學者或將此句釋文寫成"不録嗌子子征先盡死"，是認爲"子"後有重文符號，但細看銘文拓本(陳佩芬：《夏商周青銅器研究》西周篇上，"作册嗌卣"，上海古籍出版社，2004 年，第 174—175 頁)，"子"下並無重文符號，如與本銘文中"子"下有重文符號的字形相比即更可知這一點。陳佩芬先生釋文"子"亦未作重文讀是對的。

② 《説文》："嗌，咽也。從口，益聲。 ，籀文嗌，上象口，下象頸脈理也。"西周中期偏晚的曶鼎銘文中有人名 (《銘圖》2515)，舊多依其與《説文》籀文相近而釋作嗌。季旭昇：《説文新證》(福建人民出版社，2010 年)以爲曶鼎此字從冉，小圈示咽喉部位，《説文》云"從口"，不可從。春秋戰國時期此指事符號訛成口。

③ 張亞初：《金文新釋》(收入《第二屆國際中國古文字學研討會論文集》，香港中文大學中國語言及文學系，1993 年)曾引用此銘。

諸樂器各自所起專名。本銘言"作册嗌作父辛尊,厥名義曰:子子孫孫寶",句式相類。義,通"誼"。《説文》:"誼,人所宜也。"在此可大致理解爲"應當"之意。但本銘"厥名義曰"後是"子子孫孫寶",與上引諸樂器名含有寓意之短語不同,不像是器名。給一般較普通的祭器命以專名的例子亦甚罕見,所以,也許"名義(誼)"不同於"名",其含義有另外的解釋。比如"名"讀作"明",①"厥名(明)誼曰……"大意即"其明示之誼爲……",亦即以下銘文所曰子孫要寶愛此器,以祭祀父辛(及下文所云諸先人)。

不录(禄)嗌子征先盡死。

不禄,《禮記·曲禮下》:"天子死曰崩,諸侯曰薨,大夫曰卒,士曰不禄,庶人曰死。""壽考曰卒,短折曰不禄。"本文之"不禄"其義似合於"短折"。

征,嗌長子名。盡,應是从盍,䏶聲。郭店楚簡《緇衣》引《晉公之顧命》"毋以卑(嬖)御息妝(莊)句(后),毋以卑(嬖)士息大夫卿事(士)",與今本《禮記·緇衣》之"毋以嬖御人疾莊后,毋以嬖御士疾莊士、大夫卿士"相對照,"息"字有讀作"疾"之可能。如是,則楚簡"息"字應是"息"之異體,"䏶"之音讀當同於"自"。《説文》:"息,喘也。从心,从自,自亦聲。"自、疾皆從母質部字,故息、疾音同,可通。依此,盡字,从䏶聲,亦可讀作"疾"。② 多友鼎"唯馬敺盡"(《銘圖》2500),盡可讀作"悉"(心母質部字),悉,盡也。"敺盡",即敺趕竭盡,其意應是將所俘獲的拉車的馬全部趕回。任鼎"劑(則)肅買"(《銘圖》2442),"肅買"即"悉買",亦即"盡買",全部買下。

又,《説文》有"盡"字,曰"傷痛也。从血、聿,䏶聲。周書曰民罔不盡傷心(段玉裁注:《酒誥》文)",段注認爲此字應讀作"譆",言部曰:"譆,痛也。"《説文》此"盡"字有是"盡"字之變形的可能,其字義"傷痛也",亦與"疾"字義近同。但《説文》曰其爲"䏶"聲。《説文》:"䏶,二百也……讀若祕。"祕是幫母質部字,䏶是幫母職部字,疾是從母質部字,音均不近,也許是音已有所變化。上博簡《糸(緇)衣》"毋㠯(以)辟(嬖)御肅妝后,毋㠯(以)辟(嬖)士肅大夫向(卿)使(士)"(按:肅字所从"䏶",原釋文隸作"䏶"),③今本"疾"與郭店簡的"息"在此作肅。對照金文"盡"字形,"䏶"似是"䏶"之訛變。《説文》从"䏶",或許是由"䏶"進一步變化而來。

亡子

即"無子"。指先故去之征無子,或認爲是指嗌亡子,但從全銘語義與語句的連貫性上看那樣理解均不太妥。

子引有孫

"子引"應理解作"嗌之子名引者",這從上文"不录(禄)嗌子征"之稱謂可知,引乃征之

---

① 《詩經·齊風·猗嗟》"猗嗟名兮",陳奐傳疏:"名,與明通。"《釋名·釋言語》:"名,明也。"
② 楚簡"息"字讀"疾",參見武漢大學簡帛研究中心、荊門市博物館:《楚地出土戰國簡册合集》(一)《郭店楚墓竹書》,文物出版社,2011年,第35頁第65條注所引諸家之説。此外,上文所論亦參考了黃傑:《説金文及〈酒誥〉"盡"字》(芝加哥大學"新發現有銘青銅器及其歷史意義"學術研討會論文,2016年5月)的見解。
③ 馬承源:《上海博物館藏戰國楚竹書》(一),上海古籍出版社,2001年。

弟。言其"有孫",似是指其不僅有子,而且已有孫,有後代。這裏不言其"有子",或是省略掉不言,因既"有孫"必然有子,但也許是引之子(即嗌之孫)亦已早逝。因從銘末嗌請求不要傷害其家族之"鰥寡遺祜"之語可知,嗌之子孫似多有夭折,人丁不旺。

不敢銻(弟)爕(擾)觇(兄)鑄彝。

"不敢"應是接動賓結構"鑄彝",[1]此句話相當於説"不敢如此作彝"。

銻,"矢"爲"弟"的音符。矢,書母脂部;弟,定母脂部。書母爲齒音,定母爲舌音,上古齒音多讀舌音,故矢、弟音近同。[2] 此字即可讀作"弟"。

觇,可讀作"兄"。兄,曉母陽部字;生(往),匣母陽部字。聲母極近而同韻。

"弟擾兄"相當於上述句式中的"如此"。此句話大意是講不敢讓弟擾亂兄作彝之常制。其所以這樣講,似是因爲下文言作此器不僅是用來祭父辛,而且"用作大禦于厥祖妣、父母、多神",即同時用來祭其"祖妣"、父母還有"多神"。嗌作爲家長,此時年歲應已相當高,這從其子引已有孫可推知。按此年齡,其子征作爲嫡長子亦即準宗子,如生存,在其父年邁情況下則應可以實際履宗子之職,包括主持宗族事務與祭祀及自作祭器,但征不幸早死,而引爲次子,而且並未從大宗所在家族内分離出去另立宗氏,尚不能作器獨立祭其父母以外的先祖妣與"多神"。[3] 引即使在其父故後,因兄征已先逝而可繼爲宗子,但此時因父尚在而本人亦還未繼有宗子身份,作爲庶子(指非嫡長子)不宜獨立作祭器,祭其父母以外的先祖妣與"多神"。因而此時由弟引作器則是銘文所云擾亂兄作器之常制。從銘文看,在此種情況下還只能由高齡的嗌本人作祭器以爲家族祈福。

用乍(作)大禦(禦)于乎(厥)且(祖)匕(妣)、父母、多申(神)。

"大禦"亦見於殷墟卜辭,是一種隆重祭祀多位先人以求佑護抵禦災難的祭儀。從上下文意看,嗌作此器不僅是爲祭父辛,也是爲祭先祖妣、多神等本宗族諸先人,正需用"大禦"之祭。

母(毋)念戋(哉)

此言"毋念",但從上下文義看,必是希望先人有垂念,有佑護,故此句之文法當同於《詩經·大雅·文王》"無念爾祖",毛傳曰:"無念,念也。"以"毋""無"接動詞,表面上看是

---

① 陳夢家釋"銻"爲"弟",認爲"不敢弟□兄"是言"弘(按:即"引")之孫不是征之嫡孫,不能爲其尸"。但又曰"鑄彝或應續兄而讀"(《西周銅器斷代》上册 83"乍册益卣",中華書局,2004 年,第 124—125 頁)。

② 如脂部從"矢"聲的字,在定母(舌音)有"雉"字,在書母(齒音)有"芺"字,從氏得聲字,分布在端母、定母(以上舌音),也在章母、昌母(以上齒音)。

③ 在大宗所在家族分離出來獨立成氏的小宗可以爲先祖作器,如西周晚期的五年琱生尊與六年琱生簋銘文(《銘圖》11816、11817、5341)均記琱生爲烈祖召公作器,琱生宗族已成獨立宗氏,只是與召氏仍有大小宗關係,在召氏中是小宗分支。又,西周中期的虔簋銘文(《銘圖》5173),記公伯賞賜其弟虔,虔對揚伯休,"用乍(作)祖考寶隩段",虔爲弟且自稱"臣弟",與公伯仍保持牢固的大小宗關係,但虔不僅可爲父考作器,亦可爲祖作器。這種情況説明很可能是虔之家族已獨立成宗氏,不再與公伯共居,但仍保持着一種高層次的宗族宗法關係。參見拙著《商周家族形態研究》第二章第三節,天津古籍出版社,2004 年。

否定之義,但實讀爲肯定之義的情況經傳多見,可見王引之《經傳釋詞》。[1] 王引之以爲此種情況下的"毋(無)"爲發聲詞。

弋(式)勿刈嗌鰥寡㣇(遺)祜

式,在此似是發語詞。刈,從刀,卜聲,可讀爲"剥"。[2] 卜、剥皆幫母屋部字,在此義爲"傷害""損害"。祜,讀作"託",依也,附也。這句話是承上文而言,大意似是講請求先人保佑,不要使現仍依附在嗌之家族內的鰥寡遺孤受到損害。

石(祐)宗不剌

祐,《説文》:"宗廟主也。周禮有郊宗石室。"此句話亦是承上文而言,乞望宗廟不會毀壞。

銘文最後三句懇求先人垂念族人中的鰥寡遺孤與宗廟。可見嗌之宗族已因某種原因而多有傷亡,人丁不旺,且危及宗廟是否存留,亦即宗族是否可延續。嗌以高齡作此卣(應還有尊等同銘器)等祭器並鑄銘,告誡家族成員遵守、恪守宗族祭祀制度,乞求先人保佑族人。但銘文中如果確像上文所解釋的那樣,兄、弟因宗法身份之别而在作器上有資格差異,而宗子對家族成員製禮器有按宗法之規定進行管控之責任與權力,則頗值得注意。

五、再鼎、再簋(甲、乙、丙、丁)與再盨

目前發現的再器包括鼎、簋和盨,除了已爲中國國家博物館收藏的再鼎和兩件再簋(此暫稱再簋甲、乙,圖九)外,[3]見於著録的還有兩件簋(此暫稱再簋丙、丁,分别見《銘圖》5213、5214),與一件盨(《銘圖》5666)。以上諸再器,鼎、簋甲、乙、丙(以上三器同形)與盨

圖九 再簋(甲)器形與銘文拓本(中爲蓋銘,右爲器銘)

皆同銘,均49字,簋丁形制未見,銘文有61字(圖一〇)。

---

① 王引之:《經傳釋詞》"無毋亡忘妄",嶽麓書社,1984年,第231—233頁。
② 陳佩芬:《夏商周青銅器研究》西周篇上"作册嗌卣"有此説。
③《中國國家博物館百年收藏集粹》32. 再鼎,43. 再簋(甲、乙)。

銘文記載再組青銅器是遣伯爲再製作的宗廟彝器。故如依作器者命名,則再器應稱作遣伯鼎、簋、盨。但從銘文内容看,完全是再的自述,則實際使用此組器的器主人是再,故此以再名器。

從鼎、簋、盨的形制、紋飾與銘文字體看,此組器的年代應在西周中期中葉,即穆共之際。鼎、簋甲、乙、丙與盨同銘,下面依簋(甲)銘文作釋文如下:

> 趞(遣)白(伯)乍(作)再宗彝,其
> 用夙夜宫(享)卲文神,
> 用禱旂(祈)釁壽。朕
> 文考其亞(經)趞(遣)姬、趞(遣)
> 白(伯)之德言,其兢余
> 一子。朕文考其用乍
> 辵(厥)身,念再弋(哉)亡匈(害)。

圖一〇 再簋(丁)銘文拓本

吳振武先生對此銘曾有考釋,並對其學術價值做了很深入的闡述。① 現僅就銘文個別之處再略述己意。

朕文考

此是再自稱其父母。

其亞(經)趞姬、趞白(伯)之德言

大盂鼎銘有"敬擁德經","經"訓"常",訓"法"。本銘中"經"是作動詞使用。即依常、法而行事,吳振武先生解釋作"遵循",是也。《詩經·大雅·抑》"慎爾出話",毛傳:"話,善言也。"鄭玄箋:"言,謂教令也。""德言"即合乎德之教令。"其經趞姬、趞伯之德言",即遵循趞姬、遣伯之教令(去治事)。

其兢余一子

兢,强也,這裏做使動詞用。"余一子"是再自稱。吳振武先生言"使再强盛",可從。亦可以是説文考使自己茁壯成長。

朕文考其用乍辵(厥)身

乍,作也,可訓作"起",即奮起。《詩經·小雅·瞻彼洛矣》"以起六師",朱熹集傳:"作,猶起也。"《詩經·魯頌·駉》"思馬斯作",朱熹集傳:"作,奮起也。"這裏亦是使動詞。

---

① 吳振武:《新見西周再簋銘文釋讀》,《史學集刊》2006年第2期。

清華簡《説命下》"乍(作)余一人"用法同此。① 此句話應是承開頭"其用夙夜享卲文神"一句,即再因夙夜祭享其文神(指其父考)而能使自己奮發有爲。

念再戈(哉),亡匃(害)

是乞求其文考挂念自己,使自己免於傷害。

再鼎丁銘文有 61 字,與鼎、簋甲、乙、丙及盨銘相比,多出 12 字,主要是銘文開頭不同。此銘曰:

> 趞(遣)白(伯)、趞(遣)姬易(賜)再宗彝
> 眔逆小子**丟**俐呂(以)友卅
> 人,其用夙夜宫(享)卲文神,
> 用禱旂(祈)釁壽。朕文考
> 其巠(經)趞(遣)白(伯)、趞(遣)姬之德
> 言,其就余一子。朕文考
> 其用乍厾(厥)身,念再戈(哉),亡匃(害)。

與其他幾件器物銘文不同的是,其他再器銘曰"趞伯作再宗彝",此鼎丁銘曰"趞伯、趞姬賜再宗彝",一言"作",一言"賜",其文意可相聯繫,説明器物是由遣伯所作,以遣伯與遣姬二人名義賜予再的。鼎丁銘在此句後又言:

眔逆小子丟俐呂(以)友卅人

這也是其他再器銘文所未言及的。

小子後一字,應是此小子之名,拓本字迹不清,不能確識。友,《銘圖》釋作"付",但細看,還應是從二"又",即是"友"字。卅,西周金文中有如下寫法:

A	B	C	D	E	F	G

本銘"卅"寫法大致同於 F 形。

俐,通"朋"。西周金文中常見"朋友"之稱,一般可以理解作是本家族的成員,主要是指同族兄弟(親兄弟及族兄弟),但多不單言"朋","朋"有類、群、輩、黨諸義,"朋友"連稱,有友輩、友類之義。② 但本銘中言"朋以友","以"在這裏當解作"與",③是"朋""友"分言,④則此時的"朋"所指可能即是《尚書·洛誥》"孺子其朋",賈公彥疏曰"謂群臣爲朋",孫星衍

---

① 清華簡《説命》,見清華大學出土文獻研究與保護中心:《清華大學藏戰國竹簡(三)》,中西書局,2012 年,第 128 頁。
② 參見拙著《商周家族形態研究》(增訂本)第二章第三節之一"朋友考"。
③ "以"解作"與",金文中的例子如"遣小子艀以(與)其友作醬男、王姬鸞彝"(遣小子艀簋,《銘圖》4728),在典籍中"以"解作"與"亦較常見。《儀禮·鄉射禮》:"各以其耦進。"鄭玄注:"以猶與也,今文以爲與。"
④ 多友鼎銘文有"用作尊鼎,用俐(朋)用友,其子子孫孫永寶用"(《銘圖》2500)。

《尚書今古文注疏》曰"朋,謂朋從之臣"所云朋黨之義,這裏應是指逆小子的屬從。"朋以友"中的"友"即應指小子的族兄弟。"罕逆小子倗以友卅人"應連上文"遣伯、遣姬賜再宗彝"讀,是説:遣伯、遣姬賜給再宗彝和逆小子倗與友卅人。是遣伯、遣姬不僅賜予了再祭器,而且還將其私屬逆(疑是氏名)小子之屬從與族兄弟共卅人賜予再。逆小子是指逆氏的小宗,或逆氏内輩份較低者。"逆小子"後徑接"朋以友",從文義上似也可以理解作被賜予的只是逆小子的朋、友,但從道理上講應是指逆小子與其屬從和族人。

此組祭再之先人的祭器之所以由遣伯製作,從銘文内容已可知,當是由於再之父是遣伯之下屬,很可能是同宗族内族人,是其小宗,且親屬關係較近。遣伯爲其作器,一方面因再父曾勉力效勞於遣伯,故遣伯以此表示懷念之意,體現了貴族間的親族情誼。而另一方面作爲大宗的遣伯爲小宗再作器,督促其祭其父,也是對宗族内尊祖敬宗風氣的宣揚,對固有祭祀制度的維繫與重視,同時也表現出大宗對小宗在製作與使用禮器上的主導權。

六、瘋父鼎(甲、乙)

瘋父鼎有同銘鼎二,此暫稱甲鼎、乙鼎(《銘圖》2259、2245,圖一一),舊稱爲"周麻城鼎"。阮元《積古齋鐘鼎彝器款識》(嘉慶九年[1804]阮氏刻本),據宋王復齋《鐘鼎款識》録入,曰鼎"蓋得自麻城者",麻城即今湖北麻城。

圖一一 瘋父鼎(甲、乙)銘文

甲、乙鼎同銘,乙鼎銘文拓本字有殘缺。現依甲鼎銘文作釋文如下:

瘋父乍(作)轡寶鼎。①

---

① "寶鼎"前一字,字形參考了乙鼎銘文拓本。乙鼎此字下半"奔"字左側有"彳"旁。

征令曰：有女（汝）多

兄，母（毋）又（有）🔣女（汝），①隹（惟）

女（汝）率我友呂（以）事。

此銘中下面幾句需要討論：

征令曰：有女（汝）多兄

征令，孫詒讓《古籀拾遺》讀"征"爲"延""延"，釋爲："詔而命之。"②詔，即誥告。《爾雅·釋詁上》："延，陳也。"《國語·晉語七》："使張老延君譽于四方。"韋昭注："延，陳也。""陳"即敷布。故此"征令"即延令，猶言陳令、發布命令。是虘父發此令欲使族人通曉。

有汝多兄，似可讀作"女（汝）有多兄"。即你有多位兄長。同篇銘文曰"世孫孫子子差（佐）右（佑）吳（虞）大父，毋女（汝）又（有）閑"（《銘圖》5322、5323 蓋銘），"毋女（汝）有閑"即應讀作"女（汝）毋有閑"，與本銘此句句式近似。

母（毋）又（有）🔣女（汝）

"毋有……"之句式亦見於其他銘文，如逆鐘"毋有不聞智（知）"（《銘圖》15190—15193），毛公旅鼎"肄（肆）毋又（有）弗競（競）"（《銘圖》2336），𤞶方鼎"毋又（有）眈（訛）于厥身"（《銘圖》2489）。"毋又（有）"似皆相當於今語"沒有……的"。③

"母（毋）又（有）"後一字，所從 🔣（甲鼎）、🔣（乙鼎），舊多隸作"告"，但似差別較大，"告"字中間一豎畫應出頭。孫詒讓釋作"舌"，從乙鼎銘文看，字形較近，但從甲鼎字形看又不類。④ 如僅取乙鼎字形，孫說可從。孫詒讓隸乙鼎🔣字爲達，讀作"逹"，即"達"字。⑤ "達"字在本銘中，其義可以釋作"出"也，即"超出"之意。《詩經·周頌·載芟》"驛驛其達，有厭其傑"，鄭玄箋："達，出地也。"本銘"達汝"，即"超出你"。這樣解釋從語法關係看較順，但聯繫上文，有多兄無人能超出於弟上，其意仍不足以説明不用兄而用弟的原因。所以"達"在這裏也許應釋作"達到"之意，"達汝"，即"達到你""及你"。"毋有達汝"，從全文語義看，大致可以理解作今語"沒有能趕得上你的"。

---

① "女（汝）"前一字的字形取自乙鼎銘文。

② 孫詒讓：《古籀拾遺·古籀餘論》，中華書局，1989 年。

③ 此時"的"實相當於上文所説的"事"或"人"之省，即現代漢語中所謂"沒有中心詞的'的'字結構"。

④ 也可能是"言"之殘字，如是，此字可隸作逹，或諿，從辵善聲，或從言送聲。總之，此字很可能是從"羊"得聲字。羊屬陽部韻，羊聲字聲母多在喻母、精母或邪母（喻母爲舌音，精母、邪母皆齒音，上古齒音多讀舌音）。包山楚簡有"送"字，宜讀作"將"（見李守奎、賈連翔、馬楠：《包山楚墓文字全編》，上海古籍出版社，2012 年），"將"是精母陽部字。在本銘中此字似亦可讀作"送"，即"將"，帥也。"母又（有）送汝"似即可理解作"無有能領帥你的"。

⑤ 孫詒讓《古籀拾遺》釋乙鼎銘文🔣字曰："此當爲逹字，《説文》：逹，從辵，羍聲。羍，從羊，大聲。此從舌音，古音舌、大同部，故此變大爲舌也。"按：孫説"達"從辵，羍聲，而"羍"，從羊，大聲，均是以漢篆爲據的，不合此字西周字形。參見趙平安：《"達"字兩系説》（收入《新出簡帛與古文字古文獻研究》，商務印書館，2009 年，第 77—89 頁）。但大、達上古音同，而舌、大音近，"舌"可爲"達"之聲符，則是可信的。董珊：《魯叔四器考釋》（《古文字研究》第 29 輯，中華書局，2012 年）亦釋此字爲"達"。

率我友㠯(以)事

事,服事、治事。"以事"似可以理解爲以所率"我友"治事。"以"在這裏是支配、指揮之意。《左傳》僖公廿六年"凡師能左右之曰以"。師詢簋銘文記王對師詢曰:"敬明乃心,率以乃友,干吾王身。"(《銘圖》5402)有助於讀懂此句。

依以上分析,此銘大意似是"盝父爲轎作寶鼎,發布命令曰:你雖有多位兄長,但没有能趕上你的,還是由你率我族人以服事"。

此鼎銘文文句别致,不好理解,且是翻刻的宋人摹本,字形亦有未準,上述解釋未必得當,如尚可通,則銘文所言亦與家族内製作禮器有關。

轎應是盝父少子。盝父作此鼎,記載其對族人所下命令,即授予少子轎領導族人之權力,當然也可以作爲其少子擁有此權力的證據。此是宗子作器又一例,通過作器宣示於衆,保證繼任者之權力。是當時製作禮器亦有强化家族成員之地位與權力的作用。

七、叔趯父卣(甲、乙)

叔趯父卣有同形制、紋飾的兩件,姑稱爲甲、乙卣。二卣雖形制同但大小不等。甲卣(圖一二、一三)通高27厘米,乙卣通高22.3厘米,同銘(《銘圖》13341、13342)。另有同銘尊一件,但銘文銹蝕太甚,未見著録。1978年3月出土於河北元氏西張村西周墓,同出尚有鼎一、甗一、簋一、爵二、盤一、盉一。鼎爲攸所作(《銘圖》1287)。簋爲臣諫所作(《銘圖》5288),銘文言及戎侵軧,邢侯命臣諫以亞旅駐於軧。臣諫簋從形制、紋飾及銘文字體看,約當成、康之際。二叔趯父卣與尊垂腹,綜合其銘文字體,尚已進入昭王時,而攸鼎極度垂腹,已在昭穆之際。根據以上器物形制與銘文内容,知攸(銘文亦作"嫩")是叔趯父弟。[①] 現將卣(甲)蓋銘釋文寫在下面:

圖一二 叔趯父卣(甲)器形

圖一三 叔趯父卣(甲)銘文拓本(左爲器銘,右爲蓋銘)

---

① 參見拙著《中國青銅器綜論》(中),上海古籍出版社,2009年,第1431—1433頁。

叔趯父曰：余考（老），不

克御事，唯女（汝）燹覾（其）敬

辪（乂）乃身。女（汝）尚爲小子，余

蜆（兄）爲女（汝）丝（兹）小芎（鬱）彝，女（汝）覾（其）

用卿（饗）乃辟軝侯逆泲

出内（入）事（使）人。烏虖（呼），

燹，敬弋（哉），丝（兹）小彝妹

吹見，余唯用諆（其）镥女（汝）。

李學勤、唐雲明先生曾著文對此銘作過考釋。[1] 現綴其餘意對此銘内涵再略作分析：

御事

即治事，處理事務。

敬辪（乂）乃身

敬，即嚴肅、恭敬、認真，此句是言要認真地修治自身。

余蜆（兄）爲女（汝）丝（兹）小芎（鬱）彝

余蜆，即余兄，乃叔趯父對其弟燹之自稱。爲汝兹小鬱彝，即爲你作此小鬱彝。

用卿（饗）乃辟軝侯逆泲出内（入）事（使）人

即用來饗宴軝侯所派來的使者。[2]

---

[1] 李學勤、唐雲明：《元氏銅器與西周的邢國》，《考古》1979 年第 1 期。

[2] 逆泲，在西周金文中或作"逆造"（作册夨令簋，《銘圖》5352、5353），"逆泲"（作册麥方尊，《銘圖》11820），"逆泲"在此叔趯父卣銘中下接"出内（入）事（使）人"，伯戒父鼎在"逆泲"下接"事（使）人"（《銘圖》1987），坰簋則在逆泲下接"事（使）"（《銘圖》4586），說明"逆泲""逆造""逆泲"可能是用來修飾"事（使）人"的。"逆泲"等有時也可單獨使用不接"事（使）人"。如"用卿（饗）王逆造，用匈寮人"（作册夨令簋，《銘圖》5352、5353），"用兩侯逆泲"（作册麥方尊，《銘圖》11820）。此時"逆泲"或"逆造"即代表"事（使）人"了。"逆泲（造）"之字義，以往諸家多有討論。于省吾先生曾云"逆迎造至，逆造猶言徒從左右"（《吉金文選》"麥尊"卷上二，第 21 頁），唐蘭先生認爲，周，復也。"逆造"等於反復，釋"用卿（饗）王逆造"爲"用來鄉王來往的人"，將"逆造"意釋作"來往"（唐蘭：《西周青銅器銘文分代史徵》"作册麥方尊"，第 254 頁）。白川靜比較麥尊"用兩侯逆造"、麥方彝"用兩井侯出入"後，認爲"逆造"與"出入"相當（白川靜：《金文通釋》卷一上"令簋"，白鶴美術館，1962—1984 年，第 273 頁）。但從本銘"用卿（饗）辟軝侯逆造出内（入）事（使）人"看，"逆造"與"出入"在字義上可能還略有不同，李學勤先生亦讀"逆舟"爲"逆造"，認爲逆訓反，造訓至，意即"往反"（《釋"出入"和"逆造"》，收入《通向文明之路》，商務印書館，2010 年，第 180—182 頁），此說與唐蘭先生說接近，應該是比較可信的一種解釋。又，仲再簋銘文（《銘圖》4623）有"用卿（饗）王徔（逆）衍"，"逆衍"有可能是"逆泲"的別稱。"衍""延"均喻母元部字，"延"在典籍中多訓"進"，引進。則"逆衍"與"逆造"義近。只是"逆泲"與"出内（入）"連用時，"逆泲"訓"來往""往反"與"出入"也還是義近的，當然，義近詞語連用亦未嘗不可，只是也可以考慮是否還有其他的解釋。"泲"通"周"，均章母幽部字。"逆泲（造）"亦即"逆周"，而"周"有"復"義。《周禮·夏官·太僕》"掌諸侯之復逆"，鄭玄注引鄭司農云"復，謂奏事也。逆，謂受下奏"（吳匡、蔡哲茂：《釋金文搋、身、阊、𤔔諸字》，收入《盡心集——張政烺先生八十慶壽論文集》，中國社會科學出版社，1996 年，第 137—145 頁，已引用《周禮·夏官·太僕》及《天官·宰夫》認爲文中"逆泲"之"泲"當釋爲"覆"，金文中的"逆覆"，即《周禮》中的"復逆"），所以"逆泲"同於"逆復"，是王（或侯）與下屬之間以公文溝通的方式，而傳遞公文者即是"出入事（使）人"，或許當時亦以"逆泲（泲、造）"作爲使者的別稱。"衍"的含義不能確知。在這裏也許當讀作"傳"。衍爲喻母元部字，傳爲定母元部字，同韻部而聲母極近，故可通。"衍"有蔓、散、布、達諸義，與"傳"亦義近。"逆"如依照上文所云是接受下屬之上奏，則傳送上奏的公文則亦正是使者使命。

丝(兹)小彝妹吹見,余唯用謀(其)徝女(汝)

"妹"似當讀作"昧"。大盂鼎銘文有"女(汝)妹(昧)辰又(有)大服"(《集成》2837)。《説文》:"昧,昧爽,且明也。"吹,在此或可讀作"歇"。吹,昌母歌部字,歇,昌母元部字,聲母同而韻部爲陰陽對轉,故"吹"通"歇"。《説文》:"歇,歙也。从歙省,叕聲。映,歇或从口从夬。"映,昌母月部字,歌、月陰入對轉,是"映"亦通"吹",映亦訓歙。如是,則"兹小彝妹吹見",直譯即是,此小彝器早晨飲酒時即可見到。這自然應是個近似於比喻的説法,實際所强調的是,希望焂能經常使用此器,看見此器即想到銘文中告誡之語。

徝,從彳,酉聲,可讀作"遒"或"道",迫也,促也。"余唯用其遒汝",大意是我即用此卣(銘文所云之語)來督促你。

由以上器銘可知,此一組酒器(二卣、一尊)是作爲宗子的叔趠父爲其弟焂所作器,用於他宴饗其君軝侯所派遣的往來出入的使者,並以此小彝來每日提醒與開導其弟要"敬又自身"。

由於文中講到此卣可用來宴饗使者與平常日用,故知這一"小鬱彝"並不是專用來盛鬯酒祭祀神靈的卣,而是日常宴饗所用盛酒器。只有平時應用,才可能因常視此而記住叔趠父在器銘中所囑咐的話語。又,此組叔趠父所作器,雖是贈予其弟焂使用,但製作器物的主要目的是傳達鑄銘所要表達的告誡之語,故此器還是以稱作"叔趠父卣"爲宜。

上舉幾件器物,年代在西周早、中期範圍內。這幾件器物的銘文多數考釋起來有一定難度,拙文所論相當膚淺且未必正確,懇請方家賜正,惟所云如尚可信,則可從銘文中了解到西周早、中期貴族家族內製作青銅禮器有關的制度。此種制度主要體現了大宗在宗族內控制小宗等宗族成員製作青銅禮器的權力。這種權力大致體現於以下幾方面:

(一)大宗對家族成員製造青銅禮器有主導權與決定權。小宗製作禮器(包括製作器物的多少)要經過大宗的批准。宗族內所作器物不經過大宗的批准均要歸屬宗族所有。

(二)大宗對小宗所製祭器之祭祀範圍會依宗法制度而有所約束。如小宗雖可以祭其父(包括宗子之父),但至少其所屬家族在未分出去獨立成宗氏而仍棲身於大宗所在之宗族時,不能自作祭器主祭作爲歷代大宗的先祖等祖先。

(三)大宗可自作祭器賜予小宗以督促小宗依宗法進行祭祀,維繫宗族內祭祀制度與宗法關係。

(四)大宗可通過作器,將宣示、調整宗族成員地位與權力之命令鑄於銘文上,作爲此命令之根據。

(五)大宗亦可自作禮器,贈與小宗,通過禮器及銘文內涵勉勵小宗依禮修身處事。

此前我們由《禮記·曲禮下》"支子不祭,祭必告于宗子",可以知道在古代貴族家族內宗子對於祭祀的主宰權。又由《曲禮下》所云"凡家造,祭器爲先,犧賦爲次,養器爲後。無田禄者不設祭器;有田禄者,先爲祭服。君子雖貧,不粥祭器;雖寒,不衣祭服"等,可以知道,鑄造與擁有青銅祭器之類的禮器在貴族家族組織内是相當重要的事情,是貴族等級身份的象徵之一。

上文通過金文資料所歸納出來的西周貴族家族内製作青銅禮器的制度,可知宗子不僅主宰祭祀,而且主管祭器等禮器,這有助於進一步豐富我們對當時與青銅禮器有關的宗族制度的了解,並從一個側面深入了解當時貴族家族内體現於大小宗之間的宗法關係。

（原載《青銅器與金文》第 1 輯,上海古籍出版社,2017 年）

宗人諸器考

——兼及再論西周貴族家族作器制度

　　吳鎮烽先生《銘圖續》收入三件西周中期偏晚至晚期初的青銅器,作器者是"宗人"或器歸宗人使用,銘文均涉及西周貴族家族內的宗法關係,故頗值得注意。此外,其中兩件也涉及在貴族家族內製作青銅禮器的問題,而此前筆者曾有小文專門探討過西周貴族家族內的作器制度,[①]故本文對於後面這個問題的討論,可以叫作"再論"。

　　這三件器物是宗人鼎(《銘圖續》231)、宗人簋甲(之一,《銘圖續》461)、宗人簋乙(《銘圖續》440),其中宗人簋甲實際有同銘的兩件器,可稱之一、之二。本文在討論宗人諸器銘時,還兼及宗人之弟孝所作的孝簋與其銘文(《銘圖續》441)。這幾件器物的銘文在文字上與文句上總體看並不難懂,但由於其中牽扯到的人物身份、相互關係略顯複雜,故欲讀懂文義需要做深入討論。

一

　　先讀宗人鼎(圖一)。

圖一　宗人鼎圖像及其銘文拓本(《銘圖續》231)

---

① 拙文《金文所見西周貴族家族作器制度》,收入《青銅器與金文》第 1 輯,上海:上海古籍出版社,2017 年。亦收入本書。

圖二　宗人鼎銘文照片

　　此鼎雙附耳,尚存留西周中期垂腹的特徵,且腹傾垂度甚大,最大徑已近器底,足部亦尚爲柱足,從形制與所飾竊曲紋看,此器應在西周中期偏晚,在宗人諸器中,此鼎應是年代相對較早的。鼎内壁有銘文 73 字(重文 2),現將釋文寫定如下:

佳(惟)王三月初吉丁亥,

白(伯)戈父乍(作)凡姬□宫

寶障(尊)鼎,凡姬乃新(親)于

宗人曰:"用爲女(汝)帝(嫡)賓(?)

器。"宗人其用朝夕高(享)

事于敵(嫡)宗室,肇學前

文人,秉德其井(刑),用夙

夜于帝(嫡)宗室。宗人其

邁(萬)年子子孫孫永寶用。

　　伯戈父之"戈",研究者或隸作"或",但細審銘文拓本(圖一)與照片(圖二),[①]"戈"下的横畫應是銹沏所致(此器銘文字多有銹蝕),而非筆畫,且"或"應有的口形也不明顯,[②]故在此暫隸作"戈"。

　　凡姬,應是出身於凡氏、姬姓的女子,凡爲"周公之胤",見《左傳》僖公二十四年。器銘

---

① 曹錦炎:《宗人鼎銘文小考》,收入《吉林大學古籍研究所建所三十周年紀念論文集》,上海古籍出版社,2014 年。又見吴鎮烽:《銘圖續》釋文。

② 西周金文中"或"所從爲必而非戈,偶亦寫成近似戈的,實亦是將左側豆與乚連在一起所成,寫成近似戈的,年代多已在西周晚期偏晚。

稱"凡姬",以其父氏冠於前,合乎夫家對外嫁來的女子之尊稱,爲金文慣例。

□宮,前一字銹蝕,已難確識。① 從下文之義看,此宮很可能是祭凡姬之夫君的宗廟。西周金文中,王朝卿士在本家族內所建宮室、宗廟亦有自己所起名稱,如"伯戓肇其作西宮寶"(伯戓簋,《銘圖》5107)、"用作歖官旅彝"(召圜器,《銘圖》19255)。

這是伯戈父作爲大宗,在其宗族內的小宗(按:即下文孝簋所稱之釐伯)去世後,爲此小宗之配偶凡姬主持之宗廟製禮器,以祭其亡夫。

在西周金文中,亦有爲嫁到本族內的女性作宗廟之例子,如西周中期的尹姞鬲(《銘圖》3039、3040),其銘文曰:"穆公作尹姞宗室于繇林,隹(惟)六月既生霸乙卯,休天君弗望(忘)穆公聖粦明□事先王,各于尹姞宗室繇林。"既言穆公生前曾爲尹姞作宗室,在西周貴族家族內,與上古時期所有的父權制(夫權制)家族相同,宗族內的祭祀均應是由男性宗子主持的,他們當然同時也是宗廟的主宰者,一般不會由出嫁至此的屬於異姓的女性成員主宰宗廟。因此,尹姞也不當是穆公之妻。穆公所以爲尹姞作宗室,只有一種可能,即尹姞之夫係穆公爲大宗之宗族內的小宗,爲穆公之弟或子的可能較大,先已去世,其子尚未成年,故只能由尹姞主持亡夫之家祭。② 穆公爲尹姞作宗室,用以敦促其主祭亡夫是作爲大宗的一種責任,也是對宗族內所奉行祭祀制度的維持。這種大宗關照族內小宗祭祀之事,與西周金文中所見大宗爲亡故的小宗作祭器(如再鼎、再簋、再盨銘文所言)③性質及意義都是相同的。此銘中的"天君",顯然是穆公之上司,最有可能即是王或王后,因不忘穆公奉事先王之功績,在穆公去世後,特意來到穆公家族,對穆公後裔表示慰問,因而各於位於繇林的尹姞宗室。此時,尹姞宗室中所祭或者已不止是其夫君,也有可能已有了穆公的神主。西周時宗婦亦可祭夫族內之大宗,如盧鐘(《銘圖》15269—15274)銘文所示。

在此宗人鼎銘文中,凡姬之□宮,情況或與尹姞鬲中之"尹姞宗室"的性質近同,而尹姞與穆公的關係和凡姬與伯戈父的關係亦當近同,凡姬實爲伯戈父宗族內小宗之配。在西周金文中,夫爲妻作器是較常見的,這種器物常是使其妻祭拜公、婆使用,但本銘中言此鼎不是爲凡姬個人所作,而是爲凡姬主持之宗廟所製之禮器,不同於夫爲妻作器。

凡姬乃新(親)于宗人曰:"用爲女(汝)帝(嫡)賓(?)器。"

新爲心母真部字,親爲清母真部字,同韻,聲母皆齒音,故音極近,二者實皆從辛得聲。親即親自。凡姬親對宗人所言,是要將伯戈父賜予她、令放置於她所建宗廟中的鼎,指定作爲給宗人的"嫡賓(?)器"。宗人,研究本銘之學者或認爲是"指同宗之人",只是表示身份之稱。④ 但

---

① 從現可見字形看,疑爲"敗"字,《説文》中"敗"字籀文即作此形。敗,幫母月部字,在此可能讀爲同音字"祓"或"拜"。
② 尹姞所作之器,尚有公姞鬲(《銘圖》3035),與尹姞鬲形制、紋飾同,製作時間當相同或相近。公姞之稱未必可作爲尹姞爲穆公配之證。如本文所析,公姞之夫當爲穆公之弟或子,係穆公宗族內小宗,即支族之首任宗子,逝後被本族人、後裔尊稱爲公是可能的,此"公"與穆公之公內涵有所不同,公姞殆因此爲稱。
③ 請參見拙作《金文所見西周貴族家族作器制度》。
④ 見前引曹錦炎先生文《宗人鼎銘文小考》。

從宗人諸器器銘來看,此"宗人"應即受凡姬賜鼎者之私名。"嫡賓(?)器"之"嫡"在這裏當是正統、正宗之義,宗人應是本小宗之宗子,故所用器可稱"嫡"。"賓"字在銘文的最下邊,銹渺不清,從拓本看近於"賓",如是"賓"字,則在此應爲"敬"義。《周禮·地官·鄉大夫》"以禮禮賓之"鄭玄注引鄭衆云:"賓,敬也。"《周禮·秋官·司儀》"賓亦如之"孫詒讓正義曰:"賓,猶敬也。"賓敬以禮,故"賓器"實亦即禮器。① "嫡賓器"即宗子的禮器。因用於宗廟中,也即宗子主祭所用之禮器。

宗人其用朝夕㪤(享)事于敊(嫡)宗室

這具體説明凡姬指定由宗人用爲"嫡賓器"的,是要其朝夕享祭於敊宗室的祭器。"敊"字在銘文拓本中,左邊乍看像"亲",但細察銘文照片,左邊還是"帝"字。下文所論宗人簋乙銘文中也有"敊宗室"之稱,"敊"當讀作"嫡",嫡宗室應是指自身所從出的直系先人的宗室。

用夙夜于帝(嫡)宗室

此句講的意思與上一句"其用朝夕享事于嫡宗室"是相同的,所以重複言之,應是藉以展示自己對尊祖敬宗無比虔誠的心意。

本銘中的人物關係,可以先做這樣一個推擬:

伯戈父,包含宗人所在分支宗族的更大規模的宗族族長,亦即大宗。

凡姬,爲宗人之母。宗人之父爲該分支宗族族長(相對於伯戈父又爲小宗),故凡姬有宗婦身份。宗人之父或是伯戈父之從弟(所以爲從弟,詳下文),或是伯戈父之再從子,而以爲其弟可能性較大,即伯戈父爲宗人之伯父輩。

宗人,在凡姬將此鼎轉授予他時,可能剛繼承其父即凡姬之夫爲宗子,亦即伯戈父宗族內小宗。

伯戈父要爲凡姬作其宗廟的祭器,乃大宗關注與督促小宗家族祭祀,是當時貴族家族內宗法制度的體現,這在筆者前此所撰論西周金文中所見貴族家族內作器制度時已言及。② 凡姬將此鼎交予宗人,正是因爲宗人此時始作爲小宗,已擔任本支宗族主祭者,本享有此權力。凡姬作爲其母,將大宗專爲本支宗族所作祭器交付作爲小宗的宗人,事在情理之中。

當然,對本銘的解釋中,還有一個問題,即伯戈父所作鼎,是否即是本器,從銘文語義看,凡姬囑咐宗人要將伯戈父所作鼎"用爲汝嫡賓器"後,宗人曰:"宗人其用朝夕享事于……""用"即當是指用此鼎,故伯戈父所作鼎即此宗人鼎。這樣看來,鼎既已鑄有宗人(或以其名義)所作銘文,則伯戈父並非是先鑄成鼎交予凡姬,而是由其出資,或以其名義製作此禮器,實際鑄作者當是凡姬(或宗人)。

與上面討論問題相關的是這件鼎的定名。作器者雖名義上應是伯戈父,但從器銘文義看,此鼎實已爲宗人所有,鼎銘亦多帶有宗人備忘、自律性質,故依此實情,還是稱爲宗人鼎爲妥。

---

① 《周禮·地官·鄉師》"州共賓器"鄭玄注:"賓器者,尊俎笙瑟之屬。"
② 拙作《金文所見西周貴族家族作器制度》。

二

再讀宗人簋甲。據曹錦炎先生言,同銘簋有二,一件完整,一件殘損嚴重(脱底)。[①]
本文所考證的《銘圖續》461 這件,應是曹文所云完整簋,可稱"宗人簋甲之一"(圖三)。另
一件殘損的,本文稱"宗人簋甲之二"(圖四)。

圖三　宗人簋甲之一及其器銘(《銘圖續》461)

此兩件同銘簋已是西周中期偏晚後始流行的圈足
下帶三小扁足、下腹與蓋頂均有瓦紋的形制,雙半環耳
下的小珥較小,圈足下三小扁足較高。結合上引宗人鼎
年代(西周中期偏晚)與此簋之銘文字體特徵看,其年代
仍當在西周中期偏晚。簋器蓋同銘,《銘圖續》簋甲之一
僅刊出器銘,共 93 字(重文 2),其釋文可寫定如下:

> 佳(惟)正月初吉庚寅,白(伯)氏召
> 湆白(伯)飤涑(潃)醯,内樂。白(伯)氏命
> 宗人舞,宗人衣(卒)舞,湆白(伯)乃
> 易(賜)宗人邑。白(伯)氏侃宴,乃易(賜)
> 宗人冊戈:冊五瓛(錫),戈瑪戚、屈(厚)
> 必(柲)、彤屚(緌);僕五家,卆(厥)師曰學。

圖四　宗人簋甲之二器底銘文照片

---

① 曹錦炎:《宗人簋銘文與西周時的燕禮》,《古文字研究》第 31 輯,中華書局,2016 年。曹文云此簋甲之一漏鑄一字。

宗人拜頴(稽)首,敢對覞(揚)王父

之休,用乍(作)朕文母釐姬寶

毁,其萬年子子孫孫其永寶用。

此器銘文所述内容較單純。下面僅對其中幾個問題略做考釋。

潧,李學勤先生根據郭店簡祭公寫成晉,認爲金文中的潧公即祭公。① 吳振武先生釋作淺,亦認爲可以讀作祭。② 依此說,此"潧伯"應是祭公後人。

白(伯)氏召潧白(伯)飤涑(潰)䤁

潰䤁,應是一種飲料的名字。潰,説文曰:"漚也。"䤁,從酉、苪聲。苪,疑是兩的省體。《廣韻》有䤁字,釋作"醆䤁醬上白也"。在這裏"潰䤁"或是指浸泡植物或食糧使之發酵生成的一種飲料。

宗人衣(卒)舞

衣讀作"卒",唐蘭先生有此説,曹錦炎先生文已述。③

潧白(伯)乃易(賜)宗人㔫

㔫從字形看,應是一有流口的盛酒器。

僕五家,畀(厥)師曰學

言"厥師",可知此"師"即應是此"僕五家"之長。《周禮·天官·叙官》"甸師下士二人"鄭玄注:"師,猶長也。""厥師曰學"是説此僕五家之長名字叫學。④ 此與季姬方尊銘文中"君命宰苪賜㝈季姬畋臣于空木,厥師夫曰丁"(《銘圖》11811)語句相近。

與宗人鼎銘文中較費解的問題相同,此簋銘文中的人物關係亦需辨析。簋銘中的伯氏既可命宗人舞,應即上述宗人鼎中的伯戈父,作爲大宗,賜宗人兵器外,還賜之僕五家。宗人在銘末言"敢對揚王父之休","王父"自然指的是伯氏,亦即伯戈父。王父,當然可以認爲即是通常所指的父之考,即祖父,如《禮記·祭統》所言:"夫祭之道,孫爲王父尸。"但如伯戈父是宗人之祖父,從上文所論宗人鼎情況看,宗人生父已去世,宗人已繼位爲小宗之宗子,是已成年,則伯戈父如輩份長宗人兩代,則年齡似過大,如上述,伯戈父當是宗人之伯父輩。故這裏不取"王父"爲祖父説,而取"王父"爲對父輩尊稱説。《國語·晉語七》:"養老幼,恤孤疾,年過七十者,公親見之,稱曰王父。"王,可讀爲"皇",王父即皇父。

"王父"作爲對父親的尊稱,亦見於伯康簋,其銘文曰:

① 李學勤:《釋郭店簡祭公之顧命》,《文物》1998 年第 7 期。
② 吳振武:《假設之上的假設——金文"綦公"的文字學解釋》,《吉林大學古籍研究所建所二十周年紀念文集》,吉林文史出版社,2003 年。按:此字陳劍先生釋作"淶",在本銘中讀爲"祭"(見所撰《釋"彗"及相關諸字》,收入《出土文獻與古文字研究》第 5 輯,上海古籍出版社,2013 年)。
③ 據上引曹錦炎文《宗人簋銘文與西周時的燕禮》。
④ 據上引曹錦炎文,與同銘乙簋相校,此甲之一簋"學"下漏鑄一字"若",如是,則其名應叫"學若"。但從甲之二簋殘存器底照片(圖四)看,"學"字下似亦無"若"字位置。

用錯王父、王母。(《銘圖》5168、5169)

此與"王母"並稱的"王父",不會是祖父。"王母",文獻中未有記其爲祖母之稱的。金文中則有"王母"與"皇考"並稱之例,如:

史頵作朕皇考釐仲、王母泉女尊鼎。(《銘圖》2401)

仲叔父作朕皇考遲伯、王母遲姬尊𣪘。(《銘圖》5094)

此類銘文足證"王母"是對母親的尊稱,因此伯康𣪘中與"王母"並稱的"王父",也是伯康對自己父親的尊稱、美稱,"王"皆當讀作"皇"。伯戈父雖是宗人伯父輩,而宗人亦稱之爲"王(皇)父",猶如毛公鼎,王稱毛公厝爲"父厝"。

除此"王父"之稱值得討論外,在𣪘銘文中,宗人在銘末一方面對揚王父休,一方面又言,要"用作朕文母釐姬寶𣪘"。用,因也,因得到王父之休,而思念及其文母,是西周金文中最常見的思維模式,是作器者認爲自己之所以能得到王、上級貴族或宗族之長的表彰、賞賜之類的恩寵,蓋源自其先人之蔭庇。宗人爲其文母釐姬作此寶𣪘,而未言及其父,這也應當可以從上文所論宗人鼎銘文中反映出來的情況得到解釋。如上文所論,宗人鼎銘文中的凡姬應是宗人之母,也即當是此𣪘銘文中的釐姬,只是宗人作此𣪘時,其母凡姬已故去,故宗人作𣪘祭祀之。宗人殆較早即喪父,其母凡姬作爲宗婦主持家族事務,宗人在她教誨之下長大,故宗人對其母親懷有超過其父之情感,此當是宗人專爲其母作禮器之原因。釐姬之釐,是金文中常見之謚稱。

三

下面讀宗人𣪘乙(圖五)。

圖五　宗人𣪘乙及其銘文(《銘圖續》440)

這件簋亦是圈足下帶三小扁足的有蓋鼎，但雙耳作獸首半環耳銜環狀，圈足作直壁，蓋頂尤高，而寬蓋沿成直角狀下折，使整個器物顯得甚爲高聳，形制有其特色。如結合銘文字體及下邊要討論的銘文内容，可以認爲此簋是宗人諸器中年代相對較晚的一件，大致也屬於西周中期偏晚或晚期之初。西周中晚期之際此種小獸首銜環狀耳簋方始興起。①簋器蓋同銘，《銘圖續》只刊出一張銘文照片，未知是器銘還是蓋銘。42 字銘文中有合文2，其釋文爲：

> 隹（惟）王三月初吉丁亥，
> 叔安父乍（作）爲朕叔弟
> 宗人寶殷，宗人其朝
> 夕用髙（享）考（孝）于敨宗室，
> 其萬年子子孫孫永寶用。

銘文在宗人諸器中相對較爲簡單。"叔弟"之稱，在西周金文中似爲首見。西周文獻中，如《詩經·鄭風·蘀兮》及《丰》中均有"叔兮伯兮"之稱，是同輩兄弟間可以"叔""伯"之類表行輩之稱呼，故叔安父稱宗人爲"叔弟"，等同於稱"弟"。但叔安父既爲其叔弟宗人作禮器，按照筆者曾討論過的西周貴族家族内作器制度，則叔安父應是宗人之大宗，但依上文對宗人鼎、宗人簋甲銘文中人物關係的分析，宗人在其本支家族内已有宗子身份，叔安父與宗人應不會是在同一小宗分支家族内，則叔安父最大之可能，是他爲宗人所屬宗族的宗子，即相對宗人爲大宗，地位應同於上面討論的宗人鼎中的伯戈父（在宗人簋甲銘文中，宗人亦稱之爲"伯氏"）。叔安父行輩爲叔，自然不會是伯戈父，而他很有可能即是伯戈父之子。是宗人作此件簋時，伯戈父已去世，由其子叔安父繼任該宗族的宗子，②其輩份應與宗人同而年長於宗人，爲其再從兄，故稱之爲"叔弟"。叔安父身份如確是如此，則他稱宗人爲"叔弟"，當然也有另一種可能，即此"叔"是叔安父稱宗人之父的行輩，此"叔弟"即類似於今日所謂"叔伯兄弟"之稱，但西周時是否可以這樣稱呼，還需要有更多證據。

叔安父爲伯戈父之子，此時繼任爲大宗，則此宗人簋乙銘文中的曆日，必要晚於上文所舉宗人鼎銘文中的曆日，時伯戈父尚在世。需要説明的是，此二器所銘曆日雖皆爲"惟王三月初吉丁亥"，但這種相合並不意味二器銘文所記曆日是同一天，因爲這種月份與初吉時日隔若干年即相合的情況並不少見，例如：約屬夷王二年的王臣簋（《銘圖》5313）曆

---

① 有蓋，圈足下帶三小足，雙獸首小半環耳銜環的簋，大致始流行於西周中期偏晚，參見拙著《中國青銅器綜論》中册，上海古籍出版社，2009 年，第 1303 頁。與此簋大致可歸爲同型的簋，如其簋（蓋後配，《銘圖》4611）、叔侯父簋（《銘圖》4846）、伯匃簋（《銘圖》4989、《銘圖續》410）、伯鱻簋（《銘圖》5100）、呂簋（《銘圖》5257）、殷簋（《銘圖》5305、5306），從形制、紋飾與銘文字體看，皆當在穆王以後，估計其時段大致在共王至懿、孝以至夷王期間。

② 西周貴族家族内的宗子，未必皆由嫡長子擔任，因多種原因，非嫡長子也常常會擔任宗子。參見筆者對眉縣楊家村窖藏出土逨盤中單氏家族内各代宗子行輩的論述（《眉縣楊家村窖藏出土之逨器與其家族》，收入《商周家族形態研究》增訂本，天津古籍出版社，2004 年）。

日爲“二年三月初吉庚寅”，約屬厲王五年的諫簋(《銘圖》5336)曆日爲“五年三月初吉庚寅”，約屬厲王三十一年的㒼攸从鼎(《銘圖》2483)曆日爲“三十一年三月初吉壬辰(庚寅在前二日，也可能亦在三月初吉範圍内)”。初吉，舊多理解爲月相，近年來研究西周金文曆譜的學者已多傾向於認爲初吉是指所謂初干吉日，其時日可在一個月的前十天之内，範圍較寬，所以隔若干年有相同的月份和初吉日是可能的。所以，此宗人簋乙所記時日不必與宗人鼎同時。依上文對宗人簋甲銘文内容的分析，宗人簋乙應是在伯戈父去世後，其子叔安父繼爲大宗之初年所製。實際上，宗人簋乙銘文中記叔安父爲自己作簋之事，也只能是在叔安父已具有大宗身份之後才可能有的具有合族意義的行爲。

值得注意的是，宗人在這件簋銘中記載了叔安父爲自己作此禮器後，亦言“朝夕用享孝于敔(嫡)宗室”，與前論宗人鼎中記載伯戈父爲凡姬□宫作器而後凡姬囑其使用，宗人表示要“用朝夕享事于敔(嫡)宗室”“用夙夜于帝(嫡)宗室”，所用語句、文義是相近同的，也證明叔安父之身份與伯戈父相同，均是宗人所屬宗族中之大宗，而且小宗在接受大宗宗廟祭器之賜予後，總要用此類語言表示自己會虔誠地、不懈地對待宗族祭祀，以不辜負大宗之期望，這自然也由此露出大宗爲小宗作器的目的，正是强化宗族内祭祀制度，强調尊祖敬宗。

《銘圖續》稱此簋爲叔安父簋，有一定的道理。因爲簋銘中明言是“叔安父作爲朕叔弟宗人寶簋”，特別使用了“朕”字，用了第一人稱。只是與其他西周貴族家族内大宗爲小宗作器，銘文自始至終是用大宗口氣有所不同，此簋銘後半部分，與宗人自己作器口吻無別，類似的器銘形式，亦見再簋(《銘圖》5213、5214)、再鼎(《中國國家博物館百年收藏集粹》32)。故本文仍以宗人爲器主，稱之爲宗人簋，是認爲此簋實際還是宗人實施具體作器事宜，只是在作器銘時，前面以實録叔安父言語形式記録了此器之由來。與宗人鼎的情況相同，大宗出資或以大宗名義作器，但具體作器(包括作銘)則由受賜之小宗執行。

四

與以上宗人諸器相關的還有一件孝簋(圖六)。

此簋形制、紋飾均與上文所舉宗人鼎乙近同，高凸的蓋頂、寬而近於直角下折的蓋沿、作直壁的圈足，是二者共同的形制特徵。[①] 惟孝簋的蓋沿略向内折，角度稍小於宗人簋乙。二簋的紋飾亦近同，均是以兩個正倒相間的含目紋的 U 形竊曲紋構成一個紋飾單元，左右對稱組成紋飾帶。這種情況，反映出這兩件簋製作的時間可能很近，或即是同時，

[①] 孝所作器，已著録的尚有兩件同銘的叔友簋(《銘圖續》434、435)，形制、紋飾均與叔安父簋及孝簋相近，其銘文曰：“惟正月初吉丁亥，叔友追孝于剌(烈)考釐伯、釐姬，作旅姜幾母寶滕簋，子子孫孫其萬年永寶用。”從其父母廟號可知，叔友即是孝。“孝”“友”字義相關，且由此銘亦可知，宗人所屬宗族爲姜姓。韓巍：《新出“宗人”諸器所反映的西周宗法關係》(商周青銅器與金文研究學術研討會，2017 年 10 月)一文已論及。

圖六 孝簋及其器銘（《銘圖續》441）

承擔製造的工匠或機構亦很可能相同。所以如此，自然與孝和宗人有下文所述的親屬關係有關。

孝簋銘文曰：

> 隹（惟）三月初吉甲寅，君窆（安）
> 父才（在）新宮，易（賜）孝金五匀（鈞）
> 孝捧（拜）頴首，敢對易（揚）王君
> 休，用乍（作）朕文孝（考）釐白（伯）、釐
> 姬寶毁，其邁（萬）年永寶用。

孝在銘末說明此簋是爲其文考釐伯與其母釐姬所作，其母謚號曰"釐姬"，與宗人簋甲中宗人稱其母爲"釐姬"同，故孝必與宗人爲同胞兄弟。但上文已說明宗人應是他這一支分族的宗子，孝此時未必再有小宗身份（當然如孝脫離此分族，又另立家族，自然也可能爲新分出的家族的宗子）。

君安父，應即宗人簋乙中的"叔安父"。在上文解釋宗人簋乙銘文中，已論及叔安父是宗人再從兄，在宗人於此簋銘文中述及叔安父爲之作器時，叔安父已承繼其父伯戈父大宗之位。孝爲宗人之胞弟，則亦爲叔安父之再從弟，孝在簋銘中尊稱之爲"君安父""王君"，此"君"應是指宗君，是對其大宗之尊稱，王君即皇君。西周金文中類似的作爲族人的弟尊稱身份爲宗子的兄爲"君"的例子，可見約屬西周中期偏早的虜簋（《銘圖》5173），其銘文曰"休朕匋（寶）君公伯易（賜）氒（厥）臣弟虜丼五楻"，虜自稱爲"臣弟"，知公伯即是其兄，因是宗子，尊尊更勝於親親，故虜要尊稱之爲"君"，且更溢美爲"寶君"。虜自稱爲"臣"，或在家族內兼有家臣的身份。

上面已提到,由孝簋與宗人簋乙形制、紋飾同,製作時間相近,内容又都涉及叔安父之賞賜,則此兩件簋所言之事,很有可能是在叔安父新任大宗之後不久的事(按:宗人簋乙銘文中所稱叔安父是依其自稱,不等於此時他未繼大宗位。孝簋與宗人簋乙製作時近,孝簋銘中孝已稱之爲"君安父",説明宗人簋銘中叔安父當時已經在家族内稱君,即已有大宗之身份)。宗人簋乙曆日爲"惟王三月初吉丁亥",孝簋曆日爲"惟三月初吉甲寅",其時雖皆在三月初吉,然丁亥日與甲寅日相差 26 天,肯定不會在同一個三月内。但按西周時期的曆日,這兩個時間相隔一年是有可能的,例如前 873 年三月丁亥朔,前 872 年三月辛亥朔,四日甲寅;前 862 年三月甲申朔,四日丁亥,前 861 年三月戊申朔,七日甲寅,[①]都可以與以上二簋所記曆日的情況相合或近合。

孝簋與宗人簋乙在形制上近同,並有可能是在先後兩年内製作,且銘文内涵所展示的器主人之間有同胞兄弟關係,但將二器銘文内容做一比較,即可看出器主人身份之差異。宗人簋乙雖以宗人爲器主人,但從銘文内容可知,此簋名義上是大宗叔安父爲宗人所作,只是實際作器由宗人自爲,故銘文前面一部分,是以叔安父自己口氣講的,這點上文已論及,所賜之簋,是令宗人享祭於其"敔(嫡)宗室",即用來作爲宗人這一支家族内嫡宗(即直系先人)的宗室之祭器,展現了大宗對小宗在祭祀上的主導權,體現了濃厚的宗法關係。但孝簋卻不具有這樣一種性質,只是孝在受到君安父即叔安父賞賜金後,作器以表示對大宗即叔安父之感謝與尊敬,是在受上級賞賜後爲銘記此榮耀,而爲父母所作之器,其背景較簡單,與西周貴族家族内通常作器原由相同。因此上述這兩件簋之異同,既表現了同胞兄弟之間内在的親屬關係,同時亦展現了在宗法關係制約下,彼此間尊卑有差的等級關係。

順便説明一下,孝簋雖非大宗所賜器,但君安父賜孝金(即銅)五鈞,頗可能亦是令其作家族内的祭器,祭其父、母,即釐伯、釐姬。只是孝簋未在銘文中説明這一點。

五

以上討論宗人諸器及孝簋銘文主要涉及的問題,大致有如下六點:

(一) 諸器銘文中的人物關係可示意如下(外加方框的是銘文中未出現者;括弧内稱呼是宗人或孝所稱)

---

① 張培瑜:《中國先秦史曆表》"冬至合朔時日表",齊魯書社,1987 年。

宗人之父可稱"釐伯",即行輩爲伯,是因他與伯戈父雖同宗族,但因宗人之祖父已另立分族,故至宗人之父這一代行輩已可稱伯。

(二) 諸器的年代順序爲宗人鼎—宗人簋甲(之一、之二)—宗人簋乙、孝簋。但年代相差不遠,年代範圍大致在西周中期偏晚至晚期初,約共王偏晚至夷王這一段。宗人主要活動年代大約在懿、孝王至夷王時期,從排金文曆譜可知,孝王與夷王在位年代皆不甚長。

(三) 宗人應是其所在家族之宗子,屬於伯戈父、叔安父一支爲大宗的宗族分支。從銘文文義看,這一小宗分支似乎始終依附於大宗宗族生活,由此亦可知,在西周中晚期之際,當時貴族家族之規模還是較大的。在銘文中,伯戈父、叔安父均未稱官職,似非外服侯國封君,有可能是畿内王朝卿士宗族,或近畿地區小邦之封君。因曾召淨伯宴飲,淨如可讀"祭",則其族居地或邦可能距祭地不甚遠,祭在鄭州東北。

(四) 以上諸器銘文均體現了大、小宗之間濃厚的宗親情誼與嚴謹的宗法等級,此二者並存,是西周貴族家族人際關係的生動體現。

(五) 宗人所作諸器中,有兩器是該宗族大宗爲小宗(宗人)作祭器,進一步充實了西周貴族家族内作器制度的内涵,説明當時確有大宗爲小宗作禮器之制,用以督促小宗重視祭祀,尊祖敬宗,這應是大宗維護宗族秩序,强化族人宗法意識的一種常規舉措,同時亦體現了大宗主持宗族祭祀的宗法地位,屬於西周貴族家族内宗法制度的重要内容。

(六) 所謂大宗爲小宗作禮器(或賜禮器),有的是全過程由大宗本人完成的,銘文内容也僅記録大宗對小宗的訓誥、勉勵與期望,如純屬大宗爲小宗(或族人)作器之非簋、由伯尊、虘父鼎(甲、乙)、叔趯父卣,皆屬於此類。[①] 但從以上宗人鼎與宗人簋乙銘文文義看,大宗作器也可能只是一方面重在經濟意義上,即出資,一方面體現於名義上,即要明確器是由大宗主持並管理的行爲,而禮器的具體製作過程,特別是銘文的鑄作(包括其文辭内涵)則有可能是由受器之小宗具體施行的。其實,以前筆者與諸家均曾討論過的再簋、再鼎亦屬此類。[②] 所以,大宗爲小宗作禮器雖體現的宗法意義相同,但具體實施則有不同的情況。前此所討論西周貴族家族内作器制度的文章,討論的器物皆在西周中期範圍,本文所論宗人鼎與宗人簋乙已在西周中期偏晚至晚期偏早時段,説明大宗爲小宗作禮器制度可能從西周早期一直延續至晚期。

(原載《青銅器與金文》第 2 輯,上海古籍出版社,2018 年)

---

① 參見拙作《金文所見西周貴族家族作器制度》。
② 參見拙作《金文所見西周貴族家族作器制度》。

琱生簋銘新探

　　琱生簋,舊稱召伯虎簋,共一對,形制、紋飾、大小皆同。五年之器(《銘圖》5340;圖一,1)現在美國,[①]六年之器(《銘圖》5341;圖二,1)存中國歷史博物館。[②]　銘文中有召伯虎名,即《史記·周本紀》所載厲、宣時期之重臣召穆公,其名亦見宣王時詩《大雅·江漢》,故學者以爲二器屬厲王或宣王時。二器銘文(圖一,2;圖二,2)實記同一事件,於研究西周歷史有重要價值,但由於以往考釋諸家多將二器銘文分別釋讀,因使其本義未能通曉。1979年林澐先生寫成《琱生簋新釋》一文,[③]連讀二銘,遂使全銘之義初步得以明朗。此後,又

圖一　五年琱生簋及其銘文

---

① 按: 在耶魯大學藝術陳列館。
② 按: 今中國國家博物館。
③ 林澐:《琱生簋新釋》,《古文字研究》第 3 輯,中華書局,1980 年。

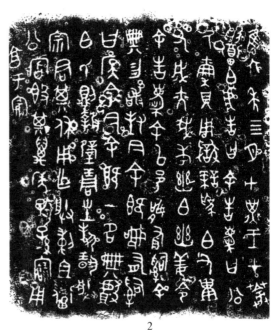

圖二　六年琱生簋及其銘文

有一些學者對簋銘內容發表了見解，[①]雖然均是對二銘內容作通盤的考慮，但分歧仍較大。所以如此，似與本銘有異於一般西周金文有關，其文字雖不像孫詒讓所言是"奇古"，但內容特殊，所用詞語可能偏近於當時的俗語，使即便熟諳西周金文詞語的人也會感到費解。

　　筆者近年來因研習西周史，多留意於此銘之釋讀，現於諸家考釋的基礎上，試作新探，請學界匡謬。為了論述方便，先將全銘隸寫如下：

　　　　隹五年正月己丑，琱生又（有）事，召來合事。余獻寢（婦）氏呂（以）壺。告曰："呂（以）君氏令曰：'余老止，公僕章（庸）土田多諫，[②]弋（式）白（伯）氏從詰（語），公宕（當）其參（三），女（汝）則宕（當）其貳；公宕（當）其貳，女（汝）則宕（當）其一。'"余蠤（惠）于君氏大章，報寢（婦）氏帛束、璜。召白（伯）虎曰："余既訊，屎我考我母令，余弗敢窗（亂），余或至我考我母令。"琱生則堇圭。

　　　　隹六年四月甲子，王才（在）莽。召白（伯）虎告曰："余告慶！"曰："公㐄（厥）禀貝用獄諫，爲白（伯）又（有）胄（底）又（有）成，亦我考幽白（伯）幽姜令。余告慶！余呂（以）邑訊有嗣（司），余典勿敢封。今余既訊，有嗣（司）曰：'屎命。'"今余既一名典，獻白（伯）氏，則報璧。琱生對揚朕宗君其休，用乍（作）朕剌（烈）祖召公嘗段，其萬年子子孫寶用享于宗。

① A. 李學勤：《青銅器與周原遺址》，《西北大學學報》1981年第2期；B. 杜正勝：《從封建制到郡縣制的土地權屬問題》，《食貨》月刊14卷第9、10期，1985年3月；C. 斯維至：《關於召伯虎簋的定名及"附庸土田"問題》（油印）。
② 按：在此拓本中，所釋"諫"字左側偏旁不清楚。據2006年扶風五郡西村出土的兩件五年琱生尊銘文，此字應改釋作"謀"。

釋通這篇銘文最關鍵之處，是需要搞清其中人物的身份與其相互關係。銘文中先後出現的人稱有琱生、婦氏、君氏、公、伯氏、召伯虎、爲伯、幽伯、幽姜、有司，此外還有一些自稱或對稱。現試作綜合分析：

（一）琱生。琱生爲器主，此已爲多數學者認定。琱生應即見於師嫠簋的宰琱生（《集成》4324），師嫠簋可能與琱生簋屬同一王世，記年爲"隹十又一年"，時間略晚。琱生在五年、六年鑄簋時是否已爲宰，則不得而知。王室之宰職，見於《詩經·小雅·十月之交》："皇父卿士，番維司徒，家伯維宰，仲允膳夫……"知其位在司徒下、膳夫上，金文中所見王室之宰職，有的學者認爲皆是太宰，本爲王之家務總管。① 琱生能官至宰，應是與王室關係密切之顯貴。

本銘銘末記"琱生對揚朕宗君其休"，按一般銘文慣例，器主所對揚其休之人，必是於器主有所恩惠者，而且銘文中亦必要記述此恩惠之事，則琱生所對揚其休之宗君，從全銘內容看，應是指召伯虎（詳下文）。琱生稱之爲宗君，說明琱生應爲召伯虎同宗之人，即屬於召氏這一宗氏。銘文末尾並言其爲烈祖召公作祭器，依銘文慣例，所爲作器者應是器主所屬宗族之先人，也進一步說明琱生屬召公之後。因此，過去的研究者多主張琱生本人是姬姓，屬召氏之小宗支族，這種意見是較爲穩妥的。② 這裏所言之召氏，是指留居於周原一帶，世爲王官的召公奭次子之宗氏。

琱生在本銘中自稱"琱生""余"，但召氏之君氏及召伯虎則稱之爲"公"，此點，諸家似未論及。銘中記婦氏傳君氏語曰，"公僕庸土田多諫"（"諫"義近訟，詳下文），而後命召伯虎在主持審理這方面獄訟事件時給以支助，在婦氏傳達完君氏之命後，我們看到琱生立即向婦氏報以帛束、璜，而召伯虎表示從父母之命，即同意幫助"公"打勝這場官司時，琱生又向其獻圭。接着，在六年簋銘中，我們又可以看到，當訟事有了結果後，召伯虎向之"告慶"者，正是琱生。召伯虎向琱生通報，此訟事在"公""稟貝"後，已由其出力獲得勝訴，而琱生在銘末又滿懷感激之情地對揚其宗君（即召伯虎）之休。仔細分析上述過程，應該得出這樣一個合乎邏輯的結論：全銘的主題即是琱生自述其如何依賴本宗族之勢力在土田訟爭中得勝，而"公僕庸土田多諫"之"公"，只能是指琱生，③爲上訴而"稟貝"的"公"似亦非琱生莫屬。

以往的研究者或以"止公"連讀，則多生出一個人物"止公"，但"止公"在文中的位置甚

---

① 楊寬：《西周王朝公卿的官爵制度》，收入《西周史研究》，《人文雜誌叢刊》第 2 輯。
② 琱生之類"某生"的稱謂，金文中有不少，有的先生認爲這些"生"均應讀爲"甥"，見林澐：《琱生簋新釋》及張亞初：《西周銘文所見某生考》（《考古與文物》1983 年第 4 期）。琱可能是氏名，1967、1982 年扶風齊家村出有琱我父簋，1933 年扶風康家村所出函皇父器群有"琱妘"之稱，可證。有的學者以爲函皇父器中"琱妘"之稱可證琱是妘姓，乃是以琱妘爲皇父之妻，但亦有學者認爲琱妘是皇父之女，器爲媵器，如此則琱是琱妘之夫氏，妘爲函皇父之姓。故琱氏之姓尚可再考。這方面的問題將另文探討。
③ 按："公"在琱生諸器中應是指召氏宗族。參見拙文《琱生簋與琱生尊的綜合考釋》，已收入本書。

難安排,有的學者只能這樣解釋:"止公爲誰？無法肯定,然必與珮生有極密切關係。"①於是又有學者爲解此疑難而提出:"土田的主人是止公,參與訟案的主角則是珮生,封建時代家臣處理主人的訟案,故知珮生當是止公的家臣。"②然而珮生地位甚高,已見前述,言其爲"止公"家臣,與其身份不合。我們認爲,"止公"是不存在的,多出一個"止公"。無故增加了許多難以解決的矛盾。

與本銘中所出現的其他稱謂相同,"公"作爲話語中的稱謂出現,在青銅器銘文中亦是很罕見的。從典籍看,"公"與"君"的情況有些相像,最初都是專門用以稱呼具有較高地位的人,後來漸擴大其用法,也可以用作交談中對對方的一種客氣的稱謂,由《戰國策》《史記》之類典籍觀之,戰國時這種用法已比較普遍,到漢代時更成爲常語。此可參見周法高《中國古代語法·稱代編》。這種用法在戰國前應有一個較長的發展過程,或即始於西周也有可能。在本銘中,珮生雖於宗法地位上低於宗君,但他亦係王朝要臣,身份顯貴,地位甚尊,在當時貴族交往深重禮儀的情況下,被同宗貴族稱爲"公",似亦無不可。《詩經·豳風·九罭》有"鴻飛遵渚,公歸無所,於女信處"句,舊釋"公"爲周公,但近世注家多不取,這裏的"公"亦是一般口語中客氣的對稱,與本銘中對珮生的稱謂類似。

(二)召伯虎。史稱召穆公,穆公是謐號。《國語·周語》稱"召公",則是尊稱。③ 本銘中召伯虎在婦氏所傳君氏語及珮生語中被稱爲"伯氏"。"伯氏"之"伯"是行輩,稱召伯虎爲"伯氏",是因爲他在本家族中爲長子,行輩爲伯,同於《小雅·何人斯》中"伯氏吹壎,仲氏吹篪"之"伯氏",當係當時同族親屬之間較口語化的稱謂。召伯虎之"伯",亦是指行輩。貴族世家由嫡長子世襲宗子,故在本銘中召伯虎又被珮生稱爲"宗君",君即尹,宗君即是宗族長,亦即宗子。

在六年簋銘中,召伯虎在向珮生"告慶"時,又曾自稱"爲伯",猶如後世自稱"爲兄",此種稱謂在其他銘文中未見,大概也是當時一種口語。召伯虎對珮生自稱"爲伯",説明珮生可能爲其同宗之從弟。《詩經》中,如《鄭風·搴兮》《丰》中有"叔兮伯兮"這種稱呼,表明周代時同輩人之間是可以以"叔""伯"之類行輩互稱的,以之爲自稱當亦無不可。楊樹達先生以"用獄諫爲伯"句讀,引《周禮·春官·大宗伯》"九命作伯",以爲"爲伯"即此"作伯",是楊氏未能與五年簋通讀所致。④ 白川靜雖以"爲伯"爲人名,但釋爲理官,似亦不妥。⑤

(三)婦氏、君氏。婦氏之婦,原銘作㝬,與《説文》寖字僅从女與从人旁之異,當可讀如寖(寢)字,但在本銘中作此讀,似費解。在甲骨文、金文中寖皆作㝬,《古文四聲韻》寢字

---

① 林澐:《珮生簋新釋》。
② 杜正勝:《從封建制到郡縣制的土地權屬問題》。
③ 參見盛冬鈴:《西周銅器銘文中的人名及其對斷代的意義》(《文史》第17輯,中華書局,1983年)。
④ 楊樹達:《積微居金文説》,科學出版社,1959年,第269、271頁。
⑤ 白川靜:《金文通釋》,白鶴美術館,1962—1984年,第194、195頁。

引《説文》作帚。唐蘭先生認爲:"帚古讀如侵也。"①侵从曼聲,則帚與曼讀同,故寢可讀作寢,在本銘中當是婦字異體,婦作寢(寢),與金文中親或作親,僳(保)或作㜍近同②。諸家讀寢爲婦,可從。

銘文記琱生獻婦氏以壺,婦氏有權傳達君氏之令,而後琱生又報之以帛束與璜,則婦氏在召氏中的尊貴地位亦可知。婦氏告曰:"以君氏令曰。"召伯虎聽畢後恭言:"戻我考我母令","余或致我考我母令。"而且在向琱生告慶後,又言其所爲實"亦我考幽伯幽姜令"。故君氏、婦氏,應即如林澐先生所指出的那樣,正是召伯虎之父母,亦即"幽伯幽姜"。③ 婦氏所以能傳達君氏令,正因爲她是君氏之妻,故召伯虎合稱此令爲"我考我母令"。學者或有以爲君氏是召伯虎之母,但如此則召伯虎所言"我考"之令,即不知所指。而如不以婦氏爲召伯虎之母,則召伯虎所言"我母"之令亦無出處。細讀銘文,君氏、婦氏與召伯虎之關係,只能是父母與嫡長子的關係。婦氏所傳達君氏之令,逕稱召伯虎爲"女(汝)"。"汝"在金文中都是尊者對卑者,長者對少者所用,召伯虎以其在王朝之尊貴身份而在婦氏所傳君氏命中被呼爲"汝",亦只有將君氏、婦氏理解爲召伯虎之父母才順乎情理。

在商周金文中,宗君或可被同宗之人簡稱爲"君",只是有時在"君"前加上溢美之詞。④ 宗君之正妻,即宗婦,在相對宗君(已被簡稱爲"君")而言時,當然亦可以爲同宗之人省稱爲"婦"。至於"君""婦"後面又加稱"氏",稱"君氏""婦氏",似乎是周代以身份或職務稱謂個人的一種習慣方式,例如行輩爲伯、仲,稱爲"伯氏""仲氏",爵位爲侯,稱爲"侯氏",官職爲師、尹,即稱"師氏""尹氏"。

在五年簋銘中召伯虎已稱其父君氏爲"我考",説明君氏是時已逝世,婦氏所謂"君氏命",實是遺命。有的學者認爲"考"在此非死稱,但綜觀金文中稱"考"之例,似未有作生稱者,可見,《釋名·釋喪制》謂"父死曰考",《禮記·曲禮》謂"生曰父","死曰考",可能猶存古義。婦氏在五年簋銘中無疑是生稱,但在六年簋銘中,召伯虎已統稱父母爲"我考幽伯幽姜","幽姜"是謚號,如此,則婦氏在一年内已謝世。對於這種稱謂變化所反映出來的婦氏情況,白川靜《金文通釋》曾提及。⑤ 此外,如再細析銘文,還可以看到,五年簋中,召伯虎兩次提到其父母,均稱"我考我母",對其父只稱考而未用謚號,可能正是因爲父已逝,雖可稱幽伯,然其母(婦氏)尚在,父母連稱,如一以謚號,一以生稱,殊爲不便,或亦有違習慣。但在六年簋中,即不再稱"我考我母",而連稱父母爲"幽伯幽姜",此種微妙變化,或可爲婦氏於五年簋銘所述之時尚存而六年簋銘所述之時已謝世之説

① 唐蘭:《殷虛文字記》,中華書局,1981年。
② 見《金文詁林》卷七第4597頁,卷八第4976頁。
③ 林澐:《琱生簋新釋》。
④ 商器中,如小子省卣:"省揚君商(賞)。"(《集成》5394)君即應是小子省之宗君。西周金文之例參見林澐:《琱生簋新釋》。
⑤ 白川靜:《金文通釋》,第194、195頁。

的旁證。

綜上述，我們可以將本銘中人物關係整理如下：

琱生。本器器主，屬召氏這一宗氏之小宗分族，可能係召伯虎之從弟。在銘文中又被稱爲"公"。

召伯虎。是時已爲召氏宗子，被琱生稱爲"宗君"。在婦氏所傳君氏語中被稱爲"伯氏"，對琱生自稱"爲伯"。

君氏。召伯虎之父，是時已逝，故召伯虎稱之爲"我考"，諡號"幽伯"。

婦氏。召伯虎之母，五年簋銘所述之時尚存，六年簋銘所述之時已逝，故六年簋銘中召伯虎乃以諡號稱之爲"幽姜"。

有司。王朝屬官，具體主管引起訟爭的琱生之土田附庸，詳下文。

以上，我們已將銘文中人物之身份與其相互關係作了説明，在此前提下，試對全銘內容作一通釋，以探討其史實。

佳五年正月己丑，琱生有事，召來合事。

琱生有事，從全銘內容觀之，是指其土田附庸之訟事。召，召伯虎簡稱。合，義同協。《周禮·春官·大史》："戒及宿之日，與群執事讀禮書而協事。"鄭玄注："協，合也。合謂習錄所當共之事也。"本銘"合事"，即"協事"，"召來合事"即是講召伯虎來協同處理此事。由下文有婦氏出現，可以推知琱生與召伯虎合事之處，當是婦氏居所。

余獻婦氏以壺。

余，琱生自稱。此言其獻壺於婦氏。從考古發掘資料看，西周晚期出青銅器的墓葬中，最習見的、基本的酒器即是壺，西周中期仍流行的酒器如尊、卣等，已較少見，爵已不見。由此亦可知壺在當時貴族禮制活動中的重要地位。琱生因獄訟之事求助於宗婦，故獻以當時盛行的禮器以示其敬意。

告曰："以君氏令曰：

"告曰"的主語，從所言內容觀之，應是婦氏。這是省略了主語的一種句式，聯上句讀，實即"余獻婦氏以壺，婦氏告曰"類似的省略主語的句式，在西周中晚期帶有敘事性質的銘文中，還可以舉出幾例，如：1975 年岐山董家村窖藏所出九年衛鼎銘記矩從裘衛處取車馬器後，裘衛"舍矩姜帛三兩，乃舍裘衛林𤘽里"（《集成》2831）。這裏"乃舍裘衛林𤘽里"，即"矩乃舍裘衛林𤘽里"，省去主語矩。同窖所出𤼈匜銘曰："伯揚父乃或使牧牛誓曰：⋯⋯牧牛則誓。厥以告吏䚔（兄）、吏𥎦于會。"（《集成》10285）省去"告"的主語伯揚父。曶鼎："昔饉歲，匡衆、厥臣廿夫寇曶禾十秭。以匡季告東宫。"這裏，"告"的主語曶也省略了。在這種句式中，主語雖省略，但一般仍不難從上下文敘事中判斷出主語爲何。因此，認爲本銘"告曰"的主語是婦氏，是可以講通的。這大概是當時的文法習慣。"以君氏令曰"，是婦氏向召伯虎傳達君氏之遺命，以下言語應是君氏原話之口吻。

'余老止，

　　"余老"後一段銘文，是本銘難讀之處。過去諸家多將"止"字歸入下句，以"止公"爲人名，但於文義不協，前文已述。我們以爲"止"在這裏是句末語氣詞。據張振林先生研究，西周金文中的句末語氣詞發現得很少，僅見有"才""弋"，讀如典籍中的"哉"，用以表示感嘆，且皆係銘文所記述的話語。[①] 雖屬少見，但終可證明西周金文中是存在此種語氣詞的。"止"作爲句末語氣詞，多見於《詩經·小雅》及《周頌》諸篇，如《小雅·采薇》："薇亦作止"，"歲亦莫止"。《杕杜》："日月陽止，女心傷止，征夫遑止。"《楚茨》："神具醉止。"《周頌·閔予小子》："夙夜敬止。"《良耜》："荼蓼朽止，黍稷茂止。"説明西周時期在王畿地區，今陝西關中一帶的語言中確曾流行過以"止"爲句末語氣詞的習慣用語。[②] "余老止"是婦氏轉達君氏之語，保留了語氣詞"止"，亦正是本銘口語性較强這一特點之反映。君氏曰："余老止。"意謂："我年老了，不能再處理事務了。"用以引起下文對召伯虎之委托。其義與河北元氏所出叔𩵦父卣銘"叔𩵦父曰：余考(老)，不克御事"(《集成》5428)意近。

公僕庸土田多誎，

　　"公"是指珷生，前面已論及。[③] "僕庸土田"即《詩經·魯頌·閟宮》之"土田附庸"，"附"字，今讀輕唇音，但古讀重唇音，所以，僕古與附通。附庸，舊解多認爲是屬城。但《大雅·崧高》有"王命申伯，式是南邦。因是謝人，以作爾庸"句，"庸"是指人。《説文》："庸，用也。"《爾雅·釋詁》："庸，勞也。"稱作附庸或僕庸者，應是指附隸於西周貴族屬地上的被勞役之人。"公之僕庸土田"，是指珷生所占有的土田與其所役使之勞動者。誎，從言束聲。[④] 在本銘中可讀作《説文》中的讟(讀)字。讀從言𧶀聲，𧶀從貝束聲，故誎、讀讀同。讀是嘖字或體，《説文》："嘖(嘖)，大呼也。從口，𧶀聲。讀，或從言。"《左傳》定公四年："嘖有煩言。"《荀子·正名》："嘖然而不類。"楊倞注："嘖，爭言也。""爭言"之義同於訟。《廣雅·釋詁》："訟，責也。"《説文》："訟，爭也。"陸德明《經典釋文·周易音義》："訟，爭也，言之於公也。"是訟亦係以言相爭，訟、讀(誎)義可通。六年簋銘中誎又與獄連言而爲"獄誎"，近同於《周禮·地官·大司徒》所言之"獄訟"。故"公僕庸土田多誎"，義即"公僕庸土田多訟"，謂珷生所占有之土田僕庸多有爭訟之事發生。西周中、晚期金文中，記有貴族間因土田附庸引起獄訟之事。如五祀衛鼎記衛與邦君厲圍繞土地轉讓所發生的糾紛與訟爭；著

---

① 張振林：《先秦古文字材料中的語氣詞》，《古文字研究》第7輯，中華書局，1982年。
② 于省吾：《詩經中"止"字的辨釋》(收入《澤螺居詩經新證》，中華書局，1982年)認爲用作語末助詞的"止"不應讀爲止，而均應釋作之。龍宇純《析詩經止字用義》(《書目季刊》第18卷第4期)辯之曰："止和之都是習見字，何以他書不相混，而獨見於《詩經》一書？而同是《詩經》不在句首或句末之字以及作留止、容止的止字亦不見相亂，獨用於句首或句末之字卻多誤爲止？"按：龍氏所言有一定道理。現今能見到的成於西周時而帶有口語性的文字並不多，《詩經》作爲詩歌，有可能較多地保留當時口語中一些語助詞，"止"字作爲句末語助詞多見於《詩經》並不足怪。本簋"止"字用法，或可有助於此問題之研究。
③ 按：據2006年扶風五郡出土的五年珷生尊銘文，這裏的"公"應是指召氏宗族，參見拙作《珷生簋與珷生尊的綜合考釋》。
④ 按："誎"應改釋作"諫"，參見拙作《珷生簋與珷生尊的綜合考釋》。

名的曶鼎記載了曶與限兩家圍繞贖回"五夫"問題及"匡衆、厥臣"盜禾事件所進行的訟爭，"五夫""衆""臣"，實皆應劃屬本簋銘所言"僕庸"之類。又如兩比盨，記載可能是因爲兩比田邑受到章、𣄰之侵奪而有獄訟發生，告發到王，王令其交付給兩比田十三邑。這些邑顯然應包含邑中之勞動者在内，當亦可統稱爲土田僕庸。我們可據此類事例推測，琱生之土田僕庸多訟，也是與其他貴族在土田僕庸問題上發生了糾葛所進而引起的多場官司。

弋伯氏從詬。

　　弋，即式。① 勸令之詞，義同於應、當。② 從，在此即順、隨之意。《詩經・大雅・既醉》："從以孫子。"鄭玄箋："從，隨也。"《左傳》昭公二十八年："從使之收器者。"杜預注："從，隨也。"《左傳》昭公十一年："不道，不共；不昭，不從。"杜預注："言順曰從。"詬，此字或隸定爲詬。亦見於曶鼎。郭沫若曰："詬是許字之異，所从午字下加口，與麥盉、剌鼎卹字所从者同。"③可從。五祀衛鼎中此字即作許，不从口。從曶鼎與五祀衛鼎銘看，當大臣對訟事進行審理時，當事人訴説自己的理由或回答問題即稱"許曰"，這裏的許應讀爲語，④許、語皆魚部韻，聲母分別爲曉母、疑母，分屬喉、牙音而相近。語，告也。這樣來看，"式伯氏從許"，以今語言之，即"伯氏應當隨順（琱生進行）上訴"，實是希望召伯虎在參予審理這些訟事時要站在琱生一邊，促使其勝訴。

公宕（當）其參，汝則宕（當）其貳；公宕（當）其貳，汝則宕（當）其一。'"

　　宕，在此似應讀作當，宕、當，聲母分別爲定母、端母，均舌音，韻皆在陽部。⑤ 當有承當、承擔之意。如《尚書・洛誥》："王拜手稽首曰：……休，恒吉，我二人共貞。"馬融注云："貞，當也。"共貞，即"共當其美"。⑥《左傳》襄公二十五年記崔武子欲娶東郭偃之姊，偃阻之，武子占筮，陳文子釋筮意，以爲凶，武子曰："嫠也，何害？先夫當之矣。"杜預注："寡婦曰嫠，言棠公已當此凶。"《左傳》昭公十七年："若火作，其四國當之。"這裏的"當"也應訓爲承當。本銘"公當其參，汝則當其貳；公當其貳，汝則當其一"是承上文而言，意即"公（指琱生）如果對這些訟事承當三分責任，⑦你（指召伯虎）即應爲之承當二分；公承當二分，你即應承當一分。"也就是要求召伯虎在訟爭中多替琱生分擔其責，爲之後盾。這裏所言叁貳、貳一分率，可能是當時俗語，是一種譬喻之言。古人常喜以三爲多數之表徵，非實指。綜上而言，婦氏對召伯虎所傳達的君氏之命大意是這樣的：我老了，不能再親自處理事務了，公（指琱生）在僕庸土田方面多有訟事，伯氏（指召伯虎）應當隨順公進行訴訟。如果公對這些訟事承當有三分責任的話，你（指召伯虎）就應當爲之承當二分；公如承當有二分，

① 裘錫圭：《史墻盤銘解釋》，《文物》1978 年第 3 期。
② 丁聲樹：《詩經式字説》，中央研究院《歷史語言研究所集刊》6 本 4 分，1936 年。
③ 郭沫若：《兩周金文辭大系考釋》，第 98、143、145 頁。
④ 按：原文讀作"訴"。
⑤ 柯昌濟曾有此説，曰："宕當讀作當字。"見《韡華閣集古録跋尾》丙一一。
⑥ 見周秉鈞：《尚書易解》（岳麓書社，1984 年）。
⑦ 按："公"，公家，應指召氏宗族。詳拙作《琱生簋與琱生尊的綜合考釋》。

你就應當爲之承當一分。①

余叀(惠)于君氏大章,報婦氏帛束、璜。

余,珊生自稱。叀從郭沫若讀如惠。② “余惠于君氏大章”是被動句式,或可寫成“余惠大章于君氏”,實即“君氏以大章惠于余。”麥尊:“作册麥易金于辟侯。”(《集成》6015)即“辟侯以金賜于作册麥”,句式近同此。西周金文中此種句式多見。當然,從語法上講,此句亦可理解爲“余以大章惠于君氏”,但君氏此時已逝,何能受惠? 故不取此説。大章,學者多以爲是大璋,然君氏何故要惠珊生以大璋,似説不清。從前文所言知君氏作爲宗族之長已通過上述一番話對珊生有所恩惠,無由要再惠之大璋。故疑大章非大璋。典籍多訓章爲明,引申之,明德、明治亦曰章,如《國語・晉語四》:“以德紀民,其章大矣。”《北堂書鈔》引《漢官儀》云:“卿,章也,明也,言當背邪向正,素明道德也。”《白虎通義》云:“卿之爲言章也,章,善明治也。”《禮記・樂記》有樂名爲“大章”,鄭玄注云:“言堯德章明也。”孔穎達疏:“堯樂謂之大章者,言堯之德章明於天下也。”胡三省《通鑒音注》引皇侃疏云:“民樂堯德大明,故名樂曰大章。”此雖是樂名,然就“大章”一詞之詞義而言,乃是指德之大明。本銘所言“大章”,義當同此,是指君氏德之宏大。或大章本爲古樂名,後周人以爲習語,以頌賢者之明德。所以,“余惠于君氏大章”,是言“君氏以明德惠施于余”,亦即“余受君氏明德之恩惠”。③ 德可以惠施,這種説法亦見於典籍,如《左傳》成公十六年:“德以施惠。”孔穎達疏:“有大德者以德撫人,是德用之以施恩惠也。”又《禮記・月令》:“天子布德行惠。”布者,布施也。都可證德可以言惠施。珊生此言君氏惠施明德於己,正是因爲君氏命召伯虎助其勝訴。下文繼言“報婦氏帛束、璜”,是珊生爲謝君氏之恩惠與婦氏之傳命,回報婦氏以帛一束及佩玉。《儀禮・聘禮》:“束帛加璧。”與“帛束、璜”義近。

召伯虎曰:“余既訊,

以下召伯虎所言是對婦氏所傳達的君氏之命的回答。訊,徵訊、訊問。既,已也,金文中凡言“既”,亦皆是已然之行爲。“余既訊”是言其對前文所言之珊生僕庸土田的獄訟事件已着手進行調查。從西周中晚期有關貴族間土田、財産之訟事的金文可知,凡這類訟事多由王朝的執政大臣負責審理,如五祀衛鼎中的井伯、伯邑父、定伯等,曶鼎中的井叔,皆是。由本銘內容看,召伯虎在當時可能是參與審理這類訟事的大臣,故而有君氏要求其助珊生勝訴之命。

厌我考我母令,

厌作𠂤,字亦見魯器帥鼎(《綴遺》4.13,《集成》2774)。叔多父盤“𠂤又父母”(《周金文存》四・五)之𠂤或爲此字異體。如是,則此字所從之𣥂非大,實是矢。楊樹達讀爲侯,引

---

① 按:這裏承當的比例,應是指下文“公厥稟貝用獄誺”之稟貝的比例,亦請參見拙文《珊生簋與珊生尊的綜合考釋》。
② 郭沫若:《兩周金文辭大系考釋》,第 98、143、145 頁。
③ 孫詒讓曾釋此句之意爲“珊生對答其章寵也”,見《古籀餘論》卷中召伯虎敦第二器。

《漢書·禮樂志》注"侯,惟也",認爲"惟命猶今言'如命'、'從命'"。[1] 然楊氏於字形無説。林澐先生讀爲从𥄉聲之形聲字,引金文"亡𥄉"(無斁)在詢𣪘作"亡𥄉"爲例,認爲即斁字,斁典籍多訓厭,有服從之義[2]。二説釋字不同,然其義近,於本銘可通。就此字義而言,"𥄉我考我母令",意即"聽從我考我母之命"。這裏稱君氏爲考,説明君氏已逝,前已論之。

余弗敢𡚒(亂),

𡚒,《説文》:"𡚒,治也。……讀若亂同。"亂在典籍中或有違反、背逆之義。如《詩經·邶風·雄雉》序箋孔穎達疏曰:"亂,謂犯悖人倫。"《左傳》宣公十五年:"民反德爲亂。"《廣雅·釋詁》:"叛、殽、逆,亂也。"《説文》:"誖,亂也。……悖,誖或从心。"《禮記·月令》:"毋悖於時。"鄭玄注:"悖,猶逆也。"故召伯虎曰:"余弗敢亂。"是承上文而言,其意爲"我不敢違背(我考我母令)"。

余或至我考我母令。"

或,在此應讀爲又。又,復也,更也。[3] 至,或讀爲致,"致命"之語,典籍習見,即傳達命令之意,但這樣解釋似與本銘上下文內容有所不合。召伯虎所言"我考我母令",係對其個人所令,無需再傳達。典籍中,至可訓爲達、通、行。如《禮記·樂記》:"樂至則無怨,禮至則不爭。"鄭玄注:"至,猶達也,行也。"《國語·楚語上》:"至於神明。"韋昭注:"至,通也。"《廣雅·釋詁》:"達、徹,通也。"《左傳》文公十八年記季文子使司寇逐莒太子僕出境,曰:"今日必達。"楊伯峻先生《春秋左傳注》曰:"通、達同義,猶今言徹底執行也。"《國語·魯語上》亦載此事,惟"達"作"通",其文記里革更宣公書云:"爲我流之於夷,今日必通,無逆命矣。"可知"通(達)"與逆命相對,"通(達)"即是貫徹、執行,楊説可從。本銘"至"疑亦應讀作"達","至我考我母令",以今語言之,即"貫徹執行我考我母的命令"。召伯虎上述話大意是這樣的:我已經對這些訟事進行了徵訊,(我)服從我考我母之命,我不敢違背,我將進一步去執行我考我母的命令。

琱生則堇圭。

郭沫若先生釋"堇圭"爲酬以瑾圭,是以此作爲省略動詞的句型,其義通,惟金文中此種句型甚罕見。唐蘭先生曾以爲此處之堇應是動詞,然於字義無説。[4] 吳闓生云:"堇圭,以圭覲也。"[5]是讀堇爲覲。此暫從之。《爾雅·釋詁》:"覲,見也。"邢昺疏以爲覲是"下見上也"。典籍中多訓爲諸侯朝覲。本銘中琱生奉召伯虎爲宗君,故見之似亦可謙稱曰覲,疑"覲圭"是言覲見時致以圭。書此以待再考,白川靜認爲"則堇圭",是將召伯

---

① 楊樹達:《積微居金文説》,第 269、271 頁。
② 林澐:《琱生簋新釋》。
③ 見楊樹達:《詞詮》,中華書局,1978 年。
④ 唐蘭:《陝西省岐山縣董家村新出西周重要銅器銘辭的譯文和注釋》,《文物》1976 年第 5 期。
⑤ 吳闓生:《吉金文録》3.25。

許諾之辭刻録於瑾圭作爲約劑。① 然召伯虎以上諸言並非與珷生訂盟約，珷生似無製約劑之由。

隹六年四月甲子，王在莽。

記明六年四月甲子時王在莽，其用義有兩種可能。一是與本銘内容有關，如李學勤先生曰："到六年四月周王在莽京，朝臣都在那裏。"②是交代召伯虎與珷生此次會面之時間與地點。另一種可能，是此屬於一種以重要的大事輔助紀時的習慣，與銘文主題無關，西周金文不乏此例。

召伯虎告曰："余告慶！"曰："公厥禀貝用獄諫，③

慶，賀也，福也。"告慶"，猶今言"報喜"。這是召伯虎在其幫助珷生勝訴後，向珷生表示祝賀之語。禀，《廣雅·釋詁》："禀、付，予也。""公厥禀貝用獄諫"，是説公（指珷生）所交付之貝已用於獄訟之事。④ 獄訟之事需付貝之原由，學者已指出。⑤《周禮·大司寇》言："以兩造禁民訟，入束矢於朝，然後聽之。以兩劑禁民獄，入鈞金三日乃致於朝，然後聽之。"本銘禀貝之舉，即相當於納束矢、鈞金，似是當時獄訟事件進行審理前的必要手續。召伯虎這樣講，或有向珷生表明所付之貝皆用於訟事而自己並未占用之意。

爲伯有胥（底）有成，亦我考幽伯幽姜令。

爲伯，此召伯虎自稱，亦見前述。底，學者多據《三體石經》祇之古文作此而讀爲祇，在本銘應讀作底。《左傳》宣公三年："天祚明德，有所底止。"《左傳》襄公十年："其能來東底乎？"底皆應訓爲定也、至也。⑥ "有成"，見於《詩經·小雅·黍苗》："召伯有成，王心則寧。"成，即成功。這句話是説：爲伯我（已使訟事）有了結果，獲得了成功，（這樣做）也是遵照我考幽伯、我母幽姜之命。

余告慶！ 余以邑訊有司，余典勿敢封。今余既訊，有司曰：'厦令。'"

"余告慶"是召伯虎再次向珷生祝賀，其得意之態躍然紙上。西周金文中言邑時往往包括邑周圍的田土，及附屬於田邑的居民（主要是農業勞動者）。⑦ "以邑訊有司"是説將有關田邑的事訊問過有司，這裏所言邑，應是指這場訟事取勝後裁定給珷生的田邑。有司，官名，習見於典籍與金文。從西周中晚期金文看，凡涉及土地獄訟或轉讓之事，在由王或大臣裁決後，進行土田的勘定與封疆時，皆要由具體主管有爭議的土田的有司們進行落實。這些有司主要包括司徒、司馬、司空，他們是王朝下屬的地方官吏，各職掌一塊地域上

---

① 白川靜：《金文通釋》，第 194、195 頁。
② 李學勤：《青銅器與周原遺址》。
③ 按："諫"當釋作"諜"。
④ 按："公"在這裏應指"公家"，即召氏宗族。
⑤ 林澐：《珷生簋新釋》，白川靜：《金文通釋》。
⑥ 參見楊伯峻：《春秋左傳注》，中華書局，1981 年。
⑦ 參見拙作《由西周農業勞役的性質看西周貴族的階級屬性》，收入《中國古代地主階級研究論集》，南開大學出版社，1984 年。

的不同事宜,司徒主管土地上的人口、徒役,司馬掌理軍賦,司空負責土地的度量。有司中有司徒,正是因爲土地的轉讓總要牽涉到土地上的屬民。這類銘文還表明,王朝在王畿地區内的貴族封土上似亦設有這種稱爲有司的官吏,但是貴族自己也在屬地上設有屬於家臣性質的有司。本銘所言有司,應是指王朝所轄有司。此處召伯虎言其訊問過有司們田邑之事,可能是在支助琱生勝訴後,去進而落實琱生屬地的土田封疆,故下面繼言曰:"余(召伯虎自稱)典勿敢封。""典",見於金文者,如克盨:"王令尹氏友史趛,典善夫克田人。"(《集成》4465)倗生簋:"用典格伯田。"(《集成》4262)可見,典田之"典"的意思,"如今言記録或登録"。① 由克盨銘文可知,貴族所有的田、人要由王委派大臣"典",即登録於典册,保存於王朝,作爲存檔。在有關土地轉讓的金文中,參與其事的王朝官吏除有司外,還往往有内史之類史官,當是因爲史官負責爲王朝保管這種記録有土田疆界的典册文書。召伯虎言"余典",似是指其已代表王朝對裁定給琱生的田邑進行了登録,實即表示已得到王朝承認,成爲合法的田地。② "封",即封疆畫界,設立田界標誌。孫詒讓《周禮正義》:"封,起土界也。崔氏《古今注》云:封疆畫界者,封土爲臺,以表識疆境也。畫界者,於二封之間又爲壝垺,以畫分界域也。"畫界,除起壝垺外,亦可以在地界綫上植樹爲標記。③ "封"的這種含義亦見於散氏盤,其銘具體地展現了西周時封疆畫界的方式(《集成》10176)。召伯虎言"未敢封",疑是其雖已將土田疆界登録於典册,但並没有進行具體的封疆工作,從下文觀之,其意是要請琱生對疆界勘定驗收後,再行封疆。"未敢",謙語。召伯虎這段話的意思是:"我表示慶賀! 我已將有關田邑的事項向具體負責的有司們訊問過,並已經將土田範圍登録於典册,但尚未封疆畫界。現在我既已向有司們徵訊,有司們回答道:'遵從(您的)命令。'"有司們言從命,意即將按召伯虎的指示來進行封疆畫界的工作,保證琱生的利益不受損失。

今余既一名典,獻伯氏,則報璧。

這個"余"是琱生自稱。此句係琱生自述。召伯虎既已助琱生勝訴,並已"典"其田邑,琱生則"一名典"。一,皆也。《詩經·邶風·北門》:"政事一埤益我。"《大戴禮記·衛將軍文子》:"則一諸侯之相也。"《荀子·勸學》:"一可以爲法則。"一均應訓爲皆。引申之,即今語所謂"一一"。④ 名,郭沫若釋爲簽名畫押。⑤ 此從之。白川靜説同此。⑥ "典"在這裏是名詞,即前文召伯虎所言典録土田之典册。所以,"一名典"即在記録土田疆界的典册上一一簽了名。這句話的含義似應承上文所言來理解。上文召伯虎曾言"余典勿敢封",是説

---

① 郭沫若:《兩周金文辭大系考釋》,第 82 頁。
② 參見杜正勝:《從封建制到郡縣制的土地權屬問題》。
③ 參見李學勤:《西周金文中的土地轉讓》(《光明日報》1983 年 11 月 30 日)。
④ 林澐:《琱生簋新釋》。
⑤ 郭沫若:《兩周金文辭大系考釋》,第 98、143、145 頁。
⑥ 白川靜:《金文通釋》,第 194、195 頁。

雖已典録於册而尚未封疆,意即請琱生查驗後再爲之。這裏琱生又言"今余既一名典",説明琱生已將典册所録之土田範圍做了驗證,最後以在典册上簽名的形式表示同意與接受。所以言"一",即"皆(——)",是因爲前文曾言其"僕庸土田多諌",引起訟爭的土田既非一處,所以典册亦當並非一種。"獻伯氏",是將經過簽押的典册歸獻於召伯虎,以存於王朝作爲檔案文書。"則報璧"是召伯虎接到琱生奉還的經過簽押的典册後,報之以璧,此是禮儀。

琱生對揚朕宗君其休,用作朕烈祖召公嘗簋,其萬年子子孫寶用享于宗。

從全銘内容而言,主要是記録了召氏兩代宗子,即君氏與召伯虎庇護族親的事迹,琱生爲紀念這件事而鑄此二簋,以祭烈祖召公,宣揚其宗君之美德,亦是爲了贊頌與維護貴族間的宗族情誼與宗族精神。

這篇銘文爲研究西周晚期的社會經濟與社會政治狀況,提供了非常生動的資料。林澐先生的論文已較深刻地指出了銘文所反映出來的一些重要問題。[①] 這裏,僅據本文之新探,簡略地談幾點看法,以爲結語。

從此銘中可以看到,當琱生的土田僕庸發生訟爭時,對這一事件的審理雖在表面上仍要按王朝所規定的一套程序進行,似乎王朝秩序依然存在,但實際上卻被處於幕後的强宗大族的勢力所操縱。召伯虎身爲王朝重臣,在徵訊與處理訟事時,卻一切以"我考我母令"爲準,利用其政治地位維護本宗族的經濟利益,説明西周晚期宗族勢力的發展是以損傷王朝利益爲前提的,在貴族集團内,尊重王朝利益的觀念已日見淡漠,這正是西周王朝很快即崩潰的最根本的内因。

此銘最有特色之處還在於其較深刻地反映了西周貴族的宗族制度與宗族觀念。召氏的兩代宗君,公開出面爲作爲小宗的琱生撑腰,使之得以勝訴,可知當時一個宗族之長要以維護整個宗族利益、庇護族人爲己任。同時這也從一個側面反映出,直到西周晚期,周人貴族的宗族組織仍是一個較牢固的、有機的共同體,整個宗族,包括大小宗分支,仍有着共同的經濟與政治利益。而且,由於宗族勢力已成爲宗族成員生存的靠山,因而也就在貴族集團内造成了一種强烈的宗族觀念,琱生將自己依賴宗族勢力得以勝訴之過程堂而皇之地銘於彝器,頌揚了宗族情誼與宗族精神,正是這種觀念之表現。《左傳》僖公二十四年記富辰所言,召穆公(召伯虎)糾合宗族於成周而作詩曰:"凡今之人,莫如兄弟","兄弟鬩于墻,外禦其侮"。此簋銘正可以爲這首詩所提倡的同宗兄弟之情誼提供注脚。

再有,銘文亦使我們得以具體地認識到當時貴族社會内父家長權的至上性,召伯虎直到自己已繼任爲宗君,仍一再表示要服從其父母之命,不敢違背,這説明父家長的意志此時已與孝道之類的觀念結合,成爲貴族成員必須遵奉的處世準則。對於整個宗族組織來

---

① 林澐:《琱生簋新釋》。

説,父家長權即是宗子之權,簋銘中琱生對揚宗君之休,表現了宗子在宗族内的權威。

最後還應提及的是,西周王朝建立之初,周天子被同姓親族奉爲大宗宗子,宗族觀念曾是周王朝統治的精神支柱。但到了此銘所屬時代,即西周晚期,這種觀念僅在各貴族宗族内被强調,爲强宗大族發展自己的實力服務,其已由王朝統治的精神支柱,轉而成爲促使其崩潰的催化劑了。

（原載《中華文史論叢》1989 年第 1 期）

琱生簋與琱生尊的綜合考釋

　　2006 年 11 月兩件同形、同銘的琱生尊(《銘圖》11816、11817,圖一、圖二)在扶風五郡西村出土後,學者間對琱生諸器銘文的內涵展開了一番爭論。此所謂琱生諸器指此兩件五年琱生尊與傳世的五年琱生簋(《銘圖》5340)、六年琱生簋(《銘圖》5341)四器。四器中因兩件琱生尊同銘,所以共有內容緊密聯繫的三篇銘文。余在 1989 年曾發表《琱生簋銘新探》一文,討論過五年、六年琱生簋銘文,[①]現比照新發現的五年尊的銘文,參考學者們近年來所作研究,在舊作基礎上再對琱生諸器器銘作進一步探討,以就正於方家。

圖一　琱生尊(甲)及其銘文

---

① 拙作《琱生簋銘新探》,《中華文史論叢》1989 年第 1 期,亦收入本書。

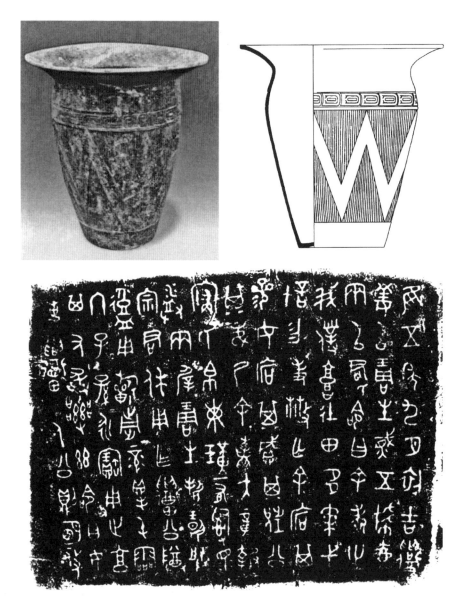

圖二　琱生尊(乙)及其銘文

一、五年琱生尊銘文引發的新思考

五年尊的銘文對舊有認識造成的衝擊與引發的新思考,重要者似主要有以下兩點:

(一) 五年尊銘文所記時日是"隹五年九月初吉",所記事情與五年簋銘文非常相近,也是記君氏之命,且"君氏"之命內容亦有相重處,而五年簋的時日是"隹五年正月乙丑",那麼,兩銘所記究竟是同一件事情,還是有所區別? 為何同一事件會用兩種器類共三篇銘文分載?

(二) 五年簋銘中,君氏之命言"公僕章(庸)土田多謀",而五年尊銘中君氏之命中則言"我僕章(庸)土田多謀","公"(或"我")究竟是指誰?

前一個問題,仔細對比五年尊與簋銘文中的君氏之命,最大的差別即是五年簋銘所記君氏之命不僅發表的時日較早,早於五年尊銘所記君氏之命約八個月,而且五年簋銘君氏之命中言"公庶其參(三),汝則庶其貳;公庶其貳,汝則庶其一",而五年尊銘則記君氏之命僅曰:"余庶其參(三),汝庶其貳。"五年簋銘在"庶"前有"則"字,顯然是爲加强假設的、選擇的語氣,但五年尊銘中"庶"前已無"則"字。從這種情況看,五年尊銘所記九月份下達的君氏之命,只是在正月下達命中兩種選擇間確定了一種,即"公庶其參(三),汝(按:指珷生)庶其貳","公"與珷生在所承擔的份額(其内容詳下文)上,采用了公占五分之三,珷生占五分之二的比例。所以,五年尊銘所記與同年簋銘所記爲同一君氏之命。在這方面,當以李學勤先生的解釋爲妥,即婦氏此次所傳君氏之命,是在五年簋銘所記兩種劃分比例的方案中決定了一種。[1] 所以,五年尊銘所記事情在時間上介於五年與六年兩件簋之間,並非重複五年簋銘,而是記載了五年九月此件事新的進展情況,從而使三篇銘文所記事件的發生、發展之過程更爲完整。

　　論及此,似需要附帶討論一下另一個有關的問題,即上舉四件有銘的珷生銅器的關係問題。兩件簋,雖銘文所記事情分別爲五年正月與六年四月,但二器形制、紋飾基本相同,所以,二器同時鑄作(甚或器身以同一母模脱範)的可能性較大。[2] 顯然,鑄器時間應在六年四月時或此後,即此事件結束後不久,而五年簋銘所記,則是在整個事件結束後,追溯前一年發生的事情。實際上青銅器銘文記事均是追記,只是有的是當年追記當年較早時段發生的事情(如六年簋銘),有的可能是次年追記前一年發生的事情(如五年簋銘)。當然,一般來説,凡屬追記,且在銘首説明事情發生的王年及月、日的器物,鑄造時間當不會距發生時間隔得過長。現在的問題是,五年尊是先已在五年九月後不久即已經鑄好的,即早於二簋呢,還是也是與二簋同時鑄造的呢? 一種可能性是確實是五年尊先鑄。從尊銘看婦氏所轉達的君氏之命述説了事情的背景與原委及君氏之命的内容,也可謂相對完整,可獨立成文。但是,如果與五年簋銘文所記相對照來體會,則五年尊銘並未能記録下此事件中非常重要的情節,即事由是出於五年簋銘所記"珷生有事",而且召伯虎是同時聽令君氏之命的主要當事者,尊銘亦並未明言之。只是尊銘中提到"其軏(兄)公,其弟乃(仍)"這一宗族兄弟關係,尊銘又未見"兄"(即召伯虎)名,則所謂"其軏(兄)公"便不能知其所云。所以,尊銘並未記全此事件,而只是其中一個情節,一段過程。那麽自然還有另一種可能,即此四器是同時鑄作的,即都是在六年四月不久所製。五年簋、五年尊銘均是追記上年發生事情的兩個情節,而全部事件也確只有將三銘聯讀,才可知其究竟。叙説、銘記同一事件而用兩種器類,也許是爲了作爲祭器,祭祀時奉獻祭品的需要。兩件簋自名曰"嘗簋",是

---

① 李學勤:《珷生諸器銘文聯讀研究》,《文物》2007 年第 8 期。
② 林澐先生即認爲兩件簋"應是同時所鑄成的成對彝器",見所著《珷生尊與珷生簋的聯讀》,《古文字研究》第 27 輯,中華書局,2008 年。另值得注意的是,五年簋銘未並未講簋的用途,六年簋才説明簋是爲"朕剌(烈)祖召公"所作之"嘗簋",這自當是連帶説明了此兩件同形、同大小簋的性質與功用。

奉獻飯食的。而兩件尊則自稱"尊鑙"，從"鑙"之稱尚不能確知其用途，但從其器形看，與商周尊形器的特徵(大敞口、深腹)相合，仍當是酒器，所以這四件琱生銅器應是奉祭召公時分別盛放食品與酒的成套祭器。

琱生器的三篇銘文，從格式規整，遣詞用句多有重複，記事嚴謹、細緻，且相互緊密聯繫看，應出自琱生家族内同一具作册身份的家臣，這與其他西周時期屬世家大族的貴族所作器銘有共同點。所以，此三篇銘文除去説明作祭器目的的詞語外，應該都是家族作册史官的三次實録。此其實録的性質也可從記君氏之命時言"余老止"，帶句末語氣詞以及五年尊銘還記載了琱生對宗君所發誓言得知。言及於此的意思，是欲説明三篇完整的記事銘文很可能是在六年四月此事件妥善處理後，按家族史官的實録統一銘於兩種器類上，既作爲敦睦宗族情誼並報祭先祖召公之禮器，也用作此事件處理方式之憑證。①

至於上舉五年尊發現所引發的第二個問題，即五年尊銘文中記君氏之命言"我僕章(庸)土田多柔"，而"我"字在五年簋銘中則記爲"公"。筆者舊作，將"公"當作琱生，現在顯然需要更正。五年尊銘中召姜傳達之君氏命，君氏言"余老止"，是他自稱"余"，所以他緊接着所言之"我"，不是其個人自稱，而應該是像殷墟王卜辭中的"我"一樣，是個複數的稱謂，即"我們"之意，那麼這個"我們"即相當於五年簋銘中的"公僕章(庸)土田多譴"之"公"。所以這個"公"自然也是個複數的稱謂，是指稱一個群體。學者或釋此"公"爲"公室"。"公室"一詞在西周金文中亦已見於逆鐘與卯簋。逆鐘銘文曰：叔氏命其家臣逆掌管"公室僕庸、臣妾、小子室家"(《集成》762)。在卯簋銘中，榮伯令其家臣卯"死嗣榮公室"，而其具體職務當是"死嗣莽宫、莽人"(《集成》4327)，莽宫應是榮氏在莽地的采邑内的宫室，莽人則應是榮氏在莽地的采邑内的屬民。所以，可見西周時期的"公室"應包括其近親的小宗家族(所謂"小子室家")，並包括其内宫室等財産，也包括其家臣、僕庸、臣妾等私屬，是一個非單純血緣關係的政治、經濟的共同體。② 但是像逆鐘銘文中叔氏的"小子室家"還要由其家臣管理，可見這樣的近親家族仍同叔氏構成一個共居的實體，這樣的"公室"作爲親屬組織來説規模並不會很大。實際上，春秋時期列國"公室"内所含的親屬組織規模也是較小的，僅是國君所在之近親家族。③ 所以"公室"的親屬組織的含義實際上只是一個大的宗族組織内宗子所在的近親家族，那麼作爲一個政治、經濟共同體形態的"公室"只是大的宗族組織内的核心。根據這種情況，如果要將琱生簋中的"公"(亦即五年琱生尊中的"我")認作是召氏之公室，則這種較小的共同體規模不可能再涵蓋類似於琱生家族這樣的小宗宗族。所以，琱生諸器銘中的"公"，作爲一種在宗法組織與宗法觀念上能涵

---

① 將帶有一定規則、合約性質的文書銘於銅器類似於《周禮·秋官·司約》"凡大約劑書於宗彝，小約劑書於丹圖"。書於宗彝之目的，鄭玄認爲是"欲神監焉"。王占奎先生曾論及此，見其《琱生三器銘文考釋》，《考古與文物》2007年第5期。

② 參見拙著《商周家族形態研究》(增訂本)第三章，天津古籍出版社，2004年。

③ 參見拙著《商周家族形態研究》(增訂本)第三章。

蓋若干相對獨立的小宗宗族的共同體,應該是指整個召氏宗族,而不是僅指召氏之公室。銘文中的"君氏"(及其繼位者召伯虎),是從"公"即召氏全宗族的立場與角度來處理這件事的。在五年尊銘中,"君氏"還強調,"我"(即"公")的僕庸土田"多柔(擾)"因而"弋許(語)",目的是"勿使散亡",即不能容許整個召氏宗族這一"公"的經濟資產遭到損失。"君氏"作爲召氏宗子,當然不僅可以代表"公"即整個宗族,而且可以有權支配"公"的資產,故銘文中言及"公"(或"我")與琱生各"庯"幾分之幾時,可以站在"公"的立場來説話。"公"上述内涵的準確理解,對於琱生三篇銘文的合理釋讀顯然是非常重要的。這一作爲宗族之稱的"公"字在釋讀琱生器三篇銘文時,也可以采用有的學者的解釋,釋爲"公家"。①

二、琱生諸器銘所叙有無關乎獄訟與獄訟的實質

二十餘年前,1989 年,當《中華文史論叢》在是年第 1 期刊登拙作《琱生簋銘新探》時,同時刊載了維商師《琱生簋銘新探跋——兼論本銘無關訴訟問題》。與一般老師爲學生作序時多以稱許爲主不同,先生在肯定拙文之成績後,提出了與拙文之意見有很大不同的看法,即認爲琱生簋銘所記應爲召氏宗族内部土田產品分配問題,實無關乎訴訟。② 五年琱生尊發現後,學者們反思過去的研究,也有學者重新提出琱生諸器銘非涉及獄訟。如認爲三篇銘文,確實沒有原告被告,無法構成司法案件。事件只是在召氏公族内部發生土田疆界糾紛時,琱生請求大宗協助處理糾紛。③ 又如認爲琱生三器反映的是,對召氏家族財產分割時,召氏照顧了召伯虎亦即大宗的利益,兼顧小宗琱生的利益。④

筆者細讀琱生尊、簋銘文,覺得從如下因素看,所記述的事件似還是與獄訟有關,獄訟自然不是發生在宗族内部,而是整個召氏宗族訴訟有損於其土田附庸的其他周人貴族:

(一) 五年琱生簋銘中婦氏所傳達的君氏之命中,有"公僕𡪡(庸)土田多譖,弋(式)白(伯)氏從諎(語)"之句。五年琱生尊銘記君氏命中亦有"我僕𡪡(庸)土田多柔,弋(式)諎(語)。"所謂"弋(式)諎(語)",在余舊作中即已説明"弋"讀爲"式",勸令之詞,義同於應、當,而這句中的"許"當讀爲語,在此訓爲告,義近於陳訴、上訟。五年簋與五年尊的君氏之命皆講到,因爲本宗族的土田僕庸多譖(或"柔"),即有很多煩亂之事發生,⑤所以應當上訴,即走法律程序。五年簋中所謂"弋(式)白(伯)氏從諎(語)",是説應當由伯氏即召伯虎

---

① 陳昭容等:《新出土青銅器〈琱生尊〉對讀——西周時期大宅門土地糾紛協調事件始末》,《古今論衡》第 16 期,2007 年 6 月。
② 現在看來,維商師在《〈琱生簋銘新探〉跋》中提出的,"公"均義爲"公族",即召氏宗族的看法確是很有道理的。
③ 陳昭容等:《新出土青銅器〈琱生尊〉對讀——西周時期大宅門土地糾紛協調事件始末》。
④ 王輝:《琱生三器考釋》,《考古學報》2008 年第 1 期。
⑤ 五年琱生簋銘文中的"譖",余舊作讀爲"諫",五年尊中的此字作𡪡,上部明顯地與毛公鼎(《集成》2841)等銘文中的"秡"字所从"矛"近同,而且下部从木,"束"字則下部作𣎵形,從不从木,所以此字還是以釋作"柔"爲好。五年簋中柔又从言,可隸定作"譖",但其讀仍當與"柔"同。"柔",日母幽部,與"擾"聲韻並同,《説文解字》"擾,煩也",《廣雅·釋訓》"擾,擾亂也"。與柔、擾同音字還有"繆",訓纏;有"摎",訓糾。其義皆與"擾"近同,均有煩亂,糾葛之意。

隨從琱生上訴。① 亦即是請召伯虎以宗子身份代表整個召氏宗族出面打官司。從西周中晚期金文可知，王畿地區較大的貴族之間在土地等財產上發生糾紛繼而訴訟於法律時，皆是由王朝執政大臣受理並仲裁的。估計召氏宗族要上訴也是要訴諸王朝執政大臣。

（二）五年琱生簋銘中婦氏所傳達的君氏之命，在要求召伯虎隨順琱生上訴後，講到"公庶其參(三)，汝則庶其貳；公庶其貳，汝則庶其一"。由上文所論可知，"公"在本銘中不是私稱，而是指召氏宗族，可謂"公家"，在這裏實際是指作爲"公"即召氏宗族代表的大宗（"君氏"在世時，即發此命時，大宗是"君氏"。五年簋銘中所記五年正月時，君氏當已故，召伯虎已稱其爲"我考"，則此時的大宗實際已是召伯虎）。在五年尊銘中，召姜（即婦氏）再次傳達君氏之命時，已在以上兩種"庶"的選擇方式中確定了一種方式，即三、二分的比例。需要注意的是，其實在五年簋銘所記婦氏傳達君氏之命時，已屬遺命，當時君氏已經故去了，故此九月份時婦氏再傳達的君氏之命，這種三、二分的比例確定，必不會是由君氏親自決斷的，而是由婦氏在琱生請求下，以君氏之配及召伯虎之母的身份擇定的。這種擇定因爲只是在君氏所定兩個方案中擇一，所以雖非君氏親定，仍可以視爲君氏之命，故五年尊銘中婦氏仍言"以君氏命曰"。關於這點在讀此銘時自當注意。此"庶"多少比例的本意，似當結合上文來考慮，上面既言是要訴訟法律，則下邊所言"庶"多少比例，理當與打官司有關，而且其意也必須要與六年簋銘中，召伯虎"告慶"時與琱生所講的一段話相聯繫，召伯虎在這段話中特別提到"公氒(厥)稟貝用獄訞"，"獄"是指獄訟，此"訞"與"獄"聯繫，當是指在獄訟過程中要經歷的一系列繁亂紛雜之事。召伯虎這句話應當是講，"公"（即宗族，在此實際即指大宗）所付予之貝全部已用到紛雜的訟事中了。獄訟時要付一定的費用（即交納貨幣或有類似功能的流通物），余舊作與其他學者的論著均已援引《周禮·大司寇》文作了解釋。② 所以筆者仍認爲舊作讀"庶"爲"當"，解釋爲"承擔"還是可以講通的。只是舊作解釋爲擔當責任，有些空泛，現需更正。陳昭容先生等在論文中釋五年簋銘君氏之命中有關"庶"的一段話時云"解決問題的費用，公家若出資三份，你應該出資兩份；公家若出資兩份，你就出資一份"。③ 聯繫上述六年簋"公氒(厥)稟貝用獄訞"之句，這種解釋顯然是很合適的。如果此意釋再更貼切於銘文所用詞語，將"庶"字在此讀爲"當"，即承擔，此段話即可以釋爲"公家如果承擔獄訟費用的三份，你（按：指琱生）即要承擔兩份；公家如果承擔兩份，你即要承擔一份"。公（公家）是指整個召氏家族。但在這裏既然與琱生對言，則實際是指公家的代表人——召氏大宗。故在五年尊銘中婦氏傳達的君氏命中，不

---

① 五年簋銘開頭即言"琱生又(有)事，召來合事"，應當即是講在召氏宗族內屬於小宗的琱生因其宗族土田僕庸被其他貴族侵奪，所以希望作爲召氏宗族之代表的大宗能支持他，意欲發起訴訟的首先是琱生，故君氏言"式伯氏從語"，即要求召伯虎隨順琱生上訴。簋銘簡略，但審其情勢當如此。

② 《周禮·大司寇》："以兩造禁民訟，入束矢於朝，然後聽之。以兩劑禁民獄，入鈞金三日乃致於朝，然後聽之。"余舊作在此點上曾參考林澐先生文。

③ 陳昭容等：《新出土青銅器〈琱生尊〉對讀——西周時期大宅門土地糾紛協調事件始末》。

是講"公庇其三,汝庇其貳",而是講"余庇其三,汝庇其貳"。"余"即是君氏自稱,也是召氏大宗。可見五年尊銘中"公庇"之"公"雖本意是指公家,指整個宗族,但在此實際上是指稱公家之代表大宗了。那麼,此三、二分,二、一分的比例,應該理解爲全部獄訟費用,如是五份,大宗承擔其中五分之三,琱生即要承擔其中五分之二;全部費用如是三份,大宗承擔其中三分之二,琱生即要承擔其中三分之一。所以,如上述,在五年尊銘中,當婦氏實際是代已故君氏決斷爲琱生需要承擔獄訟費用的五分之二,而不是三分之一時,是在兩種方案中確定了一種要琱生多承擔一些費用的方案。綜言之,三篇銘文,只有抓住召氏宗族爲自身土田僕庸之完整而訴諸法律這一核心,對前後的一些關鍵語句,如"庇"與其比例,如"禀貝用獄諆"等的解釋,才能上下相扣合,文意才能融會貫通。

(三) 銘文雖涉及獄訟,但獄訟的性質是召氏宗族對外宗族,還是召氏宗族內部大小宗間的訟事,也是研究者間意見未能統一者。而有助於説明琱生諸器的三篇銘文確是記錄了召氏宗族與其他貴族之獄訟,而非召氏宗族內部大小宗等親族成員間發生僕庸土田糾紛之事的另一證據,即是五年尊銘中,婦氏所傳達的君氏之命內,在講到務必要爲保持宗族財産而進行訴訟後,又特意強調曰"勿吏(使)楸(散)亡"。"勿使散亡"者顯然是指"多柔(擾)"的僕庸土田。顯然,如是自己宗族成員雖有矛盾,無論在財産占有上分割如何不當,均談不上"散亡",即影響不到君氏宗族資産的損失。現在既言必要通過法律訴訟來保證僕庸土田不散亡,那肯定是因爲有召氏以外的貴族對其僕庸土田有所侵吞,或有侵吞的意願。因此,君氏之命的主旨應該是要求本宗族大小宗成員在面臨這一形勢下,爲保全宗族資産而一致對外。所以,所要進行的獄訟,必非在本宗族成員間進行,而是召氏宗族對外氏貴族的訟爭。新發現的五年尊銘中"勿使散亡"此四字,對於理解器銘所言獄訟之事的性質實在非常重要。

(四) 六年簋銘記召伯虎在順利推動了召氏宗族對外宗族的獄訟過程並取得了獄訟勝利後,兩次向琱生告曰:"余告慶!"其興奮情況躍然紙上。如果僅是宗族內部涉及琱生與同宗貴族間的糾紛,即使琱生取勝,召伯虎作爲宗法地位高於琱生的大宗,則不當以此種口氣,好像在向琱生邀功,實無必要。召伯虎所以很興奮,顯然是因爲打贏了官司,從而保護了整個召氏宗族的利益而值得他興奮,此點雖帶有揣摩性質,但細細想來,這樣解釋應當是更符合當時貴族的親族觀念與宗法關係的,應當是對銘文更合理的解釋。

綜上所析,筆者仍認爲舊作中所云琱生諸器銘文主要記載的是召氏宗族大小宗協力爲僕庸土田而與外宗族進行獄訟之主綫,還是可以成立的。新發現的五年尊銘並未能影響這一看法,反而更强化了理解琱生器銘的這一基本思路。

三、琱生簋、尊銘文的通釋與意譯

如上文所論,琱生諸器銘文需要按所記時日順序聯讀通釋,才能形成合乎邏輯的、有條理的闡釋。下面即在上文所談對琱生器銘一些基本看法的基礎上,按五年琱生簋、琱生尊(甲、乙)、六年琱生簋的順序,先簡要考釋一下三篇銘文中一些字詞,然後對三篇銘文試做意譯。對銘文的考釋,凡上文根據新出五年尊已討論過的,以及凡余舊作中已講過,今日又未有新的訂補者,下面均不再贅述。

(一)五年琱生簋

五年琱生簋銘文:

> 隹(惟)五年正月己丑,琱生又(有)
> 事,嬰(召)來合事。余獻寢(婦)氏吕(以)
> 壺,告曰:"吕(以)君氏令曰:余老
> 止,公僕(附)章(庸)土田多諌(擾),弋(式)白(伯)
> 氏從話(語)。公宕(當)其參(三),女(汝)則宕(當)其
> 貳;公宕(當)其貳,女(汝)則宕(當)其
> 一。"余龜(惠)于君氏大章,報寢(婦)
> 氏帛束、璜。嬰(召)白(伯)虎曰:"余既
> 訊,㕇我考我母令,余弗敢
> 亂(亂),余或至我考我母令。"琱
> 生則堇(覲)圭。

此器銘中,據新出五年尊要重新認識的問題,上文已講過。還需要專門再討論的是"余獻婦氏以壺"一句,因研究者有不同的斷句方式,故而牽扯到對銘文內涵的理解。比如,學者或在"余獻"後斷句,以"婦氏以壺"另成一句,其意即是余(琱生)獻某物於婦氏(或將"獻"釋爲獻酒),而婦氏則"以壺"於琱生。"以"在這裏使用的是由"挈帶"引申而成的"給予"之意。[①] 但這樣斷句,似也有些問題,一是"獻"如釋爲獻物,在"獻"後斷句,有戛然而止的感覺。而將獻釋爲酒宴,這種辭義,在西周金文中似較罕見。二是更爲重要的,本銘開始即明言"琱生又(有)事",是琱生請求召氏宗子出面來幫助他解決僕庸土田的麻煩。所以,他請來婦氏與召伯虎,只是要求助於他們,在此種背景下,言"婦氏"一見面反而要"以壺"給琱生,似不甚合乎情理。鑒於此,此句話還當以"余獻婦氏以壺"作一句讀妥當。學者或質疑於這種語法關係,認爲現所見金文有關"獻"的句式中,没有"獻+人+(以)+物"的句法。[②] 但類似的句式("以"前與上文不斷開),在先秦文獻中還是較多見的,即以

---

① 關於這種斷句方法,有陳美蘭:《説琱生器兩種"以"字的用法》(收入《古文字學論稿》,安徽大學出版社,2008 年),從金文中"以"字用法角度做論述,認爲"余獻婦氏以壺"連讀句式,有待商榷,而贊成斷開的讀法。李學勤先生:《琱生諸器銘文聯讀研究》亦在"余獻"後斷句,釋"獻"爲在典禮中向召伯虎夫婦獻酒。林澐先生:《琱生尊與琱生簋的聯讀》改變其舊作《琱生簋新釋》(《古文字研究》第 3 輯,中華書局,1980 年)中將"余獻婦氏以壺"作一句的讀法,亦在"余獻"後斷句,據《國語・晉語六》韋昭注"獻,致饗也",將"獻"釋爲"設宴招待"。
② 陳美蘭:《説琱生器兩種"以"字的用法》。

《左傳》文句爲例：

> 臣聞愛子，教之以義方（《左傳》隱公三年）
>
> 君眂之以大禮（《左傳》文公三年）
>
> 既，衛人賞之以邑（《左傳》成公二年）
>
> 分魯公以大路大旂（《左傳》定公四年）
>
> 虞思於是妻之以二姚（《左傳》哀公元年）

上述例句均與"獻＋人＋（以）＋物"的句法相類。這種句式，無非是將"以＋物＋動詞＋人"之"以＋物"後置，是爲補語。此種句式中的"以"作爲介詞，釋作《說文解字》所訓"用也"均可講通。① 研究者多已提到，珝生器銘，文辭較其他西周器銘有所不同。這種在西周器銘中不太常見的句式應也是此特點的一個體現。"余獻婦氏以壺"，壺作爲禮器在西周晚期貴族禮制活動中有重要地位，余舊文已論及。其後的"告曰"主語是誰？有了五年尊銘相比照，更可證確已是婦氏"告曰"，而不可能是珝生告了。關於西周金文中這種省略了主語，而主語應聯上句讀，即是上句作間接賓語的人，這亦在余關於珝生簋的舊作中討論過，敬請參看。

本銘後半部，記召伯虎曰"余既訊，戻我考我母令"，其中"戻"字的讀法與字義詳下文六年簋銘的考釋。

關於銘文中君氏提到的"公僕庸土田多諫"之"僕庸土田"，余舊作中已有較詳細的考證，說明僕庸即"附庸"，是指附着於西周貴族屬地上被勞役之人，由於他們附着於土田而且人身被貴族支配，所以當時西周貴族無論受賞賜得土田還是因土田而發生獄訟，均牽涉附着於土田的這些勞動者，故"土田附庸"會連稱。

（二）五年珝生尊

五年珝生尊（甲）銘文：

> 隹（惟）五年九月初吉，豔（召）
>
> 姜呂（以）珝生戚五帥、壺
>
> 兩，呂（以）君氏命曰："余老之（止），
>
> 我僕章（庸）仕（土）田多柔（擾），弋（式）
>
> 許，勿吏（使）椒（散）亡。余启（當）其
>
> 参（三），女（汝）启（當）其貳。其陞（兄）公，
>
> 其弟乃（仍）。"余盅（惠）大章，報

---

① 楊五銘：《西周金文聯結詞"以""用""于"釋例》（《古文字研究》第 10 輯，中華書局，1983 年）指出"以"在用作介詞（"用""把"等）時，有介詞置於動詞後作補語的。所舉例即五年珝生簋之"余獻婦氏以壺"。另有叚貯簋"王命東宮追以六自之年"（《集成》4047）句亦同此語法結構。

　　帚（婦）氏帛束、璜一，有嗣罘

　　羡兩犀。瑁生對訊（揚）朕

　　宗君休，用乍（作）醴（召）公障

　　盨，用禰（祈）壹（通）彔（祿），得屯需

　　冬（終），子孫永寶用之訇（享），

　　其又（有）敢憂（亂）丝（兹）命，曰：女（汝）

　　事醴（召）人，公則明殴。

此甲尊銘中器物自名之"障盨"之"盨"，據乙尊該字隸定。此篇銘文中有幾個字需討論：

　　戜，字未能確識。或是从戈、戜聲的字。《玉篇》收"賢"字，曰："亡結切，不明。"所从叟，《説文解字》曰"古文以爲賢字"，在《玉篇》中"叟"作"耕三切，堅也。"可見"賢"字不會从叟得聲，而應是从叟、戜聲。在《玉篇》中，"蔑"字爲"莫結切"，"賢"雖爲"亡結切"，但从亡得聲的字如"邙"，爲"莫旁切"，故賢字讀音當近同於蔑。《説文解字》有"莫"字，曰："火不明也。从首从火，首亦聲。《周書》曰：布重莫席，織蒻席也。讀與蔑同。"[1]所以，同可讀爲"蔑"的戜，很可能是"莫"字之省。[2] 如此可作參考，則本銘戜字，也有可能當讀爲蔑聲。蔑古音爲明母、月部，在本銘中似當讀作"幣"。"幣"聲母爲並母，與明母近，亦月部韻。[3]《説文解字》："幣，帛也。""帛，繒也。"帛係古代絲織物之總稱。[4]

　　帥，研究者或釋尋。然而尋無論如卜辭作𢎻還是𢎨，抑或是春秋金文作𢎨之訛變形式，最重要的特徵均是兩臂向外張開。亦正因此才合乎唐蘭先生依典籍所云張兩手兩臂長八尺爲尋而釋此字爲"尋"之説。本銘此字作兩手前伸上下平行或左右平行，並非向外、向兩側張開之形，與"尋"字所像有所不同，故釋"尋"似不妥。相比較而言，此字似可釋"帥"字。"帥"字在西周金文中作帥，左側作𠂤形，兩手架勢同於上述本銘此字構形特徵，惟兩手均向內，則本銘作𢑓兩手向外，或許可視爲是𠂤形的訛變，如上述尋字或由𢎻訛作𢎨。《説文解字》"帥，佩巾也，從巾、𠂤。帨，帥或從兌"，此釋帥從𠂤，是據小篆字形言之。"帥"所以可從兌作帨，似是因爲古音相近。[5]

　　本銘"醴（召）姜目（以）瑁生戜五帥、壺兩"句，"以"即給予，《廣雅·釋詁三》："以，予也。"依上述對"戜""帥"字釋的討論，而"戜"取"帛"義，即可以譯成"召姜贈送給瑁生絲織的五條披巾、兩件銅壺"。如"戜"釋成禮品，則此句話亦可譯爲"召姜贈送瑁生禮品：五條

---

① 段玉裁：《説文解字注》認爲此字釋"火不明也"，應作"目不明也"，"假令訓火不明，則當入火部矣"。

② 陳英傑：《新出瑁生尊補釋》（《考古與文物》2007 年第 5 期）亦提出"戜當即莫省"。

③ 李學勤先生雖認爲"戜"字從威聲，但亦指出字屬明母月部，當讀爲並母月部的"幣"，即行禮用的帛，見其《瑁生諸器銘文聯讀研究》。

④ "幣"亦可用來泛指贈送賓客的各種禮品，如《儀禮·士相見禮》"凡執幣者"，孔穎達疏："玉、馬、皮、帛、圭、璧，皆稱幣。"《周禮·天官·大宰》："以九式均節財用，……六曰幣帛之式。"鄭玄注："幣帛所以贈勞賓客者。"

⑤ "帥"上古音爲心母物部，帨則爲清母月部，聲母相近，韻部有差異。惟物、月部均屬入聲韻。在段玉裁《六書音均表》中，物、月部未分，皆在十五部。

披巾與兩件壺。"以下譯文暫取前一種解釋。

本篇銘文中"其旡(兄)公,其弟乃"也需要略作討論。這句話是召姜以君氏之遺命名義確定了"公"(即宗族,以宗君爲代表)與珝生各應負擔多大比例獄訟負擔後,補充了君氏遺命中另一重要內容。"其"當如王引之《經傳釋詞》所云,是擬議之詞,在此可理解爲"當"也。"其兄公"即當由兄召伯虎作爲大宗代表"公",即代表宗族,實即是確認召伯虎繼承大宗之地位。在此時聲明此點,當然亦含有要求召伯虎出面主持召氏宗族訴訟之事。而"其弟乃","乃"讀爲"仍"。《説文解字》:"仍,因也。从人,乃聲。"《爾雅·釋詁》同。此所謂"因也",是指"因襲",引申之自然就有順從之意,故《廣雅·釋詁》"仍,從也",即聽從、順從。所以"其弟仍",是承上文君氏令召伯虎承繼大宗之位後,要求召伯虎之弟珝生當聽從大宗。在本銘特殊的語意背景下,實即要求珝生作爲小宗服從新繼任之大宗,精誠團結,以共同應對召氏宗族面臨的宗族財產之危機。

本篇銘文的嘏辭,"用𤔈(祈)壴(通)彔(禄),得屯霝冬(終)""壴"字从"同"(銘文中"同"省"口"。或"同"本即作𠙵,是筒、桶的象形字。①)得聲,"同"聲母爲定母,"通"爲透母,聲相近且均東部韻,故"壴"字可讀爲"通"。"通禄"即顯禄,"得屯"即得全,"霝終"即善終。②

本篇銘文末尾有句曰:"其又(有)敢𤔈(亂)丝(兹)命,曰:女(汝)事畺(召)人,公則明䘏。"這是珝生在聽取了婦氏以君氏之命的形式確定的"公"(在此即代表公家的召氏宗族大宗)與珝生所分別承擔的獄訟費用比例,以及要求珝生聽從新繼位之大宗(召伯虎)的訓誥後,爲了表示自己對君氏之命及大宗的服從,所發之誓言。類似的語法形式,如《左傳》僖公二十八年:"有渝此盟,明神殛之。"③侯馬盟書中發誓者的誓詞亦是言某某(發誓者)"敢不半(判)其腹心,以事其主",而敢用各種行爲破壞盟約者,則"虘(吾)君其明亟(殛)眂(視)之,麻䉈非是"。因此,本銘這段誓言中的"䘏",亦當讀作"殛"即"誅"的意思。而這段誓詞中,學者間釋讀不同的,主要在於對"汝事召人"有不同的理解。筆者以爲"事"當以林澐先生釋作"使"(即"役使")之意較妥。④《説文解字》云:"使,伶也。从人,吏聲。"朱駿聲《説文通訓定聲》云:"按伶者,令也。"在此銘中"使"即可訓"令",也即支配之意。依照筆者上述對珝生器銘的理解,這句誓詞似可讀爲:如果有人(指珝生家族之人)敢於擾亂此命(即作爲宗子的"君氏之命")而說由你(按:即指擾亂君氏之命者)來支配召人(實即僭越大宗之權),那麼召公在天之靈即會明察而懲罰之。這實際是珝生作爲召氏宗族的小宗通過發誓表示對宗子的恭順。

---

① 𠙵在這裏可讀爲"同",參見裘錫圭:《甲骨文中的幾種樂器名稱——釋"庸""豐""鞀"》,《中華文史論叢》1980 年第 2 輯。又,何景成將本銘文中的"壴"釋作"前",讀爲"歬","歬"可訓"福"。見其《釋珝生𣪘銘文中的"前"》。

② 參見徐中舒:《金文嘏辭釋例》,中央研究院《歷史語言研究所集刊》6 本 1 分,1936 年。

③ 上注李學勤先生文章曾引此文。

④ 林澐:《珝生尊與珝生簋的聯讀》。

除以上諸字句外,本篇銘文尚有一句話,即在記珂生"報婦氏帛束、璜一",後言"有鬮眔戣兩屖",諸家所釋亦多分歧,其原因主要在於其中兩個字"戣""屖"的釋讀上,"戣"原篆作𤔡(甲尊),可隸定作戣。學者或釋作"盥",但盥在西周金文中作𤔡(小篆同此形),其意當如《説文解字》所云"澡手水。从臼、水,臨皿。"故作𤔡在兩手中穿過,兩手承接水示相搓狀,而下以皿相承之形。但本銘𤔡字,水在皿上作溢出狀,而雙手在下承作奉皿形。其字上部與小篆益字作𤔡同,《説文解字》:"益,饒也。从水皿,益之意也。"如此,則本銘𤔡字可隸定爲戣。[①] 益有增益之意,引申之即有易(賜)義。"益"與"易"(錫、賜)因字形有聯繫而義近,可參見郭沫若對德簋銘文中的"益"的釋讀與對"易"字字源的解釋。[②] "屖"在《説文解字》中訓爲"遲也。从尸辛聲。""屖"上古音爲心母脂部,"辛"則爲心母真部。脂部與真部爲陰陽對轉。但讀爲"遲",即"遲",或同音的其他字,在本銘這句話内似均難以講通,而此在"兩"這一數量詞後的字,還應是指某種物品。關於這點,陳昭容等先生的論文已經指出過。[③] 諸家各種説法中,李學勤先生釋爲"璧",還是較合理的。"璧"在西周金文中,多作𤔡,从〇(璧的象形)、卪聲。[④] 在春秋時齊器洹子孟姜壺銘文(《集成》9729)中,"璧"字出現三次,作𤔡,或𤔡,从玉、从〇,屖聲;或从玉"屖"聲,此"屖",顯然是"卪"字之訛變。[⑤] 本銘"屖"如可讀作"卪(璧)",則應與洹子孟姜壺"𤔡"字同,"屖"亦爲"卪"字的訛變。"有鬮眔戣兩屖"中的"眔"字的字義,似可以參考下舉銘文中"眔"的用法來探討:

> 王令士上眔史寅殷于成周,曶百生豚,眔賞卣、鬯、貝……(士上盉,《集成》9454)
> 仲自父其用舂,眔以(與)倗友醹。(仲自父壺,《集成》9672)

以上銘文句例中。"眔"字(按:士上盉銘文中指"眔賞卣、鬯、貝"之眔)均起到將下一句中的行爲與上一句中統一主語的行爲相聯繫的作用,即表示是統一主語先後的連續的行爲。如是,則本銘中"有鬮眔戣兩屖",似可以讀成"眔戣有鬮兩卪(璧)",是承上一句所言"余眔大章,報婦氏帛束、璜一"後,余(即珂生)又做的事情,即賞賜給參與處理其事的有鬮兩件璧。

(三)六年珂生簋

六年珂生簋銘文:

> 隹(惟)六年四月甲子,王才(在)莽。
> 𤔡(召)白(伯)虎告曰:"余告慶!"曰:"公

---

① 上注引李學勤先生文章同此釋。《合集》18541 有字作𤔡,姚孝遂釋作"益"。參見《甲骨文字詁林》第 2639、2640 頁。西周金文多以𤔡、𤔡字形爲"益",一説爲"會血液分益之意,亦聲"。見何琳儀:《戰國古文字典》,第 733 頁。
② 郭沫若:《由周初四德器的考釋談到殷代已在進行文字簡化》,《文物》1959 年第 7 期。
③ 陳昭容等:《新出土青銅器〈珂生尊〉對讀——西周時期大宅門土地糾紛協調事件始末》。
④ 參見李學勤:《關於花園莊東地卜辭所謂"丁"的一點看法》,《故宮博物院院刊》2004 年第 5 期。按:《金文編》第 648、649 頁的"辟"字,從〇者實際應是卪聲的"璧"字。陳昭容先生文已指出此點。
⑤ "屖"爲心母脂部字。"卪(辟)"爲並母錫部字。聲、韻皆不同,所以二者不可能有通假的關係。

乓（厥）稟貝用獄諑，爲白（伯）又（有）胥（底）

又（有）成，亦我考幽白（伯）幽姜令（命）。

余告慶！余呂（以）邑訊有嗣，余

典勿敢封。今余既訊，又（有）嗣

曰：'戻命'。"今余既一名典，獻

白（伯）氏，則報璧。珤生對揚朕

宗君其休，用乍（作）朕剌（烈）且（祖）畱（召）

公嘗毁，其萬年子子孫孫寶用

啻（享）于宗。

本銘中需要討論的，首先是有嗣所云"戻命"之"戻"，上文所引五年簋銘中召伯虎有云"戻我考我母令"。僅從此兩處"戻"皆用在"命"前的語法關係看，"戻"應是以"命"作賓語的一個動詞。此字所從"昊"的下半部或作"大"形，但在販叔多父盤銘中，此字很清楚地寫作戻。可證從"大"是不對的，應是從"矢"，故在上文釋文中，此字一律隸定爲從矢的"戻"。"戻"字不可確識，但所從"昊"字，則以往較多見於西周器銘中，所以不妨姑且將戻字理解爲從厂、昊（或作昊）聲的字，從字音上尋求其字義。

"昊"字見於師詢簋，相關銘文曰"肆皇帝亡昊，臨保我乓（厥）周雪四方"（《集成》4342），[1]而類似句式，亦見於毛公鼎，其銘文曰："肆皇天亡昊，臨保我有周。"（《集成》2841）是昊字的異體作罘，像矢射中目。此"亡昊"或是"亡罘"，學者或以爲即典籍中的"無斁"，王國維進一步指出"無斁"，古作"無射"，而"昊"意即爲射。[2]

"斁""射"（"僕射"之射），上古音均爲喻母、鐸部。如"戻"從"昊"得音，則"戻"亦是喻母、鐸部字。"斁"從"睪"得音，而亦從"睪"得音的字有"懌"[3]。懌有"服"義，《詩經·小雅·節南山》"既夷既懌"，毛傳："懌，服也。"[4]《爾雅·釋詁》："悦、懌、愉、釋、賓、協，服也。"如"戻"確可讀作昊，則其字讀與"懌"通，字義爲服、服從。而見於五年、六年珤生簋中"戻命"，即可釋讀爲"服命"，亦即服從命令、聽從命令之意。

本篇銘文中，還有一處亦當作討論，即"公厥稟貝用獄諑，爲伯有底有成"一句的讀法，亦句斷問題，諸家多數將"爲伯"歸上讀，在"伯"後句斷，但"公厥稟貝用獄諑爲伯"作一句讀，將"爲"解作"爲了"，將此句話釋爲"公家出貝爲此'伯'打官司"，或用訴訟的方式爲伯

---

① 此簋銘文係摹本，多有失真。"乓周"疑原是"又（有）周"。
② 王國維：《毛公鼎銘考釋》，收入《王國維遺書》內篇《古金文考釋五種》。
③ 《説文解字》無"懌"字，大徐本將之收入"新附字"中。《周法高上古音韻表》（三民書局，1973 年）將"懌"歸入喻母鐸部。
④ "懌"在典籍中或寫成"釋"。《尚書·顧命》"王不懌"，朱駿聲《説文通訓定聲》指出馬本作"釋"。故上引《爾雅·釋詁》"釋"與"懌"同，有"服"義。懌爲喻母鐸部字，"釋"爲書母鐸部字，"射"爲船母鐸部字（通常用作"射箭"講的"射"）。喻母爲舌音，書、船母爲齒音，上古齒音多讀舌音，故"懌""釋"與"射"音近同可通。

氏處理此事,在獄後一字被讀爲“諜(擾)”而非“諫”的情況下,均似不太暢通。相比較而言,“爲伯”按余舊作將之歸屬下讀,將之理解爲召伯虎自稱,似仍不失爲一種可能的讀法。“爲”在這裏嚴格的詞義仍當爲“充當”“擔任”,作爲當時口語,應可以理解爲“作爲”,“爲伯”,相當於後世自稱“爲兄”。

在此六年簋銘中,召伯虎在向琱生“告慶”時,講到自己之所爲“亦我考幽伯幽姜令”,是此時在五年簋與五年尊銘中所見傳達君氏之命的婦氏(即召姜)當在五年九月至六年四月前這一段時間去世,諡號幽姜。幽姜必是婦氏,六年簋銘中召伯虎不僅言有其考之命,還有其去世之母的命令,當不僅是因爲其母兩次傳達其父命,而且在五年九月作主以君氏之命名義確定了公家與琱生擔負訴訟費用的比例。

以上分別對琱生諸器三篇銘文中一些諸家多有異説的問題作了進一步的辨析,尤着重於訂正或補充余舊作中今日看來已有不妥或不足之處。現根據上文論述,將三篇銘文作一意譯,以便使拙意表達的更爲明朗(銘文中的人物關係,現在的看法與余舊作未有多大的變化,僅舊作中釋“公”爲琱生,因五年尊銘刊布已在上文更正):

下面譯文中凡不在引號中的“我”,均是器主人琱生自稱。

五年琱生簋:

五年正月已丑日,因琱生有土田等方面之訟事,召伯虎前來協同處理此事。我將壺獻給婦氏,婦氏告訴説:“現傳達君氏的命令:‘我老了,我們宗族的附庸、土田現有很多麻煩事,需要伯氏協同(琱生進行)訴訟。訴訟的費用,公家如承擔其三份,你就要承擔其兩份;公家如承擔其兩份,你就要承擔其一份。’”我受君氏明德之恩惠,以帛一束及玉瓚來回報婦氏。召伯虎説:“我已訊問了有關(訟事)進展情況,(在此事上)當聽從我考、我母之命,我不敢違背,我將進一步去貫徹我考我母的命令。”琱生則向召伯虎敬獻玉圭。

五年琱生尊:

五年九月初吉時,召姜贈琱生絲織的五件佩巾、兩件壺,召姜還是以傳達召氏命令的形式説:“我老了,我們宗族的附庸、土田有這麼多煩亂之事,必當訴訟,不要使之散失。訴訟費用,我承擔其三份,你承擔其兩份。兄當代表公家,弟當隨從。”我受明德之恩惠,回報婦氏一束帛、一件玉瓚,同時贈予參與此事的有司兩件玉璧。琱生對揚朕宗君休,因而作此召公隫盨,用來祈求顯赫的福祿,得全而善終,子孫永遠寶之以祭享召公,如果有人敢擾亂此宗君之命,而説由你來支配召人,那麼召公在天之靈即會明察而懲罰他。

六年琱生簋:

六年四月甲子日,王在京。召伯虎來告訴琱生説:“我來通告值得慶賀的好消息!”又説:“我們宗族交付的貝均已用於獄訟之事。爲兄我已使訟事有了結果,獲得成功,這也是尊奉我考幽伯、我母幽姜之命。我還要向你通告,我已將有關田邑之事訊問過有司,並已將(裁定給你的)田邑登録於典册,但還沒有進行封疆。我既已向有司們徵訊過(此事進展的情況),有司們回答説:'遵從(您的)命令。'"現在我已在(記録土田疆界的)典册上一一簽了名,並將此典册歸獻給伯氏,並用玉璧答謝伯氏。珢生對揚我宗君之休,並因而作我的烈祖召公之嘗簋,子子孫孫將萬年永久寶愛此簋,用之祭享召公於宗廟。

最後再簡要地談一下對珢生諸器年代的看法。珢生之名也出現於師𡉚簋,師𡉚簋銘文有曆日爲"隹十又一年九月初吉丁亥"(《集成》4324),現在諸家所排西周金文年曆表多將之排入厲王十一年。該簋形制已爲有蓋的帶圈足的瓦紋簋,不早於西周中期偏晚,但流行於西周晚期夷王以後。學者或指出,珢生簋二器均飾分解的大饕餮紋面,而類似的此種紋飾亦見於屬於共、懿王時的吳方彝蓋(《銘圖》13545)等器,懿王(元年以前 899 計)距厲王時間並不遠,不過二十餘年,青銅器上有某些共同特徵,似無不可。至於珢生簋的透雕大鳥形附耳的風格,則盛行於厲王時。此外,珢生器銘中的重要人物召伯虎,學者多據《詩經》中宣王時的《詩經·大雅·江漢》及《史記·周本紀》推定爲屬西周晚期厲宣王時重臣,似亦不好輕易否定。綜上所述,珢生諸器似還以定在厲王時期較妥。

根據上述筆者對珢生諸器中三篇銘文内涵的理解,五年珢生尊的新發現,其銘文使珢生簋銘文内涵更爲明朗。珢生在銘文中所記述事件並非緣於珢生與同宗族内部貴族間爲爭奪族產發生的糾紛,不是召氏宗族内部在打官司,而是召氏宗族成員爲協力對抗其他貴族以保護自己族產而與其他貴族間所進行的獄訟。仍像余舊作所述,銘文"記録了召氏兩代宗子,即君氏與召伯虎庇護親族的事迹",珢生爲紀念這件事而鑄此簋、尊,"以祭烈祖召公,宣揚其宗君之美德,亦是爲了贊頌與維護貴族間的宗族情誼與宗族精神"。由此可見,直到西周晚期,即使已非同居的大小宗成員間仍保存着嚴格的宗族宗法制度,宗子仍不僅對整個宗族成員有至上的權力,而且整個宗族大小宗的土田等財產與屬民,名義上仍在其控制之下。從這個意義上説,周人世家大族終西周之世始終是一個實體性的共同體,宗族與宗法觀念一直爲當時周人貴族所尊奉。

(原載《新出金文與西周歷史》,上海古籍出版社,2011 年)

士山盤銘文初釋

　　士山盤爲中國歷史博物館[①]館藏青銅器。盤橫截面爲圓形，口沿平直外侈，方唇；腹較深，圓緩內收成底；圈足較高，略呈外撇狀；腹中部接雙附耳，均已殘缺（圖一）。盤徑 38 厘米、器身高 11.5 厘米、圈足高 4 厘米。腹外壁飾對稱的 S 形顧龍紋，圈足外壁飾目紋與三角形勾雲紋。

圖一　士山盤器形

　　盤腹內底有銘文八行九十七字（含重文一字，"天子"之"子"下有重文符號，疑爲筆誤；圖二）。

　　釋文如下：

圖二　士山盤內底銘文（拓本）

隹（唯）王十又六年九月既生霸甲

申，王才（在）周新宮。王各大室，即立（位）。

士山入門，立中廷北卿（向）。王乎乍册尹

册令（命）山曰：于入莽侯，俈（出）遣蓋、荆（刑）

---

① 按：現爲中國國家博物館。

亖，服眔大虘，服履，服六犟，

服菐侯、蘲、亖賓貝、金。山拜頴（稽）首，

敢對覭（揚）天子＝不顯休，用乍（作）文

考釐中（仲）寶隌（尊）般（盤）、盇，山其萬年永用。

現在先討論一下這件盤的年代。盤的形制與紋飾均具有較典型的西周中期的特徵，這是很明顯的。從銘文的字體來看，本盤不會晚至西周中期晚葉。具體王年，需要結合西周金文曆譜的研究成果來安排。

西周共王時有一組記有年、月、月相、干支的青銅器，可以較完滿地彼此相互繫聯容納於曆譜中。這一組器物即元年師詢簋（《集成》4342）、三年衛盉（《集成》9546）、五祀衛鼎（《集成》2832）、宰獸簋（《近出》490）、齊生魯方彝蓋（《集成》9896）、九年衛鼎（《集成》2831）、走簋（《集成》4244）、趞曹鼎（《集成》2784）與休盤（《集成》10170）。從金文曆譜研究的理論上看，共王元年可以有不止一個選擇，但不論共王元年定在哪一年，這一組器物的曆日基本上皆可以繫聯，而不牴牾。士山盤的曆日亦恰可以排進這組器物的曆譜系統中。現取共王元年爲公元前 922 年說，[①]將士山盤納入本組中，排定曆譜如下：[②]

共王元年前 922 年	二月壬申朔十九日庚寅	元年師詢簋	元年二月既望庚寅
三年	前 920 年	三月庚寅朔十三日壬寅	三年衛盉	三年三月既生霸壬寅
五年	前 918 年	正月戊申朔三日庚戌	五年衛鼎	五年正月初吉庚戌
六年	前 917 年	二月壬申朔三日甲戌	宰獸簋	六年二月初吉甲戌
八年	前 915 年	十二月丙戌朔二日丁亥	齊生魯方彝蓋	八年十二月初吉丁亥
九年	前 914 年	正月丙辰朔二十五日庚辰	九年衛鼎	九年正月既死霸庚辰
十二年	前 911 年	三月戊辰朔二十三日庚寅	走簋	十二年三月既望庚寅
十五年	前 908 年	五月己卯朔四日壬午	十五年趞曹鼎	十五年五月既生霸壬午
十六年	前 907 年	九月辛未朔十四日甲申	士山盤	十六年九月既生霸甲申
二十年	前 903 年	正月壬子朔二十三日甲戌	休盤	二十年正月既望甲戌

依此金文年曆系統，上溯至穆王十六年，即不可能容下士山盤曆日。共王之後懿王在位年數，根據現在金文曆譜的研究情況，似未必能長到十六年。所以士山盤當屬共王時器可以得到金文曆譜研究結果的支持。

此外，士山盤銘文內容也有助於印證上面對其年代的論述。銘文中有“王在周新宫”，既叫“新宫”，這一名稱必定限於一段時期內。在西周青銅器銘文中提到王室之周“新宫”的有如下器物：

---

① 參見《夏商周斷代工程 1996—2000 年階段成果報告》，世界圖書出版公司，2001 年。
② 西周曆日據張培瑜：《三千五百年曆日天象》一書中的《合朔滿月表》，河南教育出版社，1990 年。

十五年趞曹鼎(《集成》2784)：   龔(共)王在周新宫

師遽簋(三年,《集成》4214)：   王才(在)周,客新宫

師湯父鼎(《集成》2780)：   王才(在)周新宫

十五年趞曹鼎是共王時器,已見上舉金文中的共王年曆譜。從金文曆譜角度看,師遽簋大約是孝王三年器。師湯父鼎立耳垂腹,蹄足,腹飾對稱垂冠大鳥紋,字體較散漫,似不會晚於孝王。所以,周"新宫"之稱大抵使用於共王到孝王階段内。

士山盤銘文中受王命册命士山的乍册尹,亦見於上舉共王時的走簋以及稍晚的約屬懿王時的十三年癪壺(《集成》9723),約屬孝王元年的元年師旋簋(《集成》4279,以上二器還皆有人名"徲父")。

根據上述諸種因素,士山盤應是共王十六年時所製器。①

關於盤銘内容,最值得注意的是其中"王乎作册尹册命士山"的一段話,因以往資料中可參照的類似的銘文内容甚少,下面僅據初步識讀後的不成熟認識作一解釋：

王命作册尹册命士山"于入葬侯",士爲山之身份,山爲器主人私名。于,往也。當是令其進入葬侯之領地範圍。禽簋銘文曰"惟王于伐楚白(伯)",與本銘語法現象同。

葬侯之稱,亦見葬侯簋(《集成》3589)。葬字則見於善夫克鼎(《集成》2836)。此字應即《説文解字》所收之苗字,其文曰："苗,艸也。从艸,中聲。"

蠚,地名。春秋青銅器有蠚公謙所作鼎與簋(《集成》2753、4600)。从蚩,若聲,此地當即是都。春秋器還有都公平侯鼎言"惟都八月初吉癸未"(《集成》2771、2772),説明都似有自己的紀年系統。《左傳》僖公二十五年："秋,秦、晉伐都,楚鬬克、屈禦寇從申息之師戍商密。"杜預注："都本在商密,秦楚界上小國,其後遷於南郡都縣。"都又分上都、下都,見於春秋器銘,郭沫若氏《兩周金文辭大系圖録考釋》有考證。上都即《漢書·地理志》南郡之若,在今湖北宜城。下都,當即上引《左傳》文所云秦晉所伐都,依杜注,當在商密,即今陝西商洛地區之商州東南,河南淅川西南一帶,本銘之蠚應在此。

"遣蠚"之遣,在這裏可能應讀作懲。《詩經·魯頌·閟宫》"荆舒是懲",鄭玄箋云："懲,艾也。"遣蠚,即是以武力懲治蠚。

㸚,或讀作"方",地名,由銘文意思看,其地望與蠚相鄰。②

"荆(刑)方"之刑,在此亦爲懲治之意。

所以,銘文中作册尹册命士山於入葬侯,徣(出)遣蠚,刑方,是命其通過葬侯領地,去

---

① 按：士山盤的"十又六年"在此後的研究中略有調整,改爲懿王十六年。見本書所收拙文《關於西周金文曆日的新資料》。

② 按：此字原文未隸定,文章發表後,諸家多讀"方"。殷墟自組卜辭中"方"作此形,初因考慮此種寫法在自組以外及其後的卜辭中既未再見,而士山盤已到西周中期,相隔時間甚長,"方"字能否還寫成此形有所猶豫,故原文未作釋讀,現暫從諸家説。

懲治蠱、方。後二者當是當時臣服於西周王朝的附庸小國（或是部族），但歸順得不馴服，有抗上之舉，故共王命士山去教訓之。此外，懲治蠱、方要先過莽侯領地，可見莽地應在今陝西商洛地區。

銘文在下面連言四句"服"於某事。服，西周金文與文獻中習見，用爲名詞，作職務解，用爲動詞即是職事、服事之義。[1] 所以，銘文連言四"服"於某事，是王命士山在完成對附庸小國之懲治後要擔負的職事。

"服罕大盧"，疑盧在此當讀爲莇。盧，從虍且聲；莇音助，助從力且聲。《周禮·考工記·匠人》："九夫爲井"，鄭玄注引《孟子》釋莇爲藉田之制，又云："莇者，借民之力以治公田，又使收斂焉。"如是，則"大盧"即相當於"大藉"。周昭王時青銅器令鼎（《銘圖2451》）銘文言"王大藉農于諆田"，即是大量征調庶民藉耕王田。[2] 故本銘"服大盧"，可釋爲職事於大藉（大規模的藉田）。

"服履"之履，在此有兩種可能的解釋。其一是用同於《左傳》僖公四年"賜我先君履"之履，杜預注解爲"所踐履之界"。在本銘中可釋爲士山所受王命巡事、管治的區域。其二是用如西周金文中較習見之踏查、度量土地之"履"，即勘定地界。如從此第二種解釋，則士山還擔負着整治附庸小國後勘定地界的任務。

"服六孳"之"六孳"疑當讀爲《周禮·春官·小宗伯》所言"辨六盦之名物與其用"之"六盦"，鄭玄注曰："盦讀爲粢。六粢，謂六穀：黍、稷、稻、粱、麥、苽。"孳，上古音其聲母爲精紐，之韻。粢，上古音爲精紐、脂韻。聲母同但韻部有別。按：之、脂二部，顧炎武、江永歸於同部，後世學者多分析爲二部以上，但其韻部主要元音相同，音實相近。如可作此種解釋，則士山有爲王室征調農產品之職事，這也與上述士山要職事於藉田相合。[3]

"服莽侯、蠱、方賓貝、金"，西周金文多見，王令使臣出使邦國，邦國要回敬禮物給使臣，稱爲"賓"，所賓禮物多爲"吉金"、布帛、馬匹等。但這些禮物使臣未必即能個人自主占有。如西周早期保卣（《集成》5415）銘文曰"王令保及殷東或（國）五侯，征兄（貺）六品，蔑曆于保，賜賓"，此王所賜"賓"，應即是指五侯所賓給保的禮物，但在保回復王命後，還要由王頒賜給保，可以證明這一點。由此句銘文可知，本銘中士山所職事者還有收斂、管理莽侯及蠱、方等侯國、屬邦所賓給王朝使臣之類的貝與銅。[4]

綜言之，本盤銘中王册命士山的一段文字内容相當重要，依上述不成熟的解釋，很可能是反映了西周中期王朝與下屬侯國及附庸小國之間的政治與經濟關係，證明西周王朝的經濟收入在很大程度上依賴於對征服後附庸小國的壓榨，爲此不僅采用了農業

---

① 參見楊樹達：《積微居小學述林》（中華書局，1983年）第78—79頁釋"服"。
② 令鼎銘文在此句後繼言王與諸臣屬行射禮，當是此種"大藉農"之農耕活動開始前照例要行藉禮，由王主持，禮畢王又與貴族行其他禮儀。但諆田之農耕要由庶民（農）承擔了。
③ 按："孳"讀爲"粢"不妥，似可讀作"材"。見本書所收拙作《中國國家博物館近年來徵集的西周有銘青銅器續考》。
④ 按：對此句中"賓貝金"原文所作解釋這裏有所訂正。

勞役與貢納的手段，並指派官吏強化監督、治理被征服區域。而且由這段銘文可知當時宗周的東南，今陝西商洛地區與今豫西淅川一帶，可能是西周王朝重要的農産品與礦産提供地。以上内容對西周史研究無疑是很有幫助的。再者，本銘文有完整的年、月、月相、干支記載，爲研究西周金文曆譜又增加了一件四要素俱全的重要資料，這也是彌足珍貴的。

由銘文内容亦可知，與此盤同銘的還有一件盉，此也是西周中期盉作爲盥洗器常與盤相組合之又一證明。

（原載《中國歷史文物》2002 年第 1 期，收入本書時，有所修訂）

師酉鼎與師酉簋

師酉鼎是保利藝術博物館新徵集到的青銅器(圖
一),其形制爲盆形鼎,腹較淺而傾垂,腹壁微向下斜
張,最大徑近器底;雙附耳,三柱足,足橫截面近半圓;
口沿下有變形鳥紋構成的類似於竊曲紋形式的紋飾
帶,以雷紋作底紋,腹中部有凸弦紋一周。其形制、紋
飾符合西周中期鼎的特徵,附耳淺垂腹的形制尤與共
王時的七年趞曹鼎(《銘圖》2433)相近。

此鼎腹內壁有銘文十行九十二字,重文二字(圖
二),現將釋文隸釋如下:

圖一　師酉鼎器形

圖二　師酉鼎銘文照片及 X 光片

佳(惟)王四祀九月初吉丁

亥,王各(格)于大室,吏(使)師俗

召師酉。王親袞庭(宖)師酉,

易(賜)豹裘。曰:圖夙夜,辟事

我一人。酉敢拜頴(稽)首,對

兒(揚)皇天子不顯休,用乍

朕文考乙白(伯)、窔姬寶障

鼎。酉其用追孝,用旂鬻

壽、熥泉(祿)、屯(純)魯。酉其萬年

子子孫孫永寶用宮(享)孝于宗。

對於這篇銘文涉及的問題,下面準備從三個方面談些認識。

一

本銘文所記曆日,所謂四要素,即王年、月份、月相("初吉"從字義看並非與月相有關,但在記曆日的銘文句式中位置與其他月相詞語相同,過去一般亦將之歸爲月相中,此暫從舊説)、干支記日俱全,爲西周王年曆譜研究又增加了一條資料。

現在對西周金文王年曆譜的研究成果,已可以大致將西周中期(穆王至孝王)階段的青銅器,按所屬不同王世分組,諸器按王年所排序與器形、紋飾及銘文字體特徵基本相適應,曆日亦相契合。在理論上,這樣的幾個器組,各組所屬王年始年可以按一定時差前後移動,而各器前後位置不變,仍可相互聯接結合爲一組。師酉鼎王年爲四祀,即四年,如單純從排曆譜出發,在下文所排曆譜(表一)中既可以排入共王年曆中,也可以排進孝王年曆中。但排進孝王年曆,有兩點不妥,一是器形略有不妥,因爲此種很淺的垂腹鼎從已知資料看,似主要流行在穆共時段中;二是如排在孝王年曆中,即要將原來可以排入孝王年曆中的器物,如同一王年數的散伯車父鼎(散季簋)排擠出去,而散伯車父鼎如進入夷王年曆,又會因此影響夷王元年的選擇,使本可以排入夷王年曆的王臣簋等器物不太好排進曆譜中。此外,從銘文字體看,師酉鼎銘文字體與師遽簋很相像,而師遽簋應屬共王時器。[①]

根據以上考慮,師酉鼎以排入共王年曆中較爲穩妥。下面即將不成熟的共王至夷王階段的金文曆譜排定如下表(表一)。[②]

---

① 師遽所製器尚有師遽方彝(《銘圖》13544),其形制特徵及紋飾與 1955 年 3 月眉縣李家村出土的盠方彝(《銘圖》13546、13547)相近同。李家村出土的盠器還有盠駒尊(《銘圖》11813),其銘文中言"王乎(呼)師廬(遽)召盠"。根據 2002 年眉縣楊家村窖藏出土的逨盤銘文(《銘圖》14543),盠是穆王時人,盠方彝年代應屬穆王。師遽方彝之形近同盠方彝,師遽與盠曾共服事穆王,但師遽簋曆日作"惟王三祀四月既生霸辛酉",並不能排入穆王曆譜,而可以排入共王曆譜,故應定爲共王時器。

② 按:共王至夷王的金文曆譜,筆者此後又根據新的資料有所調整,詳本書所收拙文《關於西周金文曆日的新資料》。

表一 共王至夷王金文曆譜

		曆 日	器 名	銘文曆日
共王元年	922 年			
三年	前 920 年	三月庚寅朔十三日壬寅	三年衛盉(《集成》9456)	三年三月既生霸壬寅
		四月庚申朔二日辛酉	師遽簋蓋(《集成》4214)	三祀四月既生霸辛酉
四年	前 919 年	九月壬午朔六日丁亥	師酉鼎(《銘圖》2475)	四祀九月初吉丁亥
五年	前 918 年	正月戊申朔三日庚戌	五祀衛鼎(《集成》2832)	五祀正月初吉庚戌
六年	前 917 年	二月壬申朔三日甲戌	宰獸簋(《銘圖》5376)	六年二月初吉甲戌
八年	前 915 年	十二月丁亥朔	齊生魯方彝蓋(《集成》9896)	八年十又二月初吉丁亥
九年	前 914 年	正月丁巳朔二十四日庚辰	九年衛鼎(《集成》2831)	九年正月既死霸庚辰
十二年	前 911 年	三月戊辰朔二十三日庚寅	走簋(《集成》4244)	十又二年三月既望庚寅
十三年	前 910 年	六月辛卯朔八日戊戌	望簋(《集成》4272)	十又三年六月初吉戊戌
十五年	前 908 年	五月己卯朔四日壬午	十五年趞曹鼎(《集成》2784)	十又五年五月既生霸壬午
十六年	前 907 年	九月壬申朔十三日甲申	士山盤(《銘圖》14536)	十又六年九月既生霸甲申
二十年	前 903 年	正月壬子朔二十三日甲戌	休盤(《銘圖》14534)	廿年正月既望甲戌
懿王元年	前 899 年	六月丙辰朔十九日甲戌	師虎簋(《集成》4316)	元年六月既望甲戌
		六月丙辰朔二十日乙亥	智鼎(《集成》2838)	元年六月既望乙亥
二年	前 898 年	二月壬午朔六日丁亥	吳方彝蓋(《集成》9898)	二祀二月初吉丁亥
		三月壬午朔四日乙卯	趞觶(《集成》6516)	二祀三月初吉乙卯
七年	前 893 年	十三月戊申朔七日甲寅	牧簋(《集成》4343)	七年十又三月既生霸甲寅
孝王元年	前 891 年	四月辛丑朔十四日甲寅	元年師旋簋(《集成》4279)	元年四月既生霸甲寅
		九月己巳朔十九日丁亥	元年師穎簋(《集成》4312)	元年九月既望丁亥
三年	前 889 年	五月戊子朔十五日壬寅(本月甲辰望)	達盨蓋(《銘圖》5661)	三年五月既生霸壬寅
四年	前 888 年	八月辛巳朔七日丁亥	散伯車父鼎(《集成》2697)	四年八月初吉丁亥
			散季盨(《集成》4126)	
夷王元年	前 885 年	二月丁卯朔二十四日庚寅	師詢簋(《銘圖》5402)	元年二月既望庚寅
二年	前 884 年	三月辛卯朔前一日庚寅	王臣簋(《集成》4268)	二年三月初吉庚寅
五年	前 881 年	九月辛未朔十二日壬午	五年師旋簋(《集成》4216)	五年九月既生霸壬午

　　這個表中存在的問題有兩個。其一是,既生霸的範圍,是從一個月的二日,至十三日,大致相當於上半月。初吉則大致是從朔日至七日,前後可能有一天的差度,與上述既生霸的範圍有所重複。在排金文曆譜時,這個問題實際上一直存在。關於金文曆譜中展現的既生霸的這個時段範圍,近期張培瑜先生也有過論述。[①] 當然,這就涉及到另一個問題,

---

① 張培瑜:《逨鼎的王世與西周晚期曆法月相紀日》,《中國歷史文物》2000 年第 3 期。

即初吉到底是不是月相詞語,如按上述,既生霸也可能在月初,則用初吉再指示月初即没意義了,所以初吉表示的是初干(每月前十日)内的吉日即有可能。當然,這個吉日是如何定出來的,從現有的文獻中不能確知,但應當有一種手段(比如占卜之類),或當時已有類似後世戰國時那種"日書",對每個月初干吉日有一個規定。第二個問題是,元年師旋簋排在孝王元年(以前891年計),但此簋中有人物遲公與作册尹,均作爲王朝册命禮中的右者與宣布王命者,在曆譜中應入屬王的十三年癲壺銘文中有徲父、作册尹(《集成》9724),身份與元年師旋簋中的遲公、作册尹同。屬王元年以前877年計,則屬王十三年是前865年,與上舉孝王元年(前891年)相差26年,如"徲父"即是"遲公",兩個作册尹也是同一人,則過了26年仍共事,也有些問題,或徲父並非遲公。因爲從名字上看,一般作爲生稱的"公"前一字應是氏名,而徲父之"徲"是屬私名之字。

二

師酉鼎銘文中需要解釋的地方並不多。其中"王窺袤庢(宫)師酉,易(賜)豹裘"之宫字,筆者曾在論中村不折舊藏的一片殷墟甲骨刻辭時做過考證,[1]認爲此字應是宀、亙會意,亙亦聲。亙有可能是卜辭中亘字之省,本義當是表示宮室建築之中庭。而亙與《説文解字》中之宁字聲近同,宔可讀如宁(宁字字形也有可能即是亙字之省變)。在西周金文中,宔常被假借爲賜予之"予",但也有時假借爲"作",在本銘中顯然應讀爲賜予之"予"。

袤字,在以往著録的銘文中尚未見過,《廣雅》:"袤,長也。"在此當是形容王此次賞賜之隆重。[2]

豹裘,在西周金文中亦見於上海博物館所藏焂戒鼎銘文(《銘圖》2279),是輪伯賜於焂戒之物(同時賞賜的還有"虎裘"等)。[3] 本銘言王"窺(親)"賜予師酉豹裘,與多數銘文中僅言王賜不言親賜應該有別,窺(親)賜可能是説賞賜物是王親自指定的,這對受賜者自然是無上之榮光。在西周金文中言王窺(親)賜臣屬的,尚有遹簋銘文(記穆王窺賜遹鬯,《集成》4207)與噩侯馭方鼎銘文(記王窺賜馭方"玉五瑴,馬四匹、矢五[束]",《集成》2810)。

本銘在記王親賜師酉豹裘後,又記王曰:"圛夙夕,辟事我一人。"

圛字究竟應讀爲今何字,尚無定論。在西周中期幾件器銘中出現的此字口内所從貈,原篆中和豸相合的部分與"舟"字字形是有差别的。如本銘作⺆,九年衛鼎作⺆(《集成》2831),墻盤作⺆(《集成》10175)。或以爲所從乃肉,但在金文中肉一般皆寫作⺆,並不相

① 拙文《記中村不折舊藏的一片甲骨刻辭》,收入《揖芬集——張政烺先生九十華誕紀念文集》,社會科學文獻出版社,2002年。
② 按:袤、懋皆明母侯部字,可通,懋有盛義。陳絜、祖雙喜《亢鼎銘文與西周土地所有制》(收入《中國歷史文物》2004年第1期)讀此鼎銘"袤"爲"襃"(幫母幽部字)。
③ 陳佩芬:《釋焂戒鼎》,收入《第三屆國際中國古文字研討會論文集》,香港中文大學中國文化研究所,中國語言及文學系,1997年發行。

同。見於西周晚期器銘中的此部分,則多已寫成𦥑(毛公鼎,《集成》2841)、𦥑(番生簋,《集成》4326)、𦥑(叔向簋,《集成》4242),已可讀作舟。所以,本字隸定爲𢎦,只符合西周晚期此字形體。貂原所從之𦥑後寫成舟可能是訛變,但寫成"舟"也可能已被作爲聲符使用。

西周金文中多見"𤕟𢎦"一詞,也常見"𤕟臺"一詞。二者用法基本相同,如"用𤕟𢎦大令(命)"(番生簋),"今余唯𤕟臺乃令(命)"(三年師兌簋,《集成》4318)。"臺"字當以讀爲"就"字較貼切。① "就"上古音爲從母、覺部韻,而"舟"爲章母、幽部韻,章、從均齒音,幽、覺陰入對轉,故舟、就音近同可通。這也證明"𢎦"(貂從舟得聲,𢎦從貂得聲)與"臺"音相近,"𤕟𢎦"與"𤕟臺"皆可以讀爲"申就"。

𢎦在本文這種句式中,也可以依音讀爲"周"。𢎦、周聲、韻並同。但讀爲周,仍可以有兩種訓解:

其一,周有帀、旋、復之義,即典籍中所言"周流"。《禮記·仲尼燕居》"使女以禮周流無不遍也",孔穎達疏解釋"周流"是周旋流轉。"周夙夜"即是講日夜周轉,亦即日以繼夜之意,或言日日夜夜。

其二,周有忠信之義。如《詩經·小雅·都人士》"行歸于周",毛傳曰:"周,忠信也。"《左傳》襄公四年傳"必諮於周",杜預注:"忠信爲周。"忠之義,當如《國語·周語下》記晉孫周事單襄公"言忠必及意,言信必及身"韋昭注:"出自心意爲忠,先信於身,而後及人。"如此,則"𢎦夙夜",是講早晚(時時)懷着虔誠之態度。西周金文中有"虔夙夕"的句式,與此讀𢎦爲周,訓周爲忠信之"𢎦夙夜"句式相同而意思亦相近。西周金文中也有"敬夙夕""敬夙夜"之語句。但"𢎦夙夜"之𢎦在這裏似不大可能訓爲敬。毛公鼎銘文有句云"𢎦夙夕,敬念王威不賜"之句,于省吾即曾指出,在此句中,𢎦如訓敬即難以講得通。②

本銘記王言於師酉曰:"𢎦夙夜,辟事我一人。"辟訓"君",周金文中多見辟於王之語,則辟即是事君。③ 本銘"辟事"當亦即"事君"之意。"我一人"即商卜辭中習見之"余一人",乃王自稱。如𢎦取上述"周流"之意,王這句話即可意譯爲:日日夜夜服事於我。如取上述"忠信"之意,此句話即可理解爲:時時刻刻以虔誠之心來服事於我。

三

下面討論一下師酉鼎與相繫聯之諸器的年代關係。

師酉鼎銘文言"用乍(作)朕文考乙白(伯)、㝣姬寶障鼎",由師酉稱其母爲"㝣姬",可知師酉之家族非姬姓。

① 王人聰:《西周金文中"𤕟臺"一詞補釋》,《考古與文物》1987年第2期。
② 于省吾:《𤕟盤銘文十二解》,《古文字研究》第5輯,1981年。
③ 楊樹達曾論金文中"辟"之義云:"古人稱君曰辟,引申之,事君亦曰辟,《逸周書·祭公篇》云:'三公上下辟於文武',謂三公上下臣事於文武也。"見《單伯昇生鐘跋》,收入《積微居金文説》,中華書局,1997年。

　　師酉所做另一套器即師酉簋(圖三,已見著録近同形器四件,《銘圖》5346—5349),銘末亦言"用乍(作)朕文考乙白、亮姬隣簋"(圖四)。師酉簋器形顯現較晚特徵,判定師酉鼎與師酉簋確爲同人所製,實際上還是憑藉此種相同的親稱。

圖三　師酉簋器形(《銘圖》5346)

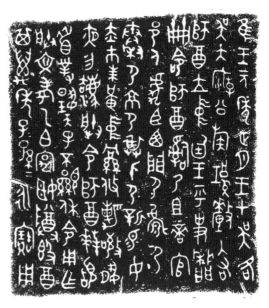

圖四　師酉簋銘文(器蓋同銘)

圖五　詢簋器形

　　可以由此對先人之親稱繫連的銅器還有詢簋(圖五,《銘圖》5378)與師詢簋(《銘圖》5402)。詢簋1959年6月出土於陝西藍田縣城南寺坡村,[1]器蓋皆飾瓦紋,雙獸首小半環耳銜環,其銘末言"用乍(作)文且(祖)乙白(伯)、同姬隣簋"(圖六)。

　　師詢簋器形已不得知,銘文初見於宋薛尚功《歷代鐘鼎彝器款識法帖》(14.14,圖七),銘末言"用乍(作)朕剌(烈)且(祖)乙白(伯)、同益姬寶簋"。

　　由親稱看,詢與師詢顯然亦是一人。研究者一般認爲詢簋、師詢簋中的文祖乙伯與同姬(同益姬)即是師酉鼎、簋中的文考乙伯與亮姬,師詢應當是師酉之子。這是很有可能的。亮姬又稱同姬、同益姬,其間關係可能是:

　　亮:溢美之詞、謚號。西周金文中以此作爲謚號之例數見。

　　同:可能是師酉、師詢家族之氏名。即亮姬夫家氏名。

　　益:亮姬之父氏。

---

[1] 郭沫若:《弭叔簋及訇簋考釋》,《文物》1960年第2期。

圖六　詢簋銘文　　　　　　　　　　　　圖七　師詢簋銘文

有助於證成對師酉與師詢此種親屬關係推測的是,詢簋銘文記錄的王所册命詢之職事與師酉簋銘文中所記王册命師酉的具體職事相近同:

　　師酉簋:王乎(呼)史曶(牆)册令(命)師酉:嗣乃且(祖)啻官邑人,虎臣,西門尸、
夒尸、秦尸、京尸、畀瓜尸、新。

　　詢簋:王若曰:詢,不(丕)顯文武受命,則乃且(祖)奠周邦。今余令(命)女(汝)
啻官嗣邑人,先虎臣、後庸,西門尸、秦尸、京尸、夒尸,師笭側新,□華尸、畀瓜尸、匰
尸,成周走亞,戍秦人、降人、服夷。

　　相比起來,詢的職事更要多一些。但是兩篇銘文中所司理之屬臣與諸尸(夷)的種類如此一致,且連表述方式也近同,反映出詢即是在接替師酉的職事,只是有所擴展。故詢也任師職,稱作師詢(師詢簋)。師酉簋銘文中所記王册命師酉的語句中講到,命師酉嗣(司,即承繼)先祖職事,詢的職事與師酉又大致相合,顯然是在沿職事世襲之制。

　　有的學者從師詢簋銘文曆日可排進共王曆譜,以及詢簋器形可早到西周中期而師酉簋呈現西周晚期形制特徵這種情況,認爲師詢可能是師酉之先人,師酉鼎銘文中所記"嗣乃祖"之職事即是承師詢所受册命之職事。但是師酉鼎的發現,説明師酉在共王時期即已供職於王朝,所以師酉不大可能是師詢之後輩。現在看來,師詢爲師酉之子的可能性還是較大的。而詢的器物年代要視師酉簋年代而定。

575

　　師酉鼎如前文所論,應是共王時器。師酉簋已著録四器,大致同形。① 有蓋,器、蓋相接處與圈足上飾重環紋,圈足下有三獸首小足。此種形制,主要流行於西周晚期,在夷王以後。但師酉鼎屬共王四年器,按上文所列金文年曆表,共王四年在公元前 919 年,而夷王元年已是前 885 年,其間相距 30 餘年,略顯過長。② 且師酉簋銘文中有史墻,即扶風莊白一號窖藏出土之墻盤之器主人,墻盤亦屬共王時。由這種情況似可以認爲師酉簋應當比夷王稍早,器銘所記"惟王元年",有可能是孝王元年。上文所列共王至夷王金文年表中,列爲懿王元年的師虎簋也屬於此種有蓋、全瓦紋的形制,説明此種盛行於西周晚期的器形始出現於西周中期偏晚。

　　師酉簋如是孝王元年器,詢所製器物則應當在此以後。詢簋銘文中署明是十七年,按上文金文年曆表,夷王不可能有十七年,則此十七年當屬厲王。詢簋亦爲有蓋、全瓦紋簋,但雙耳作獸首形小半耳銜環。此種形制與無叀簋(《銘圖》5244)相同,無叀簋在金文曆譜中應排入厲王十三年。1974 年扶風强家村窖藏出土的虢季氏家族銅器中有即簋(《銘圖》5290),形制亦與詢簋相同。即之祖父師龢曾服事穆王(師龢鼎,《集成》2830),其父師望(見師望鼎,《銘圖》2477)當活動於共、懿王至孝王時期,則即擔任王官時間在孝、夷王乃至厲王早期,即簋年代亦在此階段内。所以詢簋年代入厲王似無不可。也有學者曾注意到詢簋銘文中有"益公",是詢見王時的右者,認爲有"益公"之名的器物在穆王、共王之時,故詢簋不會晚到西周晚期。但屬於穆王的盠方彝銘文中稱"益公"爲"文祖",此益公當是成、康時人,則西周中期的器銘的"益公",應當是第二代或第三代益公,可見"益公"之名未必僅限於一兩個王世。"益"是氏名,該氏歷代宗子當皆可稱"益公"。故詢簋屬厲王時其銘文中仍可以有"益公"。師詢簋年代也大致應在夷王至厲王範疇内。師詢簋銘文中有一些語句形式與宣王時期的毛公鼎相同,這點已爲不少金文研究者指出。但師詢簋曆日似不會晚到宣王,實際其曆日(元年二月既望庚寅)也不合宣王元年(前 826 或前 827),而且也不合厲王元年(前 877)。如上文所列共王至夷王金文年曆譜中所示,師詢簋的曆日選定在表中所列夷王元年(前 885)時,可以與夷王元年曆日大致相合。惟二月庚寅日已在是月之二十四日,按粗疏的月相四分説約後天一日。西周中期昭穆後,可能已行用推步曆法,但觀象授時仍並用,早期推步曆法有±1 天是可能的。③

　　師詢簋主要記王之訓誥,表達了王在艱難時日對師詢的期望與重視,雖未言及具體官職及職守的任命,但言及賜予師詢"尸(夷)允三百人","允"可能是夷人中之一類,由此亦可見師詢地位之高。在上述厲王十七年的詢簋中,王册命其承繼師酉簋所記師酉的官職,

---

① 見郭沫若:《兩周金文辭大系圖録考釋》(科學出版社,1957 年)圖 93、録 76,圖 94、録 77,圖 95、録 78 前,圖 95、録 78 後。亦見於《銘圖》5346—5349。

② 按:師酉鼎的年代,在此後據新的資料重新調整的金文曆譜中,排在懿王四年。詳本書所收拙文《關於西周金文曆日的新資料》。

③ 張培瑜:《逨鼎的王世與西周晚期曆法月相紀日》。

而在職事上委任更重。

上文已論證師酉簋當屬孝王元年器,至詢簋之厲王十七年已是 30 年以後。由師酉鼎銘文可知,師酉在共王四年(按上舉曆表爲前 919)已經在王室供職,至厲王十七年(前 867)已是 52 年了,或已去世,即使仍生存其年歲亦甚高,故師詢始接任其職。① 但在此前,師詢已經服事於王,作爲世家巨族、王室幹輔,故有師詢簋所記王之册誥。

綜上所析,師酉與師詢所製四件(組)器的年代關係應是:

    師酉鼎(共王四年)
    師酉簋(孝王元年)
    師詢簋(夷王元年)
    詢簋(厲王十七年)

由以上器物年代排列引發的問題除了上面已談到的師酉簋、詢簋所代表的銅簋器形流行的年代與其發展變化的情況等問題外,還有這幾件器物銘文内容中所涉及到的兩個問題。

一個問題是關於師酉鼎中出現的受王命“召師酉”的師俗在王朝活動的時間問題。因此事關乎有關銅器之斷代,有必要討論一下。師酉鼎屬共王四年,此是迄今可知師俗首見於器銘之時間。師俗在共王時銅器師永盂銘文中也出現過,被稱作“師俗父”(《集成》10322),與井伯、焂伯、尹氏等並列,顯然爲王朝要臣。在同爲共王時器的岐山董家村出土的五祀衛鼎銘文中,所記王朝卿士内有“白(伯)俗父”(《集成》2832),應即師俗。“伯俗父”之稱亦見於年代相近的龠(或釋庚)季鼎銘文(《集成》2781)。師俗(或“伯俗父”)較多地出現於師酉鼎外的其他共王時銅器銘文中,也證明將師酉鼎列入共王是合適的。在較晚的器中,如約相當於孝王或夷王時的史密簋銘文(《文物》1989 年第 7 期,《銘圖》5327)中仍可以見到“王命師俗、史密”東征,夷王元年按本文金文年曆表所示前 885 年計,此時師俗至少也應有五十餘歲(共王四年即前 919 年之師酉鼎中師俗按二十歲計)。值得注意的是,在應屬於厲王三年的銅器師晨鼎中仍可見到師俗,其銘文曰“王乎作册尹册令師晨:疋(胥)師俗翩(司)邑人”(《集成》2817),厲王三年爲前 875 年,按上述計算方法,此時師俗已六十餘歲,這個年齡仍作爲王臣服事於王朝是可能的。總之,師俗之名在師酉鼎所記共王四年後相隔四十餘年的銅器銘文中仍出現似無不可,上舉金文年曆表中對師酉鼎年代的安排應當是可以的。

另一個問題是上文已提到的,即本文定爲夷王元年的師詢簋銘文與宣王時期的毛公鼎銘文在字句中有相合處該如何理解的問題。其相近同的字句如:

① 按:如按重新調整的金文曆譜(詳本書所收拙文《關於西周金文曆日的新資料》),師酉鼎在懿王四年(前 904),至厲王十七年(前 867)僅有三十七年。而依此調整後的曆譜,下文所云師俗首見於器銘的年代亦當後移。

　　王曰：師詢，哀才（哉），今日天疾畏降喪。（師詢簋）

　　王若曰：叡天疾畏。（毛公鼎）

　　今余隹（惟）䲹䡓乃令，令女（汝）虫雝我邦小大猷。（師詢簋）

　　今余唯肇巠（經）先王令，令女……雝我邦小大猷。（毛公鼎）

　　率以乃友，干吾王身。（師詢簋）

　　吕（以）乃族，干吾王身。（毛公鼎）

　　谷（欲）女（汝）弗吕（以）乃辟圅（陷）于囏（艱）。（師詢簋）

　　俗（欲）女（汝）弗吕（以）乃辟圅（陷）于囏（艱）。（毛公鼎）

　　除了與毛公鼎銘文字句有相合處外，師詢簋言“哀才（哉），今日天疾畏降喪”，與禹鼎“哀哉，用天降大喪于下或（國）”（《集成》2833）、墻盨“則唯輔天降喪”（《集成》4469）相近同。“干吾王身”句，與師克盨“干害王身”（《集成》4467）近，“敬明乃心”句曾見於西周早期的琉璃河 M1193 出土的克罍、克盉銘文（《銘圖》13831、14789），但亦見於墻盨。上舉禹鼎、師克盨、墻盨這幾件器物應屬於西周晚期夷、厲王時期。師詢簋年代歸於夷王元年，已進入西周晚期，在年代上與以上諸器接近，有相近同的語句應該是可以理解的。而相近同的字句、詞語在接近的幾代王世（幾十年期間）所做器之銘文中皆行用，這種相對穩定狀態也是當時語言文字的一種特徵。

　　師詢簋銘文與毛公鼎等西周晚期銘文表現出來的一個較爲突出的特點，是一種憂患意識，銘文中凡幾見的天“降喪”之詞語僅出現於西周晚期銅器。在《詩經》中與天“降喪”有關的詩句亦僅見於西周晚期詩篇，如《小雅》之《節南山》有“昊天不惠，降此大戾”句，《雨無正》有“浩浩昊天，不駿其德，降喪饑饉”（同詩還有“昊天疾威”句）。《大雅·雲漢》有“天降喪亂”句。這種時代性語言是夷王以後西周王朝內外矛盾激化這一特定歷史背景的反映。這對於判定師詢簋的年代有參考作用。

　　西周自西周中葉偏晚後，特別是進入夷王期後，王朝已開始衰敗。《禮記·郊特牲》記行覲禮時天子下堂見諸侯爲失禮，乃“由夷王以下”，鄭玄注：“時微弱，不敢自尊於諸侯。”《郊特牲》此言與鄭注所據現已不得知，但所云可作參考。①

（原載《中國歷史文物》2004 年第 1 期）

---

① 參見白川靜：《金文通釋》（白鶴美術館，1962—1984 年）第四六、四七輯第五章《夷王朝與淮夷的動向》“一、齊侯烹殺”。白川靜對夷王朝開始的西周晚期的社會危機有過討論，惟所引有關器銘之斷代似多有不妥。

衛簋與伯獄諸器

衛簋甲、乙二器(圖一、圖二)是近日在香港私人收藏家中所見的西周青銅器。二器形制、紋飾、銘文相同,大小亦相近,應是同時製作的成套器物。據筆者所知,另有同銘、同形二簋,已爲内地博物館與私家收藏。

圖一　衛簋甲器形

圖二　衛簋乙器形

此二簋腹圓鼓,微顯傾垂,斜坡狀圈足,有短直階狀足跟,雙獸首半環耳帶小鈎狀珥。有蓋,蓋頂圓緩隆起,上有圈足狀捉手。器口沿下與蓋近沿處有一周對稱的顧首長尾鳥紋紋飾帶,口沿下紋飾帶中間正、背面各有一凸起的獸首。簋甲通蓋高 19.3 厘米、口徑 12.9厘米。簋乙通蓋高 19.5 厘米、口徑 12.6 厘米,蓋部一側與器底略有破損。二簋均器、蓋同銘,銘文一百二十三字(含合文一,重文三,圖三—圖六)。從形制與紋飾並結合字體風格觀察,此二簋應屬西周中期中葉器。

有趣的是,獄組器(即獄所制一組器)與這兩件衛簋銘文在格式和遣詞用句方面基本相同,只是器主人有異。獄器已見於著録者有 6 件,即獄鼎一、伯獄簋甲乙(圖七)、獄盤一、獄盉一、獄簋甲(圖八),①係 2005 年 9 月由上海崇源藝術品拍賣公司和誠源文化藝術公司

---

① 另有獄簋乙 1 件,現藏於臺灣某私人處。參見吳鎮烽:《獄器銘文考釋》,《考古與文物》2006 年第 6 期。

圖三　衛簋甲器銘

圖四　衛簋甲蓋銘拓本

圖五　衛簋乙器銘拓本

圖六　衛簋乙蓋銘拓本

圖七　伯狱簋甲器形　　　　　　　　　　　　圖八　狱簋甲器形

從海外購回，並曾在上海舉辦的觀摩研討會上展出。這組器物，已先後有陳全方及陳馨、吳鎮烽、李學勤、吳振武等先生發表文章，或介紹、考釋全組器銘，[①]或考釋其中部分文字。[②]

　　狱器除以上已著録的諸器外，筆者還曾見到與狱簋甲同形同銘的簋兩件，加上臺灣某私人藏家手中的同形同銘狱簋乙一器，可知狱簋與衛簋相同，皆四件一套。[③]

　　衛簋甲、乙二器，其銘文内容與語句跟狱器組彼此關聯，故下面將狱組諸器與衛簋銘文之釋文一並列出，並分別用"——"綫與"～～"綫標出彼此相同或大致相同的文句，以資比較，而釋文與文字讀法則參考了上述學者的研究文章。[④]

　　　衛簋(甲、乙)：唯八月既生霸庚寅，王各(格)于康大室。衛曰：朕光尹中(仲)侃父右，告衛于王。王易(賜)衛仲(佩)、弋(緇)市、殼(殺)亢、金車、金𩰊，曰：用事。衛顡(拜)頜(稽)首。對揚王休，衛用肁(肇)乍(作)朕文考甲公寶𪔲(蠶)彝，其日凤夕用𢍰(厥)䎹(馨)香章(敦)祀于𢍰(厥)百神。亡不則戀(肆)夆(蓬)，䎹(馨)香則發(登)于上下，用匃百福、邁(萬)年，俗兹百生，亡不醉魯。孫孫子子其邁(萬)年永寶用兹王休，其日引勿替，誂(世)母(毋)望(忘)。

　　　狱鼎：狱肁(肇)乍(作)朕文考甲公寶隮(尊)彝，其日朝夕用鷔祀于𢍰(厥)百申(神)。孫孫子子其永寶用。

　　　伯狱簋(甲、乙)：狱肁(肇)乍(作)朕文考甲公寶𪔲(蠶)彝，其日凤夕用𢍰(厥)䎹(馨)香章(敦)示(祀)于𢍰(厥)百神，亡不鼎戀(肆)夆(蓬)，䎹(馨)香則發(登)于上下，用匃百福、邁(萬)年，俗兹百生，亡不鬱臨醉魯。孫孫子子其邁(萬)年永寶用兹彝，其誂

----

① 陳全方、陳馨：《新見商周青銅器瑰寶》，《收藏》2006 年第 4 期；吳鎮烽：《狱器銘文考釋》；李學勤：《伯狱青銅器與西周典祀》，《古文字與古代史》第 1 輯，"中研院"歷史語言研究所，2007 年。
② 吳振武：《試釋西周狱簋銘文中的"馨"字》，《文物》2006 年第 11 期。
③ 按：狱簋乙與另外同銘二器之器形與銘文，見《銘圖》5316—5318。
④ 按：以下所引器銘與器形依次見於：衛簋《銘圖》5368、5369，狱鼎《銘圖》2329，伯狱簋《銘圖》5275，狱盤《銘圖》14531，狱盉《銘圖》14799，狱簋甲《銘圖》5315。

（世）母（毋）聖（忘）。（以上爲蓋銘，圖九）//白（伯）獄乍（作）甲公寶隣（尊）彝，孫孫子子其邁（萬）年用。（以上爲器銘）

圖九　伯獄簋甲銘文拓本（蓋銘）

獄盤：唯四月初吉丁亥，王各（格）于師再父宮。獄曰：朕光尹周師右，告獄于王。王賜（賜）獄仲（佩）、戈（緇）市、絲亢、金車、金🐘，曰：用夙夕事。獄頮（拜）頒（稽）首。對揚王休，用乍（作）朕文取（祖）戊公般（盤）、盉，孫孫子子其邁（萬）年永寶用茲王休，其曰引勿替。（圖十，獄盉與之同銘）

圖十　獄盤銘文拓本

583

  獄簋(甲)：唯十又一月既望丁亥，王各(格)于康大室，獄曰：朕光尹周師右，告獄于王。王或賜(賜)獄仲(佩)、戈(緇)巿、殽(殺)亢，曰：用事。獄頖(拜)頴(稽)首。對揚王休，用乍(作)朕文考甲公寶隮(尊)簋，其日夙夕用岸(厥)曹香章(敦)祀于岸(厥)百神，孫孫子子其邁(萬)年永寶用茲王休，其日引勿替。

  如上引銘文所示，衛與獄均言爲其"父考甲公"作器，説明二人是同胞兄弟。但在伯獄簋銘中，器主自稱"伯獄"，可知獄爲兄，衛爲弟。有了這個初步認識，再結合器物形制、銘文内容及字體，即可推測一下這兩組器中各器製作年代的早晚順序。

  關於獄器組諸器年代順序，上引李學勤先生文章曾指出，獄鼎、伯獄簋最早，獄盤、獄盉與獄簋年代較晚。其説可從。當然，這組器物的年代早晚關係，還可以結合衛簋銘文所提供的信息，作進一步論證。

  伯獄簋的腹、蓋滿飾乳釘方格雷紋，與寶雞茹家莊 M1 出土的強伯簋形制、紋飾相同，張長壽、陳公柔、王世民《西周青銅器分期斷代研究》就此形的簋有過一段話，指出這種通體都有紋飾，即所謂滿花的簋，其年代最晚者大體在穆王時期，"自此後，不見圈足簋飾滿花者"。[1] 強調了作此種滿花設計的簋的年代特徵。依照此説，並考慮與其他獄器及衛簋之聯繫，似可將伯獄簋的年代定在穆王晚期。此簋銘文中有非常重要的一句話，即開首的"獄肇作朕文考甲公寶鑵彝"。關於兩周金文中"肇"字之詞義，筆者曾有專文論述，認爲"肇"並非像過去有些學者所主張的句首發聲虛詞，而應從漢人之説，訓爲"始"。故所謂"肇作"某器，應理解爲器主首次作宗廟祭祀禮器。[2] 如此，則伯獄簋應是伯獄承繼其父甲公而爲宗子後首次爲父考所作之器，時間上自然要早於紀時爲"十又一月"的，同樣是爲"父考甲公"所作的簋。獄鼎的形制垂腹甚劇，滿腹飾斜勾連雷紋構成的三角紋，其紋飾風格與伯獄簋相近，且銘文亦言"肇作朕文考甲公寶鑵彝"，蓋爲同時或接近同時所作器。

  獄盤與獄盉銘文的文辭及格式(已用"～～～"綫標出)，與紀時爲"十又一月"的獄簋及衛簋中標"～～～"綫的銘文基本相同。而四件衛簋無論形制、紋飾還是大小，均與四件"十又一月"獄簋相近，只是獄簋蓋頂圈足狀捉手底部如圖七所示有一方穿。

  以上情況表明，這幾件獄與衛所製作器，其年代不會離得過遠，很可能是在較短時段内製作而成的。獄盤、獄盉、獄簋與衛簋，都有紀月，並有月相、干支，年代若相近，似可由所紀時日排出其時序。如將這幾件器的年代範圍定在穆王末期或共王初期，即穆共之際這一時段内，則可依據張培瑜先生《合朔滿月表》，[3]得出如下兩種可能的排序方式：[4]

① 張長壽、陳公柔、王世民：《西周青銅器分期斷代研究》，文物出版社，1999 年。
② 拙文《論周金文中"肇"字的字義》，《北京師範大學學報》2000 年第 2 期。
③ 張培瑜：《三千五百年曆日天象》，河南教育出版社，1990 年。
④ 穆王末年、共王元年暫依夏商周斷代工程專家組：《夏商周斷代工程 1996—2000 年階段成果報告(簡本)》(以下稱《簡本》)，世界圖書出版公司，2000 年。

方式一：

穆王	五十四年(前924)	四月壬午朔六日丁亥	獄盤、獄盂	四月初吉丁亥
		八月庚辰朔十一日庚寅	衛簋	八月既生霸庚寅
	五十五年(前923)	十一月癸酉朔十五日丁亥	獄簋	十又一月既望丁亥

方式二：

共王	四年(前919)	四月甲申朔四日丁亥	獄盤、獄盂	四月初吉丁亥
		八月壬午朔九日庚寅	衛簋	八月既生霸庚寅
	五年(前918)	十一月甲戌朔十四日丁亥	獄簋	十又一月既望丁亥

總之，四月獄盤、獄盂與八月衛簋可排在一年，但十一月獄簋不可能排在此三器的前一年，而應排在下一年。當然，依照金文曆譜的規律，每種方式的年時段均可向前或向後推五年，以上所選年時段只是示例。但從器物形制、銘文字體等特徵看，定在穆共之際大致亦不會相差太遠。

以上所舉器物時序，再聯繫獄盤、獄盂銘"文祖戊公"之稱謂，可知獄之家族世系關係應是：

文祖戊公 — 文考甲公 —— 伯獄
　　　　　　　　　　 —— 衛

獄盤、獄盂並非首次所作先人祭器，故不再言"肇"。衛簋則言及"肇作朕文考甲公寶鬻彝"，説明這是衛首次爲先人作祭器。伯獄既是大宗，衛自然就是該家族之小宗，或爲次子，當然也可能是行字更小的兄弟。宗子之弟亦能爲其父考(甚至爲其祖)作器，這在西周金文中有明確的例證，如虞簋(《集成》4167)、繁卣(《集成》5430)所示。由衛簋銘文可知，當時衛已在王朝任職，可以想見，衛由此而獲得了時王所賜予的土田、民人，並因而得以從大宗中分出去另立小宗家族。[①] 所以，衛開始作祭祀父考的禮器，是在他另立小宗後所爲，其時間自當在宗子獄爲父考作器即伯獄簋之後。

十又一月獄簋銘文中，特別提到"王或賜獄"各種器服，"或"當如上引吳鎮烽先生文章所言，可訓作"又"或"再"。如陝西岐山董家村出土的僰匜(《集成》10285)，其銘文有"廼或使牧牛誓曰""自今余敢擾乃小大事，乃師或以汝告"之辭，其中的兩處"或"，均表示"又""再"之義。[②] 顯然，獄簋"王或賜"之語，當是承獄盤、獄盂中所記王在此前(或如前述即上一年)已予賞賜之故。

綜上所析，獄組諸器與衛簋(甲、乙)的年代順序便可排列如下：

① 參見拙著《商周家族形態研究》(增訂本)，天津古籍出版社，2004年，第374頁。
② 參見李學勤：《岐山董家村訓匜考釋》，《古文字研究》第1輯，中華書局，1979年。

　　(1) 伯獄簋(甲、乙)、獄鼎→(2) 獄盤、獄盉→(3) 衛簋(甲、乙)→(4) 獄簋(甲)

　　年代較早的伯獄簋與獄鼎,銘文中没有紀時文字,但從其文辭多與(2)—(4)諸器相近相同這一點看,相互間的年代也不會相差過遠,只是可能略早,大致可定在穆王晚期。

　　下面,在上引諸家論述的基礎上,再簡單談談衛簋與獄組諸器銘中的幾個問題。由於如上文已提到的,衛簋銘文與獄組諸器多有大致重合的語句與字詞,將之與獄組諸器相比照,也有助於進一步讀懂獄組諸器銘文。可作進一步討論的問題是:

　　(一) 獄盤、獄盉與獄簋均言由"光尹周師"佑導見王的,而衛簋則言衛由"光尹仲侃父"佑導見王。所謂"光尹","光"爲溢美之辭,"尹"即正長,則周師與仲侃父分別爲獄、衛二人在王朝任職時的上級職官。獄、衛的先人以日名爲稱,即銘文所言"文祖戊公""文考甲公",故不排除屬殷遺的可能,而管理他們的周師與仲侃父,應是周人較高級的貴族。獄、衛雖同宗族,但在王朝内任不同官職,故歸不同系統的職官管轄。獄盤、獄盉與獄簋均言及由周師"告獄于王",學者或認爲,這表示由周師把對獄擬任命的官職及應賞賜器用報告給王,由王來宣布。但銘文中並無王册命職務的記録,按一般廷禮册命銘文的慣例,如有職務册命,必應載記於其中,所以,頗疑獄器所言由上級職官告王之辭,極有可能是表達將伯獄爲官之業績稟告於王的意思。而衛簋銘文言仲侃父"告衛于王",也應作如是觀。獄簋記再一次由周師稟告王,應是又有新的突出業績,需要由王親自獎勵。

　　值得注意的是,獄盤、獄盉所記獄第一次受王賞賜物與衛簋所記衛受王賞賜物基本相同,分別爲"佩、緇市、絲亢、金車、金𤙸"(獄盤、獄盉)、"佩、緇市、縠亢、金車、金𤙸"(衛簋),這可能是由於二人出於同一宗族、官職級别也大致相等的緣故,王這樣做,無非是以示公平。如獄簋所記,至次年"十又一月",獄第二次受王賞賜,而賞賜物中少了"金車"與"金𤙸",當是首次已賜之故。

　　"金𤙸"之"𤙸"不能確認。"㫃"下所從與殷墟甲骨文中或讀作"燕"字的"𤰈"有相近之處,尤其是尾部均作雙又之形。[1] 殷墟甲骨文還有"𤰈"字,《殷墟甲骨刻辭類纂》附於"燕"下,但未作字釋,也與本銘"㫃"下所從鳥形相近。唯本銘鳥形特大其目,與甲骨文"燕"字首部有異。若"㫃"下字形可讀作"燕",則此字當從"燕"得聲,或即"㫃"字之形聲字。"㫃""燕"上古音同,聲母均爲影母,韻皆在元部。"㫃",《説文》解爲旌旗之游,但凡與旗有關字皆從"㫃",是"㫃"應可代表旗。《説文解字》"族"字下云:"族,矢鋒也,束之族旌也。從㫃從矢。㫃所以標衆,衆矢之所集。"段玉裁注曰:"此説從㫃之意,㫃所以標衆者,亦謂旌旗所以屬人耳目。"也説明"㫃"亦可指示旗子。以"㫃"爲旗的例子,亦見於西周金文,如休盤銘文記王呼作册尹賜休"緐㫃",害簋銘文記王賜害以"㫃"。在本銘中,"金𤙸"或即是指有銅作旗竿及飾件(如竿首、鈴)的旗。上引吳鎮烽先生文亦曾認爲,此從"㫃"之字當是一種

---

[1] 即燕尾之形,這大概也是舊讀"𤰈"爲"燕"字的主要根據。

裝飾有銅飾的一種旗幟,唯字釋與本文不同。①

（二）伯獄簋與衛簋均有接近相同的一段銘文,即"亡不則（伯獄簋作"鼎"）燹夆,馨香則登于上下,用匄百福、萬年,俗兹百生,亡不畢魯"。第一個"亡不",其後一字衛簋甲、乙均作"則",但伯獄簋作"鼎",疑"鼎"乃"劓（則）"之訛。

這裏的"則",似當據《爾雅·釋詁》訓爲"常",正與其前"其日夙夕"敦祀百神云云相合。"燹"可讀"肆",爲"肆"之古文,《詩·大雅·行葦》"或肆之筵",毛傳曰:"肆,陳也。"即陳設、陳列之謂。李學勤先生文中已有此説。"夆"可讀作"蓬",《文選·笙賦》"鬱蓬勃以氣出",注云:"蓬勃,氣出貌。"蓬、勃應是義近詞連用。

綜上所言,"亡不則燹夆"可理解作"亡不常肆蓬",即無不經常陳設祭品以施放馨香之氣味。

在此段銘文中,在講完"亡不則肆蓬馨香,則登于上下,用匄百福、萬年"之後,繼之以"俗兹百生,亡不畢魯"之詞,顯然,"俗兹"以後的文句,也應是承上文之意,是説在用馨香的祭品祭遍天、地、百神之後,祈願衆神給予"百生"以福佑。

"俗"當從吳鎮烽先生讀如"裕","裕兹百生",就是讓這些"百生"富足、充裕。"百生"所指,在西周金文中似有大小之別。大者如兮甲盤所言"其唯我諸侯、百生"（《集成》10174）,其中的"百生"是指周人的多個世族,與"諸侯"並言,應即是多個世家大族之長,涵蓋範圍較大。而本銘之"百生",是獄或衛稱其所屬家族之族人,類似於善鼎"余其用各我宗子雩百生"（《集成》2820）、叔妘簋"用侃喜百生、朋友、衆子婦"（《集成》4137）之"百生",這種爲自己親屬求福時所提及的"百生",顯然沒有兮甲盤銘所講到的那麼寬泛。

此段銘文中,"亡不畢魯"之"畢",所从之"囷"乃"淵"字古文。此字兩個偏旁"囷"與"夆",究竟何者爲聲符,似不好遽定。若"囷"作聲符,則此字當如上引李學勤先生文釋爲"烟",可訓爲"臭","臭魯"是指氣味之佳。如像上引吳鎮烽先生文所言,"夆"是聲符,則此字可以依其聲讀爲"逢"或"龐",皆有大意,則"畢魯"即是大吉、甚嘉之謂。這兩種讀法,從上下文意看,似以後者較爲妥當。

伯獄簋銘文中,"亡不畢魯"之"亡不"後有"鬱臨"二字,爲衛簋銘文所無。"鬱"在這裏似可讀爲"蔚",有隆盛茂密之意。"臨",在此可解釋爲降臨,用法如同大盂鼎銘"天異（翼）臨子"、《詩經·大雅·雲漢》"后稷不克,上帝不臨",皆有自上而下降臨福佑、佑護之意。如是,則"鬱臨畢魯"可理解爲隆盛地降下大的吉祥。衛簋"亡不"後徑言"畢魯",其大意未變。

伯獄諸器與衛簋,屬同一宗族之宗子與其弟所作祭器,銘文內容又多所重合,無疑能够促進我們對西周社會中貴族家族內宗法關係及家族形態的認識。依照上文對伯獄諸器

---

① 按: 此字郭永秉《談古文字中的"要"字和從"要"之字》（收入《古文字研究》第 28 輯,2010 年）讀作㫃,即《説文》所云"㫃,旗屬。從㫃,要聲。"可從。

與衛簋的年代排序,可以看到,衛簋銘文其文句與詞語,基本上均已在先於衛簋製造的伯獄簋、獄盤、獄盉諸器銘文中出現,大致是合此數種器銘文句而成。衛簋銘文所記受賞賜地點在"康大室",也就是在康宮内康王之大室,而獄盤、獄盉所記獄之受賜地點在"師再父宮",這是二者的差異之處。由此可知,衛雖然是獨立爲其父考作祭器,而且據前文分析,衛作祭器的時間,很可能是在他擔任王朝官吏之後,即有了以官庇族的資本,故而能够從大宗本家分出去獨立門户,成爲小宗之宗子,進而有權獨立鑄造祭祀父考的禮器,但在表達自己作器意圖的銘文上,卻是完全追隨作爲大宗宗子的伯獄。這表明,在同一宗族之内,大宗在祭祀活動上以及相關的禮器製造方面,仍具有主導權與決定權。

如獄盤、獄盉及衛簋銘文所示,王賜給伯獄與衛的物品是相同的,這説明在王朝職官系統中,二人的等級地位可能相近,甚至完全一致。但是在宗族内部,衛的宗法地位低於伯獄,故在祭器製造及與之相聯繫的宗教祭祀活動上,要服從於族長伯獄。類似的情況,亦見於裘錫圭先生曾予討論的罜尊與罜卣銘文(《集成》5998、《集成》5356),該組銘文記録𢆶、明兄弟二人受伯父由伯之命而爲自己的亡父作祭器,其中由伯便是他們的宗子。在銘文中,由伯允許𢆶所作彝器"毋入于公",這説明宗人所作祭器原則上應交給宗子支配,是宗子對小宗財産具有支配權的反映。[1]

本文所論之衛,業已分立爲小宗,且未必與獄同居,有可能已有不受大宗支配的財産。但即使如此,在祭器上仍受大宗支配。這無疑是宗法制度在當時貴族家族内被嚴格執行、有超乎經濟實體作用的具體表徵。

如前所述,衛簋銘文在文句、詞語上多與伯獄簋、獄盤、獄盉諸器銘文重合。且衛簋與"十又一月"獄簋在數量上一致,均爲4件,形制與紋飾也基本相同。由此可知,當時一個較大的世族内部,宗廟祭器可能有一個較統一的管理與製造程序。大、小宗所作祭器,其銘文形式與器形相近同,自然也説明這些器物當出自同一個青銅器製造中心。從西周金文中可知,不僅王室,大型世族也有自己的"百工",[2]其中的青銅器製造者,自然是"百工"中最爲重要的具有專門技藝的工人。故而,在這類擁有"百工"的世族大家内,青銅器的統一管理與製造,比較容易實現。但是,可以想象得到,並非所有西周貴族家族都會擁有自己獨立的手工業作坊,特別是青銅鑄造業,這在當時無疑是代表最高技藝水準也最耗費財力的工種,當然不可能爲所有貴族家族所擁有。而西周青銅器各期在形制、銘文字體與遣詞用句方面的高度近似,反映出當時絕大多數青銅器可能是在爲數不會太多的製造中心統一生産的。那麽,那些未有能力擁有獨立的青銅鑄造業(作坊)的貴族,他們所需的青銅禮器,固然有可能是雇用游走性的有組織的青銅鑄造者(類似於戰國時期爲楚王製造器物

① 裘錫圭:《從幾件周代銅器銘文看宗法制度下的所有權》,載《盡心集——張政烺先生八十慶壽論文集》,中國社會科學出版社,1996年。
② 如公臣簋銘文(《集成》4184—4187)、師毀簋銘文(《集成》4311)所示。

588

的"鑄客")鑄造的,不過,當時具有專門技藝的工人是否能够自由遷徙,或能自由地爲各個世族所雇用,目前還缺乏積極的資料依據,尚無法講清。所以更大的可能是,在擁有青銅製造業的大的世族貴族那裏(即上述若干鑄造中心),通過以貨幣購買或以物易物的方式,購置或定製青銅禮器。當然,也還有另一種可能性,即在當時或已存在的商品市場上,購買或加工青銅禮器。伯濕與衞兄弟二人,在兩三年内所製造的青銅禮器,其形制與銘文形式具有高度的一致性與重復性,應該就是通過上述諸種方式之一得到的,而且與青銅祭器以宗族爲單位由大宗統一管理有直接關係。

(原載《南開學報》2008 年第 6 期)

由伯戔父簋銘再論周厲王征淮夷

伯戔父簋係筆者在中國文物咨詢中心徵集品中所見。該簋失蓋，[①]圓鼓腹，雙獸首半環耳帶勾狀小珥(勾處未通透)，坡狀圈足，矮直階狀足跟，下接三扁平小獸足。口沿下飾

圖一　伯戔父簋器形(蓋後配)

一周竊曲紋，圈足飾三角雲紋，腹部飾瓦紋。器身約高17.5、口徑約19.9厘米(見圖一所示器身)。[②]在年代較明確的有銘青銅器中，與此件簋形制、紋飾近同的是諫簋，其次是師螫簋。元年師旋簋形制特徵也與之接近，唯二簋圈足上的紋飾有別。諫簋的年代約在厲王五年，師螫簋在厲王十年，元年師旋簋的曆日排進金文曆譜有困難，但五年師旋簋似可以排進夷王時段，元年師旋簋即約當在夷王或厲王時段。[③]所以，僅就器形、紋飾的比較來看，伯戔父簋的年代約在夷王、厲王時段內。如綜合考慮下文所考釋之銘文內容，當可定爲厲王時器。

下面對伯戔父簋器銘作略考。此銘文共六行六十四字(圖二、圖三)，釋文如下：

隹(惟)王九月初吉庚午，王

出自成周，南征，伐反

𩁹、桐、矞(遹)。白(伯)戔父從王伐，

---

① 此簋現配有器蓋。初看，形制、紋飾及銹色均尚能與器身大致相合，但細審可知，蓋與器口並不完全吻合，且紋飾雖也是與圖案相當接近的竊曲紋，但紋樣仍有所不同。所以，可以判定此蓋與器身非屬同一器，也即是説，圖一所示這件簋的器、蓋是拼合而成的。蓋有銘曰："白(伯)趠父乍(作)寶殷，用享于大神，用旂(祈)霝壽多福，子孫永寶用。"(圖四、圖五)但銘文中"趠""神""霝""壽""福"諸字寫法似均有些問題，故疑此蓋器真而銘文爲僞，書之以待再考。

② 至於這件簋，香港中文大學張光裕教授在他發表的文章中亦曾論及，並引用了銘文中開首的一兩段文字。據該文介紹説："有兩器，其一爲私家收藏，未曾著録。"見其所著《西周士百父𣪘銘所見史事試釋》，收入《古文字與古代史》第1輯，"中研院"歷史語言研究所，2007年。

③ 以上諫簋、師螫簋、五年師旋簋年代據筆者所排西周金文曆譜。

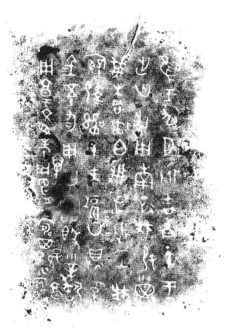

圖二　伯㦰父簋器內底銘文　　　　　　　　　圖三　伯㦰父簋器內底銘文拓本

圖四　伯㦰父簋蓋銘文　　　　　　　　　圖五　伯㦰父簋蓋銘文拓本

窺（親）钀（執）訊十夫，粲（馘）廿，得孚（俘）

金五十勻（鈞），用作寶毁，對揚，

用高（享）于文且（祖）考，用萬年畺（眉）壽，其子孫永寶用高（享）。

　　這篇銘文在書寫上有三個特點：其一，行款，前五列橫成行，但第六列字數擁擠，與右五列橫不成行。“萬年”“高”三字排在五、六列間，“子孫”二字並排。其二，有不少字偏旁與通常書寫位置或方向相反，依次如“初”“出”“成”“征”“伐”“㦰”“父”“從”“窺”“钀”“訊”“粲”“孚”“孫”“用”“于”“考”等諸字皆是。其三，有個別文字書體較別緻或相當簡略，如“自”寫成〢，“畺”寫成畾，“永”寫成〳。

　　本銘文涉及到的比較重要的問題有如下兩個：

591

（一）關於“畟🔸（子）”所指①

本銘言王南征所伐之“畟🔸”，亦見於周厲王𣄰鐘（宗周鐘），其銘文曰：“王肇遹省文武堇（勤）疆土，南或（國）畟🔸敢陷處我土，王𢑞伐其至，戲（撲）伐氒（厥）都。畟🔸廼遣間，來逆卲王，南尸（夷）、東尸（夷）具（俱）見（視）廿又六邦。”（《集成》260）

“畟🔸”之“🔸”，諸家多據《説文解字》籀文釋作孿，認爲是从🔹（是甲骨、金文中“子”的另一種寫法）兹聲的字。而從伯𣱼父簋銘文來看，此字也可寫作🔸，正與《説文解字》“子”字之籀文合，所以下文凡此字皆寫作🔸。𣄰鐘🔸字，學者或以爲應讀作蠻，現由此簋銘文可知，讀蠻似不妥。“畟”通服。“畟🔸”雖可讀作“服子”，但舊認爲“服”是國族名，“子”是該國族首領，似乎還是有些問題的。金文中多可見國族首領自稱“子”，周原甲骨有“楚子來告”（H11：83），②是周人確也可稱邊遠地區國族首領爲“子”，但本銘與𣄰鐘皆稱“畟🔸”，並不寫成“畟子”。③而且從本銘來看，下文言伐“畟🔸”，繼言其所屬的幾個分支族屬（或幾塊屬地），“畟🔸”更像是一個族群的名字。𣄰鐘言伐“畟🔸”而“撲伐厥都”，知此族群盤踞於一塊地域，雖有若干分支族屬，但有一“都”即中心都邑爲其政治、軍事中心。從下文要討論的翏生盨銘文講“王征南淮尸，伐角津，伐桐、遹”（《集成》2810），其中桐、遹也是本銘王南征“畟🔸”所伐地點，可知此銘與𣄰鐘之“畟🔸”應即是稱淮夷。淮夷是西周時盤踞於淮水中下游的夷人族群，爲南夷諸邦中一支最強大者。過去或有學者讀“畟🔸”之“畟”爲主要活動於江漢流域之濮，由本銘亦可知釋濮不妥了。

𣄰鐘銘文記録厲王“撲伐厥都”即征伐南國“畟🔸”都城後，“畟🔸廼遣間，來逆卲王”。“遣間”之含義，過去學者似未做深究，疑即是派中間人（可以在畟🔸與西周王朝間説和的族邦或個人）向周王求和。“間”的這種含義，見於《史記·游俠列傳·郭解傳》“洛陽人有相仇者，邑中賢豪居間者以十數，終不聽”。此“居間者”即居中爲雙方調和之人。此銘之“間”即相當於“居間者”。“來逆卲王”之“卲”通作“昭”，在這裏應讀成《爾雅·釋詁》所釋“見也”，“來逆卲王”即是前來迎接、拜見周王（厲王）。𣄰鐘銘文中又繼言“南尸（夷）、東尸（夷）具（俱）見（視）廿又六邦”，當是因周人此次南征，逼迫作爲南夷中最強大者之“畟🔸”即淮夷向周人俯首，產生了巨大的震撼力，使其他一些較淮夷爲弱小的南夷及東夷的族邦也懾於西周王朝武力而不得不來拜見周王，以示服從。其中“東夷”當在今山東南部、東南部，不在這次周人征伐之“南國”區域内，其所以也要來見周王，如上述，只是預先表示歸順以自保，並不能據此言東夷也在“南國”。

淮夷爲何稱“畟（服）🔸（子）”，學者或認爲“服”作動詞是征服，使之屈服的意思，而作名

---

① 此銘中“畟”字“尸”下之“又”近似於↙形，但尸下還應是“又”字，此字仍當讀“畟”。金文中“犀”字所从之辛，當其在尸下時，其豎畫或作直筆，或向内彎曲作↙形，筆勢隨尸斜下筆而偏向左，無一作↘形者。

② 曹瑋：《周原甲骨文》，世界圖書出版公司，2002年，第63頁。

③ 唐蘭：《周王𣄰鐘考》已認爲“爵稱之‘子’習見於古書及甲骨金文，從未有假孿爲之者”。但他又認爲“畟”爲國名，孿是人名。見《國立北平故宮博物院年刊》，1936年。

詞即是被征服的國族,或被征服的國族的人。① 此説有相當道理。但"服"在這裏也可能不僅僅是指被征服,而且還具有文獻中常見的服事王朝之服的意思。《周禮・夏官・職方氏》"乃辨九服之邦國",鄭玄注:"服,服事天子也。侯、甸、男、采、衛、蠻、夷、鎮、藩,九服也。""服"可釋爲服事,應是屈服、附屬的引申義(後又進一步由服事引申爲整治、治事)。這樣來解釋本銘與㝢鐘銘文中稱淮夷爲"艮(服)𤞤(子)",似要更爲妥當一些。"艮𤞤"即是被征服後要服事西周王朝的"𤞤"。"𤞤"在這裏是指淮夷族群,但采用"𤞤"爲稱可能屬於一種鄙稱。② 也許𤞤即應讀作孳,取《説文》所謂"汲汲生也",《爾雅・釋詁三》"蕃也"與《爾雅・釋文》"息也"之意,是指生息之民之意。艮(服)的這種用法,亦見於十七年詢簋,其銘文曰王令詢掌管的下屬中,有邑人、虎臣、庸,而庸又包括降人與服尸(夷)(《集成》4321)。稱"服夷"與本銘和㝢鐘銘文稱"艮(服)𤞤"相類,系指稱因被征服而服事於西周王朝的夷人。兮甲盤銘文曾記"王令甲征鷸成周四方賔(積),至于南淮夷。淮夷舊我員晦人,毋敢不出其員、其賔(積)。其進人,其貯,毋敢不即餗(次),即市。敢不用令,則即井(刑)撲伐。"(《集成》10174)這裏講淮夷爲西周王朝之舊"員晦人"即是説淮夷是被征服後歷來要履行向西周王朝貢納布帛、穀物、人(奴隸)以及貯(一説是供王朝上層消費用的多種貨賄)的義務,以此來服事西周王朝之附庸。本名與㝢鐘銘文稱淮夷爲"艮(服)𤞤(子)",或即此意。

(二)關於"艮𤞤"即淮夷居處之中心區域

本銘言"王出自成周,南征,伐艮(服)𤞤(子)𤰞、桐、矞(遹)",𤰞字不識,從字形上看疑是蔑字異體,其與桐、遹皆屬於服𤞤之轄地,當然也可能是其分支族屬名。"艮𤞤"後徑接其屬地名或分支族屬名的語法形式,類似於史密簋銘文所言:"王命師俗、史密曰:東征。敆南夷盧、虎會杞夷、舟夷雚不折,廣伐東國。"(《銘圖》5327)盧、虎即當與其上"南夷"連讀,屬於南夷的兩支族團。

本銘所言屬於艮𤞤的兩個地名(或族邦名)桐、矞(遹),也見於以下器銘:

王征南淮尸(夷),伐角、津,伐桐、遹,翏生從。(翏生盨,《集成》4459)

王南征,伐角、僑,唯還自征,在矿。(噩侯鼎,《集成》2810)

本銘則言:

王出自成周,南征,伐艮𤞤𤰞、桐、矞(遹)。

上述三篇銘文所言應是指同一次戰役。而翏生盨所言伐角津桐遹,在噩侯鼎銘中則言:"伐角、僑。"對此,一種解釋是:"角"有可能是"角津"之省,而僑則是"桐遹"之省。如

① 張亞初:《周厲王所作祭器㝢簋考——簡論與之相關的問題》,《古文字研究》第 5 輯,中華書局,1981 年,第 151 頁。
② 郭沫若:《兩周金文辭大系圖録考釋》"考釋"五一,科學出版社,1957 年。

是,則津口是渡口之義,角津是就角地有津而得名,黃盛璋先生有此説。① 而桐遹如可簡稱遹,則桐遹僅是指桐地之遹。遹在這裏也許即是《爾雅·釋水》中所言"水中可居者曰洲⋯⋯人所爲爲潏"之潏。

當然,還可以有另一種解釋,即角津桐遹是四個獨立地名,而角與津、桐與遹地域兩兩相近,伐角與伐津,伐桐與伐遹之戰役各自有聯繫,故翏生盨言"伐角、津,伐桐、遹",由這種看法自然也可以將噩侯鼎"伐角、僪",視爲以上"伐角、津,伐桐、遹"兩個戰役的省稱。馬承源先生有此説。②

這兩種解釋在目前僅有幾條相關資料的情況下,尚難遽定何者爲是,此姑取後一種解釋,即四個獨立地名説。則伯㦰父簋是言王自成周南征,伐𠬝(服)🐚的🐝、桐、遹三個地區(或三個族屬,即以地爲氏,或以氏名爲地名)。這樣,將此銘與翏生盨、噩侯鼎所言相聯繫,不僅如上所言,即可以明確"𠬝🐚"乃是西周王朝對南淮夷的特定稱謂,而且由上文伯㦰父簋器形推知其年代在夷厲時段,並由此簋銘文與周厲王㝬鐘銘文皆言王親伐𠬝🐚,則更可知㝬鐘所記厲王南征𠬝🐚與伯㦰父簋、翏生盨及噩侯鼎所記均屬同一次大戰役。如此,很重要的一個啓示是,可以由㝬鐘言厲王伐𠬝🐚而"撲伐厥都"得知,南淮夷其都邑似應即在上述角、津、桐、遹所在範圍內,亦即是説這個區域即是西周晚期南淮夷居處與活動之中心地帶。

這幾個地名中,只有角,推測其可能是《水經注·淮水》所云位於"淮泗之會"的角城,《太平寰宇記》曰:"角城在宿遷縣東南一百一十里。"馬承源先生有此説(他並認爲津,即寶應南六十里之津湖,然此似需要再考)。③ 這樣看來,西周晚期厲王時,不斷抗拒西周王朝的統治與壓迫並對之造成極大干擾的南淮夷,其居處與活動之中心區域即在今江蘇西北部,淮水與泗水交匯處,今洪澤湖周邊地區。

至於厲王所伐與角相近的桐地,學者或認爲即在今安徽桐城以北之古桐城,但此地點與上文所云角所在之淮、泗交匯處相距達二百三十公里以上,似失之過遠,桐及遹(或桐遹)其位置亦當在今洪澤湖附近之淮水近域,確切地點待考。

除以上兩個比較重要的問題外,銘文中尚需解釋的有:

此簋銘文言伯㦰父"窺(親)𠭰(執)訊十夫,裏(馘)廿,得乎(俘)金五十匀(鈞)"。"執訊"以"夫"爲單位,所獲馘僅以數量"廿"計,類似於彧簋銘文所云:"獲裏(馘)百,執訊二夫。"簋銘"得乎金"中之"得乎"的用法在已經見到的講"乎金"的銘文中未見。一種可能是屬義近詞連用,類似於敔簋銘文中所言"奪乎(俘)人四百"之"奪俘",此種用法中"得乎(俘)"之"得"的意思倒是頗合於《説文解字》對"得"的解釋"行有所得也"。另一種可能是,

---

① 黃盛璋先生認爲角得名於津渡"由當水陸交通之要津而形成城國,並依津取名","角津即角城"。他並認爲依次推斷,桐遹亦當爲一地。見所著《淮夷新考》(《文物研究》第 5 輯,1989 年)。
② 馬承源:《關於翏生盨和者減鐘的幾點意見》,《考古》1979 年第 1 期。
③ 馬承源:《關於翏生盨和者減鐘的幾點意見》。

此"得"指因戰功而受到王或上級貴族賞賜,得到此次戰役所俘獲的金(即銅)五十匀(鈞)。"對"下一字有殘泐,似是"揚"字,省略了對揚的對象。如上文分析"得俘金五十鈞"有一種可能是受賞賜,此言"對揚"即當是答對稱揚上級賞賜其金。

附記

本文寫成後,方從李學勤先生處得知,李先生已經寫過此簋銘文的考釋。遂尋到李先生新發表的文章《談西周厲王時器伯戔父簋》(收入《安作璋先生史學研究六十周年紀念文集》,齊魯書社,2007 年 11 月)。李先生文中言伯戔父簋有兩件,並稱之爲甲、乙器,甲器器蓋皆存,但只見到照片。"乙器僅有器身,配以形制、紋飾相似而銘文不同的蓋"。所言"乙器"即本文所介紹之器。但李先生文章並未發表銘文照片或拓本及器形。李先生文中釋器銘"桐"前一地名(或族名)㞑爲廙字,細看此字,上與鹿首形雖不同,但仍可姑隸作"庐"(或"㲋"字之上部"色"),但下作㞑與"央"作㞑有別。因未見甲器銘文照片,不知同字有否異體,其下部是否可讀"央"。爲此,對此字暫作闕疑處理,以待再考。

(原載《古文字研究》第 27 輯,中華書局,2008 年)

補記:

伯戔父簋,本文所論這件,蓋屬後配,即李學勤先生文中所言乙器,已收入《銘圖》,編號 5277。此外,《首陽吉金》(上海古籍出版社,2008 年)著錄一件,僅有器,失蓋(補圖一、補圖二),《銘圖》收入,編號 5276。上文"附記"中李先生講的甲器,爲第三件。依例應還有一件,但下落未明,《銘圖》5276"備注"中亦言及。

補圖一　首陽齋藏伯戔父簋

補圖二　首陽齋藏伯戔父簋銘文

射壺銘文考釋

　　射壺爲長頸、方橢圓腹壺,有同銘同形器兩件,可稱爲射壺甲、射壺乙(圖一,1、2)。①
甲壺通高 51.2 厘米,乙壺通高 51.1 厘米,二壺口長徑皆爲 12.7、底長徑皆爲 17.1 厘米。
兩件壺腹部最大徑在下腹部,有傾垂之態,從形制看,具西周晚期至春秋早期此型方腹壺
較常見的形制。壺頸對生雙獸首半環耳銜環,環作繩索狀。器腹由中心作菱形凸起的
十字形粗繩絡形紋分隔爲四個區間,每個區間內有兩條雙首龍紋繫聯而構成 S 形,左右
兩區間內的紋飾以中間粗繩絡紋爲界對稱展開。壺頸部下層作重環紋,上層作倒三角
紋。器蓋下部與口沿相接處及圈足均飾重環紋。在與此兩件射壺形制相近同的銅壺
中,1994 年北趙晉侯墓地 M93 出土的晉叔家父方壺(《銘圖》12356,圖四)的腹部紋飾
與射壺腹部紋飾近同。而北京故宮博物院所藏蔡公子□壺(《銘圖》12408,圖五)通體紋
飾之紋樣與布局則均與射壺同。② 以上晉叔家父壺所從出之 M93,諸家多認爲屬春秋初
年之晉文侯墓,但晉叔家父所作盤也出於屬西周晚期偏晚的 M64。故宮博物院之蔡公子
□壺,學者或定爲西周晚期器,但其腹部與射壺相同的粗獷的 S 形雙首龍紋,實已具有春
秋早期的紋飾形式與風格(此種風格可以三門峽上村嶺虢國墓地出土器物上的紋飾爲代
表)。綜言之,此兩件射壺的年代應與以上所舉晉叔家父壺、蔡公子□壺接近。如綜合考
慮銘文內涵,射壺的年代仍可認爲是在西周末。但此種壺之形制的下限或可能已入春
秋初。

　　兩件壺的銘文分布位置亦相同,均分別銘於器頸部內壁與器蓋子口外壁上,器、蓋銘
文基本相同,略有差異(圖二、圖三)。器銘有 60 字(含重文二字),釋文如下(行款取甲壺
頸內壁銘文):

① 中國國家博物館 2004 年 4 月徵集入藏。
② 晉叔家父壺見上海博物館:《晉國奇珍——山西晉侯墓群出土文物精品》,上海人民出版社,2002 年,第 196、197 頁。
　 蔡公子□壺見故宮博物院:《故宮青銅器》,紫禁城出版社,1999 年,圖 203。

圖一　射壺甲、乙器形圖
1. 射壺甲　2. 射壺乙

隹(惟)九月初吉甲
寅,皇君尹叔命
射嗣貯,乃事東(董)
遉(徵)其工,乃事述。
遣(追)念于蔡君子
興用天尹之籠(寵),
弋(式)穮(蔑)射曆(歷),易(賜)之
金。用乍(作)朕皇考
隋壺,其萬年子子
孫孫永寶用。

蓋銘與器銘不同處,一是"甲寅"後,蓋銘徑稱"尹叔",未冠以"皇君"之稱;二是器銘言"易(賜)之金",蓋銘言"易(賜)余金"。二壺器銘均有陽綫方格,而蓋銘未有。

現依銘文順序,對其中一些需要考證與探討的字句作簡要討論:

"皇君尹叔"之"尹叔"應是尹氏貴族,行輩爲叔。從全銘遣詞與口氣看,射當是尹叔之家臣,下文還要談及於此。

尹叔"命射嗣貯",即是命令射主管貯事。"貯"字本意是指積聚、貯藏,但其在金文中的字義,歷年來學者們有不同解釋,可謂異説紛紜。現在作一反思,似乎還是以高明先生所作考釋較爲妥帖,即此字從文字考釋上未必可釋作"賈",還是以釋"貯"爲好,但其字義倒還是應當與買賣之商業行爲有關。高先生引《玉篇》之"賬,賣也",《廣韻》之"賬,貯也",説明貯存、積藏物質,與賣出有内在聯繫。① 《周禮・廛人》鄭玄注:"謂貨物諸藏於市中。"

① 高明:《西周金文貯字資料整理和研究》,收入《高明論著選集》,科學出版社,2001年。

1

2   3

4   5

6

圖二　射壺甲銘文照片與拓本

1. 射壺甲頸內壁銘文(照片及拓本)　2. 射壺甲蓋子口外壁銘文(A)　3. 射壺甲蓋子口外壁銘文(B)
4. 射壺甲蓋子口外壁銘文(C)　5. 射壺甲蓋子口外壁銘文(D)　6. 射壺甲蓋子口外壁銘文拓文

1

2

3

4

5

圖三　射壺乙銘文照片與拓本

1. 射壺乙頸內壁銘文(照片及拓本)　2. 射壺乙蓋子口外壁銘文(A)　3. 射壺乙蓋子口外壁銘文(B)
4. 射壺乙蓋子口外壁銘文(C)　5. 射壺乙蓋子口外壁銘文拓本

圖四　晉叔家父壺　　　　　　圖五　蔡公子□壺

《釋文》："㪔本或作貯。"是儲藏貨物可稱"貯"，貯貨物自然是爲了出賣。將貯解釋作商品買賣與交換行爲，在西周金文中基本上可以講通。[①] 本銘中尹叔令射"嗣貯"，即是命之掌管與"貯"有關的事業，即主管其宗族之商業。

　　下文繼言"乃事東（董）遣（徵）其工"，"乃事"即"你的職事"，"乃"是以尹叔言於射的口吻所云。"東"讀作"董"。"董"之意即《爾雅・釋詁》所云"督正也"；遣讀作"徵"，在這裏是查詢、審查的意思。"董徵"相當於"董察"，即是督察。師毀簋銘文記伯龢父命師毀"觏嗣我西隔東隔僕駿（馭）百工牧臣妾，東（董）戴（裁）内外"（《集成》4311），所言"董裁"與本銘"董徵"義近。"乃事東（董）遣（徵）其工"即"你的職事是督察與貯有關的工作"。

　　"乃事述"中之"述"在此當讀爲"循"，《儀禮・士喪禮》："不述命"，鄭玄注："述，循也。""乃事述"即是言"你的職事要遵循以上所指示的（即以上所曰"乃事東（董）遣（徵）其工"）去做"。與此種解釋相合的是《漢書・禮樂志》"述者之謂明"，顏師古注："述謂明辨其義而循行也。""述"在此也可能當讀如《詩・邶風・日月》"報我不述"之"述"。毛傳："述，循也。"鄭玄箋："不循，不循禮也。"朱熹《詩集傳》釋此"述"爲"循義理"。如此，則本銘"乃事述"，大意即是言"你的所爲要循義理"，亦即遵守規矩。

---

①　西周晚期之兮甲盤銘文（《集成》10174），先講淮夷爲"舊我帛晦人"，"毋敢（按：即敢於）"不聽命於周王朝而"不出其帛、其積、其進人、其貯"，"不即師，即市"，就要給予刑罰而撲伐之，其中"貯"應理解爲淮夷要按西周王朝要求與之進行的物資的交換與買賣，而且必須"即市"，即"貯"必要在西周王朝制定的市場進行，不能私自在其他地點買賣其資源。兮甲盤銘文還規定"我諸侯百生"在"貯"時如不"即市"，而敢於"入蠻宄貯"，即入蠻方（淮夷）之地私下與之進行買賣，也要刑罰之，表現了西周王朝對淮夷的壓迫、掠奪，與對淮夷等少數民族在資源上的控制。"貯"與"市"的密切關係，證明了"貯"是商業買賣行爲的内涵。金文在涉及貴族間土地交換、買賣時，所云"貯田"，多是將土田以貨幣作等價物計算價值後換取其他物品。"貯"也可引申爲進行"貯"這一行爲的處所，即商鋪、貨棧如頌鼎"令女（汝）官嗣成周貯廿家"（《集成》2828），善夫山鼎"用作憲司貯"（《集成》2825）之"貯"。

　　"遣(追)念于蔡君子興用天尹之龓(寵)，弋(式)穢(蔑)射曆(歷)。""追"字①寫成🔸（甲壺蓋銘）或🔸（甲壺器銘）所從"𠂤"上端作旡之上部形，此種寫法類似於不嬰簋"歸"字所從"𠂤"作🔸（《集成》4328），䍐駒觥"遣"字所從"𠂤"作🔸（《集成》9300），陳財簋、余購逨兒鐘"追"字所從"𠂤"作🔸（《集成》4190）、🔸（《集成》184），皆屬於"𠂤"的繁化。龓字，以往銘文中似未曾見，在此甲、乙壺的四篇銘文中，僅乙壺蓋銘這個字較清楚，餘皆爲銹掩或銹蝕，已不甚清楚。細看乙壺蓋銘，此字左側"言"字上應是"于"字（甲壺蓋銘此字雖銹蝕較重，但似仍可看出左側所從同乙壺蓋銘）。春秋金文中，龍字或作䮾。兄，一說在此應取其"大"意（《釋名》："兄，荒也"，"荒，大也"②），而本銘此字如確是從訏（即訏），而《爾雅‧釋詁》"訏，大也"，郭璞注："秦晉之間凡人大謂之奘，⋯⋯中齊西楚之間曰訏。"《詩‧大雅‧抑》"訏謨定命"，毛傳曰"訏，大"，是從訏也可理解爲與從兄相類，皆是見其"大"義③。龓字似應讀作龍聲，在此可讀作"寵"。④　本銘"遣(追)念于蔡君子興用天尹之龓(寵)，弋(式)穢(蔑)射曆(歷)"，與梁其鐘"梁其身邦君大正，用天子寵，蔑梁其曆(歷)"（《集成》188）句子的語法形式有相同處，"用"，在這兩句中，皆可理解爲有"承受"之意，⑤只是梁其鐘是言梁其本人身爲"邦君大正"，乃因得到天子之寵愛，受天子之蔑歷，而射壺是言尹叔因爲追念蔡君子興曾得到天尹之寵，故而要蔑射歷。天尹當是尹叔之先人，而射則當與蔡君子興有密切關係，或即是其後人。弋讀作"式"，句首虛詞，在這裏應是表示意願，有"要"的意思。⑥　射壺所記尹叔因追念射之先人而蔑射歷，可與師望鼎銘文記師望言"王用弗望(忘)聖人之後，多蔑曆(歷)易休"（《集成》2812）相比照。

　　甲、乙二壺器銘均在"弋(式)穢(蔑)射曆(歷)"後，言"易(賜)之金"，自然是順接上文，言尹叔因念及射之先人蔡君子興與自己的先人天尹之關係而蔑歷射，並以金(銅)給予其賞賜。而兩件壺的蓋銘，在"穢(蔑)射曆(歷)"後，均言"易(賜)余金"，是自此句話已轉爲器主之第一人稱的口氣。

　　"用乍(作)朕皇考隋壺"之"隋"，在以往著録的西周金文中未見，疑此字即當讀爲"再"（冠以"大"或"天"之字，常多讀"大"或"天"下邊之字的字音，或即讀爲該字）。如是，因"再"可訓爲"兩"（《玉篇》"再，兩也"）、二（《廣雅‧釋詁四》）、"重"（《説文解字》"再，一舉而二也"）等意，則所言"隋壺"即應是言"一雙壺""一對壺"。射壺也確是同形、同銘的一對壺。"隋"字加阜旁，當是示所稱禮器之尊貴，已是專用詞。

---

① 按：有關此字釋讀的一些問題，請參見拙文《中國國家博物館近年來徵集的西周有銘青銅器續考》，已收入本書。
② 何琳儀：《戰國古文字典》（中華書局，1998 年）認爲春秋金文中從兄的龍字，是龍的繁文，甲骨文鳳字也有從兄的，《廣雅‧釋詁》："兄，大也"，"龍、鳳爲鳥首之首，故二字均從兄以見大義"。
③ 湖北黃岡博物館所藏出土於蘄春達城新屋塆窖藏的西周早期方鼎，有銘文一字，報道者釋作寵，但細看拓本此字所從"王"似作𠂤，應是于字，此字應隸定作寵（資料見《文物》1997 年第 12 期）。
④ 按：此字或當隸定作䮾，"言"上爲"玉"，請參見拙文《中國國家博物館近年來徵集的西周有銘青銅器續考》。
⑤ "用"在此或當讀爲"容"，用、容聲韻並同，聲母皆屬喻母，均東部韻。《荀子‧解蔽》："故曰心容"，注："容，受也。"
⑥ 參見裘錫圭：《卜辭"異"字和詩、書裏的"式"字》，《中國語言學報》1983 年第 1 期。

現根據以上考釋，將射壺銘文(器銘)意釋如下：

在九月初吉甲寅日，皇君尹叔命令射司理貯事，說："你的職事是審察有關貯的工作。你的所爲要遵守規矩。"尹叔因追念當初射之先人蔡君之子興曾受到天尹之尊寵，故獎勵射，賜給他銅。射因此作了祭享我皇考的一對壺，萬年子子孫孫永遠寶用之。

按照這一譯文並聯繫上文所作考釋，可將銘文中展現的人物關係再作進一步申述：

射，器主人，是尹叔的家臣。

尹叔，被射尊稱爲"皇君"，是尹氏貴族，"叔"爲其排行。尹叔的族氏當屬於尹氏之一支，尹叔相對於尹伯是該氏之小宗。

天尹，應是指尹叔之長輩，可能即是尹叔之父。"天尹"之"尹"非指尹氏，而是族長、家主之稱。公臣簋言"虢仲令公臣嗣朕百工，……公臣拜稽首，敢揚天尹丕顯休"(《集成》4184—4187)，"天尹"即是公臣尊稱其家主虢仲。

蔡君子興，是言蔡君之子興。蔡君是指蔡侯，姬姓諸侯。子興則是蔡侯之公子。[①] 但從本銘看，銘文既言其受到尹氏之天尹的尊寵，則此位公子亦與尹氏有密切關係，並可能曾被尹氏重用或舉薦。銘文中射所爲作器之皇考，多可能即是蔡公子興，射可能是公子興之子。

與射壺銘文中"尹叔"有關的器物，是傳出於山東蓬萊的蔡姞簋，其銘文曰："蔡姞乍(作)皇兄尹叔䵼簋彝，尹叔用妥(綏)多福于皇考德尹、重(惠)姬"(《集成》4198)。此器器形已不得見，從銘文字體與語句看，當亦屬於西周末至春秋初期器。值得注意的是，此銘也表現了同射壺相同的尹氏與蔡國的關係。尹叔是蔡姞之兄，則蔡姞是尹氏宗室之女出嫁給蔡國國君，由此可知尹氏與蔡國不僅有吸納蔡國貴族爲家臣之人事上的聯繫，而且有通婚之誼。據此蔡姞簋也可以明確，尹氏屬於姞姓。蔡姞簋銘中，蔡姞與尹叔的"皇考德尹"或即射壺銘文中之"天尹"。

從傳世器銘看，尹氏不僅與姬姓的蔡國公室通婚，而且也與姬姓的魯國公室聯姻，此由魯侯壺銘文"魯侯乍(作)尹叔姬壺"(《集成》9579)可證，此當是媵器。"尹叔姬"，是指由魯國公室出嫁給尹氏的魯侯之女，其名"叔姬"，說明是魯侯之三女。

以上姞姓尹氏多與姬姓貴族聯姻的事例，或當與姬姓周人下述的一種信念有關，即《左傳》宣公三年記石癸所曰："吾聞姬、姞耦，其子孫必蕃。姞，吉人也，后稷之元妃也。"杜預注："姞姓宜爲姬配耦。"

姞姓尹氏似在西周中期初即已在西周政治生活中有相當的地位。穆王時的穆公鼎銘文記述的，作爲穆公配偶而受到"天君"(穆王王后)褒賞的尹姞(《集成》754、755)，即出身於尹氏。共王時的永盂銘文中，時任王朝執政大臣的"尹氏"與井伯、焚(榮)伯、師俗父、遣

---

① 上引北京故宮博物院所藏蔡公子□壺，公子後人名被刮去，從拓本此字所留痕迹看，有爲"興"字之可能，如是，則此壺之"蔡公子"即是射壺中"蔡君子興"。

仲並列(《集成》10322),由於這幾位大臣中除"師俗父"外,均未稱其官稱,所以此尹氏不排除即爲姞姓尹氏之宗子,只是稱呼較爲特殊,未稱其行輩或字。至於若干西周晚期記王朝廷禮册命的器銘中,較多見的作爲王朝卿士的"尹氏",是指内史尹之類史官之長,還是指姞姓尹氏宗子之稱,有待再考。① "尹叔"僅見於射壺與上舉蔡姞簋銘,年代均已晚至兩周之際,所以尹叔的族氏或可能是從尹氏中分出來的小宗,或尹叔此時即已任尹氏宗子,具大宗身份,亦未可知。但無論怎樣,尹叔宗族此時相當强大,故可與蔡國、魯國等姬姓侯國聯姻,並可吸納出身於蔡國公室的貴族爲家臣。射壺銘文再現了西周末,在王室衰微時刻,世家大族仍得以穩定發展之狀況。特別是射壺所記尹叔宗族内要有專門的家臣主持"貯"事,也進一步反映了在西周晚期後商品經濟在西周社會得到深入發展的事實。

射壺的作器者射是蔡國的貴族。因此射壺似也可歸屬蔡器,是迄今所見爲數不多的年代較早的蔡器。上文言及故宮所藏蔡公子□壺,不僅形制,而且紋飾的紋樣、布局亦均與射壺同,當與均是同時期蔡公室成員所製有關。

射壺銘文在文字的字形上有自己的一些特點。如"皇"字寫作⊕或⊕,"嗣"寫作⬚或⬚,"穡"寫作⬚,"曆"寫作⬚,均其例。而上文所言及本銘中在以往西周金文中未見之"龗"字、"隋"字,也屬於有特點的文字。射雖屬蔡國貴族,然作器時是在尹氏内任家臣之時,所以以上字形特點未必反映了偏居於西周南土的蔡國區域性文字特點,但也不排斥有此種可能。此外,兩件射壺器頸内壁銘文在范上畫有方格,但書寫者並不嚴格按方格的規束來書寫,而是常常越出格外,展現了較灑脱、放縱的書法風格,也是令人矚目的。

(原載《古文字研究》第 28 輯,中華書局,2010 年)

---

① 認爲屬史官之官稱的見張亞初、劉雨:《西周金文官制研究》,中華書局,1986 年,第 56、57 頁;吳鎮烽:《金文人名匯編》,中華書局,1987 年,第 60 頁。按《詩經·大雅·常武》"王謂尹氏",毛傳云:"尹氏,掌命卿士。"鄭玄箋云:"尹氏,天子世大夫也。"孔穎達疏則認爲尹氏是負責策命之内史,並以爲即尹吉甫。如此,則金文中的尹氏亦即姞姓尹氏之宗子而任王朝史官之可能性較大。

燹公盨銘文初釋

圖一　燹公盨器形

　　燹公盨爲保利藝術博物館所徵集的西周青銅器（圖一）。器橫截面作橢方形，圓口緣，腹壁較直；圈足較矮，足跟外侈；兩側壁上部近口沿處有雙獸首形小環耳。口沿下飾對稱的長卷尾鳥紋紋飾帶一周，腹部飾瓦紋。比較特殊的是，其腹內壁也隨外壁的瓦紋凸凹而相應地作凹凸狀，這在同類器型中是少見的。器內底有銘文十行九十八字（圖二、圖三）。

圖二　燹公盨銘文

圖三　燹公盨銘文拓本

此器的長卷尾鳥紋流行於西周中期。長卷尾羽分成兩股,下股尾羽後端已出尖,帶有竊曲紋特徵,似應在西周中期中葉以後。銘文字體已晚於穆王時期,書法風格與共王時器如墻盤(《集成》10175)接近,而且銘文末尾最後一行因爲字數較少,將幾個字拉開距離的處理方法也見於共王時的五祀衛鼎(《集成》2832)、師遽簋(《集成》4214)及可能稍晚的格伯簋(《集成》4263)等,似是此階段的一種習慣。綜合形制、紋飾與銘文字體、風格等因素,此盨應屬共王時器或稍晚。現所知年代較早的盨出於山西曲沃縣北趙晉侯墓地中的 13 號墓,爲 9 號墓墓主人晉侯之夫人墓,從出土的器物看 13 號墓的年代當在西周中期偏早,約穆王時,所以 13 號墓出土的盨不會晚於此時。燹公盨雖年代略晚,但亦屬盨中年代較早的,對於研究盨的形制演變很有價值。

當然,這件盨的價值更主要的體現在它的銘文中。與常見的西周中期後段長篇的銘文不同的是,它並沒有記錄廷禮册命、獄訟糾紛、戰事或頌揚周王及器主人自己先祖之功烈,而是一篇散文形式的專門論及倫理道德的文章,這在以往所見青銅器銘文中似乎還沒有見到過。現僅據很不成熟的理解,將銘文的釋文依其行款錄於下面,並試作解釋:

> 天令(命)禹尃(敷)土、陾山、叡(濬)川,迺
> 奏方、尅(藝)征,降民監德;迺自
> 乍(作)酏(配)卿(饗),民成父母。生我王
> 乍(作)臣,氒(厥)顨(沬)唯德。民好明德,
> 襄(屐)甲天下。用氒(厥)邵(昭)好,益羍(求?)
> 懿德,康亡(無)不桸(堪)。考(孝)召(友)愩(訏)明,
> 巠(經)齊(齋)好祀,無緿(欺)心;好德聞(婚)
> 遘(媾),亦唯協(協)天斄(理)。用考(孝)申(神),復
> 用馼(祓)彔(禄),永钋(御)于盗(寧)。燹公曰:
> 民唯克用茲德,亡(無)誨(悔)。

以下先逐段做探討,再討論全文的結構。

天令(命)禹尃(敷)土、陾山、叡(濬)川,

敷土,見於《尚書·禹貢》,其文曰:"禹敷土,隨山刊木,奠高山大川。"諸家多從馬融所釋讀"敷"爲"分",敷土即所謂別九州。

陾字或爲从阜、叝聲字。"叝"亦見於殷墟卜辭中的匥字,諸家多以爲此字即卜辭中"坄"字之異體。坄从土从又會意,與《説文解字》中的"圣"字構形同,"圣"讀若窟,屈聲,故叝當可讀作掘。"陾山"即"掘山",亦即鑿山,義與《尚書·禹貢》"導岍及岐,至于荆山"及《史記·夏本紀》"道九山:汧及岐至于荆山"之"導山"

相近。①

"叡川"之叡,从㸒从又,㸒下部所从之㕁,與《説文解字》對"谷"字的解釋近同,其文曰:"谷,泉出,通川爲谷。从水半見出於口。"所以㸒可讀睿。《説文解字》睿或从水作溶,古文則作濬,故本銘中叡字即可以讀作叡。《説文解字》訓叡爲"通也"。《史記·河渠書》引《夏書》言禹"以別九州,隨山濬川,任土作貢"。《尚書·禹貢》序則曰:"禹別九州,隨山濬川,任土作貢。""濬川"同此"叡川",亦即《尚書·皋陶謨》所言之"決九川,距四海",《禹貢》所言"九川滌源"。

綜上所析,這一句是講禹受天命,劃定九州、開通山道、疏決大川以治理洪水之偉績。

迺奏方、埶(藝)征,

"奏"字本銘原篆作🔣,係會意字,可以分爲兩部分,即米與下邊的🔣,寫的時候省略了筆畫,將米下部的表示根部的筆畫與表示捧意的雙手🔣兩側之筆畫重合,這是古文字中常見的省借筆畫的寫法。在殷墟甲骨刻辭中"奏"字作🔣或🔣等形,中間表示植物的米或米,在西周金文中可以寫作米或米,因爲奉字在殷墟甲骨刻辭中即作米形,在西周金文中則寫作米、米(長由盉銘文中"遘"字所从,《集成》9455)或米等形。所以,本銘之🔣應當可以讀作甲骨刻辭中的🔣,即奏字。《説文解字》訓"奏"爲"進也",其古文字形作🔣、🔣,還可以看出由西周金文演化的痕迹。《尚書·皋陶謨》言禹自云其在"洪水滔天"時"予乘四載,隨山刊木,暨益奏庶鮮食"。待治畢洪水後,"暨稷播,奏庶艱食鮮食",是講禹在洪水之災時進送食物於庶民。本銘中"奏方"也可能即是指此事。"方"在典籍中可訓爲"四方"。如《尚書·立政》"方行天下",僞孔傳即訓"方"爲"四方",孔穎達疏曰:"'方行天下'言無所不至,故以'方'爲'四方'。"則"奏方"似可以解釋爲進送食物於四方庶民。

"藝"在典籍中訓種、植,《詩經·小雅·南山》:"蓺麻如之何。"毛傳曰:"蓺,樹也。"由樹、植之意自然可引申爲樹立、定立。"征",《左傳》僖公十五年"征繕以輔孺子"杜預注、《孟子·盡心下》"有布縷之征"趙岐注皆訓"賦"。所以"藝征"可以理解爲定立貢賦。《尚書·禹貢》在敘及禹分九州時,講畢水利治理與土質情況後,即言禹制定了貢納財賦,所謂"庶土交正,厎慎財賦,咸則三壤成賦"。《史記·夏本紀》引作:"衆土交正,致慎財賦,咸則三壤成賦。"《集解》引鄭玄曰:"衆土美惡及高下得其正矣。亦致其貢篚,慎奉其財物之税,皆法定制而入之也。"

此句銘文實際上是講了文獻中所言禹在定九州、治洪水外做出的另兩件重要的業績,

---

① 按:包山楚簡中,隨字寫作🔣(包山 168),或从邑。學者多據此讀盠銘中陪字爲隨,可從。"隨山"見於下文所引《史記·河渠書》所引《夏書》文及上文所引《尚書·禹貢》:"禹敷土,隨山刊木,奠高山大川。"僞孔傳:"洪水泛溢,禹布治九州之土,隨行山林,斬木通道。"但《禹貢》序則曰:"禹別九州,隨山濬川,任土作貢。""隨山"後面並無"刊木",孔穎達疏解釋云"序以較略爲文,直云'隨山',不云'隨山'爲何事,故傳明之",這自然是一種説法。但盠銘亦只言"隨山"、未言隨山做何事,下文言"濬川","隨山"與"濬川"相對言,則有另一種可能,即將"隨山"之"隨"讀作"墮",墮有傾圮之義,"墮山",或即指塹山,開闢山道(原文曾釋陪字爲"陶",不妥。此刪除)。

即救濟衆庶、相地制貢。

這裏還有必要補充討論一下本句接續詞"迺"下行爲的主語判定問題。"迺"上未明言主語,但從上下句之句式看,主語定爲禹應當是沒有問題的。在西周金文類似的句式中,凡前一句中的被命、被告或有被動行爲者,即是下一句中"迺"下文句中的行爲主體。如陝西岐山縣董家村出土裘衛諸器中衛盉銘文"裘衛迺彘告于伯邑父……單伯,伯邑父……單伯迺令叄有嗣"(《集成》9456),五祀衛鼎銘文"衛以邦君厲告于井伯……伯俗父曰……,正迺訊厲曰……"("正"即指厲所告之井伯等執政大臣;《集成》2832),又如多友鼎銘文中的"武公在獻宮,迺命向父佋多友,迺造于獻宮。公親曰多友曰……"(《集成》2835),凡此皆是這樣的句式。所以本銘中"天令(命)禹……"後連續的兩個"迺"下所記行爲的主體,亦即"迺"的主語均應是禹。

降民監德;

這句話是講天命禹在完成上述功績後降於民間,監視德是否被奉行。《楚辭·天問》"禹之力獻功,降省下土方",是言禹勉力進獻其功,受命省視下土四方,也稱爲"降"。《詩經·商頌·殷武》:"天命降監,下民有嚴。不僭不濫,不敢怠遑。命于下國,封建厥福。"鄭玄箋云:"降,下。……天命乃下視下民,有嚴明之君能明德慎罰,不敢怠惰自暇於政事者,則命之於小國,以爲天子。"對於"下民有嚴",朱熹《詩集傳》解釋得要更貼切些,其文曰:"言天命降監不在乎他,皆在民之視聽,則下民亦有嚴矣。"早於《殷武》成文的《尚書·呂刑》曰:"今往何監,非德?于民之中,尚明聽之哉!"講的是同樣的意思。唯"監德"可能亦不限於監視民之君主,《尚書·高宗肜日》:"惟天監下民,典厥義。……民有不若德,不聽罪,天既孚命正厥德。"此文雖較晚出,但所言也有助於全面理解本銘中"降民監德"的意思。

迺自乍(作)卲(配)卿(饗),

此句是言禹因其功德合於天意,因而使自己能够配天,即作爲天之配而享天給予之命。《尚書·呂刑》"惟克天德,自作元命,配享在下",與此句銘文意近。關於"饗"的含意是"享天命",《尚書·多方》中記周公所言"今至于爾辟,弗克以爾多方享天之命"可以爲證。"配"是指配天,在周人文獻中多見。《尚書·召誥》:"且曰:'其作大邑,其自時配皇天,毖祀于上下'。"《尚書·多士》言殷先王自帝乙以上"罔不配天其澤"。周厲王自做銅器㝬簋銘中亦言及"用配皇天"(《集成》4317)。

民成父母。

本銘中"母"寫作女,類似於殷墟甲骨刻辭中常見的以"女"代"母"的做法,實際上采用此種讀法是依靠詞意與文意來判斷的。"成"在這裏當訓爲立,見《戰國策·秦策》"以成伯王之名",高誘注:"成,立也。""民成父母",即民立父母,"父母"是指王、君主。《詩經·大雅·泂酌》:"豈弟君子,民之父母。"《尚書·洪範》:"曰天子作民父母,以爲天下王。"《大戴禮記·五帝德》:"宰我曰:'請問禹。'孔子曰:'……巡九州,通九道,陂九澤,度九山,爲神主,爲民父母。'"故本句是言禹因其施恩惠於民,受到民之敬仰,被民立爲王。《史記·夏本紀》講舜薦禹於天,作爲自己的繼承者,舜崩,"三年喪畢,禹辭辟舜之子商均於陽城,天下諸侯皆去商均而朝禹,禹於是遂即天子位……"《夏本紀》所記從其所用詞語與某些禮制看,顯然多有後世之修飾成分,但亦講到禹是受天下擁立爲王的,與本銘言"民成"即民擁立有共同處。

生我王乍(作)臣,

"生"字在此歸下讀,但也不排除另有一種讀法,即歸上讀,作爲上一句"民成父母"之句末語詞。《王力古漢語字典》曾援引馬瑞辰《毛詩傳箋通釋》的説法,[①]説明"生"字在西周詩篇中有此種用法,如《詩經·小雅·常棣》之"雖有兄弟,不如友生",又《小雅·伐木》"相彼鳥矣,猶求友聲,矧伊人矣,不求友生"。兩首詩中"生"的用法皆爲其例。如此説可從,"生"在本銘中歸上讀,即是無實義之語氣詞。

如按本文以上釋文中的斷句方法,"生我王"之主語當是文首"天命禹"之"天"。西周時已稱王爲"天子",自然可以言天生。《詩經》中與此形式相類的句式,如《大雅·烝民》中的"天監有周,昭假于下。保兹天子,生仲山甫",《小雅·信南山》之"上天同雲,雨雪雰雰。……既霑既足,生我百穀",兩詩中都有以"生"開首的句子,而且都是指"天"生。只是本銘"生"的主語"天"承文首之"天",在這裏被省掉了。

"作臣"之"作",在此亦宜訓爲"生"。《詩經·周頌·天作》"天作高山,大王荒之",毛傳曰:"作,生;荒,大也。天生萬物於高山,大王行道能安天之所作也。"上文引《大雅·烝民》云"生仲山甫",説明天子之外有德之臣屬也是天降生的。不僅如此,《大雅·烝民》更言"天生烝民",這在西周時是一種源於姜嫄履帝之足迹而生后稷的傳説(見《大雅·生民》)的觀念。言"(天)生我王"後繼言"(天)作臣",當出於周人"物生有兩"的帶有辯證的對立統一色彩的政治理念。《左傳》昭公三十二年史墨言於趙簡子曰:"物生有兩,有三,有五,有陪貳,……王有公,諸侯有卿,皆有貳也。"《左傳》襄公十四年中師曠更言及"天生民而立之君,使司牧之,勿使失性;有君而爲之貳,使師保之,勿使過度"。所以本銘"我王"與臣並言。

乎(厥)顯(沬)唯德。

"沬"是指洗面。這句話承上文,是説王與臣皆能以德洗面,意思是説王與臣能時常用德的標準規範自己,清除不合乎德的思想與言行,樹立新潔的形象。在後世的文獻中也有類似的説法,例如《禮記·儒行》云"儒有澡身而浴德",孔穎達疏曰:"澡身,謂能澡絜其身不染濁也;浴德,謂沐浴於德,以德自清也。"

民好明德,

"明德"在西周文獻中有兩種用法,一是作爲名詞使用,如《尚書·梓材》:"今王惟曰:

---

① 王力:《王力古漢語字典》,中華書局,2000年。

先王既勤用明德,懷爲夾……"另一種用法是"明"爲動詞,以"德"爲賓語,如《尚書·多士》:"自成湯至于帝乙,罔不明德恤祀。"作爲名詞的"明德"之"明",其義當如《詩經·大雅·皇矣》"其德克明"鄭玄箋云:"照臨四方曰明。"如此則"明德"是光輝明亮之德,指有很大感召力的昌明的德行規範。朱熹《詩集傳》釋"其德克明"曰"克明,能察是非也",如此則"明德"是明察是非之德,強調了其道德含義。

"好德",即喜好德,因崇仰而遵奉德。《尚書·洪範》:"而康而色,曰:'予攸好德。'汝則錫之福。……于其無好德,汝雖錫之福,其作汝用咎。"《洪範》甚至將好德列爲"五福"之一。

曧(厭)甲天下。

曧,原篆從食從頁,似可以認爲是厭字的異體,這與金文中的"履"後來寫成小篆"履"字字形的變化方式有些相似。西周金文中的"履"字,較繁的形式作𨂃(五祀衛鼎),從頁,有足形,從舟,頁上或有眉形,較簡的形式或省去眉形,或省去足形。《説文解字》的"履"字的小篆字形作履,古文作𩕎。可見其古文字形還保留了西周金文"履"字的基本構造,但是小篆形體卻變頁爲尸(此外增加了表示行動的行旁)。小篆的這種字形始出時間因缺乏較早的字形依據未能得知,但未必晚到小篆流行時代。有鑒於此,從食從頁的曧字也可以寫作厭。在《玉篇》等書中,厭被指出是饜之古文。饜通讚,所以本句銘文即可以讀作"讚甲天下"。《釋名·釋典藝》言稱人之美曰讚,"讚甲天下"即所得到的贊譽冠於天下。這句話與上兩句聯繫起來,是講當王與臣僚們能以德自律,民亦好明德時,就可以獲得盛譽。

用毕(厥)邵(昭)好,益𤔔(求?)懿德,

《詩經·小雅·鹿鳴》"德音孔昭",鄭玄箋:"昭,明也。"蔡邕《獨斷》:"聲聞宣遠曰昭。"

"益"下一字不能確讀,疑是"求"字。在殷墟甲骨刻辭中"求"字作𤔔、𤔔、𤔔等形,"益"下之字與其有形近之處。銘文中此字恰鑄於器内底接腹内壁的轉折處,不排除因爲範的關係而略有變形之可能。如可作此讀,則這句話當承上文理解,其意思即是:由那種(崇仰德的)很有影響的昭明的好局面(出發),再進而追求更美好的德行。《詩經·周頌·時邁》:"明昭有周,式序在位。載戢干戈,載櫜弓矢。我求懿德,肆于時夏,允王保之。"(朱熹《詩集傳》解釋曰:"又言明昭乎我周也,既以慶讓、黜陟之典,式序在位之諸侯,又收斂其干戈弓矢,而益求懿美之德,以布陳於中國,則信乎王之能保天命也。")其語句的内容及形式均與本句銘文相近,似可以作爲理解本句銘文的參考。"懿德"一詞亦見於《詩經·大雅·烝民》("民之秉彝,好是懿德")與周共王時的青銅器墻盤銘文("上帝降懿德、大甹")。

康亡(無)不楙(堪)。

《尚書·康誥》:"別求聞由古先哲王,用康保民。"僞孔傳與孔穎達疏皆訓"康"爲"安",同於《爾雅·釋詁》。《釋詁》亦訓"靜也""樂也"。楙,從林欠聲,可讀作堪,欠、堪皆溪紐侵韻。《爾雅·釋詁》:"堪,勝也。"在典籍中,"堪"或訓"盛",訓"樂"。本句銘文連上句讀,是

上句銘文所述意思之結果,即是言如做到進一步追求更加懿美之德行,則(國家)即會康樂安定而沒有什麼不可以取勝的(或沒有不繁盛的)。

考(孝)召(友)悁(訏)明,

"孝"在西周時主要是指孝敬和善事父、母、先祖、先妣等前人。"友"在西周時是指友於兄弟,即與兄弟友好。這些用法均見於西周金文。孝友在當時已被作爲一種美好的品德,如周共王時的墻盤銘文即言"孝友史墻",是史墻的自我稱揚。"悁"當讀如"訏",大也。"孝友訏明",是講應倡明孝友之德行。

巠(經)齊(齋)好祀,無㑵(欺)心;

"經",典籍多訓"行"。張政烺先生《周厲王胡簋釋文》釋"巠(經)擁先王"句時引《詩經·小雅·小旻》"匪大猶是經"箋"不循大道之常",[①]説明"經是循常"。齋,齋戒。《禮記·祭統》:"及時將祭,君子乃齊(齋)。齊(齋)之爲言齊也。""齊(齋)者精明之至也,然後可以交于神明也。"

㑵字左側所從□當是"其"字之省變,"其"在金文中作□,但亦有簡作□的,叔趯父卣銘文中有□,也寫作□。"其"也作□,此形式或可省作□(以上均見《金文編》)。所以□可認爲是□的簡化,㑵即爲从兒其聲,故可讀爲"欺"。"欺"即欺詐。

根據以上討論,本句銘文的意思大致是:在祭祀前要按規矩齋戒,虔誠地對待祭祀,不要懷有不誠實的心。

好德閿(婚)遘(媾),

此句似可以解釋爲:要遵奉德的標準締結婚姻。這是將婚姻亦納入德的範疇中。

亦唯龤(協)天犛(理)。

協,即合。犛、理皆來紐之部韻。《尚書·堯典》:"釐降二女于嬀汭,嬪于虞",僞孔傳曰:"降,下;嬪,婦也。舜爲匹夫,能以義理下帝女之心於所居嬀水之汭,使行婦道於虞氏。"《廣韻》亦訓"釐"爲"理"。此句銘文承上讀,是説要遵奉德的標準通婚,這也是合乎天理的。所以言婚姻合於德即合天理,是因爲周人極重視婚姻、婚禮,視之爲天之常理。《詩經·大雅·大明》歌頌文王,言其婚配爲"天作之合"。《禮記·哀公問》記魯哀公問孔子,爲何婚禮必要設親迎之禮,"不已重乎?"於是"孔子愀然作色而對曰:'合二姓之好,以繼先聖之後,以爲天地宗廟社稷之主,君何謂已重乎?'"孔子並進一步闡釋婚姻之重要,"天地不合,萬物不生。大昏,萬世之嗣也"。

用考(孝)申(神),

"神"在這裏仍是指先人,故才能言"孝"。東周典籍中有"天神曰神,人神曰鬼"的説法,但西周時期未必如此。西周金文中習見稱所享孝之先人爲"神",如稱"文神""皇神"。

---

① 張政烺:《周厲王胡簋釋文》,《古文字研究》第3輯,中華書局,1980年。

復用媰(祓)彔(禄)，

復，且也。祓，《説文解字》釋爲"除惡之祭也"；禄，福也。

永钟(御)于宓(寧)。

"御"在殷墟甲骨刻辭中爲防御、免除災害以求福佑之祭名，所言"御於某"，某是指御祭對象，但在這裏此種用法顯然不適合。這裏的"御"，應近同於《詩經·大雅·思齊》"刑于寡妻，至于兄弟，以御于家邦"之"御"。鄭玄箋云："御，治也。"即治事、治理。治於寧，乃承以上兩句中享孝、祓祭而言，是言通過這些行爲，永遠治事於、致力於安寧康樂。

以上三句連讀，其大意是：以享孝於先人，且以祓祭求福的行爲，永遠免除災禍，求得安寧。

爲公曰：民唯克用兹德，亡(無)誨(悔)。

爲，地名。與本盨年代相近的青銅器善鼎銘文中有王命善輔佐爲侯"監爲師戍"文句(《集成》2820)，是當時王朝曾在此駐兵。爲公爲受封於此地的封建主貴族。《詩經·大雅·皇矣》："王此大邦，克順克比。比于文王，其德靡悔。""靡悔"即"無悔"，悔在這裏當訓爲災禍或過失，爲公這句話的意思是言：民如能采用這種德，即按上述德的標準要求自己，則不會有什麽災禍。

現根據以上對銘文字義的考釋，對全銘的結構做一簡要的分析。這篇銘文似大致可以分作四個部分：

第一部分，自"天令(命)禹"至"民成父母"。主要是通過歌頌禹有功於民，説明德的貫徹、德制的推行，其根本在於保民，要使民衣食足才能受民擁戴，德才有貫徹的基礎。同時説明德的貫徹好壞與是否有德，也在於以民爲鑒。

第二部分，自"生我王乍(作)臣"至"康亡(無)不柰(堪)"。主要是講德治對於社會康寧的重要性。

第三部分，自"考(孝)召(友)愳(訏)明"至"永钟(御)于宓(寧)"。是從個人修養角度談如何做才能合乎德。

第四部分，自"爲公曰"至銘文結束。這是爲公在逐層議論完德以後所做的結束語，再次强調遵奉德的重要。

最後談一下這篇銘文内容的價值。

首先，銘文全篇重點在於闡述德對於治國、社會安寧的重要性，是了解與研究西周政治思想史彌足珍貴的資料。"德"的觀念是西周政治思想之核心。西周貴族固然仍崇仰"天"，喜講"天命"，但是已將"天命"與"德"的觀念相結合，並爲"德"規定了一套具體的倫理及行爲標準。能否尊奉"德"已成爲能否享受天命的關鍵，只有秉德爲政，才能不蹈殷人覆轍。這樣，西周貴族的"天"與"天命"觀念，實際上已帶有濃厚的理性思維的色彩。本篇銘文則在如何貫徹"德"的方面做了較爲深入的闡述。銘文以禹之功績爲例，説明保民對於德政推行的重要性;銘文還論及"好德"不僅是對社會上層的要求,也是對民衆的要求;遵奉德對於個人來講,重在於孝友、好祀及從德的高度對待婚姻。凡此均有助於更深入地了解西周時期王朝推行的德治的内容與德的深刻思想内涵。

其次,由於銘文的遣詞用句及某些思想與《尚書》中的《吕刑》《洪範》及《禹貢》等多有相近處,對於了解這些文獻形成的年代及其思想淵源都是有幫助的。

再次,以往所知在文字史料中講到禹的,最早的有《詩經》中的《大雅·文王有聲》《小雅·信南山》,此外,還有《尚書·立政》與《逸周書·商誓》。這些文獻一般認爲屬西周文獻。春秋以後,禹不僅見於文獻,也見於青銅器銘文,如秦公簋(《集成》4315)、叔夷鎛(《集成》285),但西周青銅器銘文中從未見到過禹。現在禹與其治水的傳説見於燹公盨,更確切證明了禹其人其事盛傳於西周。

這篇銘文講到禹,有一點值得注意。即在《史記·夏本紀》中,禹是奉舜命平水土的,但在本銘中則是言"天命禹",强調天命。這與《尚書·吕刑》所言相近同,《吕刑》亦是言皇帝(即上帝)命禹"平水土,主名山川"。較晚出的《洪範》已言禹在舜時任司空,治理水土,但又言"天乃錫禹洪範九疇",似乎仍是講禹平水土與天之意旨有關,這樣講是既承繼了西周以來的傳統説法,又落實了禹平水土與舜的關係。至《史記》時,司馬遷作爲較嚴肅的史家,淡化天命色彩,故不再言禹受天命平水土了。由此亦可窺見西周至漢代政治思想演變之一斑。

(原載《中國歷史文物》2002 年第 6 期;又收入《燹公盨》,綫裝書局,2002 年)

中國國家博物館近年來徵集的
西周有銘青銅器續考

中國國家博物館在近十余年來新入藏了不少商周有銘青銅器。其中有幾件西周器物，筆者曾先後撰文作過介紹，並做了初步研究。這幾件器物的銘文內容均很有學術價值，但有的銘文並不好懂，在釋讀上學者們至今仍存在一些異議，有必要作進一步的討論，也有的銘文可以依據新見到的資料對已揭示的銘文內涵作一些補充，這是寫這篇文章的目的。由於曾寫過文章，故此文稱"續考"，但所論仍是在探討中的想法，未必妥當，寫出來懇請方家賜正。

一、覞 公 簋

覞公簋係 2014 年由國家文物局轉交國家博物館收藏的西周有銘青銅器。其銘文僅有 22 字，但其內容卻極爲重要（圖一）。其銘文曰：

> 覞公乍釀姚
> 毀，遘于王令
> 易（唐）白（伯）侯于晉。
> 隹（唯）王廿又八祀。☒

圖一　覞公簋銘文

《考古》2007 年第 3 期所載拙文《覞公簋與唐伯侯于晉》首先介紹了這件簋與其學術價值。在此文中，爲了更客觀、更全面地説明其銘文在西周年代學上的價值，曾對簋的年代從成王、康王兩種可能做過分析，但實際上亦是傾向於器物是成王時器。對於器物屬成王，後又曾另著文發表過更爲具體的意見。[1] 此簋的年代、銘文內涵及相關問題，學者們

---

① 拙文《簡論與西周年代學有關的幾件銅器》，收入《新出金文與西周歷史》，上海古籍出版社，2011 年，亦收入本書。

也多有文章論述,可以參見。① 概括而言,覎公簋銘文之學術價值似有以下三點:

(一) 證實了《史記・晉世家》所言,唐叔封唐並未稱晉侯,自其子燮父始稱晉侯。這有助於了解西周時期封君的名號制度及與之相關的宗法制度。

(二) 明確了燮父由唐遷至晉地始有晉國,晉地與唐並非一地(但應該不遠),則位於曲沃與翼城交界處的天馬—曲村晉國遺址亦即並非唐地,從而將從考古學上尋找唐叔所封之唐地重新提到日程。

(三) 燮父始封晉的年代"惟王廿又八祀"無論是指成王還是康王之年,均與《夏商周斷代工程 1996—2000 年階段成果報告(簡本)》(世界圖書出版公司,2000 年)所附"夏商周年表"中西周此二王的年代不合,對深入探討西周諸王年代及西周王朝始建年代有重要推動作用。

可以對此鼎銘文研究作一點補充的是近年來在海外發現的公伯鼎(圖二),此鼎器形與銘文照片已發表於吳鎮烽先生所編撰的《商周青銅器銘文暨圖像集成》一書中(1591,鼎身據云有修復,銘文照片已更換爲較清楚者),鼎不大,三較高的鳥形扁足,淺腹,圜底,飾垂冠顧首長尾鳥紋,紋飾似略晚,故此鼎約屬西周早期中葉,其銘文曰:

　　　公白(伯)乍覎嗣(姒)▷◁

"公伯"是西周時期行用過的對男性貴族的一種稱謂,有可能是其上一代稱"公"者卒後,②

圖二　公伯鼎與其銘文

---

① 李學勤:《論覺公簋年代及有關問題》,《慶祝何炳棣先生九十華誕論文集》,三秦出版社,2008 年;李伯謙:《覎公簋與晉國早期歷史若干問題的再認識》,《中原文物》2009 年第 1 期;彭裕商:《覺公簋年代管見》,《考古》2008 年第 10 期;孫慶偉:《覎公簋、晉侯尊與叔虞居"鄂",燮父都"向"》,《古代文明研究通訊》總第 35 期,2007 年 12 月;田建文:《唐、晉、晉國、晉文化》,《古代文明研究通訊》總第 44 期,2010 年 3 月。
② 關於西周時的"公"稱之類型與性質,請參見拙作《關於西周封國君主稱謂的幾點認識》,收入《兩周封國論衡——陝西韓城出土芮國文物暨周代封國考古學研究國際學術研討會論文集》,上海古籍出版社,2014 年,亦收入本書。

其子輩在"公"後接以排行爲己稱。① "覎公"是生稱,是在封國(應即唐國)内任執政要臣之類的覎氏高級貴族而有"公"稱者。此"公伯"即當是覎公之長子,②如是,則其"作覎姒"之"覎姒"很可能是其妻。一般來説,常見的春秋時夫爲妻所作器,多會稱妻名爲"妻父氏＋妻父姓"。但此公伯鼎爲西周早期器,其爲妻作器用了"夫氏＋妻父姓",也許是因爲西周早期名號尚不規範。③

覎公簋之覎公應爲商遺民,在商亡後歸屬於唐,在銘末署氏名⋈(這個氏名多見於商後期金文,或釋作"五"),而又自稱"覎公",李學勤先生認爲此是按照晚商以來的傳統方式,原來的氏族爲⋈,而後受封於覎(李先生釋"覎"爲"疏"),故亦可稱覎氏。④ 從上舉公伯鼎看來,如公伯是覎公之子,仍在銘末署氏名爲⋈,説明商遺民在一段較長時間内尚保留着體現於名號制度上的文化傳統。但是,似亦不盡然,如覎公稱"公",其子公伯稱"伯",而在殷墟卜辭與商金文中見不到商人稱"公""伯",以"公""伯"爲稱則應是接受了周人的名號。這些名號上的現象反映了西周早期商、周兩種文化的融合過程。

二、士 山 盤

士山盤銘文(圖三)中有完整的"四要素"形式的曆日,曰"隹(唯)王十又六年九月既生霸甲申"。該銘文曾由筆者以《士山盤銘文初釋》爲名(下簡稱《初釋》)介紹給學界(見《中國歷史文物》2002年第1期)。當時曾根據此盤形制、紋飾及金文曆譜的研究成果將其定爲共王十六年器,排在趞曹鼎(十五年,《集成》2784)與休盤(二十年,《集成》10170)間。但根據近期的研究成果,此盤年代可修訂爲懿王

圖三　士山盤銘文拓本

---

① 參見拙著《商周家族形態研究》(增訂本)"續編"第二章之"六",天津古籍出版社,2004年。
② 李學勤先生認爲"公伯"與"覎公"如爲同一人,覎姒即有可能爲其母。"覎",李先生釋作"疏",見《論芮姞簋與疏公簋》,收入《兩周封國論衡——陝西韓城出土芮國文物暨周代封國考古學研究國際學術研討會論文集》,上海古籍出版社,2014年。
③ 即使按上引李學勤先生的意見認爲覎姒是覎公母親,其稱謂也同樣是"夫氏＋妻父姓"的形式。
④ 同上引李學勤文。

十六年。① 其字體亦與懿王十年的旽簋(《銘圖》5386)接近。

在《初釋》中作此盤銘文之釋文("天子"之"子"後重文符號衍)如下：

> 隹(唯)王十又六年九月既生霸甲
>
> 申，王才(在)周新宫。王各大室，即立(位)。
>
> 士山入門，立中廷北卿(向)。王乎乍册尹
>
> 册令(命)山曰：于入莽厌(侯)，佁(出)遄蓋、荆(刑)
>
> 尹，服眔大盧，服履，服六孳，
>
> 服莽厌(侯)、蓋、尹賓貝、金。山拜頴(稽)首，
>
> 敢對趴(揚)天子＝不顯休，用乍(作)文
>
> 考釐中(仲)寶隣(尊)般(盤)、盂，山其萬年永用。

以上尹字未釋。雖自組卜辭中"方"有作此形的，但作釋文時覺得自組卜辭在殷代武丁偏早時期，自組之後，在卜辭與商金文中"方"字未再出現此種寫法。西周早期與中期偏早時商金文亦未出現過這種字形，而至西周中期偏晚的器銘出現的尹字是否還是"方"，當時有所猶豫，故未釋。黃錫全先生指出應讀作"方"。陳英傑先生則亦認爲應存疑。②1983 年，龍口中村鎮海雲寺徐家村所出西周早期簋銘文作"王子至于尹"，末一字近於士山盤此字，惟中間一撇筆畫甚短，③與自組卜辭"方"作尹有別，以下暫寫作"方"，待再考。

文章發表後，因盤銘内容之重要，引起較熱烈的討論。④ 學者們對以上釋文的句斷與詞語的解釋提出了許多不同的意見。意見較集中於以下幾方面：

(一) 關於"于入莽侯"之"入"的含意。

(二) 對幾見的"服"字的理解及與此相關的句斷問題。

(三) 對"大盧""履""六孳"的解釋。

(四) 如何解釋"賓貝金"。

諸家對以上的問題發表了很好的見解，讀後深受啓發。近日重新反思士山盤的器銘，覺得影響及拙文與諸家意見不盡一致的原因，首先在於對銘文文例理解的不同，而這一點有必要再略述拙見：

這篇銘文大致可以認爲屬於廷禮册命銘文，其開始的四行，交代了册命的時間、地點

---

① 拙作《關於西周金文曆日的新資料》，《故宮博物院院刊》2014 年第 6 期，亦收入本書。

② 黃錫全：《士山盤銘文別議》，《中國歷史文物》2003 年第 2 期；陳英傑：《士山盤銘文再考》，《中國歷史文物》2004 年第 6 期。

③ 馬志敏：《山東省龍口市出土西周銅簋》，《文物》2004 年第 8 期。

④ 李學勤：《對"夏商周斷代工程"西周曆譜的兩次考驗》，《中國社會科學院研究生院學報》2002 年第 4 期；李學勤：《論士山盤——西周王朝干預諸侯政事一例》，《遜亨集——呂紹剛教授古稀紀念文集》，吉林大學出版社，2003 年；董珊：《談士山盤銘文的"服"字義》，《故宮博物院院刊》2004 年第 1 期；晁福林：《從士山盤看周代"服"制》，《中國歷史文物》2004 年第 6 期；黃愛梅：《士山盤銘補義》，《中國歷史文物》2006 年第 6 期。下文引及諸家說法即出自以上論文，不再出注。

與受王命宣讀王命者。值得注意的是,在銘文第六、七行有"山拜頜(稽)首,敢對覲(揚)天子꞊不顯休"。在册命銘文中,出現受册命者"拜手稽首"或"拜稽首"的句子,時間基本都是在西周中期偏晚以後。遍檢西周中期偏晚至晚期的册命銘文可知,凡屬有明確的廷禮册命時間與儀式記載的銘文,在文末言及受册命者對發布册命者"拜手稽首"或"拜稽首"者,在"拜手稽首"前面的銘文所述均在廷禮册命之現場,其間並未夾雜有不屬於册命的内容,未包含過在册命後受册命者離開現場之活動與其他後來發生的事。

受册命者"拜手稽首"與常見的"對揚"有所不同,"對揚"不一定必作爲禮儀行爲發生在廷禮册命現場,這點很早即有學者論證過,[1]但"拜手稽首"絕大多數出現在記廷禮册命的銘文中,而且是廷禮册命現場受册命者之禮儀行爲。這點可以從以下記廷禮册命並記賞賜的銘文中看出:

　　　　頌簋(《銘圖》5390—5397):⋯⋯頌拜稽首,受令册,佩以出,反入(内)堇(瑾)章。頌敢對揚天子不(丕)顯魯休⋯⋯

　　　　四十二年逨鼎(《銘圖》2501、2502):⋯⋯逨拜稽首,受册贄以出。⋯⋯

　　　　晉侯穌鐘(《銘圖》15298—15313):⋯⋯王親易駒四匹。穌拜稽首,受駒以出,反入(内),拜稽首。⋯⋯

可見,"拜稽首"也是所記録的受册命者現場活動情景之一。當然,在未記有受册命者其他現場活動的銘文中,"拜稽首"是否亦絕對是記現場行爲尚可再進一步論證,但在此類銘文中,"拜稽首"之前的銘文所述内容未脱離開廷禮册命的文辭或有關活動則是可信的。[2] 如果這是個當時較固定的銘文文例的話,那麼,士山盤銘文"山拜稽首"前的内容亦應該是王册命語句,而不可能有離開廷禮册命場合的活動。影響及對盤銘内容理解的,首先是末一句,即如果將"莽厌、蘁、方賓貝、金"按照金文一般情況下的例子,認爲是記述此三方向作爲王派來的使臣士山行慣常的"賓"禮,即以貝、金饋贈予士山,[3]是已脱離開了廷禮册命的場所後且是士山完成王委任使命之後才發生的事,這即會與上述"山拜稽首"前不可能記有脱離廷禮册命場合之行爲的銘文文例有矛盾。《初釋》一文當初所以將此句話與前面的"服"連讀,作爲"服"的賓語對待,即緣於此。而且,由於這裹以"服"作爲動詞使用(其意即"職事""從事",今語也可以説是"承擔""負責"),則銘文前面幾句,從銘文順

---

① 林澐、張亞初:《〈對揚補釋〉質疑》,《考古》1964 年第 5 期。

② 稍有特殊性此類銘文有吳虎鼎(《銘圖》2446),其銘文曰:⋯⋯吳虎拜稽首,天子休。賓善夫豐生章(璋)、馬匹;賓嗣工雍毅章(璋)、馬匹,賓内嗣土寺夅璧;爰書尹友守史,迺賓史夅韋兩,虎拜稽首。敢對揚天子丕顯魯休⋯⋯。這裏在第一個"吳虎拜稽首"(對天子之拜)後,記録了廷禮册命文辭外的活動,而且位置在末尾第二個"虎拜稽首"前,與常見形式不同。但這個"賓"事只是記録了吳虎對受王令宣告册命或實施土地賞賜的官員"賓"禮物之事,也並未脱離開廷禮册命活動,只是廷禮册命活動之繼續,而且在此"賓"禮進行後,緊接着記"虎拜稽首"則應已是對所"賓"者之敬禮。

③ 楊樹達先生曰:"古禮,凡見使於人,主者必以物勞使者以爲敬,其事謂之賓",見《積微居金文説》,中華書局,1997年,第 84 頁。

讀的角度,自然亦即以采用"服"某事之動賓結構來處理爲好。

　　對《初釋》提出不同意見的學者,多數將銘文中幾個"服"作爲名詞使用,將句子斷成"徦逞蠱荆方服,罖大虘服,履服,六𡥈服。"而此種讀法的"服",或指職事、役事,或指貢賦。即使置最後一個"服"字應當隨下句讀(如上文所述)的問題不顧,這種讀法也有些問題需

圖四
士山盤銘文
X光照片局部

要深思,比如,如將"大虘""履""六𡥈",皆作國族讀,一是在名稱上難以找到讀爲國族之證據,二是銘末所言與"賓貝金"有關的只有莽侯、蠱、方三者,並不含以上"大虘""履""六𡥈",當如何解釋? 所以,即使可以作"某服"讀,"大虘""履""六𡥈"似還是以解釋爲服的內容爲好。從拓本上看,"大虘"之"大",字形右邊一撇下部似斜生一短筆畫,學者或因而將此字讀作"亢",但"亢"字字形"大"下應有一通貫左右的斜筆畫,與此字並不相同。在 X 光片上看(圖四),此斜生的筆畫相對淺淡,疑是文字范此處略有損壞或有銹蝕所致,此仍暫讀作"大"。

　　《初釋》已將"大虘"讀作"大藉"。虘,從母魚部字,通"助",而"藉"是從母鐸部字。魚、鐸爲陰入對轉,故"虘"實與"藉"通。"大虘"即"大藉"。即令鼎(《銘圖》2451)銘文所言"王大藉農于諆田"之"大藉",指大規模地征調庶民藉耕王田,此項服事之重點顯然在征調庶民。

　　履,學者或以爲即屨,"履服"是因出征路途遙遠而征收"屨"作爲物質補充。但如將"大虘"讀作"大藉"則此處之"履"還是讀作"蹈履"之"履"較好。《春秋穀梁傳》宣公十五年"初稅畝者,非公之去公田而履畝,十取一也。"楊士勛疏曰:"何休云:'宣公無恩信於民,民不肯盡力治公田,故公家履踐案行,擇其善畝穀最好者稅取之。'故曰履畝。"[1]此處履田畝是爲了行稅畝制,本銘"履"之義如聯繫上文"大藉",或是指履田畝以確定供藉耕之王田。

　　六𡥈,周厲王𩵋鐘(《集成》260)"𠬝𡥈"之𡥈寫法近同。《初釋》讀此"𡥈"爲𧆐,亦即㮟。但聲母雖皆爲精母,而韻部則分別爲之、脂部,同爲陰聲韻而有隔,今思之,釋"㮟"實不妥。如可以再作推測的話,"𡥈"爲精母之部字,與從母之部字的"材"聲母極近而同韻,故"𡥈"在此也許可讀作"材","六𡥈"或即"六材"。《禮記·曲禮下》:"天子之六工:曰土工、金工、石工、木工、獸工、草工,典制六材"。孔穎達疏:"材謂材物"。六材是指以上六工種所需六種原材料。

　　除以上有關的幾個詞語的內涵需要討論外,"徦逞蠱荆方"如何句斷,如何解釋,學者間也存在較大的分歧。《初釋》將此句話讀作"徦(出)逞(懲)蠱、荆(刑)方",讀"徦"爲"出",讀"逞"爲"懲",讀"荆"爲"刑",似仍可行。

　　"逞蠱"之"逞"固然可以如有幾位學者所言讀作"徵",但如聯繫到"刑方"則似還應讀作"懲"爲宜。《初釋》釋其意爲懲治。陳英傑先生認爲應是"懲戒""告誡"之意,其説似更

---

[1] 鍾文烝撰,駢宇騫、郝淑慧點校:《春秋穀梁經傳補注》,中華書局,1996 年,第 459 頁。

爲貼切,可從。

其中"荆",學者多有讀爲"荆"的,認爲是指荆楚。但學者們也多注意到如將荆也列入"遑"的範圍,銘末"賓貝金"者中,卻未見到"荆"。這與上邊所言將"大盧""履""六孳"皆列爲國族一樣,似增加了銘文釋讀的複雜性,何況"荆"在西周中期偏晚時當已較昭王征楚時更爲强大,欲使之臣服,非以士山一支王朝軍事力量在短時間内所能達到的,故銘文的"荆"更符合此銘文文例的讀法,是未必要以之爲國族名,而是仍以讀作"刑"爲好。"刑"在這裏的讀法,當同於兮甲盤(《集成》10174)銘文中"敢不用命,則即井撲伐"與"其唯我諸侯、百生,厥賈毋不即市,毋敢或如蠻宄貯,則亦井"中的"井",讀作"刑"。"刑方"之"刑"依上舉兮甲盤例,固然可以理解爲《説文》所云:"荆,罰辠也",但如聯繫上文"懲蠚"之"懲"的"懲戒"之意,即亦應解釋作以法則來糾正之,如《周禮・天官・大宰》"五曰刑典",賈公彦疏:"刑者,所以糾正天下",或解釋作"治"。

"于入莽厌"之"入",李學勤先生認爲應讀作内(納),即以武力安置莽侯。而"蠚""方"反對莽侯之立,故受到士山處分。有相當道理。《初釋》則是將下邊"徟"字讀作"出",與"入"語義相聯繫。其意是講士山通過莽侯屬地去懲治"蠚""方"。

在具體地辨析了士山盤銘文中一些爭議較大的問題後,還要回到全銘應如何釋讀的這個核心問題上。顯然,如果依上述將士山盤銘文中有"王乎乍册尹册命山曰"至"山拜稽首"之間的文句皆理解爲屬於王之册命語的話及對有關詞語所作訓釋,則似只有將四個"服"理解爲是王任命士山所要奉行之職事才可順讀,即是説《初釋》的句讀仍可采用,只是其中詞語的解釋要作修訂。

"服"在這種讀法中,作爲動詞"從事"使用,在典籍中可有許多例證。被學界公認爲保留較多西周語言的文獻,如《尚書・酒誥》有云"肇牽車牛,遠服賈,用孝養厥父母。"此"服"即當作"從事"解。又《尚書・盤庚上》:"若農服田力穡","惰農自安,不昏作勞,不服田畝,越其罔有黍稷。"《詩經・周頌・噫嘻》:"亦服爾耕,十千維耦。"《逸周書・度邑解》亦有"肆若農服田,饑以望獲",此四處"服",義皆爲"事"或"治"。在西周金文中,小盂鼎(《銘圖》2516)銘文有"三左三右多君入服酉","服酉"即"服酒",服事於酒祭。[1] 滕州莊里西滕國墓地出土的屬西周早期偏晚的鴦鼎銘文曰"隹(唯)九月者(諸)子具服",[2]此"服"在作爲狀語的"具(俱)"後,自然應讀作動詞,即服事之意,"俱服"即"俱已服事",可以釋作"俱已服其職事",與秦公鐘(《銘圖》15565—15569)銘文中"具即其服"義近,只是鐘銘之"服"作名詞"臣守""職位"講。這些皆可作爲本銘中將"服"解釋作動詞,作"服事""從事"講的

---

① 參見唐蘭:《西周青銅器銘文分代史徵》,中華書局,1986 年,第 182 頁。李學勤先生認爲是"事酒",見《小盂鼎與西周制度》,《歷史研究》1987 年第 5 期。

② 參見拙文《滕州莊里西滕國墓地出土鴦器研究》,《中國古代青銅器國際研討會論文集》,2010 年 11 月,亦收入本書。

證據。

順便可以指出的是,西周金文中"服"作爲名詞使用時,多當作"職位""職務"解,如"女(汝)妹(昧)辰有大服"(小盂鼎,《銘圖》2516)、"王命毛伯更虢城公服"(班簋,《銘圖》5401)、"疋(胥)備仲𦥑六師服"(呂服余盤,《銘圖》14530)、"具即其服"(秦公鐘,《銘圖》15565—15569)。或作"貢納"講,即駒父盨(《銘圖》5675)蓋銘所云"厥取厥服""厥獻厥服"(此時的"服"亦僅是單用,未再冠以名詞)。如將士山盤銘文中"服"作名詞用,讀作"某服","某"因爲是名詞,是物品(如"六孳服",即"六孳之貢納"),或是動賓結構之語句(如"徃遄蠱荆方服"),這樣的用法反而不見於西周金文。

如可以將士山盤銘文中的"服"作動詞解,則王册命士山,使其擔負的使命即是:進入莽侯之領地,然後通過此地去懲戒蠱、方兩個附庸小國(或是族群),並負責這些國族大規模的藉耕王田之農事,負責履田畝以確定藉耕之王田所在,負責"六孳"(或是指六種器材)之征調,負責莽侯與蠱、方這兩個小國(或族群)賓貝與銅之事。①

"蠱"即"都",當是下都,在商密,今陝西商洛地區與河南淅川西南一帶,士山要通過莽侯至此地,則莽侯即當在商洛以北,"方"不知所在,當與蠱相鄰。② 士山盤銘文反映出西周王朝對上述地區屬邦與族群的管控與壓榨,而這些地區是西周王朝重要農產品與礦產提供地,這些皆已見《初釋》一文,不贅述。

三、柞伯鼎

圖五　柞伯鼎

柞伯鼎是 2005 年入藏國家博物館的,2006 年亦由筆者以《柞伯鼎與周公南征》(下簡稱《柞伯鼎》)爲題著文介紹。③ 此鼎形制較別致,盆形腹較淺,腹壁較直,絢索狀立耳,三柱足較細而内部平直,底部較寬,略帶蹄足跟部特徵。口沿下一周竊曲紋飾帶,其下有單弦紋一周(圖五)。對於此鼎的年代,《柞伯鼎》一文定於西周晚期,學者有不同意見,或定於西周中期偏晚,故仍需要再討論。從形制與紋飾上看,似不可能早到西周中期,因爲垂腹作風自西周早期偏晚始興,直至西周中期偏晚仍保存,而此鼎已無垂腹迹象。其紋飾作竊曲紋,其紋樣特徵在《柞伯鼎》一文上有介紹,與其竊曲紋形式近似的器物分布在西周中期偏晚至西周厲、宣時期。從考古發掘

---

① 這樣解釋,是基於對末一句銘文作"服莽侯、蠱、方賓貝、金"讀法基礎上的。這一句銘文,黄錫全讀作"服莽侯、蠱、方,賓貝金",這種讀法的"服"是指"使……服從"(黄文已舉《左傳》用例)。但即使如此讀,"賓貝、金"一句似亦不宜理解作册命士山後已發生的行爲。

② 李學勤先生認爲"方"即中𤮷銘文中的"方",在竹山東南。然此地距商洛似稍遠。

③ 拙作《柞伯鼎與周公南征》,《文物》2006 年第 5 期,亦收入本書。

資料看，此類從典型垂腹鼎脱轉出來的盆形鼎，出土數量並不多，應是在西周中晚期之際出現，存留於西周晚期。可以舉出的例子，如 1993 年扶風齊家村出土的重環紋鼎(93FQJ9：1)(圖六，1)，①其腹身特徵與此柞伯鼎近，惟足根部有扉棱與獸面。又如 1992 年扶風黄堆鄉 M45 出土的此形鼎(92FHM45：2)(圖六，2)，②亦飾一周重環紋，其形制更近於此柞伯鼎，惟足内側凹入更深。同出有深腹溜肩鬲，襠部略瘦，足尖近平，已屬西周晚期形制。在西周晚期這種淺直腹壁形制的鼎足部有已變成典型蹄足者。

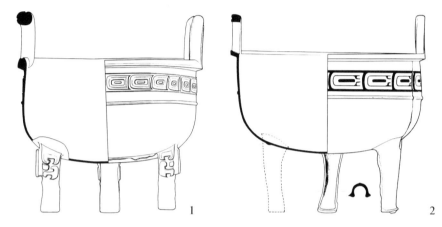

圖六　與柞伯鼎形制相近鼎

綜上所言，僅從形制、紋飾角度看，此鼎亦應歸屬西周晚期。至於銘文字形特徵及銘末之嘏辭形式均亦帶西周晚期金文特徵，《柞伯鼎》一文亦已指出，此不贅述。③ 在《柞伯鼎》一文刊出後，學者們對此鼎銘文之釋文亦有較熱烈的討論。④ 其討論重點主要是在虢仲令柞伯之語開頭的一段話，即：

> 虢中(仲)令柞伯曰："才乃聖祖周公繇又(有)共(功)于周邦，用昏無及(按：學者們或讀"殳")，廣伐南或(國)，今女(汝)嬰(其)率蔡侯左至于昏邑。"⑤

較多學者不同意《柞伯鼎》一文將"用昏無及(或讀"殳")，廣伐南國"兩句理解爲是贊

---

① 曹瑋主編：《周原出土青銅器》第 10 卷，巴蜀書社，2005 年，第 2093、2094 頁。
② 曹瑋主編：《周原出土青銅器》第 9 卷，第 1942、1943 頁。
③ 可以作補充説明的是，此鼎銘文不像通常鼎銘那樣，銘在一足之上的腹内壁，而是銘於兩足之間的腹内壁上。鼎銘在此位置雖少見，但確有類似情況，比如 1979 年襄樊市博物館收集的曾仲子敢鼎，其銘文即在兩足之間(見《曾國青銅器》，文物出版社，2007 年，第 425 頁)。柞伯鼎銘所以銘於兩足之間，可能是由於如俯視此鼎，可見鼎口略呈桃形，一足之上腹部恰在尖部，而兩足之間腹壁則較平緩，便於鑄銘。
④ 黄天樹：《柞伯鼎銘文補釋》，《中國文字》新 32 期，2006 年；周寶宏：《西周金文考釋六則》，《古文字研究》27 輯，2008 年；李學勤：《從柞伯鼎銘談〈世俘〉文例》，《江海學刊》2007 年第 5 期；季旭昇：《柞伯鼎銘"無殳"小考》，《古文字學論稿》，安徽大學出版社，2008 年；李凱：《柞伯鼎與西周晚期周和東國淮夷的戰爭》，《四川文物》2007 年第 2 期；袁俊傑：《柞伯鼎銘補論》，《中原文物》2008 年第 1 期；鄔國盛：《關於柞伯鼎銘文"無殳"一詞的一點意見》，中國社會科學院先秦史網站，2007 年 12 月 27 日，後收入《新出金文與西周歷史》，上海古籍出版社，2011 年；張再興：《也説柞伯鼎銘"無殳"一詞》，復旦大學出土文獻與古文字研究網站，2010 年 5 月 7 日；楊懷源、孫銀瓊：《柞伯鼎"無殳"新釋》，復旦大學出土文獻與古文字研究網站，2013 年 11 月 1 日。
⑤ 李學勤先生於《從柞伯鼎銘談〈世俘〉文例》一文中將"至于昏邑"四字置於虢仲話語外。

揚周公的行爲。具體問題在於,一是其句中有"昏"正與下文所云柞伯所圍昏邑名合,認爲應即是指此昏;二是對"無殳"是"及"字還是應釋"殳"有不同意見。

　　先説後一個問題。從字釋上看,本銘"無殳"之殳究竟是"殳"還是"及",在金文研究史上諸家即曾有不同意見。現在看來,此字釋讀之關鍵似不在又與亻的交叉程度,而在於又所抓持者之作亻者是"人"還是"殳"。殷墟甲骨文與商金文中"人"多作亻,但兩周金文"人"常寫作亻,作上身前傾狀,單用或作偏旁使用時確多作此形,雖有少數"人"旁有所不同,如伐(㦴)父丁爵,[1]"伐"字人旁作亻,仍保留甲骨文字形特徵。而在兩周金文的"倗"字中,有少數"人"旁作亻(參見《金文編》)。又,"先"字所從或作亻。但從總體情況看,"人"字作此形確甚少。

　　此外,敔簋(《集成》4323)中有"南淮尸(夷)遷殳"句"殳"是釋"及"還是釋"殳",[2]以往學者們各持一説。但近年來新刊布的彭方尊(學者或名之曰郧方尊)銘文證明敔簋此字確應釋作"殳"。彭方尊銘文曰:"隹(惟)王八月戎伐董,膚(虜)殳。""遷"可讀爲"虜",敔簋的"遷殳"亦即"虜殳",擄掠誅殺之義。[3]再者,在兩周時期"及"多數當作亻形,亦應該是可以肯定的,故柞伯鼎之殳字,確以釋"殳"之可能性爲大。以下此字,皆讀作"殳"。

　　對於上述第一個問題,即"用昏無殳"應如何解釋,以及"昏"之所指,主要牽扯到對西周銘文有關文例的理解問題。這當然也是筆者當初作《柞伯鼎》一文所以將"用昏無殳"(原文作"及")連上句"才(在)乃聖祖周公緐又(有)共(功)于周邦"讀的原因。

　　按照初讀時的理解,虢仲令柞伯的這句話,實構成"才……今……"的句式。《説文》:"才,艸木之初也。"段玉裁注曰:"引申爲凡始之稱。"典籍或作"載",亦當釋爲"始也"。在金文中,這種用法的"才",亦寫作"𢦏",仍可釋作"當初"。而在册命或申述命令的銘文中,在以"才"(或"載",或"𢦏")開頭之文句後出現之組成句式的"今",其意自然即是《説文》所曰"是時也"。指發布册命或命令之當時,或曰此時。而所以言"今"應是相對"才"而言。這種句式如:

　　　　卯簋:榮伯乎(呼)令卯曰:𢦏(才)乃先祖考死嗣榮公室,昔乃祖亦既令乃父死嗣莽人,……今余非敢夢先公又□遂,余懋再先公官。今余隹(惟)令女(汝)死嗣莽宫、莽人,女(汝)毋敢不善。(《銘圖》5389)

　　　　師虎簋:王若曰:"虎!𢦏(才)先王既令乃祖考事,啻官司左右戲繁荆,今余隹(惟)帥井(型)先王令,令汝更乃祖考啻官司左右戲繁荆"(《銘圖》5371)

　　此與"今"對應的"才""𢦏"也會改用"昔",組成"昔……今……"的句式。[4] 王或其他發布册命者,對下屬之册命,往往先回憶當初受册命者之先人的職事,然後再講"今"時,令

① 劉雨、汪濤編:《流散歐美殷周有銘青銅器集録》,上海辭書出版社,2007年,第289頁。
② 敔簋銘文是宋人摹本,"遷"原篆作　。
③ 請參見拙文《新見西周金文二篇讀後》,《青銅器與金文》第4輯,上海古籍出版社,2020年。
④ 陳夢家曾指出,西周金文中,才、𢦏、𢦏、兹、載、昔、鄉等字都是和"今"字相對的,義爲從前。並認爲"載""昔""今"是三層的,"載"早於"昔","昔"早於"今"(見《西周銅器斷代》,中華書局,2004年,第150頁)。惟"載"是否還早於"昔"似未必。

受册命者繼承其祖考之職事,故前後所述有内在的密切關係。

除了將此種句式用於屬世官制的職務承繼外,也有先以受册命者先祖考之事迹勵志,再發布册命的例子,如:

逨盤:王若曰:逨,不(丕)顯文、武膺受大令(命),匍有四方,則緐隹(惟)乃先聖祖考夾召先王,鬟董(勤)大令(命),今余佳巠(經)乃先聖祖考,釂喜乃命,令女(汝)疋(胥)榮兌覲嗣四方吴嗇,用官御。(《銘圖》14543)

詢簋:王若曰:詢,不(丕)顯文武受令(命),則乃祖奠周邦,今余令女(汝)啻官嗣邑人,先虎臣後庸。(《銘圖》5378)

這兩段銘文中,前面一段銘文未用"才"或"若",但用了"緐","緐"之意在此亦當是一個表示時間概念的詞,近似於"才""昔",《柞伯鼎》一文曾有闡述。"緐"爲喻母宵部字,用在句首時也許當讀作定母宵部字的"肇",而"肇"即訓"始"或"初"。① 在此柞伯鼎銘文中,"緐"用在句中,言"周公緐又(有)共(功)于周邦",則"緐"在此處是以釋作"曾經"爲好。第二段銘文,回憶文武與"乃祖"事迹前並無"才""昔"或"緐"字,但其句式仍當是與"才……今……"近似,可以認爲是省了個"才"字(或"昔""緐"字)。需要指出的是,此種句式中以"才"(或"諷""昔""緐")開頭的一句話,與"今"之間如還有句子,則不會言及其他事情,而均是承"才……"一句,追憶先人職事或事迹的内容。② 正因爲處於對這種西周金文句式與文例的考慮,《柞伯鼎》一文方將"今汝其……"一句前"用昏無殳(按原作"及"),廣伐南國"兩句歸爲上讀,理解作是追憶周公事迹以勵柞伯之志的意思,認爲這樣讀比較合乎上述西周金文句式所表現之文例,銘文的語感亦比較順暢。依前述由於讀"殳"比讀"及"爲好,故對"用昏無殳"需要有新的解釋。

上舉鄔國盛論文,亦基於以上文例,將"昏"理解作是下面所言令柞伯"圍昏"之"昏",即淮夷一族邦,而將"用昏無殳,廣伐南國"解釋作因爲昏"無殳",故周公因之征伐南國,可爲一説。③ 作這樣解釋,下面虢仲令柞伯伐昏也有令柞伯承繼先祖之事業的意思,與上文呼應,似較合乎文意。④

周人"南國"之地理範圍,⑤隨着西周王朝領土的擴張,應有所變化。在周公克商踐奄

① 沈培先生讀"緐"作"迪",認爲是加强語氣的"語氣詞"。見其《西周金文中的"緐"和〈尚書〉中的"迪"》,《古文字研究》第25輯,中華書局,2004年。

② 上引卯簋銘文榮伯在追憶卯之先祖考作爲前臣世代爲榮氏效力後,言"今余非敢夢先公又□遂,余懋再先公官"。夢,不明、亂。懋,勉也;再,稱舉。大意是講現在我不敢擾亂先公對官員之安排,要努力舉用先公所安排的官員。所云與下面"今余惟令汝……"句語義相連。

③ 殳,也許在此當讀作"殊"。殳、殊皆禪母侯部字。殊,絶也。無殊,即無絶滅。或昏本在東國,周公東征,昏南遷,活躍於南國,故曰昏無絶而要廣伐之於南國。

④ 如按這種理解讀銘文,則虢仲在追及柞伯先祖周公事迹後,轉而即命柞伯"率蔡侯左至于昏邑",其語句形式近似於師旂簋,"王曰:師旂,令女(汝)羞追于齊",是直接下達具體軍事命令。

⑤ 西周時期周人所謂"南國"之地理範圍,請參見拙文《論西周時期的"南國"》,《歷史研究》2013年第4期。此文亦收入本書。

之後,如《逸周書·作雒》所云曾"徵(懲)熊盈族十有七國"。其活動地如在今魯南以至蘇北一帶,當時可能均屬於周人眼中的"南國"。

學者或指出,西周金文中"廣伐"均是當時異族之行爲,但"廣"似非有如此的詞性。牆盤(《集成》10175)銘文言"弘(宏)魯邵(昭)王,廣徹(笞)楚荆,隹(惟)寏(貫)南行",[1]言昭王伐楚即用了"廣"字。可知"廣伐"未必專用於異族。

當然,柞伯鼎銘文文句簡略,是否一定要按上述西周金文習慣句式來理解,還可以再商討。上文所論主要是説明當初寫《柞伯鼎》一文所以要將"用昏無殳,廣伐南國"歸於周公行爲之原因,並希望引起研究者對金文慣用之文例、句式的關注。如果像有的專家所云,虢仲對周公的追述僅限於"才乃聖祖周公繇又(有)共(功)于周邦",將下面"用昏無殳,廣伐南國"釋作是爲下文令柞伯伐昏作鋪墊,亦無不可,惟從語氣上感到言畢周公事迹突然轉到另一話題,語氣上有突兀之感。如是,則亦只能歸於此鼎銘行文之簡要。

關於柞伯鼎銘還有一個問題,亦有必要再作討論,此即《柞伯鼎》一文曾提出過的,虢仲、柞伯、蔡侯所圍攻之"昏邑"有可能即晉侯穌鐘銘文(《銘圖》15298—15313)中所言晉侯穌奉王命所臺伐之"劓城"。昏、勳皆屬曉母文部韻,二字可通。[2]晉侯穌鐘銘文開始既言"惟王卅又三年,在窺通省東或(國)、南或(國)",依理,銘文即不當只記録王之通省東國事,亦當記録通省南國之事迹。故下邊所記從二月至三月王師與晉侯穌之師東征、伐夙夷即當是講王通省"東國"。但繼之,從"王至于劓城"始,這即當是銘文開始所言之通省南國了。而"王窺遠省自"是言王到了劓城後又專門遠行去慰勞晉侯穌之師,可見在兩支軍隊聯合伐夙夷後,王師與晉侯穌之師南下,是分開行軍的,而且是長途跋涉。大約在五月份晉侯穌自西北隅攻陷劓城,方結束了劓(昏)多年來對周人的騷擾。此南征後,"王惟反(返)歸"至成周,是時已到(或快到)六月。如能將柞伯鼎與晉侯穌所伐昏、劓相聯繫,對於了解此昏城之所在是有幫助的。[3]

四、射　壺

射壺,同形同銘器兩件一對(以下分別稱壺甲、壺乙),2004 年入藏國家博物館,筆者曾在《古文字研究》二十八輯(中華書局,2010 年)以《射壺銘文考釋》爲題(以下簡稱《射壺》)對其形制、年代與銘文內容作過介紹,説明此一對壺的年代應在西周末(單就形制看,也可能入春秋初),但該文發表時尚未及作拓本,故只刊布了銘文照片,而且限於刊物印刷條件,所載器物與銘文的照片均不清晰。在本書(今按:即《近藏集粹——中國國家博物

---

[1] 徹釋"笞",見裘錫圭:《史牆盤銘解釋》,《文物》1978 年第 3 期。

[2]《漢書·百官公卿表上》"武帝太初元年更名光禄勳",顏師古注引如淳曰:"胡公曰:勳之言閽也,閽者,古主門官也。"

[3]《柞伯鼎》一文曾據柞伯帥蔡侯伐昏及蔡當時應在今上蔡的地望,推測昏之位置應在今信陽一帶。現在看來,也可能會在淮水流域信陽以東地區。

館新入藏文物》)中首次刊出了此兩件壺的彩色圖像照片與銘文拓本,除了從青銅器研究角度爲對器物的形制、紋飾作考察提供了方便,也利於進一步研究、討論銘文之内涵。爲了便於討論,先將《射壺》一文所作銘文釋文寫在下面:

> 隹(惟)九月初吉甲
> 寅,皇君尹弔(叔)命
> 射嗣貯,乃事東(董)
> 遑(徵)其工,乃事述。
> 遣(追)念于蔡君子
> 興用天尹之寵(寵),
> 弋(式)穮(蔑)射曆(歷),易(賜)之
> 金。用乍(作)朕皇考
> 隋壺,其萬年子子
> 孫孫永寶用。

將銘文拓本與照片對照,可以對《射壺》釋文中學者們發表過不同意見的兩個字談一下新的認識。

其一是銘文中原釋作“追”的字。此字放大了的拓本如下(圖七):

甲1　　　　甲2　　　　乙1　　　　乙2

圖七　射壺(甲、乙壺)銘文拓本局部之一

左邊兩個字形(圖七,甲1、甲2)分別屬壺甲的蓋銘與器銘,右邊的兩個字形(圖七,乙1、乙2),分別屬壺乙的蓋銘與器銘。

《射壺》一文,將此字釋作“追”,認爲所從“𠂤”之上端(指甲2)作“兂”之上部形狀,類似於“𠂤”,屬於“𠂤”的繁化。[1] 現在看來,此說對“𠂤”上邊的筆畫欠分析,理由是不充分的。這個字的字形及究竟應該讀作什麽字,還應再討論。論述此字較詳細的是謝明文先生,他曾寫有《射壺所謂“追”字的釋讀》一文(下簡稱謝文)。[2] 依照照片上的字形做了非常詳細的辨析。其結論是壺甲的器銘與壺乙的蓋銘中的兩個字形(即甲2與乙1)結構其實

---

① 此文在舉“𠂤”例時爰引執馭觥將帶此旁的字讀作“遣”,亦有誤。執馭觥此字應是“遷”字,讀作“遣”(見裘錫圭:《說從“𠂤”聲的從“貝”與從“辵”之字》,《文史》2012年第3輯)。
② 此文是作爲《固始堆一號墓所出編鎛補釋》一文的“補記”刊出的,見復旦大學出土文獻與古文字研究中心:《出土文獻與古文字研究》第4輯,上海古籍出版社,2011年。

是一致的,只不過是甲2從"収",乙1從"臼"。所以甲2毫無疑問也是"遣"字。現在來看上面拓本中乙1這個字,如果去掉"自",可以看到所從並非"臼",仍應該是𦥑,只是左邊的𠂤上部筆畫有缺。兩件射壺的銘文字形有明顯缺筆的現象,例如壺乙蓋銘上的即在上舉乙1這個字前邊"乃事述"之"事"字,又如上舉甲2"自"的下部,而缺少的筆畫並非因銹泐而在拓本上不能顯現,仔細看照片,可以看到在缺少的筆畫位置上是光素的,因此,此類現象應該是在安置范時出現的問題(如銘文范陽文筆畫或有脫落)或澆鑄時出現的問題。所以,估計乙1及甲2的𦥑缺筆畫亦可能是此種原因(但甲1上部如是𦥑,則兩邊都缺筆畫,謝文曾估計此字"自"上部是辛,與侯古堆鑄銘中𧾷字形體同類。此亦有較大推測成分)。綜言之,這個字的完整形體有可能應是𨖃,從辵,督聲。謝文及所引用的其他學者的看法均認爲此字應讀作"遣",似可暫從之。但"遣"字在殷墟卜辭與商金文中,加在"自"上的兩手形,均只作𦥑(臼)形,而未有作𦥑(即𦥑,収)形的。臼與収在古文字中一般不當混用。[1] 所以此字如確是"遣"形,讀作"遣",亦只能視作是字形的訛變。下文暫讀作"遣"。[2]

　　第二個字是《射壺》釋文中寫作"龓"讀成"寵"的這個字。下面是壺甲與壺乙銘文中此字的拓本(圖八),其中a是蓋銘,b是器銘:

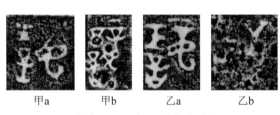

甲a　　甲b　　乙a　　乙b

圖八　射壺(甲、乙壺)銘文拓本局部之二

甲a　　　乙a

圖九　射壺(甲、乙壺)
銘文照片局部

　　此四個字形中,乙b因被銹掩已經看不清,甲b亦因器表銹蝕形成小圓坑破壞了字形,但還可以看出字左半邊下部是"言",上部上端殘留有倒三角形筆畫。乙a左邊下部是"言",上邊中間一筆下端明顯向左傾斜(這在照片中看得更清楚,見圖九)。這是《射壺》一文將"言"上筆畫隸定作"于"的原因。但現在對照拓本與照片看,甲a此字"言"上端似無橫畫,這就指示乙a"言"上可能亦無橫畫,那麼"言"上極有可能是"玉",[3]而乙a的一豎筆向左傾斜,只能解釋成鑄造時出現的問題。

　　當然,此字如暫隸定作龓,甲b左邊的"言"上部的筆畫亦與"玉"不合,如非鑄造時出

① 張政烺先生曾云:"古文字中從'収'和從'臼'有別,習慣上不相混淆"(《卜辭"裒田"及其相關諸問題》,《考古學報》1973年第1期)。

② 由於此字在"念"前,《射壺》讀作"追",從語義上看較好,且此字與"遣"仍有差別,是否是"追"的異體,還可以再斟酌,陳英傑先生在《史、吏、事、使分化時代層次考》一文(《中國文字》新40期,藝文印書館)中曾云"釋'遣'爲是,但可能是由於'遣'的類化影響而訛'追'字。"

③ 周忠兵:《説金文中的"寵光"》(《文史》2011年第4期)即采用吳振武等先生意見,認爲此字從"玉"。

了問題,即可能是此字異體。

以上討論的兩個字在器銘與蓋銘的寫法上均有差別,有可能與銘文書手有關。比較兩壺器、蓋上的四篇銘文,兩個蓋銘應是一個書手,兩個器銘是另一個書手。不僅如此,兩個蓋銘都只稱“尹叔”,言“賜余金”,而兩個器銘則稱“皇君尹叔”,言“賜之金”。在工藝上,器銘框有方格,蓋銘未有。看來當時的銘文書手在所書内容上也有一定自主權,而字形寫法上的差別,則更與書手的習慣有關。

關於射壺銘文的通讀,學者們也有不同意見。其銘文不長,但由於文詞簡練,並不好讀。首先似仍要從大處着眼,先討論一下銘文中的體例與相應的人物關係。以器銘爲準,銘文開始記“九月初吉甲寅”,明確記述在這一天“皇君尹弔(叔)命射嗣貯”,這也是銘文記録之主要事情。接着銘末言“稝(蔑)射曆(歷)”,並“賜之金”。所以可以認爲全銘雖未言廷禮,但其内容仍可以認爲是一篇記述册命與相應的賞賜爲中心的銘文,並無記録其他與册命無關的内容。

關於“皇君尹叔命射嗣貯”之“貯”,在《射壺》一文已討論過,應是與貯藏和買賣商品有關的商業活動。射稱尹叔爲“皇君”,表明了其與尹叔之間的家臣與家主的關係。

下面“乃事東遣其工,乃事述”是本銘中比較難解釋的語句。“乃事”固然可以讀成“乃使”,下面即尹叔使射做的與“嗣貯”有關的具體工作,但僅此工作即連用了兩個“乃使”,從語言與語義的角度看,似並不太合適,而且,西周時期金文中“乃”雖有時亦可以用同於“廼”,但總體看,這種例子並不多,多數用法應釋作“你的”。將“乃事”釋成“你的事”,即是將這兩個“乃事”理解作記尹叔對射所講話。此兩句使用了第二人稱,而前一句雖言“皇君尹叔命射嗣貯”,有“命”字,但末尾末並未使用“曰”。這樣的形式在西周金文中並不多見,但還有類似的例子,如:

多友鼎(《集成》2835):唯十月,用嚴(玁)狁放興,廣伐京師,告追于王,命武公遣乃元士,羞追于京師。

師奎父鼎(《集成》2813):王乎(呼)内史駒册命奎父,賜載芾,同(銅)黄、玄衣黹屯(純)、戈琱畝、旂,用嗣乃父官友。

嚴格地説,使用“乃”作“你的”用,像是在對受命者講話,這樣的句子都可以加上引號。如果可以這樣理解“乃事東遣其工,乃事述”中的“乃事”即應該解釋作“你的職事”。

“東遣其工”,在《射壺》譯文中已讀作“董徵其工”,即督察與“貯”有關的工作。但在“乃事”下徑接其具體工作,在西周金文中亦似少見,故這樣釋讀還需要再斟酌。但此處既已作爲話語,也可能帶有一定口語成分。

“乃事述”,應該還是尹叔命射的語氣,所以“述”在這裏似不是評價射之事做得如何的意思。《射壺》譯文將“述”釋作“循”,即要遵守規矩,是叮囑的話,類似於王之誥命語,在命臣屬職事後曰"敬夙夜用事,勿濾(廢)朕命"(大克鼎,《集成》2836),亦是强調一下服事應有的態度。

　　如按上文所述,將《射壺》原釋文的"追念"改作"遣念",全句即是"遣念于蔡君子興用天尹之龍(寵)","遣念"大意可理解作"致以懷念之情"。這句話似有兩種讀法,一種即是不再句斷,作一句話讀,大意是對蔡君子興曾受到的天尹之寵愛致以懷念之情。"蔡君子興"應是射之先人,有可能是其皇考。"天尹"可能是尹叔對自己先人之尊稱。在《射壺》文中已講到這與師望簋(《集成》2812)銘文記師望所言"王用弗望(忘)聖人之後,多蔑曆(歷)易休"意近。蔡君應是指蔡侯,蔡君子興即是蔡侯公子,公子興所以受到尹氏之"天尹"的寵愛,也可能因其亦曾在尹氏宗族内供職,與尹氏宗子有過很密切的關係。但是此中"天尹"有無可能即是指"尹叔"呢? 如果從射角度講,自然是可以的,但此句話並無主語,應是接上文,是講尹叔之感念,則尹叔似不宜以"天尹"自稱,故還是作爲尹叔稱其先人較妥。另一種讀法,即是讀作"遣念于蔡君子興,用天尹之寵"將"用天子之寵"與下句"蔑射曆(歷)"連讀,作爲射感恩之言,類似於梁其鐘(《集成》187、189、191)銘文所言:

天子肩事梁其身邦君大正,用天子寵,蔑其曆(歷)。

　　這樣讀,語句似較簡明,但問題是下文繼言"蔑射蔑(歷),易(賜)之金",用了"之"依然是講尹叔之行爲,如中間插入射所言"用天尹之寵",則語氣未能連貫(上引梁其鐘銘文皆是梁其以感激天子之口氣自述,與此從尹叔角度所言不同),而且蔡君子興與尹叔家族的關係亦因而不甚明朗。

　　綜上所析,射壺器銘可以暫作成如下釋文:

隹(惟)九月初吉甲
寅,皇君尹弔(叔)命
射嗣貯,"乃事東(董)
譏(微)其工,乃事述(循)。"
遣念于蔡君子
興用天尹之龍(寵)。
弋(式)穢(蔑)射曆(歷),易(賜)之
金。用乍(作)朕皇考
隋壺,其萬年子子
孫孫永寶用。

　　蓋銘"賜之金"作"賜余金",轉成射自述的口氣,雖然因此可采用上述第二種讀法,將"用天尹之寵"作爲射自言,不作爲尹叔之感念。但既有上述器銘之讀法,似還以將器、蓋銘“遣念于蔡君子興用天尹之寵（寵）”作一句讀，理解爲尹叔之感念爲好。

　　在《射壺》一文中曾講到，出土於山東蓬萊的蔡姞簋，其銘文（《集成》4198）説明蔡姞是尹叔之妹，表明姞姓尹氏與姬姓的蔡國貴族有通婚之誼。姬、姞世代通婚，與姬姜世代聯姻一樣，在周人中是爲習俗。[①]　由射壺銘文更可知蔡國公族中的貴族曾在王畿内世家大族尹氏中任家臣，亦反映出尹氏與蔡國之間的密切關係。而由尹叔命射管理其家族商業，則可看到西周末年商品經濟發展之事實。

　　（原載《近藏集粹——中國國家博物館新入藏文物》，北京時代華文書局，2016 年）

---

① 《左傳》宣公三年記石癸曰“吾聞姬、姞耦，其子孫必蕃。姞，吉人也，后稷之元妃也”，杜預注：“姞姓宜爲姬配耦。”又
　　參見拙著《商周家族形態研究》（增訂本），第 229—230 頁。

也論西周金文中的"拜手稽首"

一、文章的緣起

西周金文中的"拜手稽首"或"拜稽首",其具體的語義,可見段玉裁《説文解字注》,段氏在"捧(拜)字"下注曰:"何注《公羊傳》曰'頭至手曰拜手'。……既跪而拱手,而頭俯至於手,與心平,是之謂頭至手。……頡首者何也,拜頭至地也。既跪而拱手下至於地,而頭亦下至於地。"在銘文中,"拜手稽首"常會省去"手"稱"拜稽首"。筆者之所以要再討論這一個詞語,緣起於十餘年前對士山盤銘文的討論。①

士山盤是西周中期偏晚一篇涉及廷禮册命銘文的器物,其銘文如下(其中未加標點一段,是大家在讀法上有異議的):

> 佳(唯)王十又六年九月既生霸甲
> 申,王才(在)周新宫。王各大室,即立(位)。
> 士山入門,立中廷北卿(向)。王乎(呼)乍(作)册尹
> 册令(命)山曰:于入莽侯,佁遅蘁荆(刑)
> 屰(方)服眔大虗服履服六孳
> 服莽侯、蘁、屰(方)賓貝、金。山拜稽首。②
> 敢對𢧵(揚)天子=不(丕)顯休,用乍(作)文
> 考釐中(仲)寶隣般(盤)盉,山其萬年永用。

這裏先不討論此銘文中在斷句與釋讀方面有分歧的部分,不討論具體究竟應該如何讀,而是想討論"王呼作册尹册命山曰"至"山拜稽首"之間的一段銘文,是單純的册命語還

---

① 對於士山盤銘文的再思考以及本文所論内容,筆者已在《中國國家博物館近年來徵集的西周有銘青銅器續考》(收入《近藏集粹》,北京時代華文書局,2017 年)中討論過,但該文涉及較多器物,限於篇幅,本文所要討論的問題在此文中未能充分地展開。

② 在下文的討論中,本文中常出現的幾個字,如"頡首"之"頡"均徑作"稽","對𢧵""對𢧵"之"𢧵""𢧵"均徑作"揚"。

是含有記述語。不少學者將"莽侯、蠚、乎賓貝、金"理解爲山出使執行王命到了這幾個屬邦,按當時禮制,這幾個屬邦首領"賓"山以貝、金,即回送王使者以禮物。但若做這樣理解,則勢必是認爲銘文在"山拜稽首"前,在記載山受命後,又記載了山離開王廷册命的場所出去執行了一段王命,而"山拜稽首"則是在執行此王命後回想起王的册命而表示感激的語言,已不在廷禮册命之場合。這自然就産生一個問題,在廷禮類銘文中,[1]在上級(王、高級貴族)册命之"曰"後,在受册命(賞賜)者"拜手稽首"前,可否會有離開廷禮場合的記實性銘辭? 當然這也即是説,"拜手稽首"是在廷禮場合下受册命或賞賜後當場實施的動作,還是已離開廷禮場合隔空遥行的禮儀? 筆者感到,此問題不僅關乎此盤銘的釋讀,也涉及對"拜手稽首"語句性質的認識。正由此引發筆者討論"拜手稽首"的興趣。

在本文展開這一討論前,需要説明的是,有關此問題最新的也是迄今最爲系統、深入的研究成果,是石安瑞博士 2017 年發表的論文。[2] 他在這篇文章中表述了如下觀點:

(一)"拜手稽首"爲西周時期廷禮册命儀式的步驟之一。

(二)早在西周初年,"拜手稽首"的用法已不限於對實際動作的描寫,其從跪拜禮的專名經過轉喻手法,成爲形式化的套語。

(三)在西周銘文中,"拜手稽首"和"對揚某休"已形成固定的詞組搭配,"首""休"押韻,成爲西周銘文中最早的韻文,應視爲屬於銘文編纂領域的表示感謝並謙恭的"言語行爲",而非對實際動作的歷史記録。

(四)西周金文中"拜手稽首曰"後的一段話,未必是在實際場合所説出話語的記録,而經常是在編纂者起草銘文底稿時所采取的模仿發言或宣告的一種文體。

應該承認,安瑞的論證建立在很縝密的思考與邏輯推論基礎上,有相當的説服力。他文中的上述觀點,其中(一)、(二)我是完全同意的。(三)講到"拜手稽首"與"對揚某休"二者密合,即常形成前後相連語句也是事實,但是否形成固定的詞組搭配,是製作銘文時編纂的"言語行爲",則似乎可以再考慮。(四)"拜手稽首曰"後邊的話是否全部屬於模仿發言的文體,似亦需要再檢討。對於"拜手稽首"語句性質的討論,有一點是相當重要的,即應區分其施用的語境,在不同的語境下,不同的文體形式中,其性質似有不同。鑒於此,本文下邊的討論,將"拜手稽首"按其應用的場合,亦即其語境的不同,分別分析其性質的差別,所討論的重點則是廷禮(包括廷禮册命與賞賜)場合下這一語句的性質。

爲了使討論有一個較完整的框架,下文在有些問題的討論上,不可避免地會有石安瑞博士論文中已涉及的、已講過的問題,或用到石安瑞博士論文中已引用過的資料,好在上邊已將他的論文觀點做了介紹。實際上本文所持的基本觀點早在 2017 年發表的論文中

---

① 本文所謂"廷禮類銘文"是指記述在王或高級貴族之廷堂舉行的對下屬之册命、賞賜禮儀之銘文。
② 石安瑞:《由銅器銘文的編纂角度看西周金文中"拜手稽首"的性質》,《青銅器與金文》第 1 輯,上海古籍出版社,2017 年。

即有所表述,①只是當時未專就此問題做充分展開。應該説,像西周金文中"拜手稽首"這樣的語句,屬於最常見到且已近於"熟視無睹"的類型,其本身内容没有多少不好懂之處,但認真求證其性質,則又感到確有難以判定的難處,下面的討論與一些看法,仍是初步的、不成熟的,請安瑞與諸位專家賜正。

二、以往對涉及"拜手稽首"銘辭的解釋

陳夢家先生在《西周銅器斷代》下編"西周銅器總論"之"周禮部分"中曾有專論"西周金文中的册命"一節,在總結了他所徵引的 72 篇廷禮册命不同形式的銘文後,認爲在此種銘文中"受策以後,受命者拜手稽首以答揚天子之休,通常是接着記述因此爲祖考作祀器並附以祈壽求福的吉語",②體會陳先生的意思,受命拜手稽首是"受策以後"當場進行的動作。但下面言"以答揚天子之休"用了一個"以"字,則似乎是將銘文中必有的"對揚"的一句話聯繫"拜手稽首",認爲是拜手稽首所要表達的目的、思想。在同一節文字中,陳先生又曰"既已策命以後,則一般的都要拜稽首,對揚王休,繼之以作器紀念祖考並祈求福壽"。③ 從此段文字看,也似乎是將"對揚王休"當成在"拜稽首"後現場的動作。這裏即牽扯到兩個問題:一是在廷禮銘文中,陳先生所言"拜手稽首"是記受命者在册命現場的行爲是否可信? 二是其下"對揚"是否"拜手稽首"之目的? 二者是否必有聯繫? 以往老一輩的治西周金文諸家對於記廷禮的銘文中涉及這兩個相連語句的上述問題,似並未做過認真的辨析,如唐蘭先生在《西周青銅器銘文分代史徵》中,將穆王時的遹簋銘文"王親賜遹鬻"後"遹拜首稽首敢對揚穆王休用作文考文乙尊彝"(原釋文即未加標點)意譯爲"遹拜手揖叩頭,敢對揚穆王的休美,用以做文考父乙的祭器"。④ 在"敢對揚"之前用了逗號,"對揚"與"拜首稽首"的關係並不明朗,或即認爲"對揚"句與"拜手稽首"句應連讀,這也是以往不少研究者一般的標點方法。

比較明確地將"對揚"句與"拜手稽首"分開的是上個世紀 60 年代林澐、張亞初《〈對揚補釋〉質疑》一文,該文在引大盂鼎銘"盂用對王休,用作祖南公寶鼎"後曰:"由此可見,'對王休'是作器時盂所説的感恩戴德之詞,是作器的原因。"⑤依照此説,"對揚王休"是表明作器的原因,那自然只能與下面"用作"句相聯繫,與"拜手稽首"則無必然聯繫了。

近年來在此問題上做進一步論述的是虞萬里先生在《金文"對揚"歷史觀》一文中所表述的觀點,即"受命者聽史官宣讀命辭畢,行再拜稽首之禮","所謂的'對揚王休'與册命禮

---

① 拙作《中國國家博物館近年來徵集的西周有銘青銅器續考》,亦收入本書。
② 陳夢家:《西周銅器斷代》上册,中華書局,2004 年,第 403 頁。
③ 陳夢家:《西周銅器斷代》上册,第 408 頁。
④ 唐蘭:《西周青銅器銘文分代史徵》(上),上海古籍出版社,2016 年,第 373、374 頁。
⑤ 林澐、張亞初:《〈對揚補釋〉質疑》,《考古》1964 年第 5 期。

儀無必然聯繫"。① 因此,此文在廷禮銘文的釋文中,在"拜手稽首"與"對揚"之間使用了句號。當然,按這種看法,"拜手稽首"是記録在廷禮現場的行爲。虞先生關於銘文的讀法是有道理的。

虞先生文章發表在 1992 年初,自此後,研究金文的學者似未再在與"拜手稽首"有關的問題上做更深入的研究。近年來則有 2017 年筆者論及"拜手稽首"的文章與石安瑞博士專論此問題的文章,我們所表達的不盡相同的看法,説明有關討論還當繼續。

三、廷禮銘文中"拜手稽首"作爲現場行爲的展現

西周時的廷禮册命(或賞賜)銘文中,多數僅在史官宣讀完册命文書後,或公布完賞賜物後,即記"拜手稽首",②即作器者本人在現場之拜謝儀節,下面多數不再記受册命或受賞賜者此動作後還有什麽話語,或在此動作後還做了什麽事。但有幾篇銘文則記録了"拜手稽首"同時或隨後更多的行爲,例如:

善夫山鼎:山拜稽首,受册,佩以出,反入(納)堇(瑾)章(璋)。(《銘圖》2490)

頌鼎:頌拜稽首,受令册,佩以出,反入(納)堇(瑾)章(璋)。(《銘圖》2492—2494)

晉侯穌鐘:穌拜稽首,受駒以出,反入(納),拜稽首。(《銘圖》15307、15308,鐘 B 乙、丙)

四十二年逨鼎:逨拜稽首,受册贄以出。(《銘圖》2501、2502)③

四十三年逨鼎:逨拜稽首,受册,佩以出,反入(納)堇(瑾)圭。(《銘圖》2503—2512)

上引幾篇銘文中多言受册命者(亦即器主人)"受册""受令(命)册",這裏的"册"自然是指廷禮時王命史官宣讀的書寫有册命文書的簡册,銘文中所記録的王册命時的語言即應是書寫在此簡册上的,由此也可得知器銘中所記録的由史官宣讀的王册命語,應該本於受命者所得到的册命文書簡册(推測應該是副本,正本當作爲檔案保存於王朝),關於這一點,陳夢家《西周銅器斷代》亦已講到。④ 善夫山鼎和頌鼎銘文均言"佩以出",是指善夫山與頌佩帶着王賞賜的禮服(具體應該是指佩帶着其中的朱黄[衡],即腰上所繫大帶。《説文》:"佩,大帶佩也。")⑤走出受册命之中廷,二人均受到王賞禮服(包括"朱黄

① 虞萬里:《金文"對揚"歷史觀》,《語言研究》1992 年第 1 期。
② 從金文資料看,西周早期中葉約康王時,已有在受王册令或受王賞賜後記"拜稽首"之文例,如康王時的井侯簋(《銘圖》5274),但此時這種文例並不多,未形成習慣性的記録語。銘文中"拜稽首"(或"拜手稽首")較多見,還是在西周中葉以後,亦即記廷禮册命或賞賜的銘文漸成爲西周器銘的主題後,可知"拜手稽首"句,是伴隨着廷禮類銘文的成熟與套式化而作爲該類銘辭一個基本組成句式而常見於銘辭,並由此亦影響到非廷禮場合的禮節記録。
③ 同銘言"王呼史淢册贄逨",贄通賚,皆來母之部字,賜予也,"册贄"即以册賜予,册是書寫王命的簡册,故相當於册命。"受册贄以出",下引四十三年鼎銘言"受册",故此處之"册贄"相當於言所賜之册。
④ 陳夢家:《西周銅器斷代》,第 408 - 409 頁。
⑤ 唐蘭:《毛公鼎"朱韍、蒽衡、玉環、玉瑹"新解——駁漢人"蒽珩佩玉"説》,《光明日報》1961 年 5 月 9 日,收入《唐蘭先生金文論集》,紫禁城出版社,1995 年。

[衡]")見諸器銘。① "反入(納)瑾璋",或"反入(納)瑾圭",應是指受册命者出中廷後,又返回向王敬納瑾圭或瑾璋,以表感激之情。瑾,美玉也,瑾璋、瑾圭應指以質地優美的玉製成的璋、圭。

從以上幾例銘辭可知,在實際的廷禮禮儀"拜手稽首"後,受册命(或受賞賜)者尚有一系列的動作,同類銘文中多數未記録這些動作,應只是省略,並非没有。同時也正因"拜手稽首"下面有此類動作之記録,也就證明此類銘文中"拜手稽首"是在廷禮現場的行爲,不是作器時才銘上的"言語行爲"。兩周時期行廷禮時,受册命、賞賜者在受命後要有"拜手稽首"的儀節,亦見於傳世之東周典籍,自然也可作參考。例如:《左傳》昭公三年:"夏四月,鄭伯如晉,公孫段相,甚敬而卑,禮無違者。晉侯嘉焉,授之以策,曰:子豐有勞於晉國,余聞而弗忘。賜女(汝)州田,以胙乃舊勳。伯石再拜稽首,受策以出。""子豐"是公孫段之父。東周禮書,如《儀禮·覲禮》《周禮·春官·大宗伯》《禮記·祭統》皆有類似的記述。虞萬里先生討論"對揚"的文章已引録較多,此不再贅引。②

四、《大雅·江漢》所見"拜手稽首"

"拜手稽首"出現在《詩經》中的《大雅·江漢》,也涉及在廷禮場合對此語句使用是否有脱離廷禮現場之可能的問題,其詩句四至六章云:

> 王命召虎,來旬來宣。文武受命,召公維翰。無曰予小子,召公是似。肇敏戎公,用錫爾祉。
>
> 釐爾圭瓚,秬鬯一卣。告于文人,錫山土田。于周受命,自召祖命。虎拜稽首,天子萬年。
>
> 虎拜稽首,對揚王休,作召公考,天子萬壽。明明天子,令聞不已。矢其文德,洽此四國。

這三章中前兩章(即四、五章),近同於金文中廷禮册命銘文的記實性銘辭,故在末尾,亦記"虎拜稽首"。朱熹《詩集傳》曰:"而召公拜稽首,以受王命之策書也。"亦是依此句爲廷禮現場行爲實録。但末一章開頭,又重言"虎拜稽首",下接"對揚王休,作召公考"像是作器銘文中語序。"作召公考",諸家解釋不同,一説"考"讀"孝",認爲"作召公考"即"作孝召公"之倒文;③一説訓"考"爲"成",如毛傳,鄭箋曰:"稱揚王之德美,君臣之言宜相成也。王命召虎用召祖命,故虎對王亦爲召康公受王命之時對成王命之辭,謂如其所言者,天子萬壽以下是也。"其説勉強,且多有想象之處。相對而言,朱熹《詩集傳》所云:"言穆公既受

---

① 善夫山鼎銘文記王賞賜物中有"玄衣黹屯(純)、赤市、朱黄(衡)、鑾(鑾)旂",頌鼎銘文記賞賜物中亦有以上禮服。
② 虞萬里:《金文"對揚"歷史觀》,按:"拜手稽首"爲當面實施的禮節,亦見於西周文獻,如《尚書·洛誥》有王、周公相互行"拜手稽首"之記録,上引石安瑞文章亦已微引、説明。
③ 羅文宗:《詩經釋證》,陝西人民出版社,1995年。

賜,遂答稱天子之美命,作康公之廟器,而勒王策命之詞,以考其成,且祝天子以萬壽也。"將末章詩義聯繫"作康公之廟器",並舉了古器物銘文"郤拜稽首,敢對揚天子休命,用作朕皇考龏伯尊敦",認爲"語正相類",相當有見地。此詩之末章"對揚王休,作召公考"確應是與記廷禮册命銘文的末尾作器時所銘語句近同,再聯繫上面兩章的仿廷禮册命銘辭格式,可以認爲此詩之末三章實際是將一篇廷禮册命銘文改爲詩句。因此,此三章之第二章尾部言"虎拜稽首",即相當於廷禮銘文記述受命者之儀節。末一章以"虎拜稽首"開頭,重複上一章尾句,應是作爲詩所采取的一種文學性處理形式,用以承續上章。類似的此種手法,如《大雅·靈臺》的末二章:

> 虞業維樅,賁鼓維鏞。於論鼓鍾,於樂辟廱。
>
> 於論鼓鍾,於樂辟廱。鼉鼓逢逢,矇瞍奏公。

所以,《江漢》中"虎拜稽首"的二次出現,並不能證明廷禮類銘文中此種語句可以脱離開廷禮册命或賞賜的現場。

依上文所做分析,可以認爲對於最常見的廷禮類銘文,"拜手稽首"是作器者本人在刊布其所受册命(或受賞賜)的文書語句後,記述的當場所施禮節,用以表示所記確是本人在現場恭聽,當面受命的記實性銘辭。

五、廷禮銘文後所附賓禮中的"拜手稽首"

在屬於記述廷禮的銘文中,有少數還附帶有作器者對執行王册命旨意的王朝官吏行賓禮的記録。如宣王時期的吳虎鼎銘文(《銘圖》2446),記録宣王在周康宮夷宮,在伯衛(導)入右吳虎進入中廷後,命善夫豐生、嗣工雍毅(?)重申厲王命,將吳菣的舊疆土交付吳虎,並明確此疆土北、東、南、西四境,而後又言:"乑(厥)盘(具)履封:豐生、雍毅、白(伯)衛(導)、内嗣土寺付。吳虎拜稽首,天子休。"接下來又記:"賓善夫豐生、章(璋)、馬匹;賓嗣工雍毅章(璋)、馬匹;賓内嗣土寺柰(賁)璧;爰書:尹友守史,迺賓史柰(賁)韋兩;虎拜手稽首。敢對揚天子不(丕)顯魯休,用乍(作)朕皇且(祖)考庚孟隙鼎,其子子孫孫永寶。"①

以上銘文中,前一個"吳虎拜稽首,天子休",是記在廷禮場合下宣布王册封之命後,吳虎對宣王當面所行禮節。"天子休"一句夾在上下記實性的文句之間,應是扼要地以記略的形式概括了吳虎在"拜稽首"同時所頌揚王之語,而並未記録全部語句。與單純記廷禮

---

① 爰書尹友守史,李學勤先生《吳虎鼎考釋》(《考古與文物》1998年第3期)將"爰"歸上句,讀作"瑗"。爰讀作瑗,在金文中似未有他例。疑"爰"應歸爲下讀。"爰書"一詞,見於漢代典籍,指犯人口供之筆録,注家將"爰"釋作"易""换",指以書易口辭。這裏的"爰書",或是將履封測量出的一些具體數據或現場説明記録在册。記録者即"尹友守史",李學勤先生釋爲尹氏僚屬假任爲史者,是收藏文書的官員。"假官",即臨時授予官銜者。但這裏的"守"也可能即是守其職位之義,守史,即專任史職者。本銘中此"守史"應是王朝基層史官。

的銘文不同的是,下面的銘文繼言吳虎對王所命參與履(踏查)封土與記録封土(建檔案)的王朝官吏——"賓"禮物。因此,此鼎銘實際是兩段記實性銘辭的連續刊載。前一段記廷禮銘文後徑轉向記賓禮,所以,廷禮册命後的"拜稽首"即使從語句、文義角度看,也不可能是作器時的銘辭。同時,如認可銘文記賓禮一段亦屬記實性銘辭,則賓禮後的"虎拜手稽首"也有很大可能是向這些王朝官吏當面所行禮,[①]吳虎所以要禮遇這些王朝官吏,自然也是出於對王的崇敬。

與此吳虎鼎類似的情況見於西周晚期的大簋,其銘文曰:

> 隹(唯)十又二年三月既生霸丁亥,王才(在)韠侲宫,王乎(呼)吳師召大,易(賜)趩襲里。王令善夫豩曰趩襲曰:余既易(賜)大乃里。襲賓豩章(璋)、帛束,襲令豩曰天子,余弗敢斁,豩吕(以)襲覆大易(賜)里,大賓豩覭章(璋)、馬兩,賓襲覭章(璋)、帛束。大拜稽首。敢對揚天子不(丕)顯休,用乍(作)朕皇考剌(烈)白(伯)障設,其子子孫孫永寶用。(《銘圖》5344,蓋銘)

以上銘文中,屬於廷禮賞賜之内容,止於王令吳師召大,當廷賞賜大趩襲里。所記述此後之事即已脱離廷禮場合,是王令善夫豩當面向趩襲傳達他的旨意,即要襲將屬於他的里轉讓給大。襲依禮對王的使者豩賓禮物,並請豩代他向王轉達其不敢違抗天子之命的態度,並與豩一起履(踏查)要轉讓給大的里。大接受里後,依禮分别賓豩、襲禮物,然後,銘文記"大拜稽首。敢對揚天子丕顯休,用作……",此"拜稽首"很顯然是面對王的使者豩(從實際禮儀上講也應該包括轉讓里給他的趩襲)所行禮節,這與上引吳虎鼎銘,吳虎向參與踏查與記録封土的王朝官吏行禮是類似的禮儀。此簋銘末言對揚天子休,是講作器緣由,與上文"拜稽首"已没有關係,關於這點詳下文。

六、非廷禮的賞賜場合下作器者對賞賜者的"拜手稽首"

言及"拜手稽首"的銘辭,還有的是在非廷禮的賞賜場合下發生的行爲,此也當是受賞賜者向賞賜者當面致敬的動作。比如:昭王時的班簋銘文記王命班:"遣令(命)曰:'以乃族從父征,徛(城)衛父身,三年靜東國,亡不成眊。'"(《銘圖》5401)王令班"以乃族從父征",即從班父毛公征。銘文下面記毛公在"靜東國"後有一番禀告王的話語,下面繼言"班拜稽首"曰云云,所云則是贊頌其父毛公的話語,這裏的"拜稽首"與其所云,應是聽了毛公向他轉達禀告王的話語後致敬毛公的禮節與話語的記録。

又如尹姞鼎銘文:

---

① "拜手稽首"禮節,可以在貴族彼此間施行,亦見大河口墓地 M1017 所出霸伯盂銘文,銘文中記録作爲王使之伯考出使霸,霸伯尚在接待作爲"賓"的伯考時,即曾對伯考行過"拜手稽首"禮。如"惟三月,王吏(使)白(伯)考萟尚厤(歷),歸(饋)柔(茅)旁(芳)邑,臧(臧)。尚拜稽首。既稽首,征(延)賓……"(銘文見《考古》2011 年第 7 期;《考古學報》2018 年第 1 期)。

穆公乍(作)尹姞宗室于緐林,唯六月既生霸乙卯,休天君弗望穆公聖龏明趾(弼)事先王,各于君姞宗室緐林。君蔑尹姞曆,易(賜)玉五品,馬四匹,拜稽首。對揚天君休,用乍(作)寶齎。(《銘圖》3039)

尹姞"拜稽首",應是在"天君"親臨尹姞宗室所在之緐林當面賞賜尹姞後,尹姞現場所行禮節之記錄。

七、"拜手稽首,曰"與其後話語是否現場實錄

在西周器銘中,有少數銘辭在記錄"拜手稽首"後,繼言"曰",並記錄了所曰的一段言語。1964 年林澐、張亞初先生在論"對揚"的文中,認爲這種語句中"曰"字後面的"對揚……休"是説話的內容,是感激讚美之語。[1] 以石安瑞論文爲代表,則持有否定"曰"後是當場話語的意見。然而,"拜手稽首,曰"的形式,實際出現在不同的語境場合下,也應按所出語境做進一步分析。

先看西周早期偏晚的令鼎銘文記王在諆田"耤農"後,舉行射禮,然後自諆田歸,王親自駕車,淨仲作僕幫助王,"令眔奮先馬走。王曰:令眔奮,乃克至,余其舍女(汝)臣十家。王至于淨宮敐,令拜稽首,曰'小子迺學'。令對揚王休"(《銘圖》2451)。令因爲能快步走在馬車前面,得到王賞賜臣,於是"拜稽首",同時言"小子迺學"(意即"小子我這是學習")。像這類話語只適用於當着王的面,表示感謝與恪守謙卑之本分,不會是作器時的銘辭。説明在非廷禮類記實性的"拜手稽首"後接"曰"及所云,有可能是現場言行之記錄。在此銘文言"令對揚王休",從文義看,令先對王自稱"小子",如"對王休"句也是當王面講的,而不會在自稱"小子"時又稱己名。所以"令對揚王休"應該已是作器時的語言,只是下邊省了作器句,蓋因此器年代較早,"對揚"句後接作器句還未形成慣用的格式。

同樣屬於非廷禮類銘文中出現"拜手稽首,曰"形式的還有蔥鼎銘文,文曰:

佳(唯)三月初吉,蔥來遷于妊氏
令蔥事保厥家,因付厥祖僕二家。
蔥拜稽首,曰:"休朕皇君弗醒(忘)厥
寶臣。"對揚,用作寶隣。(《銘圖》2405)

蔥作爲妊氏主管之家族的舊臣,因事外出又返回主家時,仍受到主家宗婦之重用,並賜其原屬於其祖的兩家奴僕,此時蔥對妊氏當面致謝行禮,並説出感激話語,是符合情理的。下面的"對揚"句,自然與令鼎相近,可歸於作器時的銘辭。像上述這種非廷禮場合下的"拜手稽首,曰"云云,既然有很大可能是作器者當面施禮儀性言行,則這種語句形式用

---

[1] 林澐、張亞初:《〈對揚補釋〉質疑》。

於廷禮類銘辭中,應該也有屬於記實性銘辭的可能。

廷禮類銘文中,有"拜手稽首,曰"銘辭的,如 1955 年郿縣李村出土的盠駒尊,屬西周中期偏晚器,其銘文曰:

> 隹(唯)王十又二月,辰才(在)甲申,王初執駒于庠。王乎(呼)師豦召盠。王親旨(詣)盠,駒賜兩,拜稽首,曰:王弗望(忘)厥舊宗小子,螶皇盠身。① 盠曰:王倗下,不(丕)其則,②邁(萬)年保我邁(萬)宗。盠曰:余其敢對揚天子之休,余用作朕父考大仲寶隬彝。(《銘圖》11812)

這篇銘文記錄了三段盠的言語,第一段緊接在"拜稽首"後,以"拜稽首,曰"下錄言語形式展開,未再記曰的主語,從這一語句的形式看,將"曰"與其後的話語理解爲盠在廷禮場合"拜稽首"時,一邊行禮一邊説出的對王的感激言語,應較符合此處之語境。③

至於此銘"拜稽首,曰"形式的語句下面的兩個"盠曰"及其言語,從其所言內容看,前者仍是頌揚語,但後者則顯然是作器時語句。所以,這兩個有主語的"曰",即應該不是廷禮現場言行之記錄,可以視爲作器時所寫語辭。這樣看來,廷禮場合下的"拜稽首,曰"與後面語句,多有是現場言行實錄的可能,但不與廷禮現場"拜稽首"相聯繫的"器主曰"的形式,即未必是現場實錄。

在非廷禮類銘文中有"拜稽首,曰"句的辭例中,比較複雜的是西周晚期的無異簋銘文,其文曰:

> 王征南尸(夷),王易(賜)無異馬四匹,無異拜手稽首,曰:"敢對揚天子魯休令(命)。"無異用作朕皇祖釐季隬簋。無異其萬年,子孫永寶用。(《銘圖》5244—5247)

此銘從文義看,不排斥是王親賜無異馬,所記"拜手稽首"可以歸屬於上文歸納的對賞賜者當面致謝的儀節,至於下文所記無異所"曰"的"對揚"句,按上述對"拜手稽首,曰"句的分析,應該認爲是無異在"拜手稽首"同時所講的感激之語,但是,這個感激語確與上引的幾例不同,因爲銘文中"對揚"類語句,一般皆會歸爲作器銘辭中的作器理由句(詳下文)。然而即使是這樣,這種用於作器理由的句子,難道不可能當面講出來嗎?《詩經·大雅·江漢》:"對揚王休。"鄭玄箋云:"對,荅;休,美。……虎既拜而荅王策命之時,稱揚王

---

① 螶皇,似可讀作"茁皇",茁,《詩經·召南·騶虞》"彼茁者葭",朱熹《集傳》曰:"茁,生出壯盛之貌。"皇,大也,美也。這裏似用作使動詞。

② 倗,在此似可讀作"馮",《左傳》襄公十三年"君子稱其功以加小人,小人伐其技以馮君子"杜預注"加,陵也","馮亦陵也"。丕,大也;則,法則。盠曰"王倗下,丕其則",大意是説王凌駕於上廣泛地施行其法則,下曰"萬年保我萬宗"則是承上面對王政的頌揚,表達自己的願望。

③ 當然,這裏涉及一個問題,在上引石安瑞論文中提到,"拜稽首"後一段話中具備對荅周王話語的條件之一是將周王應該稱作"天子",至晚自西周中期開始,似不得當面將周王稱呼作"王"。但從迄今所見西周金文辭例來看,極少有臣屬當面稱呼王的例子,所以可資説明這一點的材料並不多。大致可以認爲是西周早期文獻的《尚書》中的誥命,如《召誥》《洛誥》,有召公、周公當面稱王爲"王"的文句。

之德美。""荅"通"答"。鄭玄箋釋對爲答,如將答理解爲"當面應對",則實際上將"對揚"解釋爲一種描述狀態的語言,那麽"對揚"就不適合作爲當面講出的話語。如果本銘本義真是以此"拜手稽首,曰"所云爲當面所講頌揚之語,則牽扯到對"對揚"的解釋。那就可以考慮"對揚"之"對"訓"答",取答"報也",即報答之意。這樣無異所曰"敢對揚天子魯休命"即"敢不報答、稱揚天子美好的册命"。"答"取"報答"之義,亦見《尚書·牧誓》"昏棄厥肆祀弗答"蔡沈集傳"答,報也"。對多數作器銘辭中的"對揚"句而言亦皆適合。

需要斟酌的是,因爲此銘非屬廷禮類銘文,"拜手稽首"不能按廷禮類銘文慣例那樣認爲必是現場行爲,無異自然有可能在作器時采用"言語行爲",即假設面對王致謝,將通常采用的作器理由句以"拜手稽首,曰"的話語形式寫出,像石安瑞文中所指出的,是采取"模仿發言或宣告的一種文體"。關於以上兩種可能,何者更爲合乎銘文作者原意,還需要進一步思考。

八、非當面實施的"拜手稽首"

非對受稽拜者當面實施的"拜手稽首",在銘文中較少出現,其情況大約可分爲以下兩類:

(一)對已故先人的稽拜

此種情況見於西周早期偏晚的沈子它簋蓋銘文(《銘圖》5384),它屬於凡,凡是周公之後裔(見《左傳》僖公二十四年、襄公十二年)。此銘是以"它曰"開頭的一篇非叙事性的帶有祈匄性質的銘辭,主述其承"吾考"之令,將其父考之神主升於周公宗中,並緬懷其考與先公之功業,祈求先人賜予福佑。[1] 銘首即曰:"它曰: 拜頴(稽)首,敢妞卲告。朕吾考令乃鵬沈子作緙于周公宗,陟二公,不敢不緙。"[2]

可見,這裏的"拜稽首"是它對其昭告的先人神靈所施,是用這種想象中的當面實施的禮節性動作來表示對先人的崇敬。

類似的用法,亦見於西周中期的戜簋銘文(《銘圖》5379)。所記非廷禮册命亦非賞賜。戜在銘文中記載曰"戜率有嗣、師氏奔追卸戎于賦(械)林,鱒(搏)戎歔",取得戰績,獲馘、執訊,並俘獲有多種"戎兵"(即兵器)、戎人。非常特殊的是,戜記載曰,所以能够戰勝戎人,是因爲"朕文母競敏(敏)爾行,休宕乓(厥)心,永襲(襲)乓(厥)身,卑(俾)克乓(厥)啻(敵)","競敏"之"敏"在這裏當讀作"誨",誨,《説文》:"曉教也。"段玉裁注曰"曉之以破其晦,是曰誨";競,在此或可讀作"競",盡也。競誨,是盡力地教誨。"爾"字右下部是否從"卩"待再考,但字或從"攺"得聲。《説文》:"啓,教也。"《尚書·梓材》:"王啓監。"孫星衍

---

① 楊坤:《沈子它簋銘文與西周宗法》,《出土文獻》第十四輯,中西書局,2019年。

② "乃鵬沈子"之鵬,李學勤認爲是鶅(鷥)字異構,在器銘中應讀作"亶","沈"字應讀作"諶",二字屬義近連用,皆可訓爲誠、信。見《魯器帥鼎》,收入《綴古集》,上海古籍出版社,1998年。

《尚書今古文注疏》引《説文》云啓者,"教也"。"啓行"應是教導其行,即教導如何做事。休,《詩經·周頌·載見》"休有烈光",鄭玄箋"休者,休然盛壯"。宕,定母陽部字,可讀作聲韻並同的"蕩",《玉篇》:"蕩,廣也。"《詩經·大雅·蕩》:"蕩蕩上帝。"朱熹《詩集傳》:"蕩,廣大貌。"是在此作動詞開闊之意。唐蘭《西周青銅器銘文分代史徵》雖無專門注解"宕"字,但在釋文中釋此"宕"爲"開拓"之義,應亦是取讀"蕩"之説。"厥心"及下文"厥身"在這裏應是戜指自己的心胸與身體。所以戜追念其母對他的恩典的這段話,大意應是:我的母親盡心盡力地教誨我,教導我如何處事,極大地開闊了我的心胸,(母親的教誨)永遠爲我所承繼,使我能够戰勝這些敵人。此段話後,戜在記述了戰績後又言"乃子戜拜稽首。對揚文母福剌(烈),用乍(作)父母日庚寶隣簋,卑(俾)乃子戜萬年用夙夜隣㪉(享)孝于㐭(厥)文母",這裏出現了"拜稽首"的語句,戜的母親既已去世,則這裏所言戜"拜稽首"應是戜在想象着母親即在身邊,在聽自己的贊揚與懷念,這種語境下的"拜手稽首"雖非真實的當場行爲,但從作器者的身心感受看,仍可以視作與受稽拜者是一種想象中面對面的施禮的動作。

(二)對受稽拜者之"遥拜"

這種遥拜,是作器者在爲作器而專門撰寫的銘辭中,因對賜予其恩惠者心懷感激,故在贊頌語中增加"拜手稽首"之語,以示無比崇敬之情,此猶如後世寫書信,在文末會對長輩或尊者使用動作詞"頓首"之語。這種用法,可見於西周中期偏晚的盠方尊銘文(《銘圖》11814):

> 隹(唯)八月初吉,王各于周廟,穆公右盠立中廷,北卿(向)。王册令尹賜盠:赤芾、幽亢、攸勒,曰:用嗣六師王行、三有嗣……盠拜稽首。敢對揚王休,用作朕文祖益公寶隣彝。盠曰:天子不(丕)叚不(丕)其萬年保我萬邦。盠敢拜稽首曰:剌(烈)剌(烈)朕身,遝(更)朕先寶事。

此銘在記廷禮場合所施"拜稽首"後接的是"敢對揚王休",這已屬於作器時申明作器理由的銘辭,已非記廷禮場合的行爲。下邊在作器銘辭下又連接一個"盠曰",一個"盠敢拜稽首曰",這與上引盠駒尊銘末兩個"盠曰"的形式相近,也都應屬於作器時寫下的銘辭,所曰之文句並非廷禮場合下之話語,則後一個"盠敢拜稽首,曰"之"拜稽首"亦必非記録廷禮場合下之行爲,這一"拜稽首"及其所曰,皆可以視爲一種"遥拜",假設王在場當面致敬,是書面上的表敬語,即所謂"言語行爲"。

屬於此種"遥拜"情况的還有虡簋銘文(《銘圖》5173):

> 虡拜稽首,休朕匋君公伯,易厥臣虡丼五揱,易(賜)袁胄、干戈。虡弗敢望(忘)公伯休。對揚伯休,用乍(作)祖考寶隣彝。

此銘已屬記述廷禮的銘文,但從銘文文義看,虡受其兄匋君公伯之賞賜雖是貴族家族内的禮儀活動,但亦當有一定的廷禮儀式。西周中期後,貴族家族内部仿王朝制度的家族政治化加强,已有不少銘辭爲證。[1] 但虞在本銘中,未按照通常慣例,按時、日、場景、册命(賞賜)記述受賞賜的廷禮。"拜稽首"放在了銘文開頭,顯然已是作器時的語句,以"拜稽首"這種言語行爲來表示對其兄(即公伯)的感謝之情。

另一類似的例子,是西周晚期的南宫乎鐘銘文(《銘圖》15495)。南宫乎鐘應是一套編鐘,現僅可見一通高 54 厘米的鐘,其銘文與常見的鐘銘不一樣,是在甬上有一段銘文:

> 嗣土南宫乍(作)大鑮鎐(協)鐘,丝(兹)鐘名曰無昊。

這段銘文在甬上,其位置與其對鐘名的介紹,在西周鐘銘中甚少見。這段銘文相對獨立,不與鉦部、鼓部的銘文連讀。

在鉦部與左鼓部有銘文:

> 先且(祖)南宫,亞且(祖)公中(仲)必父之家。天子其萬年釁壽,眈(以上鉦部)永保四方,配皇天。乎拜手稽首,敢對揚天子不(丕)顯魯休,用乍(作)朕皇且(祖)南公、亞且(祖)公中(仲)(以上左鼓部)。

以上鉦部與左鼓部銘文,按慣例應是連讀的,鉦部開頭的一句話,不是一個完整的句子,連上讀,但上面的銘文在另一鐘上。在此句話下面,又有幾句祝福王的話語,這幾句話並未記明是在廷禮等場合當面贊頌的話語,顯然是鐘銘之書面辭,下面的"乎拜手稽首",自然亦是非廷禮場合的"遥拜"性質的銘辭,其用法與上引蓋方尊中第二個"拜稽首"相近。

由於有以上辭例,證明銘文中的"拜手稽首",在非記廷禮的銘文中偶有以"遥拜"的性質出現,但不多見。

九、"拜手稽首"與常同出的"對揚"語之關係

上文已談到,"拜手稽首"後邊雖亦多接有"對揚"句,但"拜手稽首"是廷禮中的一種儀節,而"對揚"則並非是在廷禮場合要施行的動作與要表達的語言。關於"對揚"非現場行爲與册命禮無必然聯繫,早已有學者做過較詳盡與明確的表述與論證,[2]不必再做過多討論。這裏只略做補充論述。

在迄今所見衆多的不同時期的廷禮類銘文中,有這樣兩個近似於規律的文例,一是此類銘文中有可能没有"拜手稽首"句,但仍會有"對揚"句,且罕見無"對揚"句;二是"對揚"句後必緊跟有"用作"某某先人之器句,極少有不跟"用作"句的。[3]

---

① 參見拙著《商周家族形態研究》(增訂本),天津古籍出版社,2004 年。
② 林澐、張亞初:《〈對揚補釋〉質疑》;虞萬里:《金文"對揚"歷史觀》,《語言研究》1992 年第 1 期。
③ 未跟有"用作"句的如令鼎"令拜稽首,曰:小子迺學。令對揚王休"(《銘圖》2451),但令鼎從銘文字體看,不晚於昭王(器形未見),尚屬西周早期器。

　　對以上兩點現象最好的解釋應是，“拜手稽首”並非與“對揚”句有必然之聯繫，而“對揚”句必與“用作”句有必然聯繫。“用作”某某先人之器，是在銘末最常見的句式，“用作”之“用”一般被理解爲“因此”“因而”，但這在西周時期是最常見的詞語用法，在後世的文章中卻已並不常見。在古代漢語中，可以找到的屬於此種用法之例子，如《史記·趙世家》：“王前欲伐齊，員彊諫，已而有功，用是反怨王。”劉淇《助字辨略》曰：“用是，猶云因此也。”是，此也。用，即因也。《禮記·禮運》：“今大道既隱，天下爲家……以賢勇知，以功爲己。故謀用是作，而兵由此起。”“用是作”與“由此起”對言。王引之《經傳釋詞》釋此句曰“用，亦‘由’也，互文耳”。“用”既相當於“因”“由”，皆表原因、原由之詞，將銘文中“用作”理解作“因而作”是妥帖的。

　　“用作”既然是“因而作”，則前邊的“對揚”句，自然即是講作器之緣由。這一點，上文所引林澐、張亞初先生的論文亦已明確指出。① 當然，作器之緣由雖是爲了“對揚”王或上級貴族之休美，但器物卻是爲作器者先人所作。可見，作器本身即有兩重含義，其一是直接對王或上級貴族表示感激之情，而這點是通過器銘來顯示的，即器銘轉載廷禮册命或賞賜語，賴以銘記恩德，這正是回應“對揚”句要表達的意思；其二是器用則是爲祭祀先人，蓋因在觀念上認爲所以有上述受册命、受賞賜之榮耀，全賴先人所賜福佑與蔭庇。但先人一般亦皆是世代服侍於王，是王或上級貴族之臣僚，祭祀先人也有“秉德慕屯”（善鼎，《銘圖》2487）、承繼先人功烈之意。②

　　“拜手稽首”作爲記述廷禮場合下的動作之語，與常出現在下邊的説明作器緣由的“對揚”句雖無文義上的必然聯繫，但不可否認的是，二者常常在文句次序上緊密相連。

　　由上文所援引的銘文例證可知在廷禮場合下，受册命與受賞賜者在對王或上級貴族行“拜手稽首”禮節的同時，又可能會講幾句感激或贊美賞賜者的話（而且並非必是“對揚”句，如上舉盠駒尊銘所示），同時也會有受册（從王朝史官手中接受寫有册命文書的簡册）、佩帶賞賜的服飾出中廷之門，然後又“反納瑾璋”或“反納瑾圭”的一系列禮儀行爲。只是用“拜手稽首”之動作概括了廷禮致謝這一環節，在記“拜手稽首”後結束對廷禮的記述，轉向作器環節，以“對揚”句概括了作器緣由，並與爲先人作器句構成較固定的銘辭格式。絶大多數廷禮類銘文在文末均采用了此一格式，像記述廷禮銘文開頭必記廷禮發生之年代、時日、地點、右者，末尾多記“拜手稽首”一樣，是西周中期後廷禮類銘文漸呈格式化、套路化的反映。

---

① 林澐、張亞初《〈對揚補釋〉質疑》（《考古》1964 年第 5 期）已指出，“用對揚王休”之類句，應是用作某某器的原因或目的。沈文倬《有關〈對揚補釋〉的幾個問題》一文（《杭州大學學報》1981 年第 11 卷第 3 期）認爲“對揚王休”句都是承“某拜稽首”之後而緊接“用作某尊彝”，並云“此句之屬上或屬下是個應予注意的問題。如屬下讀將成爲作器的原因”。言屬下讀是説明作器原因是正確的。

② 虞萬里《金文“對揚”歷史觀》已論及此，其文曰：“按理，享受恩賜，稱揚授者，與父母祖上無甚關係，而均説作父母祖上的尊彝，這完全是爲了‘崇揚先祖’，以達到‘崇孝’的目的。”按：“崇孝”是銘辭希冀達到的目的，受王或上級册命賞賜而爲祖先作器，還有上文所述將榮耀歸於先人之蔭庇與請求先人繼續佑助之義。

十、結　語

現將本文對西周器銘中的"拜手稽首"的文義、用法做一歸納,並對相關問題做一申述:

(一) 在廷禮類(包括廷禮册命、賞賜)的銘文中,"拜手稽首"是作器者在迻録廷禮册命或賞賜文書語句後,對本人在現場向册命者或賞賜者(王或上級貴族)行致謝禮儀行爲的實録。作器者之所以要在記録廷禮場合下所行册命或賞賜禮儀及册命文書內容後,銘記本人"拜手稽首"之現場行爲,一方面,是與廷禮類銘文開頭記實性的內容(時日、地點、右者、册命宣布者等)有個對應,可謂"有頭有尾",以完整記録廷禮。另一方面,也應有表示本人是身在現場當面聆聽的意義,用以强化銘辭記録之真實性。

(二) 在賞賜的器銘中,對賞賜者所行"拜手稽首",或行賓禮場合下對所賓者行"拜手稽首"均是作器者對本人當面所行致謝禮節的記録。

(三) 在非廷禮類銘文或廷禮類銘文末尾已屬於專爲作器所寫銘辭中有少數非對受稽者當面實施的"拜手稽首",其性質或是對逝去的先人致敬,這是一種出於極度懷念與感恩而將逝者想象爲在自己面前的表達情感的銘辭;或是出於對王(或上級貴族)給予自己的恩典無限感激而進行想象中的"遥拜",此即石安瑞博士文章所云"言語行爲"。

(四) 廷禮類銘文中的"拜手稽首,曰"及後邊的語句,應是現場言行,是行禮時同時表達感激與頌揚之言語。非廷禮類銘文中"拜手稽首,曰",則要視銘辭具體的語境做區分,有的可能屬於作器時的銘辭。

(五) 在廷禮類銘辭中,常在"拜手稽首"句後跟有"對揚"句,通常屬於申述作器的理由(即對册命或賞賜者表示感謝與對此一事的紀念),故其下一般會接作器句,在銘文中,這已屬於作器時專門書寫的銘辭,與"拜手稽首"句屬於廷禮行爲之實録,二者間文義並無必然的聯繫,所以在爲此類銘文做釋文時,"拜手稽首"與"對揚"句中間即可以使用句號,[①]以明確此類銘辭的文例。這自然亦有助於正確理解銘文所要表達的文義。

對於此第五點,早已有學者論證過並做過明確表述,這在上文已做過介紹,此只是在進一步論證後做一重申,重點還是在於强調"拜手稽首"句與"對揚"句雖常相聯繫,但其性質實有不同。

在以上幾點看法的基礎上,再回到本文開頭所引士山盤銘文的釋讀問題上。如將廷禮銘文中的"拜手稽首"認定是廷禮現場的行爲,不是可以脱離行禮場合使用的語句,那麼,在廷禮類銘文中,"拜手稽首"句前的銘辭內容,即應記述的是册命(及賞賜)進行時的現場言行,包括當廷宣布的册命文書語句(如上文所提到的,這類文句應即是作器者所得

---

① 上引虞萬里文亦是如此斷句。

到的册命文書之副本大意的迻録）。如果這一認識可信，士山盤銘文中士山"拜稽首"之前的文句，似即應理解作皆是王的册命語。而在這種限制下如何解讀此銘文，則是否可以認爲在"山拜手稽首"前還記録了山在廷禮場合之外的行爲，就值得討論了。筆者已有過簡略的探討，[1]但未必妥當，還請大家賜正，此不再贅述。

（原載《青銅器與金文》第 3 輯，上海古籍出版社，2019 年）

---

[1] 請參見拙作《中國國家博物館近年來徵集的西周有銘青銅器續考》，亦收入本書。

論周金文中"肈"字的字義

　　周金文中習見"肈"字,最常見的用法是"肈乍(作)"某先人之器,此外亦用於動詞前,如"肈帥井皇考"(師望鼎,《集成》2812)、"肈龢先王命"(善鼎,《集成》2820)等。《爾雅·釋詁》:"肈,始也。"《爾雅·釋言》:"肈,敏也。"學者或據以爲釋。楊樹達先生則以爲周金文中位於語首之肈字多系發聲之辭,大都無義可求,釋始釋敏者皆非。[①] 其後治金文者頗多從其説,將語首之"肈"字視爲無實義之虛詞,不再作深究。或引申楊氏之説,進一步將非位於語首之"肈"字亦歸爲語詞,[②]故肈字於金文中究竟有無實義及其字義爲何已構成一個問題。

　　爲了弄清這個問題需要先討論一下金文中"肈"字與肇(从攴與从攵古文字通用,故"肇"字以下皆寫作"肈")、肁、啓字的關係。下面我們以西周金文爲例,將四字用法中有助於比較的語句形式分列於下表(銘文内容爲節録)。

　　由此表反映出兩個問題,其一,肈、肈、肁三字不僅在字形偏旁構造上有聯繫,且皆可用在"乍"前,在此種情況下字義當相同。以往學者多讀作一字,但其中有一些細節似仍需討論。

　　先説肈、肈二字。《説文》雖收肈字,但僅曰"上諱",即避漢和帝(名肈)之諱而無解。《説文》收有肈字,並説解曰:"擊也。从攴,肈省聲。"段玉裁《説文解字注》則以爲"古有肈無肈,从戈之肈,漢碑或从殳,俗乃从攵作肈,而淺人以竄入許書攴部中"。故删去肈字,清代學者亦多有同其説者。由周金文知肈字古已有之,則段氏古無肈字之説不確。至於段注以肈爲俗肈字,《玉篇》先已有此説,但用青銅器銘文資料來檢驗卻未必如此,肈字出現不一定晚於肈字。[③] 肈字由攺、聿兩部分組成,攺獨立成字,亦即啓字,殷墟甲骨刻辭中啓

---

① 楊樹達:《肈爲語首詞證》,收入《積微居小學述林》,中華書局,1983 年;《曾子仲宣鼎跋》,收入《積微居金文説》,科學出版社,1959 年。

② 江淑惠:《齊國彝銘匯考》,臺灣大學文學院,1990 年。

③ 容庚:《海外吉金圖録》三有鼎銘曰"剌𣪊乍(作)寶𣃰",鼎是鬲鼎,從形制、紋飾及銘文字體看,應屬西周早期偏早時器。銘文"剌"下"見"如可隨上讀,即讀作"剌見肈作寶𣃰"則肈字出現可早到西周早期偏早。

字形 時期		肇 肇	肁 肆	肇	叔戉啟戉
西周早期	成康	• 叔[char]肇乍南宮寶尊(叔鼎,約康王時。《三代》3.15.8,《集成》2342)	• (耳)肆乍京公寶尊彝(耳尊,約康王偏晚。《斷代》3,《集成》6007)	• 曆肇對元德(曆鼎,約康王時。《三代》3.45.1,《集成》2614)	• 逐啟誨乍廟叔寶尊彝(逐鼎,成、康時。《三代》3.18.3,《集成》2375)
	昭穆	• 沈子肇歔狃貯賣乍茲簋(沈子也簋蓋,約昭王時。《三代》9.36,《集成》4330)	• 滕虎敢肁乍厥皇考公命仲寶尊彝(滕虎簋,約昭王時。《貞圖》上34,《集成》3831) • 寧肁誨乍乙考尊簋(寧簋,約穆王時。《斷代》81,《集成》4022)	• 衛肇乍厥文考己仲寶鼎(衛鼎,約昭王時。《善圖》28,《集成》2733) • (長由)用肇乍尊彝(長由盉,穆王時。《考古學報》1957年第1期,《集成》9455)	• 侯商(賞)攸貝三朋,攸用乍父戊寶尊彝,啟乍緙(攸簋,昭王時。房山琉璃河M53。《考古》1974年第5期,《集成》3906) • 𣪘戉乍父庚尊彝(𣪘方彝,約昭穆時。《錄遺》509,《集成》9889)
西周中期	共孝			• 望肇帥井皇考(師望鼎,共、懿時。《大系》63,《集成》2812)	• 訴啟乍旅鼎(訴鼎,《善齋》2.46,《集成》2066)
西周晚期		• 散季肇乍朕王母叔姜寶簋(散季簋,《考古圖》3.3,《集成》4126)		• 諶肇乍其皇考皇母比君簠鼎(諶鼎,《三代》4.6.2,《集成》2680) • 梁其肇帥井皇祖考(梁其鐘,厲王時。《上藏》60,《集成》187)	• 内(芮)伯戉乍釐公尊彝(芮伯壺,《三代》12.9.1,《集成》9585) • 旅敢啟帥井皇考威義(儀)(虢叔旅鐘,厲王時。《三代》1.57.3—1.58.1,《集成》238)

字較常見,作[char],从户从又會意,示以手開門,故有開啟之意。此字在西周金文中作[char],从支是从又之訛變,商甲骨文中从攵、从又之字,西周金文多寫成支。戉字也曾見於殷墟甲骨刻辭,惟僅一見,即《合集》29693(又見31181,兩片重收),文作"其戉馬又(有)正"。此外,甲骨文中另有[char]字,或作[char],學者或以爲也是戉字,乃肇之初文,似非,因此字所从[char](或[char])並非[char](户),户在甲骨文中一律作[char],從不作[char]。這樣看來,肇字所从之戉即使在殷墟甲骨刻辭已有,且亦是啟字之異體①,因其僅一見,而从户从攵之啟常見,也不能説戉是正體而啟是俗體,相反,只能説戉是从户从攵的啟的變體。所以,實難以證明到西周早期肇必先出,而肇爲晚出俗體。西周金文中,戉(啟)字常寫成戉,二者所从形符支、戈不同,固然可能屬義近通用,②但也可能是形近致訛。西周早期金文中啟字寫作[char](河南信陽溮河港出土銅器銘文③)、[char](逐鼎),可見此種形體很容易在書寫中訛變成[char]。張政烺先生在考釋中山王[char]器銘時釋"[char]"爲救之異體,指出:"戰國秦漢間文字,从支常改从戈,蓋形近致

---

① [char]字較多見,而[char](戉)字僅一見,即《合集》29693"[char](戉)馬又正",所以過去學者以爲[char]是戉字之形訛理由並不充足,但不排除《合集》29693此戉字乃[char]之形變的可能,卜辭有"[char]馬左右中人三百"句,與《合集》29693"[char](戉)馬又正"用法當相同,可證偶爾出現的"戉"字很可能即是[char]字的訛變。
② 高明:《中國古文字學通論》,文物出版社,1987年。
③ 信陽地區文管會、信陽縣文管會:《河南信陽縣溮河港出土西周早期銅器群》,《考古》1989年第1期。

誤,馬王堆帛書中其例不可勝舉。"①所以,如戈作爲啓字異體在肇字出現前已有,則肇、肇二字形可能同時出現,如不然即當是先有肇,後又訛作肇。

肁字,《説文解字》:"始開也。从户从聿。"徐鍇《繫傳》以爲肇从戈肁聲。段玉裁注以爲肇是肁之假借,肇行而肁廢。均是以肁、肇(肇、肇)非一字,且肁早於肇。肁字在漢以後已不行,故段注有肇行而肁廢之説。但驗之上表所示西周金文,肁、肇曾同時並用。《金文編》則曰:"肁孳乳爲肇爲肇。"雖是以肁爲肇、肇異體,但也是認爲肁早於肇、肇。然肁字所以有"開"之義,當是因爲字所从之户本是攴之省,不會是先从户後从攴(戉、戈),所以肁應是肈(肇、肇)之省(猶如启是啓之省),而不是肁孳乳爲肈(肇、肇)。此外,也不排除另一種可能,即肈字的兩部分𣂧與𡿨,在組合時,因皆有相同的筆畫𣲖而產生并畫現象,即:𣂧+𡿨→𣲖,此種情況,學者或稱爲"并畫性簡化"。②

綜上述,西周金文中肇(肈)、肇、肁三字中,肇是由攴訛作戉而造成的肇的異體字。肁則是肇或肇之省形。故三字皆可認爲是今肇字,亦因而在金文語句中有相同的用法。

下面繼續討論上表中反映出來的第二個問題,即金文中肇與啓字的關係。肇不僅從攴,而且從表中所示語句觀之,二者的用法、位置多相同,表明二者有相當密切的關係。對於這種關係,可以有兩種解釋。其一,也是最常見的,是認爲肇、啓爲一字。如吳闓生曾言:"肇之省文每作戉,詠鼎詠攴作旅鼎,燹鼎燹戉作寶旅鼎,説者以詠戉、燹戉爲人名,不知其云戉者皆肇也。"③《金文編》新舊版皆在"肇"字下收攴、戉。唐蘭先生釋琉璃河 M53 出土之攸簋銘文"啟作𣄰"爲"啓(肇)乍(作)𣄰"。④ 上述這種讀法是徑將啓讀作肇,然啓爲何即是肇字,諸家未作解釋。從文字形體而言,肇與啓畢竟是兩個字,既然采取此種讀法至少當是認爲啓、肇音同,如此則肇字只能是由攴得音。但從今日所知上古音韻研究成果來看,啓、肇二字音難通。依《周法高上古音韻表》(按:以下凡字音擬構皆本此表,不再注明),⑤肇字聲母在中古爲澄母(上古定母),上古韻屬宵部;而啓字聲母在中古爲溪母,上古韻屬支部,聲韻均不近。當然,研究上古音的學者將肇古韻入宵部,並無《詩經》押韻資料可以爲證。《説文》中許慎言肇是肇省聲,至於肇爲何音,許慎未注明。但《後漢書》曰:"孝和皇帝諱肇。"李賢注引東漢伏無忌《古今注》云:"肇之字曰始,肇音兆。"是用直音方法注明肇字在漢代讀音。《詩經·商頌·玄鳥》:"肇域彼四海。"鄭玄箋云:"肇當作兆。"此是言音同通假。至南朝顧野王《玉篇》始於肇注明"池矯切",宋徐鉉等校定《説文》,又據孫愐《唐韻》注明反切,即肇直小切,肇治小切,肁治矯切。固然我們不能排除肇字上古音至漢以後已發生變化之可能,但無確證,且其間音變蹤迹無可追尋,特別是上引伏無忌《古

---

① 張政烺:《中山王譽壺及鼎銘考釋》,《古文字研究》第 1 輯,中華書局,1979 年。
② 林澐:《古文字研究簡論》,吉林大學出版社,1986 年。
③ 吳闓生:《吉金文錄》卷一"衛鼎",1932 年。
④ 唐蘭:《西周青銅器銘文分代史徵》,中華書局,1986 年。
⑤ 周法高:《周法高上古音韻表》,三民書局,1973 年。

今注》與鄭玄《玄鳥》箋皆言肇音兆，二人均東漢時人，此時字音學者多認爲當與上古音近同。所以將金文中改徑讀作肇證據不足。①

肇有無可能是以聿爲音符的？徐鍇《説文解字繫傳》釋肁字云："始開也。从户，聿聲。臣鍇曰肇字从此，與必反。"在肇字條卻云："从戈，肁聲。池沼反。"釋肇亦云："从攴，肇省聲。池沼反。"顯然有矛盾，所以清代以來研究《繫傳》的學者皆認爲此書今本肁字條下"从户，聿聲"之聲字衍。聿字中古聲母爲以母，即喻母四等，古音近於定母，②與肇之澄母古讀定母確相近。但聿與以聿爲聲的字上古韻在物部。如律从彳聿聲，《詩經·小雅·蓼莪》："南山律律，飄風弗弗。民莫不穀，我獨不卒。"律、弗、卒押韻，皆屬物部。與現在所知肇的上古韻宵部相差較遠，所以，言肇以聿爲聲，雖從聲母上可講通，但韻母有差別，似有未安。③

由此看來，肇字未必是形聲字，其構成似亦可以作另一種解釋。《説文》釋肁字曰："始開也。从户从聿。"徐鉉等曰："聿者，始也。"如上述，肁字爲肇之省，二者實爲一字。許慎釋其爲从户，難以説清"始開"之開意何來。由此我們可以得到啓發，即肇字有可能屬於一種特殊的由兩個義近的字符構成的字。肇爲何以攴、聿相合構成一字，需作進一步討論。上引《説文》肁字徐鉉等注以聿義爲始，聿字原形像手執毛筆形，《説文》釋爲"所以書也"，與始義無涉。但在西周文獻中可以看到聿在當時確有近似的字義。如《詩經·大雅·緜》："爰及姜女，聿來胥宇。"鄭玄箋："聿，自也。"又《詩經·大雅·抑》："亦聿既耄。"孔穎達疏認爲聿"此宜從自"，釋爲"王亦將從此既昏耄矣"。《爾雅·釋詁》："遹、遵、率、循、由、從，自也。"郭注："遹音聿。"邢昺疏以爲遹、聿音義同。聿可訓自，而自含有始義。④ 故聿引申義亦近始。如《詩經·唐風·蟋蟀》："蟋蟀在堂，歲聿其莫。"毛傳曰："聿，遂。"孔穎達疏云："遂者，從始向末之言也。"所以"歲聿其莫"是言自此時歲始暮耳。《唐風》中詩或可晚至春秋，但《小雅·小明》有"曷云其還，歲聿云莫"。此聿義當與上同，亦有近於始之義。以上可能是徐鉉等所言聿訓始之據，當然這只能説明聿字在當時已可以藉用來表達語言中與"始"接近之詞語。在今日所見西周文獻如《詩經》之《大雅》《小雅》中雖有作"開始"之意講的始字，但在西周金文中，始字卻非"開始"之意，而皆應讀作姒姓之姒。⑤ 由西周金

---

① 扶風莊白一號窖穴出土墙盤銘文有"用肇夐（徹）周邦"句，肇字，學者多以爲从章戉聲而讀作肇。但戉（啓）與肇音既不可通，則肇似難讀作肇。疑肇在此即應讀作啓，義爲開，啓徹周邦，即開拓周邦疆土。

② 喻四歸定，見曾運乾：《喻母古讀考》。

③ 按：偏旁中有聿符的字，亦有與肇音相近者，如晝字。晝字，《説文》作會意字解，以爲是从畫省从日。但周厲王㝬簋有晝字作🦴，由此知晝字也可能是从日聿聲，而晝聲母在中古屬知母，古讀端母，與肇中古澄母古讀定母相近。（參見何琳儀、黃錫全：《㝬簋考釋六則》，《古文字研究》第7輯，中華書局，1982年）；晝韻部爲侯部，與肇所屬之宵部皆爲陰聲韻而旁轉，故晝音近同於肇。

④ 《説文》"皇"字下釋曰："从自王，自，始也。"皇實不从自，但許慎訓自爲始，則本自揚雄《方言》訓鼻爲始，這反映"自"在古代語言中有始義。

⑤ 春秋器鄧公簋銘曰"不敄女夫人𣂔乍鄧公"（《陶齋》2.18，《集成》4055），郭沫若《大系》第一七七頁讀𣂔爲始，乍爲迮，即嫁也，適也。這是以𣂔讀作始，亦非徑以始作開始之始。

文的實際情況來看,當時正是以與“始”義接近之聿和另一引申而有“始”義之攺(攺依其字形,初義爲開門,由開而引申有始義。亦詳下文)兩個字符相會合,造成肇字,用以表示語言中語義爲始的詞。肇字不見於殷墟甲骨刻辭,有可能是在西周初期新生的文字。

肇字從攺從聿會合,與依靠若干獨立形符間相互位置及其聯繫而産生的會意字不同,而大致應歸屬於靠兩種字符各自所代表的語義相會合、相聯繫形成的一種字。楊樹達先生曾提出會意字中有一種可歸屬於“本名與喻名”,即以他物譬喻本物之會意字。表本物之字爲本名,表他物之字爲喻名。他所舉的例子皆《説文》歸作會意字者,如𥄉(目不正也。目,本名。丫《説文》訓爲“羊角”,爲喻名),癹(以足蹋夷草。癶,本名。殳爲喻名),譱(吉也。誩,本名。羊,爲喻名),扇(扉也。户,本名。羽,喻名),䜌(亂也。言,本名。絲,喻名)等。① 其中有的例子也可能當歸屬形聲字。如䜌,但象𥄉、癹、扇等字,楊説確有一定道理。肇字組成如參考此種會意字的組合方式,則“聿”類似於所謂本名,“攺”類似於喻名。惟聿與具體的表示名物的義符不同,它在這裏做本名,同其形體表示的初義無關,是以其已被賦予的字義(因訓爲自,遂進而有始義)作爲本名,而攺則用來作比喻,用來加強其所要表達的“始”義。聿、攺會合産生之肇字,不僅在字義上與聿、攺不盡同(按:這裏指攺之字形表示的初義“開”),而且在音讀上亦與二者有別。

由上述對肇字結構與其造字用意的分析看,此字本義當如典籍所言訓爲始,周金文中多數器銘按此種字義詮釋可以講通,現將其主要應用形式分析如下:

(一) 西周器銘恒言器主爲其先人“肇乍(作)”某器。《爾雅·釋詁》:“初、哉、首、基、肇、祖、元……始也。”肇作即始作,亦即初作。“肇”在此義當釋爲“始”,由上表所列周金文中也習言“啓作”某器可以得到佐證,顯然“肇”“啓”在此種句式中必同義。當時爲宗族、宗法社會,一族之宗子於本宗族有主持祭祀先人的義務與權力,製作宗廟祭器即爲此種義務與權力之表征,在貴族家族中被視爲莊重而神聖之事。凡言“肇作”,一般應是在初嗣宗子之位不久(或從大宗本家分立新支而已爲新支家長)時。在器銘上説明是初作,不僅表現了對首次鑄作宗廟禮器之重視,而且也是藉器銘將自己初主家祀之事記録下來,以誌紀念。② “肇作”之意既如此,則言“肇作”之器多應是宗廟祭器,故而常見的媵器均不言“肇作”。銘文中或言“肇其(或作“諅”)作某器,“其”或可讀爲“基”,《爾雅·釋詁》:“基,始也”,《國語·周語》:“自后稷之始基靖命。”韋昭注:“基,始也。”“肇其(基)”爲同義詞連用,猶如以上所引《周語》之“始基”。總之,肇作(或“肇其作”)之“肇”不當釋爲無實義之語詞,那樣解釋,上述銘文中潛在的社會歷史内涵即會被忽視。

---

① 楊樹達:《中國文字學概要》,《楊樹達文集》,上海古籍出版社,1988 年。
② 上表所引沈子也簋,在“肇”“作”間加了幾個字,唐蘭先生釋此句話爲“沈子開始盡搜蓄積,做這個簋”,用以開始祭饗己公(見《西周青銅器銘文分代史徵》,中華書局,1986 年),是用誇大的語氣表示做器祭己公之虔誠,也始做祭器,必是在他初立家祀之時。

（二）昭王時的服方尊銘文曰："服肇夙夕明享，乍（作）文考日辛寶尊彝。"（《三代》11.32.1，《集成》5968）是言其將開始每日早晚虔敬地明祀其父日辛，故作此寶尊彝以爲祭器。這顯然也是在服初喪其父而始繼爲宗子時所作器，這裏言肇祀父考，實際是講作器目的，與上述"肇作"之義近同，同樣表現出作器者對始成爲家祀主持人之事的重視。約康王時期的曆鼎則言"曆肇對元德，孝友惟井（刑），乍（作）寶尊彝，其用夙夕鬶享"（《三代》3.45.1）。此銘可與服方尊銘對照，所不同者是加了頌揚先人元德與自己要效法先人孝友之德行的句子，而所以言"肇對元德"即始對揚先人元德，是自己將開始以後嗣身份繼承宗子之位時，表示對先人之感激。

（三）塱鬲銘文曰："塱肇家，鑄乍（作）鬲，其永子孫寶。"①（《陶録》1.48，《集成》633）此器約屬西周早中期之際時。"家"在西周貴族所作器銘中有時是專指貴族之家族，即親屬組織，有時則是指以其家族爲核心的一種經濟、政治共同體，如貴族命其家臣"司我家"之家。這裏"肇家"之家似可兼有以上二義。塱言其肇家，即初立其家族及家業，可能是自己的小家族剛從大宗本家分出而獨立，作器者本身亦即初爲家主，故作爲一重要事績銘於器。

（四）西周中期約共王時的齊生魯方彝蓋銘文曰"齊生魯肇貯休，多嬴，惟朕文考乙公永啓余"（《集成》9896），類似的言"肇貯"的銘文還有幾例。② "貯"在這裏可能當讀爲《周禮·廛人》鄭注所云貨物貯藏於市中之義，引申之亦即屯積貨物作生意之義。上引齊生魯方彝蓋銘是言齊生魯始經營商業成功，多有贏利，乃其文考乙公保佑啓導之故，其他幾例言"肇貯"而爲先人作器之銘文，也是講始經營商業故爲先人作祭器而求賜佑，可知其作器即在經商之初。

（五）由上表知自西周中期始已有"肇帥井"先祖考之句式，除表中所引師望鼎、梁其鐘外，亦見於西周晚期的叔向父禹簋（"余小子司朕皇考，肇帥井先文且（祖）共明德"。《三代》9.13.1，《集成》4242），單伯鐘（"余小子肇帥井朕皇且（祖）考懿德"。《三代》1.16.2，《集成》82）。知此種句式於西周中、晚期流行。《尚書·文侯之命》記平王對晉文侯言曰："汝克紹乃顯祖，汝肇刑文武，用會紹乃辟……"前一紹字可釋爲繼承，後一紹字是繼續、存續之意，則這裏的肇字似不當再音訓爲紹，而仍當訓爲始。僞孔傳釋"汝肇刑文武"爲"汝

---

① 此鬲銘曾有學者認爲其銘文顛倒，係僞作（見翁世華：《銅器銘文辨僞新論》，《南洋大學學報》1970 年第 4 期）。但本器銘似無不通處，據此言其僞證據未足。詠鼎中"肇"字與此形近。此銘中肇也占兩個字位置，且"聿"在"攺"上，但占兩個字位置的情況亦見於沈子也簋（《三代》9.38），"聿"在"攺"上的又如衛鼎（《善圖》28）。李學勤先生引《彙編》320 卣銘文，所作釋文爲"□肇家于湡，用作□尊彝。亞□"，"肇"字"聿"也在"攺"上，認爲"肇家于湡"義爲器主"新遷於湡地"（《小臣缶方鼎與箕子》，《殷都學刊》1985 年第 2 期）。按：此銘應釋作"易肇家乎湡，用作父丁尊彝。亞□"（《銘圖》13268），"乎"可有"于"義，所以，李先生對"肇家"的解釋還是有道理的。塱鬲銘文也可能是言器主初爲家主，始立其家於湡地。

② 參見張世超：《"貯""賈"考辨》，收入吉林大學古文字研究室：《中國古文字研究》第 1 輯，吉林大學出版社，1999 年。此文將"啓父戊"銘文形式理解爲是"啓貯"句式的省略，似不確。

今始法文武之道"可從。全句是言"你已能承繼你之顯祖。你已開始效法文王、武王,會和諸侯以繼續你君王之位"。這是在晉平侯擁立平王有功之情況下,平王對其贊揚之語,認爲他確實自此已能效法聖王而成爲王室之輔弼。由《文侯之命》中"肇刑文武"句意可推知上述西周金文中"肇帥井"先祖考,也當解釋作"始效法""始仿效",當言肇帥井先祖考德行時,亦可釋爲"始遵循","始遵照"。帥是循、遵之意,刑爲效法,"帥井"爲近義詞連用。"肇帥井"在虢叔旅鐘銘文中作"啓帥井"("旅敢啓帥井皇考威義",《集成》238),亦可證"肇"用在"帥井"先人之德行前仍當讀爲"啓",而且可以推知既言"肇帥井",應當皆是在器主人初承繼先祖考之宗法與政治地位時所言。

(六)約共王時之善鼎銘曰:"王曰:'善,昔先王既令女(汝)左疋(胥)夒侯。今余隹肇鬱先王令(命),令(命)女(汝)左疋(胥)夒侯……'"(《三代》4.36.2,《集成》2820)西周晚期之師顈簋銘亦曰:"惟王元年……王若曰:'師顈,才(在)先王,既令(命)女(汝)乍(作)嗣土,官嗣冰闈,今余惟肇鬱乃令(命)。……'"(白川靜《金文通釋》152,《集成》4312)又毛公鼎銘亦有:"王曰'父層,今余隹肇經先王命,命女辥我邦我家內外……'"(《三代》4.46—49,《集成》2841)此種銘文中所記王冊命誥語之共同點是皆爲時王對先王舊臣之重新冊命,實質上是對先王之任命給以承認,可見皆是王第一次接見並冊命作器者。因此,這種銘文所記實際上皆是在時王繼位之初對作器者的冊命,如以上師顈簋明記"惟王元年",亦可爲證。正因此,王在作此種冊命時要言"肇鬱"先王之命,即始承續先王之命(毛公鼎言"肇經先王命"即始遵循先王命,[1]義近同),仍命以舊職。約共王時的師嫠鼎銘文,[2]記王稱贊了師嫠叟勉服事先王之美德後,言"叀余小子肇盅(淑)先王德",遂又言賜師嫠以物,繼曰:"用井(刑)乃聖祖考,隣明命,辟前王事余一人。"這是王自言要始繼承先王德行,從而希望師嫠能像其祖考一樣服事於己。此鼎銘記"唯王八祀"所以仍言"肇盅(淑)先王德"。從全銘看,當是由於師嫠雖是王臣,但職位只是低級的師,他是伯大師之小子,即伯大師宗族之小宗,同時也是伯大師之下屬職官,平時未必能有機會受到王之誥命,所以王此次對師嫠的訓誥與賞賜可能是首次,故王言"肇"承先王之德來訓誥與賞賜師嫠。

(七)周厲王之鉄鐘(即舊稱宗周鐘,《集成》260)銘文曰:"王肇遹省文武堇(勤)疆土。"張政烺先生解釋此句之意是"王開始遵循治理(按張先生釋文作"遹相")文王、武王所勤勞撫有的國土",並由此判斷:"則宗周鐘當作於厲王親政之初期。"[3]其説可從。又穆王時的或方鼎銘曰:"或曰:……王唯念或辟剌(烈)考甲公,王用肇吏(使)乃子或率虎臣御滩戎。"[4]或在這裏言王"肇使"自己御戎,則説明他是在承襲父考甲公之職事後,初次承受

① 張政烺:《周厲王胡簋釋文》,《古文字研究》第3輯,中華書局,1980年。
② 吳鎮烽、雒忠如:《陝西省扶風縣强家村出土的西周銅器》,《文物》1975年第8期。《集成》2830。
③ 張政烺:《周厲王胡簋釋文》。
④ 羅西章、吳鎮烽、雒忠如:《陝西扶風出土西周伯或諸器》,《文物》1976年第6期。《集成》2824。

王命。又西周晚期不嬰簋銘文曰伯氏令不嬰追殺馭方與玁狁，伯氏並曰："女(汝)小子，女(汝)肇誨于戎工，易女(汝)弓一、矢束、臣五家、田十田，用從乃事。"(《集成》4328、4329)"肇誨于戎工"與《詩經·大雅·江漢》"肇敏戎公"句式近同，可知"誨"當讀爲"敏"，在此義爲"勉"。肇字，毛傳讀爲"謀"，以王爲"謀"主語，但這樣解釋，聯繫以上器銘似不妥，器銘中"肇誨(敏)"的主語是女(汝)。朱熹《詩集傳》釋"肇"義爲"開"，是用啓義，比毛傳訓爲"謀"要妥當。《江漢》中召虎也是首次奉王命征伐淮夷並獲勝，故王言其"肇敏戎公(工)"。不嬰簋的"肇"仍可訓爲始，"肇敏于戎工"即始勉力於戎工，表明不嬰此次也是第一次奉伯氏命出征。

"肇"在器銘中多數確當訓爲始，訓爲初，已如上述。少數銘文中則應以其假借義釋之。如彔伯戜簋(《三代》9.27.2，《集成》4302)記王冊命戜，先追述其祖考對周邦之功勳，繼言"女(汝)肇不豕(墜)"，肇在這裏即當從郭沫若《兩周金文辭大系考釋》之説，假借爲紹，即繼承之意。此句話是説戜能承其祖考而不廢墜，不失對周王朝之忠誠。在西周文獻中在有些語句中釋爲"始"亦未必妥當，如《尚書·酒誥》言妹土之人"肇牽車牛，遠服賈用"，這裏"肇"即當從《爾雅·釋言》訓爲"敏"。

總之，肇字在金文中有其實義，並非語首虛詞。在先秦文字中確多有發音與語助詞等詞語存在，王引之《經傳釋詞》詳爲之説，此爲學者熟知。在甲骨文與兩周金文中此種語詞之例亦有存在，然較典籍爲少。金文中語詞即使有，亦多存在於長篇實録誥語的文字中，一般記事銘文多書面語，故較少有虛詞。至於金文言"肇作"某器之語句，甚至只有一兩句，十餘字，似無由添加語詞。

此外，上文已指出，在周金文中與"肇作""肇帥井"之類句式相同的有"啓作""啓帥井"，如將啓亦解作虛詞，這似乎即更爲勉強了。啓在此類詞句中顯然與肇字字義相同，亦當訓始，這是直接采用了啓字的引申義。啓之引申義爲始，典籍亦可見，如《夏小正》"正月啓蟄"，傳曰："言始發蟄也。"

最後還有一個問題，即肇字訓爲始，在西周早期以後即已得到廣泛的使用，而西周金文中仍有少數銘文言"啓作"或"啓帥井"，對此該如何解釋？啓的引申義爲始，故與肇訓始同功用，所以啓、肇可互代的現象當屬於古代漢語中所謂同義換讀。[1] 在此種情況下，啓雖亦有肇義，可是並非一個字，不能視爲肇字之省形，也不能認爲與肇通假。

(原載《北京師範大學學報》2000 年第 2 期)

---

[1] 關於"同義換讀"參見沈兼士：《吳著經籍舊音辨證發墨》"一、兩字義通，音雖睽隔，亦可換讀例"；收入《沈兼士學術論文集》，中華書局，1986 年 12 月。裘錫圭：《文字學概要》第 219—222 頁(商務印書館，1988 年 8 月)更有詳細説解。

關於西周封國君主稱謂的幾點認識

近幾年來,新的出土文獻資料的不斷發現,啓發學者們從不同角度對西周時期封國君主的稱謂與相關聯的所謂五等爵制的問題再作思考,已有一些新的研究成果問世。[1] 現在諸家論述的基礎上,也對西周時期封國君主的稱謂問題簡略地談幾點想法,因思慮並不成熟,僅以"亮觀點"的方式寫出來向大家求教。

一、由覎公簋銘説起

筆者對這一問題的反思,是由 2007 年刊布的覎公簋(《銘圖》4954)銘文引起的。該銘文曰"覎公乍寶姚簋,遣于王令唐伯侯于晉"(圖一),此"唐伯"應是指被王封於晉的唐叔之子燮父。[2] 給我們以啓發的,有三點:其一,燮父在位後已稱"唐伯",而始封於唐的其父叔虞,文獻所記則是稱"唐叔"(《左傳》定公四年)、"唐叔虞"(《史記·晉世家》);其二,唐叔封於唐時,並未給予其"侯"的稱號,所以直到燮父亦只稱"唐伯"而未稱"唐侯",唐叔一支確是直到燮父被令"侯于晉",才可稱"晉侯",如《史記·晉世家》所記"唐叔子燮,是爲晉侯";其三,"覎公"顯然是唐叔下屬,但亦可稱"公"。由此三點,自然可使人進一步想到:西周時封國之君,治史者雖籠統而言皆可稱之爲諸侯,但實際上,稱"侯"是有嚴格制度約束的,只有受王命才可稱"侯",並非所有畿外封君皆是"侯",至於何者會被命爲"侯",何者仍稱爲"叔""伯"之類,值得思考。在封國內有"公"之稱的貴族,並非等級必高於"侯""伯","公"之稱當有多種含義,也應再探討。

---

[1] 韓巍:《西周金文世族研究》(北京大學博士學位論文,2007 年);韓巍:《新出金文與西周諸侯稱謂的再認識——以首陽齋藏器爲中心的考察》,美國芝加哥藝術博物館與芝加哥大學顧立雅中心主辦"近二十年來新出土中國古代青銅器國際研討會"論文,2010 年;王世民:《西周春秋金文所見諸侯爵稱的再檢討》,《古文字與古代史》第 3 輯,"中研院"歷史語言研究所,2012 年;李峰:《論"五等爵"的起源》,《古文字與古代史》第 3 輯;魏芃:《西周春秋時期"五等爵"稱研究》,南開大學博士學位論文,2012 年。
[2] 拙作《覎公簋與唐伯侯于晉》,《考古》2007 年第 3 期,此文亦收入本書。

圖一　覲公簋及銘文

二、封國國君受命爲"侯"的原因與其等級身份

過去學者們多認爲,西周時封國國君稱"侯"者,多是與王爲同姓的姬姓貴族。這個看法,自然含有認爲稱"侯"者地位較崇高的因素。從現有文獻及金文資料看,稱"侯"的第一代國君中,確有地位相當高的姬姓貴族。最典型者,如魯侯。第一代魯國封君,即伯禽已稱"魯侯",有收藏於香港私人藏家手中的魯侯鼎(《銘圖》1573,圖二)爲證(爲典型的西周早期偏早的形制與銘文字體);又如匽侯,有琉璃河燕國墓地 M1193 出土的克罍(《銘圖》13831)、克盉(《銘圖》14789)爲證;再如井侯,見於麥方尊(《集成》6015)。但近年來在湖北隨州葉家山西周墓地中出土的西周早期偏早的曾(曾)侯諫諸器(圖三),[①]以及隨州羊子山西周墓地出土的西周早期偏早的噩侯諸器,[②]都證明了遠在長江北岸之漢東地區的曾(曾)、噩兩國君主亦皆被命爲"侯",而此二國中,從目前發掘所獲得資料看,曾未必是後來的姬姓曾國,[③]而噩國或即爲西周晚期被周王朝鎮壓的噩侯馭方之屬國,由噩侯所作王姞媵簋銘文(《集成》3928—3920)知其屬姞姓。近年來發掘的山東滕州前掌大"史"氏墓地,[④]證明見於傳世的西周早期薛侯鼎(《集成》2377)銘文,即"肵(薛)侯戚乍(作)父乙鼎彝。史"中的"薛侯"所屬"史"氏,正應是此前掌大墓地的屬族"史"氏,因而可知西周時的薛國是此地的土著族所建。薛侯屬"庶姓"之任姓,亦見於《左傳》隱公十一年和薛侯匜銘文(《集成》10263)。實際上,我們現在從西周及春秋早期金文中所見到的"侯",有相當多並非姬姓。除以上所舉的幾例外,又如己侯(姜姓)、眞侯(姜姓)、鑄侯(姜姓)、默侯(媿姓)、陳侯(嬀姓)等。凡此均説明西周時期王朝封侯的主要考慮,不是以"侯"的地位來優

---

① 湖北省文物考古研究所、隨州市博物館:《湖北隨州葉家山西周墓地發掘簡報》,《文物》2011 年第 11 期。
② 隨州市博物館:《隨州出土文物精粹》,文物出版社,2009 年。
③ 李學勤、李伯謙等:《湖北隨州葉家山西周墓地筆談》,《文物》2011 年第 11 期。
④ 中國社會科學院考古研究所:《滕州前掌大墓地》,文物出版社,2005 年。

待姬姓封君,而更重要的考慮是命"侯"承擔軍事職責,這與"侯於某"之"某"地的地理位置均是周初周人向東、北、南三方開拓擴展的前沿地帶,以及防衛周邊異族進擾的戰略要地也是相應的。我們今天完全可以從現所知周初"侯"所封之地,勾畫出當時周人實際控制的區域範圍,並通過封"侯"與"侯"地的變化看出周王朝與異族軍事對立的形勢及政治地理格局的演變。綜言之,"侯"在周初並不是表示貴族等級的爵位,而仍是與商後期王國的"侯"有近似職能的官稱,即駐在邊地保衛王國、有較強武力的武官。① 學者或以爲侯的職能中有所謂軍事殖民的性質。但"殖民"這一概念所具有的移民及經濟掠奪的内涵與西周時候的上述主要職能並不相類,似可不作如此表述。

圖二　魯侯鼎及銘文

圖三　曾侯諫鼎(M2∶5)及銘文

---

① 參見裘錫圭:《甲骨卜辭中所見的"田""牧""衛"等職官的研究——兼論"侯""甸""男""衛"等幾種諸侯的起源》,《文史》第 19 輯,中華書局,1983 年。

西周時"侯"之稱實與其所具有的以武力駐邊守土的職務相聯繫，也可由康侯的情況證明。清華簡《繫年》第四章曰："周成王、周公既要（遷）殷民于洛邑……乃先建衛（衛）弔（叔）坿（封）于庚（康）丘，以侯殷之夋（餘）民。衛（衛）人自庚（康）丘要（遷）于沂（淇）衛（衛）。"①從《尚書·康誥》與金文資料可知，康叔在周初時已稱"康侯"，當是因甫克商時，周人勢力向東實際亦只抵達衛地之商人舊都一帶，故封康叔爲"康侯"，其職能正是以武力在此邊地防範殷餘民。但因康叔率下屬自康丘遷至簡文所謂"淇衛"（亦即《集成》4059 沫嗣土逫簋銘所言"徣令康侯鄙於衛"），建立封國後，經周公二次克商，繼續向東征伐，商人舊都之地已成周人內域，故康叔也並未改稱"衛侯"。《史記·衛康叔世家》則亦只言封康叔爲衛君，稱之爲"康叔之國"。而且，康叔卒後其後六世皆只稱"伯"，已不再稱"侯"，據《史記·衛康叔世家》直至其後第七世頃侯時因厚賂夷王方得"夷王命衛爲侯"，這固然與《衛康叔世家》所記成王"舉康叔爲周司寇"因而康叔已爲王朝卿士有關，但也應該是與衛地已非周之邊域，在此一段時間內漸無防範異族的軍事需要不無關係。② 西周時期的"侯"，因其職能需要，王朝當允許其發展武力，開拓疆土，故燮父由唐伯而受命爲晉侯不僅是都邑由唐遷至晉，而且更重要的是標誌着王朝給予晉國一個更大的獨立發展空間。衛頃侯要通過厚賂夷王請求夷王命之爲侯，就其自身而言，自然有爲侯有利於自身壯大的考慮。也正因此，西周畿外侯國多數到春秋時均發展爲有一定領土規模的軍事強國，其實力已遠非舊的王畿內擔任王朝卿士之諸周人貴族家族所能比。但這是侯國逐漸發展的結果，似並不意味在西周早期受命爲侯的貴族在等級上一定要高於不稱"侯"的畿內及畿外封君。

畿外封國中生稱"侯"者，死後亦有以"某（非國名）侯"爲稱者，如晉侯燮父後，據《史記·晉世家》，其子寧族爲武侯，武侯子服人爲成侯，成侯子福爲厲侯，厲侯子宜臼爲靖侯，靖侯子爲釐侯司徒，釐侯子籍爲獻侯，獻侯子費王爲穆侯，穆侯子仇爲文侯（以下入春秋）。諸晉侯死後所稱此類"某侯"，即謚號。其中"成侯""厲侯"之稱，已有天馬—曲村晉侯墓地出土的銅器銘文證實，③可見以"某（非國名）侯"之稱爲謚號，確實存在。

三、"侯"與"公"的關係

在西周畿內供職於王朝的周人貴族中，有以其封邑名（多亦即宗族之氏名）冠於"公"上稱爲"某公"者，④如周初即有周公、召公、畢公、毛公等，這些貴族均爲王室成員，助武王克商而卓有功勳，且輩分均與武王同輩。此類貴族稱"公"，説明"公"這一名稱在周人稱謂

① 清華大學出土文獻研究與保護中心：《清華大學藏戰國竹簡》（貳），中西書局，2011 年，第 144 頁。
② 按：至夷王時頃侯得封爲侯，實際上也應與衛地此時邊域擴大，其北部、西北部邊域，即今河北省西南部太行山區域內與所謂戎狄相交的軍事形勢有關。
③ 參見拙著《中國青銅器綜論》第十一章（三）"天馬—曲村遺址出土青銅器"，上海古籍出版社，2009 年。
④ 如《史記·魯周公世家》"周公旦者，周武王之弟也"，集解引譙周曰："以太王所居周地爲其采邑，故謂周公。"又《燕召公世家》"召公奭與周同姓，姓姬氏"，集解引譙周曰："周之支族，食邑於召，謂之召公。"

系統中,應是有尊貴的成分在内,而且使用者是有一定限制的,既非僅以功勳計,亦非僅以輩分計,因爲並非所有與稱"公"者行輩相同的姬姓貴族均得稱"公"。昭王時的令方彝(《集成》9901)銘文記"王令周公子明保尹三事四方……明公朝至于成周",是"明保"受王命擔任執政大臣後改稱"明公"("明"疑是此周公子所在采邑名)。穆王時的班簋(《集成》4341)銘文記"王命毛伯更虢城公服,……咸,王令毛公以邦冢君、土馭、戜人伐東國瘠戎","毛伯"也是在受王命更替虢城公服後改稱"毛公"。此類例子證明,在王朝卿士内服職官系統中,"公"的性質應屬於一種特定的高級别的王朝執政大臣之官職,取得此稱需要"王令(命)"。《史記・衛康叔世家》亦記載,衛釐侯之子武公"將兵往佐周平戎,甚有功,周平王命武公爲公",韓城梁帶村芮國墓地春秋早期墓 M502 出土的畢伯克鼎(《銘圖》2273)銘文有"丕顯皇祖受命畢公"之稱,[1]均可爲公必須由王册命之證。

西周早期在王朝中稱"公"的姬姓貴族還有"芮公",在山西翼城大河口墓地出土的從形制看屬西周早期偏晚的霸簋(《銘圖》4610)銘文有"芮公舍霸馬兩、玉、金",[2]此"芮公"應是芮這個近畿地區姬姓小國的國君,可能因兼任王朝卿士且地位重要,故被命爲"公"。姬姓的芮氏在周初便是地位重要的貴族,《尚書・顧命》記成王病危時,芮伯與召公、畢公等同爲聆聽成王遺囑的要臣。大概芮伯在康王時被命爲公,或即霸簋銘文中的芮公。從西周晚期的芮伯壺(《集成》9585)看,此芮公後芮國國君稱"芮伯"。與其情况類似的,應國在西周早期時國君稱"應公",見於作鬲鼎狀的素面應公鼎(陳佩芬《夏商周青銅器研究》西周上一九八,圖四),但應國國君在西周中期初被命爲"侯",[3]故開始有"應侯"之

圖四　應公鼎及銘文

---

① 陝西省考古研究院、渭南市文物保護考古研究所、韓城市景區管理委員會:《梁帶村芮國墓地——二〇〇七年度發掘報告》,文物出版社,2010 年。

② 山西省考古研究所大河口墓地聯合考古隊:《山西翼城縣大河口西周墓地》,《考古》2011 年第 7 期。

③ 平頂山薛莊鄉滍陽嶺應國墓地 M84 的年代約在西周中期穆王、共王之際或即在共王時,但其内出土的應侯鼎、應侯瓿、應侯再盨及再尊、再卣都可以歸入中期偏早,即穆王時,資料見河南省文物考古研究所、平頂山市文物管理委員會:《平頂山應國墓地八十四號墓發掘簡報》,《文物》1998 年第 9 期。

稱。芮公以後芮之君主多稱"伯",一直未有稱"侯"者,當是因其國土在軍事上的重要性不如應國。

上述在王朝中供職的"公"中,除周公、召公等少數有特殊政治地位的王室貴族之後裔或可世代以此爲稱外,多數是隨着王世變化,公的職務也由不同貴族家族的族長來出任的,因此,"某公"之氏名"某"也在變動。不見於西周早期的"公",如《史記·周本紀》所記穆王時的"祭公"(祭公謀父),共王時的"密公"(《周本紀》作"密康公"當是謚號),厲王時的"榮公"等。保利博物館所藏西周中期偏晚的燹公盨之"燹公",禹鼎(《集成》2833)銘中的"武公",皆應屬於此類王朝執政重臣。但是,在畿外封國中,以"氏名+公"爲稱,如上引覞公簋之"覞公",其地位自當區別於上述王朝卿士中的"公",應只是在該封國之中有重要官職與政治地位的貴族之稱。

至於西周時有"某(國名)侯"之稱的諸侯兼有"公"稱,可以分爲如下幾種情況:

(一)卒後被尊稱爲"某(國名)公"

對於稱"侯"的封國國君來説,既稱"侯",又以"某(國名)公"爲生稱的例子,在已著録的西周金文中尚未出現,而生稱"侯"者往往是在死後稱"公",即以"某(國名)公"爲稱,此顯然屬於謚號性質的尊稱。例如魯侯伯禽卒後被尊稱爲"魯公",見魯侯熙鬲(稱"文考魯公",圖五)與夨卣(稱"文考魯公");[1]唐叔虞卒後被尊稱爲"唐公"(晉公盨稱"皇祖唐公",《集成》10342,圖六),晉侯燮父卒後被尊稱爲"晉公"(北趙晉侯墓地 M9 出土之小圓鼎)。[2] 第一代滕侯(即文王子叔繡)卒後,被尊稱爲"滕公"

圖五　魯侯熙鬲及銘文

圖六　晉公盨銘文(部分)

---

① 魯侯熙鬲銘文見(《集成》648)。按:夨卣銘文見本書所收拙文《夨器與魯國早期歷史》。
② 李伯謙:《晉侯墓地墓主之再研究》,收入《文化的饋贈——漢學研究國際會議論文集·考古學卷》,北京大學出版社,2000 年。

(見吾冕與滕侯簋銘文,《集成》565、3670,圖七)。① 從現有資料看,生稱"侯"而在卒後得尊稱"某(國名)公"者,多是始封的第一代諸侯。這一點已有學者指出。② 近年來山西黎城大河口墓地 M8 出土有橋(楷)侯之宰所作壺,③ 形制屬西周晚期。已著錄的器銘中,楷侯自作器與銘文中提到"楷侯"的器物,年代自西周早期至晚

圖七　滕侯簋及銘文

期有若干件,可參見張懋鎔先生文章。④ 由此多例可知楷國君主稱侯。學者多認爲"楷"即"黎",爲畢公高子所封。上海博物館藏有叔簠觶(《集成》6486,圖八),銘文曰"叔簠乍(作)橋(楷)公寶彝",器形未見,從字體看應屬於西周早期偏早器,故此已故去之"楷公"應是第一代楷侯,其既爲畢公子,推測其生前稱侯而未必稱"公",此"楷公"也應是卒後尊稱。惟齊太公呂尚在封於齊後是否稱"齊侯",現無金文資料可證。近年山東高青陳莊西周城址中 M18 出土的豐鼎、豐卣、豐觥銘文中稱之爲"齊公"(鼎銘作"文祖齊公",卣、觥銘稱"文祖甲齊公"或"祖甲齊公",圖九),⑤ 似可能亦屬於此種卒後尊稱之情況。

圖八　叔簠觶銘文　　　　圖九　豐卣、豐觥銘文

① 此"滕公"如爲錯叔繡,則其所封地有可能並非今山東滕州之地,而是衛地的滕,説見陳槃:《春秋大事表列國爵姓及存滅表譔異》(三訂本),"中研院"歷史語言研究所,1988 年。又參見拙作《滕州莊里西滕國墓地出土鴦器研究》,收入上海博物館、香港中文大學文物館《中國古代青銅器國際研討會論文集》,2010 年。
② 韓巍:《新出金文與西周諸侯稱謂的再認識——以首陽齋藏器爲中心的考察》,美國芝加哥藝術博物館與芝加哥顧立雅中心主辦"近二十年來新出土中國古代青銅器國際研討會"論文,2010 年。但韓文認爲始封君又被稱作"某(國名)公"是生前受命爲侯後又再受命爲公的,與本文認爲是卒後給予的尊稱,亦即諡號的觀點不同。
③ 張崇寧:《山西黎城黎國墓地》,收入國家文物局:《2007 年中國重要考古發現》,文物出版社,2008 年。
④ 張懋鎔:《新見西周金文叢考》,收入《新出金文與西周歷史》。
⑤ 山東省文物考古研究所:《山東高青縣陳莊西周遺址》,《考古》2008 年第 8 期;山東省文物考古研究所:《山東高青縣陳莊西周遺存發掘簡報》,《考古》2011 年第 2 期。

從現有資料看,畿外封國國君生稱"某(國名)公"的例子並不多見,似只有上文提到的芮公與應國始封君稱"公"。現所見西周時期應公器之時代從西周早期偏早延續至西周早期偏晚。[1] 應國始封君是武王之子,見於《左傳》僖公二十四年;另一説爲武王弟,見《漢書·地理志》班固本注。此二説中,似當以後者爲是。其生稱"應公"即受王命稱公,應與其輩分同於周公、召公,爲成王長輩有關。《逸周書·王會》記成周之會,"天子南面立……内臺西面正北方,應侯、曹叔、伯舅、中舅"。《王會》篇所稱"應侯"當即應國首封君,如此記載可信,很可能是先受命爲侯,後又受命爲"公"。現所能見到的西周早期應國青銅器其國君均生稱"應公",皆是受命爲"公"後制。但無論怎樣,應國首封君也無證據説明其在生稱"應公"同時還自稱"應侯"。[2] 應國始封君所以被命爲"應公",而且從所見應公器年代下限看,其子仍繼續稱"應公",皆當是因爲此兩代(或三代)"應公"同時在王朝擔任執政大臣職務,活動重心未在封國内。現平頂山應國墓地中並未出土西周早期應公器,或與此有關。自西周中期偏早,應國國君始稱"侯",[3]則可確認此時的應侯已爲駐於封國内的國君了。

綜上所言,凡畿外封國之國君受命爲"侯"者,一般似不會同時稱"公",如受命稱"某(國名)公",則不再稱"侯"。畿外封國始封君生稱"侯"者,卒後,常被尊稱爲"某(國名)公",其性質近同於謚名。金文資料中已知屬卒後被尊稱爲"某(國名)公"者,如上舉有魯、晉、滕、楷(黎)等國之公,皆屬姬姓,且皆爲輩分較高的王室近親。由此可知,即使是追稱,以國名冠於"公"前爲稱,仍是限於有相當高身份的且與王室關係親近的侯。這種追稱是否也要有王的授命,現在並無證據可以説明。作爲卒後尊稱的此類"公"與"侯"間並無並行的等級系統關係,但是"公"在尊貴感上確要强於"侯",故才有此追稱。

(二)封國國君稱"侯"者,卒後以"某(非國名)公"爲謚號

這種情況目前在金文資料中並不多見,但在文獻中則多有記録,如:

齊國:太公(在其卒後金文中稱之爲"齊公")—(子)丁公吕伋—(子)乙公得—(子)癸公慈母—(子)哀公不辰—(弟)胡公静—(弟)獻公山—(子)武公壽—(子)厲公無忌—(子)文公赤—(子)成公脱—(子)莊公購(以下入春秋)(《史記·齊太公世家》)

魯國:魯公伯禽—(子)考公酋—(弟)煬公熙—(子)幽公宰—(弟)魏公瀆—(子)厲公擢—(弟)獻公具—(子)真公濞—(弟)武公敖—(子)懿公戲—(兄子)伯御—(懿公弟)孝公稱(以下入春秋)(《史記·魯周公世家》)

以上齊魯兩國第一代國君之後,自第二代國君皆給以了此種謚號。但目前尚僅見於文獻,有待今後考古發現新的金文資料證實。僅就上舉例子看,侯卒後以"某(非國名)公"

---

① 參見拙著《中國青銅器綜論》第十一章。
② 上引韓巍文亦已指出"如果一位諸侯先被册命爲'侯',然後又受命爲'公',就會采取最後也是最恰當的稱號'公'"。
③ 詳見拙著《中國青銅器綜論》第十一章。

爲謚號，"某"多爲符合謚號性質的字。唯齊國自第二代後三個公，"某"用的是日名，較爲特殊。

在西周金文中，可知畿外封君謚號稱"某(非國名)公"者的例子，如平頂山應國墓地M84出土應侯，再盨(《新收》65，圖一〇)，再在銘文中稱其父爲"文考釐公"，但此釐公約生活於西周早期偏晚，而此時期有"應公"自作器。① 按時間算，此應公可能即"釐公"，在生時稱"某(國名)公"，與上邊討論的生前稱"侯"，卒後以謚號稱"公"的情況不盡相同。

圖一〇　應侯再盨及銘文

(三) 被臣屬尊稱爲"公"

西周時稱"侯"的國君雖不自稱"公"，但有時會被其臣屬(包括公室之臣與私家之家臣)稱之爲"公"，以示尊崇之意。② 上舉魏芃的博士學位論文稱之爲"境內稱公"。③ 例如：房山琉璃河西周燕國墓地Ⅱ區M253出土的圉方鼎(M253∶11，《集成》2505，圖一一)，其銘文曰"休朕公君匽侯易圉貝，用乍(作)寶隣彝"。西周早期

圖一一　圉方鼎及銘文

---

① 參見拙著《中國青銅器綜論》第十一章。
② 白川靜：《金文通釋》三四罍尊一節中，亦曾講道，一般來説，在金文中，單稱公、侯、伯、尹、保等稱謂的情況下，即使對於作器者那個人已很清楚的情況下，此種稱呼也不能視作特定人物的稱號，而只是對於其辟君給予公、侯之尊稱，這種情況是很多的。按：白川靜所云除去"侯""保"，對其餘的幾種稱呼他的看法是有道理的。
③ 魏芃：《西周春秋時期"五等爵"稱研究》。

時的匽侯未見生稱"匽公"者。此方鼎屬西周早期偏早,所言匽侯或即首封國君克,或是二代國君旨(即"匽侯旨"),但以是克的可能較大,其下屬圍尊稱之爲"公君"。圍有可能是M253 的墓主人,或是殷遺民。[①]

圖一二　鴦簋及銘文

山東滕州莊里西滕國墓地 M7 中出土的鴦器組中,有鴦鼎(《銘圖》2373),其銘文曰"公令獸(狩)□□,鴦隻(獲)瓏□,公賞鴦貝二朋";又有鴦簋,銘文亦言公曰"凡朕臣興畮",並言"鴦敢對公休"(圖一二)。從形制看,此兩器年代均在西周早期偏晚,銘文中生稱

"公"應該是指第二代滕侯(即由初封地被徙封於今滕州的第一代滕侯錯叔繡之子)。[②] 1982 年在莊里西村村西一座西周墓内出土的年代在西周早期偏晚的方鼎與方座簋均爲"滕侯"所作器,其中方座簋銘(《銘圖》4487),上文曾引,曰"滕侯作滕公寶尊彝"。[③] 此"滕侯"從器物年代看應是上述鴦鼎中被鴦所尊稱爲"公"的時任滕國國君之第二代滕侯,所爲作器者之"滕公"則當是追稱,乃是一代滕侯,即錯叔繡。這也是單稱的"公"爲臣屬尊稱的例子。

圖一三　亳鼎銘文

又如西周早期的亳鼎(《集成》2654,圖一三)銘曰:"公侯易(賜)亳杞土、麇土、犀禾、戠禾,亳敢對公中(仲)休,用乍尊(尊)鼎。"按照上文所論,封國國君稱"侯"者,一般不

---

① 參見拙著《中國青銅器綜論》第十一章。
② 詳見拙文《滕州莊里西滕國墓地出土鴦器研究》,收入上海博物館、香港中文大學文物館:《中國古代青銅器國際研討會論文集》。
③ 滕縣博物館:《山東滕縣發現滕侯銅器墓》,《考古》1984 年第 4 期。

同時稱"公",所以亳在這裏所言"公侯",應是對此爲侯者的尊稱。所對揚休之"公仲"似即"公侯"。此"公仲"之"公",則很可能是如上所述,爲第一代稱侯國君卒後被追稱之"某(國名)公",而未必一定是生前即生稱"某(國名)公"。此公卒後,其子在"公"後接以排行爲己稱。[①]

以上從幾個方面討論了西周時期"侯"與"公"的關係。總的來説,西周時期封國國君如已稱"侯",一般不會再稱"公"(個別被命爲"公"的國君,亦不同時稱"侯",如應公)。

從文獻與金文資料看,在春秋早期,已有封國國君不再受西周時期此種稱謂限制而自我生稱"某(國公)公",[②]此漸成爲當時列國國君較普遍的稱謂。韓城梁帶村春秋早期墓M19所出芮公鬲(《銘圖》2884),國君亦不再稱"伯"而自稱"公",[③]當也是隨了此風潮。春秋早期後列國國君紛紛稱"公",也許與《史記・衛康叔世家》所記衛武公"將兵往佐周平戎,甚有功,周平王命武公爲公"有關。王世民先生推測,應侯大約也曾參與佐周平戎事,因有功受命爲公,[④]這是很有可能的。自此,畿外封國國君稱"侯"者不可稱"某(國名)公"的規矩已被周王自己打破,而且周王亦再也不可能如同西周王朝那樣控制畿外封國,列國國君紛紛稱"公",則應是此政治形勢變化的産物。

四、畿外封國之國君以行輩爲稱

上文曾論及,唐叔虞封於唐後稱"唐叔",由晜公簋銘文可知,至其子爕父繼任時則已稱"唐伯"。這裏面包含兩個問題,其一是,唐叔受封於唐後何以仍以"唐叔"爲稱;二是爲何爕父反而可稱"唐伯"。

《左傳》定公四年記成王時分封魯、康、唐,講到魯時言"分魯公以大路大旂……",即稱魯侯伯禽爲"魯公",用了其卒後的尊稱。講到封康時言"分康叔以大路、少帛、綪茷、旃旌、大呂……",講到封唐時則言"分唐叔以大路、密須之鼓、闕鞏、沽洗……"由此可知,康叔、唐叔,是在分封時給予的稱謂,即以封國名接排行"叔"爲稱。之所以皆稱"叔",是當時對凡武王之弟,除周公、召公稱"公"外,餘皆稱"叔",但康叔後被命爲侯,故所作器自名"康侯",上文已述。唐叔爲成王弟,由其子爕父仍稱"唐伯"而未稱"唐侯",可知其受封於唐後,可能仍以"唐叔"爲稱。《史記・晉世家》亦言封叔虞於唐後,曰"唐叔虞"。這便是説,畿外(姬姓)封國的國君,未命爲"侯"者,仍可以封國名加上其在王室內的行輩爲稱。類似於"唐叔"之稱的畿外封國始封國君稱謂,還有:

---

① 參見拙著《商周家族形態研究》(增訂本)"續編"第二章之"六",天津古籍出版社,2004年。
② 如平頂山應國墓地春秋早期墓 M8 出土的應公鼎,從器形看,年代屬春秋早期偏早,其銘文曰"應公乍(作)隣彝……",是應侯在此時又復稱"應公"。見河南省文物研究所、平頂山市文物管理局:《河南平頂山應國墓地八號墓發掘簡報》,《華夏考古》2007 年第 1 期。
③ 陝西省考古研究院、渭南市文物保護考古研究所、韓城市文物旅游局:《陝西韓城梁帶村遺址 M19 發掘簡報》,《考古與文物》2007 年第 2 期。
④ 王世民:《西周春秋金文所見諸侯爵稱的再檢討》。

蔡仲,蔡叔度子胡,被周公復封於蔡。蔡叔度因參與叛亂而獲罪,所以蔡仲等於是首封,故在受封後仍稱蔡仲,自其子才開始稱"蔡伯"。蔡仲卒,子蔡伯荒立,蔡伯荒卒,子宮侯立(下略)(《左傳》定公四年、《史記·管蔡世家》)。由此可知,蔡仲之蔡大約是在第三代宮侯時始受命爲"侯"的。

荀叔,見《逸周書·王會》,孔晁云荀叔爲周成王弟。《世本》:"荀,姬姓。"杜預云:"河東長脩縣東北有荀城,在今絳州。"

郭(虢)叔,見《逸周書·王會》,孔晁云:"郭叔、虢叔,文王弟。"按虢叔與虢仲(或虢仲與虢叔)所立西虢、東虢,西周時分別在今寶雞與滎陽,均在近畿地區。

曹叔,見《逸周書·王會》。據《左傳》僖公二十四年,曹是"文之昭也",爲文王之子,武王弟。

限於資料,西周初畿外封國之國君的稱謂不能詳知。但如《左傳》僖公二十四年所記,受封的諸"文之昭""武之穆""周公之胤"等周王室近親,其中有相當一部分未必得到"侯"的稱謂,絕大多數當是以其行輩仲、叔爲稱。但在此需要討論的是,未稱"侯"的畿外封國始封君雖可能多作此稱,但自第二代國君則已未必如此。仍以覺公簋所記燮父稱"唐伯"爲例,此稱表明非"侯"的封國國君自第二代起,則可以使用國名加"伯"爲稱,這是當時名號制度上值得注意的事情。唐叔所以稱"叔"乃本於其爲成王之弟,亦即王室內的排行,他經受封,雖已從王室分出另立封國,從宗族關係上看,亦即從王室中分出,另立小宗家族,但自他這一代一般在行輩上尚不得改稱,以示其仍與王室有密切的親屬與宗法關係,在親屬關係與宗法體系上尚未能獨立。但至其子燮父開始,唐叔所建立的這一事實上已獨立的家族即已開始在親屬組織上與王室脫開,並開始奉行自己相對獨立的實質性的宗法系統,故燮父以此一家族族長身份稱"伯",而相應地在封國國君稱謂上即采用國名加"伯"的稱謂,亦即"唐伯"。[1] 這種變化,實質上亦即《禮記·大傳》中所言周人的宗法制度,即"別子爲祖,繼別爲宗",唐叔作爲王室之"別子",爲他所建立的此一家族之始祖,而至二世時,其作爲此家族大宗的身份與相應的宗法體系才真正建立。[2] 因此,西周時期周人封國的國君稱謂在采用輩分排行爲稱時,實質上是以其家族內部的親屬關係與宗法關係爲根據的,是奉行周人的親屬與宗法制度的。按此道理,即使是畿內的周人貴族家族內的族長與宗子的稱謂也應是遵循這一模式的。

與燮父稱"唐伯"的情況相同,作爲上述"文之昭""武之穆""周公之胤"而受封的畿外

---

[1] 當然燮父很可能因其以唐叔虞之長子身份繼任宗子,而行輩爲伯,故稱"唐伯"。在西周貴族家族內當亦未必皆是爲"伯"之長子繼任宗子,行輩不爲"伯"者繼任宗子如何稱呼,是否也可稱"某(國名)伯",這個問題關乎到此時之"伯"究竟是在公室內之行輩還是該國之首長的問題,尚需作更深入的探討。但無論如何,畿外封國從第二代始,其稱呼即擺脫了其在始從出之宗族內之輩分則是關鍵。

[2] 以上有關宗法問題的論述,多參考了陳恩林先生:《關於周代宗法制度中君統與宗統的關係問題》,《社會科學戰綫》1989年第3期;又收入《逸齋先秦史論文集》,吉林文史出版社,2010年。

姬姓封國之國君,凡未稱"侯"者,其第二代以後也多不再沿襲始封君之行輩,采用"某(國名)"加其在所從出宗族内之行輩爲稱,而是多以"某(國名)伯"爲稱謂,[①]例如"柞伯"(北趙晉國墓地 M114 出土有西周早期的柞伯觶)、[②]蔡伯(《史記·管蔡世家》"蔡仲卒,子蔡伯荒立")、康伯(《史記·衛康叔世家》"康叔卒,子康伯代立")[③]等。

近畿的虢氏封君與以上多數畿外姬姓封國之君不同,其世代以其初封時第一代國君的稱謂"虢仲""虢叔"爲稱,實即世代以此爲氏名。這種情況較爲特殊,需要説明。

在周初的畿外封國中,未被命爲"侯"的異姓封國國君的稱謂,是仍沿用其在家族内部的族長之稱爲稱。如近年來發掘的山西翼城大河口西周墓中,西周早期偏早墓 M2 出土有"霸伯"甗。[④] 曲村晉國墓地中西周早期偏早墓 M6197 亦出土有"霸伯"簋(M6197:11)。[⑤] 知霸國始封君即以"霸伯"自稱。霸爲何姓,現尚未確知。[⑥] 絳縣橫水倗氏西周中期墓地出土的青銅器上所見器主亦稱"倗伯",倗屬於媿姓。[⑦] 像上述霸、倗這些異姓小邦所以亦稱"伯",當是與周人之間由來已久的文化交融有關,在稱謂方式上呈現"周化"。

按照以上所論,則西周時期畿外封國之國君稱謂,凡稱"某(國名)伯"者,此"伯"應該是與所謂"五等爵"的表示貴族等級的爵位無關,乃是基於其本人在其宗族内的親屬與宗法身份,因此自然亦不會與"公""侯"之間構成等級系統。

稱"某(國名)伯"的畿外封國之國君,在等級上與政治地位上並非低於稱"侯"者,最典型的例子即現藏中國國家博物館的柞伯鼎銘文,記述了在作爲當時執政大臣虢仲的指揮下,柞伯率領蔡侯去攻打位於南國的昏邑。[⑧]

五、結　語

現將本文主要觀點歸納如下,以爲結語:

(一) 西周封國國君受王命所稱"侯",是王朝派駐邊域的外服軍事職官之稱,這在客

---

① 韓巍在其博士學位論文《西周金文世族研究》(北京大學博士學位論文,2007 年)中已指出這一點(見其論文第 28 頁)。

② 李伯謙:《晉伯卣及其相關問題》,收入上海博物館、香港中文大學文物館:《中國古代青銅器國際研討會論文集》,2010 年。

③ 《史記·衛康叔世家》"頃侯厚賂周夷王,夷王命衛爲侯",索隱曰:"按:《康誥》稱命爾侯于東土,又云'孟侯,朕其弟,小子封',則康叔初封已爲侯也。比子伯即稱伯者,謂方伯之伯耳,非至子即降爵爲伯也。故孔安國曰:'孟,長也,五侯之長,謂方伯。'方伯,州牧也,故五代孫祖恒爲方伯耳。至頃侯德衰,不監諸侯,乃從本爵而稱侯,非是至子即削爵,及頃侯賂夷王而稱侯也。"此以"方伯"來解釋康叔(康侯)受封於衛後其子稱"康伯"之原由,顯然是囿於後世五等爵制之説而强爲之解。《史記·衛康叔世家》明言康侯受封於衛後,其後世歷代封君均未稱"侯",直至頃侯時才得夷王賜爲侯,何能爲"五侯之長"。且未稱"侯"的畿外封君自第二代始即可稱"伯"並非僅衛,知"索隱"所言未妥也。

④ 山西省考古研究所大河口墓地聯合考古隊:《山西翼城縣大河口西周墓地》,《考古》2011 年第 7 期。

⑤ 北京大學考古學系商周組、山西省考古研究所:《天馬—曲村(1980—1989)》,科學出版社,2000 年。

⑥ 《集成》2184 有"霸姞作寶尊彝"鼎。

⑦ 類似的畿内小邦,還有位於今寶雞西周時的强氏,其君主亦稱"伯"。以往學界或稱之爲"强國墓地",其實叫"强氏墓地"似更爲妥當。

⑧ 拙文《柞伯鼎與周公南征》,《文物》2006 年第 5 期。

觀上也反映出西周的畿外侯國實際上在很大程度上還具有王國内的政區性質。"侯"在當時並非具有標誌等級的爵稱性質，稱"侯"的畿外封君在身份等級上亦並非高於不稱"侯"的畿外封君。而且西周早期王朝所封侯，主要是根據軍事防禦與擴張之需要，爲侯者的成分也並非主要爲姬姓貴族。但是"侯"由王朝所委任之，所擔負之軍事職能，是相當一部分侯國得以壯大軍事實力，開疆拓土，實力遠超出非侯國封國的原因。有的侯國（如晉國），自第二代侯以後，以"某（非國名）侯"爲諡號。

（二）西周時期的"公"一般是歷代周王授予身爲王朝卿士的執政大臣之内服官職，以"氏"（采邑名）加"公"爲稱，亦非爵稱。畿外封君無論是否稱"侯"，一般均不兼有"某（國名）公"之稱。只有部分可能與王室有近親關係的近畿地區的姬姓侯國國君曾被命爲"某（國名）公"（如"芮公""應公"），可能亦因兼有王朝卿士之責。部分在王室内輩分較高的稱"侯"的姬姓始封君，卒後被尊稱作"某（國名）公"，已是諡號。而稱"侯"的國君卒後被稱爲"某（非國名）公"，則亦屬於諡號。以上兩種作爲諡號之"公"稱是否要經王授命，現没有資料可以證明。在侯國内，其臣屬（包括家臣）亦可稱侯爲"公"（單稱的"公"），此僅屬在其國内使用的尊稱，並非由王授予。在封國内有以其在該國内的封土爲氏名，亦稱"某（氏名）公"的貴族，其在封國内可能有重要的政治地位。

（三）"公"與"侯"大致分屬内外服官職，二者並無嚴格的同一系統内的隸屬關係（這一點是許多學者都已指出的，筆者贊同）。但因爲作爲王朝卿士、執政大臣之"某（氏名）公"，多有顯赫政治地位與家世，在西周王朝中實際權力多高於外服爲"侯"者，甚至可以受王命支配諸侯，故在身份上與實際的政治地位上可以説要高於畿外諸侯，而且這可能也是部分稱"侯"的姬姓始封國君卒後被以"某（國名）公"爲尊稱的原因，這對後來戰國時期構擬的"五等爵制"也有一定影響。但是"公""侯"二者均非爵位，在實際上也並未形成嚴格的、系統性的等級差別。因爲"公"的實際政治地位與其名稱的尊貴感要高於"侯"，故西周時期建立的畿外諸封國之國君，自春秋早期始，即均漸以"公"爲稱，生稱"某（國名）公"，從而成爲春秋列國多數國君的通稱。而其開端很可能即周平王命衛武公爲"公"。

（四）西周時期畿外封國的國君，除被命爲"侯"，以"某（國名）侯"爲稱外，有相當一部分屬於《左傳》僖公二十四年所謂"文之昭""武之穆""周公之胤"的姬姓封國，其始封國君是以"某（國名）"加其在王室中的行輩爲稱的，即多稱爲"某（國名）叔"及"某（國名）仲"，此種稱謂顯示出這些分封出去的王室近親貴族與王室之間尚未脱離的親屬組織關係與宗法關係。自其繼位者第二代國君時，在稱謂上多會稱"某（國名）伯"，這表示此時的封君家族已在實際上擺脱了與王室的宗法關係，並奉始封君爲宗族之祖，建立了自己相對獨立的宗法系統。此正合乎周人的宗法制度，所謂"別子爲祖，繼別爲宗"（《禮記·大傳》）。國君所稱"某（國名）伯"之"伯"，表示的是其在這個貴族家族内的宗子地位，對於以其貴族家族爲核心所建立的封國，此稱謂自然亦就是國君之稱。這種性質的"伯"稱，顯然亦非像所謂

"五等爵"那種表示政治等級地位的爵稱,與"侯"之間絶無等級系統上的聯繫。至於西周時期畿外異姓封國(或周人封國之附庸國),其國君未受命爲"侯"者,即以其在家族内作爲族長的稱謂爲稱,多稱"某(國或氏名)伯"。

(原載《兩周封國論衡——陝西韓城出土芮國文物暨周代封國考古學研究國際學術研討會論文集》,上海古籍出版社,2014 年)

房山琉璃河出土之克器與
西周早期的召公家族

　　房山琉璃河遺址位於北京西南 45 公里。經過近二三十年來對此遺址的勘察與發掘，已探明該遺址包括一座城址與其東面的大面積的墓地（分爲二區，Ⅰ區在城址東，京廣鐵路西；Ⅱ區在Ⅰ區東南，京廣鐵路東）。墓地中所出許多青銅器上有"匽侯"字樣，證明該遺址確屬召公所封燕國。1996 年在屬西周早期的 G11 區 108 號灰坑中出土數十片施有方鑿的卜骨，其中兩片上分別刻有"成周""用貞"，還有一片刻有四個字。由於出自早期灰坑，因此可證明城址的建立當不早於成周建成，亦即不早於成王時期，應即是召公封燕後方始建。

　　琉璃河墓地出土的燕器按作器者身份大致可分爲兩類：一類是屬於周人，即分封的主幹勢力的；一類是屬於臣服於周人的殷遺民的，這可從有銘銅器所署族氏名號得知，如Ⅰ區 M52、M53 墓主人。關於後者以往已有不少學者論述過。在屬於周人的青銅器中最重要的器物即是已爲大家所了解的克罍（《銘圖》13831）、克盉（《銘圖》14789）。二器出土於Ⅱ區 M1193，該墓形制別致，其墓室長 7.68、寬 5.25—5.45 米，深達 10 米。在四角各設一斜坡"墓道"（?），①二器銘文基本相同，②其文曰（原篆已隸定爲現今通行文字）：

　　　王曰：大保，惟乃明乃心，享于乃辟，余大對乃享，令（命）克侯于匽，旆（事）羌、髟、叡、雩、馭、微。克🔲匽，入土眔厥嗣（司），用作寶尊彝。

　　心作🔲或作🔲、🔲，與🔲作🔲或🔲有别。"惟乃明乃心"似應作一句讀。"明乃心"亦見於宋代著録於《歷代鐘鼎彝器款識法帖》的師詢簋（《集成》4342）與宋代著録於《考古圖》之

---

① 四角斜坡很窄（上口寬 1 米左右，下底寬 0.5 米左右），發掘者對此種形式的斜坡是否屬於墓道也有不同看法。也可能是爲了往墓室中置放棺椁之便而設。
② 不同處在於倒數第六字罍作"厥"，而盉作"又"，疑"又"是"厥"之訛。

668

塱盨(《集成》4469)。師詢簋銘文記王對師詢曰："敬明乃心,率以乃友,干吾王身。"塱盨銘文亦記"王曰'塱,敬明乃心,用辟我一人'",與本銘語句更相近。"明"是動詞,作"敞明""表明"講。前一"乃"字可能確是作"你"解,李學勤先生有此説可從。① "享于乃辟","享"據《説文》可讀爲"獻",是説大保敞明其心,將此心敬獻于君(周王),"余大對乃享"是王表示要答對大保之忠心。"令克侯于匽","克"還是作人名理解爲宜。"王令"某人"侯于"某地之句,金文有幾個類似的例子,②釋"克"爲"能够"於此難通,況且前面還有"令"字。大保應是指召公,學者間無異議。像周公一樣,召公本人也並未實際就封,而是以其元子就封,③克當爲其元子,即第一代燕侯。

"命克侯于匽"後面一句,考釋者多有分歧,"羌"是殷墟卜辭中最多見的商人敵對族群。"戲""微"在殷墟卜辭中也可以見到,"戲"稱"戲方"(《合集》27994—27996、36528 反,《屯南》3655),"微"也是商人征伐對象(《合集》6986、28029)。所以將"羌"至"微"理解爲六支族屬還是有一定道理的。"事"讀爲"使",役使、治理也。是講克侯於匽,治理此六族之衆,六族中有的(如羌)可能是隨克受封的,有的也可能是土著族。"克🈲匽"中間一字或從止,但不能確識,當是言受封至燕。"入土罙厥司","入"讀爲"内"即"納",即是講克至燕後接納其土地與其職事(侯)。

召公受封於燕而元子就封不大可能在武王時,當是周公東征後之事,陳公柔先生指出"銘稱太保,是時王當爲成王",④這是對的。《尚書‧君奭》言"召公爲保,周公爲師,相成王爲左右",皆可爲證。與克器同時出土的有銘"成周"二字的戈(M1193:48)説明 M1193 不早於成周建成。

如果克器可證明第一代燕侯是克,⑤則自然涉及到對周初召公家族及其世系的看法,這是一個以往即頗有爭議的問題。日本住友氏藏有一件匽侯旨鼎(下稱匽侯旨鼎一),曾由《海外吉金圖録》(二)(《銘圖》2203,圖一)著録,銘文曰:

匽侯旨初見事于宗周,王商(賞)旨貝廿朋,用作又(有)始(姒)寶隩(尊)彝。

潘祖蔭《攀古樓彝器款識》(1.14)亦著録一件匽侯旨鼎(下稱匽侯旨鼎二,《銘圖》1716,圖二),銘文曰:"匽侯旨作父辛尊。"匽侯旨與克是什麽關係? 這又涉及到鼎二中的"父辛"是何人的問題,同屬西周早期召公家族成員所作器亦有爲"父辛"作的,即爲學者們

---

① 李先生舉《尚書‧康誥》"朕心朕德惟乃知"、《君奭》"惟乃知民德"句爲例,見殷瑋璋等:《北京琉璃河出土西周有銘銅器座談紀要》,《考古》1989 年第 10 期。
② 如宜侯夨簋:"王令虎(?)侯夨曰:□侯于宜。"麥方尊:"王令辟井侯㼈,侯于井。"伯晨鼎:"王令㲆侯曰:司乃且(祖)考侯于㲆。"皆是"王令"某人"侯于"某地的例子,與王"令克侯于匽"句式基本相同。
③《史記‧燕世家》:"周武王之滅紂,封召公於北燕。"索隱:"亦以元子就封,而次子留周室代爲召公。"
④ 殷瑋璋等:《北京琉璃河出土西周有銘銅器座談紀要》。
⑤ M1193 所出載有"匽侯舞戈"銘文,同出銅泡也有"匽侯舞"或"匽侯舞易"銘文。舞如是燕侯名已排不進去,疑是作動詞用。

所熟知的以下幾器：

白(伯)𩔨(憲)作召白(伯)父辛寶隣彝。（盉,《頌續》56,《銘圖》14752；圖三）

隹九月既生霸辛酉,才(在)匽,侯易(賜)𩔨(憲)貝金,揚侯休,用作召白(伯)父辛寶隣彝,𩔨(憲)萬年子子孫孫寶光用。大保（鼎,《録遺》94,《銘圖》2386；圖四）

白(伯)穌作召白(伯)父辛寶隣鼎（鼎,《銘圖》1900；圖五）

穌作召白(伯)父辛寶隣彝。（爵,《善齋》6.53,《銘圖》8569；圖六）

圖一　匽侯旨鼎(《泉屋博古館·中國古銅器編》,2002 年)

圖二　匽侯旨鼎(陳佩芬《夏商周青銅器研究》196)

670

蓋銘　　　　器銘

圖三　伯憲盉(《銘圖》14752)

圖四　憲鼎(《銘圖》2386)

圖五　伯龢鼎(《銘圖》1900)　　　　　　圖六　龢爵(《故宮青銅器》127)

　　以上前二器(圖三、圖四)屬於山東壽張梁山七器中的兩件,由此兩件憲器銘文可知憲亦是召公家族成員,因此,匽侯旨鼎中的"父辛"應即是憲鼎中的"召伯父辛"。"召伯父辛"

671

之伯是封土内君長之稱，也同時是家族内表行輩之親稱，實亦即宗子，召伯即召氏之宗子。唐蘭先生在爲匽爵作注釋時言："此召伯父辛，不是召公奭，應是召公之長子，爲第一代燕侯，所以匽侯旨鼎只稱父辛。"①但這樣講與憲鼎銘文的内容是有矛盾的，憲鼎銘中言"在匽"，説明憲本人並非屬就封於燕的作爲燕侯召公元子一支，而且銘末署"大保"，也説明他屬於以召公官職"大保"爲稱的召公後裔諸族之一支。② 如果"召伯父辛"是第一代燕侯，憲似乎無由爲其作器。所以"召伯父辛"必是召公家族中匽侯與憲這兩支的共同先人。

有的學者提出，憲鼎稱召公爲"召伯父辛"，加"召伯"二字，與旨只稱"父辛"有别，説明憲非召公親子，只是侄子。③ 但憲鼎銘末既署"大保"，而大保之職必然是召公親子之一支所承繼，似不可能是侄子。

現在來看一下稱"父辛"與"召伯父辛"的幾件銅器的時代：

匽侯旨鼎二(圖二)，已顯垂腹，口沿下雙弦紋中夾乳釘紋，屬素樸作風一類，當屬西周早期偏晚。④

憲鼎(圖四)，是垂腹程度甚劇的立耳鼎，與匽侯旨鼎二年代相近而稍晚。

伯憲盉(圖三)，鼓腹、四足分襠已不明顯，管狀流尚不甚長，年代定在西周早期偏晚是可以的。

伯龢鼎現藏北京故宫博物院，器形圖像尚未著録(圖五)。⑤ 承蒙劉雨先生幫助，得知此鼎雙立耳、柱足，中腹而傾垂，形近於憲鼎，年代當近同。

龢爵(圖六)，雙柱已接近鋬上，年代亦當在西周早期偏晚。

以上五器，特别是前二器中"父辛"之辛均寫作Ŧ，此種寫法流行於西周早期偏晚昭王至西周中期偏早穆王時。

綜合以上情況，如果將"召伯父辛"理解爲是召公是較爲合宜的。召公長壽，據文獻記載，至康王時猶存，⑥可能殁於康王後期。上述稱"召伯父辛"的銅器年代都可以晚到西周早期偏晚，即康王後期至昭王時期。實際上也只有召公才是燕侯一支與召氏(或稱太保氏)一支兩支需共同尊奉的先人。召公之子稱其爲"召伯父辛"，近似於宜侯夨簋稱其父爲"□公父丁"(□字不清，或讀"虞"，或讀"虎"，《集成》4320)，不同處在於"召伯"之伯是召氏封土内君長與召氏宗族宗子之稱，有親稱成分，□公則是尊稱，但"伯""公"前一字皆是

---

① 唐蘭：《西周青銅器銘文分代史徵》，中華書局，1986 年。
② 關於這一點唐蘭先生亦提到了，見注①引書，但是他似乎未綜合考慮伯憲與他認爲是第一代燕侯的"召伯父辛"的關係。又，陳夢家：《西周銅器斷代》三(《考古學報》1956 年第 1 期)，考釋憲鼎銘文時，將末句"憲萬年子子孫孫寶光用。大保"中後四字連讀爲"光用大保"，這樣讀顯然是不合適的，"用光"某某可通，"光用"某某則不可通。白川靜《金文通釋》已指出此點，並舉出銘末署"大保"的銘文數例證明"大保"屬於"族的標識"。
③ 陳平：《燕史紀事編年會按》上册"燕君紀事三，召公(下)"，北京大學出版社，1995 年，第 148 頁。
④ 拙著《古代中國青銅器》(南開大學出版社，1995 年 6 月)第十一章中將此鼎定爲西周早期偏早，不晚於康王時，不甚準確，需要修正。
⑤ 按：今已著録，見《銘圖》1900，即圖五。
⑥ 《論衡·氣壽》言召公"至康王之時，尚爲太保"。

氏名。

如果是這樣,則燕侯旨、伯憲當是兄弟輩,同屬召公之子。憲鼎銘中所言易憲貝金的燕侯可能即是旨,伯憲稱"伯",應是召公卒後以"大保"爲氏稱的召氏一支宗子,但從鼎銘中看,其在家族內地位要低於匽侯,這可能是因爲燕侯爲召公家族內元子一支,而太保之召氏是次子一支,在家族內仍有大小宗區別之關係。燕侯旨不稱"召伯父辛"只稱"父辛",是因爲匽侯一支已另立宗氏,不再屬於召氏,故不再稱"召伯父辛",以表示與召氏名義上的脫離。伯憲(及伯龢)在"父辛"前加稱"召伯",則是强調其分支家族與召公的關係,意欲表明其爲召公之後。

克已由琉璃河 M1193 出土之克器證實其爲召公之子,而旨亦稱召公爲"父辛",是二人的關係只能是兄弟。克當是元子,與旨亦是兄弟。克爲第一代燕侯,旨可能是作爲克弟隨同克至燕依附於此燕侯家族,後繼任爲第二代燕侯。匽侯旨鼎一是鬲鼎,形制較早,可早到成王時,鼎銘曰:"匽侯旨初見事于宗周",是記旨剛繼侯位不久赴宗周朝見周王的事,作鼎時間當在朝見後不久,亦即繼位不久。如此則克任燕侯時間並不久。

存在的問題是伯憲與伯龢的關係。皆稱"召伯父辛",也是兄弟輩,但如均屬召公本支之召氏,不可能兩人皆稱"伯",而且伯龢所作器中尚未有署"太保"氏名的,則伯龢或可能是召公諸子中燕侯、大保氏以外另一自立分支家族之長。[1] 由這些情況看,西周時期一宗族中凡宗氏或獨立分支家族之長皆可在私名前加"伯"。"伯某"之"伯"未必皆是按諸兄弟間親屬關係統一排的行輩。

綜言之,西周早期召公家族之親屬關係應是:

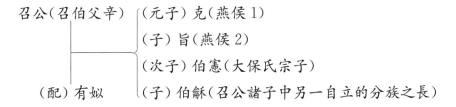

(原載《遠望集——陝西省考古研究所華誕四十周年紀念文集》,

陝西人民出版社,1998 年)

---

[1] 按:是否爲畿內召氏尚未可知。

大保鼎與召公家族銅器群

一、大保鼎與成王方鼎

現藏天津博物館的大保鼎(《銘圖》1065,圖一),是一件西周早期的青銅重器,其内腹壁上有"大保鑄"三字銘文,大保即是召公。大保鼎的形制富有時代性,又非常有特色,其造型雖然仍保持殷末方鼎的大致形制,但腹底平,不似殷末商式方鼎腹底多已微凸,特別是四柱足,相對於甚淺的鼎腹來説,尤爲細長而挺拔,使整個鼎形顯得極端高聳而有尊貴感。

圖一　大保方鼎(康王時,現藏天津博物館)　　　圖二　江西新干大洋洲商墓出土大方鼎(XDM:8)

大保鼎的特色還表現爲雙耳上各有二相向的伏獸。此前,耳上伏獸的造型只見於屬商後期的江西新干大洋洲出土的銅器,如大方鼎(圖二),但大洋洲器雙耳上各自所立的均是單獸。

該鼎另一可稱爲特色的是,其四柱足中部鑄接有四個帶鱗片紋的圓環,這在現存西周器物中更是絕少見到,此種構造近同於所謂"鼎形溫食器"中的一種(在三足上接有可承接炭火盆的橫扉),圓環也是爲了架設炭火盆以加熱鼎實。

大保鼎在造型上體現出的特色藝術,證明周人在克商前,應已有了反映自己族群的審美意識的青銅器工藝。

與大保方鼎形制有某些共同處的是現藏美國納爾遜美術館的成王方鼎(《銘圖》1064,圖三)及現藏於舊金山亞洲藝術館的歔緣方鼎(《銘圖》2345,圖四),它們均是西周早期的器物。此所謂"成王方鼎"是爲祭成王所作鼎,並非成王所鑄鼎,與通常以作器者名器名之原則不合,故嚴格而言,或可稱"成王尊"方鼎。兩件鼎的耳上亦均有雙相向伏獸的附飾。

圖三　成王方鼎(康王時)

圖四　歔緣方鼎及銘文(西周早期)

西周早期有作册大方鼎(《銘圖》2393,圖五),其銘文曰:

　　公來曡(鑄)武王、成王異鼎,隹(惟)四月既生霸己丑,公賞作册大白馬,大揚皇天尹大保窒,用作祖丁寶隣(尊)彝。隽册册

圖五 作册大方鼎（現藏華盛頓弗利爾美術館）

陳夢家先生曾以爲，此作册大方鼎銘文所提到的召公所鑄祭祀武王、成王的異鼎，可能就是大保鼎與"成王尊"方鼎，[1]但二者形制雖近同，仍有差異，而且其大小亦有較大的差别，大保方鼎高達57.6厘米，而"成王尊"方鼎高僅有28.5厘米。故陳先生又說"這兩鼎(按，即指大保方鼎與"成王尊"方鼎)原非一對，但原來或有'大保鑄''武王奠'和'大保鑄''成王奠'的兩對，異鼎之異或是比翼之義"。[2]

召公所鑄的武王、成王鼎確可能如陳先生所言，是兩對方鼎，即：

"大保鑄"(A1)　"武王尊"(B1)
"大保鑄"(A2)　"成王尊"(B2)

也許我們見到的僅是 A1 與 B2。

召公長壽，其在成王故去後仍在世。《論衡·氣壽》言召公"至康王之時，尚爲太保"，故召公可爲二王作器，作器時間自然應是在康王時。因而大保方鼎、"成王尊"方鼎皆可以此斷定爲康王時器。

二、關於"梁山七器"

大保方鼎據傳在清代出土於山東壽張東南之梁山縣(今山東梁山，鄆城縣東北)，同出有七器。楊鐸《函清閣金石記》曰："濟寧鍾養田(衍培)近在壽張梁山下得古器七種：鼎三、彝一、盉一、尊一、甗一，此(按：指寷鼎)其一也，魯公鼎、犧尊二器，已歸曲阜孔廟。"方濬益《綴遺》則記曰："咸豐間山左壽張所出古器凡三鼎、一簋、一甗、一盉，其銘皆有'大保'及'召伯'等文，許印林(瀚)明經定爲燕召公之器，而以出山左爲疑。"

---

① 陳夢家：《西周銅器斷代》67 作册大方鼎，中華書局，2004 年，第 93 頁。
② 陳夢家：《西周銅器斷代》67 作册大方鼎，第 93 頁。

綜合以上說法,此所謂梁山七器比較可能的内涵應包括:

1. 宔鼎　隹九月既生霸辛酉,才(在)匽,侯易(賜)宔貝、金,揚侯休,用作召白(伯)父辛寶障彝,宔萬年子子孫孫寶光用。大保(《銘圖》2386,圖六)

2. 大保方鼎　大保鑄。(圖一)

3. 有"大保"或"召公"字樣的鼎一(下落不明)。

4. 大保簋　王伐彔子聖,叡厥反,王降征令于大保,大保克敬亡(無)罶(譴),王侃大保,易休余土,用茲彝對令(命)。(《銘圖》5139,圖七)

5. 伯宔盉　白(伯)宔作召白(伯)父辛寶障彝。(《銘圖》14752,圖八)

6. 小臣俞犀尊　丁巳,王省夒,享,王易(賜)小臣俞夒貝。隹王來征人(夷)方。隹王十祀又五肜(肜)日。(《銘圖》11785,圖九)

7. 大史吾甗　大史吾作召公寶障彝。(《銘圖》3305,圖一〇)

圖六　宔鼎及其銘文(約康王末至昭王時期,現藏清華大學圖書館)

圖七　大保簋及銘文(約成王時,現藏華盛頓弗利爾美術館)

圖八　伯憲盉及其銘文（約康王末至昭王）

圖九　小臣俞犀尊及其銘文（商末器，現藏舊金山亞洲藝術館）

圖一〇　大史虘甗及銘文（康王末至昭王，現藏日本泉屋博古館）

　　以上七器中,除第六器小臣俞犀尊外,餘六器從銘文可知均當爲召公家族器。但此六件器物並非同時之器,憲鼎已作垂腹狀,飾雙弦紋,其年代應已至康王偏晚至昭王時,伯憲盉年代亦當相同。大保鼎,應屬康王時器。大史各甗已爲召公作器,則不會早於康王晚期,或即在康、昭王之際。大保簋銘文記"王伐录子聖",學者多以爲"录子聖"即商王帝辛(紂)之子"录父",應在成王時,是召公較早時所作器。

　　此七件器中,召公自作器當是被作爲先人之禮器遺存於其家族,除小臣俞犀尊有可能是召公東征所獲戰利品外,餘六件均屬召公家族器,應是由召公後人伯憲或大史各集合在一起的。但召公家族之器,何以會在山東梁山出土,其實情已難以得知,或有召公後裔分封至此。

　　陳夢家先生認爲"梁山七器"中的犧尊,即是現存日本白鶴美術館的另一件大保自作器大保鳥形卣(圖一一,《銘圖》12836),[1]但據白鶴美術館記錄,此卣"傳河南省濬縣出土",如是,則與衛國有關。不在七器之中。

圖一一　大保鳥形卣及銘文(日本白鶴美術館藏)

三、召公器群與召公家族

　　梁山七器中的憲鼎銘文對於了解召公家族之構成非常重要。該銘末之"大保"即是憲的氏名,憲以召公官職爲氏,證明憲即是召公之後人,屬召公家族之一支。但大保氏是否即畿内召氏,似還不能確定,可能是召氏另一稱呼,但似乎更可能是與畿内召氏平行的另一個召公家族支脈。

　　召公曾受封於燕,有房山琉璃河燕國墓地 M1193 出土的克罍(《銘圖》13831)、克盉(《銘圖》14789)二器銘文(圖一二、圖一三)爲證。其銘文有曰:

　　　　王曰:大保,惟乃明乃心,享于乃辟,余大對乃享,令(命)克侯于匽。

　　"侯"在當時是王朝派駐邊域兼有封君身份的軍事長官,由此銘得知,"克"是第一代燕

---

① 陳夢家:《西周銅器斷代》23 大保簋,第 44、45 頁。

圖一二　克罍及其銘文（成王時，現藏首都博物館）

圖一三　克盉及銘文（成王時，現藏首都博物館）

侯。在西周早期，王朝常册封重要的姬姓貴族作畿外封君，受封者多是家族之長子，而次子留居王畿，世代任王朝卿士，如魯國伯禽爲周公長子，受封爲魯侯，周公次子一支，則世代居王朝，爲“周公”。因此外封的一支在家族内擁有較高的宗法地位。在宪鼎銘中可見宪作爲召公後代，到了燕國，受燕侯賞賜，要揚燕侯之休，顯然在召公家族内，燕侯的宗法地位要高於宪。所以如此，即當是因爲在召公家族内，燕侯一支是召公長子所立，宪所在之大保氏則爲小宗分支，宪雖未必在政治上受命於燕侯，但在本宗族内自當尊奉燕侯在召公家族内的地位。

　　宪鼎銘文中另一值得注意的問題是，宪所爲作器者是“召伯父辛”。上舉“梁山七器”中的伯宪盉也言“伯宪作召伯父辛寶隣彝”。“召伯父辛”究竟是何人？

　　在召公家族器群（即召公家族成員所作青銅器）中，以下諸器也是爲“召伯父辛”或“父辛”所作：

白（伯）龢作召白（伯）父辛寶隣鼎。（鼎，現藏故宮博物院，《銘圖》1900；圖一四）

龢作召白（伯）父辛寶隣爵。（爵，現藏故宮博物院，《銘圖》8569；圖一五）

匽侯旨作父辛尊。（鼎，現藏上海博物館，《銘圖》1716；圖一六）

旨作父辛彝。（壺，香港私人收藏；圖一七）①

圖一四　伯龢鼎及其銘文（約康王時，故宮博物院）

圖一五　龢爵及其銘文（約康王時，故宮博物院）

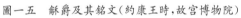

圖一六　匽侯旨鼎及銘文（約康昭之際，現藏上海博物館）　　圖一七　旨壺（約康昭之際，現存香港私人藏家）

　　以上四器從形制看，匽侯旨鼎已顯垂腹，作風素樸；伯龢鼎亦已顯垂腹；龢爵腹微垂，雙柱已接近鋬上；（匽侯）旨壺已屬橄欖形。以上諸器年代均當在康王晚期至昭王時期，即康昭之際。

　　匽侯旨所作器，還有一件鬲鼎（《銘圖》2203），今藏日本泉屋博物館（圖一八），其形制

① 御雅居：《吉金御賞》，香港，2012年，第76頁。

屬西周早期偏早,亦當成王時,與克罍、克盉年代相距較近。匽侯旨繼克爲匽侯的時間既亦在成王時,那麼克爲匽侯的時間即較短。旨爲其子或爲其弟的可能都存在。

圖一八　匽侯旨鼎及銘文(成王時期,日本泉屋博物館)

匽侯旨與前引克罍、克盉銘文所見第一代匽侯克的關係,是父子還是兄弟,也與“召伯父辛”爲何人有直接關係。唐蘭先生曾認爲召伯父辛“應是召公之長子,爲第一代燕侯,所以匽侯旨鼎只稱父辛”。[①] 但如果是這樣,非屬匽侯支系的伯憲(屬大保氏)、伯龢(可能屬畿內召氏)即不大可能爲已從召氏分出去另立宗氏的畿外封君匽侯作器。所以唐先生説的這種可能似當排除。如此,“召伯父辛”的身份只有兩種可能性:

其一,“召伯父辛”只是伯憲、伯龢的父輩,並非“匽侯旨”所爲作器之“父辛”。那麼召公家族的世系關係即是:

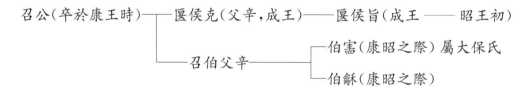

除召公外,括號中的年代均是根據所製青銅器的年代確定的。“召伯父辛”是留在畿內的召氏宗子,由於匽侯一支已獨立於召氏之外,召氏自成宗氏,故召氏宗子可以“伯”爲稱。這一種可能的世系關係存在的問題是:史載召公長壽,應在康王時才去世,從伯憲與伯龢所作器來看,他們活動的年代都會早到康王,這樣“召伯父辛”作“召伯”的年代即會過短。此外,匽侯克與其同輩的“召伯父辛”皆用共同的日名“辛”,也過於巧合。

其二,“召伯父辛”亦即是匽侯旨所爲作器之“父辛”,是召氏、大保氏與匽侯這一支共

① 唐蘭:《西周青銅器銘文分代史徵》,中華書局,1986 年,第 148 頁。

同尊奉的先人，則這共同的先人只能是召公。匽侯旨所以只稱"父辛"而不稱"召伯父辛"，當是由於匽侯一支雖在理論上仍屬召公家族，但西周時畿外封君實質上已是另立宗氏，不再以召氏爲稱，故雖仍要爲召公作器，而名義上已不再屬於召氏，因此亦不再稱召公爲"召伯"，只稱爲"父辛"，以示與召氏名義上的脱離。而伯憲以召公官職大保爲氏，稱召公爲"召伯"，亦是强調其家族與召公、召氏的關係。"召伯父辛"如是召公，則匽侯旨亦是召公之子，應該是作爲召公長子的首任匽侯克之弟。

但是召公是否可以稱"召伯"，還需要討論一下。近年來發現的覒公簋(《銘圖》4954)銘文(圖一九)曰：

　　覒公作竷姚簋，遣于王令易(唐)白(伯)侯于晉。唯王廿又八祀。[1]

圖一九　覒公簋及其銘文(《考古》2007年第3期)

此唐伯即是第一位晉侯燮父，爲唐叔虞之子。唐叔並未稱"唐伯"而是仍以在王室内輩分"叔"爲稱，亦表其尚遵從王室内宗法制度，持小宗身份，其家族尚未完全從王室中分立出來。而自其子燮父這一代始，其家族才正式從所出的王族中脱開獨立爲宗，故燮父可以"唐伯"爲稱。此應該即是《禮記·大傳》中講周代宗法制時所云"别子爲祖，繼别爲宗"。由此簋銘可知，西周時出身王室的始封君之第二代可以稱"某(國名或氏名)伯"。[2] 召公可以稱"召(氏名)伯"，顯然也應是封於召(畿内地名)的封君的第二代。這説明，召公不會是武王的親兄弟。

召公非武王親兄弟，只是從兄弟，也和史籍記載相合。《史記·燕召公世家》曰："召公奭與周同姓，姓姬氏。"司馬遷在《史記·魯周公世家》中記周公時則曰"周公旦者，周武王弟也"，明顯與講召公時的筆法不同。《燕召公世家》集解引譙周曰："周之支族，食邑於召，謂之召公。"這些記載皆可證召公非武王同胞兄弟。北大漢簡《周馴》言文王有子四人，應即是指親子。

召公可稱"召伯"，亦見《詩經·召南·甘棠》："蔽芾甘棠，勿翦勿伐，召伯所芳。蔽芾甘

---

① 拙作《覒公簋與唐伯侯于晉》，《考古》2007年第3期。
② 按：請參見拙文《關於西周封國君主稱謂的幾點認識》，亦收入本書。

棠,勿翦勿敗,召伯所憩。蔽芾甘棠,勿翦勿拜,召伯所説。"毛傳曰:"召伯,姬姓,名奭,食采於召",孔穎達疏云:"經三章皆言國人愛召伯而敬其樹,是爲美之也。"《史記・燕召公世家》亦言:"召公巡行鄉邑,有棠樹,決獄政事其下……召公卒,而民人思召公之政,懷棠樹不敢伐,哥詠之,作《甘棠》之詩。"如此,則《甘棠》所頌"召伯"必是召公。是召公確亦稱"召伯"。

這樣,在認定"召伯父辛"即召公的情況下,召公家族結構及其與周王室的關係,即可以示意如下:

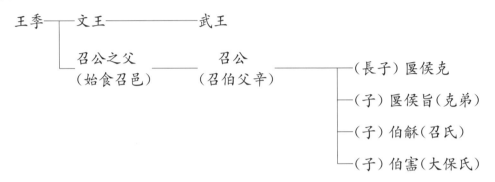

召公後裔留在王畿内世爲"召公"者,其家族即稱召氏,唯伯龢是否確屬此召氏,未可確知,暫置於此。另一稱"大保"氏的一支,如上文所述,其是否爲召氏另一別稱,尚不能定,此亦暫與召氏區別,作爲與召氏平行的另一支。現存青銅器中除上面所提到的外,尚有其他西周早期屬於大保氏的貴族所製器,如:

禰方鼎(《銘圖》1863) 禰作隤彝。大保(圖二〇,現藏日本黑川古文化研究所)。

圖二〇 禰方鼎及銘文(現藏日本黑川古文化研究所)

𦧎戈(《銘圖》16494) "大保"(内一面),"𦧎"(内另一面)(圖二一,洛陽北窰西周墓地 M161：5)

𦧎戟(《銘圖》16495) "大保"(内一面),"𦧎"(内另一面)(圖二二,河南濬縣辛村出土,現藏華盛頓弗利爾美術館)

内另一面　　　　　　内一面

圖二一　𦧎戈及其銘文(洛陽北窰西周墓地 M161：5)

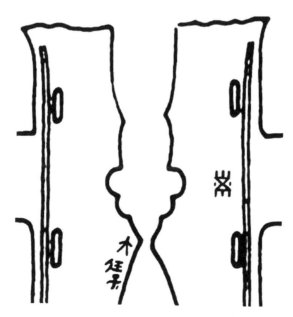

圖二二　𦧎戟(河南濬縣辛村出土,現藏華盛頓弗利爾美術館)

　　無論以上兩種可能何種爲是,都存在一個問題,即"伯害"與"伯龢"皆爲"召伯父辛"作器而均可稱"伯",這點實不好理解。"伯龢"如是召氏,或即召氏宗子,自然可稱"伯"。伯害與伯龢二人只能是兄弟,但均可稱"伯",或説明此種情況下所使用的"伯"非爲兄弟輩分之稱。屬大保氏之伯害之所以亦可稱"伯",似是因爲大保氏已獨立,大保氏與召氏就像匽侯一支一樣,亦已獨立於召氏外了,成爲一獨立宗族,故作爲其族長之害,亦可稱"伯"。這類"伯"稱,亦可以認爲是獨立的家族族長之稱,而非親稱。

　　由以上大保方鼎而討論及召公器群,又進而論及召公家族世系,因而牽涉到西周封建家族與宗法制度的若干重要問題,由於資料限制,所論仍有一些推測之處與不盡明白之處,均有待再做更深入的探考。由以上論述亦可知,西周青銅器與作爲"出土文獻"之一種的青銅器銘文,對於西周歷史研究的重要價值,當然這種價值需要我們對這些器物所附載之信息做深層次的鈎沉來體現。

　　　　　　　(原載《叩問三代文明——中國出土文獻與上古史國際學術研討會論文集》,
　　　　　　　中國社會科學出版社,2014 年)

覘公簋與唐伯侯于晉

　　覘公簋爲一件在香港私人收藏家處所見青銅盆形腹簋(圖一)。其口微外侈,方沿平折,腹較淺且稍外鼓,略顯束頸,圈足較高,直足壁微鼓,雙獸首半環形耳的下部有圓角長方形小珥。頸部紋飾帶的正、背面中間均有對稱的獸首,獸首兩側各有兩渦紋(正、背面共有 8 個),渦紋與獸首之間飾對稱的"立刀形"紋(實際上是龍紋肢體變形),渦紋間夾以顧首龍紋;腹部飾豎條棱紋;圈足紋飾帶的正、背面中間有對稱的低平的雙"立刀形"突棱,兩側各飾兩個對稱的勾喙變形夔龍紋(正、背面共有 8 個);頸與圈足的紋飾帶上下均界以凸弦紋。此器口徑 18、底徑 13.6、高 12、兩耳之間寬 21.6 厘米。

圖一　覘公簋器形

　　簋腹內底部有銘文四行共二十二字(圖二、圖三),現將其釋文寫定如下。

圖二　覘公簋銘文照片

圖三　覘公簋銘文拓本

　　　　覞公乍（作）夔（妻）姚

　　　　毀（簋），遘于王令（命）

　　　　易（唐）白（伯）侯于晉，

　　　　唯王廿又八祀。⋈

　　下面，先對銘文本身作簡單的考釋，再來討論相關的問題。

　　作器者覞公，"覞"字在以往金文中未見，不能確識。但從"見"之字，多取與之相合的偏旁字爲聲，則此字應是從見、夋聲的字。或即從爻聲。"爻"聲母爲匣母，從"堯"得聲的字如"曉""嬈"皆爲曉母，匣、曉均爲喉音，極相近，而"爻""堯"韻部又皆屬宵部，所以爻與堯音近同。又《類篇》"覺"字古文作"恖""恖"，顯然是從"爻""交"得聲的兩個形聲字。惟"覺"字上古音爲見母、覺部韻，"爻"爲匣母、宵部韻，聲母相近，而覺、宵二韻有隔。但《說文解字》謂"覺"從"學"省聲，而"教"的篆文又作"學"，先秦典籍中"教""學"二字亦常通用，"教"則從"爻"得聲，這說明"覺""學""爻""教"諸字上古音讀可能皆近同，故《類篇》"覺"字古文從"爻"得聲。據上述資料頗疑"覞"即"覺"字，依音或可讀爲"堯"字，如是則"覞公"即"堯公"，是屬地在堯或以堯爲氏的貴族。但銘文之末有族氏名號⋈，此名號見於商晚期金文，所以不能排除此覞氏屬於商遺民。

　　夔，從妻，齊聲，即妻字。

　　姚字在本銘中應隸定作"娞"，但"姚"字所從之"兆"實際上是由"娞"所從之"涉"訛變而來，學者已有明辨。[1] 姚是古姓，《說文解字》云："虞舜居姚虛，因以爲姓。"段玉裁注曰："《帝王世紀》云：'舜母名握登，生舜於姚虛，因姓姚氏也。'《世本》：'舜姓姚氏。'"

　　"妻姚"，即姚姓之妻，爲覞公之配偶。"覞公作妻姚簋"，說明是覞公爲其夫人作禮器，或可能是祭器。商周銅器銘文中多見男性家族長爲其夫人作祭器之例（多用以祭其母，即其妻之婆婆）。[2] 當然，也不排除可能是生活用食器。

　　"易"，在此當讀爲唐。殷墟卜辭中，受祭之先王"唐"即"湯"。易伯，即唐伯。春秋時期的晉公盤（《集成》10342），稱唐叔爲"我皇祖郖公"，唐實際上仍寫作易。《史記·晉世家》："周公誅滅唐"，成王"於是遂封叔虞於唐。唐在河、汾之東，方百里，故曰唐叔虞。……唐叔子燮，是爲晉侯。"《漢書·地理志》"太原郡晉陽縣"條下云："故《詩》唐國。周成王滅唐，封弟叔虞。"鄭玄在《詩譜·唐譜》中稱"唐者，帝堯舊都之地，今曰太原晉陽

① 董蓮池：《金文編校補》，東北師範大學出版社，1995年，第476頁。按：沈培先生認爲此簋"姚"字所從非"涉"字而是"兆"字。此"兆"字水旁兩邊並非二"止"而是二"人"形，這是目前所見時代最早的"姚"字。因此，"姚"字字形的演變應是由水旁兩"人"形演變爲兩"止"形。簋銘"姚"字所從水旁兩"人"形可以與甲骨文中水旁左右從"人"形的"兆"字相聯繫，證明于省吾先生所云"兆"字本象兩人背水外向而逃的看法是正確的。西周金文中"兆"字二"人"形變成"止"的時間不晚於西周中期，變成"止"後，才與"涉"相似。見所撰《從西周金文"姚"字的寫法看楚文字"兆"字的來源》，收入張光裕、黃德寬：《古文字學論稿》，安徽大學出版社，2008年。
② 拙文《論商周女性祭祀》，見《中國社會歷史評論》第1卷，天津古籍出版社，1999年。

是"。鄭玄説唐是在太原晉陽,是不對的,諸家早已指出此點,但其言唐在堯之舊地,則是值得注意的。《晉世家》正義引《括地志》則曰:"故唐城在絳州翼城縣西二十里。"從上述文獻來看,叔虞雖被封於唐,雖是晉國公室始封的先祖,但未稱晉侯,是時也當未有稱"晉"的國家,故而春秋時期的晉公盨仍稱唐叔虞爲"釂(唐)公"。始稱晉侯的是其子燮父。本銘文中受命"侯于晉"的唐伯,應即是指燮父,由此亦可知燮父在侯於晉前稱"唐伯"。

"遻于王命唐伯侯于晉"一句中"遻"是會、遇之意,即覎公爲其妻作此簋之時,正與唐伯燮父被周王封侯於晉之時相合。與此"遻于"含義相同的金文例句,如成王時的保卣(《集成》5415),其銘文有"遻于四方迨,王大祀袚于周。"迨,聚會之意。《尚書‧康誥》:"惟三月哉生魄,周公初基作新大邑于東國洛,四方民大和會。"保卣銘文中的"四方迨"即相當於《康誥》之"四方民大和會"。"遻于四方迨"即正遇到四方所來民之和會,此時的"遻"也可理解爲"正值",這是當時流行的一種以大事記時的方法。

"唯王廿又八祀","祀"雖是商晚期商人紀年習用之詞語,通常認爲是因爲商王室以周祭方法祭先王、先妣,遍祭一周恰值一年,故年亦稱祀。但周人在克商後依然沿襲了此一記時詞語來記王年。如康王時的大盂鼎(《集成》2837),銘末記"隹王廿又三祀",即是康王在位之二十三年。盂是周人貴族,並非商遺民,説明用"祀"記王年,並不是商遺民獨用的習慣語。直到西周晚期周厲王自作簋(即周厲王㝬簋,《集成》4317)在銘文中仍用"祀"來記王年。

根據以上考述,本文所論覎公簋的銘文大意,用現代漢語來講就是"覎公爲妻姚作此簋,其時正值王命唐伯爲侯於晉,即在王廿八祀時"。銘文末尾的"⋈"是覎公家族名號。

在以上簡要考證的基礎上,再來討論幾個相關問題。

第一,覎公爲其妻作禮器,本是家內之事,爲何要以王封晉侯的大事記時? 上文曾經論及,覎公,也可能可以讀爲"堯公",所在堯地或即堯之故墟。覎公本人有可能是商遺民,未必是堯之後裔,只是屬地在堯,故稱。上文還引《詩譜‧唐譜》鄭玄所言唐是堯之舊都。因此,很可能覎公是隨着唐叔封於唐作爲唐叔臣僚而來到此地,而其所分配的屬地在唐這一區域內堯之故居地,遂有覎(堯)公之稱。也正因此,燮父受封於晉爲侯,將遷都於晉,自然對於作爲僚屬的覎公本人也有密切關係,故他在爲妻作禮器時銘記此大事件。此外,覎公之妻名"妻姚",其父族屬舜之後裔。根據史載堯、舜部族的密切關係,妻姚之父族屬地亦當近於唐地,即距鄭玄所言堯之舊都不遠。舜之屬族,史稱"有虞",其具體地望,據《史記‧五帝本紀》集解引皇甫謐云:"舜嬪于虞,因以爲氏,今河東大陽西山上虞城是也。"此虞城一説在今平陸東北。所以,"妻姚"的父族之屬地當時也在晉侯轄域內,或鄰近晉地,覎公爲妻姚作器以晉侯受封記時,可能也與此有關。①

---

① 西周金文資料中與姚姓女子有關的器物已著録有幾件,其中,《集成》2679 銘文作"盧叔樊作易姚寶鼎",此鼎出土於山西長治,屬西周晚期。"易"如亦可讀爲"唐",則也反映了晉地區域內族氏通婚之事。此器可能是盧叔樊爲其女作媵器,即盧氏屬姚姓,其女嫁於易(唐)氏。此唐氏是唐地之族氏,是否爲唐叔後人,不可確知。當然,也可能是盧叔樊爲其妻作器,則易(唐)姚是唐氏姚姓女。比較起來,前一種可能性大一些。

第二，"王命唐伯侯于晉"，對討論晉國名晉之由來有啓發意義。爕父始爲晉侯，但對於"晉"之名的由來，過去有兩説。一説如鄭玄在《詩譜·唐譜》中所云："成王封母弟叔虞於堯之故墟曰唐侯，南有晉水，至子爕改爲晉侯。"鄭樵《通志·都邑略》云："晉都唐，謂之夏墟，大名也，本堯所都，謂之平陽，成王封母弟叔虞於此，初謂之唐，其子爕立，始改爲晉。"兩種文獻所言似是説爕父並没有遷都，仍在舊都唐地，只是因唐地有晉水而改名。①第二説據《説文解字》所稱"晉，進也，日出萬物進"。又有《史記·周本紀》曾記載唐叔虞向周王進獻"嘉穀"。所以，此説認爲晉得名於此嘉穀之進獻。但覬公簋銘文明言唐伯是受王命而"侯于晉"的，根據其他也言及王命某貴族"侯于"某地的西周金文例證可知，被封者皆是從原駐地遷至此受封之地，所爲侯之地是新的封地。這樣看來，第一種未遷都只是改唐爲晉之説，即難以成立了。而第二種進獻嘉穀之説也同時失去其可信性，因爲晉之得名顯然是緣於受封至晉地。而且以上第一説是言晉得名於堯墟即唐南部之晉水，但本銘徑言"侯于晉"，是晉國之得名並不是爕父因晉水而名之，而是原本即有晉地。晉地得名是否緣於晉水，似不能確證。綜上所言，爕父所居晉國都邑"晉"並不在唐叔初封之"唐"舊地，而是其新遷之都。惟今本《竹書紀年》言康王九年："唐遷于晉，作宫而美，王使人讓之。"明言唐遷都至晉，倒是符合本銘所言，只是此文言康王九年遷於晉，如即是指遷晉之年，則因本銘記王廿又八年侯於晉而不可信了。因此，北趙晉侯墓地附近肯定會存在的與之相聯繫的西周晉國都邑並非唐叔所封之唐，也似乎是可以肯定的了。

第三，本銘涉及到的最重要的一個問題，是爕父封侯於晉的年代問題。亦即是説銘文所言"唯王廿又八祀"命唐伯侯於晉的王，究竟是哪個王？

與這個問題直接有關係的是這件銅簋的器形所屬年代。與此件簋形制甚爲接近的是現藏於美國華盛頓賽克勒美術館的緐簋（《集成》4144，圖四），該簋有銘文 37 字（圖五），銘文記戊辰日緐受弜師賞賜。後半部又記年月日與族氏名號爲"在十月一，唯王廿祀劦日，遘于妣戊武乙奭彡一。幸旅"。即説明此受賜之戊辰日正值商王室周祭中以"劦祭"祭武乙配偶妣戊之日。由此可知，緐簋是商末的銅器。兩器形制特徵近同，只是緐簋腹部較深，且更顯圓鼓，圈足相對略高，底部斜張。在紋飾方面，兩器也很相近，均以豎條棱紋飾腹部；特別是頸部紋飾帶，緐簋也是以正、背面對稱的獸首居中，兩側分布渦紋與顧首龍紋，兩器顧首龍紋之形象尤爲相近；兩獸首半環耳上的紋飾亦近似。由此可以認爲，此二器在設計、製作上有出於同一工藝傳統的可能。由這種情況來考慮，覬公簋之年代應當與緐簋較爲接近，就形制而言，屬於商末至西周早期的器形。當然，考慮到銘文内涵與字體，這件簋還是歸屬於西周早期器爲妥。與覬公簋形制基本相同的還有甘肅靈臺白草坡 M1

---

① 《史記·晉世家》"正義"引《括地志》所引徐才《宗國都城記》云："唐叔虞之子爕父徙居晉水旁，今並理故唐城。唐者，即爕父所徙之處……"這裏似乎不是在言爕父徙於晉地，而是言徙居於故唐城之晉水旁。

出土的簋(M1：8)。① 白草坡 M1 年代在西周早期。覘公簋銘文字體手寫感較强，商末周初金文所具有的很强之波折在此銘中已基本不見，而且文字不拘謹，比較開朗。其字體風格與現藏於大英博物館的屬成王時的潶司土送簋接近，而且更爲瀟灑。銘文在布局上仍保持商末周初的形式，即豎成行而橫不成列，每行文字多少不一，字形大小也不一。所以，如就銘文書寫形式看，此器似應當是在西周早期中段時。

圖四　賽克勒美術館所藏鼙簋　　　　　圖五　鼙簋銘文

　　綜合器物形制、銘文所界定的年代及銘文内涵，"唯王廿又八祀"的"王"顯然只能在成王、康王中間選擇。現存文獻只記成王封唐叔虞於唐，但其子燮父是在哪一位王時被封爲晉侯，則未見明確的記載。從道理上講，自然是非成王即康王。但是，無論是此二王中的哪一個，二十八祀的在位年數均牽扯到西周王年與金文曆譜的排定。例如，依照已出版的《夏商周斷代工程 1996—2000 年階段成果報告(簡本)》(以下稱《簡本》)，成王在位年是公元前 1042—1021 年，在位 22 年；而康王在位年爲公元前 1020—996 年，在位 25 年。② 顯然都不能容下此"廿又八祀"了。所以，根據此件簋所記王的年數，有必要對成王或康王在位年數作進一步討論。下面從兩種可能性出發試作簡要分析。

　　(一)"唯王廿又八祀"之王是康王

　　言此二十八年是康王在位年，是否能成立呢？在文獻中可見，燮父活動年代主要是在康王時。例如，《左傳》昭公十二年記楚子對右尹子革言："昔我先王熊繹與呂伋、王孫牟、燮父、禽父並事康王。""呂伋"即齊太公子丁公伋，王孫牟即衛康叔子康伯，禽父即魯

① 甘肅省博物館文物隊：《甘肅靈臺白草坡西周墓》，《考古學報》1977 年第 2 期。
② 夏商周斷代工程專家組：《夏商周斷代工程 1996—2000 年階段成果報告(簡本)》，世界圖書出版公司，2000 年。

伯禽。《北堂書鈔》卷一八"帝王部"引《竹書紀年》曰："晉侯築宫而美,康王使讓之。"今本《竹書紀年》則作:康王九年"唐遷于晉,作宫而美,王使人讓之"。此在康王時的晉侯應當是燮父。

此外,晉侯墓地 M114、M113 的墓主人如按有的學者認爲的那樣是燮父及其夫人,而兩墓年代範圍在西周早、中期之際,M114 略早於 M113,則言燮父主要活動於康王時,與 M114 年代不違背。但是,言此王爲康王,有以下兩點障礙。

其一,上文論及覎公簋之形制與銘文字形特點,依此二因素,蓋器物作成似不會晚於西周早期中段。即使依《簡本》所列武王 4 年、成王 22 年,再加上此假設是康王之 28 年,已有 54 年,其時已在西周早期偏晚段。將這件簋定在此時,即與上文分析的器物年代不盡合。如果説在這半個世紀的時間中,覎公簋仍沿襲與商末時辪簋相近同的器形,保持舊制的時間似亦嫌略長。

其二,仍以《簡本》"西周金文曆譜"爲例,如是康王,則康王在位年即要由《簡本》的 25 年至少延至 28 年。本器無曆日記載,延長康王在位年對康王的曆譜並無影響。但是,康王在位年向下延長,不僅與文獻中所記康王在位 26 年的舊説有所悖離,而且勢必使昭王元年下移,但昭王在位年又不會少於 19 年,因爲有古本《竹書紀年》所記昭王南征年數與已被多數學者認定爲昭王時器的折尊(《集成》6002)、䍙卣(《集成》5407)等爲證。昭王年數下移,從排曆譜角度看,對於昭王問題不大,因昭王時有曆日的銘文,還没有"四要素"俱全的。但是,昭王在位年代下移,勢必造成穆王銅器王年曆譜之整體調整。穆王在位 55 年史有明載,壓縮其年數多有不妥。而如將穆王在位年數再下移,又會擠壓西周中期其他王在位年數。排過西周金文曆譜的學者皆知道,《簡本》金文曆譜中西周中期諸王的年數本已相當擁擠。所以,將 28 年定爲康王年數存在較大問題,涉及昭王以下金文曆譜的調整與文獻是否支持等問題。

(二)"唯王廿又八祀"之王是成王

如認定爲成王,與上文所言燮父主要活動於康王時的記載並不矛盾,其時已在成王末,燮父爲晉侯後大部分時間應當是效力於康王。但這一種可能性若能成立則有如下問題需要討論。

其一,唐叔爲成王弟,被成王封於唐。如依文獻所記,始侯晉者爲燮父,而此二十八年又屬成王,則唐叔必卒於成王在位年,是弟年壽短於其兄。但應該説明的是,雖武王卒後周公攝政時成王及唐叔均年少,但已皆非孩童。[①] 即以唐叔而言,春秋時期的晉公䀇銘文追憶唐叔事迹曰:"我皇祖釁(唐)公,□受大令(命),左(佐)右(佑)武王。"其言雖可能有溢美祖先之意,但唐叔總不至於在周初尚是幼兒。唐叔受封時間,學者或據《國語·晉語四》

---

① 周初成王的情況,參見拙文《〈召誥〉、〈洛誥〉、何尊與成周》,《歷史研究》2006 年第 1 期,亦收入本書。

所云"歲在大火……唐叔以封",以及《周語下》稱"昔武王伐殷,歲在鶉火",而定爲武王克商後第三年,因爲在歲星十二次中,鶉火後,經鶉尾、壽星即爲大火,大火在鶉火後第三年。[1]《周語》與《晉語》所記武王克商及唐叔受封時之歲次,雖有可能是東周占星家據他們所掌握的歷史年代與當時已有的歲星紀年方法推算出來的,但仍可作爲參考。依上所述,如燮父受封於晉的時間確是成王二十八祀,則唐叔當卒於此年或此年前的幾年,其在位的年數可能已有 30 年左右(成王"廿又八祀"之含義詳見下文)。

其二,"廿又八祀"如爲成王在位之年,則要因其在位年數的增加在《簡本》歷譜中上調或下調。上調即將成王元年上移,這自然要涉及武王克商年數的推擬。如下調,其對於排金文歷譜造成的困難,已在上文論及假設"廿又八祀"爲康王年數時論及,不再贅述。

現在,來試論一下,如果"唯王廿又八祀"爲成王在位之年,則成王在位總年數定爲多少年爲妥。

成王在位年數,先秦文獻未見記載,漢以後學者多持 37 年説,其中含有周公攝政 7 年,成王親政年數是在周公攝政 7 年返政後第二年開始計算。[2] 成王年數不當太短,可能是比較合乎史實的。但即使取此説,也還有一個問題,即"唯王廿又八祀"是從何年始記呢? 是從武王卒後第二年,即周公攝政始年記,還是從周公致政成王之年(即周公攝政第七年)記,或是從周公返政後次年始記呢? 關於這個問題,這裏采取筆者已討論過的成王元祀從周公致政成王之年計的説法。[3] 依此計算,"唯王廿又八祀"即應是成王親政第二十七年,此時自武王卒後周公攝政元年算起,已有 34 年。

表一　武王至康王年歷表

武王元年	公元前 1061 年	一月己巳朔,二十四日壬辰 二月己亥朔,二十六日甲子	《漢書·律歷志下》引《武成》: "惟一月壬辰旁死霸" "二月既死霸,越五日甲子"
成王元年 (周公攝政始年)	公元前 1058 年		
成王七年 (周公攝政七年)	公元前 1052 年	二月丙子朔,二十日乙未 三月丙午朔	《召誥》:"惟二月既望,越六日乙未" "越若來三月惟丙午朏"(按:先天一日)
成王三十七年 (成王三十一祀)	公元前 1022 年	四月壬子朔, 十三日甲子,十四日乙丑	《顧命》:"惟四月哉生魄王不懌。甲子, 王乃洮頮水……越翼日乙丑王崩"
康王元年	公元前 1021 年		
康王十二年	公元前 1010 年	六月庚午朔	《畢命》:"六月庚午朏"(按:先天一日)
昭王元年	公元前 995 年		

[1] 王暉:《周初唐叔受封事迹三考》,見《西周史論文集》(下),陝西人民教育出版社,1993 年。
[2] 朱鳳瀚、張榮明:《西周諸王年代研究述評》,見《西周諸王年代研究》(夏商周斷代工程叢書),貴州人民出版社,1998 年。
[3] 見拙文《〈召誥〉、〈洛誥〉、何尊與成周》。

　　如設定成王在位 37 年(含周公攝政 7 年),武王至康王的年曆中幾個有年、月、月相、干支所謂"四要素"界標的年數之合曆情況,可列爲表一加以説明。[1] 昭王元年姑從《簡本》。

　　需要説明的是,列出上表的用意並不在確定諸王具體所在年代,也不在於要討論武王克商年,而主要是爲了説明,文獻所記與成王有關的幾個曆日在成王 37 年的系統中是大致可以合曆的。

　　以上對琱公簋銘文所記"唯王廿又八祀"屬於何王的兩種可能性的分析,僅是從討論與簋銘紀年相關的史實出發的一種探討。西周諸王年代、武王克商年及相關的金文曆譜的研究是一個需要非常慎重進行的學術課題,琱公簋銘文所提出的問題應該會對這一課題的研究有促進作用。

(原載《考古》2007 年第 3 期)

---

① 西周年曆據張培瑜所著《三千五百年曆日天象》,河南教育出版社,1990 年。

北趙晉侯墓地 M113、M114 的發現引發的思考

　　北趙晉侯墓地，由於 M113、M114 的發現，又有一些問題需作更進一步的思考。但 M114 及前此發掘的其他墓葬出土器物尚未全部發表，所以這裏僅對其中幾個重要問題，談一點不成熟的看法。

　　第一，M113 與 M114 兩墓的時代略有差距。M114 出土的青銅器，就已發表的幾件器物來看，似要略早於 M113 出土的銅器，而 M113 中的鼎腹部已極度傾垂，如 M113：114(銘"叔作旅鼎")已屬西周早期末葉或中期偏早。此外，M114 出土的陶鬲(M114：31)的形制亦要早於 M113 出土的陶鬲(M113：36，陶器分期參見徐天進先生所作晉國墓地陶器分期圖)。所以，可能是 M114 之墓主人晉侯先卒，M113 夫人卒年較晚，故墓內有較晚的器物。

　　第二，M114 要早於 M9。M9 出土銅器尚未公開發表。已知該墓所出盆鼎，腹傾垂，口沿下飾變形饕餮紋(總體作軸對稱狀，但分解開已近於竊曲紋)；所出方座簋，垂腹、有蓋，雙耳作鳳鳥形。以上二器形制及紋飾已屬西周中期偏早。M9 所出盆鼎有七件，形同而大小相次，已屬於所謂"列鼎"。據現已知資料，此種用鼎制度是在西周中期偏早才出現。與 M9 並穴的夫人墓 M13 所出束頸鼓腹鼎、鼎形温食器及四件簋，形制紋飾亦已屬西周中期偏早。從已發表的 M114 中的銅器形制及紋飾來看，均未有明顯的晚到西周中期的因素，亦未見所謂"列鼎"制，這表明 M114 器組要早於 M9 器組，按一般情況亦可推知 M114 要早於 M9。

　　第三，至於晉侯諸墓之墓主人究竟各是哪位晉侯，在推定前，似應考慮以下兩點因素。其一，上一代晉侯所做器常在下一代晉侯墓中出現，這表明了禮器可以傳承的特點，然由於禮器主要用於祭器的性質，下一代晉侯爲上一代晉侯所做祭器一般不會出現在上一代晉侯墓中。其二，世系相連接的上下兩組墓都出現同一晉侯所做器，則首見於上一墓組器(特別是鼎)銘中的作器者晉侯即是該墓組中晉侯墓的墓主人。如果以上兩點因素可以作

爲原則,則爭議較多的 M1 以前諸晉侯墓的墓主人即有兩種可能的安排:

第一種可能是,由於晉侯靳器首見於 M91 並穴墓 M92(夫人墓),晉侯靳即應是 M91 墓主人,當爲靖侯宜臼。如見於 M91、M92 出土器銘中的晉侯喜父即是靳,由於晉侯喜父器銘中言爲"文考刺(厲)侯"作器,則 M33 即是晉厲侯墓。又由於晉侯僰馬器首見於 M33 出土鼎銘,所以僰馬即是晉厲侯福。如此,則 M6、M9、M114 墓主人即分別依次是成侯服人、武侯寧族、晉侯燮父。

第二種可能是,考慮到靳器的年代較晚者已在西周晚期偏早,而喜父盤(器形、紋飾簡報有報道)可早到西周中期中葉,所以晉侯喜父可能早於晉侯靳,這樣,M91 墓主人晉侯靳仍是宜臼,晉侯喜父即當是 M33 墓主人,亦即是晉厲侯僰馬,而 M33 前面的 M6、M9、M114 墓主人即依次應是厲侯福、成侯服人、武侯寧族。

以上第二種安排,厲侯與靖侯間多出晉侯僰馬(喜父),不見於《史記》,但《史記·晉世家》所記"自唐叔至靖侯五世,無其年數"中本身即有兩個問題,一是即使依《晉世家》,自唐叔至靖侯亦是六世,不是五世;二是,依《晉世家》可推得靖侯元年是周厲王二十一年,但自唐叔至厲侯五世在位時間竟相當於成王至厲王前期近九王八世,所以不排斥《晉世家》中的晉侯世次像學者們推測的那樣有疏漏之可能。

(原載《曲沃北趙晉侯墓地 M114 出土叔矢方鼎及相關問題研究筆談》,
《文物》2002 年第 5 期)

對與晉侯有關的兩件西周銅簋的探討

一

　　要討論的兩件西周銅簋,先暫名爲簋甲(圖一)、簋乙(圖二)。[①] 兩件簋形制相同,均有蓋,略垂腹,雙獸首半環耳帶鈎狀珥,圈足較高而有坡狀足跟,其底部呈階狀。簋的上腹部飾變形的龍紋構成的紋飾帶,前後紋飾帶正中均有凸起的獸首。蓋頂近口沿處與圈足上均飾有一周斜角狀雲紋。[②] 主紋飾下以雲雷紋鋪地。簋外底飾盤龍紋。兩件簋不僅形制、紋飾相同,而且尺寸大小亦基本相同:

　　簋甲:通高 18.8、口徑 17.3 厘米。

　　簋乙:通高 18.8、口徑 17 厘米。

圖一　簋甲

圖二　簋乙

① 此兩件銅簋係 2004 年 4 月由中國國家博物館徵集入藏。
② 兩件簋較有特色的是上腹部的紋飾。上腹部之紋飾帶中間獸頭形附飾兩端各有三個單元的紋飾,每個單元均是一變形的夔龍,張口,上唇上卷,身軀作 S 形,首下有條形爪,身軀上下有羽翅。此種紋飾非常罕見,其設計似是綜合了西周早期橫行之蟬紋及團龍紋的構形特徵。

　　兩件簋銅質精良,工藝相當精致,銘文字口圓潤。從外觀上看,此二簋銅色亦頗相近,未被銹遮掩處,皆泛橙黃色且有光澤。由以上情況似可以認爲這兩件簋很可能是同時制造的一套器物。

　　二簋均有銘文,且各自器蓋同銘。

　　從形制上看,兩件簋與岐山董家村窖藏出土的廿七年衛簋(《銘圖》5293)近同。廿七年衛簋在排西周金文曆譜時,以排入穆王二十七年較爲合適,因此可以視爲是西周中期偏早的形制,則本文所介紹的兩件簋的年代應該與衛簋大致相同,亦屬於西周中期偏早,約在穆王時。[①]

　　簋甲銘文作:

　　　　晉侯乍(作)田𤱐𣂪(餘)𣪘(簋)[②](器銘;圖三,1)

　　　　晉侯乍(作)田𤱐𣂪(餘)𣪘(簋)(蓋銘;圖三,2)

　　簋乙銘文作:

　　　　𢀛乍(作)寶𣪘(器銘;圖四,1)

　　　　𢀛乍(作)寶𣪘(蓋銘;圖四,2)

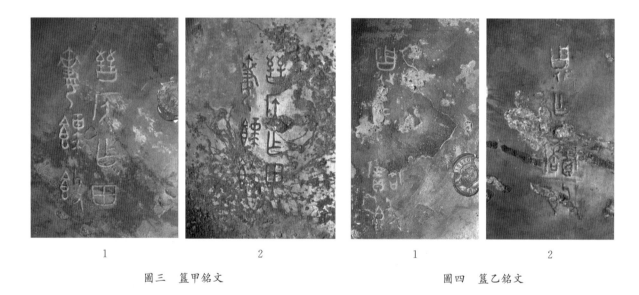

　　　1　　　　　　　　2　　　　　　　　　　1　　　　　　　　2

　　　　圖三　簋甲銘文　　　　　　　　　　圖四　簋乙銘文

二

　　下面先討論一下兩件簋銘文中的幾個字。

---

① 按:據按新資料調整後的西周金文年曆表(詳本書所收拙文《關於西周金文曆日的新資料》)二十七年衛簋宜排在共王二十七年,如此,則本文的兩件簋亦可晚至共王時。

② 此器銘中"晉"作𣈜,寫法較別致。晉侯墓地 M13∶98 晉姜簋之"晉"字作𣈜(《新收》886),相近似(簋的圖像與銘文見本文圖一〇)。

（一）簋甲中的"嬜"字，接在氏名"田"後，在此當讀作"妻"，齊作聲符。類似的"嬜"作爲人稱（妻）的用法，也見於曲村晉國墓地中屬西周早期偏早墓 M6195 出土之鼎（M6195：34）銘，曰：

白（伯）雗（雕）佣，宿小嬜鼎。⋈（《新收》937，圖五）

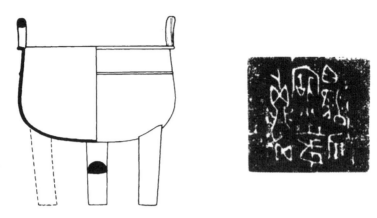

圖五　伯雕鼎（曲村晉國墓地 M6195：34）及其銘文

宿或即從佰聲，亦即從旨聲，在此似可讀爲"底"，旨、底均章母脂部字。《爾雅·釋言》："底，致也。"致有送達、致送之意。《説文》："致，送詣也。"雗，在此當讀作擁，《釋名·釋姿容》："擁，翁也。翁撫之也。"此銘是講：伯安撫佣（在此似是記時），致詣小嬜此件鼎。佣位於晉南，即在今絳縣橫水所發掘的佣氏墓地之屬地，此鼎銘講伯安撫佣，説明西周早期偏早時，晉初受封不久佣氏即成爲晉之附庸。"小嬜"之"嬜"亦當讀作妻，應是此"伯"之配偶，稱作"小妻"，或是妾。[①] 銘末之⋈，當爲伯之氏名，亦見於覞公簋（《銘圖》4954）銘末，是此伯與覞公同氏。

曲村晉國墓地所出銅器中，還有一件銘文亦有"妻"稱，即 M6243 出土之簋（M6243：4），其銘曰：

王妻乍（作）寶殷。（《新收》957，圖六）

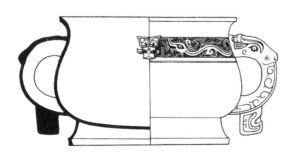

圖六　王妻簋及其銘文

---

① 查曲村 M6195 爲較大型的青銅器墓，墓主人 30 歲左右，係男性，則此鼎自然非本人之器，出於其墓中當另有原因。M6197 在 M6195 南，與 M6195 作南北排列，墓主人爲 25 至 30 歲之女性。據《天馬—曲村（1980—1989）》，科學出版社，2000 年。

"王"在此也許應讀作"黃"(或其他同音字),是"妻"自署其父氏,亦即其出身。配偶稱"麡(妻)"的還有大家已熟知的覞公簋銘文中覞公所爲作器之"麡姚"。① "麡"在器銘中有的是作器名使用的,其字義同於"盍""齋""齍",此點早已有學者指出。② 但以上所舉諸例,則以讀作"妻"爲好,本文所介紹之簋甲銘文中之"麡",亦即屬此種用法。

(二)"田麡"之"田",也是標明此妻所出身之父氏。在商後期與西周早期金文中均可見氏名"田"及"田告"等複合氏名,已著録的田氏器物有三十餘件。③ 由與其有關的銘文内容看,田氏在商後期至西周早期這一時段内是一個有若干分支的較大的商人世族。且僅由"田告"氏所祭先人日名來看,此氏族自商後期至西周早期應該是延續了好幾個世代。屬商後期的田氏器物已知出土地點的,除安陽外,1918年曾有四件器物(方鼎、爵、斝、卣,銘"田父甲",《集成》1642、8368、9205、4903)出土於山東長清崗山驛,從組合形式看有可能是出於一座墓葬。有兩件田氏所作戈出於安陽。屬西周早期的田氏器物則有出於關中者,但未知是有組合地出於墓葬還是僅單件器物。既然西周早期仍較多見田氏所作銅器,則此商人世族也與其他商人雄族一樣,享受到了西周王朝的綏靖與優渥政策,其上層仍作爲貴族服務於新的周王朝。屬於西周早期的告田簋,④有銘文曰:

圖七　告田簋銘文
　　　（《集成》3711）

乍(作)且(祖)乙鷷侯叔隙彝。告田(《集成》3711,圖七)

"告田"寫於銘末,應該同於"田告"。此銘所爲作器者之"鷷侯叔",既稱"侯",又是作器者之"祖",應該是在西周初期時由周王朝所册封之侯,亦可見上述此一商人世族在西周早期時之狀況。

綜上所析,簋甲銘文中言晉侯爲"田麡(妻)"作器,有可能即是爲出身於此田氏之夫人所作器。稱夫人爲"妻",在金文中並不多見,上舉的幾個器銘的例子都是晉人之稱呼,也可能是晉人習慣用此。稱"某妻","某"是氏名時應即是妻之父氏,稱"妻某","某"是妻之姓。

(三)簋甲銘文中之餴字分別寫作𦐈(器銘)、𦐈(器蓋),右側之"夆"字寫法與通常寫法有別。西周早期金文中常將甲骨文中寫作𣎵的夆字寫成𣎵(獻侯鼎,《集成》2626)、𣎵(圖甗)、𣎵(匽侯盉"餴"字偏旁,《集成》10305)、𣎵(盂爵,《集成》9104),表示根部的筆畫上端寫成有些類似𣎵(皿)上部的樣子,似乎示意其爲上部莖葉作中空狀之作物。則簋甲的"夆"旁寫成𣎵、𣎵,有可能屬於流行於西周早期的此種字形之異體。

簋甲銘文中所稱"餴簋","餴"示其用途,與匽侯盉之"餴盉"(《集成》10305)、姚鼎之

① 拙文《覞公簋與唐伯侯于晉》,《考古》2007年第3期。
② 見張光裕:《香江新見彝銘兩則》,收入《雪齋學術論文集》,藝文印書館,2004年,第205頁。
③ 參見何景成:《商周青銅器族氏銘文研究》,齊魯書社,2009年,第424、604、605頁。
④ 此器據《集成》所注現藏上海博物館,但未見器形,從銘文字體特徵看,應已入西周早期。

"饎鼎"(《集成》2068)、戲伯鬲之"饎齋"(《集成》666、667)在食器前加"饎"用法同。《説文》:"饎,潃飯也。从食,荤聲。饋,饎或从貴。餴,饎或从奔。"段玉裁《説文解字注》認爲當作"脩飯","脩之言溲也",即以水溲熱飯。但"饎"既可讀作"饋",或讀作"餴",而《詩經・大雅・泂酌》有"泂酌彼行潦,挹彼注兹,可以餴饎",毛傳"餴,餾也",《釋文》引孫炎曰:"蒸之曰餴,均之曰餾。"所以冠以"饎"的食器,也可能是盛蒸熟的飯食之器。以上兩種解釋何者更合乎西周時"饎"之含義,似可以再考。

(四) 簋乙作器者名🔲(器銘)、🔲(蓋銘),征(辵)旁之上的🔲,應該是習字的異體。習字在西周金文中多作🔲,下部从曰。但亦有作如下字形的:

🔲(史智,《集成》5815)

🔲、🔲(師害簋,《集成》4116)

以上三例這樣的寫法,是省去了🔲(曰)上的一横畫,將其與🔲的下一筆重合,可歸屬於古文字中所謂"并畫性簡化"的現象,[1]而上引師害簋銘文中的"習"字,"勿"的三撇畫不僅寫得較直,且與🔲的右筆相聯,其字形已很接近於本文簋乙中🔲的寫法,只是簋乙此字形中勿字最下一撇亦與🔲的中間横筆相并畫,此種寫法可示意如下:🔲,其中涂黑筆畫即兩個字符🔲與🔲所并筆畫。相比起來,簋乙蓋銘的"勿"旁,筆畫多作直筆,變形較大,此字釋讀應以器銘字形爲準。

<h2 style="text-align:center">三</h2>

現在上文論述基礎上進一步討論一下兩件簋之間的關係及其相關問題。

簋甲,現在即按其器主名稱之爲晉侯簋。簋乙,按其器主名稱之爲遹簋。從二簋銘文可知,晉侯簋銘文是記此簋係晉侯爲其夫人即田妻所作"饎簋"。而遹簋銘文説明此簋只是遹自作器。但是在前文已經説明,這兩件簋的形制、紋飾、大小及銅質基本均相同,應是同時所作的一套器物。那麼遹所作器既然與晉侯爲夫人所作器相同,構成一套器,則最大的可能是,或説最好的解釋是,兩件器的作者遹與爲"田妻"作器的"晉侯"是同一人,也即是説遹是晉侯私名。

按照此種解釋,可以進一步推測,這兩件簋很可能是作爲日常食器使用的,晉侯爲其妻作器,相對其妻而言,自然可以自稱"晉侯",而自用的食器則可以私名自稱。此一套器,應出自此"田妻"之墓,是歸晉侯夫人所保有的一套體現晉侯與夫人親情的私人家用器。在成套、成組的銅器中,的確很少見到類似的同一作器者用兩種名字自稱的銘文。可以用來作爲參考的是 1972 年在扶風劉家村發掘的屬西周早期偏晚的豐姬墓。[2] 該墓出土的隨葬青銅容器(含鉛質明器)有:

---

① 林澐:《古文字研究簡論》,吉林大學出版社,1986 年,第 81 頁。
② 曹瑋:《周原出土青銅器》第六册,巴蜀書社,2005 年,第 1170—1175 頁。

食器：鼎三、鬲一、甗一、簋三

酒器：爵一、觶三、尊二、卣三(内鉛一)、壺一

水器：盤(鉛)一、盂(鉛)一

　　其中兩件尊形制相近，紋飾亦相同，大小略有差異(圖八，1；圖九，1)，①雖未必是同時所作，也像是比照着按同一形制特徵製作的，近於一套器。二尊均有銘文：

　　尊一(豐M：3)：懷季遽父乍(作)豐姬寶障彝。(《集成》5947；圖八，2)。

　　尊二(豐M：4)：季茲乍(作)寶障彝，用來畐(福)。(《集成》5940；圖九，2)。

1 2

圖八　懷季遽父尊器形及銘文

1 2

圖九　季茲尊器形及銘文

①　惟季茲尊中腹部中間有一條狀凸起，但不明顯。懷季遽父尊通高 23.5、口徑 19.7 厘米，重 2.4 公斤，季茲尊通高 21.5、口徑 18.5 厘米，重 2.5 公斤。同出懷季遽父卣甲、乙二器雖是形制、紋飾、銘文皆相同，但其大小亦有差別。

此尊1可稱懂季遽父尊,從銘文內容可知,是懂季遽父爲豐姬所作。這裏將豐姬理解爲是懂季遽父之夫人似較妥當。同墓所出與尊1同銘之器還有兩件卣。季盅尊由其銘文看,知是季盅自作器。此季盅尊既與懂季遽父爲豐姬所作尊同形,相配套,而且作器者行輩也爲"季",均表明季盅很可能即是懂季遽父。盅字,疑當讀作窸,[1]即寧字,《説文》:"窸,安也。"遽,似當讀作據,《左傳》僖公五年"神必據我",杜預注:"據,猶安也。"故其名盅,字遽(據)父,字義相近。"懂季遽父"之稱,標明了其氏名爲懂氏(或即由此始稱"懂季"氏),並用"遽父"即其字爲稱,乃因爲是銘在爲其夫人所製器上,故比較鄭重。"季盅"應該是其私名,銘於自製之自用器上。當然,像類似這種由夫所製,但可能是供夫妻二人共同使用的形制、紋飾皆同(或近同)的一套器物,夫署名有別的例子目前發現尚少,上述對遒即爲晉侯之名的推斷是否得當,尚需作進一步探討。

四

如此成套的兩件簋之作器者如確是一人,遒即是爲田妻作器的晉侯之名,這樣也就使現知的西周晉侯又多了一個名字。此兩件簋雖非經考古發掘出土,但不排斥亦出自北趙晉侯墓地。上文曾通過對這兩件簋形制的分析,認爲簋的年代當在西周中期偏早之穆王時,北趙晉侯墓地中,相當於此一時段的墓葬先後有 M9(晉侯墓)、M13(夫人墓)與 M6(晉侯墓)、M7(夫人墓)。即是説,作此二簋的晉侯有可能是 M9 或 M6 的墓主人,而"田妻"則可能是 M13 或 M7 的墓主人。但 M9、M13 未被盜掘,所以此二簋不可能出自 M13 夫人墓中。當然如上所云,"田妻"也有可能是 M7(夫人墓)的墓主人。M6、M7 二墓已完全被盜空,所出器物迄今仍未明,而此兩件簋如出自 M7 夫人墓,則是現僅知 M7 所出器物。但由於在晉侯墓地中,上一代晉侯的器物,多會存留於下一代,甚至下二、下三代晉侯及夫人墓中,即使兩件簋出自 M7,也有可能是 M9 之晉侯爲 M13 之夫人所作。由於 M13 曾出土有四件晉姜殷(圖一〇),則"晉姜"可能

圖一〇　晉侯墓地 M13 出土晉姜簋及其銘文

---

① 按中山王䂞壺銘文有"盅又窸煬"句(《集成》9735),張政烺先生謂"盅"爲从心皿聲,讀如"罔"。見《中山王䂞壺及鼎銘考釋》(收入《張政烺文史論集》,中華書局,2004 年,第 473 頁)。如依張先生説,"罔"即網也。"遽"爲群母魚部字,"罟"爲見母魚部字,故"遽"可讀爲"罟",亦網也。

是 M13 墓主人。而要證明 M13 墓主人是"田妻",只有在能證明"田氏"是姜姓的情況下才有可能。也即是説,只有能證明這點,爲"田妻"作器的晉侯才可能是 M9 的墓主人。另一種可能,即此晉侯是 M6 的墓主人,M7 的墓主人即是"田妻"。[①] 關於 M6 的墓主人,以往的研究多認爲是成侯服人,現如 M6 墓主人即是爲"田妻"作器的晉侯,亦即是上文所推出的"遒",則"服人"與"遒"之間應有名字相應的關係。[②] 由於這點牽扯問題已較多,更深入的研究尚有待於更多有關晉侯墓地新資料的發現了。

(原載《古文字研究》第 29 輯,中華書局,2012 年)

---

① 按:據本文前面所加按語,本文的兩件簋可排在共王時,則與 M6、M7 的年代(西周中期中叶)更爲接近。

② 對於晉侯墓地諸侯墓的墓主人,筆者曾提出過兩種方案,請參見本書所收拙文《北趙晉侯墓地 M113、M114 的發現引發的思考》,又見拙著《中國青銅器綜論》(上海古籍出版社,2009 年)第 1451 頁。在第二種方案中,認爲 M6 的墓主人是厲侯福,如是這樣,則遒音習,"習"爲明母物部字,祓是滂母物部字,二字聲極近而同韻。《爾雅·釋詁》:"祓,福也。"可能有字、名字義相通之關係。

柞伯鼎與周公南征

柞伯鼎爲一圓盆形腹鼎(圖一),①雙絇狀立耳,口略呈桃形,腹較淺,腹壁近直而略顯內收,平底,三較短的細柱形足,足根微粗,足內側有凹槽。鼎口沿下有一周竊曲紋,近中腹處有一周凸弦紋。腹內壁一側有銘文十二行一百一十二字(圖二),含合文二字。通高32厘米,重10.02千克。

圖一　柞伯鼎

圖二　柞伯鼎腹內壁銘文拓片

一、柞伯鼎的年代

柞伯鼎的年代可由以下幾方面因素推定:

---

① 中國國家博物館 2005 年徵集入藏。

　　第一,銘文字體已具西周晚期金文特徵,已全部綫條化,不再有波磔、厚重之筆;而且筆畫多折筆,顯得較勁健,有的典型字,如"既""令""邑"所从𣄼(無)、𠂤(卩),身體蜷縮,足前伸,"乃"作𠄎,"及"作𠬶,"侯"作𠂤等。凡此均已極具西周晚期偏晚的字形書寫特點。此外,銘文句式,特別是銘末嘏辭形式亦爲西周晚期所習用。

　　第二,此件鼎形制較特殊。圓盆形腹立耳鼎在西周早、中期皆流行,晚期也存在,但西周早期盆形腹鼎,鼎腹略深,腹壁較直或下腹微圜鼓,雙立耳也較寬扁,柱形足較長而粗。西周早期偏晚始,如大家所熟知的,盆形腹鼎(當然也包括方形鼎)腹部變淺,且漸呈明顯的傾垂狀,即所謂"垂腹"。這種垂腹作風在西周中期達到極致。此件鼎形制與以上所説西周早、中期盆形腹鼎的綜合特徵有悖,其淺腹、短細柱形足的形制雖與西周中期鼎相近,但不僅不垂腹還略呈斜直内收之勢,顯然仍不能歸屬西周中期鼎。單就腹部形制看,與此件鼎腹部形近的是西周晚期的一種附耳盆形腹鼎,如大鼎。

　　第三,所飾竊曲紋每個單元皆是由兩個所謂"C"字形竊曲紋同向相連組合而成,"C"字形開口向上。這樣的單元每兩個又構成一組,共三組,中間用帶雙"立刀形"的扉棱隔開,扉棱兩側紋樣則以扉棱爲軸呈對稱狀分布,此種紋樣在竊曲紋中並不多見。與此種紋飾構造形式類似的有休盤(《集成》10170)、梁其盨(《集成》5661)、吳虎鼎(《銘圖》2446)的紋飾,但此三器竊曲紋每個"C"字形均是一個獨立單元,兩兩不相連,且"C"字形均口向下。休盤一般認爲屬共王二十年時器,從絶對年代上已屆西周中期偏晚。梁其盨在厲、宣時期,吳虎鼎屬宣王時期。

　　綜合以上幾種因素,柞伯鼎的年代宜定在西周晚期。如果考慮上述銘文字體特徵,當以西周晚期厲、宣時期爲妥。

　　但應該説明的是,西周晚期除作爲主流的半球形腹蹄足鼎以外,盆形鼎仍存在,但其常見形式也與此件鼎不盡合。西周晚期流行的盆形立耳鼎,實承繼了西周中期淺腹且垂腹的形制,如禹鼎、史頌鼎、小克鼎等,但足部已作粗蹄形,足根部有扉棱,且腹部紋飾分布常呈上下兩層,這些特徵不見於中期。同型的較大的鼎,腹略深,而蹄形足更顯粗壯,如大克鼎。像柞伯鼎這樣,腹壁雖近直而又略内收且仍保持西周中期那種細柱足的形制,在現所見西周晚期盆形腹立耳鼎中較少見。①

二、柞伯鼎銘文簡釋

　　柞伯鼎的重要價值,主要在於其銘文内容。下面先將銘文作釋文,再對幾處需要解釋的詞語與句子作簡略考釋。釋文如下:

————————
① 按:此鼎已屬西周晚期形制,請見拙文《中國國家博物館近年來徵集的西周有銘青銅器續考》。

隹(惟)四月既死霸,虢中(仲)令

柞白(伯)曰:"才(在)乃聖且(祖)周公

繇又(有)共于周邦,用昏無

及,廣伐南或(國)。今女(汝)叚(其)率

蔡侯左至于昏邑。"既圍

歔(城),令蔡侯告徵(徵)虢中(仲),趞(遣)

氏曰:"既圍昏。"虢中(仲)至。辛酉

尃(搏)戎。柞白(伯)輚(執)嘯(訊)二夫,隻(獲)馘(馘)

十人。諆(其)弗敢杰(昧)朕皇且(祖),

用乍(作)朕剌(烈)且(祖)幽叔寶障(尊)

鼎,諆(其)用追嘗(享)孝,用旂(祈)饗(眉)

壽邁(萬)人(年)。子子孫孫其永寶用。

"柞伯",即胙伯。柞亦即《左傳》僖公二十四年所云"凡、蔣、邢、茅、胙、祭,周公之胤也"之"胙",同文杜預注:"胤,嗣也。"本銘下文記虢仲用周公事迹勉勵柞伯當正是因爲柞(胙)是周公之後。胙在今河南延津北。柞(胙)伯所製器,除這件鼎外,尚有 1993 年在河南平頂山應國墓地 M242 出土的柞伯簋,[1]簋的年代約在康、昭之時,該簋銘文中所記那位柞伯應是本銘中柞伯之直系先人。

"繇又(有)共于周邦"之"繇"用於句首,舊或認爲是句首發語詞,無實義,[2]於此亦適宜,但"繇"在西周金文語句中似又有某種表時意義,如師衮簋(《集成》4313)銘文記王曰"淮尸(夷)繇我員畮臣",將此與兮甲盤(《集成》10174)銘文中所言"淮尸(夷)舊我員畮人"相比較,可知師衮簋銘文中之"繇"當有類似於"舊"的字義,或是"原本""當初""曾經"之意。所以本銘虢仲既是對柞伯追述周公事迹,則言周公"繇又(有)共于周邦"之"繇"應該也是一個表示時間概念的詞,其義在這裏以釋作"曾經"爲好。"繇又(有)共于周邦"之"共"寫作 ，是西周中期以後出現的"共"字(原多作 形)的一種異體。由此亦可知構成"共"字之表義符號中, (収)象雙手作拱狀之符號爲主要的,表示所供奉之物的符號似可以有所不同。類似於本句之句式,還見於以下器銘:

王若曰:"彔伯或,繇自乃(厥)且(祖)考,又(有)爵于周邦,右(佑)闢四方,重(惠)圓(弘)天命。"(彔伯或簋蓋,《集成》4302)

王若曰:"師克……則繇隹(惟)乃先且(祖)考,又(有)爵于周邦,干(捍)吾王身,乍(作)爪牙。"(師克盨,《集成》4467)

① 王龍正等:《新發現的柞伯簋及其銘文考釋》,《文物》1998 年第 9 期。
② 楊樹達:《積微居金文説》,中華書局,1997 年。

　　將柞伯鼎銘文中這句話與以上二銘中同樣的句式相比較,特別是再聯繫各銘文中此句的下文,可知所講的意思應該是相同或相近同的。過去對於"爵"字諸家多有説解,或釋爲"揞"(音讀作"勳"),釋爲"勞",或徑釋作"爵"字,①但均有些問題。釋"揞"似是將所從"爵"之形與"聞"字(音讀爲"昏")所從人形混淆之故。釋"勞"字則是由字形作奉爵形而作的義解,似並無字形與字音之確切根據。釋"爵"字於字形最近,但此字下從収,還是與商周古文字"爵"形有別,由本銘文"縣又(有)共于周邦"可以推知,以往被作多解的這個字,似乎均應讀作"共"。"爵"字,應是從爵從収會意,但収亦聲。古文字中從"収"之字與此類似的,如殷墟卜辭中多見之"瞽"字,亦應是從皀從収會意,而収亦聲,即音"共"(拱),卜辭所云"瞽衆人",即"聚合衆人""征聚衆人"。師克盨銘文中,"爵"字從皀從収。② 此字似仍當從"収"得音,即與"共"通。在"縣有共于周邦"這種句式中,"共"似可讀若"功","共""功"上古音聲韻並合,均爲見紐、東部韻。如是,則"縣又(有)共于周邦"即是"曾有功績于周邦"。唯《説文解字》曰:"功,以勞定國也。"《史記‧高祖功臣侯者年表》:"用力曰功。"依此,則本銘亦可以理解爲是言周公曾有勞於即勤勞於(或云"用力於""致力於")周邦(之政事)。③ "有"後加動詞,西周文字中不乏此例。

　　"用昏無及"。"用"在西周金文中常承上文而有"因而""而"之意,即因上文之文意而有何行爲。如受到王或上級貴族賞賜、褒獎,"用作"尊彝,"用"即有"因(因而)""而"之意。"昏"字在以往所見西周金文中罕見。在此當讀作"暋",努力、盡力之意,如《尚書‧盤庚》:"惰農自安,不昏作勞。"《釋文》曰:"本或作暋,音敏。《爾雅》昏、暋皆訓强。"這句是承上文,大意是講周公致力於周邦,而其勤勉無人可及。

　　"廣伐南或(國)"。西周早期器魯侯簋(尊,《集成》4029)銘文曰"唯王令明公遣三族伐東國","廣伐"亦幾見於西周晚期其他器銘,如禹鼎(《集成》2834)的"亦唯噩侯馭方率南淮尸(夷)、東尸(夷),廣伐南或(國)、東或(國)",多友鼎(《集成》2835)的"用嚴(玁)允(狁)放(方)興(興),廣伐京師"等,"廣伐"當是言征戰區域之廣闊。④

　　"今女(汝)殿(其)率蔡侯左至于昏邑",昏邑具體在今何地點不詳,大致在今河南南部淮水流域,詳下文。"左至于昏邑"之"左",是指從昏邑左面抵達。柞伯所奉命率蔡侯進行的戰事是南征,以南爲前進方向即正方向,所以"左"即是指南下後從昏邑東面抵達之。當

---

① 參見郭沫若:《兩周金文辭大系圖録考釋》"彔伯簋"考釋,科學出版社,1957 年。
② 何尊銘文有"有爵于天"句,"有"下一字從爵從皀(同),即師克盨所從,此字以皀(同)爲聲,在此當讀作"庸",功迹也。參見裘錫圭:《甲骨文中的幾種樂器名稱——釋"庸""豐""鞀"》,收入《裘錫圭學術文集》第 1 卷,復旦大學出版社,2012 年。
③ 師毀簋(《集成》4311)銘文記伯龢父對師毀言"乃且(祖)考又(有)爵于我家","爵"自然也可如上所云讀作共而以音讀爲"功"。毛公鼎(《集成》2841)銘文言及周王之先正(即王朝卿士之諸正長)"爵董(勤)大命",單伯昊生鐘(《集成》82)銘文曰其祖考"爵董(勤)大令(命)"。"爵"讀作"共"(功),也與文意相合,"爵董(勤)"當屬於同義詞或義近詞連讀,猶如"勤勉""勉力"。
④ 按:關於以上兩句銘文,也可以作另一種理解,請參見本書所收拙文《中國國家博物館近年來徵集的西周有銘青銅器續考》。

時軍事語亦喜用"左""右"指示軍陣位置或前進方向,如穆王時班簋(《集成》4341)銘文曰:"王令吳伯曰:'以乃自(師)左比毛公。'王令吕伯曰:'以乃自(師)右比毛公。'"所謂"左比""右比",即是作毛公所率中軍之左、右偏師以配合毛公作戰。

"令蔡侯告遣(徵)虢中(仲)",這是柞伯率蔡侯"既圍軷(城)"即從左面(亦即從東面)抵達昏邑而包圍了這個城邑後,命令蔡伯去向虢仲報告戰情。"徵"有"徵召"之意,但這樣讀一般是上對下,似不適用於柞伯對虢仲,故疑當讀如《儀禮·士昏禮》"納徵"之"徵",鄭玄注:"徵,成也,使使者納幣以成昏禮。""徵"上古音與"登"近同,自然也可讀作"登"。《爾雅·釋詁》:"登,成也。"《詩經·大雅·崧高》:"登是南邦。"毛傳曰:"登,成也。"如是,則"告徵"即"告成"。"告成"亦見《詩經·大雅·江漢》,其文曰:"江漢湯湯,武夫洸洸。經營四方,告成于王。"如可以這樣讀,則本句是言柞伯令蔡侯向虢仲報告所命"左至于昏邑"並包圍之的任務已完成。作如此讀的一個問題是,銘文"告徵"後似缺一個介詞"于"字,疑是疏漏或省略。

"遤(遣)氏曰:'既圍昏。'""遣"即派遣,"氏"在這裏仍當是指上文被柞伯命令去向虢仲匯報之蔡侯。"氏"在周金文中很少單稱,這裏應是"侯氏"(即蔡侯)之省稱,"侯氏"之稱見侯氏簋(《集成》3781、3782),以及舊稱爲"緐鎛"(《集成》271)之器等。

根據以上考釋,本銘即可用現代漢語意譯如下:

在四月既死霸時,虢仲命令柞伯曰:"當初你的聖祖周公,曾致力於治理周邦,其勤勉無人能及,他即曾廣伐南國。現在命令你率領蔡侯,從左面進抵昏邑。"等到已將昏邑城址圍住,柞伯命令蔡侯去向虢仲匯報已完成此任務的情況,蔡侯被派遣見虢仲曰:"已經包圍了昏邑。"虢仲於是親臨昏邑。辛酉日開始進攻,搏殺戎人。柞伯抓到了俘虜二人,並獲十人之馘。柞伯不敢對自己的皇祖有所隱蔽(因此次戰績而感謝皇祖之佑助),因而作我的烈祖幽叔之寶尊鼎,用以追思、享孝幽叔,用來祈求長壽萬年。子子孫孫要永遠寶用此鼎。

三、柞伯鼎銘文涉及的幾個重要問題

(一)關於虢仲及西周諸侯間關係

本銘出現的虢仲,與《集成》4435所著録之虢仲盨(僅存蓋,見《通考》369)之虢仲的關係值得研究,該器銘記"虢中(仲)目(與)王南征,伐南淮尸(夷),才(在)成周",其年代也當在西周晚期。《後漢書·東夷列傳》也記:"厲王無道,淮夷入寇,王命虢仲征之,不克。"如《東夷列傳》所記虢仲征淮夷事與上舉虢仲盨銘文所云是同一件事,虢仲盨即當然是厲王時代的器。上文已推測柞伯鼎屬厲、宣時期,則該鼎銘中出現的虢仲與虢仲盨的虢仲很可能是一個人。從上引《集成》4435與《後漢書·東夷列傳》所記載的情況看,厲王時虢仲在王朝內具有重要的政治與軍事地位,這與柞伯鼎銘文中所見虢仲能够號令其他諸侯的地位是一致的。虢仲氏與虢叔氏皆周王季子、文王弟,所封國在漢以後典籍中分別稱東虢

(位於今河南滎陽)、西虢(位於今陝西寶雞),但二氏究竟何者在東虢,何者在西虢,自古以來不同典籍記載卻相互矛盾,迄今學者間亦未能統一意見。古代學者中主張虢仲封於東虢、虢叔封於西虢的是東漢前期的賈逵(《左傳》僖公五年正義引)與三國時的韋昭(《國語·周語》《鄭語》注),主張虢叔在東虢、虢仲在西虢的是西晉時的學者,如司馬彪(《續後漢書·郡國志》)、皇甫謐(《太平御覽》一五八引《帝王世紀》)與杜預(《世族譜》),相比較起來,賈逵生活的時代早,其說似更值得重視。西周晚期金文有"奠(鄭)虢仲"之稱(《集成》2599、4024—4026)。"奠"即"鄭",當指今滎陽至新鄭一帶。[1] 本銘記虢仲指揮柞伯、蔡侯圍攻昏邑,銘文雖皆僅言及虢仲、柞伯、蔡侯三人名,但從銘文所述可知,言個人實包含其封國武裝,當與上文言及之班簋銘文中毛公子班、吳伯、呂伯皆各以其師協同征戰相類。如此,則銘文言"虢仲至"昏邑後,方始搏戎,虢仲作爲主帥也應是以其所轄師旅與柞伯、蔡侯的兵力協同投入戰鬥的。這種情況下,虢仲所封國如是位於今滎陽境內的東虢,與柞伯、蔡侯均較近,容易會師,似更合情理。當然這不是絕對的,如班簋所言毛伯之子班的封地與武裝是否亦在東方,與吳、呂地望相近,即不能確知。所以虢仲、虢叔封地的論定還有待於更多新資料的發現。

銘文中與西周封建制有關的另一問題,是銘文反映出來的諸侯之間在一定條件下形成的等級差異。虢仲可以命令柞伯,當如上述是因爲虢仲在當時朝廷內擁有重要地位,其身份可能近於班簋銘文中之毛伯,可以"甹(屏)王位,乍(作)四方亟(極)",有號令其他諸侯邦君的權力。但值得注意的是,銘文還言及柞伯被虢仲命令"率蔡侯",而且既圍昏邑後,又能够"令蔡侯告遣(徵)",可以"遣氏"即遣侯氏(蔡侯)去向虢仲匯報戰情。這固然有可能與柞伯被虢仲授予率領蔡侯的軍事權力有關,但像柞伯與蔡侯同爲姬姓封國之君也能形成這種特定的隸屬關係,並在銘文中以"率""令"這類詞語體現出來,在以往的金文資料中還相當少見。而且由本銘還可以進一步認識到,終西周一世,西周各封國始終對於周王室擔負有軍事義務。

(二)關於周公南征

本銘文記虢仲誥命柞伯時追溯周公曾"廣伐南或(國)",周公這一事迹是西周金文中首次見到的,對於西周史研究具有極重要的價值。以往西周早期金文涉及周公東征的資料較多,塱方鼎(《集成》2739)銘文還明確言及"隹(惟)周公于征伐東尸(夷)"。在周代及兩漢文獻中,對於周公在平定三監叛亂後東征之事也記載頗多,但周公是否曾南征過,在西周文字中雖有涉及,但講得並不明確。東周文獻中似只有《荀子·王制》講道:"故周公南征而北國怨,曰何獨不來也!東征而西國怨,曰何獨後我也。"大概是因爲此出於子書,

---

① 《漢書·地理志》京兆"鄭"下顏師古注引臣瓚曰:"初桓公爲周司徒,王室將亂,故謀於史伯而寄帑與賄於虢、會之間。幽王既敗,二年而滅會,四年而滅虢,居於鄭父之丘,是以爲鄭桓公。無封京兆之文也。"否定周宣王時曾封其母弟於西鄭而鄭得名於西鄭之說。

是舉例以申述其王制之政見，文中所言"北國""西國"又似非是西周語言，故《王制》此段話中所言之"周公南征"並未有人深究過。但細考西周文獻，周公南征之史迹仍有蛛絲馬迹。《逸周書·作雒解》係保存西周史料可信度較强的文獻之一，其文曰："周公立，相天子，三叔及殷東徐、奄及熊、盈以略。……凡所征熊、盈族十有七國，俘維九邑。"徐是嬴姓國，殷末周初當在今山東東南，亦可能至山東、江蘇交界地一帶，[①]至西周晚期時才南遷至淮水流域。奄一般認爲在曲阜。此時徐、奄相鄰，又皆在西周王畿區域之正東，故《作雒解》稱"殷東徐、奄"。"熊"一說即楚人之氏，楚人殷末周初亦尚在今江蘇北部。[②]"盈"應即淮水流域中下游之嬴姓諸國，如群舒之類。[③]"熊、盈"北與"徐、奄"毗鄰。因此《作雒解》所言周公所征熊、盈族所在之淮水中下游地區，應該即在柞伯鼎銘文中所謂"南國"範圍内。總之，以上所分析的周代文獻記載還是可以與柞伯鼎銘文中所言"周公廣伐南國"相印證的。

漢代典籍中多有周公奔楚之記載，即云周初武王故後，成王幼，周公攝政而爲流言所攻擊，故周公爲避嫌而奔楚。[④]已有學者指出，此實際背景乃是周公南伐熊、盈諸族。[⑤]

（三）西周"南國"之地理範圍

在本篇銘文中，虢仲所以特意用周公"廣伐南國"之事迹勉勵作爲周公後人的柞伯，顯然是與柞伯所要受命征伐的昏邑在"南國"範圍内有關。關於西周時"南國"是一個什麽樣的概念，所包含的地理範圍爲何，本篇銘文内容也有助於説明這個問題。柞國在今河南延津北，蔡國當時應在今河南上蔡。柞伯要率蔡侯，顯然是要先至蔡國所在今上蔡附近汝水流域與之匯合，再共同向昏邑進軍，而由蔡再南下不遠即抵達淮水。位於今河南上蔡之西周蔡國，可能是西周王朝由中原地區通向淮水與南淮夷接觸所必經之地，故西周晚期之駒父盨蓋(《集成》4464)銘文言南仲邦父命駒父"即南者(諸)侯，遂(率)高父見(視)南淮夷"因而"至于淮"，完成使命後，"四月還至于蔡"，可見蔡在西周王朝與淮夷打交道、治理淮水流域時地位之重要。[⑥]所以，由選取蔡侯參加此次征伐昏邑的戰事，知昏邑的大致位置亦

<hr>

① 《史記·魯周公世家》記伯禽伐徐戎，作《胖誓》，索隱曰："《尚書》作《費誓》。"知戰地在費，今山東費縣北，故當時徐人應在魯東南一帶。

② 參見王玉哲：《楚族故地及其遷移路綫》，原收入《周叔弢先生六十生日紀念論文集》，1950 年；後收入《古史集林》，中華書局，2002 年。

③ 《詩經·魯頌·閟宮》是春秋時魯國人頌魯僖公的詩，詩中有句曰："公車千乘……公徒三萬……戎狄是膺，荆舒是懲。"孔穎達疏即指出，僖公時魯並無三軍。陳奐《詩毛氏傳疏》則認爲以上詩句並非頌僖公，僖公未嘗伐戎、狄與舒，所以這些詩句實是追美周公伐功，於廟中祀周公時致告於僖公作嘏。請參見顧頡剛：《祝融族諸國的興亡——周公東征史事考證四之六》，《燕京學報》新八期，北京大學出版社，2000 年。如是，則所謂"荆"是指《逸周書·作雒解》中"熊、盈"之"熊"，即荆楚；"舒"是指群舒，舒爲嬴姓，亦即"熊、盈"之"盈"。又《史記·魯周公世家》記管、蔡、武庚等果率淮夷而反，又曰："淮夷、徐戎亦並興反。"所稱"淮夷"應即是指上文所曰淮水流域諸盈(嬴)姓國。這些記載似都可與《逸周書·作雒解》所云周公征"熊、盈"之説相印證。

④ 見《史記》的《蒙恬列傳》《魯周公世家》，王充《論衡·感類》。

⑤ 參見陳昌遠：《"周公奔楚"考》，中國先秦史學會第二次年會論文，1984 年；王玉哲：《中華遠古史》第十二章，上海人民出版社，2000 年。

⑥ 關於蔡的這種重要地理位置，許倬云：《西周史》(增訂本，生活·讀書·新知三聯書店，1994 年)亦曾指出過。

應在今河南南部之淮水流域，①即今信陽地區。上文曾言及，周公廣伐南國，即《逸周書·作雒解》所云征伐近於或即在淮水流域的熊、盈族。又厲王時期的禹鼎(《集成》2834)銘文曰："亦隹(惟)噩侯馭方，達(率)南淮尸(夷)、東尸(夷)，廣伐南或(國)。"西周晚期時的噩地當在今河南西南部南陽地區之鄧州一帶。② 其地東與淮水諸夷相接，故噩侯馭方可利用南淮夷乃至東夷力量侵擾西周之"南國"，顯然噩侯此時自身所在之南陽盆地也當屬西周"南國"範圍内。此外，北宋時出土於安州孝感(今屬湖北)屬昭王時"安州六器"之一的中方鼎銘文曰："隹(惟)王令南宫伐反荆方之年，王令中先省南或(國)貫行。"(《集成》2751、2752)昭王爲親臨伐荆楚之戰場，特令中省視能抵達荆楚(當時已在漢水下游地區)之"南國貫行"，"貫行"應即"通貫之道路"，可見漢水下游以北，今湖北北部也在周人"南國"範圍内。1902年出土於陝西岐山的太保玉戈銘文言："六月丙寅，王才(在)豐，令大保省南國，帥漢。"③王指示大保省南國要"帥漢"，即沿着漢水向東行，由此自然可抵達漢、淮間區域，即今湖北北部與河南西南部，玉戈銘中之"南國"當指此區域。約宣王時的《詩經·大雅·江漢》咏江漢之水之氣勢以頌周之"武夫"，全詩實是講征淮夷，一說此詩也表明周人在西周晚期時亦曾順漢水向東征淮夷。

綜言之，西周時周人所謂"南國"，其主要區域應東起今江蘇北部，經今安徽北部、河南東南部(今信陽地區)，西抵今河南西南部(今南陽地區)，西南抵今湖北北部地區，大致即在淮水流域、南陽盆地與漢、淮間平原一帶。

正因爲淮水流域皆屬於"南國"，而又正是終西周一代皆給予西周王朝巨大影響的南淮夷基本活動地區，所以西周金文中將"南國"與"南淮夷"相聯繫，如上引禹鼎銘文所言噩侯馭方"率南淮尸(夷)、東尸(夷)，廣伐南或(國)、東或(國)"，應是分別利用南淮夷伐南國，東夷伐東國("東國"指今山東東南)。又如上舉約宣王時的《詩經·大雅·江漢》即將征伐當時已在淮水流域的徐國視爲"惠此南國"之措施。

至於《詩經》中屬西周晚期的詩《小雅·四月》曰"滔滔江漢，南國之紀"，以江漢爲南國諸水之主幹，已將江水流域視爲南國，體現了周人"南國"這一觀念的更廣義的内涵。但從現所見西周器銘來看，上面所指出的"南國"之範圍應是周人語言中最實指的"南國"地理區間。

---

① 晉侯穌鐘(《銘圖》15298—15313)記"王親遹(巡)省東或(國)、南或(國)"，在命晉侯穌伐夙夷後，又親至匐城，命晉侯穌敦伐匐，"匐"從"熏"得聲，而"熏"與"昏"上古聲韻並同，皆曉紐、文部韻。所以，這個應該即位於南國的匐城，也許即是本銘的昏邑(由本銘"既圍城"可知昏邑也有城)。學者或認爲夙夷與匐城皆在今山東。但這樣銘文中所言王在巡省東國後還要巡省南國，即無交代了，所以頗疑晉侯穌所攻克的匐城即是昏邑。如是，則柞伯所參加的圍城之戰即並沒有能攻克昏邑，所以柞伯鼎銘文也未言及是否攻克，直到晉侯叔鐘所描述的這次戰役才真正攻下了昏邑(即匐邑)，但此銘文中言匐城人是"夷"，與柞伯鼎銘文中言昏邑之人爲"戎"有别。所以上述看法只有在"戎""夷"之稱區分不嚴格的情況下才能成立。
② 徐中舒：《禹鼎的年代及其相關問題》，《考古學報》1959年第3期。
③ 龐懷靖：《跋太保玉戈》，《考古與文物》1986年第1期。

（四）“淮夷”與“戎”

本銘文還有一個問題似亦有必要討論，即銘文中言虢仲親臨被包圍的昏邑後，於辛酉日發動攻擊，即“搏戎”。上文論及南國淮水流域是南淮夷的主要活動區，但這裏所搏是“戎”，應作何理解？實際上，“夷”之稱在西周時，雖確主要應用於對西周王朝東國與南國範圍內土著居民之總的稱謂，但因“戎”“夷”之以方位作明顯分劃，是東周以後的事情，所以西周時人對稱“夷”者偶亦稱“戎”未必不可能。屬穆王時的夷方鼎（《集成》2824）銘文曰：“王用肇使乃子夷遅（率）虎臣御灘（淮）戎。”唐蘭曾認爲此“灘”不當讀“淮”，因爲“淮夷從來不稱戎”，而且夷還年輕，不可能統率大軍遠征淮夷。① 但“灘”字讀“淮”似並無不可，而且銘文明言是“御灘戎”，並不是征伐，夷似不當因年輕即不能“御”。所以這篇銘文也許可作爲西周時“戎”“夷”之稱謂未必嚴格之例。

當然也有另一種可能，即周人所搏昏邑之人原即被周人稱作“戎”，從其他地區遷至此，本非屬淮夷。類似的情況，如徐，《尚書·費誓》：“徂茲淮夷、徐戎並興。”“甲戌，我惟征徐戎。”特意將徐人之稱謂與淮夷區分，當是因爲西周初徐並不在淮地，而且周人習慣於稱其爲戎，也並未將之歸爲“東夷”。穆王時的班簋銘文記王命毛公以邦冢君、土（徒）馭、夷人伐“東國瘠戎”，學者或認爲即是記穆王時伐徐之事。此“瘠戎”仍稱戎，並未因爲是偏在東國的異族而被稱“夷”，所以稱“戎”不稱“夷”者，可能是因爲在周人眼中他們與夷之間還是有種族或文化面貌之差異的。本銘文中“昏”邑之戎也有可能是雖已在淮水流域而本非淮夷。②

（原載《文物》2006 年第 5 期）

---

① 唐蘭：《用青銅器銘文來研究西周史——綜論寶雞市近年發現的一批青銅器的重要歷史價值》之“附錄”，《文物》1976 年第 6 期。
② 文中圖片由董清拍攝，拓片由傅萬里製作。

滕州莊里西滕國墓地出土夒器研究

一

　　首陽齋藏器中有三件作器者皆是夒的有銘器，^①顯然是出土於同一墓葬。同樣由夒所作的銅器在此前也有見於報道的，即 2002 年由山東滕州市博物館李魯滕先生發表論文所介紹的幾件夒器，^②現藏滕州市博物館。^③ 現將首陽齋三器與滕州市博物館所藏的幾件器之器類與銘文一并登録如下（滕州市博物館藏器，在銘文後括弧内注明"滕藏"）：

　　夒鼎：隹正月，辰才（在）壬申。

　　　　公令猒（狩）□□，夒

　　　　隻（獲）瓏□，公賁（賞）夒

　　　　貝二朋。公□□□□□

　　　　休，用乍父癸寶障彝。（滕藏，圖一、圖二；《銘圖》2373）

　　夒簋：隹九月，者（諸）子具服，

　　　　公廼令，才（在）宲曰：凡

　　　　朕臣興晦。夒敢

　　　　對公休，用乍父癸寶障彝。（首陽齋藏，圖三、圖四；《銘圖》5106）

　　簋（滕藏，圖五）

---

① 見《首陽吉金——胡盈瑩、范季融藏中國古代青銅器》，上海古籍出版社，2008 年。按：夒字从夰从咼。从咼的字，往往以與其組合的那個字爲聲。如虖，从咼虍聲；羗，从咼羊聲。所以夒或即是从咼夰聲的字。夰即兩周乘字所从。乘字殷墟卜辭作⁂、⁂，西周金文⁂，春秋金文作⁂（參見高明、涂白奎：《古文字類編》增訂本）。奊字，殷墟卜辭作⁂，西周金文作⁂（尹姞鼎），所从大亦加雙止（足），此夰應即所从大之異體（按：夰不當讀奊，奊本字作⁂，"大"旁有四點，示人體發光。《説文》依東周以後奊訛變字形燊訓爲"鬼火也"，實即是讀爲燐火之磷。本銘夒所从夰，大未加點，故非奊字）。戰國文字中，乘字或省木，如三晉文字乘作⁂，輚字作⁂，如依此，則夒或亦可讀作𡢃，即从咼乘省聲。然可否作此讀法不能肯定，姑備一説。
② 李魯滕：《夒鼎及其相關問題》，收入謝治秀：《齊魯文博——山東省首届文物科學報告月文集》，齊魯書社，2002 年。
③ 筆者於 2009 年 4 月在滕州博物館，承蒙杜傳敏館長批准，得見這幾件夒器中的大部分，特此致謝。

史鳶尊：史鳶乍父癸寶隣彝。（滕藏，圖六、圖七；《銘圖》11662）

史鳶爵：史鳶乍父癸寶隣彝。（滕藏，圖八、圖九；《銘圖》8550）

爵：父癸。（滕藏，形制同上，銘文據李魯滕文；《銘圖》7635）

史鳶觶之一：唯白初令于宗

　　　　周，史鳶易（賜）馬

　　　　匹，用乍父癸

　　　　寶隣彝。（首陽齋藏，圖一〇、圖一一、圖一二，器蓋同銘；《銘圖》10655）

史鳶觶之二：史鳶乍……（滕藏，圖一三、圖一四；《銘圖》10389）

鳶觚：鳶乍父癸隣彝。（首陽齋藏，圖一五、圖一六；《銘圖》9838）

觚（滕藏，未見）

觚（滕藏，未見）

對卣：亞（中）異吳對乍

　　　　父癸隣彝。（滕藏，圖一七、圖一八、器蓋同銘；《銘圖》13227）

史鳶卣：史鳶乍父癸寶隣彝。（滕藏，圖一九，銘文據李魯滕文；《銘圖》13199）[①]

圖一　滕州市博物館藏鳶鼎

圖二　滕州市博物館藏鳶鼎銘文

圖三　首陽齋藏鳶簋

圖四　首陽齋藏鳶簋銘文

① 李魯滕文稱“史鳶卣”，知滕州博物館藏此卣銘文同於以上史鳶爵與史鳶觶之二。

圖五　滕州市博物館藏簋

圖六　滕州市博物館藏史簋尊

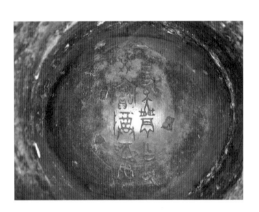

圖七　滕州市博物館藏史簋尊銘文

圖八　滕州市博物館藏史簋爵

圖九　滕州市博物館藏史簋爵銘文

圖一〇　首陽齋藏史簋觶

圖一一　首陽齋藏史奪觶蓋銘　　　　　　圖一二　首陽齋藏史奪觶器銘

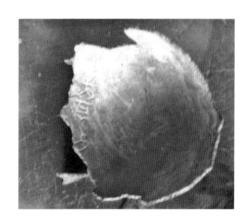

圖一三　滕州市博物館藏史奪觶　　　　　圖一四　滕州市博物館藏史奪觶銘文

圖一五　首陽齋藏奪觚　　　圖一六　首陽齋奪觚銘文　　　圖一七　滕州市博物館藏對卣

圖一八　滕州市博物館藏對卣銘文

據李魯滕文,滕州市博物館所藏鬶器組係 1989 年 1 月時徵集,器物出自一座"被破壞殆盡"的墓葬(按此墓據筆者在滕州博物館參觀所出器時,知屬滕州市姜屯鄉莊里西墓地,墓號爲 M7),同出有青銅器十件,計上舉鼎一、簋一、尊一、爵二、觚二、卣二、觶一,其中七件有銘,除鬶鼎有較長銘外,一卣銘"亞(中)曩吳對乍父癸隨彝",一爵銘"父癸"。餘四器均銘"史鬶乍父癸寶隨彝"。從僅提及墓中出有十件器看,他似乎未見到同墓所出而流散於海外今歸於首陽齋的三器。

圖一九　滕州市博物館藏史鬶卣

<h2>二</h2>

現據器形簡要分析一下此墓所出諸器的年代。

鬶鼎深腹,已微顯傾垂,口沿下飾成三列展開的變形饕餮紋。其形制與洛陽北瑤"登"墓所出鼎形近,[①]"登"墓應屬於西周早期,其下限或可能已在康王初年。從此鼎已較登鼎更顯垂腹的情況看,其年代有可能稍晚,已在西周早期偏晚,約康王中葉。該鼎銘文字體已少波磔,亦表明其已非西周初器。

鬶簋圓鼓腹,傾垂態勢明顯,更甚於鼎,雙半環耳下帶較大的鈎狀珥,口沿下與圈足均飾成三列展開的饕餮紋。其垂腹明顯的特點,表明此簋亦當已屬西周早期偏晚,約康王中葉。

史鬶尊口沿殘,屬粗體觚式,無扉棱,中腰(即下腹部)飾較粗獷的分解式饕餮紋。其形制與靈臺白草坡 M1:15 尊相近同,[②]年代亦當接近,白草坡 M1 約屬西周早期偏早,不

---

① 洛陽博物館:《洛陽北瑤西周墓清理記》,《考古》1972 年第 2 期。
② 甘肅省博物館文物隊:《甘肅靈臺白草坡西周墓》,《考古學報》1977 年第 2 期。

晚於康王初葉。

兩件同形的爵之一，口沿缺失，柱高，作傘狀帽，柱的位置已內移，接近鋬上端，與扶風雲塘 M13：16、扶風雲塘 M20：3 爵接近。[①] 此二墓已屬西周早期偏晚，約昭王時。

史夆觶之一，作扁圓腹，短粗頸，下腹圓鼓而微垂，蓋頂作半環狀鈕，蓋口沿下與圈足上均飾成三列展開的變形饕餮紋，形制近同於長安斗門鎮 M17：39 觶，[②]但垂腹程度明顯不如後者，所以其年代仍應在西周早期。從銘文字體看，字形末筆仍多有波磔，年代上似要早於夆鼎，應屬於西周早期偏早，約在成康之際。

史夆觶之二，只殘剩下腹與圈足之半個。從形制看，當屬於高體細長頸觶，可能近似於洛陽北窯家溝 M1 出土觶及扶風雲塘 M13：23 觶，[③]其年代當在西周早期偏晚，約與夆簋年代相近。

夆觚，中腰微鼓，短足跟。飾無底紋的分解式饕餮紋，上下有兩道凸弦紋。對於其形制所顯示的年代特徵，《首陽吉金》"夆觚"也指出，此觚器壁較厚、裝飾極爲樸素的特點與河南鹿邑太清宫長子口墓所出西周早期觚(M1：83、132)幾乎相同。長子口墓當在西周早期偏早，可見此觚在同墓所出器中年代靠前。

對卣，作扁圓腹，腹圓鼓，蓋頂作瓜蒂菌狀鈕，提梁兩端有羊首。蓋頂下部與口沿下均飾粗獷的饕餮紋，圈足上饕餮紋身軀成雙綫向後伸展，其形制與紋飾均體現西周早期偏早時的風格，但從銘文字體看，不會在周初，所以此卣年代應在成康之際。

史夆卣，銘文未得見，李魯滕文有介紹。從器形看，蓋頂作瓜蒂狀，提梁兩端無獸首，屬西周早期偏早器型，與對卣年代相近或稍早。

現據上述分析，將莊里西墓地 M7 出土青銅器中已見形制者所屬時段與大致的王年，按年代早晚排列如下：

  夆觚：西周早期偏早，約成康之際。

  史夆觶之一：西周早期偏早，約成康之際。

  對卣：西周早期偏早，約成康之際。

  史夆卣：西周早期偏早，約成康之際。

  史夆尊：西周早期偏早，約成康之際。

  夆鼎：西周早期偏晚，約康王中葉。

  夆簋：西周早期偏晚，約康王中葉。

  史夆觶之二：西周早期偏晚，約康王中葉。

  史夆爵：西周早期偏晚，約昭王時。

---

① 陝西周原考古隊：《扶風雲塘西周墓》，《文物》1980 年第 4 期。

② 陝西省文物管理委員會：《西周鎬京附近部分墓葬發掘簡報》，《文物》1986 年第 1 期。

③ 洛陽博物館：《洛陽龐家溝五座西周墓的清理》，《文物》1972 年第 10 期；陝西周原考古隊：《扶風雲塘西周墓》。

如以上分析不差,則夨的主要活動年代,應始自西周早期偏早,約成康之際,迄至西周早期偏晚時段內,約昭王時。

三

下面,按以上所排夨器年代早晚,對其中部分較長銘文之內涵略作考釋。

史夨觶之一,銘文言"唯白初令于宗周,史夨易(賜)馬匹"。此"白(伯)"應即此組器中夨鼎與夨簋中的"公"。李魯滕先生認爲鼎銘之"公"即是滕公,也即滕侯,應屬可信。此言"白初令于宗周"當是指滕公在宗周初次受王命時。[①] 所受王命,應是指封爲侯。也可能由於受命前尚未爲侯,故不稱之爲"公",而稱"伯"。滕國始封君,舊説爲周文王子錯叔繡。[②] 如是,則始封年代不當晚在成王後期,則此觶所言"白初令于宗周"之白即不會是錯叔繡。據陳槃氏考證,滕侯曾徙封,即原封在衛地的滕,後封今山東滕縣。[③] 這個説法如成立,則也許此觶銘所言"初令于宗周"之白,是在成康之際二次受封徙封於今山東滕州之滕侯。本觶銘"史夨賜馬",是器主人夨已稱"史",既受賜於滕侯,則所任之"史"當即西周滕國之史。銘文言史爲父癸作器,用日名稱父,這表明史夨很可能屬殷遺民(詳下文)。從西周金文資料看,殷遺民在西周早期時多有任史官的。

夨鼎,所記已是史夨供職於今山東滕州之滕國時的事。銘文記述夨在正月時隨公田獵,可能是獲得珍奇的野獸而受到王獎賞貝二朋。所獲之獸,因銘文銹蝕不可缺知。李魯滕文讀爲"瓏豕",目驗原器,前一字較接近,後一字不能辨識。《説文解字》曰"瓏"爲"禱旱玉,龍文。从玉从龍,龍亦聲"。李魯滕文認爲有可能是指豕的毛色呈龍紋,被認爲是瑞獸。鼎與上述史夨觶之一年代接近,公是對時任滕侯之侯的生稱,當即觶銘所言之"伯"。[④]

夨簋銘文言某九月時"者(諸)子具服"。此句話可與秦公鐘所云"以康奠懋朕或(國),盜(肇)百䜌(蠻),具即其服"(《集成》262—266)之"具即其服"的含義相聯繫,李零先生釋上舉秦公鐘銘之"盜"爲"肇",訓爲正,"服"在"其"之後,是名詞,指臣守之職。[⑤] 如此,則"具即其服"即是講百蠻皆就位於其臣屬之職位。《詩經·大雅·蕩》"曾是在位,曾是在服","服"意也與秦公鐘"具即其服"之"服"義同。本簋銘則言"諸子具服","服"在作爲狀

---

① 與此句式類似的有賢簋銘文,其文曰:"隹九月初吉庚午,公叔初見于衛。"(《集成》4104—4106)這裏的"初見"之"見",當同於作冊魖卣銘文所言"唯公大史見服于宗周年"(《集成》5432)之"見",是指履職、到任。史夨觶"初令于宗周"則當是初次受命於宗周。

② 《史記·陳杞世家》:"滕、薛、騶,夏、殷、周之間封也,小不足齒列。"索隱曰:"滕不知本封,蓋軒轅氏子有滕姓,是其祖也。後周封文王子錯叔繡於滕,故宋忠云:今沛國公丘是滕國也。"

③ 陳槃:《春秋大事表列國爵姓及存滅表譔異》(三訂本),"中研院"歷史語言研究所,1988 年。

④ 按:此滕侯被稱爲"公",應是在本國內屬臣對其之尊稱。西周時稱"侯"之國君不自我稱"公"。請參見本書所收拙文《關於西周封國君主稱謂的幾點認識》。

⑤ 李零:《春秋秦器試探》,《考古》1979 年第 6 期。

語的"具"後,似應讀爲動詞,即服其職事之意。"具服"意當近於"具即其服",只是"服"既作動詞,即可大意釋作"皆已(就位)服其職事"。問題在於"諸子"指何人。在兩周金文中,"子"均作親屬稱謂用。對一般的屬從不稱"子"。所以,此簋銘所言"諸子",很大的可能即是指公(即滕公)之諸公子,當然不一定必是此銘中時公之子,也可能包括其他有公子身份的貴族,甚或是此簋中"公"的兄弟輩(兄弟、從兄弟),或父輩(即上二代滕公之子)。此種情況下的"諸子",與殷墟卜辭中的"多子"之稱類似。所以,"諸子具服"應該即是指滕國諸公子皆已就其職位。在西周封建制度下,尤其是西周早期分封制開始推行時,受封的貴族之近親成員都可能會被委任以官職,同時亦就成爲大大小小的封君。本銘中的"具服",也有可能是指滕國諸公子皆已受封完畢,同時承擔其應服之職事。

本銘末,鬶表示要"對公休",可見是受了公的恩惠,那麼,講完"諸子具服"後的一句話,即"公廼令,才(在)庠曰:凡朕臣興晦",應該是與公對鬶等"臣"的犒賞有關,即犒賞在安置"諸子"使"諸子具服"過程中爲此事出了力氣的"朕臣"。"臣"在這裏應該即是指鬶及與其身份近同的滕國公臣。

"興晦"之"興",上古音聲母爲曉母,韻在蒸部,與"弘"字疊韻。"弘"之聲母爲匣母,曉、匣旁紐。所以"興"可讀爲"弘"。"晦"在這裏是動詞,依其上古音,可讀爲"賄"。賄,上古音聲母爲曉母,韻在之部。從每之字,如悔、晦、誨等,皆從每得聲,與賄疊韻,聲母則同爲明母。《儀禮·聘禮》"賄在聘于賄",鄭玄注"古文賄皆作悔"。衛簋銘文曰"公叔初見于衛,賢從。公令吏晦賢百晦(畮)糧(糧)"(《集成》4104—4106),前一個"晦"字,郭沫若即讀爲賄,言"猶錫予也。古文作晦(《一切經音義》),正從每聲"。[①]

綜言之,"興晦"可讀作"弘賄"。《左傳》文公十二年記魯襄仲欣賞秦西乞術,曰"厚賄之",杜預注:"賄,贈送也。""弘賄"義當近同於此"厚賄"。是講公要對臣屬厚賄之。故簋銘繼言"鬶敢對公休",是受到公厚賄後之感謝語。"凡朕臣"是指在此事(即使"諸子具服")中盡了力的滕侯所有的臣屬。

四

與莊里西 M7 所出此組鬶器有關的問題,似有如下幾個值得討論:

(一) 出鬶器的 M7,屬今滕州市西南姜屯鄉莊里西村的西周墓地。莊里西村與東滕村相鄰,西周時的滕國故城即在東滕村一帶。1978 年,莊里西村西 200 米處一座小型墓葬(編號 785TM3)中出土屬西周早期偏早的銅鬲一、簋二,鬲有銘曰:"吾作滕公寶尊

---

① 郭沫若:《兩周金文辭大系圖録考釋》,科學出版社,1957 年。按:"晦""悔"讀爲"賄",似即屬於有的同韻部的曉母字與明母字在上古可相通之例。參見孫玉文:《試論跟明母諧聲的曉母字的語音演變》,《古漢語研究》2005 年第 1 期。

彝。"①所爲作器之滕公，或即是滕國始封君叔繡，器主人應是滕公族成員。1982 年，又在此墓地另一座西周墓內出土了滕侯方鼎、滕侯簋，②但墓較小，不會是滕侯墓，墓主人也應是與滕侯關係密切的公族成員。

由以上情況可知，莊里西村一帶應是滕國的侯墓與公族墓地及其他國人的墓地所在。莊里西 M7 所出鷸器組所反映的與滕侯的關係，説明該墓應在這一片滕國墓地範圍內的國人墓地中。

（二）M7 中與鷸器同出對卣屬矢眔氏，亦言爲父癸作器，與鷸之父考同日名。如上述，對卣其年代在西周早期偏早，對與鷸應是同時的人，其器出在鷸墓內，所以對與鷸有可能是同父之兄弟，屬於同氏。③ 李魯滕文言及與史鷸墓同在一個墓區且毗鄰的 M4 出有觶，銘文作"亞眔矢父乙"，這進一步表明鷸所在的這塊墓地有即屬矢眔氏之可能。這點，李魯滕文亦已指出。李文且説明，這塊矢眔氏墓地位於上述出"滕侯"銅器的滕國貴族墓地以西。

矢氏是商後期與周初金文中常見的商人强宗，眔氏作爲其分支，所作銅器曾出土於北京房山琉璃河燕國墓地、北京順義牛欄山鄉金牛村及遼寧喀左窖藏，④證明其有一支可能在西周早期曾生活於燕地。莊里西史鷸爲墓主人的 M7 與相近的出"亞眔矢父乙"的 M4 所在墓地，如確皆是矢眔氏墓地，而且又位於上述與滕國公族墓地相毗鄰的滕國其他國人的墓地中，則説明此一氏族在西周早期也被西周王朝分割並遷移至不同的姬姓諸侯國中。與戈氏、羞氏等商人强宗均被拆分遷轉的情況相仿佛。此有助於了解西周早期分封時，西周王朝對待殷遺民的政策與手段。

鷸器組中幾件言及公（滕公）的有銘器，均反映出鷸對周人姬姓貴族的順服，亦可見西周王朝對殷遺民政策之成功。

鷸墓即莊里西 M7 隨葬銅器組合已知有鼎一、簋二、爵二、觚三、觶二、卣二、尊一，從組合形式上看，仍有爵觚組合，還屬商人舊制，但爵、觚並不等量，亦非同時製造，與商後期商人墓已有差別。組合中有西周早期墓中多見之觶似是受周文化影響所致。

（三）鷸的官職是"史"，從史鷸觶銘文內容看，"史"應是作爲諸侯國的滕國之史。但由鷸簋銘文可知史鷸等屬滕侯之"臣"，此"臣"應亦是從諸侯國君主角度所言，是侯國之

---

① 滕縣博物館：《山東滕縣出土西周滕國銅器》，《文物》1979 年第 4 期。

② 滕縣博物館：《山東滕縣發現滕侯銅器墓》，《考古》1984 年第 4 期。

③ 李文認爲史鷸是亞眔矢族的屬員。所謂"亞眔矢"，是金文中上下讀序。在此複合氏名中，眔有可能是矢氏的分支，似可稱爲矢眔氏。

④ 同治丁卯（1867 年）在北京郊區即出土有亞盉，銘文中亞署其氏名爲"矢亞眔侯"（器銘見《愙齋集古録》一六、一九。事見《攀古樓彝器款識》一卷一五頁。今藏上海博物館）。琉璃河燕國墓地 M54 出土有"亞矢妃"盤，M253 出土"矢亞眔"鼎。1982 年在北京順義牛欄山鄉發現在該鄉金牛村出土的一組八件"亞眔"銅簋。1973 年在遼寧喀左平房子鄉北洞村二號窖藏出土有"眔侯"氏所製方鼎。以上發掘出土資料見北京市文物研究所：《琉璃河西周燕國墓地：1973—1977》，文物出版社，1995 年；程長新：《北京市順義縣牛欄山出土一組周初帶銘青銅器》，《文物》1983 年第 11 期；喀左縣文化館等：《遼寧喀左縣北洞村出土的殷周青銅器》，《考古》1974 年第 6 期。

臣,似非公室家臣。但西周時期王室與王朝官吏難以截然分清(如王室之宰也是王朝之宰),所以侯國官吏有的可能也兼有兩種身份,既是公室官吏亦兼有公室家臣身份。奪可能兼有滕侯公室家臣身份這點,在品味奪鼎所記奪隨從滕侯會獵的銘文時亦會有所感受。

(四) 奪簋言"諸子俱服"。前文已論"諸子"當是滕侯家族內諸小宗(諸公子)。由此銘可以得知,西周早期時西周貴族受封後,確實要對諸小宗再次分封,强化建立在血緣關係基礎上的宗法關係。在奪簋銘文中言"諸子俱服",即表示受封之諸子要作爲封君服事於侯。大小宗之間是宗法關係,但"服"字又表現了强化了的政治隸屬關係。有封土並擔任公臣的諸小宗是諸封國存立的政治基礎。

(原載《中國古代青銅器國際研討會論文集》,上海博物館、香港中文大學文物館,2010 年)

山東高青陳莊西周城址內的
西周墓葬初探

　　山東高青縣陳莊西周城址的發現與發掘，是西周考古的重要收穫。承蒙山東省文物考古研究所鄭同修所長提供機會，得以觀摩發掘出土的部分青銅器，現將不成熟意見概述如下。

　　城址內中部偏南之夯土臺基北側有兩座甲字形大墓 M35、M36，兩墓靠近，M36 略偏東南。M35 隨葬有銅鼎、簋、壺各 2 件和盤、匜各 1 件以及戈 3 件和車馬器。兩件簋同形、同銘，均殘，但仍可知爲有蓋附耳方座簋。蓋頂與簋腹均飾有豎條棱紋。簋上飾此種紋飾，也見於虎簋蓋（《銘圖》5399）、瘋簋（《銘圖》5189—5196）、倗生簋（《銘圖》5307）、五年師旋簋（《銘圖》5248—5250）等，其流行時間應是在西周中期中葉後。簋下方座所飾對稱的垂冠顧首大鳥紋與簋蓋邊緣所飾的竊曲紋紋樣，均流行於西周中期。簋銘言"王各于靠大室"，"靠大室"應即共王大室，説明此二簋必晚於共王。綜上所述，二簋當屬於西周中期偏晚，約懿王、孝王時器。其銘文字體較粗獷且橫不成行，此特徵亦合於此時銘文之一類。M35 隨葬銅器組合形式，酒器僅有壺，且亦以盤、匜爲水器組合，而匜在關中與中原地區是自西周晚期約厲王後才流行。這樣看來，M35 的年代應已在西周晚期初，約夷王時，墓主人約主要活動於西周中期偏晚至晚期初即懿王至夷王這一時段內。M36 隨葬銅盨、方壺各 2 件和盤 1 件及戈 1 件，器形尚未得見，僅從組合形式看，因盨與方壺均流行於西周晚期，則 M36 當已不早於西周晚期。

　　M35 出土的兩件同形同銘簋，器主人名𢎛（似不從弓，與下面"彤弓"合文[彤弓]中之"弓"形作𢎛比較可知），銘文記"王若曰：𢎛，余既命女（汝）更乃曼（祖）龏嗣齊𠂤（師），余唯醽命女（汝），……敬乃御，毋敗（敗）速（績）"，"毋敗績"，亦見五年師旋簋。𢎛直接受王命治理齊師，應是王朝卿士，而非齊侯臣屬。齊師是西周王朝在齊地所設直轄軍隊的可能較小，還當理解爲齊國軍隊較好。王直接任命王臣來統領齊國軍隊，或是由於齊侯此時已不能自治齊軍，或是由於周王對齊侯並不充分信任，而對齊師之戰略作用卻相當重視。可支持不信任之説的,是《史記·周本紀》索隱引宋忠曰齊哀公"荒淫田游",以及《周本紀》所記齊哀公時因"紀侯譖之周",周王(《史記》集解引徐廣曰爲周夷王)烹哀公(此事亦見於古本《竹書紀年》)。但簋銘是言王命𠭯承繼其祖父來治理齊師,所以由王臣來代齊侯治齊師(或節制齊師)的年代,至晚當亦始於𠭯的祖父時。如𠭯即是 M35 的墓主人,如上所論,其約活動於懿王至夷王時,則其祖父即約活動於穆王時,也就是説,周王朝直轄齊師的時間應在穆王時。由此可知西周王朝對異姓之齊國加强控制約應始自西周中期,這無疑有助於了解西周王朝封建制度下王朝與諸侯國之政治關係。

安康出土的史密簋已殘,從紋飾上看應是西周晚期器,其銘文記王命師俗與史密東征,"齊𠂤(師)、族土(徒)、遂人乃執鄙寬亞,師俗率齊𠂤(師)、遂人□□,伐長必"(《銘圖》5327),同屬西周晚期的師𡊪簋銘文亦記王曰"今余肇命女(汝)率齊𠂤(師)、紀、釐、僰、夷、左右虎臣征淮夷"(《銘圖》5366)。可知比𠭯簋稍晚時,齊師在發生戰争時,雖仍是由王派王臣來率領,但師俗、師𡊪等王臣均似已非專職統領齊師,此或與西周王朝至西周晚期後實力漸衰,對諸侯國的控制亦相應減弱有關。

在 M35、M36 之南,亦在城址東南部,還發掘有 M17、M18 與 M27 三座銅器墓。器物尚未能看全,僅從已知隨葬銅器形制與組合形式看,年代應爲西周早期,似不晚於康王。M18 出土觥銘文曰"豐啓作厥且(祖)甲齊公寶尊彝",卣銘"豐啓作文且(祖)齊公隩彝"(以上銘文中"啓"在同人所作簋銘中訛作"般"),鼎銘言"魯姬易(賜)貝十朋用作寶隩鼎",由此可知 M18 墓主人名豐,是齊國公族成員。學者或認爲豐應與西周早期塱方鼎(《銘圖》2364)銘中周公所伐之豐伯爲同氏,此城址所在地即豐,認爲啓是私名。但豐也有可能是私名,而啓是始意,則在此種情況下如要將豐説成是氏名只有此時仍有人、氏、地同名之制才可能,如殷代甲骨刻辭所記氏名、地名與人名可相合之情況。按照 M18 年代,豐的"文祖"當是齊太公,鼎銘中之"魯姬"有可能是出身魯國的齊侯夫人,爲豐之母親或祖母。M17、M18 與 M27 等墓所在,應是姜姓齊國公族之一支的墓葬。此類墓與其北 M35、M36 的墓主人似有不同的出身,當非同宗族成員。所以陳莊西周城址東南的西周墓地所包括之内涵似非單一,其詳情還有賴於更多的發掘資料來揭示。同樣,據目前的發掘資料,只能肯定陳莊城址在西周早期時應是 M18 墓主人所屬齊公族分支的屬地,在西周中期後又曾作爲西周王朝派駐齊國統領齊師的王臣之駐地,而更多情況的了解亦有待今後的發掘工作。

(原載《山東高青縣陳莊西周遺址筆談》,《考古》2011 年第 2 期)

玣器與魯國早期歷史

　　"玣"字原篆作🔣,其形作又(即手)持🔣置於二上,暫隸定作玣[1]。下面要介紹的玣所作器包括尊一、卣一,以及一件帶提梁的組合盒形器,暫稱之爲提梁套盒。此三器分別由海外不同私人收藏家所藏,余曾目驗。因三器均有銘文且關乎西周時期魯國歷史,甚有價值,而提梁套盒的器形亦爲前所未見,故承蒙收藏方允許,將其器物與銘文内容介紹如下,並對銘文作初步研究,以就正於學界。

一、玣器形制及年代

　　玣尊(圖一,1),係口沿與腹部間已無明顯分界的所謂"兩段式",垂腹,器口與腹及圈足橫截面作圓形而稍顯橢圓形,坡形圈足,足底有矮直階狀足跟。素面,僅腹外壁在中腹部偏上,飾有雙弦紋,兩弦紋中間於正、背面各有一突起的獸首。器内底有銘文(圖一,2),通高20厘米。

　　玣卣(圖一,3、4),器身亦垂腹,器口與腹及圈足橫截面均略作方橢圓形,坡形圈足,足底有矮直階狀足跟。腹壁兩側有雙半環耳,套接提梁,提梁兩端有獸首。有蓋,蓋頂有橢方圈足狀捉手,兩側有"犄角",蓋套在器直口外作子母口狀。亦素面,在器外壁上部與圈足外各有雙弦紋二,上腹壁雙弦紋間在正、反面各有一突起的獸頭。器内底與蓋内有相同的銘文(圖一,5)。通高20餘厘米。[2]

　　玣提梁套盒(圖一,6、7),器身作圓筒狀有蓋,蓋頂有圈足狀捉手。全器由蓋與下邊可以拆卸組裝的套盒組成(圖一,9),器身由上到下可拆分爲以下構件:

---

[1]　按:原文隸作"玣"。此字又所持🔣即弋,參見裘錫圭《釋柲》所附《釋弋》,收入《裘錫圭學術文集》第1卷,復旦大學出版社,2012年。此字學者或釋作"叔",但"叔"字作🔣(師嫠簋),弋下有三點,示以弋掘地,此字弋下則作=,與作🔣所表示之義似有所不同,此姑寫作玣,待再考。又,殷墟甲骨文典字作🔣(《合集》30660),亦作🔣(《合集》36181),典字亦見於銅器弜父丁觶銘,作"🔣弜父丁"(《集成》6393)。从又是从奴之省。西周金文中井侯簋有"用🔣王令(命)",🔣諸家多讀作典。典字册下之=,高鴻縉認爲是册攔於物上之物(或架或丌)(《金文詁林》卷五上"典"字條下)。西周金文中"典"亦作🔣,或🔣。則上舉甲骨、金文"典"字所从册下之=似應是丌之省。
[2]　具體數字待再查。

第1層: 套圈(即無底)。上承蓋。兩側有半環耳套接提梁。提梁兩端有獸首(圖一,9左上)。

第2層: 外凸於器壁的一圈箍(圖一,8右上;圖一,9右上)。

第3層: 直外壁的盒底(下稱盒底1)。盒下部呈較窄的坡狀,近底部作矮直階(圖一,9中上)。[1]

第4層: 外凸於器壁的一圈箍(圖一,9右下)。

第5層: 直外壁的盒底(下稱盒底2),亦是全器的底部,其下部呈較寬的坡狀,近底部有矮直階狀跟(圖一,9中下,圖一,8右下)。

第1層套圈飾顧龍紋,尾部變形作銳角狀向上回勾,正、倒兩個這樣的顧龍交錯組成一個單元,一圈共分布有此四個單元。第3層盒、第5層盒外壁飾S形的顧龍紋,惟龍首內彎,一個此形龍紋爲一個單元,則一圈共有八個同形的此種單元連續展開構成紋飾帶。

第2、4兩層圓箍與蓋頂近口部,均各飾有中目形的斜角狀勾連雲紋。

以上紋飾皆呈寬綫條的陰文狀,有細的雲紋底紋。器連蓋通高25.5厘米。此器有容器功能的僅是兩個較淺的圓盒底,不論盛何種食物,均顯體量太小。存有此器的收藏家認爲,此兩件盒底上部本應接有木質的圓筒形器,此兩件木筒形器中間是銅的圓箍(顯然是起加固作用),這是很有道理的。如是,則此器實際是一件銅木混合器,可以從中間打開一分爲二。木質筒形器外表也可能髹漆。其用途,考慮到可以拆合,裝液體似不太方便,可能還是一件裝固態食品的器物,其作用類似於我們今天套裝的可拆分的飯盒。值得注意的是在上述第3層,即盒底1的正、反兩面均有兩個小圓孔,在上述第5層,即盒底2的正、反面與兩側正中亦各有小圓孔一。估計此兩層盒底上的小孔,可能是爲了用以穿金屬絲或繩索以使上、下兩層筒形盒得以繫聯。只是中間的木質結構未存,上下究竟如何繫聯尚未可確知。這樣一種形制的器物,在以往著録的青銅器中似未曾見到過,所以格外珍貴。

此器蓋內與兩件盒底(實際是兩件銅木組合的筒狀器底部)均有相同的銘文(圖一,10—12)。

以上三件叡器中,尊、卣的形制帶有明顯的時代特色。尊作"兩段式",卣腹作橢方形,蓋頂有"犄角",二器均明顯垂腹。這種形制特徵的尊、卣約始見於康王晚期,而流行於昭、穆王時期。[2]此兩件器物素面,僅飾弦紋,屬所謂簡樸型,此種形式在康王晚期至昭王時期較多見。兩器銘文布局,豎成列但橫基本不成行。銘文書體尚較粗獷、渾厚,皆與穆王

---

[1] 按: 這一有底圓盒的下部雖作跟部呈坡狀的圈足形,但與下述第五層的圓盒下部圈足的坡狀足跟此,要窄得多,不可能如有的學者所言,是另一件同形器的器底,而只是可以拆下來單獨使用的器皿底部,是這件銅木組合容器的一部分。這點請仔細觀察3、5兩層的形制即可得知,也就是説這些構件不會屬於兩件器。

[2] 請參見拙著《中國青銅器綜論》上册第十一章第三節,上海古籍出版社,2009年。

時期流行的豎成列、橫成行的布局與緊湊、小而規整的筆畫有別。所以這兩件尊、卣的年代應當歸屬康王晚期至昭王時期。

　　與以上尊、卣作器者均爲同人的叔提梁盒，其年代自然相近。僅就其形制，亦可再稍作討論。此器形制雖前所未見，且如上述，其功能有可能是作爲食器用的，但如不考慮其爲組合器物，圓筒狀而帶提梁的總體外形，會使人想起流行於西周早期偏早的深圓筒形提梁卣，如甘肅靈臺白草坡 M1 出土的此型卣(M1：13)，[1]這件叔提梁盒形制的淵源可以溯及此。此器滿飾紋飾，套圈與兩件盒外壁均飾不同形狀的顧龍紋紋飾帶，可見此器所在年代該類紋飾之盛行，而且與上述尊、卣素面風格迥異，這些均應該是不同時代風格的體現。不僅如此，這件提梁盒的銘文字體，也與以上尊、卣銘文布局及字體特徵不同，已是豎成列、橫成行，字體筆畫緊湊，小而典雅。

　　從上述情況看，提梁盒的年代，應晚於尊、卣，大致已在穆王時期。

1

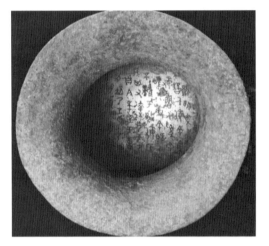

2

3

4

① 甘肅省博物館文物隊：《甘肅靈臺白草坡西周墓》，《考古學報》1977 年第 2 期。

5

6

7

8

9

10

11   12

圖一

1. 玦尊   2. 玦尊(俯視)   3. 玦卣   4. 玦卣器蓋   5. 玦卣器内底與蓋内銘文   6. 玦提梁套盒(正視)   7. 玦提梁套盒(側視)
8. 玦提梁套盒分解圖(一)   9. 玦提梁套盒分解圖(二)   10. 玦提梁套盒蓋内銘文   11. 盒底1(俯視)   12. 盒底2(側視)

二、玦尊、玦卣銘文釋讀

玦所作尊與卣同銘文(圖二,1—3)。現將銘文按卣器銘(圖二,4)的行款作釋文如次:

> 侯曰:"玦,不(丕)顯朕文考魯
>
> 公🦶文遺工,不譬丕(厥)敏(誨)。余令女(汝)
>
> 自窵虢來敏(誨)魯人,爲余
>
> 冥(軌),有妹具成,亦唯小羞。余既
>
> 省,余既處,亡(無)不好,不龖(處)于朕
>
> 敏(誨)。"侯曰:"玦,喏喏,自今坓(往)弜,其
>
> 又(有)達女(汝)于乃丂(考)。實(賞)女(汝)貝、馬
>
> 用。自今坓(往)至于啻(億)萬年,女(汝)日
>
> 其實(賞)。勿竝(替)乃工,日引。"
>
> 唯三月,玦易(賜)貝于原。玦對戲(揚)
>
> 卻(辟)君休,用乍(作)朕剌(烈)考寶隣彝。

下面先對銘文作逐句考釋,重在疏解其中一些較費解的字句,然後再在此基礎上作意譯。

侯曰:"玦,不(丕)顯朕文考魯公🦶文遺工,不譬丕(厥)敏(誨)。

此句中,🦶字需討論。此字在此前著録的金文中似未見過。從字形特徵看,應是《說文解字》中的🦶字,隸定作夊,其文曰:"夊,從後至也。象人兩脛後有致之者。凡夊之屬皆從夊,讀若黹。"《說文解字》在此夊字下所列從夊之字,有夆、夅等。在西周金文中"夆"作

1

2

3

4

圖二

1. 叔尊內底銘文　2. 叔卣蓋內銘文　3. 叔卣器內底銘文(一)　4. 叔卣器內底銘文(二)

，"夅"作（"降"所從），①所從"夂"均與本銘形同。其實亦是"各"(西周金文作 或稍異作)所從，②均係向下的足形。多與其他字符會意，示下降(如"降")，或示抵達(如"各")等。

　　"夂"字上古音爲端母脂部("鮨"字同)，"致"字爲端母質部，脂、質二部陰、入相諧，故"夂"可讀爲"致"。③ 在《説文解字》中，"致"字原篆作，釋云："送詣也。從夂從至會意，

① 見容庚：《金文編》，中華書局，1985 年，第 386、940 頁。

② 見容庚：《金文編》，第 73、74 頁。

③ 以上依陳復華、何九盈：《古韻通曉》，中國社會科學出版社，1987 年。

至亦聲。”其實“夂”與“致”音亦同。“致”本義爲送到、送達。[1] 本銘“(致)文”之“文”，其意當近於《國語・周語》“以文修之”，韋昭注：“文，禮法也。”又《周語》曰“有不享則修文”，韋昭注：“文，典法也。”《荀子・禮論》“文之至也”，注：“文，謂法度也。”是指禮法，即禮制、法度。則本銘言魯公“致文”，即是講魯公帶來禮法。

“遺工”之“工”，在此當讀作“功”，即功業。“遺”在此是遺留之意，見《史記・孝文本紀》“遺財足”索隱。“遺工”即是“遺功”，遺留下功業。相對於“致文”之“文”，則此“遺功”之“功”似是指武功。《荀子・議兵》“隆禮效功，上也”注：“功，戰功也。”《詩經・魯頌・閟宫》：“至于海邦，淮夷來同。莫不率從，魯侯之功。”此“功”即是指魯侯以武力征服了淮夷之“功”。師寰簋銘文言師寰“休既又(有)工(功)，折首執訊，無諆徒駿(馭)，毆俘士女、羊牛，俘吉金”(《集成》4314)，此“功”也是指軍功。[2] 此“遺工(功)”與“致文”相聯繫，則魯侯實際是歌頌其文考魯公的文治武功之業績。《詩經・魯頌・泮水》“穆穆魯侯，敬明其德。敬慎威儀，維民之則。允文允武，昭假烈祖”，亦是頌魯侯文、武兼備之德行。

“不朁”見於𥂴(召)尊，其銘曰：“𥂴(召)多用追于炎不朁伯懋父畜(友)。”(《集成》6004)“不朁”亦作“不𦣞”，見於天亡簋銘文，曰：“不顯王乍省，不𦣞王作庸。”(《集成》4261)馬承源認爲“不顯王”與“不𦣞王”對文，可見“不𦣞”也是褒義詞，不讀作丕，𦣞讀如肆，《爾雅・釋言》“肆，力也”。[3] 𥂴(召)尊之“不朁”亦用在“伯懋父”前，自當亦是贊美詞。但這種用法用在本銘中似不妥。本銘“不朁厥敏”之“朁”亦可讀作“𦣞”，即讀爲“肆”。《左傳》昭公十二年“昔穆王欲肆其心周行天下”，此“肆”即有“放縱”之意。《禮記・表記》“君子莊敬日强，安肆日偷”，鄭玄注：“肆，猶放恣也。”如此，在本銘中“不𦣞(肆)”，即可以理解爲不放鬆、不鬆懈。

本銘“不𦣞厥敏”之“敏”，即“敏”，在此似當讀作“誨”。《説文解字》：“敏，疾也。从支，每聲。”“誨，曉教也。从言，每聲。”是敏、誨均从每聲。不𡢁簋銘文有“女(汝)肇誨于戎工”(《集成》4328)，而《詩經・大雅・江漢》有“肇敏戎公”，公、工雙聲協韻。此均是西周時誨、敏讀同可通假之例。[4] 上引《説文解字》訓誨爲“曉教”，《尚書・無逸》“胥教誨”，《詩經・大雅・桑柔》“誨爾序爵”，誨皆是教誨之意。在本銘中言魯公“不𦣞氒(厥)敏(誨)”，即是不肆於那個教誨(之行爲)，亦即不放鬆(對下屬與民衆之)教育。

余令女(汝)自㝦虢來敏(誨)魯人，爲余宂(軌)，有姝具成，亦唯小差。

“㝦虢”，地名。“㝦”即“𡨚”字，或可讀作“陽”或“楊”，“虢”字見於《説文解字》，曰：

① 參見王力：《古漢語字典》對“致”本義的解釋，中華書局，2000年。

② 白川靜在《金文通釋》(白鶴美術館，1962—1984年)一三“明公毁”中，亦曾論及，在金文中“工”多用於“戎事”。

③ 馬承源：《商周青銅器銘文選集——西周・方國征伐》，收入《中國青銅器研究》，上海古籍出版社，2002年。

④ 王國維云：“誨，敏之假借字，《詩・江漢》曰‘肇敏戎公’，……按戎公謂甲兵之事。”見王國維：《不𡢁毁銘考釋》，收入《雪堂叢刊》，1915年。

“槻,木也。从木號省聲。”此字在《類篇》中省作槻。西周金文中有氏名(或地名)作“寫”,①亦有氏名或地名作槻(从木,虢聲,與號均屬宵部,號匣母,虢曉母,聲母也極近,故“槻”可讀作“號”)。② 但“寫號”作爲二字合成的一個地名,其今地望不詳。號如是一種樹木名,此地名也許因寫地多生號木而得名。

“來敏(誨)魯人”,即是來教誨魯人。“來”下接動賓結構語句,在西周金文中習見,均指主語從異地來到動作發生地。

“爲余冥”,“爲”在此應訓爲《廣雅·釋詁三》所云“施也”,即施行。冥,从宮九聲,在此當讀作“軌”。《左傳》隱公五年“講事以度軌量,謂之軌”。《左傳》襄公十一年“軌度其信”,孔穎達疏引劉炫曰:“軌,法也。”《管子·山國軌》:“田有軌、人有軌,用有軌,鄉有軌,人事有軌,幣有軌,縣有軌,國有軌,不通於軌數,而欲爲國,不可。”《漢書·叙傳下》“東平失軌”,顏師古注:“軌,法則也。”故“爲余冥”是魯公希望夨來教誨魯人,從而施行其所規定的法規、法則。

“有姝具成,亦唯小羞。”《説文解字》:“姝,好也。从女朱聲。”《廣雅·釋詁》:“姝,好也。”《詩經·邶風·靜女》:“靜女其姝。”毛傳:“姝,美色也。”《一切經音義》六引《字林》:“姝,好貌也。”《後漢書·崔寔傳》顏師古注:“姝,美也。”是姝本爲女子美貌,可引申爲美、美好。具,《詩經·鄭風·大叔于田》“火烈具舉”,毛傳:“具,俱也。”西周金文“具”作此種用法亦常見,如周厲王㝬鐘銘文“南尸(夷)、東尸(夷)具見(視)廿又六邦”(《集成》260),秦公鐘“具即其服”(《集成》265),“具”皆爲“俱”義。成,在此當是成立、樹立之意。《説文解字》:“成,就也。”《淮南子·脩務》“此自强而成功者也”,顏師古注:“成,猶立也。”西周中期器班簋銘文“亡不成眈天畏(威)”,“廣成厥工(功)”(《集成》4341)。“成”亦是建立、樹立之意。所以“有姝具成”應該是説:“有美好的事情皆使其成立,均樹立之。”

“亦唯小羞”之“羞”,在此當讀如《莊子·盜跖》“其行乃甚可羞也”之“羞”的意思,即羞耻之義。《經典釋文》曰:“‘可羞’,如字,本又作惡。”《漢書·淮南王劉長傳》“以羞先帝之德”,顏師古注:“羞,辱也。”《漢書·文帝紀》“以羞先帝之遺德”,顏師古注:“羞,謂忝辱也。”“小”即“少”也,微也。故“小羞”亦即少有令人羞耻的惡行發生。③ “亦唯……”在西周金文中是一種句式,是承上句而得到的結果,或與上句有因果關係。如禹鼎“用天降亦(大)喪于下或(國),亦唯噩侯馭方率南(淮)尸(夷)、東尸(夷)廣伐南或(國)、東或(國)”(《集成》2833、2834),即是講,噩侯馭方之亂,是因天降喪下國所致。又《詩經·大雅·

---

① “寫”在西周金文中作爲氏名出現的例子,如西周早期之“寫史䅅”(甗,《集成》888),西周早期偏晚至中期偏早之“寫長”(方鼎,《集成》1968),以上皆作器者名。又如約西周中期之“文考寫叔”(羌鼎,《集成》2673)。此氏名或亦是地名。戰國時兵器銘文有“寫都”之稱(戈,《集成》10937),此地似是齊地。

② “槻”在西周金文中僅見於氏名“槻册”,均署於銘文末。“槻”是氏名(可能也是地名),“册”當是標誌該氏世官作册。見《集成》2314、3607、9421、9422、9566。

③ 按:“羞”或可讀爲同爲心母幽部字的“騷”,即騷擾之義。

抑》："哲人之愚,亦維斯戾。"朱熹《詩集傳》曰："哲人而愚,則反戾其常矣。"凡此類句中"亦唯……"其意,似近於今日"也就有……"所以本銘"小羞"之局面,當是因上文"有姝具成"所促成的。

余既省,余既處,亡(無)不好,不黸(處)于朕敏(誨)。"

"省"是省察、視察。中方鼎銘文曰："王令中先省南或(國)。"(《集成》949)寢臾鼎銘文曰："王令寢臾省北田四品。"(《集成》2710)"處"在這裏其義當如《説文解字》所云,是"止也",亦可以理解爲是居住之意,其義同於曶鼎銘文所曰"弋(式)尚(當)卑(俾)處厥邑,田厥田"(《集成》2838)之處。

"不黸于朕敏(誨)"句中之"黸",从𧶽,處聲,[①]當可讀如"處"。《禮記·檀弓下》"何以處我",鄭玄注："處,猶安也。"《左傳》文公十一年"自安於夫鍾",杜預注："安,處也。"是安、處意同,可以互訓。由此可知本銘"亡(無)不好,不黸(處)于朕敏(誨)"句中後一"不黸(處)于朕敏(誨)",語意亦是承上一句"亡(無)不好"之"亡(無)"而言的,是說"無不安於朕誨",即是言"沒有不安於我之教誨的",其意亦即"沒有不順從於我的教誨的"。[②]《論語·爲政》"察其所安",皇侃疏："安,謂意氣歸向之也。"《荀子·王霸》"百姓莫敢不敬分安制",楊倞注："安制,謂安於國之制度,不敢踰分。"均是"安"之含義。

侯曰:"夨,喏喏,自今𡉚(往)弜,其又(有)達女(汝)于乃丂(考)。

喏,下有重文符號,故當讀爲"喏喏"。"喏"在典籍中或作"諾",在文獻中多用作有恭敬語氣的應辭,[③]即表示答應之意的應聲。但在此解作應辭似有不妥,因爲並未有人與魯侯對話,故魯侯無由作應聲。因此"喏"在此或當讀作"若",即《爾雅·釋詁》所言"若,善也"。"若"在這裏寫作"喏",同"諾"是表示其爲語詞,譯成今日的口語,似可大意譯作"好啊,好啊"。這種用在句首的語詞,其語意正如《釋名》釋"喏"字所云:"言不足以盡意,故發此聲以自佐也。""自今𡉚(往)弜"之"弜",見《説文解字》,其文曰:"弜,彊也。从二弓……""弜"的音讀一說在群母陽部,與"強"同。[④] 王國維否定《説文解字》之說,認爲弜是強固弓背之弓檠,其音當讀如弼。[⑤]《説文解字》曰:"弼,輔也,重也,从弜丙聲……𢐑、𢎺並古文弼。"王國維認爲此說亦誤,弼乃𢐼之本字,應是从丙弜聲。[⑥] 王國維的見解可從。《詩經·小雅·采芑》"簟

---

① 黸,从𧶽,虍聲。墻盤銘文有"弋(式)竄(貯)受(授)墻爾黸福"(《集成》10175)。裘錫圭先生認爲"黸"是"𧷴"的異體(見《史墻盤銘解釋》,《文物》1978年第3期)。《詩經·曹風·蜉蝣》"衣裳楚楚",《説文》作"衣裳黸黸",是黸與楚音同。處爲昌母魚部字,楚爲清母魚部字,韻部同,聲母均齒音(見陳復華、何九盈:《古韻通曉》),是二字音近同,故知黸當从處得聲。

② 也許"亡(無)……不黸(處)于朕敏(誨)"之"處",在這裏當讀爲"如"(如、處均於部字,如日母,處昌母,故二字音極近)。《説文解字》:"如,从隨也。"《小爾雅·廣詁》:"如,適也。"按:"黸"在這裏應從董珊《新見魯叔四器銘文考釋》(收入《古文字研究》第29輯,中華書局,2012年)說,讀爲"忤"。黸爲清母魚部字,午、忤皆疑母魚部字,但从"午"得聲的字如"杵",聲母爲昌母。(見陳復華、柯九盈:《古韻通曉》),"忤"義爲抵觸、違逆。

③ 喏,《玉篇》:"敬言。"《集韻》:"喏,應聲。"《詩經·魯頌·閟宮》"莫敢不諾",鄭玄箋:"諾,應辭也。"

④ 見陳復華、何九盈:《古韻通曉》。

⑤ 見王國維:《觀堂集林》卷六《釋弜》。

⑥ 姚孝遂先生指出苗夔《説文聲訂》已指出"弼"當从弜聲之見解。見《甲骨文字詁林》2630"弜"字條按語。

茀魚服"，《大雅·韓奕》"簟茀錯衡"，毛公鼎銘文中有"簟弼魚葡"，可證弼是"茀"的初文。《采芑》鄭玄箋云："茀之言蔽也。車之蔽飾，象席文也。"《韓奕》鄭玄箋云："簟茀，漆簟以爲車蔽，今之藩也。"弼既爲車蔽，應由竹（或艸）編成的席圍成，這也可證"弼"字中的"丙"（即甲骨文中的 ⍥，席也）確應是表意的形符，而弜亦確是聲符。由此可知，"弜"與弼音同，爲並母物部字。

據上述，"自今坒（往）弜"之"弜"，在此當可以讀爲"未"。① 未是明母物部字，與並母物部的弜字同韻而聲母也極近，故可相通。《荀子·正論》"且徵其未也"，楊倞注"未謂將來"，則本銘"自今坒（往）弜（未）"，即是"自今往將來"，亦即"自今以後"。《左傳》僖公二十八年"自今日以往"，襄公二十五年亦有"自今以往"，語義均近同。

"其又（有）達女（汝）于乃丂（考）"，"達"在這裏當讀如"賴"。達，透母月部（或定母日部），賴，來母月部，透母（或定母）與來母亦極近，均舌頭音，故"達"可讀作"賴"。《左傳》襄公十四年"縶伯父是賴"，杜預注："賴，恃也。"《國語·齊語》"必是賴也"，韋昭注："賴，恃也。""于乃丂"之"丂"雖當讀作"考"，但其意似有別於"父考"之"考"，在本銘中銘末言"朕剌（烈）考"即用"考"不用"丂"，不排斥是爲在同一銘文中相區分的可能。《春秋》隱公五年經杜預注："考是成就之義。"《爾雅·釋詁》："考，成也。"《禮記·禮運》"故行事有考也"，鄭玄注："考，成也。"將"達"與"丂（考）"作上述解釋後，"其又（有）達女（汝）于乃丂（考）"即可以意譯爲"那就有賴你（在職事上）的成功啦"。

賁（賞）女（汝）貝、馬用。自今坒（往）至于膏（億）萬年，女（汝）日其賁（賞）。勿竝（替）乃工，日引。"

《説文解字》曰十萬曰"億"，"億萬年"是在通常的"萬年"之前加"億"，乃是進一步強調時間之長。戰國早期的令狐君嗣子壺銘文曰："旂（祈）無疆，至于萬億年。"（《集成》9719、9720）是此詞語延用至戰國。"日其賁（賞）"，"其"用來表示強調的語氣。善夫克鼎銘文曰："克其日用鬲。"（《集成》2796—2802）是講克每日用來鬲享先祖。現簋銘文曰："現乍寶殷，日用享。"（《集成》3630）也是言每日用此簋來祭享。方簋曰："楷侯乍姜氏寶鬲彝，方事姜氏，乍（作）寶殷，用永皇方身，用乍（作）文母楷妊寶殷，方其日受宝。"（《集成》4139）方服事姜氏，希望通過作這件簋，享祭其文母，從而能在姜氏那裏每日受到賞賜。這雖然是一種誇張的説法，但反映了方的心情與希望。克作的另一件禮器善夫克盨銘文言克作此盨："……克其用朝夕享于皇祖考，皇祖考其數數橐橐，降克多福、眉壽、永令（命），畯臣天子，克其日賜休無疆……"（《集成》4465）克在此乞願通過享祭祖考而能受到祖考降佑，能作爲天子之畯臣而每日受到賞賜。總言之，"日"接在動詞前，實際是講"日日""每日"的意

---

① 在殷墟卜辭中常見有作否定詞的"弜"，意近於"勿"，可以譯成"不要"，表示主觀意願。卜辭中"不""弗"後常加"其"字，但"弜"字則極少見加"其"字（參見裘錫圭：《説弜》，《古文字研究》第1輯，1979年）。在本銘中"弜"後有"其"字，依上述，似不應當將"弜其"聯讀而將"弜"理解爲否定詞。西周金文中已基本不見以"弜"作否定詞使用的例子了。

思。本銘"汝日其賞",應理解爲"日其賞汝","賞"在這裏似當理解爲賞識,①此句當與上句"自今往至于億萬年"連讀,是説今後會永遠地、每日地賞識你。這當然也是一種非常誇張的説法,也有寄予希望之意,足見魯侯對攷的贊賞與重視。

"勿竝(替)乃工,日引。"《詩經·小雅·楚茨》:"孔惠孔時,維其盡之。子子孫孫,勿替引之。"毛傳:"替,廢;引,長也。"②鄭玄箋云:"惠,順也;甚順於禮,甚得其時,維君德能盡之,願子子孫孫勿廢而長行之。""替",也訓"止",見《爾雅·釋詁》。"日引"一詞亦見於《國語·齊語》,其文曰:"是以國家不日引。"韋昭注:"引,申也。"所以本銘這句話是講"不要廢止你的功業,逐日引長之",這是魯侯勉勵攷的話。

唯三月,攷易(賜)貝于原。攷對訊(揚)卻(辟)君休,用乍(作)朕剌(烈)考寶隮彝。

自此以上,是魯侯對攷的訓誥。此段文字是銘末攷記載受訓誥與受賜之物與地點,並記作器之理由。"原",地名,所在不詳,或即原山一帶。《水經注》:"汶水出泰山萊蕪縣原山,西南過其縣南。萊蕪縣在齊城西南,原山又在縣西南六十許里。《地理志》:'汶水與淄水俱出原山,西南入濟……'"原山在今萊蕪東北。攷受魯侯訓誥與賞賜貝在原,不在其所治事之曲阜(詳下文),或即當時魯侯居於原(亦詳下文),或奉事魯侯出行至原。"辟",《爾雅·釋詁》:"君也。"本銘連稱"辟君",從已見器銘中相同或近似的詞例看,此種形式下的"辟"應是作器者對從法權上對自己有直接管轄權的君長之尊稱。③"辟"後之"君",則是指其具體身份、職位,在本銘中,"君"是指諸侯國君,即魯侯。

據以上考釋,尊、卣銘文即可意譯如下:

侯曰:"攷,偉大而顯赫的我的文考魯公,帶來禮法,遺留下功業,且始終未曾放鬆過對民衆之教誨。我命令你從夐饞來教育魯人,施行我的法規。美好的行爲均使其樹立,令人羞恥的惡行就會少有發生。我已經視察過,我也在這裏居住過,没有見到不好的事情,也没有發現不順從於我的教誨的行爲。"侯曰:"攷,好啊,很好啊。自今至於未來,還將多有賴你在職事上的成功啦。現賞給你貝與馬使用。自今往後,會永遠賞識你。你務必不要廢止你的功業,你要不斷地使之發揚光大。"此是三月的事,攷在原受魯侯賞賜貝,攷對揚辟君休,因而作用來祭享我烈考的寶隮彝。

---

① 原文釋"賞"爲賞賜。
② "替"字作兩"立"而上端不等齊,左下右上,在金文中除本銘外,僅見中山王礜鼎銘"母竝(替)厥邦"(《集成》2840)。應即《説文解字》暜(替)字,其文曰:"暜,廢,一偏下也,从竝白聲。"所謂"一偏下"與金文字形特徵同。參見張政烺:《中山王礜壺及鼎銘考釋》,收入《古文字研究》第1輯,中華書局,1979年。
③ "辟"作人稱,可單用,作爲"君長"之稱。但作爲名詞的"辟"也多接於尊長之職位、身份前。如與本銘相同之"辟君"稱,在西周器銘中還見於盨(召)圜器銘,言"事皇辟君"(《集成》10360),孟姬簋銘文"其用追考(孝)于其辟君武公"(《集成》4071、4072),此外亦見於春秋時齊器叔尸鎛銘文"弗敢不對揚朕辟皇君之易(賜)休命"(《集成》272、285),又如"辟皇王"(《集成》40、41)、"辟侯"(《集成》6095),"皇辟侯"(《集成》4237)、"辟王"(《集成》5432)等。白川静指出,在此種形式下,"辟是稱所辟事之君","辟是言君臣關係",這種解釋是有道理的。上述單稱之"辟"(或稱"皇辟"等),在辟是指君長時(按:辟有時也指其家長),也當是此意。金文中"辟"作動詞時所言"用辟先王""辟天子",其"辟"皆有"侍奉"或"法效"之意,此種作動詞使用的"辟",也許是稱所侍奉之君長爲"辟"的來源。

三、㪤提梁套盒銘文釋讀

　　㪤提梁套盒蓋内與兩件盒形器器底同銘,但銘文表面均銹蝕,現按下層的盒形器器底銘文的 X 光影像(圖三)寫出釋文如下:

圖三　㪤提梁套盒盒 1 内底銘文 X 光片

　　　侯曰:"㪤,女(汝)好脅(友)

　　　朕敏才(在)丝(兹),鲜女(汝)

　　　之戀。自今弜

　　　又(有)辛,女(汝)井,易女(汝)

　　　貝用。"唯六月,㪤

　　　易(賜)貝于帝(寢)。㪤對

　　　獸(揚)卻(辟)君休,用乍(作)

　　　朕文考寶隣彝。

下面亦先逐句作考釋:

侯曰:"㪤,女(汝)好脅(友)朕敏才(在)丝(兹),鲜女(汝)之戀。

　　"脅"在此當讀如"友"。《尚書·洪範》:"彊弗友剛克,燮友柔克。"偽孔傳曰:"友,順也。"是"友"有順從之意,在此亦可釋爲"遵從"。"才(在)丝(兹)",兹,此。《詩經·周頌·敬之》:"日監在兹。"

　　"鲜"在此當訓"少",《詩經·鄭風·揚之水》"終鮮兄弟,維予與女",鄭玄箋:"鮮,寡也。"又《論語·學而》:"其爲人也孝弟,而好犯上者鮮矣。"

茲从厸从絲。从厸的字,在周金文中,還有屬、暠。吳振武先生認爲厸應是《説文解字》之"乁"字,其文曰:"乁,流也。从反厂,讀若移。"而此"流"可指水流,上述屬、暠所從的屬、暠均可讀如冄、甾,①其説可從。依照這樣的例子,本銘茲字,也應是从乁(訓爲水流)、絲(兹)聲字,亦即滋字。"滋"是滋長、申延之意。《説文解字》:"滋,益也。"《左傳》襄公八年"事滋無成",杜預注:"滋,益也。"《國語·齊語》"遂滋民",韋昭注:"長也。"如此,則本銘"鮮女(汝)之滋",承上文魯侯所云敔很好地遵從魯侯之教導,即可以意譯爲"少有你(按:自己意旨)的發揮"。

所以魯侯這句話的意思大約是説,敔能非常恭順地執行魯侯的教誨,而從不踰矩。

自今弜又(有)辛,女(汝)井,易女(汝)貝用。

"自今弜",應是上述敔尊、卣中"自今往弜"的省語,也是言從今往後。"又"後一字作 **𢆶** 形,中間一横畫平行,與辛作 **𨐌** 似有別,與"不"字亦有別(以上敔尊、卣銘文中"不"字亦均作 **𣎵**),故疑此字是"辛"字。《説文解字》:"辛,皋也。从干二。二,古文上字。凡辛之屬皆从辛。讀若愆。""皋,犯法也。从辛,从自。言皋人蹙鼻苦辛之憂。秦以皋似皇字改爲罪。"其言辛"从干二"等解釋係據小篆字形説明,不可信。辛、辛原本爲一字,學者多有論述。

"井"在此當讀爲"刑",西周晚期銘文曰:"則即井(刑)厥伐","則亦井(刑)"(《集成》10174),是"井"讀"刑"之例。"又(有)辛,女井(刑)",是説:"如有犯罪行爲你就用刑法治之。"②聯繫上句銘文來理解,魯侯講此句話實際是授予敔在治理轄地、處理政事時,在刑法上有較大的自主權。

唯六月,敔易(賜)貝于帚(寢)。

敔受魯侯訓誥與賞賜的時間在六月,受賜的地點在寢。此寢,應該是魯侯宮室中的寢。從商、西周金文的例子看,寢有可能是王居住之寢宮,也有可能是宗廟中的寢(所謂前廟後寢之寢),前者如作册麥方尊"之日,王以侯入于帚(寢),侯易(賜)玄周(珮)戈"(《集成》6015),後者如師遽方彝"王在周康寢,鄉(饗)醴"(《集成》9897)。直至春秋時代,在《左傳》中見到的寢,也是包括宗廟中的寢與作爲生人住宅之寢兩大類。本銘中,魯侯賜敔貝時所在寢,因爲未注明是某宗廟之寢,故當是魯侯寢宮的可能性較大。魯侯應當不僅是在寢中賜敔,而且此提梁套盒銘文中所記載的魯侯訓誥敔的一番話也應是在賜其貝前所云,

---

① 吳振武:《釋屬》,《文物研究》總第 6 輯,1990 年 10 月。按:在《説文解字》中有 𠂆(丿)字,訓爲"右戾也。象左引之形",另有 乁(乁),訓爲"左戾也",實即書法所謂撇、捺(參見朱駿聲:《説文通訓定聲》)。與此金文中之 𠃌 形有別。《説文解字》中訓爲"流也"的 乁(乁),與此銘文中作 𠃌 形的字符似有方向之別。在《説文解字》中 𠂆(厂),與 乁(乁)是有別的另一個字。但古文字往往正反無別,此點上引吳振武先生文亦已指出。

② 《尚書·費誓》記伯禽作《費誓》,其中多處宣布,如軍民有若干違規行爲,"汝則有常刑",或"汝則有大刑""汝則有無餘刑",是魯國自西周早期即設有多種刑法,可有助於理解本銘魯侯准許敔"有辛汝刑"之背景。

是此魯侯召見𢀜的儀式的前後的兩個内容,故訓誥也當是在寢中進行的。𢀜能在魯侯寢宮受到訓誥並受賞賜,足見其很受魯侯重視,且關係較爲親近。

此𢀜提梁盒形器銘文在以上所作討論基礎上,即可意譯如下:

魯侯曰:"𢀜,你在此很好地遵從了我的教誨,而很少有你(按個人意志)的發揮。自今往後,凡有罪惡之事發生,你即自行以刑法處置之。現賜給你貝供你花費。"時在六月,𢀜受賞賜貝於寢宮。𢀜對揚辟君休,並因而作祭享我文考的寶䵼彝。

四、𢀜器銘文透露的魯國早期歷史

(一) 訓誥並賞賜𢀜的魯侯是哪位魯侯

本文在前面從形制、紋飾與銘文字體諸方面論述𢀜器的年代時,曾推定𢀜尊、卣的年代當在康王晚期至昭王時段内,而𢀜提梁盒形器則已經進入穆王時期。

據《史記·魯周公世家》,周公是在武王時受封於"少昊之虛曲阜,是爲魯公"。[1] 但"周公不就封,留佐武王",且在武王卒後,輔佐成王,"而使其子伯禽代就於魯"。伯禽受封於魯,"即位之後,有管、蔡等反也,淮夷、徐戎亦並興反"。又記伯禽受封於魯後"三年而後報政周公",《史記》集解引徐廣曰:"皇甫謐云伯禽以成王元年封,四十六年,康王十六年卒。"按照這些記載,伯禽初封時間確是在周公攝政時期。伯禽在位時間,上引《史記》集解所引徐廣曰,是四十六年,時已值康王十六年。現無其他資料可於核實,故暫從此説。伯禽之後,據《魯周公世家》是其子考公酋繼位,在位四年,考公卒後,由其弟煬公繼位,在位六年,其卒時,大約也正當康王晚年(或即末年)。[2] 煬公卒後,由其子幽公宰立,其在位十四年時,被其弟濞殺,濞自立爲魏公,其元年,應約在周昭王中期。[3] 魏公在位時間,是五十年,則其卒年,已經在周穆王中期以後,《周本紀》記載穆王在位五十五年。

依照上文所論,𢀜尊、卣屬康王晚期至昭王時段内,在𢀜尊、卣銘文中,魯侯稱其父爲"不(丕)顯朕文考魯公",此"魯公"應即第一代魯侯伯禽。《史記·魯周公世家》曰:"周公卒,子伯禽固已前受封,是爲魯公。"《史記》所云"是爲"或"是謂"下之公名應即侯之專名。如《魯周公世家》曰:"魯公伯禽卒,子考公酋立。考公四年卒,立弟熙,是謂煬公。……幽公十四年,幽公弟濞殺幽公而自立,是爲魏公"則"魯公"亦當是伯禽之專名,而𢀜尊、卣銘文中之"侯",作爲伯禽之子,應是指煬公。[4] 如上所述,煬公卒於康王晚年時,如此恰可與

---

[1] 學者或認爲武王之世,雖克殷,但周人的勢力尚未達到商奄,故武王封周王於曲阜,不大可能。見任偉:《西周封國考疑》,社會科學文獻出版社,2004 年。

[2] 康王在位時間,亦未有先秦史籍記載,唯漢以後文獻均云其在位二十六年。魯煬公在位年數,《漢書·律曆志》引劉歆《世經》作六十年,本文未取此説,請參見拙作《西周諸王年代研究述評》,收入《西周諸王年代研究》,貴州人民出版社,1998 年。

[3] 昭王在位時間,據古本《竹書紀年》,約十九年。

[4] 傳世魯侯熙鬲銘文言"魯侯獄(熙)作彝,用享蘉厥文考魯公"(《集成》648)。魯侯熙即魯煬公,此亦稱伯禽爲"文考魯公",與𢀜尊、卣所稱相同,既可證伯禽專稱"魯公",也可證𢀜尊、卣中的魯侯確是煬公。

夨尊、卣形制相合。至於夨提梁盒形器銘文中的"侯"，因器形、銘文字體已入穆王，故此魯侯即應是魯煬公之子——魏公瀆。考慮到夨尊、卣的年代，夨提梁盒形器作爲同一人所作器，應屬穆王初年。

（二）夨奉命所治理之地與魯建都曲阜之年代

在夨尊、卣銘文中，魯侯（即魯煬公）在訓誥中言及，他曾命令夨自寡鐓這個地方"來敏（誨）魯人"，以施行其所制定的法規。所謂"誨魯人"從字面上看是指教育、引導魯人，實際即是强制性地迫使魯人遵守魯侯爲他們定下的行爲守則，以順從於魯侯的統治。此"魯人"應該即是指在魯煬公時已爲魯都城的曲阜城内居民。夨提梁盒形器已經屬於穆王時，器銘記魯魏公對夨言"汝好友朕誨在兹"（即你在此地很好地遵從了我的教誨），而此"兹"所指的地點，因爲同銘文中又言及夨受魯侯賞賜在寢（即魯侯宫室宫殿區内的寢宫）而知應是在當時的魯都城所在，即曲阜。這也可以證明夨奉侯命誨魯人是在曲阜。

夨尊、卣銘文中值得注意的是，當魯煬公憶及曾命夨來曲阜教誨魯人施行之法規，改變不良風俗後，又講到"余既省，余既處，亡（無）不好，不龏（處）于朕敏（誨）"，則從文意中可以品味到，魯煬公在此訓誥夨時，似只是剛來此地居住。更重要的是，這意味着，在此前魯侯常居住地並不在曲阜。夨尊、卣銘文記夨受魯煬公訓誥與賞賜地點在原，或許魯煬公是時尚未遷至曲阜，而居住於原地。從銘文可知，魯煬公繼位後，即命令夨來治理魯都曲阜，其主要工作是要按魯侯的法規來教育在此之魯人，可見在此時，魯都曲阜内的居民仍並未完全順從於魯侯，社會治安也存在不好的狀況。而經過夨的努力，對曲阜城内魯人的治理已經取得明顯的成效，魯煬公遂來到此都城内，經過視察，並親身居住，完全肯定了夨的工作，故而高興地讚揚並賞賜之。

魯煬公特地要委任夨來曲阜誨魯人，整頓這裏的社會秩序，而且他還要來此居住，皆會使我們想到《史記·魯周公世家》集解引徐廣曰："《世本》曰：'煬公徙魯。'宋忠曰：'今魯國。'"此魯，當如宋忠所言，即指曲阜。按《世本》此説，則魯國自伯禽以來直至煬公初年的都城並不在曲阜。《左傳》定公四年祝佗曰："昔武王克商，成王定之，選建明德，以藩屏周。故周公相王室，以尹天下，於周爲睦。分魯公以大路、大旂，夏后氏之璜，封父之繁弱，殷民六族：條氏、徐氏、蕭氏、索氏、長勺氏、尾勺氏，使帥其宗氏，輯其分族，將其類醜，以法則周公，用即命於周。是使之職事於魯，以昭周公之明德。分之土田陪敦，祝、宗、卜、史，備物典策，官司彝器，因商奄之民。命以《伯禽》，而封於少皞之虚。"此"商奄"所在，《後漢書·郡國志》記曰："魯國，古奄國。"《左傳》昭公九年記周大夫詹桓伯曰："及武王克商，蒲姑、商奄，吾東土也。"孔穎達疏引服虔云："商奄，魯也。"是漢以後學者一般均認爲商奄即在魯國都城即曲阜一帶。上引《左傳》定公四年文言伯禽受封時，"因商奄之民"，即是言其建立魯國，主要因承的當地主要的土著居民，是在曲阜的原屬商奄的遺民，但其所封國之都邑，則是在"少皞之虚"。

“少皞之虚”的位置,《史記·魯周公世家》言:“封周公旦於少皞之虚曲阜,是爲魯公。”
《左傳》定公四年杜預注亦云:“少皞虚,曲阜也。”此均是徑以曲阜亦即所謂商奄爲少皞之
虚。但這樣理解,則《世本》所云“煬公徙魯”,即徙曲阜之説遂難以解釋。而且按上引《史
記·魯周公世家》所述,周公在武王時已被封於少皞之虚,只是未就封,伯禽在周公攝政初
年封於魯仍是承接其父之封地。《左傳》昭公九年明言商奄是在武王克商後歸爲周王朝之
東土,但其實際歸屬周人則應該是在周公東征後。《尚書》序曰:“成王伐淮夷,遂踐奄。”西
周金文中亦明記成王“伐瞽(蓋)侯”(禽簋,《集成》4041)、“王征瞽(蓋)”(犅劫尊,《集成》
5977),“瞽(蓋)”即“奄”,二字上古音同。此伐奄戰事應屬於周公東征諸戰役之一。① 伯
禽前此所封之魯國都邑“少皞之虚”似即不會在奄地。② 《左傳》昭公二十九年:“少皞氏有
四叔,曰重,曰該,曰脩,曰熙,實能金、木及水。使重爲句芒,該爲蓐收,脩及熙爲玄冥,世
不失職,遂濟窮桑,此其三祀也。”杜預注:“窮桑,少皞之號也。……窮桑地在魯北。”孔穎
達疏引賈逵云“處窮桑,以登爲帝,故天下號之曰窮桑帝。”《尸子》:“少昊金天氏,邑於窮
桑。”皇甫謐《帝王世紀》:“少昊邑於窮桑以登帝位,都曲阜,故或謂之窮桑帝。”皇甫謐所謂
“都曲阜”,也可能是因爲漢以後學者,如司馬遷《史記》那樣,將魯都曲阜徑稱爲“少皞之
虚”有關,未必是少昊登所謂帝位所建都。據上述文獻,“少皞之虚”很可能是指窮桑,如依
上引《左傳》昭公二十九年杜預注所云“窮桑地在魯北”,其地即在曲阜以北,但其具體地望
尚未可知。如是,則自伯禽初封直至煬公徙曲阜,魯國都邑均在曲阜以北之窮桑。③ 所謂
煬公徙魯,實際是指魯國始將都城正式設立於曲阜。

可以用來證實魯煬公徙魯的有關的文獻資料,還有《史記·魯周公世家》所言“煬公築
茅闕門”,集解引徐廣曰:“一作‘第’,又作‘夷’。”學者已指出此是煬公徙都於曲阜時建城
築門之舉。④ 柯劭忞《春秋穀梁傳注》云:“夷、第俱雉之通假字。茅,第之訛也。是魯作雉
門、兩觀,僭天子之制,自煬公始。”讀“夷”爲“雉”可爲一説,《春秋經》定公二年:“夏五月壬
辰,雉門及兩觀災。”“冬十月,新作雉門及兩觀。”杜預注:“雉門,公宮之南門;兩觀,闕也。”
此“兩觀”也即所謂“茅闕門”之闕。魯在曲阜立都,建設城門必當有多處,此獨强調築雉
門,是因爲雉門是魯侯公宮之南門,而公宮爲其朝、寢所在,⑤故雉門設立,象徵着魯侯執
政、居住之公宮的建成,意味着遷都之完成。

① 是時雖戰事仍名義上是在成王領導之下,但實際上的軍事指揮權應是周公,成王尚未親政。參見拙作《〈召誥〉、〈洛
誥〉、何尊與成周》,《歷史研究》2006 年第 1 期。
② 曲英傑先生亦指出此點,曰:“然伯禽就封於魯後,既有成王踐奄之事發生,則魯、奄二國之都顯然不在一地。不過,
從魯都所在原屬商奄之地來看,二者相距又不會很遠。”見所著《先秦都城復原研究》,黑龍江人民出版社,1991 年。
③ 參見曲英傑:《先秦都城復原研究》,黑龍江人民出版社,1991 年。又,《史記·周本紀》正義引《帝王世紀》云:“黃帝
自窮桑登帝位,後徙曲阜。”又引皇甫謐云“黃帝生於壽丘,在魯城東門之北,居軒轅之丘,(於)《山海經》云‘此地窮
桑之際,西射之南’是也”。故張澍稡集補注本《世本》有按語曰:《史記正義》少昊虚即壽丘。”(收入《世本八種》,中
華書局,2008 年)
④ 任偉:《西周封國考疑》,社會科學文獻出版社,2004 年。
⑤ 曲英傑:《先秦都城復原研究》。

　　其實,從"煬公徙魯"角度,也有助於理解本文所考叔尊、叔卣銘文中魯煬公所言"不(丕)顯朕文考魯公致文遺工"中"致文"之意,前文曾意譯"致文"爲"帶來禮法",所以這樣講,正是因爲煬公所稱"文考魯公"即是伯禽,"致文"或許即是指伯禽因封於魯,隨即將周人的禮制、法規帶到這裏,以强化對曲阜舊商奄遺民的思想統治。

　　煬公於其在位幾年徙魯,史籍無記載,從叔尊、叔卣銘文記魯煬公繼位後,並未立即徙都於曲阜,而是要專門派叔由寡穎到曲阜,來誨魯人。當叔的工作取得實效後,煬公對叔給予極高的評價。但煬公在位僅六年,而其子幽公在位達十四年,從煬公徙魯至魏公殺幽公自立爲魯侯,至少也有十四年以上時間。但從叔提梁盒形器銘文中魏公所言看,叔仍一直在曲阜擔負管教魯人的工作。由此亦可見叔在曲阜所作的這項工作之艱難及其對周人得以立都於曲阜,從而鞏固其統治的重要性。這裏的"魯人",即是指當時已經立爲魯國都城的曲阜之居民,但曲阜的原住民多是商奄遺民,[①]很可能在思想上、民風上、習俗上長時間未能完全歸順於周人,未能服從於周人的禮制、法規。而此地民衆這種特點,有可能也是伯禽封魯後,未能徑將都邑立於此地,且煬公以前伯禽、考公亦未能徙居此地的原因之一。

　　由叔尊、叔卣與叔提梁盒形器銘文可知,魯煬公遷都曲阜之前提可能正是叔對此地整治之成功,是時約在康王後期,自煬公始,此後歷代魯侯均已長居於曲阜,曲阜自此後一直作爲魯國都城的地位未再改變。

　　上面通過叔器銘文考釋並結合文獻史料所推測出的魯國都城遷徙的情況如可信,則自然亦爲西周時期的魯國考古研究提供了新的綫索。在曲阜,西周早期偏早的周人的文化遺存迄今甚少發現,也可能與魯國是自西周早期偏晚才徙都於曲阜有關,伯禽初封之"少皞之虚"的所在自然也有待於今後考古研究的深入開展。

　　(三) 從叔器銘文看西周早期魯國之政治

　　《史記·魯周公世家》有段記載爲治古學者所熟知,其文曰:"魯公伯禽之初受封之魯,三年而後報政周公,周公曰:'何遲也?'伯禽曰:'變其俗,革其禮,喪三年,然後除之,故遲。'太公亦封於齊,五月而報政周公。周公曰:'何疾也?'曰:'吾簡其君臣禮,從其俗爲也。'及後聞伯禽報政遲,乃嘆曰:'嗚呼,魯後世其北面事齊矣! 夫政不簡不易,民不有近;平易近民,民必歸之。'"這段記載中所記周公言論體現了周公的政治思想,自有其重要價值,但所記未必皆是史事之實録,周公之魯後世必事齊之讖語也頗有戰國人書史之味道,只是所言伯禽行政之路綫、方式卻是很值得注意的。

　　伯禽所謂"變其俗,革其禮",對象自然主要是指被軍事征服的原商奄故地的遺民,當然也可能包括所帶去的"殷民六族"。既要變當地民衆的風俗,又要變革原住族群社會上

─────────────────

① 《左傳》中記載,在魯國都城内除周人的"邦社"外,尚有"亳社"(《左傳》閔公二年、昭公十年、哀公七年)。學者一般認爲,此"亳社"即應是隨伯禽分封至此的"殷民六族"之社,但也可能即是(或同時是)原商奄遺民的社。

層的所謂禮制,實際上是要從思想上征服封土上的居民,以求長治久安。而用來變俗革禮並强迫被征服的原住民接受的自然是周人的禮俗。從戝尊、卣銘文中魯煬公追憶魯公伯禽"致文",即將周人的禮制、法規帶到曲阜,而煬公令戝"來誨魯人"其目的也是"爲余宪(軌)",即使民衆順從魯侯的法規;而煬公在實地視察曲阜民情後,滿意地説,沒有不附和其教誨的,也即是沒有不合乎周人禮法的。在戝提梁盒形器銘文中,魯魏侯還進一步給予戝以用刑法自行處置罪行的權力。僅從器銘中上述記載,也可推知,自伯禽受封以來,幾代魯侯對當地被征服民衆采用的是較强硬的以周人法制、法規替代當地舊有禮俗的思想政治路綫與方式,儘管其在戝器中稱之爲"誨",實際上當有相當高壓的成分。這樣企圖從思想上、精神上同化異族,而不是適當地順其風俗,因勢利導,其工作自然是很艱巨的,也不會很快見效的。正如上引《史記·魯周公世家》周公所云:"夫政不簡不易,民不有近。"《魯周公世家》記伯禽三年才報政於周公,而周公以爲遲,也透露出其政治路綫推行之難,其實際情況,自然是更非三年所能見效的。從戝器銘文可知,直到第一代魯公伯禽卒後,又經兩代四公(子考公與其弟煬公,煬公子幽公與魏公)三十餘年,其時距伯禽初封已近八十年,已入西周中期,魯國的主要政治區域——曲阜的屬民(多應已是魯國初封時的原住民之後裔)才在思想上歸順周人統治者,社會得到安定。而煬公的徙都曲阜與魏公的持續努力可能是加速這一變革的主要因素。在此過程中,戝作爲受煬公與魏公委任"誨魯人"的都城行政長官,在治理曲阜社會上取得的所謂政績,可補史學之闕。戝器銘文不僅有助於西周魯國史的研究,而且於深化西周封建制度的研究亦多有裨益。

(原載《新出金文與西周歷史》,上海古籍出版社,2011年)

補記:

一、本文發表後,學者或將戝尊、卣銘文中,魯侯(應是煬公)對戝所言"余令汝自宪虢來叙(誨)魯人,爲余宪"之"宪"讀作"宮"。"宪"讀爲"宮",九爲聲旁,此自然無問題(見楊樹達《積微居金文餘説·自序》,收入《積微居金文説》增訂本,中華書局,1997年。)。如將"爲余宪"解作爲魯侯作宮室,亦與本文講到的,魯煬公徙都於曲阜之背景相合。

但有一個問題似值得討論。戝卣銘文開首記魯侯追憶其文考魯公(即伯禽)之文功武業,尤專門贊頌魯公伯禽"不替厥誨",即不懈地進行教誨。這裏作爲魯公的"誨",自然應是指對下屬及民衆之教化。而所以要在銘首特意强調魯公伯禽"誨"之業績,似應與銘文下面魯侯(煬公)對戝所曰"余令汝自宪虢來誨魯人"有關。依金文慣例,在訓誥中追憶先王、先人事迹,常是以此勉勵受訓誥者,在義理上有一定的聯繫,因此魯侯所言命戝"來誨魯人"的工作,當是將此當作是承繼、發揚其文考魯公之重視誨教的傳統。本文所以將"來誨魯人,爲余宪"未理解爲誨魯人建宮室,是與對銘文上下文句的此種理解有關。如可以這樣理解,則解釋夨的身份與其奉魯侯命到魯地(今曲阜)"來誨魯人",似即不當是指來教魯人修建宮室這種技藝的傳授。況且不論土著的魯人(以及從西土來的周人)是否不會建宮室(魯南不遠即是滕州,商末周初有屬商文化系統的史氏家族盤踞,前掌大墓地出土的大量青銅器亦透露出這一地區似非文化落後,以至於不會修宮室)。在尊、卣銘中,魯侯在表彰完夨之工作後,又云夨"不龏(恭)于朕誨",這與上文所云的兩次"誨",似亦應有内在的聯繫。解釋夨的身份與其在魯地的工作,還有必要綜合考慮本文所論及之夨提梁套盒的銘文,在該銘文中,記録距夨尊、卣所記事數年後,夨又受到魯侯(應是魯魏公)之獎賞,魯侯言於夨曰"汝好甚朕敏(誨)才(在)兹",魯侯所言其"朕誨"當與造宮室無關。夨如只是因善建築宮室而有建築師之類的身份,在數年中會受到兩代魯侯之如此重視,似亦有些不甚合情理。

二、夨尊、卣銘中"爲余宽"之"宽",在西周金文中最常見的用法是,用於稱呼已故之先人,相當於謚號。如:

> 用作朕皇考宽公尊鼎。(師望鼎,《集成》2812)
>
> 師史虘(肇)作朕剌(烈)祖號季、宽公、幽叔、朕皇考德叔大䚄(林)鐘。(師史鐘,《集成》141)
>
> 琱生作文考宽仲寶尊鬲(鬲)。(琱生鬲,《集成》744)
>
> 䈞用兹金作朕文孝(考)宭伯鸞牛鼎。(䈞鼎,《集成》2838)
>
> 閡作宭伯寶尊彝。(閡卣蓋,《集成》5297)
>
> 羌作宽姜齋鼎。(羌鼎,《集成》2204)
>
> 其用盟鸞宽娲日辛。(剌觀鼎,《集成》2485)
>
> 義伯作宴婦陸姑。(義伯簋,《集成》3619)
>
> 用作文考乙伯、宊姬尊簋。(師酉簋,《集成》4288—4291)

這類用作謚號的"宽"字(或其異體),白川靜《金文通釋》卷三下"師酉簋"認爲是"宮"之異體字。在西周金文中,也確實可見在親稱前加"宮"字爲稱的,如"宮伯"(季盨鼎,《集成》2340;或者鼎,《集成》2662)、"宮叔"(伯陶鼎,《集成》2630),或者是氏名,或者是謚號。如是後者,則與寫作"宽"同。但"宮"字在先秦並無明確的褒義(漢以後訓詁,釋"宮"爲"中"、爲"君",皆是據東周以後五聲音階中宮的位置而言,並作了引申)。宽作爲謚號,比較來説,似當以讀作"軌"(或"規")爲宜。"軌"在典籍中可用於指人之言行合乎規範、德行之端正。如《國語·周語下》"示民軌儀也"韋昭注:"軌,道也。"《韓非子·解老》:"是以行軌節而舉之也"王先慎集解:"軌節,即方廉直光。"《漢書·淮南厲王劉長傳》:"行多不軌"顏師古注:"軌,法也。"《左傳》桓公元年陸德明釋文曰:"桓公名軌……《史記》亦名允。"所以將"宽"作爲謚號用時讀作"軌"應較妥當。

魯國青銅器與周初魯都城

　　西周時期的魯國是周公封國,在列國中地位崇高而又具有重要戰略意義。史載"周公不就封,留佐武王"(《史記·魯周公世家》)而以其長子伯禽就封。從現所見資料看,伯禽始受封時間應當比較早,很可能是在周公東征克商、踐奄之後即將其留在奄地,建立魯國,使成爲周人鎮守新開發的東土邊域的重鎮,這與《史記》集解引徐廣所云伯禽封於成王元年時間合。《史記·魯周公世家》言"伯禽即位之後,有管、蔡等反也",似乎又説得過早。管、蔡等三監造反之前,周人應尚未自殷都所在之豫北再向東開拓,魯國所在之今魯西南地區應是在周公平定三監而再次克商後,東伐會同商人反周的東夷時,才并入西周東土版圖的。

　　西周早期青銅器禽簋(圖一、圖二,《銘圖》4984)印證了第一代魯侯伯禽在封侯前隨成王與周公伐奄時的功績。

王伐𧻟(奄)侯,周公
某(謀)禽祝,禽又(有)
啟祝。王易(賜)金百寽,
禽用乍(作)寶彝。

圖一　禽簋　　　　　　　　　圖二　禽簋銘文及釋文

　　此禽即是伯禽,諸家無異議。另一件記載魯侯配合王師伐東國的器物是現藏於上海博物館的西周早期偏晚的青銅器魯侯簋(圖三、圖四,《銘圖》4955)。此器或當稱"尊"。

唯王令明公
遣三族伐東
或（國），在□，魯侯又
（有）囤（馘）工（功），用作
肇彝。

圖三　魯侯簋　　　　　　　　　　　　圖四　魯侯簋銘文及釋文

西周早期至西周中期偏早時段的魯侯世系如下：

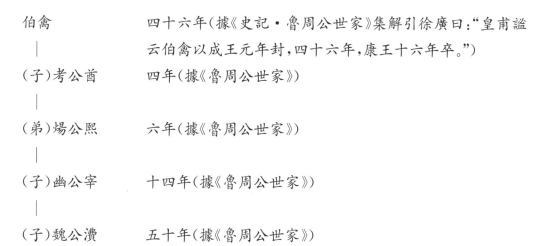

伯禽	四十六年(據《史記‧魯周公世家》集解引徐廣曰："皇甫謐
	云伯禽以成王元年封，四十六年，康王十六年卒。")
(子)考公酋	四年(據《魯周公世家》)
(弟)煬公熙	六年(據《魯周公世家》)
(子)幽公宰	十四年(據《魯周公世家》)
(子)魏公潰	五十年(據《魯周公世家》)

從上文可知，魯煬公在位僅六年，其卒年，約相當於康王末年(康王在位暫以二十六年記)，可知其活動於康王晚年時。昭王在位如以十九年計，則幽公在位時，即應在昭王時期內，而魏公當已主要在穆王時。如果上引魯侯簋(尊)已是魯幽公所作，[①]由其銘文可見直到昭王時，處於魯東之"東國"仍不平靜，東夷諸族群仍有反周人的活動，魯國實處在防衛東夷之前沿。

　　除以上傳世的兩件器，西周早期的魯侯器還有兩件，一件是現藏於北京故宮博物院的魯侯爵(圖五、圖六，《銘圖》8580)。

　　此爵無柱，或被稱爲"角"，但器形與"角"不類。從器形看，爵腹較深，無垂腹迹象，應早於康王晚期。此時的"魯侯"應爲伯禽或其子考公。另一件魯侯器是現藏於波士頓藝術館的魯侯熙鬲(圖七、圖八，《銘圖》2876)，即魯煬公所作鬲，20世紀20年代出土於寶雞戴家溝。以上魯侯諸器，除魯侯熙鬲外，均無出土時間與地點記載。

① 按："明公"之稱見於昭王時的令方尊、令方彝銘文，記周公子明保被昭王命"尹三事四方，授卿事僚"，遂稱"明公"。魯侯簋(尊)銘言明公受王命"遣三族，伐東或(國)"，亦當在昭王時。

魯侯乍(作)爵鬯
用隣(尊)彙盟

圖五　魯侯爵　　　　　　　　圖六　魯侯爵銘文及釋文

魯侯獄(熙)乍(作)彝，
用亯(享)鼎乍(厥)
文考魯公。

圖七　魯侯熙鬲　　　　　　　圖八　魯侯熙鬲銘文及釋文

　　除上述魯侯器外，長時間以來，直到 2010 年前，可以確知屬西周時期的魯國青銅器出土甚少。而尤其值得注意的是，在傳統的觀念中認爲是伯禽以來即爲魯國都城的曲阜更少有西周早期魯國青銅器出土，特別是西周早期的有銘青銅器。

　　在 1977 年曲阜魯故城大規模發掘前，僅知有 1969 年在曲阜北關清理一座被盜過的墓葬，出土過青銅簋六、鋪二(圖九、圖一〇)，無銘文，從形制看簋應屬於西周晚期，也可晚至春秋早期偏早，鋪則屬於春秋早期，故知此墓爲春秋早期墓。①

　　據《曲阜魯故城》(齊魯書社，1982 年)，1977 年至 1978 年冬發掘魯故城時，在故城西北部共發現兩周墓地五處，即：魯故城西北角、藥圃、林前村、鬥雞臺與望父臺墓地。五處墓地中只有望父臺墓地有西周墓，其中出有青銅器的墓葬有：

　　M23：西周中期偏晚至晚期初

　　M11、M14、M20、M42、M46：西周晚期

① 齊文濤：《概述山東近年來出土的商周青銅器》，《文物》1972 年第 5 期。

圖九　曲阜北關出土之銅簋　　　　圖一〇　曲阜北關出土之銅鋪

此六座墓葬除 M46 出土鼎 1、簋 1,餘均各自出青銅鼎一件。其中 M23(圖一一,1)所出鼎垂腹,腹飾顧龍紋,時在西周中期偏晚。M11、M14、M20、M42、M46 所出鼎(圖一一,2—5;M42 鼎同 M46:1)腹皆作半球狀,蹄足,爲典型的西周晚期形制,口沿下飾竊曲紋、重環紋,或僅有兩道弦紋。

1　　　　　　　　2　　　　　　　　3

4　　　　　　　　5

圖一一　曲阜魯故城望父臺墓地所出青銅鼎
1. M23:1　2. M11:12　3. M14:3　4. M20:1　5. M46:1

《曲阜魯故城》報告中所報道的其他青銅器墓(分甲、乙組)基本上均屬春秋時期。

其實,迄今爲止,不但是西周早期的青銅器墓,即使是西周早期的陶器墓,在曲阜魯故城及鄰近區域亦少有發現。這種情況會使人們對曲阜是否爲伯禽初封時所設之都城產生懷疑。

對於這點,早在 20 世紀 80 年代,當時的曲阜師範學院孔子研究所、歷史系中國古代史研究室的郭克煜等先生在《魯國金文編注》的"前言"中,即曾根據金文及傳世文獻,提出伯禽根本不曾在曲阜建都,《世本》所云"煬公徙魯"的記載是有根據的。所引《世本》,見於《史記‧魯周公世家》集解所引徐廣曰:"《世本》曰'煬公徙魯',宋忠曰'今魯國'。"宋忠是東漢時人,曾爲《世本》作注,他所云"今魯國",應即是指東漢時魯國治所,即今曲阜。上引《史記‧魯周公世家》亦記"煬公築茅闕門"(集解引徐廣曰"一作'第'又作'夷'")。已有學者指出,這應是指煬公徙都於今曲阜時在都城建城築門闕之舉。

　　近年來,新發現的魯國青銅器銘文又爲煬公徙都今曲阜提供了新證據,這即是 2010 年左右新發現的香港私人所藏的三件魯國青銅器,叔尊一(圖一二、圖一三)、卣一(圖一四、圖一五),以及同人所作的帶提梁的套盒(圖一六)。其中叔尊已於 2013 年入藏中國國家博物館。

圖一二　叔尊　　　　　　圖一三　叔尊內底銘文

圖一四　叔卣器形

圖一五　叔卣蓋銘及內底銘文

圖一六　㠱提梁筒形套盒(一)

㠱尊、卣同銘,釋文如下:

> 侯曰:"㠱,不(丕)顯朕文考魯
>
> 公夊文遺工,不𡟭厥敏(誨)。余令女(汝)
>
> 自寓𩦺來敏(誨)魯人,爲余
>
> 冘,有姝具成,亦唯小羞。余既
>
> 省,余既處,亡(無)不好,不龗(忓)于朕
>
> 敏(誨)。"侯曰:"㠱,喏喏,自今往弜,其
>
> 又(有)逵女(汝)于乃考。賞女(汝)貝、馬
>
> 用。自今往至于億萬年,女(汝)日
>
> 其賞。勿替乃工,日引。"
>
> 唯三月,㠱賜貝于原。㠱對揚
>
> 辟君休,用作朕剌(烈)考寶尊彝。

此侯所稱"文考魯公",應即是伯禽,西周時,第一代侯多被後人尊稱爲"公"(且只有第一代侯可以追稱"公")。銘文稱伯禽爲"文考",因作器者魯煬公爲伯禽子。

㠱是由寓𩦺這個地方來到魯地(應即今曲阜),是魯侯令其"來敏(誨)魯人",即教導魯人。但對以下銘文的釋讀,學者們有不同意見,主要是對"爲余冘"的看法不同,筆者讀冘(從宮九聲)爲"軓",即法也。"爲"可訓行,訓施。"爲余冘"即是魯侯講㠱受令到了魯地後,能貫徹施行其所規定的法律,以此來治理魯人。另一說讀"冘"爲宮,"爲余冘"即"建造我的宮室"。但有一點是肯定的,即兩件器銘所云之魯侯應是魯煬公,銘文中魯侯講"余既省,余既處,亡(無)不好,不龗(忓)于朕敏(誨)",[①]表明了此魯侯是剛遷至此魯地(應即曲阜)的,故表達了對㠱奉命到魯地後"爲余冘"所做出成績的滿意。這正與《世本》所云,魯煬公遷至魯立都的說法相合。

㠱所作另一器,是筆者稱爲提梁筒形套盒的器物,此器原應是漆木與銅組合的器物,

---

① 龗可讀作"忓",從董珊文章《新見魯叔四器銘文考釋》(收入《古文字研究》第 29 輯,中華書局,2012 年)說。

現所餘的僅有銅質部件(圖一七)。①

圖一七　敔提梁筒形套盒(二)

器銘存於器蓋與兩個部件内底,銘同(圖一八)。

圖一八　敔筒形套盒銘文 X 光片

此筒形提梁套盒銘文的字體已合乎典型的穆王時字體,紋飾作顧龍紋飾帶,其年代應已入穆王。此時的魯侯當已是魯魏公。此器銘文釋文如下:

---

① 此器結構與組裝方式詳見拙作《敔器與魯國早期歷史》(收入《新出金文與西周歷史》,上海古籍出版社,2011 年;亦收入本書,"敔"改爲"敔")。案:學者或認爲此現存銅部件應屬於兩件漆木與銅組合的筒形卣。但此說有三個問題:一是現存銅部件中有一件底有較寬的坡狀,且有矮直階狀跟,器身中部的一件配件下部也呈坡狀的器底形,只是較器底要短,顯然不是全器的器底,即是說此器並未有兩個用在全器底部的器底;其二是,如是兩件器,目前缺失的銅部件過多,殘存器件似不足以支撐原來屬兩件器的想法;其三是,從此器結構看,可以拆開使用(因爲有兩個可作底部的部件),似不宜盛酒,而適宜盛食物,故暫稱之爲筒形套盒。

侯曰:"叔,女(汝)好脅(友)

朕敏才(在)丝(兹),鲜女(汝)

之盬。自今弔

又(有)辛,女(汝)井,^①易(賜)女(汝)

貝用。"唯六月,叔

賜貝于帚(寝)。叔對

觐(揚)郤(辟)君休,用乍(作)

朕文考寶隣(尊)彝。

其内容大意,是魯魏公勉勵此時已是老臣的叔繼續努力遵從其教誨,治理好魯地。而此銘中魯侯賞賜叔時所在的"寝",應已在魯地,即今曲阜。

上引叔尊、卣與筒形提梁盒銘文,支持魯煬公在位時方遷都於魯地之説法。依此説,今曲阜一帶約在康王末期至昭王初年始有魯侯宫室建築,才初步有侯國都城的規模。

煬公遷至曲阜之康王末期,距離武王克商應已有半個多世紀的時間,此時已到西周早期偏晚而近於中期。這當然也可以解釋,今曲阜及鄰近區域爲何缺少西周早期的周人遺存。當然,叔器中的筒形提梁套盒已屬穆王,而且從銘文看,本人當活動至穆王時,則此組叔器的出土地點,應即在今曲阜及鄰近地,而且既然煬公遷至今曲阜建都是在康王晚期,則曲阜一帶應有西周早期偏晚至中期較大規模的墓地與建築基址。這有待於山東的考古工作者去探尋。

值得注意的是,近年來魯侯伯禽自作器物亦有所發現。這即是流散海外現存於香港私人藏家的同形、同銘的魯侯鼎兩件(圖一九、圖二〇)。其形制爲鬲鼎,淺腹,三較細柱足,爲典型的西周早期偏早的造型。銘文曰"魯侯作寶隣彝",此"魯侯"只能是伯禽。此外,有兩件較晚的魯侯簋亦存於香港私人藏家(圖二一、圖二二)。

圖一九　魯侯鼎(甲、乙)

圖二〇　魯侯鼎(乙)銘文

---

① "辛"學者或釋作"不",但金文中"不"字下邊豎畫旁兩筆皆向下傾斜甚明顯,此字作𐤛,與豎畫相交筆畫則近平。待再考。

圖二一　魯侯簋甲、乙(一)　　　　　　圖二二　魯侯簋甲、乙(二)

1　　　　　　　　　　2

圖二三　魯侯簋(甲)銘文

1. 器內底銘文　2. 器蓋銘文

　　兩件簋腹極圓鼓而稍顯傾垂，獸首半環耳下有鈎狀珥，圈足底接四獸首長足，足跟作獸爪狀，其形制近於琉璃河西周燕國墓地 M53 出土的攸簋(《銘圖》4813)，琉璃河 M53 的年代約在昭王偏晚。兩件簋在器口下有一周對稱的長尾鳥紋紋飾帶，鳥紋尾羽有上下兩條，下面一條尾羽兩端皆內卷。兩件簋器內底皆有銘文作"魯侯作舄寶隮(尊)"(圖二三，1)，器蓋內有銘文作"魯侯作寶隮(尊)彝"(圖二三，2)。銘文字體特徵仍多西周早期風格，不會晚至穆王。從上述器形、紋飾與銘文字體看，兩件同形簋的年代已約在昭王時期。

　　如此則兩件簋銘中"魯侯"有爲魯幽公的可能，故受祭者"舄"，很可能即幽公之父煬公。

　　以上魯侯鼎、簋，年代不同，應分別爲伯禽與幽公所作器，不知是否同時出土而流散於海外，是否出於同一座墓亦未可知。只可以了解的是此四件器初皆曾存於紐約，故也存在共出一墓之可能。如是，則伯禽所作鼎屬較早期器留至較晚的昭王時墓中，而墓主人雖不一定是幽公(自然也有幽公的可能)，但亦當是魯國公族成員，其下葬時魯都城已在今曲阜，則此座墓很可能亦位於今曲阜及鄰近區域內。是否與上舉出犾器組的西周中期偏早墓葬共出於同一貴族墓地則未可確知。

但以上兩件魯侯鼎與兩件魯侯簋,如非出自一墓,則伯禽所作之魯侯鼎即可能並非出自今曲阜及鄰近地,而在其初封地。

近年來新發現的重要西周魯國有銘青銅器,還應該提到的是筆者曾於2012年見於中國文物咨詢中心的伐簋(已見著録於《銘圖》5321,圖二四、圖二五)。此件簋屬西周晚期典型的腹飾瓦紋、圈足下接三扁足的形制。

圖二四　伐簋

圖二五　伐簋蓋銘

唯王七年正月
初吉甲申,王命
伐遺魯侯,白顡蔑乎
老父伐曆(歷),易(賜)圭瓚、彝
一肆,𩰫尊以(與)乎備,賜小子
𡩹一家,白(伯)曰引以(與)友五十夫。伐
拜稽首,敢對揚朕公子魯
侯不顯休,用乍吕姜□
寶尊簋,其用夙夜享
于宗室,用祈屯魯,

世子子孫孫永

寶用。

其銘文曰"唯王七年正月初吉甲申",合於厲王七年曆日。銘文中出現的"魯侯"應是魯獻公具。銘文記伐受王令遺魯侯,受魯侯賜玉器、成組銅禮器及屬民,伐是獻公之父魏公之弟,是獻公之叔父,此時已年長,故銘文中獻公稱其爲"老父"。"老"是指出於諸侯國的天子之官,"父"則是魯侯稱其叔父。[①] 伐簋已屬西周晚期器,作爲魯國公族成員擔任王朝卿士,不知卒後是否歸葬於魯,如是,則很可能亦葬於今曲阜及附近區域。

總之,上舉近年來新發現的與魯侯有關的西周青銅器,多數可能即出土於曲阜及附近區域。這些器物皆非考古發掘出土。出土這些重要青銅器的魯國的墓地、墓葬群年代應在西周早期偏晚以後,應該是我們努力在曲阜一帶尋找並加以保護的極爲重要的魯國文化遺存。

與此有關的問題是煬公遷魯(今曲阜)之前,屬西周早期成王至康王時的魯國都邑的位置應在何處。據《左傳》定公四年記祝佗所云:"命以《伯禽》,而封于少皥之虛。"杜預注云:"少皥虛,曲阜也。"但這樣説,與上述"煬公徙魯"之説則有矛盾。《左傳》昭公二十九年曰:"少皥氏有四叔,曰重,曰該,曰脩,曰熙,實能金、木及水。使重爲句芒,該爲蓐收,脩及熙爲玄冥,世不失職,遂濟窮桑,此其三祀也。"杜預注:"窮桑,少皥之號也。……窮桑地在魯北。"又《尸子》:"少昊金天氏,邑于窮桑。"按上引文獻,"窮桑"即應是"少皥之虛"所在,其位置可能在今曲阜以北。此地亦即伯禽初封地,是魯國在西周早期成王與康王中期時魯國都邑所在。此一地點的確切位置究竟在何處,自然也有待於今後西周魯國考古工作的深入開展來落實,這無疑也是西周考古的重要課題。

(原載《青銅器與山東古國學術研討會論文集》,上海古籍出版社,2017年)

---

① 對此銘之解釋,參見拙文《關於西周金文曆日的新資料》(《故宮博物院院刊》2014年第6期)第22頁注[2],亦已收入本書。

葉家山曾國墓地大墓之墓主人
身份與曾侯膞鐘銘

　　湖北隨州葉家山西周曾國墓地位於一南北走向、面積在 43 萬平方米的橢圓形崗地上。墓地的幾座大墓，從北至南大致在一條綫上，從有等高綫的墓地平面分布圖看，M111、M28 皆在現地勢較高的坡頂上。而此邊的 M65、M2、M1 皆位於地勢較低的緩坡上。① 據已發表的資料，其中墓主人身份可大致推知的是 M1，M65、M2，M28、M27，M111（圖一）。②

　　斟酌各墓的墓位、墓葬形制與所出土青銅器的形制、紋飾與銘文，葉家山幾座大墓的年代（下葬時間）與墓主人身份大致可以表述如下（表一）。

表一

墓　號	年　代	墓　主　人　身　份
M1	約成王時	與曾侯家族可能有親族關係
M65	約成康之際	曾侯諫
M2	約成王時	曾侯諫夫人（媿）
M28	約康王時	曾侯□（名不詳）（或以爲即 M27 所出盉銘"白[伯]生作彝，曾"之"伯生"）
M27	約康王時	M28 之曾侯夫人
M111	約昭王時	曾侯犾③

---

① 但目前的地勢似未必是墓地使用時的情況，據報道，"墓地所在的崗地經過多次土地平整"（湖北省文物考古研究所、隨州市博物館：《湖北隨州市葉家山西周墓地》，《考古》2012 年第 7 期），根據這種情況，探討墓地布局、墓葬早晚似即不當以現存地勢情況出發。

② 以下討論所依據的資料凡未注明的，均見於下：A. 湖北省文物考古研究所、隨州市博物館：《湖北隨州葉家山 M65 發掘簡報》，《江漢考古》2011 年第 3 期。B. 湖北省文物考古研究所、隨州市博物館：《湖北隨州葉家山西周墓地發掘簡報》，《文物》2011 年第 11 期。C. 湖北省文物考古研究所、隨州市博物館：《湖北隨州市葉家山西周墓地》。D. 湖北省文物考古研究所、隨州市博物館：《湖北隨州葉家山 M28 發掘報告》，《江漢考古》2013 年第 4 期。E. 湖北省博物館、湖北省文物考古研究所、隨州市博物館：《隨州葉家山——西周早期曾國墓地》，文物出版社，2013 年。

③ 犾，三體石經《尚書·多士》中"戾"字古文作，"戾""立"音近，以"立"爲聲旁。見宋華強：《葉家山銅器銘文和殷墟甲骨文中的古文"戾"》，武大簡帛網，2014 年 1 月 2 日。

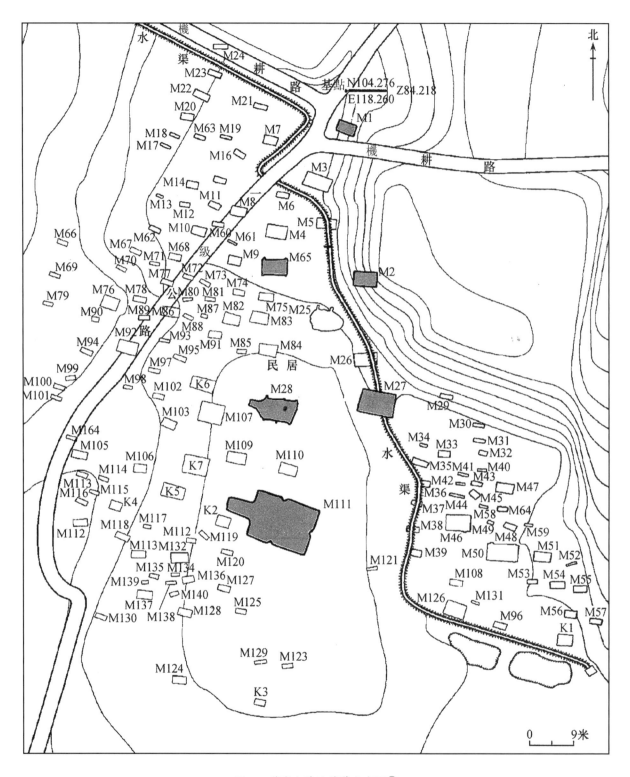

圖一　葉家山墓地墓葬分布圖①

---

① 據《湖北隨州葉家山 M28 發掘報告》(《江漢考古》2013 年第 4 期)。

以上所估計的諸墓年代,與各墓所出青銅器形制顯示的年代特徵大致相合。當然,嚴格地説,墓葬中出土的實用青銅器多可能是墓主人生前使用器或占有器,其絕對年代多數會早於墓葬年代,其中年代最晚的器物可視爲略早或相當於墓葬年代。而 M65、M2、M28、M27 出土的青銅器不能支持墓葬會晚到西周早期偏晚昭王時的看法,M65 更不可能如有的學者估計的會晚到昭王後期。

M65 與 M2、M28 與 M27 出土青銅器均没有出現明顯的垂腹特徵,只是 M28 所出"曾侯諫作媿"卣(M28：167)腹略顯傾垂,而西周青銅器在康王後期即已多有垂腹較明顯之器物。

M28、M27 均出土有體形修長的所謂橄欖形壺,此型壺在關中王畿地區出現較晚,約在康昭之際(屬於此時段的 1972 年扶風劉家村豐姬墓出土有帶提梁之此形壺)。[①] 但房山琉璃河燕國墓 M253 亦出土有此型壺,[②]墓葬年代可早到成、康之際。所以橄欖形壺大致可以認爲出現於成康之際,其存在下限可到西周中期偏早。M28 出土的此型壺銘曰"曾侯諫作媿"壺(圖四),故 M65 墓主人曾侯諫生存年代下限應已至成、康之際。

M65、M28 出土的車馬器(如車軎、鑾)也顯示了較早的時代特徵,大致應在西周早期偏早階段内,不可能晚到西周早期偏晚(圖二、圖三)。

言 M111 較晚似不主要依據器物中有垂腹造型之方鼎(圖五),因爲即使在商後期偏晚,商器中已有垂腹形制的器物,如安陽郭家莊 M160 出土的帶有四足的所謂亞址帶蓋提梁鼎(M160：32)。[③] 而在西周早期偏早的青銅器中,比如寶雞竹園溝 M13 出土的帶蓋方

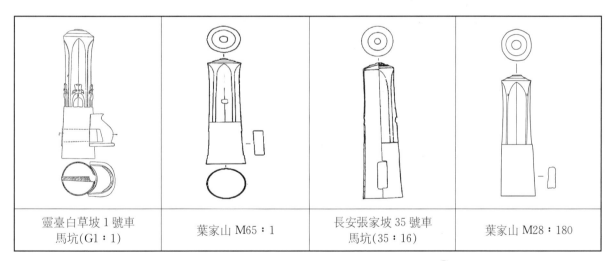

| 靈臺白草坡 1 號車馬坑(G1：1) | 葉家山 M65：1 | 長安張家坡 35 號車馬坑(35：16) | 葉家山 M28：180 |

圖二　曾侯墓地出土車軎與西周早期偏早的車軎比較[④]

① 陝西省考古研究所等:《陝西出土商周青銅器》(三),文物出版社,1980 年,第 35—50 頁。
② 北京市文物研究所:《琉璃河西周燕國墓地:1973—1977》,文物出版社,1995 年,第 99 頁。
③ 中國社會科學院考古研究所:《安陽殷墟郭家莊商代墓葬:1982 年—1992 年考古發掘報告》,中國大百科全書出版社,1998 年,圖 62、圖版 37。
④ 參見拙著《中國青銅器綜論》(上冊,上海古籍出版社,2009 年)第 455 頁。

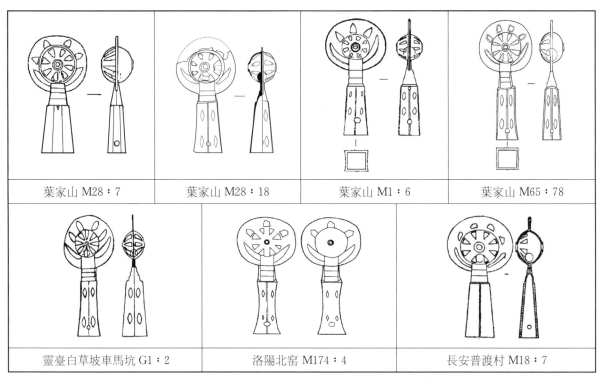

葉家山 M28：7	葉家山 M28：18	葉家山 M1：6	葉家山 M65：78

靈臺白草坡車馬坑 G1：2	洛陽北窰 M174：4	長安普渡村 M18：7

圖三　曾侯墓地出土鑾與西周早期偏早的鑾比較①

圖四　M28 出土之"曾侯諫作媿"壺(M28：178)

圖五　M111 出土之方鼎(M111：73)

鼎(BZM13：16),②也屬於垂腹形態。北京房山琉璃河燕國墓地 M253 屬於西周偏早墓
(約在成、康之際),所出圜方鼎更與 M111 所出此方鼎形近。③ 但是需要指出的是,M111

---

① 參見拙著《中國青銅器綜論》第 478 頁。
② 寶雞市博物館：《寶雞強國墓地》,文物出版社,1988 年,第 55 頁,圖四一。
③ 北京市文物研究所：《琉璃河西周燕國墓地：1973—1977》,第 65 頁。

出土的這件方鼎垂腹狀態較之以上諸器更甚,已達極致,腹最大徑即在腹底,也許反映了其年代更晚些,言之已在西周早期偏晚似不爲過。

M111 所出有"曾侯狀作寶隣彝"的 2 件簋,和 M28 與 M65 所出一對曾侯諫簋(M28:162、M65:49)相比,形制相近,只是腹壁較斜直,垂腹程度稍大,表現出相對較晚的形制特徵。

M111 出土有兩件鉦與枚四周飾乳刺、旋上有方幹的甬鐘(M111:7、M111:11)(圖六),這種鉦部與枚四周帶乳刺而枚尖長的甬鐘在關中地區約出現於西周早期偏晚。如眉縣馬家鎮楊家村窖藏出土有此型鐘、寶雞竹園溝 M7 亦出土有 3 件此型鐘(圖六),皆屬此時段。這也是目前所知年代最早的甬鐘形制。M111 的兩件同形鐘當不會再早於上述已知的同形鐘出現的時間。而此形鐘中年代較晚的如盧鐘 A 型(《銘圖》15269、15270),已屬西周中期偏晚。[1]

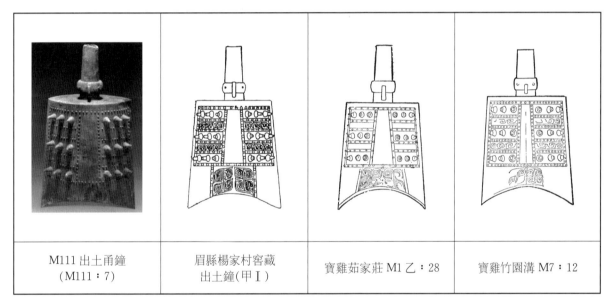

M111 出土甬鐘 (M111:7)	眉縣楊家村窖藏 出土鐘(甲 I)	寶雞茹家莊 M1 乙:28	寶雞竹園溝 M7:12

圖六 葉家山 M111 出土甬鐘與出土西周同形甬鐘比較

因此,從上舉墓中所出土器物看,M111 墓葬年代當已進入西周早期偏晚,大致可定在昭王時。這即是説曾侯狀卒年要比曾侯諫與 M28 墓主人之曾侯晚。其人卒於昭王時,隨葬器物完全可能有稍早於昭王之器,故 M111 中存在不同來源的年代較早的器物。

現已刊布的 M65、M2,M28、M27,M111 出土的"曾侯"所作有銘青銅器的情況,可登記如表二。

---

① 上述此形甬鐘情況參見拙著《中國青銅器綜論》,第 363—365 頁。

表二

M65	M2	M28	M27	M111
方鼎一（曾侯諫作寶彝）M65：47		方鼎二（曾侯諫作寶彝）M28：157、M28：165		方鼎一（曾侯作父乙寶尊彝）M111：85
		方鼎一（曾侯作寶鼎）M28：156	方鼎一（蓋：曾侯作寶鼎；腹：曾侯作尊彝）M27：23	
圓鼎一（曾侯諫作寶彝）M65：44	圓鼎一（曾侯諫作寶彝）M2：6	圓鼎二（曾侯諫作寶彝）M28：152、M28：164		
分襠鼎一（曾侯諫作寶彝）	分襠鼎二（曾侯諫作寶彝）M2：3、M2：5	分襠鼎二（曾侯諫作寶彝）M28：158、M28：181		
		鬲一（曾侯作寶尊）M28：151		
	甗一（曾侯諫作媿寶彝）M2：1	甗一（曾侯用彝）M28：159		方座簋一（狀作剌考南公寶尊彝）M111：67
簋一（曾侯諫作寶彝）M65：49		簋一（曾侯諫作寶彝）M28：162		簋一（蓋內：曾侯狀作寶尊彝；內底：作寶彝）M111：59
	簋二（曾侯諫作媿寶尊彝）M2：8、M2：9	簋二（曾侯諫作媿寶尊彝）M28：153、M28：154		簋一（曾侯狀作寶尊彝）M111：60
卣形壺一（曾侯作用壺）M65：31		橄欖形壺一（曾侯諫作媿壺）M28：178		盉形壺一（曾侯作田壺）M111：117
		尊一（曾侯諫作媿寶尊彝）M28：174		斝一（侯用彝）M111：111
		卣一（曾侯諫作媿寶尊彝）M28：167		卣一（曾侯用彝）M111：126
盂一（侯用彝）M65：34		盂一（曾侯諫作寶彝）M28：166	盂一（白生作彝，曾）	
		盤一（曾侯諫作寶彝）M28：163		盤一（曾侯用彝）M111：119

　　根據表二可以對墓主人身份做一分析。

　　M65 與 M28 均多出曾侯諫器，但 M28 不大可能如有的學者所言是曾侯諫墓。由於整個墓地之大墓是由北向南發展，M65 墓主人在行輩上長於 M28 墓主人，一般來說 M28 墓主人所作器即不會出土於 M65 中。此外，M28 還出土有曾侯諫爲夫人媿所作器，如是曾侯諫墓，墓中一般不會出現其爲夫人所作器。但是如 M28 墓主人是曾侯諫之子，出土有其母之器是可能的。

　　M65 墓主人曾侯諫所作器散布於 M2、M28 中，M2 爲其夫人。侯器出現於夫人墓是正常的。M28 應爲其子，下一代曾侯。前一代侯所作器會傳到下一代侯，與晉侯墓地情況同（晉侯墓地可見還會傳到下二、三代）。M28 墓主人名字未見於墓中所出器中（或如本文開始所列墓中年代與墓主人情況時所注，M27 出有“白（伯）生作彝”盉，M27 既爲 M28 墓主人之配偶墓，則伯生自然有爲 M28 墓主人之可能），更未見器銘上有新的侯名。唯 M28 有車馬坑，墓室面積大，且有墓道，還應是一代曾侯。自己沒有作器，或是由於去世較早（這從 M28 與 M65 的墓葬年代相差不多可以得知），或由於西周早期任侯者因在偏遠區域生存，處境相對艱苦，抑或因侯的職責主要在於軍事，戰事頻繁，因而未及自作器。

M65 與 M28 二墓所跨時間甚短，這麼短時間可否容下兩代曾侯？按正常生理年齡是短，但作爲處於偏遠地區擔負開疆拓土職責的侯，地處面臨敵方之前沿，不排除有戰死之可能，當然也可能是兄終弟及。兄所作器會在弟墓中出現，如長安斗門鎮花園村 1980—1981 M15、M17。[①] 但 M28 出土有多件曾侯諫爲 M2 墓主人夫人媿所作器物，這可以進一步表明將 M28 墓主人定爲 M65 曾侯諫之弟不如定爲 M65 曾侯諫與 M2 夫人媿之子較妥當，因爲弟弟墓中似不當出現其兄之夫人（即其嫂）之器。

從表中所示有“曾侯”銘文器物之分布，也可以看出 M65、M2，M28 有格外親近之關係，因爲曾侯諫所作成套器出土於此三墓。

值得注意的是，從迄今已刊布的資料看，M111 未見曾侯諫所作器，在出土器物上看不出與 M28、M65 之聯繫。這固然可能是由於曾侯諫之器物只傳到下一代，但也可能是由於 M111 曾侯犾與 M65 曾侯諫及 M28 之曾侯親屬關係較遠。

M111 墓主人與 M65、M28 二墓墓主人的關係，從上述推擬的三墓之年代，似可以提出如下三種可能。

第一種可能，M65 之曾侯諫爲 M111 曾侯犾之父輩。

在 M111 所出曾侯犾所作器中，有其爲“刺（烈）考南公”所作方座簋（圖七）。[②] 那麼，如果 M65 之曾侯諫爲其父輩，又葬在同一墓地中，則曾侯諫似即應是南公。但 M65 未出

圖七　銅簋（M111：67）器形及銘文

① 陝西省文物管理委員會：《西周鎬京附近部分墓葬發掘簡報》，《文物》1976 年第 6 期。
② 黃鳳春、胡剛：《說西周金文中的“南公”——兼論隨州葉家山西周曾國墓地的族屬》，《江漢考古》2014 年第 2 期。

任何與南宫氏有關之有銘器物。此西周早期偏早之南公可能即指南宫括，[①]其在西周王朝的地位要遠遠高於以上 M65 墓主人。

如果曾侯諫確爲曾侯狀的父輩，而又非南公，則其當是同屬南宫氏之曾侯狀的從父，其間關係如下所示：[②]

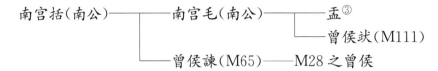

此種關係要假設南宫毛此時已故，且也可稱"南公"（這當然有可能，詳下文）。這種情況就是，在康王時，由於繼曾侯諫任曾侯的 M28 墓主人早逝，曾侯諫一支已無繼位爲侯者，因而狀受封爲曾侯，來到今隨州之曾國，繼 M28 墓主人之曾侯爲侯。在此種情況下，由於曾侯狀非曾侯諫之直系而是從子，故其隨葬器中不出土曾侯諫器。

第二種可能，曾侯諫與曾侯狀爲同出於南宫氏的兄弟關係。

筆者在《江漢考古》組織的有關葉家山墓地的筆談中曾講過："從成王到康王有三代曾侯，似乎有些問題，但是否可推測是兄終弟及，不一定是三代人。"[④]

上文又曾論及，M28 墓主人不太可能是 M65 墓主人曾侯諫之弟，則 M111 墓主人曾侯狀即有是諫之弟之可能。這即是説三位曾侯雖仍是兩代人，但作爲下一代的 M28 墓主人之曾侯還卒於其叔父曾侯狀前（早卒原因前面已述）。從年代上看，曾侯諫約卒於成、康之際，暫以康王初年計，曾侯狀約卒於昭王時（未必至昭王末年）。其間相差時間（康王依二十六年記）30 餘年，在狀較長壽的情況下亦不無可能。

如是，則曾侯諫所作器僅傳於其子（M28 墓主人），而未傳至其弟曾侯狀，這當然也是可能的。其間關係可示意爲：

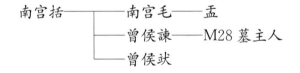

---

① 上文提到 M111 之曾侯墓之年代約晚至昭王時，曾侯生前活動時代當主要在康昭時，其"烈考南公"活動時代即當在成康時。從文獻看，此時期有可能稱爲"南公"的南宫氏宗可能即文王時賢臣南宫括，見於《尚書·君奭》《周語·晉語》，或南宫毛，《尚書·顧命》中可見南宫毛曾受太保（召公）命引導齊侯參加康王繼任儀式，有可能是南宫括之子（或即諸子之一）。南宫括主要活動於文王時，但周初似可能在世，這也是合乎情理的。南宫毛則有可能活動於成王至康王時。

② 還可以設想另一種可能，即：

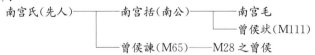

只是這種可能，涉及難以證實的南宫括之前是否已有南宫氏之類問題，假設性更強。

③ 大盂鼎銘文記康王廿三年冊命盂，令其"井（型）乃嗣祖南公"並賜之"乃祖南公旅"，盂的年齡，從大盂銘中康王訓誥之的口氣看，當時應在剛成年不久，此時已在康王晚年。盂承繼其祖南公（應即南宫括），又爲内服王朝卿士，故有可能是康王繼位時已任王朝卿士之南宫毛之子。

④ 《江漢考古》編輯部：《隨州葉家山西周墓地第二次發掘筆談》，《江漢考古》2013 年第 4 期。

但這種分析可能存在的問題是：狀作爲弟，有爲剌考南公作器（弟可爲父作器，如獄[兄]、衛[弟]器組中之衛簋銘文所示），[①]而存在於 M65 與 M2 及 M28 大量的曾侯諫所作器中卻未見爲南公作器，是個不好解釋的事。

需要提到的是，M27 出土有橢圓腹形觶（圖八）。觶有銘文，發掘簡報釋作"且（祖）南獸乍（作）寶"（《湖北隨州葉家山西周墓地發掘簡報》，《文物》2011 年第 11 期），於是學者或認爲此銘文與南（南宮）氏有關，但銘文實未有"南獸"二字，應讀作"乍（作）寶瓚□"。"瓚"字作""，上部寫法與一般寫法有異，但似還應釋作"瓚"。

圖八　銅觶（M27：10）器形及銘文拓片

以上兩種可能，均認爲 M65 之曾侯諫、M28 墓主人與 M111 之曾侯狀相同，皆爲南宮氏。這樣就又存在一個問題，即均忽視了墓地北端的 M1 之存在。有的學者即曾認爲 M1 有可能是曾侯諫尚未任曾侯之先人。[②]

M1 在墓地的北端，與南邊的幾座大墓皆修在同一崗地高處的東部邊緣，其位置亦基本與 M65、M28 等大墓成一綫，應該屬於同一墓地，所以不能排除 M1 可能與 M65、M28 之曾侯有關係。

M1 的墓主人有可能是該墓出土的多件圓、方鼎銘中所見"𠦪"（或寫作"𠦪阝"）。M1 不僅未出土任何與南宮氏有關的器物，從其隨葬器物形制、銘文中多見日名及墓葬形制（有腰坑、內埋犬）看，該墓還有明顯的商遺民色彩。[③]

M1 南近 10 米處，尚有 M3，再南是 M4。M3、M4 均無兵器，有是女性墓之可能，亦不排除與 M1 組成近親家族墓地的可能。而 M3 出土有 M65、M2、M28 都有的同形制、同銘

① 拙文《衛簋和伯獄諸器》，《南開學報》（哲學社會科學）2008 年第 6 期。
② 張昌平：《葉家山墓地相關問題研究》（收入湖北省博物館、湖北省文物考古研究所、隨州市博物館：《隨州葉家山——西周早期曾國墓地》，文物出版社，2013 年）即認爲"M1 的身份也應該是相當於曾國國君"，並且認爲"如果 M1 也存在如其他兩組墓葬那樣的夫婦合葬，則其東位置的夫人墓可能已遭破壞"。按：可能是女性墓的 M3、M4 如與 M1 有關，那麼，也許是此墓地夫婦墓尚未固定爲西、東並葬的埋葬方式。
③ 參見《湖北隨州葉家山西周墓地筆談》（《文物》2011 年第 11 期）、《隨州葉家山西周墓地第二次發掘筆談》（《江漢考古》2013 年第 4 期）中筆者文。

的"曾侯諫作寶彝"圓鼎（M3：8），説明此墓亦屬於曾侯家族成員墓。這樣也就進一步密合了北邊不遠的 M1 與南邊之 M65 等曾侯墓之關係，進一步顯示了 M1 也確實可能與 M65、M28 之曾侯家族有關，[①]給此曾侯家族之早期染上濃厚的殷文化色彩。

如果是這樣，則此墓地中三位曾侯間還存在以下第三種可能。即，M111 墓主人曾侯犾爲南宫氏，而 M65 墓主人曾侯諫、M28 墓主人曾侯諫之子（那位早卒的曾侯）的身份並非南宫氏。依此説，則 M111 之曾侯犾即是南宫氏家族受封爲曾侯者，是以南宫氏代替了原來之曾侯諫家族任曾侯，這也是一種改封，其時或在康、昭之際。M111 爲葉家山墓地中墓室面積最大的墓，也是目前所知最大的西周墓，其規格遠高於前兩位曾侯，或亦緣於其出身於周人顯貴南宫氏。

如此，則上述諸墓墓主人關係可示意爲：

或者：

這種假設也存在幾個問題。

首先是如何理解曾侯與編鐘銘文中所見曾之先祖南公受封於江夏之事。

《江漢考古》2014 年第 4 期曾刊登了隨州文峰塔墓地 M1 出土的 10 件有銘編鐘（圖九），即曾侯與所制鐘，整理者將它們分爲 A、B 兩組，A 組 2 件，其中一件較大編鐘有銘文 169 字。[②] 研究者多注意到鐘銘文中先追述曾之先祖南宫括曾佐佑文武克商，奠定天下，隨後曰"王遣命南公，營宅汭土，君庇淮夷，臨有江夏"，認爲銘文此處所云是南公曾受周王之命鎮守江夏一帶，以監控淮夷，在時間上是接着南宫括輔助文武奠定天下後即發生的事，故葉家山曾國墓地西周早期偏早的 M65 之墓主人曾侯諫應是周初即分封於此。亦即是説，曾國始封君即爲南宫氏。但細讀以上鐘銘，可以看到，銘文開頭所追述之三件史事，

---

① M1 與 M65、M28 皆出有形制、紋飾近同的象首紋銅鬲（M1：21、M65：52、M28：151），亦是 M1 墓主人與曾侯家族之間可能有關係的證明。

② 該鐘銘開始幾句曰："隹（惟）王正月，吉日甲午，曾侯與曰：白（伯）簦（括）上酓，左右文武。達（撻）壁（殷）之命，罧（撫）殷（奠）天下。王遣命南公，鶯（營）尔（宅）塑（汭）土，君比（庇）淮尸（夷），臨有江夏。周室之既庳（卑），戲（吾）用燮譖（就）楚。……""上酓"之酓，從"戈"，"畜"聲，即"帝"聲，可讀作"帝"。在這裏"帝"之意，似非天帝之"帝"，而當釋作《爾雅・釋詁》所云"帝，君也"。指周王。上君，亦即以君爲上。"上"在此亦可讀爲"尚"，《楚辭・天問》"師何以尚之"，王逸注："尚，舉也。"尚君，大意即擁戴君王。君庇淮夷，庇，治理也。就楚，即依就於楚。"譖"讀"就"，從李天虹：《曾侯與編鐘銘文補說》（《江漢考古》2014 年第 4 期）説。

即南宮括輔佑文武克商、南公受命"臨有江夏"一帶以治淮夷、周王室衰弱後曾依附於楚，並在吳滅楚後助楚復原，最後一事背景，即《左傳》定公四年(前506)所記吳師入郢，時間已至春秋晚期，與前面兩事間隔甚長。既然如此，王命南公臨有江漢以治淮夷，亦未必即是南宮括輔佐文武克商後立即發生之事。曾侯腆所言實是屬南宮氏的曾之來源及其發展史上的三件大事，中間完全有可能有間隔，在時間上是有跳躍性的。所言南公受命"君庀淮夷，臨有江夏"應是什麼時間的事呢？現有西周金文資料並未見周初時淮夷即已能威脅及周王朝成爲周王朝之大患。淮夷強大到可以攻擊西周王朝，在金文中最早見於穆王時的器銘，由有關器銘可知，當時淮夷這個大的族團勢力曾西至淮水上游今豫西南(今桐柏地區)一帶，①這自然構成對西周王朝的威脅，而淮夷進入此區域的時間也可能更早，或在康、昭時即漸聚集於此。

圖九　隨州文峰塔墓地M1：1器形及銘文摹本(部分)

西周早期時曾國之所在即今隨州北，由此向北走出隨棗走廊即達淮水上游即上述淮夷勢力西進地區，而這可能正是曾侯腆鐘銘所云王命南公"臨有江夏"以監控淮夷(或亦爲了隔斷淮夷與西邊之荊楚之聯繫)的歷史時空背景。葉家山M111曾侯犺封爲曾侯，如上述是在康、昭之際，似可大致與此背景相聯繫。②

---

① 屬穆王時期的录卣銘文(《銘圖》13331、13332)曰："王令戜曰：叡淮尸(夷)敢伐内國，女(汝)其以成周師氏戍於![]。"與此銘文相聯繫的是1975年3月扶風法門鄉莊白村伯戜墓出土的穆王時期的青銅器戜方鼎與戜簋銘文(《銘圖》2489、5379)。戜方鼎銘文曰："王用肇史(使)乃子戜，率虎臣御灘(淮)戎。"戜簋銘文曰："戎伐馭，戜率有嗣師氏奔追卸戎于臧林，博(搏)戎獣。"上引器銘中的"戜"應是同一人，"淮戎"即是"淮夷"，"搏戎獣"即"搏戎於獣"，這些已是諸家都同意的，所記與淮夷的戰事應很可能也是同一場戰事。銘文中涉及的地名，"臧林"，即棫林，裘錫圭先生曾指出應即《左傳》襄公十六年"夏六月，次於棫林"之棫林，在今河南葉縣東北。"獣"即"胡"，從戜簋銘看自當與棫林相近，裘錫圭先生認爲應是春秋時胡國所在，在今河南郾城(裘錫圭：《說戜簋的兩個地名——"棫林"和"胡"》，《裘錫圭學術文集》第3卷，復旦大學出版社，2012年)。由此來看，器銘所云此次淮夷入侵應是指淮夷從豫西淮水之陽一帶北上，進入當時姬姓封國應國所在今平頂山地區，由於已進入周人之南土，故王言淮夷"敢伐内國"。戜先曾御淮夷，而後改防守爲反攻，追殺至今平頂山南葉縣至郾城一帶。

② 按：昭王時青銅器銘文記昭王先後命南宮"伐犲(犲)方"(戜卣)、"伐反虎方"(中方鼎，《銘圖》2383、2384)，應皆爲昭王南征楚作準備，掃清征途隱患。昭王第一次伐楚時曾舉行"振旅"之禮，南宮還受王命"貺"中馬"自厲侯四騵"(中觶，《銘圖》10658)。由這些銘文可知，南宮氏是昭王時經營南國的主力，這也許是屬南宮氏的曾侯犺受封爲曾侯的背景。

當然,鐘銘中王所命南公"臨有江夏"之時如是已到康、昭之際,則此時的南公自然未必還是周初之南宮括,而是南宮括之繼任者,是南公毛或即盂,南宮氏可能由於是周人之顯赫世族,其大宗在西周時期似可世代保存有"南公"之稱,此有上海博物館所藏約西周晚期的南公有嗣所作鼎(圖一○,《銘圖》2230)爲證。[1]

圖一○　南公有嗣鼎及其銘文拓本

除了上述鐘銘所涉及的問題外,另一個問題是,如曾侯狀不與前兩位曾侯同族,何以會葬於同一墓地,且顯示了頗爲接近的墓制?這種情況也可能是由於南宮氏受封的曾侯狀封在原來曾侯舊地(曾地),在此條件艱苦的邊遠地區且又要擔負新的軍事使命,不便另擇新的都邑,故其居地與卒後的墓地均沿用了前任曾侯舊址;墓葬亦采用東西向,則是隨了地方葬俗。

最後還有一個問題,M111曾侯狀墓中出有"曾侯作父乙"方鼎(圖一一),如按以上第三種可能,則此方鼎即前兩位曾侯所作,更可能是曾侯諫所作,並非屬南宮氏的狀所作,是曾侯狀封於此地後獲得的舊曾侯之器物。但此器如確是曾侯狀所作,則證明南宮家族雖爲周人貴族,然而在名號使用上亦有與召伯等家族相似的傳統,即也用日名稱先人。

圖一一　"曾侯作父乙"方鼎(M111∶85)及其銘文

----

[1] 其銘文曰:"南公有嗣獻乍(作)尊鼎,其萬年子子孫孫永寶用,亯(享)于宗廟。"如此,則本文所推測之第三種可能中的第二種情況,曾侯狀爲南宮毛之子而稱之爲"剌(烈)考南公"亦即可以理解了。

附記

本文要旨曾先後於 2014 年 12 月在湖北省博物館、湖北省文物考古研究所、清華大學出土文獻研究與保護中心、北京大學震旦古代文明研究中心聯合舉辦的"曾國考古發現與研究"學術研討會以及 2015 年 6 月於北京大學舉辦的"西周青銅器與金文"研討班上以 PPT 形式發表。

（原載《曾國考古發現與研究》，科學出版社，2018 年）

附：

有關葉家山西周墓地的兩個筆談^①

一

　　2011 年開始發掘的隨州葉家山西周墓地,是長江流域商周考古的重大發現。承蒙湖北省文物局、湖北省文物考古研究所與隨州市博物館提供機會,我得以參觀發掘工地與部分已出土的文物,現僅將根據初步觀察得到的膚淺認識概括爲如下三點。

　　其一,由墓地出土的青銅器所能獲知此墓地的信息。葉家山墓地中已清理與已發掘的較大型墓,如 M1、M2、M27、M65 等均隨葬有成組的青銅容器,因有一定的組合形式,已起到隨葬禮器的作用。其組合包括食、酒、水器三類,食器中以鼎、甗、簋爲主,或有盨,鼎則多有方鼎、圓鼎兩種;酒器多有尊、罍、卣、觶,或有斝、爵、觚;水器則有盤、盂。這樣的組合形式,與今關中及甘肅東部地區西周早期偏早的較大型墓,如涇陽高家堡 M1、M4,甘肅靈臺白草坡 M1 等的銅器組合形式是基本相同的。在此時期,今洛陽地區周人貴族墓也皆采用此種組合形式。所以可以説,葉家山墓地中的貴族墓基本上亦是遵從此一時期周人的禮器制度的(在隨州羊子山發現的另一處西周早期墓地——噩侯墓地中,M4 的隨葬銅器組合形式亦近似)。在此墓地中,有幾座較大型的墓出土的青銅器銘文中均已發現有"甶(曾)侯"所作器,如 M27、M65 皆有"甶(曾)侯"自作器,M2 有"甶(曾)侯諫"自作器及爲"媿"作器。其中爲"媿"所作器有 1 件甗、2 件簋,表明 M2 有可能即是甶(曾)侯諫夫人媿之墓,此點發掘者亦指出。因此,從上述情況看,葉家山西周墓地應該是周王朝封於甶(曾)地的侯即甶(曾)侯家族之墓地。僅從筆者已見到的諸墓所出銅器形制看,絶大多數墓的年代應屬西周早期偏早。M27 出有一件形制流行於西周早期偏晚至中期偏早的所謂橄欖形壺(即羮甶夔壺),但銘文字體又偏早。綜合起來看,此壺的年代有可能約屬康王晚期,這是此形壺出現較早的一例,也昭示 M27 目前可能是此批墓中下限較晚的墓,但似亦不會晚於康王

① 按:以上兩篇筆談文章,是在湖北省考古研究所於 2011、2013 年先後召開的座談會上的發言記要。文中表達的對該墓地的某些認識,只是基於當時所能見到的發掘資料所想到的。文中提到的其他一些問題,或許對全面認識這一重要墓地的學術意義有幫助,故作爲附錄,附在《葉家山曾國墓地大墓之墓主人身份與曾侯獻鐘銘》這篇文章的後面。

晚期。

與其他地點西周早期墓相同，在已發掘的葉家山西周墓中，也有較多的商人銅器，如 M27 一墓中即有戈父癸圓簋、父乙觚、叉父乙觶、𠂤父癸觶、𩵋觶、裘妣夒壺等，皆應是商人器物。因此，其隨葬組合雖合於周人隨葬禮器制度，但隨葬器物則是由多種不同來源的器物拼湊起來的。M1 出土的 4 件方鼎、3 件圓鼎的作器者均是丕（或作𠀤𠂤），有可能即是墓主人。4 件方鼎與 2 件圓鼎是爲“父癸”作器，1 件圓鼎是爲“父乙”作器。其他器物中，如斝、觚、爵等，亦均有商人氏名、日名。此墓有腰坑，内葬犬，所以此墓的墓主人很可能即是商遺民。此外，葉家山墓地所出土銅器，除與關中、中原地區西周青銅器形制特徵相同者外，也有少數顯示了區域特徵。因所見未全，此留待以後再討論。

僅從葉家山墓地已出土的青銅器之銘文看，尚不能確證此𠱾（曾，以下徑作“曾”）侯屬姬姓。而這一墓地全部墓葬皆作東西向，亦與一般姬姓周人墓作南北向有別。所以，正如在隨州所開座談會上學者們指出的那樣，葉家山西周墓地之曾侯所屬之姓尚有待於對此墓地作進一步發掘與研究。M2 墓主人“嫛”，有可能即是隗姓之女，與山西絳縣橫水倗氏墓地之倗氏同姓。這反映了曾侯家族與其他異姓族群上層貴族間的聯繫。

其二，葉家山曾侯墓地的發現爲解讀北宋末年出土的“安州六器”之銘文内涵提供了新的重要依據。“安州六器”，即宋重和戊戌年（1118 年）在安陸之孝感縣所出的 6 件青銅器，包括中方鼎三（其中有兩器銘文相同）、中圓鼎一、中甗一、中觶一。其中中甗銘文開頭即言“王令中先省南或（國），貫行，埶（設）应在曾”（《集成》949）。這一段話應是交代王令中所做的兩件事，一是“先省南國，貫行”，二是在曾地爲之設应。其下文又曰史兒以王命，命之在南下途中出使“小大邦”。而中在銘文中還記錄了其南下之路綫，即經過“方”（一說即今河南方城）、“聶”（鄧，一說在今襄樊西北）及“洢（?）”等邦，然後“在噩自（師）師（次）”。由銘文可知，“貫行”應是指通貫行程，按現在話説，即先行爲王南下打前站，做準備。則中自方至噩，這一路出使小大邦，即是做此“先省”與“貫行”的工作。中南下所到達的“噩自”，現在由於安居羊子山噩侯墓地的發現，可知其地即在今隨州。而王所令其“設应”（“应”可讀作“居”，即行宮）在曾，應是其到達噩地後要完成的第二項使命。葉家山曾侯墓地的發現，可證明中在今隨州安居一帶次於噩師（噩國之師）的駐地，然後在其東與之鄰近的隨州淅河葉家山一帶的曾地爲王建立行宮。過去學者或將此曾地解釋爲豫西南方城一帶之曾（繒關）。現在由於隨州噩侯、曾侯墓地的先後發現，知噩、曾相鄰，則爲王設应之曾地，似乎亦可以像上述那樣，理解爲是在今隨州了。不僅如此，兩個墓地的發現也有助於釋讀現藏於日本出光美術館的靜方鼎銘文。此銘文記十月甲子日王在宗周令師中眾靜省南或（國）相，埶（設）应（居）。第二年“八月初吉庚申”，靜至成周，可能是向王稟告其執行王令的情況。王令靜曰：“嗣女（汝）采，俾女（汝）嗣才（在）曾噩自（師）。”（《銘圖》2461）以前因不能確定西周時曾國與噩國之地理關係，學者或釋“嗣在曾噩師”爲治理駐在曾地的噩國軍隊，但現已知曾、噩兩國在西周時相鄰，曾地在西周早期時亦已爲侯國，所以，王所命，應是命靜統領在曾、噩兩個侯國的軍隊（固然可能是王師，但也可能即是侯國之師，西周王朝卿士可以受王命直接統領諸侯國軍隊，直至西周中期亦然。如新近發現的山東高青陳莊 M35 出土之𠇑簋銘文所記）。

葉家山曾侯墓地的發現也使"安州六器"中的中觶所記"王易(賜)中馬自隟侯"(《集成》6514)之"隟"的地望得以落實。過去學者已釋"隟"爲"厲",認爲即西周時在今隨州北之厲國,現既已知中奉王命南下所抵達之曾、噩兩侯國均在隨州,"隟侯"即此厲國之侯則更爲可信。曾、噩兩侯國建立於西周早期偏早,則地望相近之厲封侯亦當同時,故岐山出土之大保玉戈銘文記"王令大保(按:即召公)省南國帥漢"時,大保即曾"令隟(厲)侯"。

其三,葉家山西周曾國墓地的發現,促進了對西周早期周王朝經營今湖北境内漢東、漢北的政治地理情勢的認識。在這一區域内,此墓地是迄今已經考古發掘而可以確認的西周諸侯國遺存,而在同區域内相鄰的地區,以往則早已有若干較重要的西周文化遺存發現,如墓地不遠即是1983年曾發掘過的廟臺子西周遺址,其早期遺存屬西周早期。葉家山墓地發掘者認爲此遺址與墓地有密切聯繫。而在葉家山墓地西約25千米,則是安居羊子山噩侯墓地。由隨州向南的孝感,即上引北宋"安州六器"出土地,其東面不遠的武漢黄陂,則有1977年已發掘的魯臺山西周早期墓地。黄陂南還有與魯臺山遺存相類似的武昌放鷹臺西周早中期遺存。在葉家山曾侯墓地及羊子山噩侯墓地發現前,因不能確知周王朝政治勢力在西周早期偏早,即在昭王以前是否確實已進入今湖北之漢東、漢北即鄂中地區,所以,會將此區域内的西周早期遺存多數視爲在西周王朝政治與文化影響下所形成的土著族群的遺存。現已可知,這裏早在西周早期偏早時即已有了南下的周人之遺存。與此有關的是,不僅在鄂中,在今鄂東區域也有較多的西周早期遺存發現,如新洲香爐山在1989—1990年曾發掘出土西周時期的遺址,其早期遺存亦屬西周早期,面貌與魯臺山、放鷹臺接近。新洲東南,早在1958年在蘄春毛家咀即曾發掘有西周早期大型木構建築遺址。這些鄂東地區的西周早期遺存之出現,均應該與早在昭王南征以前的成、康之時,周人即已經營漢東、漢北區域有關。西周王朝經營漢東、漢北並進一步施加影響及今鄂東長江兩岸地區,其目的除了構築拱衛其南土之軍事屏藩外,當與攫取漢東、漢北乃至長江流域地區自然經濟資源有關。

以上由葉家山墓地等新的考古發現所獲得的新認識,無疑對西周王朝歷史及江漢地區歷史研究有極重要的學術價值。謹希望對葉家山曾侯墓地與廟臺子遺址的發掘工作能深入進行下去,做好墓地與遺址的綜合研究,同時也做好對羊子山噩侯墓地的保護與考古發掘工作,從而帶動整個湖北地區的西周考古研究。

(原載《文物》2011年第11期)

二

關於墓地的布局。南北走向,中間有兩排比較大的墓,墓地應是以此兩排大墓爲中心的。這是籠統的説法,看墓地分布圖還可以再分一下。最北邊的M1、M3、M4有些關係,M1、M3有腰坑,M4没有。M1應該是男性墓,隨葬器物是拼凑的,有西周早期的,還有很多商代的。M3、M4東西少,没有兵器,應該是女性墓。這樣看來,M1、M3、M4很可能組成一個小的家族。南邊的,如果當時以南爲正,夫人墓都在左,曾侯墓都在右。西側M65、M28、M111應該都是男性墓,東側的M2、M27、M46、M50好像都是女性墓,那麽西邊的諸侯墓和東邊的夫人墓是否有組合關係?

可推測有三種侯和夫人墓搭配的可能性：就是 M65 和 M2, M28 和 M27, M111 和 M46、M50, 當然第三組的 M111、M46、M50 還可以再研究。

關於墓葬年代, 從出土青銅器來看, 能確認是昭王時的不多。西周青銅器發展到昭王時期有一個轉變, 從西周早期到穆王作風的轉變, 西周青銅器到中期最大的特徵就是垂腹。在這裏, 我沒有看到西周早期較晚的特徵, 比如明顯的垂腹。有 3 件橄欖形的壺, 我在《文物》筆談中覺得可能是比較晚的器。我在關中地區看到的橄欖形壺, 多已屬昭王時期。因此我覺得出這種壺的 M27、M28、M111 的年代, 可能相對北邊的 M65、M2 要晚些, 晚到康王時期, 下限可能到康、昭之際。從黃鳳春演示的照片上看到位於 M111 西北的較小型墓 M109 隨葬器中有蓋頂兩側帶"犄角"的卣, 墓葬或已入昭王時。所以整個墓地應是由北向南發展的。

M28 和 M111, 因爲有墓道和馬坑, 是曾侯的可能性更大。M65 和 M2 兩墓配置在一起, M2 有很典型的曾侯夫人墓特徵, 裏面有曾侯諫給她作的器。M27 和 M45 不具備這個特徵。如果 M2 是曾侯夫人墓的話, M65 是不是曾侯墓？其所出曾侯諫的器物有 3 件, 雖然沒有馬坑, 没有墓道, 那是不是比較早的曾侯呢？這個也要等到全部挖完之後再看。當然, 這麼短的時間, 從成王到康王, 有三代曾侯, 似乎有些問題, 但是否可推測是兄終弟及, 不一定是三代人。

葉家山墓地的布局比較特別, 除了剛才説的幾個大墓彼此之間的關係外, 其間還夾雜着中小型墓, 與晉侯墓地有異。晉侯墓地基本上是侯和夫人墓, 其他貴族墓基本不在裏面, 體現了侯的地位更爲尊貴。這個墓地有侯和夫人墓, 還有較多的中小型墓, 確實像一個家族墓地。這一點與上村嶺虢國墓地類似, 就是侯、太子、近親和其他的族人混雜在一起。所以當時各封國的墓地布局應該有不同的形式, 這裏面與身份、等級、族屬有没有關係還有待研究。

青銅器方面, 總的感覺, 其基本組合符合西周早期周人的制度。多數墓葬有觶, 以觶代觚是周人的文化, 酒器一般有尊、卣, 水器有盤、盉。儘管這裏離周統治中心比較遠, 但是隨葬組合還是非常強烈地體現了周人的特色, 所以不管族屬如何, 周文化滲透得還是很厲害。同時大量的商器不是西周時的商式器, 而就是商後期時商人的器物, 在各個等次的墓葬都有, 且與周器拼凑在一起形成組合。商器的來源值得分析, 有好幾種可能性。一種可能性是周人伐商後得到了很多商器, 周王和高級貴族把商人的重器分給了下屬, 這個很普遍, 關中地區很多中下層西周貴族墓中都有商器。第二種是墓主人本來就和商人有密切的聯繫, 其文化屬於商文化的一個分支, 因此有比較多的商器。第三種是通過婚姻等各種關係得到。總之葉家山墓地早期的墓主人和商人有密切的關係, 大量商器的出土是值得關注的。

青銅器在形制上有一些地方特色, 待資料發表之後, 我們應該會看見更多的區域文化特徵。如很小的簋也有蓋, 是這裏的特徵, 因爲西周早期常見的簋多是没有蓋的, 特別是在關中地區。這個墓地較早出現了橄欖形壺, 從青銅器研究角度來講, 這可能是一個區域文化的特徵, 這個問題還可以討論。另外, 在紋飾上有一些特殊性, 比如 M27 圓鼎上的主紋飾, 在西周也是很少見的。出土了彩繪銅容器, 這在其他地區很少見, 説明當時的青銅器藝術除了鑄造紋飾, 還有彩繪紋飾。

M111 出土了由鎛鐘和甬鐘組成的編鐘。鎛鐘是四虎鎛鐘, 以前定在商後期至周初, 現在證明確實很早, 這個四虎鎛也是唯一一個有較明確出土年代的, 非常重要。四個甬鐘裏面有兩個帶有乳刺,是西周較早的特點。這套編鐘的出土是一個重大發現,對西周的樂器制度和我國古代音樂史的研究很有意義。

目前的資料還不足以確定該墓地曾侯是什麼族姓。曾侯的封設,與西周早期周王朝即開始經營南國的西部區域之戰略有關。西周中期以後這個地方的周文化遺存就少了,昭王之後,西周早期伸到這裏的勢力漸漸被排除,楚的勢力漸漸强大起來。噩侯,西周早期在這裏,以後可能遷到淮河流域,西周晚期曾聯合淮夷反叛周人,被周厲王鎮壓,最近在南陽夏響鋪發現了噩國墓地,從出土器物看年代似在西周晚期至春秋早期時段内。比較奇妙的是曾,曾在這裏幾乎没動,春秋時期的墓地在義地崗、安居,不管怎麼樣曾都没離開今隨州。曾後來確已是姬姓,是姬姓爲什麼在楚勢力强大後並没遷走。是否已成爲了楚國的附庸?曾國的命運在西周中晚期究竟如何?還没有發現相關遺迹和墓地,這段歷史還在迷茫之中。如果曾國一直没遷走的話,也許將來會在這裏發現西周中晚期的相關資料。曾、隨關係現在也還無法確證,目前的資料還不足以解決曾隨之謎。現在我們已經在屬流散文物的青銅器中見到有春秋中期隨的銅器,今年1月在隨州文峰塔墓地也出土有春秋時期隨國兵器,證明春秋時確有"隨"之稱,但是隨究竟與曾是不是一個國家還不好説。以上兩個問題還是有待更多的新資料發現,然後再考慮。

(原載《江漢考古》2013年第4期)

棗樹林曾侯編鐘與葉家山曾侯墓

　　2018 年發掘的隨州棗樹林墓地四座大型墓中出土了 88 件編鐘(鎛)，[①]其中 M190(甲字形墓)被盜，但仍出土有部分食、酒、樂器。從所出鎛、鐘與壺、簠、匜等器物的形制及其紋飾，可以比較準確地將 M190 定爲春秋中期偏早。

　　鎛(M190：32)舞部與兩側飾有透雕狀的蟠連的龍紋扉棱，鎛身中上部飾粗獷的卷尾龍紋(圖一,1)，風格頗近於春秋早期的秦公鎛(圖一,2)。編鐘(M190：245)中鼓部亦飾有春秋早期流行的對稱的顧首張口卷鼻龍紋(圖一,3)。長頸橢方壺(M190：101)與春秋中晚期之際的新鄭李家樓大墓出土長頸橢方形壺造型雖相近，[②]但腹部外鼓的程度與最大徑高度明顯低於李家樓壺，且紋飾雖已有粗獷的蟠螭紋，仍以流行於春秋早期的張口卷鼻形龍紋爲單元作主紋飾(圖二)。長頸圓壺(M190：104)的腹最大徑也較李家樓大墓所出同型壺偏下(圖三)。簠的口沿已折邊，標誌已入春秋中期，但折邊長度則較李家樓簠略淺(圖四)。匜口尚未封流頂，仍作管狀流狀。其所出淺腹附耳寬折沿粗大蹄足的鼎也還保持了春秋早期曾鼎的常見形式。

　　此墓出土的 4 件鎛、17 件甬鐘、13 件鈕鐘均有銘文(圖五)，鎛銘各自成篇。墓葬年代既屬春秋中期偏早，則鎛、鐘銘文中所記述的曾先祖事迹，是迄今所見最早的曾國國君自述的宗族與封國史事，故頗爲珍貴。

　　《江漢考古》2020 年第 1 期郭長江、凡國棟等先生所作《曾公㦬編鐘銘文初步釋讀》(下簡稱《初釋》)對鐘的分組作了很好的分析與研究，先已將 17 件編鐘分爲 9 枚一組與 8 枚一組，並指出了鐘銘紊亂之處，只是這樣分的兩組，每組銘文皆有不同程度的重複。如作調整，也可以試將 17 件甬鐘分爲以下這樣的三組，其中只有 A 組構成全銘，與鎛銘近同，可對讀(阿拉伯數字是鐘的編號)：

① 湖北省文物考古研究所、北京大學考古文博學院、隨州市博物館、曾都區考古隊：《湖北隨州市棗樹林春秋曾國貴族墓地》，《考古》2020 年第 7 期。
② 本文所引新鄭李家樓大墓出土器照片，皆見於河南博物院、臺北歷史博物館：《新鄭鄭公大墓青銅器》，大象出版社，2001 年。

1   2   3

圖一　棗樹林 M190 出土鎛、甬鐘與秦公鎛

1. 棗樹林鎛(M190：32)　2. 棗樹林甬鐘(M190：245)　3. 春秋早期秦公鎛①

1   2   1   2

圖二　棗樹林 M190 與新鄭李家樓大墓出土長頸橢方壺　　圖三　棗樹林 M190 與新鄭李家樓大墓出土長頸圓壺

1. 棗樹林方壺(M190：101)　2. 新鄭李家樓大墓方壺　　1. 棗樹林圓壺(M190：104)　2. 新鄭李家樓大墓圓壺

1   2

圖四　棗樹林 M190 與新鄭李家樓大墓出土簠

1. 棗樹林 M190 簠　2. 新鄭李家樓大墓簠

① 圖片采自陳佩芬：《夏商周青銅器研究》東周篇,上海古籍出版社,2004 年,第 214 頁。

圖五　棗樹林 M190 出土編鎛、編鐘

A 組　　245—232—244—231—239—234—242—241

B 組　　237—238—235—□—246—230—240—243

（以上 237—246 銘文字句多有錯亂）

C 組　　……—236—233—……

以上分組方式，石安瑞博士有文章最早提出。①　筆者逐一驗視，同意其分法，只是所分 B、C 組是石文的 C、B 組。A 組連續的銘文大致同於鑄銘，僅個別字句可相互校補。現鎛、鐘均尚未刊布每件的尺寸及測音的結果，以上試分之三組是否可行，特別是 A 組甬鐘的次序是否合乎成組編鐘大小相次的規律，均有待尺寸刊布後再作斟酌與調整。

位於 M190 南的另一墓組中的甲字形墓 M169 亦出土有編鐘 19 件，②其中鼓部與篆帶紋飾近同於曾侯畎鈕鐘，年代亦當接近。《江漢考古》2019 年第 3 期發表了郭長江、李曉楊等先生所作《嬭加編鐘銘文的初步釋讀》（下簡稱《初讀》），將編鐘分爲四組，第一組 4 件，第四組 9 件，銘文連讀完整，二、三組不完整。嬭加編鐘銘文有關內容可與曾侯畎鐘銘文相參考。

曾侯畎鐘銘，《初釋》已刊布的 M190：35 鑄銘基本完整（圖六），個別字句需以甬鐘銘文校正。

下面依鑄銘行款，將與本文要討論的主旨相關的部分銘文作釋文，並對字、句略作

---

① 石安瑞：《由曾公畎編鐘銘文錯亂看制銘時所用的寫本》，發表於武漢大學簡帛網"簡帛文庫"，2020 年 7 月 24 日，下簡稱"石文"。
② 湖北省文物考古研究所、北京大學考古文博學院、隨州市博物館、曾都區考古隊：《湖北隨州棗樹林墓地 2019 年發掘收穫》，《江漢考古》2019 年第 3 期。

圖六　棗樹林 M190：35 鎛銘摹本

解釋：

佳(惟)王五月吉日

丁亥，曾公㫸曰：

昔才(在)辝(台)不顯高

且(祖)克逑(弼)匹周之

文武，淑淑白(伯)昏(适)，小

心又(有)德，召(紹)事一

帝，徦(遹)懷多福，左

右又(有)周，霝神其

鋞(聖)，受是不悆(寧)，不(丕)

顯其需，甫(匍)有辰(祇)敬。

圖七　清華簡《良臣》所見"南宮适"與"伯适"

伯适，即南宮括。昏在鎛(M190：35)銘及鐘銘作􀀀、􀀀、􀀀，與清華簡《良臣》"南宮适"之适作􀀀、􀀀所從昏近同(圖七)。

一帝，《左傳》文公三年"夙夜匪解，以事一人"，杜預注："一人，天子也。"[1]《詩‧大雅‧烝民》"以事一人"，朱熹集傳："一人，天子也。"[2]《爾雅‧釋詁》："帝，君也。"[3]曾侯膊鐘銘有"伯适上(尚)畜(帝)"，[4]疑其"帝"與此處"一帝"，皆指周王(文王、武王及成王)。

霝，似是從雨，頫聲字。􀀀疑是"首"字之訛寫，即將頭髮與首分離(此墓鎛、鐘銘字形訛誤較多)。金文從"頁"，亦可作從"首"，如􀀀亦可作􀀀。字當讀作"繁"，《廣雅‧釋詁》："繁，眾也。"[5]還有一種可能，即􀀀爲"眉"字之訛，所從目訛作􀀀，可讀作"靡"。"眉""靡"聲母皆明母，韻部分別爲脂、歌部，皆陰聲韻而旁轉。《荀子‧富國》"以相顛倒以靡敝之"，楊倞注："靡，盡也。"[6]

聖，《說文》："通也。"《尚書‧洪範》"睿作聖"，僞孔傳："於事無不通謂之聖。"

① 《春秋左傳正義》卷十八，《十三經注疏》，中華書局，2009 年，第 3994 頁。

② 朱熹：《詩集傳》第十八，鳳凰出版社，2007 年，第 250 頁。

③ 《爾雅注疏》卷一，《十三經注疏》，第 5583 頁。

④ 湖北省考古研究所，隨州市博物館：《隨州文峰塔 M1(曾侯與墓)、M2 發掘簡報》，《江漢考古》2014 年第 4 期。

⑤ 王念孫：《廣雅疏證》，中華書局，1983 年，第 100 頁。

⑥ 王先謙：《荀子集解》卷六，中華書局，1988 年，第 183 頁。

其，王引之《經傳釋詞》：“其，猶‘乃’也。”①

宮，疑爲从穴，宀省聲，讀爲“寧”。聖、寧、霝、敬皆耕部字。

此一段是曾公㦰追頌其“高祖”，從文義看，“高祖”應即是指南宮适。言其“遫（弼）匹周之文武”，“左右有周”，與南宮适生存年代相合。南宮适確曾先後輔佐文王、武王（或亦及成王），見《尚書·君奭》與《史記·周本紀》等。《周本紀》記武王克商後命南宮括“散鹿臺之財，發鉅橋之粟”，“命南宮括、史佚展九鼎保玉”（《逸周書·克殷解》則曰“乃命南宮百達、史佚遷九鼎三巫”）。②

> 王客我于康
> 宮。（平）〔乎〕〔尹〕氏命皇且（祖）
> 建于南土，敝（蔽）蔡
> 南門，所（質）雁（應）京社，
> 㡇（屛）于漢東，〔南〕方無
> 彊（疆），涉政（征）淮尸，至
> 于緐（繁）湯。

康宮，仍從唐蘭先生之説，即康王之宮。

蔽，障也。

質，端母質部字，可讀爲端母真部字的“鎮”，真、質陽入對轉。

“㡇”，讀爲“屛”，從陳斯鵬説。③ 疆，境界。

這裏所言受命之“皇祖”，存在於康王後，距南宮适，已隔成王在位年的大半與康王世，約四十年以上，當是南宮适之子輩或孫輩。子輩或即《尚書·顧命》中受太保命與仲桓“爰齊侯呂伋以二干戈、虎賁百人”迎太子釗（即康王）之南宮毛。如是，則曾侯㦰鎛、鐘銘文言昭王在康宮册命“皇祖”即南宮毛。此時南宮毛應已值高年，並很可能在代表南宮氏受册命後未久，在昭王十六年南征前即去世，繼承之奉昭王命至南土征戍的應已是其子輩，盂及狀。大盂鼎之盂應是毛之子，康王二十三年大盂鼎銘記康王二十三年册命禹“賜乃且（祖）南公旂”未言及其父考，或即因此時南宮毛仍在世爲王朝卿士。大盂鼎銘曰“用乍（作）且（祖）南公寶鼎”（《集成》2837），所言“祖南公”應即是以上銘文所云“不顯高祖”，即南宮适。

“王客我于康宮”之“我”，鄙意似不宜理解爲作本銘之曾侯㦰。④ 姑且不説銘文文句

---

① 王引之：《經傳釋詞》，上海古籍出版社，2014 年，第 107 頁。
② 《周本紀》見於《史記》卷四，中華書局，1982 年，第 126 頁；《逸周書·克殷解》見於黃懷信、張懋熔、田旭東：《逸周書彙校集注》，上海古籍出版社，1995 年，第 377 頁。
③ 陳斯鵬：《曾公㦰編鐘銘文考釋》，《中國文字》總第 3 期，2020 年。
④ 田成方：《曾侯㦰鐘銘初讀》（《江漢考古》2020 年第 4 期）亦持此説。

不支持此說,從時間上來看,至曾侯畎時代,即春秋中期,周王還有無可能做這種戰略部署,調動漢東侯國去拱衛蔡、應,也是可疑的。

問題是對"王客我于康宮"這句話中"客""我"該如何理解,學者或將"客"解釋爲"各",即至,但這裏"客我"是動賓結構,不是西周器銘中常見的"王客(各)于"某宮的形式。《急就篇》"薛勝客",顏師古注曰:"客者,人禮敬之爲上客者也。"[1]《史記·吳太伯世家》"楚之亡臣伍子胥來奔,公子光客之",司馬貞索隱:"是謂客禮以接待也。"[2]這裏曾侯畎憶其"皇祖"受王之召見,亦用"客",當是主觀上擡高了其皇祖的地位,以示崇敬。"我"在這裏似非單數第一人稱。西周金文中,以下句中的"我",固然可以理解爲單數的第一人稱,但也可以從複數第一人稱即類似於"我們",即泛指一個群體,王國、王朝或卿大夫家族,例如:

"配我有周","臨保我有周"(毛公鼎,《集成》2841)

"淮尸(夷)舊我𧵐(帛)畮人"(兮甲盤,《集成》10174)

"萬年保我萬宗"(盠駒尊,《集成》6011)

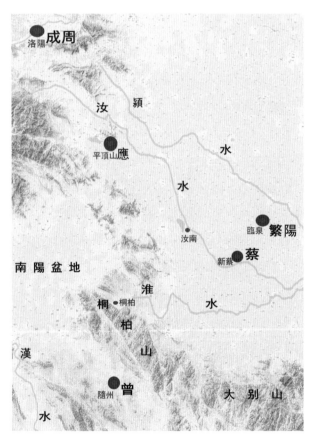

圖八　西周時期的淮水流域與漢東

所以,這裏用"我",不言"皇祖",實是視其皇祖爲其家族之代表。

頗疑還有另一種可能,即這裏記述王廷册命的文句是抄寫自原受册命者(即"皇祖")所作器銘,故人稱也延用了第一人稱。

"建于南土","建"或即"建我邦國"(蔡侯鐘,《集成》210、211、217—222)之義。

"鎮應京社",鎮,安也。"京"在西周時期多指王朝之京都。此處是指應國之京,當即指應之國都所設社,亦即代指其都城,此蓋春秋時方使用語。

王命"皇祖"建國之地,從銘文所言位置看,應在當時蔡國(今上蔡)、應國(今平頂山)之南一帶,約在今南陽盆地以東、桐柏與汝南之間(圖八)。既言令其"屏于漢東",則其地必不在漢東區域之內,亦即不

---

① 史游:《急就篇》,岳麓書社,1989年,第73頁。

② 《史記》卷三十一,第1461頁。

會在曾地。而上述區域正值淮水上游以北,正可抵禦自東邊溯淮水而上的淮夷,亦恰可爲漢東地區之屏障。而且只有在這塊區域,也才可能東征淮夷至於不遠的繁湯。繁湯即《左傳》襄公四年之"繁陽",在今安徽臨泉,河南新蔡以北。①

"涉征"如讀爲涉水征伐,未必不可,銘文既言征淮夷至於"繁湯",繁湯即在汝水東,所以從上述位置征伐確是要涉汝水的。陳斯鵬先生認爲此處"涉"當讀"兆"音,即可讀爲"討",②從文義上看亦可成立。

> 曰：卲(昭)王
> 南行,豫命于曾,
> "咸成我事,左右
> 又(有)周。"易(賜)之用戉,
> 用政(征)南方。南公
> 之烈,敍(叡)聖又(有)聞,
> 陟降上下,保乂(乂)子孫

此"豫命"之對象,應承上文,還是畎之"皇祖"。"豫"在這裏可以有兩種理解。

一是讀爲"預","預命"即事先命令,即在昭王南行之前即命其"皇祖""于曾",《初釋》推測與中甗記載昭王命中設应在曾相合,但此是王命中所做之事,未涉及南宮氏之"皇祖"。"于曾"之"于"可以解釋爲"在",如是,則在昭王南行前,南宮氏其"皇祖"或其族人已在曾,故可在此地受王命。"于"亦可釋作"往",即"惟周公于征伐東尸(夷)"(塑方鼎,《集成》2739)之"于"。"豫命于曾",即事先命令南宮氏往曾。"豫"的另一種解釋即如《初釋》所言讀爲"舍",亦可講通,惟所命即非預先之命。

總之,如依此銘所記南宮氏與"曾"發生聯繫,是在昭王南征伐楚之前。昭王南征伐楚荊有兩次,第一次約在昭王十六年,第二次在十九年,銘文言"昭王南行"應是指十六年時首次南行。

"咸成我事",《尚書·君奭》:"我咸成文王功于不怠。"《詩·魯頌·閟宮》"克咸厥功",馬瑞辰曰:"咸,與備可互訓。"③從銘文所引昭王之命看,昭王主要是令南宮氏"征南方",開拓南土,而應該即是封南宮氏於曾的主要使命。此段銘文末尾所頌揚之"南公",應仍是指曾公畎所稱之"皇祖"。

將以上兩段涉及"皇祖"受命的銘文歸納一下,可以認爲其反映的史實是:

(一) 南宮氏應是自南宮适之後人孟時正式始受昭王命經營南土的,其時應在昭王繼

---

① 《左傳》襄公四年"楚師爲陳叛故,猶在繁陽",杜預注:"繁陽,楚地,在汝南鮦陽縣南。"(《春秋左傳正義》卷二十九,《十三經注疏》,第4192頁)鮦陽在今安徽臨泉縣鮦城鎮。
② 陳斯鵬:《曾公畎編鐘銘文考釋》。
③ 馬瑞辰:《毛詩傳箋通釋》卷三十一,中華書局,1989年,第1141頁。

位之初。棗樹林墓地 M169 出土的嬭加編鐘銘文曰："隹(惟)王正月初吉乙亥,曰:白(伯)昏(适)受命,帥禹之堵,有此南洍。"依此銘文,似乎在南宮适時(即武王或成王早年時)已受命在"南洍建邦"。"洍"在這裏似可讀爲"汜"(洍、汜皆之部韻,聲母爲喻、邪,分別爲舌、齒音,亦近),汜有水岸、水涯之義,應是泛指南方江漢水涯之地。但言伯适已受封於南土,從曾侯與鎛、鐘銘觀之,當非事實。上引石安瑞文已指出,這當是曾侯對自己開國史的美化,有如秦公簋銘文言"丕顯朕皇祖,受天命,鼏宅禹責(迹)",乃春秋時盛行的叙事風格。

(二) 南宮氏最初所受昭王命,可能是在上述淮水上游以北區域建國,以扼制淮夷,守成周之南户,並成爲拱衛漢東之屏障。

淮夷强大到可以進犯成周直接威脅西周王朝是在穆王時,關於這點,筆者在此前已有文論及。[1] 但淮夷初次反抗西周王朝的時間有可能早在成康之際。中國國家博物館所藏旅鼎銘文(圖九)記述:

隹(惟)公大保來伐反尸(夷)年,才(在)十又一月庚申,公才(在)盍臼,公易(賜)旅貝十朋,旅用乍(作)父障彝。↑(《銘圖》2353)

圖九 旅鼎及其銘文

旅鼎是所謂鬲鼎,從形制與紋飾知其大致屬於西周早期偏早器,時在康王中葉以前。公大保即召公,當是在西周成王時始即受命"省南國",見於 1902 年陝西岐山出土之大保玉戈,[2]所以稱"南國",是江漢之地並未成爲周王朝之南土。大保所伐之反夷,應是南國之夷,即南淮夷。關於召公省南國,召公與南國的特殊關係,李學勤先生早已有文章論及。[1] 南宮氏即是在召公南征時隨行,並爲其主力,這應是昭王南征以前以及征楚荆時,同樣以南宮氏爲其軍事力量之主幹的原因。韓巍此前已曾在文中講到過這一點。[2] 南宮氏曾隨召公南征,應該是葉家山 M111所以會出土有"大保盧"圓刃有銎鉞(圖一〇)之原因。[3]

圖一〇 大保盧鉞及其銘文

在所謂"中州六器"中,中方鼎銘文(圖一一)曰:

惟王令南宮伐反虎方之年,王令中先省南或(國)貫行……(《銘圖》2383、2384)

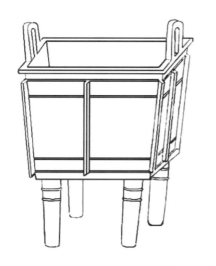

圖一一 中方鼎

昭王令南宮之器,還有敔簋、敔卣兩件同銘器(卣見圖一二),所言"王令南宮伐豺方",[4]與伐虎方同,均應是爲南征伐楚荆掃清障礙的預備性戰事。[5] 這類戰事,或許可以與上述昭王命曾侯畎之"皇祖"在南陽東、淮水上游征淮夷有直接聯繫,虎方、豺方,不排斥也是淮夷之一部分。淮夷從成康時開始反抗西周王朝,至昭王初年時其主力可能已漸集聚於淮水中游,達繁陽一帶。

(三) 由銘文所見南宮氏受命於曾,是在昭王南征前後。在此前,如銘文所述可信,則南宮氏活動範圍尚未在漢東,而在上述桐柏以北之大別山西北一帶。這第三點,涉及到對葉家山曾國墓地中幾座曾侯大墓年代與墓主人身份,有必要再作探討。

① 李學勤:《大保玉戈與江漢的開發》,收入《走出疑古時代》(修訂本),遼寧大學出版社,1997年。
② 韓巍:《從葉家山墓地看西周南宮氏與曾國——簡論"周初賜姓説"》,收入《青銅器與金文》第1輯,第98—118頁。
③ 鉞上內環有銘"大保盧","盧"爲精母魚部字,與屬精母鐸部字的"作"字音近(魚、鐸陰入對轉)故可通。
④ 拙文《新見西周金文二篇讀後》,收入《青銅器與金文》第4輯,上海古籍出版社,2020年。
⑤ 拙文《新見西周金文二篇讀後》。

圖一二　敦卣與其器底銘文

　　關於葉家山墓地諸大墓的年代與墓主人身份,筆者曾有文論述,[1]2018 年發表的文章曾對 M65、M28、M111 三墓及其夫人墓之年代有如下具體表述:

墓　號	年　代	墓　主　人　身　份
M1	約成王時	與曾侯家族可能有親族關係
M65	約成康之際	曾侯諫
M2	約成王時	曾侯諫夫人(媿)
M28	約康王時	曾侯□(名不詳)(或以爲即 M27 所出盉銘"白(伯)生作彝,曾"之"伯生")
M27	約康王時	M28 之曾侯夫人
M111	約昭王時	曾侯犺

　　文中並説明,"嚴格地説,墓葬中出土的實用青銅器多可能是墓主人生前使用器或占有器,其絶對年代多數會早於墓葬年代,其中年代最晚的器物可視爲略早或相當於墓葬年代"。關於 M65、M28、M111 三墓之墓主人的關係(墓葬位置見圖一三),文章提出三種可能,前兩種假設三墓墓主人均與南宫氏有關。

　　第一種可能,因犺稱"南公"爲"刺(烈)考",而 M65 曾侯諫不可能是南公,故他可能是M111 曾侯犺之從父。依照這種可能,則其反映的事實是,由於繼曾侯諫任曾侯的 M28 墓主人早逝,曾侯諫一支無繼位爲侯者,故犺受封爲曾侯。

　　第二種可能,曾侯諫與曾侯犺爲同出於南宫氏之從兄弟,但如是這樣,不好解釋爲何只有曾侯犺爲"刺(烈)考南公"所作器,而曾侯諫未見爲南公作器。但以上兩種可能,均忽視了墓地北端年代較早的 M1 之存在,張昌平先生亦曾認爲 M1 可能是曾侯諫未任曾侯的先人。[2]

---

[1] 見拙文《葉家山曾國墓地諸大墓之墓主人關係再探討》,又見《葉家山曾國墓地大墓之墓主人身份與曾侯膄鐘銘》,收入《曾國考古發現與研究》,科學出版社,2018 年;亦收入本書。

[2] 張昌平:《葉家山墓地相關問題的研究》,收入《隨州葉家山——西周早期曾國墓地》,文物出版社,2013 年。

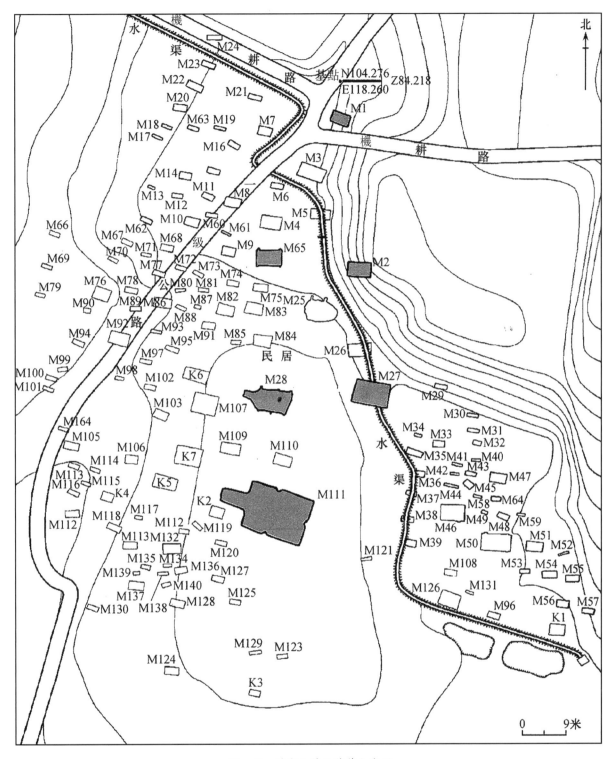

圖一三　葉家山墓地墓葬分布圖

第三種可能是：

或者：

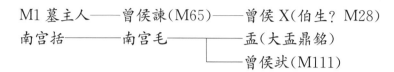

M1 墓主人 ——— 曾侯諫（M65）——— 曾侯 X（伯生？M28）
南宮括 ——————— 南宮毛 ———— 盂（大盂鼎銘）
　　　　　　　　　　　　　　　└── 曾侯犾（M111）

　　這種可能實際上是認爲葉家山幾座大墓中，只有 M111 墓主人曾侯犾出於南宮氏。上引拙文中曾論及，在三墓出土器物上，M111 未見曾侯諫所作器，也反映出曾侯犾與曾侯諫及 M28 之曾侯關係並不近。

　　在第三種可能性的兩種方案中，如綜合上引曾侯犾編鎛、鐘的銘文所述，後一種方案似更合乎實際。曾侯犾當是在昭王南征荆楚前，所謂“豫命于曾”時受封於曾（此地先已有王朝所封之曾侯），可能因 M28 墓主人早逝，於康王時，M65、M28 一支出現已無人繼位之情況，故犾代爲曾侯。也正由於曾侯犾出身於顯赫的西周世族南宮氏，故其墓葬規格遠高於 M65 與 M28，乃目前所見此時最大的西周墓。

　　依第三種可能中的第二種世系關係，則曾侯犾編鎛、鐘銘文中所稱之“皇祖”很可能即是南宮毛，亦即盂與犾之父考。南宮氏宗子世代皆可稱“南公”，這點在以前的拙文中已論及，[①]故犾爲父考（南宮毛）作器，可稱之爲“南公”。當犾封爲曾侯後，其後人即曾侯一支，自然可以世代尊稱南宮毛爲“皇祖”。

　　下面需要進一步討論的是 M111 的年代。認爲 M111 曾侯犾墓葬的年代晚於 M28，大致在昭王時，在學界是有異議的。而 M111 的年代在很大程度上影響了對整個墓地大墓先後次序與整個墓地布局的判斷，自然也牽扯到對曾公犾鐘銘的認識。上文已提到，墓葬中實用器物多數會早於墓葬年代，應以墓中最晚的器物定墓葬年代。M111 墓中出土器物年代較晚的，除此前在已發表的拙文中列舉過的兩件鉦之周圍與枚飾乳刺、旋上有方幹的甬鐘（M111：7、11），垂腹甚劇的有蓋方鼎（M111：73）外，還可以據《江漢考古》2020 年第 2 期發掘簡報刊載的以下器物圖像對 M111 年代問題做進一步補充説明：

　　曾侯犾簋（M111：60）與 M28 所出曾侯諫簋（M28：162）相比，其束頸、垂腹的程度（亦即腹最大徑靠下的程度）更爲明顯（圖一四）。

　　此外，發掘簡報中報道的 M111 出土的以下三類器，更具有斷代的價值：

　　中胡三穿戈 10 件，簡報給出了其中一件的圖像（M111：362，圖一五，1），直援較長，脊刃平齊，等寬，當戈柲豎直時，援略呈上揚狀，内與之近平，但微下傾，援與胡間夾角作鈍角，無上闌，内尾部缺下角，成歧齒狀。值得注意的是此戈作三角形鋒，屬於所謂“圭首戈”。與此戈形近的三角形鋒戈見於甘肅靈臺白草坡 M7：3（圖一五，2），發掘簡報定 M7

---

① 見拙文《葉家山曾國墓地諸大墓之墓主人關係再探討》與《葉家山曾國墓地大墓之墓主人身份與曾侯興鐘銘》。

圖一四　曾侯狀簋與曾侯諫簋

1、2. 曾侯狀簋(M111：60)及銘文拓本　3. 曾侯諫簋(M28：162)

爲西周中期。① 三角形鋒戈,甚罕見於西周早期,以往見到的較早的有寶雞茹家莊 M1 乙出土的一件三角形鋒戈(M1 乙：62,圖一五,3)。② 茹家莊 M1 乙屬於西周中期偏早穆王時,③此戈質薄,學者或以爲是明器,④從其無穿看似亦非實用器,但有此型明器,則當時肯定已有同型的實用器。井中偉先生專論戈戟的專著亦認爲,所謂"圭首戈"出現年代在西周中期。⑤ 現在葉家山 M111 出土了"圭首戈",則出土此型的 M111 之年代似不會再早於西周早期偏晚的昭王時。

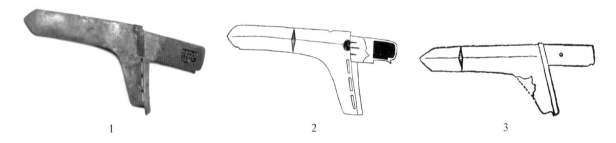

圖一五　葉家山 M111 與西周中期墓出土的"圭形戈"

1. 葉家山 M111：362　2. 甘肅靈臺白草坡 M7：3　3. 寶雞茹家莊 M1 乙：62

M111 出土的一件銅斗(M111：121,圖一六,1、2),形制特徵近同於上述屬穆王時的寶雞茹家莊 M1 乙出土的斗(M1 乙：36,圖一六,3),⑥特別是柄首皆作透雕狀雙首呈 S 形的龍形。

此外,M111 出土的被簡報稱爲"旂"的青銅器(M111：134,圖一七,1),前端作平伸的長喙的鴨首,其下當接以木柲,末端有銅鐏筒狀尾,與此形近器亦出土於寶雞茹家莊

---

① 甘肅省博物館文物隊:《甘肅靈臺白草坡西周墓地》,《考古學報》1977 年第 2 期。

② 盧連成、胡智生:《寶雞弡國墓地》上册,文物出版社,1988 年,第 311 頁。

③ 拙著《中國青銅器綜論》中册,上海古籍出版社,2009 年,第 1523 頁。

④ 井中偉:《早期中國青銅戈、戟研究》,科學出版社,2011 年,第 92、93 頁。

⑤ 井中偉:《早期中國青銅戈、戟研究》,第 93 頁。

⑥ 盧連成、胡智生:《寶雞弡國墓地》上册,第 302 頁。

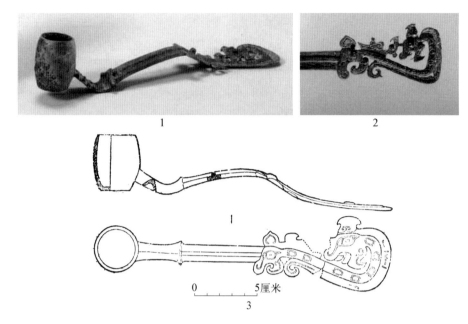

圖一六　葉家山 M111 與寶雞茹家莊 M1 乙出土的銅斗

1、2. 葉家山 M111：121　3. 寶雞茹家莊 M1 乙：36

M1 乙,即 M1 乙：72(圖一七,2),[①]該報告亦稱此形器爲"旄",但此名是否妥當似可再考。類似的器物,在西周墓中甚少出現。[②]

　　從上述幾件器物與寶雞茹家莊 M1 出土器的聯繫,再加上上文已談到的 M111 所出那種鉦與枚四周飾乳刺的編鐘之形制特徵與茹家莊 M1 乙出土編鐘相近同,均拉近了 M111 與茹家莊 M1 乙之年代。因此,葉家山 M111 在該墓地的幾座大墓年代爲最晚,屬於昭王時期的看法應該説是較爲穩妥的。[③]

　　將曾侯㻚鎛、鐘銘所述南宮氏受封於曾與葉家山 M111 年代相聯繫,可以認爲曾侯㻚是在昭王南征前受封,而其隨葬器物中形制最晚的也可晚到昭王(當然甚至可以更晚,如"圭首戈"及銅斗),這表明曾侯㻚就在受封不久即去世,特別是如果曾侯㻚就是盂的從弟,亦可以説是早逝,其間詳情難以確知。聯繫到 M28 墓主人那位曾侯亦曾早逝的情況,或許與西周早期偏晚時際西周王朝急欲南辟疆土的軍事形勢有關。

　　昭王十九年第二次南征殁於漢水,雖未必使整個王朝軍事實力受到多大損害,學者認爲從王朝的角度,昭王南征還是有所收穫的,[④]但昭王不返畢竟可能給周人心理上造成很

---

① 盧連成、胡智生:《寶雞強國墓地》上册,第 310 頁。

② 按：山西翼城大河口西周墓地 M1 也出土有一件此形器(大河口 M1 的資料見山西省考古研究院等《山西翼城大河口西周墓地一號墓發掘》,《考古學報》2020 年第 2 期),相比較,形制更近於茹家莊 M1 乙：72。大河口 M1 出土有大量西周早期偏早器,但所出卣(M1：276-1)蓋兩側已生出犄角,且明顯垂腹;所出素面垂腹鼎(M1：57)與較大型的饕餮紋垂腹鼎形制均亦較晚。發掘簡報在"結語"中將此墓年代定在西周早期偏晚(以康王晚期至昭王爲宜,下限不晚於昭王)是妥當的。

③ 至於 M111 墓中所出少數年代似早於昭王的曾侯所作器,不排斥是曾侯㻚封於曾後,所獲得的(或獲贈的)原封於曾的曾侯諫一支所作器。

④ 李裕杓:《新出銅器銘文所見昭王南征》,《新出金文與西周史》,上海古籍出版社,2011 年,第 275—285 頁。

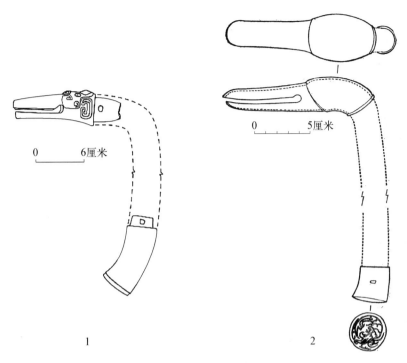

圖一七　葉家山 M111 與寶雞茹家莊 M1 乙出土的"旒"

1. 葉家山 M111︰134　2. 寶雞茹家莊 M1 乙︰72

大陰影,《史記·周本紀》:"昭王南巡狩不返,卒於江上。其卒不赴告,諱之也。"[①]《太平御覽》卷九百十七獸部引《紀年》曰:"昭王十九年,天大曀,雉兔皆震。"這種記述,極富天人感應之演繹色彩,但也足見昭王十九年南征留給周人記憶中種種不祥的陰影。自昭王後,未再見周人對荆楚大規模征戰,[②]因此也給予楚人興起提供了時空條件。西周時,王朝爲開闢南土而在漢東設立的侯國中,噩國可能有北遷的舉動,而西周中晚期的曾國遺存迄今亦尚未在隨州一帶發現,均可能與這種大的形勢有關。

（原載《中國國家博物館館刊》2020 年第 11 期）

---

① 《史記》卷四,第 134 頁。
② 《藝文類聚》卷九水部引《紀年》曰:"周穆王三十七年,伐楚,大起九師,至於九江,比黿鼉爲梁。"所伐對象,在其他輯佚文中又作"紆""大越",年代也不一。從所云"九江"看"伐楚"可能有訛。

典籍所記西周諸王年代研究述評

　　西周諸王年代可以說是兩千年來的一個難題。西漢司馬遷撰寫《史記》時,有關史料即或闕略,或多有異說。司馬遷出於審慎,在《史記·周本紀》中僅提到少數幾位王的在位年數,而《三代世表》中共和前更無一王注明在位年數。後世史家有的曾據其所能見到的來路不一的資料構擬過西周王年體系,特別是自西漢末劉歆依三統曆推定西周積年後,將西周王年建立於某種曆法體系基礎上,依據一定積年數安排諸王年代成爲主要研究方法。然諸家說法彼此多有歧異,爭論一直持續到本世紀。20 世紀 20 年代以後,基於西周紀年青銅器資料之漸豐富,學者遂依據器銘中王年、月份、月相、干支諸因素進一步研究西周諸王年代,或依據銘文曆日,參考有關文獻,力圖復原西周曆譜;或依據所制訂的合天曆譜,排列紀年銅器,企圖精細確定諸王年數。這種方法已成爲 20 世紀西周諸王年代研究的主要途徑。此外,近年來依靠典籍中對天象的記載利用現代天文學手段推算有關王年,也令人矚目。但爲研究者們所公認的是,無論是排西周金文曆譜,還是解讀帶王年曆日的器銘,判定所屬王世,皆牽扯到古代典籍中有關西周諸王在位年數及其總積年的記述,這是西周年代學研究的基礎性材料,而古今學者對於典籍中的這些記述做過大量的研究,雖有共識,但異議亦頗多,對諸家研究成果做歸納與辨析,無疑是有裨益於西周諸王年代研究這一重要課題的。下面的評述只是筆者在系統研讀以往有關論著後的初步感受與不成熟的意見,僅供同行學者們參考。

一、有關先秦典籍中所記西周積年的研究

　　西周積年即其王朝總年數,規定了諸王在位年數的總框架,故有必要首先評述一下這方面的研究情況。

(一)《左傳》宣公三年

　　《左傳》宣公三年中有關西周積年的記載,可能是現存文獻中年代較早者。宣公三年乃公元前 606 年。其文記載楚莊王伐陸渾之戎至於雒,觀兵於周疆,周定王使王孫滿慰勞

莊王。莊王問鼎之大小、輕重,王孫滿講了一番政權在德不在鼎的道理,言及"成王定鼎于郟鄏,卜世三十,卜年七百,天所命也。周德雖衰,天命未改。鼎之輕重,未可問也"。有關成王定鼎之事,亦見於今本《竹書紀年》,曰:"(成王)十八年春正月,王如洛邑定鼎。"又"西周"部分文末還有一段多被史家認爲是後世所加注語的話曰:"武王滅殷,歲在庚寅。二十四年,歲在甲寅,定鼎洛邑,至幽王二百五十七年,共二百八十一年。自武王元年己卯,至幽王庚午二百九十二年。"至於文中所言"定鼎"是否確實安置了九鼎以象徵王權之建立,是否確像今本《竹書紀年》所言在武王滅殷後第二十四年,成王十八年,尚待證明。但肯定是指成王設東都於郟鄏(今洛陽,時爲成周,成王都於成周)之事,其時當在史載周公攝政七年後成王親政期間。楊伯峻《春秋左傳注》認爲王孫滿云"卜世""卜年","蓋卜有周一代所傳之世",即是言"卜世三十,卜年七百"是自武王元年始算,而非自"成王定鼎"始算,然似無確切根據,這裏計算"三十世""七百年",還是按文義從成王定鼎始算爲妥。

《左傳》宣公三年這段話,研究者多認爲是《左傳》作者假時人話語所作預言。《左傳》好作預言,前人多有論證,[①]已爲大家熟知。按這種解釋,則凡《左傳》所預言而大致應驗者,可能即爲作者所親見之事實,由此可以推測《左傳》成書年代。對於宣公三年這段話自然也可以藉此推算西周始年。陳夢家《西周年代考》認爲"卜世三十,卜年七百"之所預言周王朝衰亡年代是指周顯王之末,六國次第稱王,周天子威望已盡時,時在前329至320年間,並假定爲前325年。[②]竹添光鴻《左傳會箋》也認爲在顯王之世,但認爲標誌是"九鼎之淪於泗,爲顯王之四十二年甲午",其説或本自今本《竹書紀年》。按九鼎淪於泗有傳説與讖緯性質,似不宜爲據。但《左傳》宣公三年這段話暗指周顯王時代則確是可能的。即按"卜世三十"推算,同一代爲一世,則自周成王至周顯王共三十世,如不計哀王、思王,共三十一王。[③]如《左傳》作者認爲顯王時諸侯多稱王,王室氣數已盡,則恰合"卜世三十"。[④]周顯王在位年代爲前368年至前321年,如自前320年上溯七百年,爲前1020年。[⑤]則成王定鼎至幽王末爲250年。即使暫按今本《竹書紀年》所設武王6年(按:武王克商後在位年代當小於6年,詳下文),成王十八年定鼎洛邑,則西周積年爲274年。

(二)《孟子·公孫丑下》與《孟子·盡心下》

《孟子·公孫丑下》記孟子去齊,答充虞問話言及:"五百年必有王者興,其間必有名世者。由周而來七百有餘歲矣。"

《孟子·盡心下》則記孟子曰:"由文王至於孔子,五百有餘歲。……由孔子而來至於

---

① 參見王玉哲:《左傳解題》,《歷史教學》1957年第1期;楊伯峻:《春秋左傳注》"前言",中華書局,1981年。
② 陳夢家:《西周年代考》,商務印書館,1955年。
③ 據《史記·周本紀》周定王二十八年(前441)崩,長子去疾立,是爲哀王。哀王在位僅3個月,即被其弟叔襲殺,叔自立爲思王。但思王只立5個月,又被其少弟蒐襲殺,蒐自爲考王。哀、思二王從立至被殺,不出此同一年。
④ 作者卜到三十世不言三十二世,實際周室存在到前256年才亡,顯王後還有二世,則作者可能正是顯王時之人。
⑤ 陳夢家:《西周年代考》不從顯王末年下一年上推,而是假設作者生於顯王時,假定顯王四十四年前後(前325)爲《左傳》成書年代,並由武王起計算"卜世三十",由此推得西周積年爲255年。

今,百有餘歲。"

陳夢家《西周年代考》已指出這兩段話應該聯繫在一起考慮。《盡心下》所言文王至孔子五百有餘歲,正是《公孫丑下》"五百年必有王者興"之説明。言"五百年"是大致而言,五百餘年亦在内。這兩段話中所言幾百"有餘歲",餘歲有多少年? 陳夢家已指出"所謂'有餘'至少當有五十年,否則五百餘加一百有餘不能成爲七百有餘歲"。此年數還可從《盡心下》"由孔子而來至於今,百有餘歲"推出。孔子生卒年約爲前 551 年至前 479 年,孟子生卒年約爲前 390 至前 305 年(一説前 385 至前 304 年)。陳夢家認爲"孔子而來",應從孔子卒年,至少從其晚年算起,其説可從。孟子講《盡心下》這段話時的年代不可確知,如與《公孫丑下》一起考慮,姑認爲是其晚年所言,至晚不過前 305 年,則自孔子末年前 479 年,至前 305 年有 174 年。所以上引陳夢家的看法是正確的。"有餘歲"是指 50 年或 50 年以上,這裏假設爲 50(+10)年,即 50 至 60 年。

《孟子·公孫丑下》作於孟子去齊時。孟子去齊,楊伯峻《孟子譯注》認爲是在齊宣王七年後,宣王五年齊伐燕,[①]七年諸侯謀救燕,孟子勸宣王歸還虜略的重器而遭宣王拒絶,孟子遂辭職離齊,中途在晝地停留過,"由周而來七百有餘歲"即此時所言。此時當是在宣王七年(前 313)後不久。江永《群經補義》、閻若璩《孟子生卒年月考》皆先已有此説。江氏認爲在周赧王三年,即前 312 年。陳夢家《西周年代考》也從此説。這種見解是有道理的。如此,則"由周而來"即自西周元年至約前 312 年"七百有餘歲",即約 750 至 760 年,東周元年至前 312 年有 459 年,由此可推算出西周積年約在 290 至 300 年間。

《孟子·盡心下》將《公孫丑下》"由周而來七百有餘歲"分解爲"由文王至於孔子,五百有餘歲"與"由孔子而來至於今,百有餘歲"兩部分,後一部分年數上文已言,至多是 174 年,"七百有餘歲"仍按 750(+10)計,則"由文王至於孔子"即有約 576(+10)年,即約 576 至 586 年,亦大致合於"五百餘歲"。"由文王至於孔子"該如何計算,是自文王末年至孔子生年,還是文王卒年至孔子卒年(陳夢家《西周年代考》取此後一説)? 細讀《盡心下》此段文字,孟子在"由文王至於孔子,五百有餘歲"下,又繼言"若太公望、散宜生,則見而知之;若孔子,則聞而知之"。顯然是包括孔子生活年代在内的。其句式類似於《史記·周本紀》集解引《竹書紀年》"自武王滅殷,以至[於]幽王,凡二百五十七年"。"由文王"則應當是從文王受命稱王算起。東周元年(前 770)至孔子末年(前 479)共 292 年,則文王受命至幽王末年(十一年)約爲 284(+10)年,如果定武王克殷在文王受命十一年,則西周積年約爲 273(+10)年,即 273 至 283 年之間。

綜合以上《孟子》兩段文字,孟子所講到的西周積年約在 273 至 300 年之間,如取其中間數,即 286 年左右。

（三）古本《竹書紀年》（附有關今本《竹書紀年》所記西周積年的問題）

《史記·周本紀》集解引《汲冢紀年》曰："自武王滅殷，以至[於]幽王，凡二百五十七年。"①

陳夢家《西周年代考》以及稍後出版之《殷虚卜辭綜述》（第六章第一節"西周積年"）舉出三方面事例證明此257年記載是可信的。第一、二方面是據上文所引《左傳》宣公（陳氏誤爲"定公"）三年與《孟子》兩篇文章的材料，第三方面則是根據《史記·魯周公世家》所記西周魯公年數。但他解釋《孟子·盡心下》文王至於孔子"五百有餘歲"時，從文王之卒年始算。利用《魯周公世家》魯公年數時，無根據地"假定伯禽在位三十年"，實際是先肯定257年這個數字，然後計算考公至孝公三十六年（相當於幽王十一年）共227年，與257年差30年，故派給伯禽30年，證明伯禽至幽王共257年。而且這樣計算西周積年也勢必要突破257年。他又引《左傳》昭公十二年"爕父，禽父（即伯禽）並事康王"，並引《太平御覽》卷八五所引紀年曰"成康之世天下安寧，刑錯四十餘年不用"，力圖證明"成康之世四十餘年，則成王在位尚不足三十年"，所以伯禽在位三十年並事成、康二王是合理的。但成康之世有四十餘年刑錯不用，並非能確定是指成康全部年數，只是說在成康之世中間有四十餘年太平日子（詳下文）。而且伯禽先事成王又事康王，何以知僅30年呢？皇甫謐即曾言伯禽在位46年，康王16年卒（詳下文），故陳氏提出的幾條證據未能證成257年之說。

另一支持西周257年説的學者是雷海宗。他在《殷周年代考》中別開思路，沒有具體涉及諸王年數，而是從人類生理規律出發，在肯定周代帝王繼位大半采取長子繼承制前提下，提出西周諸王平均每世爲二十五年，這樣"西周年代雖不可確知，然大概年代必可求出"。他以共和以下周代年表（共二十三世，如每世25年，得575年，實際年數572年）與西漢至清諸代年表（除晉、清例外，晉除武帝外，每世皆兄終弟及，清不立太子，幼子繼位）爲例，以爲其四世百年說之證據。依此，他認爲成王至厲王八世宜爲二百年，若以西周全體而論，則十世合二百五十年，西周元年當在前1027年左右。所以，古本《竹書紀年》（以下皆簡稱《紀年》）所記西周積年257年可信無疑。雷氏的此種研究方法有其一定依據，朝代越多，時間越久長，以平均在位數計算積年越準確。但對於某一具體朝代，在比較有限的世代內依靠平均在位數作研究，其結果只能作爲重要參考，古本《竹書紀年》西周積年257年說雖有合理性，但並不能得到確證。

也有的學者雖不贊成西周積年爲257年，但考慮此數字有其淵源，仍應看重，惟認爲此數字可能在後世傳寫有誤，需要訂正。例如朱右曾《汲冢紀年存真》援引《史記·魯周公世家》所記魯考公至孝公十四年（宣王崩年）共216年，加上伯禽46年、周公攝政7年、武王克商6年，凡59年，共275年，故而朱氏認爲257應改爲275，係顛倒至誤。但此説有兩

① 《史記會注考證校補》據日本高山寺藏古鈔本《周本紀》"以至幽王"作"以至於幽王。"

個問題,一是魯公年數只記到孝公 14 年(宣王崩年)而不算幽王,是將古本《竹書紀年》中"自武王滅殷以至[於]幽王"解釋成自武王到宣王卒年而不包括幽王,多少有些勉强。①二是魯公年數中武公年數並非從《魯周公世家》作 9 年而是從《十二諸侯年表》作 10 年。否則宣王崩年即非孝公十四年而是十五年了。另一個問題是,此説是基於 275 與 257 後兩個數字互倒之巧合,但武王滅殷後是否在位確爲 6 年,似未有確切根據,如非爲 6 年,則275 年之數字即不存在,亦自然不存在誤倒之可能。

謝元震《西周年代論》(上)在論述西周積年時也否定 257 年説。他是參照文獻記載合理安排西周諸王年數提出異議的。他指出,《晉書・束晳傳》所引《紀年》"自周受命至穆王百年"(謝氏持文王受命 13 年説),而且自共和元年至幽王十一年爲 71 年亦是確定的,則如是 257 年除去以上兩個數字只剩 99 年,而古本《紀年》有"穆王三十七年大起六師,至於九江",則 99 年至少要再減去 37 年,餘下僅 62 年。謝氏認爲此 62 年要排入恭、懿、孝、夷、厲五王是不可能的,所以 257 年説不可從。謝氏也采用了與雷海宗相近的思維方法,以古代三十年爲一世之説法爲據,認爲武王至幽王十一世加共和 14 年,共 344 年,與 257年也相差甚遠。故《紀年》原文應是"三百五十七年","三百"後誤爲"二百",並參照此種推測設定武王克商年爲前 1127 年。按:謝氏依靠有一定根據的西周王年數否定 257 年説是有道理的,但他認爲 257 爲 357 之誤,增加百年之多,仍需更多證據。如上文評述雷海宗氏一世二十五年時所説,按一世三十年的生理常數估算西周積年不失爲一種重要參考數,但只是具體推算一個王朝積年時,似不宜以之作爲立論基本依據,只能作參考。因爲西周一代王在位年數有種種情況,皆非自始至終平穩相繼,比如即使仍按文獻資料看,武王是在其晚年克商的,實際在位僅有幾年,幽王十一年即被殺(雷海宗在作統計時曾提出"亡國之君在外",考慮到此種情況),首尾二王似不宜以兩世計,而且共和 14 年似亦可不計算。因爲無論厲王在位年數如何計,厲、宣王仍是父子相繼,厲、共和、宣還應以兩世計,這樣都影響其所定 344 年的成立。

綜上所言,古本《紀年》所記西周積年 257 年之説,無論從文獻角度,還是從合曆角度都未盡穩妥,不盡贊成者,主要傾向是嫌其過短,皆有不同程度加長其年數的考慮。這樣也啓發一些學者將注意力轉到今本《紀年》與此有關的説法上。今本《紀年》在西周部分末尾云:"武王滅殷,歲在庚寅。二十四年,歲在甲寅,定鼎洛邑,至幽王二百五十七年,共二百八十一年。自武王元年己卯至幽王庚午,二百九十二年。"在這裏仍存在 257 年這個數字,但説成是定鼎洛邑至幽王的年數,而西周積年即要由 257 加上 24 成爲 281 年。

今本《紀年》這段話所言西周積年有何根據,難以確知。王國維《今本竹書紀年疏證》認

---

① 朱右曾解釋其爲何不計入幽王十一年曰:"《竹書》於宣王之末特紀晉國,幽王二年王子多父伐鄶,而《水經・洧水注》引作晉文侯二年,是知幽王之事在殤叔、文侯册中無疑也。"但古本《紀年》在"周紀"中仍有多條幽王的記載,並非幽王事移入"晉紀"中。且云 257 年之句也在整個"周紀"之末,即在幽王末,言其不包含幽王似不太合乎情理。

爲,今本中西周281年與古本不合,"乃自幽王十一年逆數,至其前二百五十七年。以此爲成王定鼎之歲,以與古本《紀年》之積年相調停"。今本係"從《唐志》所引《紀年》,以武王伐殷之歲爲庚寅"。分析王國維的意思,今本《紀年》是自周幽王十一年庚午,逆數至其前257年,正是前1027年甲寅。但甲寅年與《新唐書·曆志》引《紀年》所記庚寅年不合,所以又自此甲寅上溯至最近之庚寅年(前1051),以迎合庚寅年伐殷。又爲了調和與古本《紀年》的矛盾,遂以甲寅年爲定鼎年。王國維此說是從認爲今本《紀年》僞托角度出發的,不失爲一種解釋。

今本《紀年》有關西周積年的這段話,其自身確有一定矛盾,不僅與今本《紀年》西周部分正文有出入,與《新唐書·曆志》所引古本《紀年》也不盡合。例如,今本《紀年》與《新唐書·曆志》所引古本《紀年》同,言"武王滅殷,歲在庚寅",是以庚寅年(前1051)爲西周元年,但今本《紀年》西周部分正文中又明言是庚寅年的次年"十二年辛卯,王率西夷諸侯伐殷,敗之於坶野"。關於這矛盾產生的原因,董作賓《武王伐紂年月日今考》(收入《臺灣大學文史哲學報》第3期)認爲是由於今本《紀年》編者爲遷就古本《紀年》的記載,把克殷列在庚寅年,作爲周武王十一年,並采用夏正。而且今本《紀年》編者認爲《武成》克商在一、二月,用的是周曆,如用夏正即十一、十二月了。但在西周部分,又以周曆說之,將克商安排在辛卯年,定爲武王十二年,遂有一年之差。董氏所說是有道理的。此外,這段話中又言"二十四年,歲在甲寅,定鼎洛邑",則以甲寅爲二十四年,顯然是從辛卯年起算,以辛卯年爲西周元年。雖與正文中辛卯年克殷相合,可是與本段話上文以庚寅爲滅殷年不合。再者,這段話末句言武王元年己卯,如此即庚寅年是武王十二年,也與《新唐書·曆志》所引《紀年》"十一年庚寅"之說相異。

如何解釋今本《紀年》這種記載上的矛盾處,涉及到對今本《紀年》一書的不同看法。如果不簡單地斥爲僞書,而認爲其記載也有其依據,有其獨立淵源,只是後世作過多次整理、編排,那麼,上述記載中的矛盾也可以解釋爲是不同的整理者依據了來源不一的資料,或是在有些年代問題上理解有差異。當然也可能是傳世過程中出現抄誤、刊誤所致。[①]

具體到今本《紀年》以257年爲成王定鼎洛邑至幽王十一年的年數,而以281年爲西周積年(並由此以庚寅年前1051爲克商之年),如並非像上述王國維所推測的那樣,是爲了調和與古本《紀年》矛盾而編造,那麼此說是否有參考價值呢? 陳力論今古本《竹書紀年》之西周積年時指出,《史記集解》所引《紀年》自武王滅殷至幽王共257年,但推其干支歲名,則其滅殷之年必不爲"庚寅"。而《新唐書·曆志》所引紀年卻明言滅殷之年爲十一年"庚寅",二者必有一誤。陳力又依據陳夢家《六國紀年》之"十一年庚寅"乃"後人據《紀年》推校出來的,因東漢以前無干支紀年法"的說法,由此推論曰,"唐代僧一行等既然是根據《竹書》推算得出武王伐商之十一年爲庚寅,則其當日所見《紀年》記武王伐商之年,必以

---

① 關於今本《紀年》,可見陳力:《今本〈竹書紀年〉研究》,載《四川大學學報叢刊》第28集《研究生論文選刊》,1985年10月。

公元前 1051 年爲基點之前後六十年或其倍數"。陳力根據此種推測,否定 257 年爲西周積年的可能,而認爲今本《紀年》所載伐商之年(前 1051)可以大致確定。[①]

又,宋代劉恕《資治通鑑外紀》卷三引《左傳》宣公三年"成王定鼎"一段話後繼曰:"七百年間約計前代三十世矣。而後世謂《左傳》在周未亡之前逆知享國之年時之興廢,專歸於術,舍棄德政,不亦野哉。《汲冢紀年》'西周二百五十七年',通東周適於七百之數。而三統曆西周三百五十二年,並東周八百餘年,既演百年乃曰周,過其曆。是前後錯謬,不可得強通者也。"學者或認爲劉恕所見《汲冢紀年》"西周二百五十七年"必出自今本所記"二十四年,歲在甲寅,定鼎洛邑,至幽王二百五十七年"。可見今本《紀年》此説有較早的來源。[②]但劉恕在同書卷三"共和行政"下引《汲冢紀年》曰"自武王至幽王二百五十七年",且從上引劉恕所説一段話看,他還引了三統曆西周 352 年的説法,可見他在這裏講的 257 年還是指整個西周積年。其意似是言如西周是 257 年,至周三十世時恰爲七百,如按三統曆西周 352 年(按:他本人是同意此説的,因《通鑑外紀》西周積年同此),至周三十世時即已八百餘年。所以他認爲《左傳》這段話"不可得強通"。因此,據劉恕《通鑑外紀》證明今本《紀年》定鼎洛邑之歲至幽王十一年之年數來源甚早,似可再斟酌。

綜言之,今本《紀年》有關西周積年的記載,由於資料限制,難以確知其根據與可靠程度,但也不宜簡單以僞書之由而否定其參考價值。應該視爲一種有一定淵源的説法,一種西周紀年體系,此種體系也將古本《紀年》西周積年 257 年之年數作了適當的加長。

二、有關漢以後古代典籍中所見西周積年的研究

(一)《史記·太史公自序》

《史記》卷一百三十《太史公自序》:太史公曰:"先人有言:'自周公卒五百歲而有孔子,孔子卒後至於今五百歲,有能紹明世,正《易傳》,繼《春秋》,本《詩》《書》《禮》《樂》之際?'意在斯乎!意在斯乎!小子何敢讓焉。"索隱謂文中的"先人"是指"先代賢人"。正義則認爲即"司馬談也"。從文義看,以正義所言較妥。司馬談卒於前 110 年,孔子卒於前 479 年,孔子距司馬談時代僅三百餘年,文中言"孔子卒後至於今五百歲",應理解爲講孔子卒後的現時正經歷的五百歲,不是講"至於今"已有五百歲。梁玉繩《史記志疑》與崔適《史記探源》均懷疑這段話中周公至孔子的年歲,認爲不必視爲實數,這種看法未必允當。上文引《孟子·盡心下》講文王至於孔子五百有餘歲,可能是司馬談所言周公距孔子五百歲之根據。但司馬談身爲太史令對周公與孔子的年歲差的了解不會僅根據《孟子》。山田

---

① 陳力:《今古本〈竹書紀年〉之三代積年及相關問題》,《四川大學學報》1997 年第 4 期。按:此文已收入《歸來拂塵集》,上海科學技術文獻出版社,2016 年。
② 陳力:《今古本〈竹書紀年〉之三代積年及相關問題》。

統《周初的絕對年代》肯定司馬談這段話的重要性，認爲"假如我們知道周公卒於成王的那一年，那麼《史記》中所提的周初絕對年代，便可迎刃而解了"。[1] 因爲這裏"五百歲"不會是整整五百年，所以僅據此即得出確切的周初絕對年代是不大可能的，但起碼可以了解司馬談父子對西周積年的認識。

典籍記録周公卒年年代較早的爲《尚書大傳》，講周公致政封魯，三年之後老於豐。依此周公卒於致政成王後第三年，通周公攝政 7 年共 10 年。周公攝政前有武王在位 3 年（從《周本紀》説）。孔子生年爲前 551 年，春秋元年（前 770）至孔子生年共 220 年，則周公卒年至西周末年共有 280 年，加上周公攝政與武王年數，共 293 年。因爲文中"五百歲"可能是大概而言，所以也可認爲 290 年左右是司馬談父子在西周積年問題上所持看法。這個數字與上文所概括的《孟子》提到的西周積年數是相近同的。

（二）由《史記·魯周公世家》與《漢書·律曆志》引《世經》中的魯公年數看西周積年

1. 關於《史記·魯周公世家》之魯公年數

《史記·魯周公世家》中西周時代的魯公，除伯禽外餘皆有在位年數。魯公承繼方式基本是一繼一及，即：伯禽子考公 4 年，弟煬公 6 年，子幽公 14 年，弟魏公 50 年，子厲公 37 年，弟獻公 32 年，子真公 30 年（十四年周厲王出奔彘，二十九年宣王即位），弟武公 9 年（按：應從《史記·十二諸侯年表》作 10 年），[2]子懿公 9 年，兄之子伯御 11 年，懿公弟孝公 27 年（二十五年犬戎殺幽王）。伯禽始封年，據《史記·魯周公世家》言，武王卒，周公"卒相成王，而使其子伯禽代就封於魯"，此是明言伯禽封魯在周公攝政元年，亦即武王卒後第二年，成王繼位元年，非親政元年。伯禽在位年數，據《史記·魯周公世家》集解引徐廣曰"皇甫謐云伯禽以成王元年封，四十六年，康王十六年卒"，此伯禽在位四十六年是爲多數學者采用的年數，按以上《史記》魯公年數（武公年數依《十二諸侯年表》作 10 年），加上伯禽 46 年共 274 年加上武王克商後在位之 3 年，[3]共 277 年。這個積年數少於上文所述《史記·太史公自序》所隱括的西周積年數。《魯周公世家》不僅給了伯禽以下諸公年數，還注明：真公十四年厲王出奔；二十九年宣王即位；伯御十一年宣王伐魯殺伯御；孝公二十五年犬戎殺幽王。爲以魯公年數估算周王年數提供了重要的標尺。所以，《魯周公世家》魯公年代對西周諸王年代研究是極其寶貴的參照資料。

以上據《史記·魯周公世家》魯公年數與徐廣所云伯禽在位年數而推算的西周積年，並非没有異議，這主要是伯禽在位年數《魯周公世家》未言，究竟在位多少年，研究者意見未盡一致。章鴻釗《武王克殷年考》即指出，伯禽侯魯之年有二説，一謂就封於成王即位元年（按：

---

[1] 山田統：《周初的絕對年代》，《大陸雜誌》第 15 卷 5、6 期，1957 年。

[2] 依《魯周公世家》真公十四年周厲王出奔於彘，二十九年周宣王即位。孝公二十五年幽王被殺。如武公依 9 年計，則宣、幽二王合計僅 56 年。但宣王 46、幽王 11，共 57 年。所以《魯周公世家》武公 9 年應從《十二諸侯年表》改作 10 年。李仲操《西周年代》認爲"武公即位於前 824 年，中間有前 825 年缺載，這一年應是魯公繼位未定的一年"。

[3] 按：徐廣所云伯禽始封於"成王元年"，依《魯周公世家》文義，當理解爲指周公初"相成王"之年，即武王卒後第二年。

即指武王卒後繼位首年,與周公攝政元年同),見於《史記・周本紀》與《魯周公世家》;一謂在周公致政後成王親政時才受命,此説見於《漢書・律曆志》引《世經》及今本《竹書紀年》。① 章氏調和二説,言"蓋伯禽或初代周公就封,後成王復錫之命也"。並據此設伯禽受命後在位 47 年,並代就封 7 年則爲 54 年。② 按:章氏調和二説之解釋不失爲一種較合適的方法(榮孟源《試談西周紀年》亦有類似説法,認爲據《史記》,伯禽代就封於魯是在周公當政時,周公卒後才正式爲魯公),但章氏改伯禽受命後 46 年爲 47 年則並無確切根據。③

《史記》與《世經》在關於伯禽始封時間上雖有差異,但《史記》未明言伯禽卒於何年,而《世經》言伯禽即位 46 年,至康王十六年薨,計算西周積年在前面要加上周公攝政 7 年,所以,除伯禽在位時間有 7 年之差外,計算西周積年並未因此而有影響。

《藝文類聚》卷十二引皇甫謐《帝王世紀》:"成王元年,周公爲冢宰,攝政……八年春,正月朔,王始躬政事,以周公爲太師,封伯禽于魯。"上文已引《史記》集解所引徐廣語則曰:"皇甫謐云'伯禽以成王元年封,四十六年,康王十六年卒。'"後一段話不知是否亦出自《帝王世紀》。這兩段話實際是有矛盾的,前一段話言之"成王元年",是指周公初攝政時,即武王卒後第二年;而伯禽受封則在成王親政始年;後一段話的"成王元年",如仍認爲是同於前一段話所指,則以此年爲伯禽始封年即與前一段話所言就會有矛盾。"成王元年"如是指武王卒後成王即位之年,亦即周公攝政元年,那麼伯禽在位 46 年即涵蓋周公攝政 7 年,在計算西周積年時即要少算 7 年。④ 章鴻釗《武王克殷年考》認爲徐廣引皇甫謐語亦出自《帝王世紀》,並本自《世經》,這當然也有可能,如真是如此,則徐廣所引皇甫謐語中的"成王元年"是指親政元年,計算西周積年時伯禽在位 46 年前要加上周公攝政 7 年。但《帝王世紀》對武王年代的記載並不同於《世經》,其説似有不同來源(詳下文)。因此單從以上兩條皇甫謐語似難確定伯禽 46 年中包含周公攝政 7 年否。⑤

——————————

① 《尚書・洛誥》:"王在新邑烝祭,歲。文王騂牛一,武王騂牛一。王命作册逸祝册,惟告周公其後。"對"惟告周公其後"句諸家或解釋爲成王册命周公後人(即伯禽)事,如僞孔傳,並據此認爲伯禽受封在成王親政後。但也有不同理解,如楊筠如:《尚書覈詁》即解釋爲:"謂以周公留守洛邑之事,告之文武也。"又同文還有"王曰:'公,予小子其退,即辟于周,命公後。四方迪亂未定,于宗禮亦未克敉,公功,迪將其後,監我士師工,誕保文武受民,亂爲四輔。'"句中的"命公後""迪將其後"之"後"均難以釋成後人,釋爲"(主持)後事"較合宜。

② 章鴻釗:《武王克殷年考》,收入《中國古曆析疑》,科學出版社,1958 年。

③ 章氏鑒於今本《紀年》言"(康王)十九年魯侯禽父薨","二十一年,魯築茅闕門",與《世經》"伯禽在位四十六年,康王十六年薨"説有異,於是折合二者,"推伯禽受命後四十七年,若並代就封之年計之,則爲五十四。"按今本《紀年》康王十九年伯禽薨説與其二十一年魯築茅闕門有矛盾。《魯周公世家》言"煬公築茅闕門,"伯禽卒後還有考公 4 年。如果從伯禽於康王十六年卒説,則十七年爲考公元年,二十年爲其末年,二十一年正是煬公元年,言此年築茅闕門可與《魯周公世家》合。由此看來,折合"十九年""十六年"爲"十七年"理由似不足。章氏設伯禽在位爲 47 年,可能是爲了湊成其武王克殷之年前 1055 年説。

④ 按:此亦即上文依《魯周公世家》文義所取伯禽初封年之説與西周積年數。

⑤ 按:《太平御覽》卷八十四引《帝王世紀》曰:"(成王)八年始躬親王事,以周公爲太師,封伯禽於魯……七年王崩,年十六矣。"此段話中前一部分與《藝文類聚》所引文同。但後又言"七年王崩,年十六矣"顯然有脱誤。章鴻釗《武王克殷年考》疑"七年"上脱"三十"兩字,這是有可能的,原文可能是"[三十]七年王崩,年[四]十六矣。"設成王 17 歲爲親政元年,親政 30 年恰 46 歲。成王三十七年崩時,伯禽在位已 30 年,在康王時又在位 16 年,合乎成王親政元年伯禽即位説。如此,則徐廣引皇甫謐語"成王元年"也是指親政元年。

總之,伯禽在位 46 年的記載是應當重視的,但始封年代單純從文獻看即有兩説,一在周公攝政元年,一在周公攝政七年後成王親政之年。這個問題影響到西周積年數,取何説,似應該結合其它因素來決定(如按何種情況所確定的西周積年能使所排諸王年曆更好地與有關文獻及銅器銘文所記曆日相合)。

2. 關於《漢書·律曆志》引《世經》所見魯公年數。

《漢書·律曆志》引劉歆《世經》説明“魯自周昭王以下亡年數,故據周公、伯禽以下爲紀”。所據魯公年數,亦均言根據《世家》即《魯周公世家》,但在以下幾位魯公年數上與《史記·魯周公世家》(下簡言《魯周公世家》)有差異:煬公,《魯周公世家》言“六年卒”,《世經》引爲“六十年”;獻公,《魯周公世家》“三十二年卒”,《世經》引爲“五十年”;武公,《魯周公世家》作“九年卒”,《世經》引作“二年”。這樣按《世經》所設定伯禽 46 年卒,而武王 8 年,周公攝政 7 年(其攝政元年與武王卒年重合),加上其所述魯公年數(魯公年數截至魯孝公 25 年,即幽王末年止),則西周積年爲 352 年,從而使西周元年適爲前 1122 年。

對於《世經》所引《世家》所以與《史記·魯周公世家》有年數上的差異,陳夢家《西周年代考》分析其原因是:煬公 6 年與 60 年之差異“尚可謂今本《史記》脱誤,然其它相異之原因不外(1) 劉歆所改如《世俘》之例,(2) 劉歆所見本不同於今本。然武公年數,世家與年表雖有一年之差而大致相近,故知《世經》所述魯系年數爲可疑也”。這裏他雖説明劉歆也可能見到了不同於今本《史記》的另一種本子,但在下面另一段文字中他又指出,劉歆“周初五十六年以後至春秋用《史記·魯周公世家》(間或改易年數)補足其西周年數”。這又基本否定了劉歆見到另一種《史記》本子的可能性,而認爲他是爲了湊足其所定西周年數而對《史記·魯周公世家》作了改動。董作賓《西周年曆譜》也認爲《世經》因先考定了伐紂年,“必於魯公年稍事調整乃能密合,這是可以斷言的”。

劉歆是否僅僅因爲要湊合其它克商年數而擅改《史記·魯周公世家》,還不能遽定。西漢末距《史記》成書不久,對《魯周公世家》魯公年數,當時史家未嘗不皆知,輕易改動並非易事。但劉歆如此安排魯公年數使其恰適合於其所推擬的並不可靠的克商年代,亦即動搖了其所設魯公年數的可靠性。

陳夢家《西周年代考》及其《商殷與夏周的年代問題》分析了劉歆西周積年數推算方法,認爲是從殷曆天元(2760320 年)減去三統會元(2626560 年)及《世經》所引古四分上元至伐桀之年數(132113 年)所得之餘數(1647 年),然後在此範圍内,用其所建超辰法,據《國語·周語下》“昔武王伐殷歲在鶉火”,求鶉火所在之年可適合其所擬周初 56 年(武王克商至康王 12 年)者,遂定前 1122 年爲西周元年。然後用三統曆法解釋有關周初史料中的曆時,至於周初 56 年後至春秋則采用《史記·魯周公世家》魯公年數,並改易其年數以使積年數適合於其所設伐殷之年。張培瑜《西周年代曆法與金文月相紀日》則認爲,劉歆歲星 144 年超辰一次的認識,是他據《左傳》《周語》所記歲星位置與他對伐紂年的推算結果所得出的。

劉歆所立超辰法，認爲歲星運行每 144 年超辰一次（即歲星紀年一周天之十二次）。但其超辰法並不準確，仍不合天象。祖冲之即已對其超辰法做了更正，提出木星 11.858 年運行一周，84 年即超辰一次；而現代天文學已明確木星實際上是約 11.86 年運行一周，過 86 年超一次。上引張培瑜文已指出，劉歆所定伐紂之年前 1122 年，雖合三統曆，但按現代天文學方法計算，前 1122 年歲星並不在鶉火，而與鶉火相距 5 次，歲在娵訾。所以，如伐紂確是歲在鶉火之年，也不會是前 1122 年。此外劉歆三統曆朔策基本上是承襲太初曆，朔策爲 29.530864（現代朔望月平均數值爲 29.530588），歲實爲 365.2502 日（現代回歸年爲 365.2422 日），由太初元年（前 104）上溯每 307 年即會先天一日。所以，劉歆用超辰法推得的伐紂之年（前 1122），及所解釋的文獻中周初曆時，實際上皆不合乎實際。而且他爲了設計文獻中無記載的昭王以下諸王積年，使其能適合其所定伐紂年代，又必須采用與今所見《史記・魯周公世家》中不同的魯公年數體系。在此種情況下，無論劉歆所引《世家》有無其它根據，都因其曆法之不合天與伐紂之年歲的不確而使其所采用的魯公年數難爲人所信從。[1] 在距劉歆時代不遠的東漢時即已有批評其年代學說的，如《後漢書・律曆志》引張衡《曆議》評《世經》曰："橫斷年數，損夏益周，稽之表記，差謬數百。"可見劉歆學說有相當大的主觀成分。雖然如此，劉歆所定積年在其後世仍被長期采用，但現代研究者已很少有人完全聽從《世經》所設西周積年、魯公年數與其伐紂之年。

劉歆引《世經》中以魯煬公爲在位 60 年卒與武公在位僅 2 年，均是與《史記・魯周公世家》年數差距甚大者。學者也對此做了辯駁。如姜文奎《西周年代考》從另一角度否定劉歆《世經》煬公 60 歲卒之說。其推測言，伯禽即位時必在 20 歲以上，在位 46 年則其壽在 70 歲左右。其子煬公繼兄考公嗣立，當在 30 或 40 歲以上，如在位再有 60 年，則其壽近百歲或踰百，其子魏公誅其兄幽公（在位 14 年）自立時年當已在五六十歲以上，其在位 50 年無誤，卒時非百餘歲不可。姜氏認爲父子兩代三人在位共達 124 年之久，於事理不合。[2] 至於《世經》改魯武公爲 7 年，董作賓《西周年曆譜》則認爲是因《世經》列共和元年爲真公七年，而《史記・魯周公世家》爲 14 年，《世經》遂減少《魯周公世家》武公 9 年爲 2 年以作調整。[3] 這些分析的合理性均進一步否定了《世經》魯公積年之可信性。

當代學者雖皆不從《世經》西周積年說，但仍有采用其對於個別魯公年數的說法。例如董作賓《西周年曆譜》否定了《世經》中獻公 50 年、武公 2 年的說法，但卻采用了《世經》煬公 60 年說，這顯然也是爲了附合其克商之年前 1111 年說。又如張汝舟《西周考年》也

① 對劉歆曆法與西周積年的批判，參見顧頡剛：《武王的死及其年歲和紀元》，《文史》第 18 輯，中華書局，1983 年；謝元震：《西周年代論》（上），《文史》28 輯，中華書局，1988 年。
② 姜文奎：《西周年代考》，《大陸雜誌》第 82 卷 4、5 期，1991 年。
③ 董作賓：《西周年曆譜》，收入《董作賓先生全集甲編》，"中研院"《歷史語言研究所集刊》23 本下，1952 年。

同意《世經》煬公 60 年説(原注"原誤六,據《世經》正"),並以伯禽爲 53 年(自成王即位至康王 16 年),遂使伐紂年爲前 1106 年。張氏所以信煬公 60 年説,是因爲他認爲《世經》改動《魯周公世家》的僅是獻公、武公,煬公並未動。他提出,劉歆尊信戰國曆家,以成王五年爲蔀首年(即《漢書·律曆志》引《世經》中所曰"周公攝政五年,正月丁巳朔旦冬至,殷曆以爲六年戊午,距煬公七十六歲,入孟統二十九章首也")。由此年至魯僖公四年(五年又爲蔀首年),中經六蔀,每蔀 76 年,共 456 年。但如用《魯周公世家》魯公紀年,只有 445 年,比六蔀少 11 年,所以劉歆改易《魯周公世家》,給獻公加了 18 年,武公減了 7 年,其餘皆同於《魯周公世家》。[1] 但張氏似未能證明何以知《魯周公世家》煬公原必是 60 年。對《世經》既不采用其全部魯公年數,卻又依自己體系的需要采用其中部分,則似亦會影響其結論。

(三)漢代依當時流行之殷曆所推定的西周積年

傳爲古六曆之一的殷曆,據朱文鑫《曆法通志》考證,認爲其制訂於距其 2300 餘年前,亦即公元前五世紀的戰國時代。現在在流傳下來的漢代讖緯書及鄭玄注釋中仍可見依殷曆所推定之西周積年。例如:《詩經·大雅·文王》序:"文王,文王受命作周也。"孔穎達疏引《尚書緯·運期授》所引《河圖》曰:"倉帝之治八百二十歲,立戊午蔀。"注云:"周文王以戊午蔀二十九年受命。"又同文引《尚書中候·雒師謀》注:"數文王受命至魯公末年三百六十五歲。""魯公末年"指魯惠公末年(前 723)。兩"注"均鄭玄注。《河圖》即《河圖帝覽嬉》。

《運期授》引《河圖》所謂"八百二十歲",實是指周王朝積年,即自文王受命十三年克殷(依其文可推至前 1075)起歷 820 年至前 256 年,即周赧王五十九年,是年春遷西周公於惡狐,周亡。則文王受命年是前 1088 年。鄭玄《雒師謀》注從文王受命至魯惠公末年(前 723)365 歲,此文王受命年也是前 1088 年。[2]《易緯·乾鑿度》:"今入天元二百七十五萬九千二百八十歲,昌以西伯受命。入戊午蔀二十九年伐崇侯,作靈臺,改正朔,布王號於天下,受録,應《河圖》。"鄭玄注:"受命後五年而爲此。"天元爲 2759280 歲,一蔀 76 年,20 蔀爲一紀,1520 年,以 2759280 歲除以 1520 年爲 1875 紀,餘 480 年,以 480 年除蔀年 76,得 6 蔀餘 24 年,即是入戊午蔀二十四年,殷曆戊午蔀首是前 1111 年,這是將戊午蔀二十四年作爲文王受命年,二十九年(前 1083)作爲受命後五年。但《詩經·大雅·文王》正義引《易緯·易類謀》言:"文王比隆興始霸,伐崇,作靈臺,受赤雀丹書,稱王制命示王意。"鄭玄注:"入戊午蔀二十九年時,赤雀銜丹書而命之。"與《乾鑿度》所同者,皆是講戊午蔀二十九年伐崇,稱王。但没提名《河圖》而多了赤雀銜丹書之事,此事見《墨子·非攻下》:"逮至乎

---

① 張汝舟:《西周考年》,收入《二毋室古代天文曆法論叢》,浙江古籍出版社,1987 年。
② 以上《運期授》與《雒師謀》計算周積年皆是從前 1087 年即文王受命第二年始算的,唐蘭:《中國古代歷史上的年代問題》(《新建設》1955 年 3 月號)已注意及此。此種計算法或即是指文王受命後某年。

商王紂，天不序其德……赤鳥銜珪，降周之岐社，曰：‘天命周文王伐殷有國。’”《太平御覽》引此文“鳥”作“雀”，“珪”，《初學記》引作“書”，如按《非攻下》，則赤雀銜丹書即是授文王以天命。如此，則文王受天命又是在戊午蔀二十九年，即前1083年了。鄭玄在《運期授》注中即言文王受命是在“戊午蔀二十九年”，前1083年，亦即是以文王稱王之年爲受命年，與《雒師謀》及《乾鑿度》注中的説法不同。當代學者中陳夢家同意此説，認爲文王受命即是指文王稱王。見其《商殷與夏周的年代問題》。[1] 對於這兩種説法的存在，唐蘭《中國古代歷史上的年代問題》已指出。[2] 依文王受命在前1088年計算，受命十三年（前1075）克殷，西周積年爲306年。依鄭玄第二説受命在前1083年，也按受命十三年（前1071）克殷算，西周積年爲301年。

當代學者中，對以上漢代學者依殷曆所述西周積年給予重視，並持肯定態度的有唐蘭、李仲操。上舉唐蘭文認爲殷曆西周積年305年（文王受命爲前1088年，但從前1087年計），是“比較可靠的年代”，因爲這是“劉歆以外漢代唯一的通行的説法”，而且“是有曆法的根據保存下來的，不會有數目字的錯誤”。他據此將西周始年定在前1075年，認爲這一年代與《武成》所記月日也沒有矛盾。李仲操《對武王克商年份的更正》一文，亦據漢代依殷曆所推西周積年，肯定戊午蔀四十一年即文王受命十三年（前1071）克商。[3] 此外，謝元震《西周年代論》雖不贊成殷曆具體年代，但認爲殷曆與周曆同，都有文王受命入戊午蔀二十九年説，也有文王受命十三年後克殷説。[4] 因爲周曆，戊午蔀蔀首比殷曆多57年，在前1168年，所以殷曆在戊午蔀四十二年（即前1070）克殷，周曆則在前1127年。按：謝氏是取文王受命後十三年克殷説，故克殷年在戊午蔀四十一年（前1070），與李仲操取受命十三年，在戊午蔀四十二年（前1071）説不同。[5]

---

[1] 陳夢家：《商殷與夏周的年代問題》，《歷史研究》1955年第2期。
[2] 唐蘭：《中國古代歷史上的年代問題》。
[3] 李仲操：《對武王克商年份的更正——兼論夏商周年代》，《中原文物》1997年第1期。
[4] 謝元震：《西周年代論》（下），《文史》第29輯，1988年。
[5] 關於文王受命年，如上所述，在漢代有兩説。文王受命後何年武王克商，武王克商是繼續用文王受命年，還是武王重起元年而用自己的紀年，在典籍中有不同説法，今人也有不同的理解。上引漢緯書與鄭玄注，均言武王克商時仍用文王受命年計算，多言文王受命後13年克商，只是由於受命年有兩説，故有不同的年代。《漢書·律曆志》引劉歆《世經》則曰自文王受命至克商之年13年。持文王受命年説者也有言受命十一年克商的，如《詩經·大雅·文王》正義引《書序》十有一年武王伐殷，鄭玄注：“十有一年，本文王受命而數之，是年入戊午蔀四十歲矣。”此處文王受命年是用的戊午蔀二十九年，即前1083年説。“十一年”是指受命後11年，亦即以次年爲元年（孔穎達正義已指出，鄭玄是以戊午蔀三十年爲受命元年）。戊午蔀四十年即前1072年。《史記·周本紀》言文王受命後7年崩，又言武王在九年時觀兵盟津，十一年時出兵，渡盟津，十二年克殷，但武王時的紀年未明言是否指文王受命年。顧頡剛《武王的死及其年歲和紀元》認爲，《周本紀》中武王不自元，承文王受命之年以爲年。《新唐書·曆志》引《竹書紀年》“十一年庚寅周始伐商”，此“十一年”，即認爲是“武王十一年”。當代已有學者解釋爲武王嗣位之年，如章鴻釗《武王克殷年考》。又《史記·周本紀》集解引徐廣曰：“譙周云：《史記》武王十一年東觀兵，十三年克紂。”此當出自譙周《古史考》。未明言是自文王計還是武王紀年。從文字看屬於武王紀年可能性較大，其武王十三年克商説又不同於以上諸説。根據上述情況，儘管漢代緯書中所見當時流行之殷曆多采用受命後13年的説法，但在其同時或前後還有文王受命13年，文王受命後11年與武王紀年11年、13年等説法。所以緯書采用的文王受天命後13年克商，只是諸多説法之一。

（四）其它有關西周積年的記載

《史記·平津侯主父列傳》引嚴安《言世務書》："臣聞周有天下,其治三百餘歲,成康其隆也,刑錯四十餘年不用。及其衰也,亦三百餘歲,故五伯更起。"陳夢家《西周年代考》認爲周有天下之三百餘歲,"似指西周而言",可信。後文三百餘歲,當主要指春秋時期,舉成康盛世這一西周之最好階段作爲周有天下之標誌,猶舉五伯更起作爲其衰落之標誌。但西周三百餘歲,是約數。言春秋"三百餘歲",其下限也不清楚,所以僅據此段話不能清楚"三百餘歲"是餘多少年,難以爲據。又《史記·匈奴列傳》："武王伐紂而營雒邑……其後二百有餘年周道衰,而穆王伐犬戎。……穆王之後二百有餘年,周幽王用寵姬褒姒之故與申侯有郤,申侯怒而與犬戎共殺周幽王於驪山之下。"依這段文字,西周達四百餘年,無論如何超出古今論西周積年太多,似不可信。可能因此原因,除陳夢家《西周年代考》引及此(但他未論述)外,尚未有學者引以爲據。又南朝梁蕭子顯所撰《南齊書·祥瑞志》言："讖曰:'周文王受命,千五百歲,河雒出聖人,受命於己未,至丙子爲十八周,旅布六郡東南隅,四國安定可久留。'案周滅殷後七百八十年,秦四十九年,漢四百二十五年,魏四十五年,晉百五十年,宋六十年,至建元元年,千五百九年也。"此條史料是韓國方善柱《西周年代學上的幾個問題》首先注意到的。他指出,假定蕭氏 780 年是準確年數,至周赧王五十九年(前 256)周亡,東周積年爲 515 年,則西周積年即爲 780 減 515,爲 265 年。克殷年在前 1035 年。但他又分析了此段話中蕭氏所舉其它朝代的積年數,依蕭氏計算法,秦、漢、魏皆準確,宋多一年而晉王年實爲 156,言 150 年也是概數。[①] 方善柱分析蕭氏從積年中除去 6 年的動機,可能在於要保全 1509 年這個數目,使周滅殷至齊高帝蕭道成建元元年(479)恰爲 1509 年。所以周 780 年也有可能是概數。

　　綜上所述,漢至南北朝一段時間內典籍中所見西周積年,除去過於籠統(如《史記·平津侯主父列傳》)與明顯不可信者(如《史記·匈奴列傳》)外,劉歆《世經》依三統曆設定爲 352 年已有多家論證其不可信。那麼依《史記·魯周公世家》與漢代流行的殷曆所推算的西周積年數,是在 284 年至 306 年間。依蕭子顯《南齊書·祥瑞志》所列西周積年爲 265 年,雖可能是約數,但與上述積年範圍下限接近。這個積年之範圍與前文所歸納的先秦典籍中所見西周積年數及《史記·太史公自序》所引先人所言西周積年數(290 年左右)也是相吻合的。

三、有關典籍中所見西周諸王年數的研究

（一）現存典籍中有關諸王年數之記載

　　先秦典籍中有關西周諸王在位年數的記載,至西漢時似仍可見於諸種記載糸諡之譜

---

① 方善柱:《西周年代學上的幾個問題》,《大陸雜誌》第 51 卷 1 期,1975 年。

諜,但所見多歧異,故司馬遷在《史記‧三代世表》中言"余讀諜記,黃帝以來皆有年數。稽其曆譜諜終始五德之傳"。然而這些譜諜"古文咸不同,乖異"。他又講到"孔子因史文次《春秋》,紀元年,正時日月,蓋其詳哉。至於序《尚書》則略,無年月;或頗有,然多闕,不可錄。故疑則傳疑,蓋其慎也"。鑒於這種情況,司馬遷在《周本紀》中於共和以前僅説明武王克殷後在位三年,穆王五十五年崩,厲王三十七年崩。共和前其他諸王雖有在位次序,在《三代世表》中還排出了與諸王相應的各國諸侯的世系,但皆未注明在位年數,這當是由於譜諜記載之乖異,難以定奪。故出於謹慎而未記録,實是效法孔子的做法,對西周以前只做《世表》,而未做《年表》,緣故在此。

在《太平御覽》所引諸書中,有名《史記》者,所引大部分同於司馬遷《史記》,但也有不見於司馬遷《史記》的内容,可能有另一種同名書。最重要的是,在這種同名書中記録了西周諸王的年代,所見到的有穆王、懿王與孝王的年數,而且還提到"周孝王七年厲王生",也是他書所未見者。

到西漢末劉歆作《世經》時,不會看到比司馬遷更多的資料。他在《世經》中據《禮記‧文王世子》肯定武王克殷"後七歲而崩",據其三統曆與有關資料,斷定周攝政七年返政,成王崩於親政三十年。但明確講到"春秋、殷曆皆以殷,魯自周昭王以下亡年數,故據周公、伯禽以下爲紀"。説明在劉歆前已流行的殷曆、魯曆也没有記載西周各王年數。而且他雖言自昭王以下不能確知年代,但在《世經》中康王在位年數他也未明言。

東漢時鄭玄在爲經典作注時,間或提到西周某王年數,如《尚書‧顧命》孔穎達疏説明《漢書‧律曆志》引《顧命》文以爲成王即位三十年崩,而"鄭玄云此成王二十八年"。但他在《詩譜序》中也講"夷、厲已上歲數不明,太史年表,自共和始"。可見至東漢時,對西周王年的了解基本上未超過《史記》。

西晉皇甫謐作《帝王世紀》,根據《史記》以外經傳雜書,補《史記》之缺,從現存佚文可知,此書一一記明了西周諸王年數,僅有關孝、厲王年數的原文未傳下來。但《太平御覽》卷八五引《帝王世紀》曰:"周自恭王至夷王四世年紀不明。是以曆依魯爲正。"與《世經》相對照,《世經》是講"昭王以下亡年數",而《帝王世紀》這裏卻是言自共王至夷王四世無年數,除穆王55年同於《史記》外,似乎皇甫謐對於昭王年數有自以爲可靠的其它資料證據。但皇甫謐既坦言共王至夷王四世年紀不明,在現在所輯佚文中卻仍可見共、夷王年數,這顯然有構擬的成分。其中共王定爲在位20年,今本《紀年》定爲12年,《通鑒外紀》定爲10年,西周青銅器趞曹鼎(二)銘文有共王15年記録,證明共王不少於15年,皇甫謐云20年是一種年數稍長的説法。另有一個問題是,現存《帝王世紀》佚文與典籍所引其他"皇甫謐云"(現已難知這些"皇甫謐云"是否也屬《帝王世紀》)在周王年數上有不合之處。如《帝王世紀》佚文共王20年,《通鑒外紀》注引皇甫謐云作25年。《帝王世紀》佚文昭王51年,《通鑒外紀》注引皇甫謐云作2年,後者顯然是不對的。此外,典籍所引"皇甫謐云"之間也有矛盾。如《史記·周本紀》集解引皇甫謐云："武王定位元年，歲在乙酉，六年庚寅崩。"乙酉是前1116年，比劉歆《世經》推算的克殷年前1122晚6年。但《初學記》卷九引皇甫謐云："自剋殷至秦滅周之歲，凡三十七王，八百六十七年。"是克殷之年又爲前1122年，與《世經》同。此種情況，董作賓《西周年曆譜》已指出，並曰："自漢以下，試推補充西周王年的，當推皇甫謐爲第一人，可惜佚文殘缺，徵引又不免訛誤，致不能窺其全貌。"

在皇甫謐晚年時，晉咸寧五年(279)，《竹書紀年》(下簡稱《紀年》)在汲郡(今河南汲縣西南)戰國魏墓中出土。當時的學者荀勗、和嶠、束皙等人對竹書作了整理。皇甫謐卒於太康三年(282)，即《紀年》出土的第4年。董作賓《西周年曆譜》認爲皇甫謐久病家居，終身不仕，不會見到藏在"秘書"的《紀年》，且《帝王世紀》成書也不一定是在皇甫謐的晚年，故《帝王世紀》中無由采用《竹書紀年》之説。董氏的分析是合乎情理的。《帝王世紀》云穆王"五十五年，王年百歲，崩于祗宮"，但《束皙傳》駁之曰："自周受命至穆王百年，非穆王壽百歲也。"束皙乃根據竹書正皇甫謐説。可見《帝王世紀》之西周王年確非取自於《紀年》，而是另有資料來源。

《紀年》原本雖經整理，但到南宋時期已很罕見，可見輯佚本中所記諸王在位年代已皆不存，僅可從殘存的紀年中得知某王(如昭王、穆王、夷王等)在位不少於多少年。據學者研究，至遲在南宋時期，今本《紀年》已編定成書。[1] 今本的内容與形式和今日所見古本佚文有區别，所以它絶非完全是輯録的古本，但其内容中應包含有所見古本的佚文，也不排斥采用其它類似的文獻，其中有的是今日已不能得見者。今本《紀年》中所記西周諸王在位年數，如昭王19年，孝王9年，夷王8年，厲王12年，皆未見於上述其它史籍。昭、穆、夷王年數均與古本《紀年》不矛盾。此外，今本《紀年》還有幾條記載涉及周王與魯公年代關係，即：康王十六年"伯禽卒，封四十六年"；昭王十四年"秋七月，魯人弑其君宰"；穆王四十五年"魯侯潰薨"；懿王十七年"魯厲公擢薨"。今本《紀年》所記以上年代關係，大致合乎其所記周王年數與《史記·魯周公世家》所記魯公年數，但也有不合處(如：穆王四十五年，魯魏公潰卒，則穆王元年爲魏公六年。而懿王十七年是魯厲公卒年，即其三十七年，則懿王元年即爲魯厲公二十一年，共王末年即相當於厲公二十年。這樣，自穆王元年至共王末年即相當於魯魏公六年至魯厲公二十年共65年，如其中穆王55年，共王僅剩10年，與今本《紀年》所記共王12年還差2年)。這幾條記載未見於古本《紀年》，亦不見於其它文獻。李仲操《西周年代》認爲是依據《史記·魯周公世家》年數推出來的，有此種可能，這也説明今本《紀年》的年代體系可能與《史記·魯周公世家》所設計的魯公年數體系有相合處。依《魯周公世家》魯公年數，加上伯禽46年、周公攝政7年、武王3年，則是283年(如魯武公作10年計，則爲284年)。今本《紀年》周王年數總和是280年，二數也相近。但今本《紀年》其所記周王年數並不

---

① 見方詩銘、王修齡：《古本竹書紀年輯證》(上海古籍出版社，1981年2月)"前言"。又陳力：《今本〈竹書紀年〉研究》。

與《史記·周本紀》所記的幾位周王盡同,如依《周本紀》,武王在位3年,今本《紀年》卻作6年,厲王年數《周本紀》作37年,今本《紀年》作12年,足見其另有所據。此外,今本《紀年》的西周諸王在位年數除成王37年同於劉歆《世經》外,康王26年同於《帝王世紀》,懿王25年同於《太平御覽》引《史記》。儘管其與諸書間是否有因襲關係,是否有共同其它資料來源均難以搞清,但所記西周王年並非無據,在研究中有一定參考價值。

魏晉後在西周諸王年代研究方面,以北宋時成書的兩部著作比較重要,一是邵雍的《皇極經世》,一是劉恕的《資治通鑒外紀》。二者的共同點是,西周積年採用劉歆《世經》352年(以前1122年爲克商年)說,對周初至厲王末年共281年間諸王年數作出安排。董作賓《西周年曆譜》分析《皇極經世》的做法是,把以前史書上有根據的諸王(除共王外)的年數加起來,共爲269年,以281減269還餘下12年,於是將這12年配給共王。董氏這樣分析《皇極經世》諸王年數之由來固然有道理,但是沒能確切證明該書確實是將留下的尾數充作共王年數。《皇極經世》中武王7年、康王26年、昭王51年、穆王55年、夷王16年均合於《帝王世紀》,成王37年合《世經》,懿王25年、孝王15年同《太平御覽》引《史記》,厲王37年同《周本紀》。確實只有共王12年非取自以上典籍。但《帝王世紀》有共王20年記載,《皇極經世》爲何獨共王不從此說則不得而知。所以董作賓將共王年數充作餘尾的分析仍有難說清之處。值得注意的是,今本《紀年》共王亦作12年,似與《皇極經世》共王年數有同源或因襲關係。

《通鑒外紀》在諸王年數上只有共王(10年)、夷王(15年)、厲王(40年)與《皇極經世》有差異,其共王10年與上述將今本《紀年》所記周王年數和魯公年數對照所得共王實際在位年數相合。至於爲何將共王、夷王合計減少3年又補到厲王上,董作賓《西周年代考》曾試圖分析其原因,但亦只估計其不會有什麼大道理。

北宋以後,有關西周諸王年數的史書除南宋鄭樵《通志》從《通鑒外紀》說外,其餘如南宋金履祥《通鑒前編》、元代馬端臨的《文獻通考》、元代察罕《帝王紀年纂要》均從《皇極經世》,並無新意。由於《皇極經世》《通鑒外紀》以《世經》西周積年數爲基礎,所以此二書(及其後接受二書體系的其他諸書)所記載的西周諸王年代從總體上看是不可靠的,至於其中具體某王的年數則因有的有可能本於晉以前文獻,或可作參考。

綜上所述,至司馬遷時代,由於傳世文獻在西周王年記載上的混亂,對於西周諸王在位年數已不易作出確切判斷。司馬遷治學謹慎,或不在舊說中作選擇以闕疑處理,或采取"疑則傳疑"的方法,《史記》中所見少數王年(如武王在位年,穆王在位年)當是他自認爲有一定根據的,尤值得重視。《太平御覽》所引《史記》同名書所記王年亦非常寶貴。劉歆《世經》因西周積年建立於三統曆基礎上,故不可靠。所推定武王在位數(8年)與《史記》有違,亦不見於其他史籍,似不可信。現存《帝王世紀》(或皇甫謐類似著作)佚文多有訛脫與矛盾,且是否確從劉歆《世經》積年體系,不得而知,但書成較早,距漢未遠,所見文獻可能有司馬遷雖見而未采用者,所以皇甫謐所云西周諸王在位數中有一些(如康王 26 年與今本《紀年》同,穆王 55 年、共王 20 年、懿王 20 年、夷王 16 年等)還是有參考價值的。現存古本《紀年》佚文中諸王在位年數無一存留,但其中昭王、穆王、夷王有年數的記載,仍可以爲確定幾位王在位年數之下限提供證據。今本《紀年》經近年來學者研究,證明史料價值不可忽視,而且其所記西周王年多有一定根據,西周積年大致合於《史記·魯周公世家》魯公年數,仍可作爲今日研究時之重要參考。自宋以後雖多有典籍涉及西周諸王年代,但皆建立於不可遵從的劉歆《世經》西周積年體系上,具體王年也多不超越漢晉典籍所記,個別更動(如《通鑒外紀》設共王爲 10 年、厲王爲 40 年)似無確鑿根據,故參考價值不大。

(二)對於典籍所見西周諸王年數中幾個重要問題的研究

對典籍中所記録的西周諸王年數,或因記載有出入,或因研究者在理解上有歧異,在研究過程中形成了不同見解。較集中也比較重要的有幾個問題,茲分別評述如下:

1. 武王在位年數問題

自武王克商年(亦即西周元年)始算,武王究竟在位幾年而卒,典籍中有不同記載,主要有 2 年、3 年、6 年、7 年、8 年五説。

3 年説見於《史記·周本記》,其文曰:"武王已克殷後二年,問箕子殷所以亡。……武王病。天下未集,群公懼,穆卜,周公乃被齋,自爲質,欲代武王。武王有瘳,後而崩,太子誦代立,是爲成王。"這其中後一段話所講武王病,周公被齋,自爲質而欲代武王之事,雖未明言時間,但其時間應在上面所説的"後二年",與武王問箕子在同一年,是承上文"後二年"而言。其根據或即在《尚書·金縢》,其文曰:"既克商二年,王有疾弗豫……武王既喪。"王國維《周開國年表》即將《周本紀》中"武王已克殷後二年"寫作"武王既克商後二年",是認爲"既克商二年"是指自克商之年起第三年,同於《周本記》所言"已克殷後二年"。王國維在《周開國年表》還着重指出,《史記》此條記載"根據最古","《金縢》于武王之疾書年,於其喪也不書年,明武王之崩即在是年。《史記》云武王有瘳後而崩,可謂隱括經文而得其要旨矣"。從而肯定武王崩於克殷後二年,亦即在位三年。西漢時持三年説的還有《淮南子·要略》,云:"武王立三年而崩。成王在襁褓之中,未能用事。"現代學者取三年説的較多,例如新城新藏(《周初之年代》)、陳夢家(《西周年代考》)、章鴻釗(《武王克殷年考》)、榮孟源(《試談西周紀年》)、周法高(《西周年代新考》)、趙光賢(《武王克商與西周諸王年代考》)、夏含夷(《西周諸王年代》)等。[①] 章鴻釗尤强調曰:"何以知此説之可信乎?

---

① 新城新藏著,沈璿譯:《周初之年代》,收入《東洋天文學史》第二編,中華學藝社,1933 年;榮孟源:《試談西周紀年》,《中華文史論叢》1980 年第 1 輯;周法高:《西周年代新考——論金文月相與西周王年》,《大陸雜誌》第 65 卷 5 期,1984 年;趙光賢:《武王克商與西周諸王年代考》,《北京圖書館館刊》1992 年第 1 期;夏含夷:《西周諸王年代》,《西周史資料》附錄三,加州大學出版社,1991 年。劉源譯、張榮明校本,收入《西周諸王年代研究》,貴州人民出版社,1998 年。

徵之古文獻,武王行事之可見者,至克殷後二年而止,此其一;《史記》於周王享國之年闕者多矣,獨於武王一再詳之,自不能無所據而云然,此其二。"

需要注意的是,司馬遷在《史記》中於此問題上也有文筆含糊之處。他在《封禪書》中言"武王克殷二年,天下未寧而崩"。此"克殷二年"也可以作含克殷年二年,即總共在位二年理解。《尚書·金縢》"既克商二年,王有疾弗豫"偽孔傳曰:"伐紂明年武王有疾不悦豫。"這種解釋實也是言武王在位二年。丁山《文武周公疑年》即引《封禪書》文認爲武王崩於克殷之次年。①

除以上兩種説法外,還有《逸周書·作雒》:"武王克殷⋯⋯武王既歸,乃歲十二月崩鎬,建于岐周。⋯⋯元年夏六月,葬武王于畢。"按此説則是卒於克殷當年。但學者多懷疑此説,孔晁爲此作注亦曰:"乃,謂乃後之歲也。"陳逢衡《逸周書補注》:"乃歲,克殷之後之五歲也。"丁宗洛《逸周書管箋》:"乃歲,(孔)注言乃後之歲,承上句'既歸'而下,似次年便崩,故《史記》言克殷二年武王崩⋯⋯"均認爲武王於當年卒不太可能。學者或認爲此段話中"或有脱文"(陳夢家《西周年代考》)。

武王在位7年,見於《管子·小問》"武王伐殷,克之,七年而崩"。又《逸周書·明堂解》所云"既克紂六年而武王崩"。後一段話,過去有學者理解爲是在位6年,但此處"既克紂六年"與上舉《尚書·金縢》"既克商二年"句同,應是指克商後6年,連克商年共7年。唐大沛《逸周書分編句釋》曰:"'六年'疑當作'二年',以涉下'弭亂六年'而誤也。"顧頡剛《武王的死及其年歲和紀元》指出《明堂》篇是編者把《禮記·明堂位》的文字重新排列而成,而且認爲"既克紂六年而武王崩"一語是改編者所插入,和《明堂位》無關。顧文還指出,《小問》列於《管子》的《雜篇》,説明了它的出現時代並不早。② 根據顧文的分析,有關武王在位7年的説法較晚出,並非有較早的文獻根據。此外《初學記》卷九引《帝王世紀》曰:"武王四年,起師而東。"《太平御覽》卷八十四引《帝王世紀》云:武王"四年起師至鮪水,甲子至于商郊牧野⋯⋯十年冬,王崩于鎬,殯于岐,時年九十三歲矣。"四年伐商,十年崩,是在位7年。由此知西晉時7年説成爲一種有影響的説法。自宋以後,有關年代學的著作更多從7年説。

武王在位年數還有劉歆《世經》中的另一種説法。《漢書·律曆志》引《世經》曰:"文王十五而生武王,受命九年而崩,崩後四年而武王克殷。克殷之歲八十六矣。後七歲而崩。故《禮記·文王世子》曰:'文王九十七而終,武王九十三而終。'凡武王即位十一年。"這裏講武王克殷年86歲,後7歲,亦即93歲卒,計入克殷年,實在位8年。過去研究者也有認爲此段文字所述武王在位年是7年,如章鴻釗《武王克殷年考》。劉歆所設定武王在位年數,是爲了適合於三統曆,本身即有推擬成分。此外,他引《文王世子》講文、武王年歲也有

---

① 丁山:《文武周公疑年》,《責善》半月刊,二卷一、二期合刊,1941年。
② 顧頡剛:《武王的死及其年歲和紀元》。

問題,顧頡剛《武王的死及其年歲和紀元》與李仲操《西周年代》均已指出其誤。文王十五歲生武王,則文王比武王大 14 歲。依《文王世子》,文王 97 歲終,則文王崩時武王 83 歲,後 4 年克殷,則克殷時武王 87 歲,《世經》言 86 歲,是差了 1 年。如武王卒時 93 歲,則應言“後六歲而崩”,只需再加 6 年就够了,言 7 年又多了一年。由此可見,《世經》所述武王在位年數並不嚴格。

實際上《小戴禮記·文王世子》言文、武王卒年並不可信。《文王世子》這段話原文是:“文王九十七而終,武王九十三而終。成王幼,不能涖阼,周公相,踐阼而治。”崔述《豐鎬錄》引此文後質駁曰:“則是武王年八十餘而始生成王,六十餘而始娶邑姜也:此豈近於情理哉!”(顧頡剛《武王的死及其年歲和紀元》贊成崔氏意見)《尚書·金縢》孔穎達正義引鄭玄注言文王十五生武王,文王九十七而終,終時武王八十三,崩時年九十三。文王崩後次年(武王八十四時)生成王,武王崩時成王年十歲。此種説法在生育年齡上都不科學。所以典籍中凡徵引此類説法來講周王在位年數者,均不能令人信從。

過去被有的學者視爲 6 年説的,是《史記·周本紀》集解引皇甫謐云“武王定位元年,歲在乙酉,六年庚寅崩”。乙酉至庚寅共 6 年。但這句話中“定位”概念不清,不知是指文王卒後繼位年,還是克殷年。如是前者,則如上引李仲操文所言,“係指武王全部在位年數”。此説與《尚書·金縢》“既克商二年崩”,屬一類。亦即《史記·周本紀》從克商年起算在位 3 年説。只有屬後者,指克殷年,才合在位 6 年説。皇甫謐此説與上舉《帝王世紀》7 年説有矛盾,不知究竟哪種説法符合皇甫謐本人的看法。6 年説還見於今本《竹書紀年》,云十二年伐殷,十七年“冬十有二月,王陟,年九十四”。

從上關於自克商年始武王在位年數諸説中,1 年説僅見於《逸周書·作雒》,其中“及歲”之義不甚明,古今諸家鮮有以此爲據者,自有其道理,故此説似不可信。2 年説本於《史記·封禪書》。但司馬遷在《周本紀》中很明確地根據《尚書·金縢》而持 3 年説,在這個問題上似無“疑則傳疑”之必要。顧頡剛《武王的死及其年歲和紀元》亦看出《史記》這兩處之矛盾,故云:“不知道是否司馬遷確有所見,還是他的筆滑?”比較起來,還是《周本紀》所言更穩妥。《淮南子·要略》明言“武王立三年而崩”與《周本紀》同,所以 3 年説可能是西漢時一種主要觀點。現代學者相當多的人持此説,亦當是與上舉章鴻釗所考慮的一樣,認爲司馬遷凡不清楚者必不言,凡言者即有相當根據,故《金縢》與《周本紀》3 年説值得重視。6 年説所本之皇甫謐語,由於“武王定位元年”之“定位”含義不能定,遂有兩種解釋,即 6 年説外也可能是 3 年説。今本《紀年》持 6 年説,言武王在位 6 年卒,時年九十四,當非本於《紀年》原本。梁陶弘景《真誥》卷十五曰:“武王發今爲鬼官北斗君。”注:“文王之子周武王也。《竹書》云:年四十五。”至於今本《紀年》6 年説是否本於上舉皇甫謐語則不能確知。所以 6 年説證據並不充足。7 年説主要根據當是《管子·小問》與《逸周書·明堂解》,如上文引顧頡剛文所析,二者成文均不早,皆有可能是漢代整理而成的文字。西晉皇甫謐《帝王世紀》,佚文也有 7 年説的記載(但與上舉乙酉定位六年庚寅崩説矛盾),如可靠,則説明 7 年説直至西晉還流行,並影響了後世很長時間。董作賓《西周年曆譜》亦取 7 年説,可是並未引徵上述文獻。所以如此,當是爲了使其所定克殷年(前 1111)與周公攝政七年(前 1098)有關的年、月、干支、月相能够合乎其所定曆譜。總之,3 年、7 年説均有一定文獻根據,但比較起來,7 年説所據文獻略晚,其中尚不免有訛誤,而 3 年説所據文獻記載更爲紮實些。故現代研究者多數取此説。

按:這裏還應該補充一下 4 年説與 5 年説。4 年説,緣於瀧川資言的《史記會注考證》,[①]在《周本紀》"武王有瘳,後而崩"一句後有注云:"又曰'後'下有闕文,愚按:古鈔本'後'下有'二年'二字。"實際上,即使依日本所存古鈔本,武王是在"有瘳"後二年崩,仍不能確定武王在位年。因爲如果認爲武王發病是在克商後第二年,如上文引《尚書·金縢》僞孔傳所云"伐紂明年武王有疾不悦豫",則依古鈔本是在有病"後二年"崩,武王在位時間即是 4 年。如取武王病是在《周本紀》所云"武王已克殷後二年",則此年瘳後又二年崩,則即是在位 5 年了。

可以認爲明確爲 5 年説的,是鄭玄《詩譜·豳譜》孔穎達疏,在疏中孔穎達引鄭玄《金縢》注云"文王十五生武王,九十七而終,終時武王八十三矣,于文王受命爲七年。後六年伐紂,後二年有疾,疾瘳,後二年崩,崩時年九十三矣。"依鄭玄此言,是説武王伐紂後二年有疾,再後二年崩,則武王在位時間應即有 5 年。鄭玄注中所言文王、武王年齡似據《禮記·文王世子》,皆不可信,但云武王卒年九十三,伐紂年八十九,則證其爲在 5 年説。綜合上述,4 年説似有賴於武王病時,典籍中似無其他明確表述。5 年説則僅見於鄭玄注,鄭玄在武王有瘳後又二年崩之説,當是見到與瀧川所云古鈔本相同的文本,亦值得重視。

2. 成王、康王在位年數問題

《史記·周本紀》記康王即位後,遍告諸侯,表示要繼承與發展文武之業,作《康誥》,"故成、康之際,天下安寧,刑錯四十餘年不用"(集解引應劭曰:"錯,置也。民不犯法,無所置刑。")。此句話亦見於古本《紀年》(《太平御覽》卷八五《皇王部》引)。既言有"四十餘年"刑錯不用,則成、康積年必不少於 40 年。但根據這句話是否即可以肯定成、康二王在位年數共只有 40 餘年呢? 這是頗有爭議的問題。

成王在位年數,可以確定爲先秦的文獻中無記載。今本《紀年》記爲 37 年,内含周公攝政 7 年。這種説法與《漢書·律曆志》引《世經》同。但 37 年説是否可靠需要分析。

(1)周公攝政年數

與成王在位年限有關的問題首先是周公攝政年數。周公攝政 7 年,明見於《史記·周

---

① 瀧川資言:《史記會注考證》,文學古籍刊行社,1955 年。

本紀》，記武王卒時成王少，周公攝行政當國，至"周公行政七年，成王長，周公反政成王，北面就群臣之位"。周公攝政 7 年亦見《尚書·洛誥》文末所云："在十有二月，惟周公誕保文武受命，惟七年。"即言該年是周公全力地去保護文、武所受之天命的第 7 年。"受命"之意如大盂鼎"丕顯文王受天有大命"，即受天命而完成克商建國之事業。《尚書》中的《洛誥》與《召誥》是相聯繫的，皆是在同一年所作，即周公攝政第 7 年，此年在洛的成周新邑已基本建成（《隋書·儒林傳》引《尚書大傳》言周公攝政"五年營成周"，兩年後至第 7 年初具規模是可能的），爲了給成王營建在洛地新邑內居住的宮室，召公先來到洛相宅，卜宅，選定地址，並開始攻位（可能是奠基）。不久周公亦到洛復卜宅，並行祭事，乃命庶殷開始建造成王宮室（以上見《召誥》）。就在這一年，周公將行政權歸還成王，歸還前與成王有一番對話（見《洛誥》）。

《史記·魯周公世家》也記載了召公、周公營成周洛邑之事，但説明這是"成王七年"之事。由此可知，司馬遷認爲武王卒後周公雖攝政，但成王實已在位，已用成王紀年，只是未親政。李仲操《西周年代》認爲，《洛誥》文末"惟七年"，只有作成王紀年才可以講通，似可以商確，因爲這句話前面是講周公保文武受命，後面講"惟七年"，似還是應理解爲周公攝政第 7 年，這是一種大事記年方法。

陳夢家《西周年代考》將"惟周公誕保文武受命"從中分解開，使"文武受命"與"惟七年"連讀，認爲此 7 年是指周受天命以來之 7 年，含文王稱王 1 年、武王 4 年滅殷，既克商 2 年崩，至成王元祀恰爲第 7 年。此説與《史記·周本紀》文王受命 7 年崩説不合。而且此"七年"記在《洛誥》後，是注明《洛誥》成文時間，時成周已成，周公返政成王，決不會是成王元祀之事。武王卒，成王即位元年有管、蔡之亂，後又有周公平叛東征，不可能在成王即位 3 年即營洛邑。所以陳氏之説似無據。戚桂宴《厲王在位年考》亦持與陳夢家近似看法，只是認爲"惟七年"是自武王克商算起，武王克商後在位 2 年，《洛誥》作於成王五年，即何尊"唯王五祀"。實際上，王國維《周開國年表》已提出《洛誥》"惟七年"是"武王克商後之七年"。但這樣解釋，似乎不太好解釋前面"唯周公誕保"是什麼意思，其與"文武受命唯七年"又是什麼關係。

馬承源《西周金文和周曆的研究》也依何尊銘文，證明《洛邑》乃周公攝政五年作，舉《尚書大傳》"五年營成周"爲據。並云："既然五年營建成周，那麼周公攝政七年致政成王的説法就站不住腳。"按：王國維《周開國年表》也認爲《召誥》《洛誥》所記即五年營成周事。五年營成周是可以肯定的，但《召誥》《洛誥》所記"惟七年"之事並非是始營成周之事，上文已説明。《召誥》中言三月戊申召公至於洛，卜宅，以庶殷攻位於洛汭。甲寅位成。至翌日乙卯周公至於洛。"則達觀于新邑營"，戊午日"乃社于新邑"。"攻位"即治位，位是指建築所在之方位，這項工作應是指規劃建築位置，或包括夯地基，而自戊申日始動工，至第七日甲寅即完成了，這麼快即完成所攻之位顯然不是成周城邑之位，而只能是成王宅第之位。第八日乙卯,周公所觀察的已是"新邑營",第十一日戊午又於新邑祭社,均提到"新邑",也可見這時"新邑"即成周已大致落成了,而剛攻位畢尚未建成的只是召公所相成王之宅。所以,《召誥》《洛誥》不當理解爲營成周,成周始建於周公攝政5年,二《誥》是兩年後在剛建成的成周新邑内爲成王營宫室。言其成於周公攝政七年與五年營成周没有矛盾,如此,則周公攝政7年説並無錯誤。綜言之,《史記》所言周公攝政7年返政成王之説是可信的。

(2) 成王親政元年與親政年數問題

成王親政元年從何年始算,是自周公攝政七年始,還是自第二年始? 也是研究者們有不同看法的事。從《洛誥》文末以周公攝政大事紀年形式看,周公攝政七年時似尚未以成王年數紀年。但王國維《周開國年表》則將此年已作爲"成王元祀",因爲既然當年周公已返政成王,成王已接受王位,則此年當然也可以認爲是成王親政元年。惟西周時計算元年一般是從親政後第二年始算,是因爲新政這一年是前一王卒年,但周公並未稱王,在周人心目中也不算是王,故墻盤銘文中墻一一追憶武王至穆王周先王偉績時並没言周公。[①]所以,成王親政元年從周公致政成王年始算應是可以的,學者或認爲《洛誥》所云"元祀"即是成王親政始舉行的大祭典,亦以此爲親政始年之稱。自漢以後學者多從第二説,即成王親政元年從周公攝政7年返政後第二年始算。劉歆《世經》即取以上第二説。《太平御覽》卷八十四引皇甫謐《帝王世紀》云成王"八年始躬親王事,以周公爲太師,封伯禽于魯"。而《史記·魯周公世家》集解引徐廣曰:"皇甫謐云伯禽以成王元年封,四十六年,康王十六年卒。"此語不知是否亦是《帝王世紀》佚文。如皆出自皇甫謐,將這兩段話聯繫起來看,皇甫謐還是認爲成王親政元年自周公攝政七年後第二年始計。今本《紀年》亦同此説。[②]

成王親政年數除以上30年説外,《太平御覽》卷八十四引《帝王世紀》云成王"八年始躬親王事……七年王崩,年十六矣"。如文字無訛脱,則此是在位7年説。陳夢家《西周年代考》分析皇甫謐有此説是以周公7年、成王7年、康王26年,合成40年,以適合《紀年》"成康之際四十年"説。陳氏認爲此説"取《竹書紀年》之成、康積年而分裂之,不可用"。從另一角度看,這段佚文本身是有問題的。既是八年能親政,必已接近成年,但7年後崩才16歲,無論如何不通。根據上文引皇甫謐論述,疑這裏"七"是"三十七"之訛脱,"十六"是"四十六"之訛脱。成王在位(計周公攝政7年在内)共37年,則武王卒時成王10歲尚年幼,7年後,成王已17歲,親政,親政30年46歲卒,此似可講通。成王親政年數,尚有鄭玄28年説,見《尚書·顧命》孔穎達疏。此説接近30年説,僅見於此一例,不知所據。上引陳夢家文則認爲,鄭玄28年説是"取三統成王之年而任減之",但何必如此仍不可得知。

---

① 按:眉縣揚家村窖藏出土的逨盤追記列王事迹,亦不記周公。
② 按:成王親政自哪一年始計,均不影響今日排西周金文曆譜成王在位年數自武王卒後第二年始計,只是牽扯到類如何尊銘末所記成王年數"惟王五祀"自何年算起之問題。

（3）成王在位總年數問題

當代學者中,持成王在位共 37 年(含周公攝政 7 年)説者較多。也有的持其它小於 37 年的説法,其中一些學者是爲了適合於依賴西周金文所排曆譜,或是擇定了克商年,依周初文獻年、月、干支、月相排比的結果,未詳作文獻的考證,其説見下文。從文獻考證角度持非 37 年説者,主要是姜文奎。他在《西周年代考》(下)中舉上引《魯周公世家》集解引徐廣語中"皇甫謐云伯禽以成王元年封,四十六年,康王十六年卒"一段話,並據此得出成王在位只有 30 年,含周公攝政 7 年在内的看法。他雖也提到《帝王世紀》佚文中成王八年躬親王事,但只强調此處文字未言改稱"元年",説明成王在位年是並攝政七年以計的。但他未引全《帝王世紀》此段佚文,略去了下面繼言於親政三年"封伯禽于魯"之句。實際上如果提到這句話,再聯繫徐廣語中皇甫謐的話,則他根據皇甫謐佚文所强調的成王親政不稱"元年"以及成王在位只有 30 年的説法即都要再考慮了。此外,姜文奎在文中還引用了《孔子家語》卷八《冠頌》成王十三嗣立及《文獻通考》成王 44 歲崩的記載,試圖證明成王總共在位 30 年是與這些記載相合的。但《文獻通考》晚出,似不能作爲很有力的根據。

值得注意的是,姜文還引用了收入今《十三經注疏》中的僞古文尚書《畢命》中的一段話:"惟周公左右先王,綏定厥家,毖殷頑民,遷于洛邑,密邇王室,式化厥訓。既歷三紀,世變風移,四方無虞,予一人以寧。"他認爲一紀 12 年,"三紀"36 年。《畢命》作於康王十二年,由此逆數至成王七年(即周公攝政七年,此年洛邑成),計得 36 年,由是可證成王在位 30 年(含周公攝政七年在内)。按:此《畢命》屬僞孔氏《古文尚書》,本身似不可爲據。即便就此段文字而言,亦未必作如此解釋。據僞孔傳:"言殷民遷周已經三紀世代,民易頑者漸化,四方無可度之事,我天子用安矣。"這段話主要是講遷殷遺民後帶來的安寧局面。周公遷殷遺民至成周事見《尚書·多士》,與《召誥》《洛誥》同,所言皆周公攝政七年事。如成王親政有 30 年,至康王 12 年,約 42 年,相當 3 紀多的時間,不到 4 紀,舉約數稱 3 紀似無不可。[①]

綜合以上述評,根據現存文獻,武王卒後,因成王年幼,周公攝政 7 年,這是可以肯定的。成王親政 30 年是東漢以來流行最普遍的説法,在没有其它充分根據前似不易簡單否定。至於成王在位總年數,因關乎成王親政元年與周公攝政七年(返政成王之年)是否重合的問題,所以有 37 年(親政元年在周公攝政七年之次年)與 36 年(親政元年即攝政七年)兩種可能,僅據文獻似難以評判。37 年説雖爲古今多數研究者所持看法,應予重視,但此兩種可能究竟應以何者爲是,似亦還應綜合文獻、金文曆日資料,通過對整個諸王曆譜的合理安排來決定。至於成王在位總年數(含周公攝政 7 年在内)的其他説法,如上舉

---

① 李仲操:《西周年代》釋僞古文《尚書·畢命》此句曰,從康王十二年作《畢命》起上溯 36 年爲成王十三四年,知遷殷頑民于成周,從成王五年(今按:此當是據何尊"隹王五祀")起,至十三四年才最後完成。此後約有四五年的鞏固時間,即進入成康盛世。

30 年、35 年(鄭玄説)、15 年(《帝王世紀》佚文)所據皆不清楚,有的文字可能有訛誤,引用時宜更加慎重。

(4) 成、康之積年是否"四十餘年"的問題

康王在位年數,在可證明是先秦、兩漢的典籍中無明顯記載。《太平御覽》八十五引《帝王世紀》云:"康王在位二十六年崩。"今本《紀年》同此説,但説的更明確,是在"二十六年秋九月已未王陟"。研究者或認爲康王 26 年文獻無異詞,而采用此説,或根據"故成、康之際,天下安寧,刑錯四十餘年不用"來推測成、康王年數。但有三種不同看法:

看法之一,基本肯定 40 餘年爲二王積年數,並以之規定成、康在位年數。如周法高《西周年代新考》肯定康王在位 26 年,將成王在位年定爲 24 年,"除去開頭幾年不太平,恰巧合乎古本《竹書紀年》'刑錯四十餘年不用'的話"。勞榦《論周初年代和〈召誥〉、〈洛誥〉的新證明》亦認爲這裏的 40 年"也可能指成數而言,是四十一二年,不過決不會差四十年太遠"。他認爲若成王已有 37 年,康王"不過三五年"。故他將二王年數平均各占 20 年,並根據董作賓年曆總譜與《顧命》曆日做了推證。[1]

看法之二,認爲此"四十餘年"僅指成、康王世不用刑之年,非兩世合爲"四十餘年",見陳夢家《西周年代考》、馬承源《西周金文和周曆的研究》。[2]

看法之三,認爲"四十餘年"包括康王全部年數(26 年)與成王後期的 20 餘年。説見李仲操《西周年代》。[3] 姜文奎《西周年代考(下)》見解同,提出所稱 40 餘年,在成王年數中要減去其初期興師東伐武庚、管、蔡及淮夷、徐戎、奄人、蒲姑等之數年,繼以康王 20 多年,適達 40 餘年刑錯不用。

以上三説中,二、三説接近,三説更好些。在《史記》中,成王時代是從武王卒後成王繼位開始的,含周公攝政 7 年。上文評述成王年數時已言及,成王在位 37 年(或 36 年)是東漢以來即爲多數學者接受的説法,成、康之際"四十餘年"如是成、康全部積年,康王僅餘 10 年左右,是不大可能的。《周本紀》言成王親政後,做了許多事,遷殷遺民,東伐淮夷,殘奄,遷薄姑。"興正禮樂,度制於是改,而民和睦,頌聲興"。這清楚地説明,成王親政後又經過一段内平外治的努力方才使社會進入太平盛世,決非整個成王時代皆可稱"刑錯不用"。所以以上三説之第一説不可取,即不宜將成、康積年理解爲僅有"四十餘年"。康王在位 26 年之説,如未有新的證據證明其不可靠,亦仍當重視。

3. 關於昭、穆王在位年數與穆王年壽説

以下典籍均記載了穆王在位年數與年壽:

① 勞榦:《論周初年代和〈召誥〉、〈洛誥〉的新證明》,"中研院"《歷史語言研究所集刊》50 本 1 分,1979 年。
② 馬承源:《西周金文和周曆的研究》,《上海博物館集刊》,1982 年。
③ 李仲操:《西周年代》,文物出版社,1991 年。

《史記‧周本紀》曰："穆王即位,春秋已五十矣。""穆王立五十五年,崩。"《太平御覽》八十五引《史記》:"穆王立五十五年,年一百五歲而崩。"又《太平御覽》卷八十五引皇甫謐《帝王世紀》:穆王"五十一年,王已百歲老耄,以呂侯有賢能之德,于是乃命呂侯作《呂刑》之書。五十五年,王年百歲,崩于祇宮"。今本《紀年》所記大致同於《帝王世紀》。

以上《史記‧周本紀》與《太平御覽》引《史記》均講穆王繼位時已 50 歲,立 55 年,105 歲卒。但是皇甫謐《帝王世紀》這段話既言五十一年已百歲,五十五年再言"王年百歲"即有矛盾。徐宗元《帝王世紀輯存》注意及此,故曰"前'百歲'二字疑是衍文"。如依徐氏所云,則穆王 51 年王尚未到百歲,而是 96 歲,至 55 年時恰爲百歲。如此則穆王繼位時 46 歲。當然也有另一種可能,即後一"百歲"脫一"五"字,原是"百五歲",那樣即與兩種《史記》同。

穆王長壽達百歲以上,105 歲仍在位,過於長久,頗使人生疑。而年壽問題又關乎其在位的時間可信與否。周王年歲往往在文獻中被拉長,如前文所引《禮記‧文王世子》言文王 97 終,武王 93 終,皆不可靠。對於穆王卒年,《晉書‧束皙傳》記述《竹書紀年》內容,曰:"自周受命至穆王百年,非穆王壽百歲也。"章鴻釗《武王克殷年考》認爲這句話實是轉述束皙語,束皙爲當時編次《竹書紀年》之一人,則其所言必爲《紀年》原文。董作賓《西周年曆譜》亦認爲《束皙傳》所言"當據《紀年》以駁《世紀》"。章氏、董氏這樣分析自然是有道理的。董氏文章還分析了皇甫謐卒年(太康三年,282 年)雖在《紀年》出土後(咸寧五年,279 年),但皇甫氏久病家居,不會看到藏於秘府的《紀年》。如此則《帝王世紀》非本於《紀年》,而《束皙傳》據《紀年》原文駁斥穆王百歲之説即是相當有説服力的。

實際上,換一個角度來看,穆王繼位時年已 50 之説,本身亦很成問題。姜文奎《西周年代考》(上)即據成王以來諸王之年壽而證明此説可疑。姜氏推算時持成王在位 30 年説,前文已説明 30 年説證據不足,然不影響其結論,其思考方法亦是有道理的。現參考其推論作如下分析:武王卒時,成王年幼,估計在 10 至 13 歲間,因周公是在其攝政第七年時返政成王,成王此時當已成年或接近成年,設成王在位(含周公攝政 7 年在內)37 年,卒時年近 50,子康王繼位時年齡最多 30 左右,康王在位年數取 26 年説,則康王卒時約 55 歲,此時子昭王繼位,其年齡至多是 35 歲左右;昭王在位年數取 19 年説(詳下文),則卒時年齡在 53 左右,子穆王繼位,其年齡似不會超過 25 歲,不可能達到 50 歲。正像姜氏所言"倘穆王即位年已五十,是穆王年歲與其父昭王相若矣,方有是理"。姜氏也指出"欲與事理不乖,除非能確定昭王在位五十一年"。

昭王在位 51 年説,見《太平御覽》八十五引《帝王世紀》。但其在位年數即使從文獻資料看也難以達到 51 歲。據《史記‧魯周公世家》,伯禽卒後,子考公酋繼位,自考公至真公十四年(時周厲王奔彘)共 157 年(劉歆《世經》改煬公 6 年作 60 年,獻公 32 年作 50 年,是爲了使西周積年適合於"三統曆",此西周積年數不可信,已見上文),加伯禽 46 年,共 203

年,相當於成王親政元年至厲王在位末年。203 年中除去成王親政 30 年、康王 26 年,穆王按在位 55 年計,則昭王與共至厲王僅餘 92 年。如昭王在位 51 年,而共王又不少於 15 年(據十五年趞曹鼎銘文),則懿、孝、夷、厲四王在位年數僅餘 26 年,這是不易排下的。此外,上引《晉書·束皙傳》言"自周受命至穆王百年",而如果昭王本身即達 51 年,餘 49 年,也不大可能容下文王受命中經武、成至康王這一階段的年數。所以,昭王在位 51 年説難以成立。夏含夷(Edward L. Shaughnessy)《西周諸王年代》曾分析昭王 51 年説出現的原由,他認爲源於傳統的對西周早期年代的兩種並行的錯誤詮釋。即武王克商到穆王即位百年,成康升平之世共 40 年,用百年減去此 40 年,又減去武王克商後在位 2 年與周公攝政 7 年,餘 51 年。

昭王在位年數,今本《紀年》記爲 19,古本《紀年》雖未明言 19 年卒,但所記昭王活動年數最多也即是十九年,即《初學記》卷七地部下引《紀年》曰:"周昭王十九年,天大曀,雉兔皆震,喪六師于漢。"這很易與昭王南征不返卒於漢水之事相聯繫。所以,昭王在位 19 年還是比較有根據的。[①]

總之,昭王在位 51 年説既難成立,則穆王繼位時年已 50 之説也不大可能。但是,兩種《史記》與《帝王世紀》所記穆王在位 55 年之説,如無確鑿證據,則不宜輕易否定。即是説,否定"穆王壽百年"即涉及否定在位 55 年還是繼位時年 50 歲的問題,繼位時年 50 歲證據未足,似不可取,但在位 55 年説應慎重對待。

諸書所引古本《紀年》,有穆王起九師征伐至於九江之事。或記爲三十七年伐楚(《藝文類聚》卷九等書引),或記爲四十七年伐紆(《太平御覽》卷三〇五引),亦有未説所伐對象只記此事爲七年(《太平御覽》卷七三引)或十七年(《廣韻》卷一引),年代與征伐對象其説不一,其中以引作三十七年的書最多。關於穆王伐紆(紓)事尚見載於宋羅泌《路史·國名記·己》,自注曰:《紀年》四十七年。以上七年、十七年南征事恐是三十七年或四十七年之誤。《穆天子傳》注與《太平御覽》卷三八引《紀年》均有穆王十七年西征昆侖丘見西王母之記載,故十七年不大可能再大舉南征。陳夢家《西周年代考》因諸書引南征事年數不一,"又事涉故事,非史實",故不取穆王在位 37 年以上説。但古本《紀年》既多引作 37 年或 47 年,而且與上述穆王在位 55 年説不矛盾,仍應作爲研究穆王在位年數的重要依據。

---

① 按:《太平御覽》卷八七四引《竹書紀年》曰"周昭王末年,夜有五色光貫紫微。其年,王南巡不返。"鮑刻本《太平御覽》作"夜清,五色光貫紫微。"張聞玉:《昭王在位年數考》指出,古本《紀年》記"昭王十九年",又記"周昭王末年","明白無誤是兩碼事,十九年絕不是末年"。此種分析確實有一定道理。但古本《紀年》所輯佚文出處不一,古代著作引書時亦並非嚴格摘録原文,故不記"十九年"而云"末年"亦很有可能。按今所見《紀年》體例,記王年當言年數,言"末年"未必是《紀年》原文體例。又謝元震:《西周年代論》(下)指出,諸書引古本《紀年》所言昭王十九年"天大曀"與昭王末年"夜清五色光貫紫微"絕不相同,不能説明在同一年份,故將昭王末年定於二十年。按:謝氏指出二者有別,可以討論,但定爲二十年似無確切根據。而且古本《紀年》此條末有"其年,王南巡不返"句,在明言昭王十九年條下云"喪六師于漢"句。史載昭王親征楚國溺於漢水(《左傳》僖公四年)而不返。故"南巡不返"與"喪六師于漢"不排斥是指同一件事之可能。

4. 關於"自周受命至穆王百年"

上文肯定了《晉書·束皙傳》中對穆王壽百歲的否定,但同一句話中所言"自周受命至穆王百年"自然亦應給予重視。與此相似的是,今本《紀年》有"自武王至穆王享國百年"句,與《束皙傳》所言之區別,在於"百年"起點。周受命,史書皆曰始於文王,而非武王,二者有區別。取始於武王説者似無根據。文王卒於受命何年,有7年、9年二説較重要,其中7年説文獻根據較早。[①]

此外,《束皙傳》中"至穆王百年",也可有包含穆王與不包含兩種解釋。陳夢家《西周年代考》即云:若此百年包括穆王,則成康之際40餘年(按:陳氏理解40餘年爲成、康積年)、昭王19年,穆王在位似在20年左右,並依此作爲否定穆王37年以上之理由。但實際上如包括穆王在內,即使按陳氏穆王20年計,自周文王受命中經武、成、康、昭四王至穆王總共80年也明顯不能排下。即使勉强排下,也要無根據地壓縮此前周王年數。葉慈(W. P. Yetts)《三代世表》指出:因爲百年內包含穆王55年顯而易見有誤,故有人重新在《紀年》中尋找穆王年限較少的證據,但即使估算爲37年,他以前諸王年限仍不得不壓縮,與文獻資料也顯然不合。[②] 所以,"至穆王百年"似不應理解爲包括穆王全部在位年在內。其實,對這句話的理解也可由《尚書·吕刑》得到啓示,其文曰:"惟吕命,王享國百年,耄荒。"僞孔傳曰:"言吕侯見命爲卿時,穆王以享國百年耄亂荒忽。"這樣看來,所謂穆王享國百年,是指西周元年至作《吕刑》,吕侯受命爲卿時,時當穆王在位某年。如果《晉書·束皙傳》隱括《紀年》所謂"自周受命至穆王百年"與上引《吕刑》文有關,則此"百年"年數的計算之下限未必限制在穆王元年。今以上文所述較合宜的周王在位年數作估算,即:文王受命取7年説,武王於受命十一年克商,克商前武王在位3年,自克商年始計武王又在位3年,成王取37年説(含周公攝政7年)、康王26年、昭王19年,共計95年,則如吕侯受命於穆王五年,其時正值百年。如文王受命取9年説,或成王在位取36年説,差距亦不大。

當然,以上推算是將《束皙傳》"至穆王百年"語與《吕刑》説法相統一得出的。以往諸家或將"百年"理解爲截止到昭王末年或穆王元年。爲了排下諸王年數,無非是對某些王的年數作調整,增加或減少,以使總和適爲百年,其中有的有合理成分。例如新城新藏《周

---

① 文王受命幾年卒,文獻中有不同説法。《史記·周本紀》云:"詩人道西伯: 蓋受命之年稱王而斷虞、芮之訟。"又言文王斷虞、芮之訟,"明年,伐犬戎。明年,伐密須。明年,敗耆國。……明年,伐邘。明年,伐崇侯虎,而作豐邑,自岐下而徙都豐。明年,西伯崩,太子發立,是爲武王"。這是受命七年卒説。《通鑒外紀》卷一引《尚書大傳》在何年伐何國上與《周本紀》略異,但亦云受命七年崩。《周本紀》又言:"西伯(文王) 蓋即位五十年。"受命之年"後十年而崩,謚爲文王"。如依此言,則文王崩於受命十一年,與同文七年説矛盾。正義曰:"十"當爲"九",但如改爲"後九年而崩"則文王崩於受命十年。劉歆《世經》則以文王受命九年卒。《周本紀》正義引皇甫謐《帝王世紀》云"文王即位四十二年,歲在鶉火,文王更爲受命之元年。始稱王矣"。將此語與以上《周本紀》文王即位五十年聯繫,則文王正崩於受命九年。是東漢至晉學者有從九年説者。劉恕:《通鑒外紀》從九年説。總之,文王卒年主要有受命七年與受命九年兩説。記文王受命七年卒説的文獻,其時代要早於記九年説者。

② 葉慈(W. P. Yetts) and A. C. Moule (eds):《三代世表》, The Rulers of China, 221 BC - AD 1949, Routledge & Kegan paul, 1957.

初之年代》取文王受命 7 年崩説,武王克商前 3 年,克商後 3 年,成王 37 年,康王 26 年,共 76 年,距百年(昭王末年)差 24 年,於是即設定昭王爲 24 年。昭王 24 年雖無任何文獻根據,此説昭王以外諸王年數皆有文獻根據,且昭王 24 年也可包含古本《紀年》昭王 19 年在内,未嘗不可作爲一種方案。

綜上述,"自周受命至穆王百年","周受命"應從文王受命始計;"至穆王"可作兩種理解,一是聯繫《尚書·吕刑》將"百年"下限作爲"惟吕命"之時,即穆王在位某年(如上文推算至穆王 5 年左右);一是理解爲昭王末年或穆王元年,從而在百年内確定諸王年數,如新城新藏諸王年數的方案。但後一種理解,穆王前諸王年數一定要有較充足的文獻根據,或與可靠的文獻記載不相矛盾。兩種理解何者合適,也要在綜合文獻與青銅器銘文中的曆日關係排出較爲合天的西周王年曆譜的工作中來確定。

5. 厲王在位年數問題

厲王在位年數牽扯面較多,不僅涉及共和有無獨立紀年問題,而且涉及青銅器中高年數器物的歸屬等問題。但厲王在位年數的文獻記載歧異較大,比較複雜,研究者也有多種理解。

《史記·周本紀》曰:"夷王崩,子厲王胡立。厲王即位三十年,好利,近榮夷公。大夫芮良父諫厲王曰:……厲王不聽,卒以榮公爲卿士,用事。""王行暴虐侈傲,國人謗王。召公諫曰:'民不堪命矣。'王怒,得衛巫,使監謗者,以告則殺之。其謗鮮矣,諸侯不朝。三十四年,王益嚴,國人莫敢言,道路以目。"召公諫,"王不聽,於是國莫敢出言。三年,乃相與畔,襲厲王。厲王出奔於彘"。對於這段記載,以往通常的理解是厲王即位 30 年時好利而近榮夷公。34 年時高壓政策的推行已達到"國人莫敢言"的程度,又過了 3 年國人畔,迫使厲王出奔。這 37 年説在宋代被《皇極經世》採用,並被其後採用《皇極經世》王年系統的著作所延用。司馬遷雖然在記述厲王一些事件時標明了年代,但《十二諸侯年表》並非始於厲王。對於這點,陳夢家《西周年代考》認爲是史公不自信的表現。夏含夷《此鼎銘文與西周晚期年代考》在分析了以上一段文字的寫法後,也對三十七年説提出質疑,他講道:"史學家雖多以爲《周本紀》間接地道出了厲王奔彘是在其三十七年,可是司馬遷自己並沒有這個意思,是十分清楚的。要不然的話,他大可以秉筆直書,完全不必採用那麼迂曲的敘述法。敘述方法那麼迂曲大概表明史遷不能完全理解他所掌握有關厲王在位年數的各種資料。但這並不等於説《史記》所記載的資料不可靠。"他也提到厲王在位絕對不可能有 37 年之久,這點可由幾個《世家》中有關的史料判定。[①] 關於《周本紀》與部分《世家》在厲王在位年數上的分歧,夏文發表前亦已被研究者們注意到,並作過研究,如新城新藏《周初之年代》、陳夢家《西周年代考》、榮孟源《試談西周紀年》、戚桂宴《厲王在位年考》等[②]。

---

① 夏含夷:《此鼎銘文與西周晚期年代考》,《大陸雜誌》第 80 卷 6 期,1990 年。
② 戚桂宴:《厲王在位年考——兼論西周諸王在位年數問題》,《山西大學學報》1979 年第 1 期。

　　司馬遷在寫諸《世家》時,可能因爲厲王奔彘是西周史上一件大事,特別是奔彘後次年即是有明確紀年的共和元年(前841),奔彘年可確定爲前842年,故常將諸侯國中諸侯在位年數與厲王奔彘年相聯繫,注明其對應的關係。以往的研究者多分析《世家》中的這種年代關係資料,藉以檢驗厲王在位37年説之可靠與否。這幾個《世家》是《齊太公世家》《衛康叔世家》與《陳杞世家》。三個《世家》有關厲王在位年數的記載皆與《周本紀》厲王37年説有不相容之處:

　　(1)《史記·齊太公世家》:"哀公時,紀侯譖之周,周烹哀公而立其弟靜,是爲胡公。胡公徙都薄姑,而當周夷王之時。哀公之同母少弟山怨胡公,乃與其黨率營丘人襲攻殺胡公而自立,是爲獻公。獻公元年,盡逐胡公子,因徙薄都,治臨菑。九年,獻公卒,子武公壽立。武公九年,周厲王出奔,居彘。"武公九年爲前842年,上推至胡公末年爲前860年。《史記·周本紀》正義引《紀年》:夷王"三年,致諸侯,烹齊哀公于鼎"。胡公徙都薄姑亦在夷王時。但其被誅時是否還在夷王時並不清楚。與此相關的是,"而當周夷王之時"一句話後面的標點,現從中華書局標點本用句號,是以此句説明胡公徙都時間。但也有的學者於此用逗號,使此句隨下讀,如戚桂宴《厲王在位年考》即如此。戚文認爲"齊獻公即位是在夷王之時",並由此推論"厲王奔彘前在位的年數,不可能超過獻公九年和武公九年的總合十八年"。榮孟源《試談西周紀年》讀法與結論同戚文。但"而當周夷王之時"從文義看,似與上句聯讀爲好。所以不能斷定胡公被殺一定是在剛徙都不久,也可能是在他徙都薄姑一段時間後的事。上舉夏含夷文認爲,獻公爲兄報仇,亦不當距哀公之世太遠,所以胡公元年距前860年(即胡公末年)早不過數年。胡公與夷王至少有一段時間同時在位,所以夷王也應在前860年,或稍前一段時間仍在位。總之,由於《齊太公世家》未明言胡公被殺時間,因此即存在兩種可能,即:如胡公被殺(前860)仍在夷王時,那麽厲王在位時間即如上舉戚文所言,不會超過18年。如胡公被殺時已進入厲王時期,則厲王在位時間就超過18年。胡公初立於夷王三年,按理胡公立後夷王未必會馬上故去,所以胡公與夷王至少有幾年同時在位,這樣又存在胡公被殺(前860)距其初立要有19年以上,即19年再加上胡公與夷王並立的若干年,厲王在位時間才能達到37年。可是從上引《齊太公世家》文義看,獻公會否等這麽長時間才爲兄報仇是很成問題的。在以往研究中,有的論文僅假設一種可能,即胡公被殺距其立時間甚短,仍在夷王時。雖有此種可能,但應注意到另一種可能,即胡公被殺已入厲王時。綜合這兩種可能,僅就《齊太公世家》這段文字來看,只能得出這樣一個結論,即厲王在位時間未必能達到37年之久。

　　(2)《史記·衛康叔世家》:"頃侯厚賂周夷王,夷王命衛爲侯。頃侯立十二年卒,子釐侯立。釐侯十三年,周厲王出奔于彘,共和行政焉。"釐侯十三年爲前842年,則頃侯元年爲前866年。頃侯立,尚在夷王時。但由頃侯立至釐侯十三年(周厲王奔彘年)只有25年時間。除非夷王命頃侯不久尚在頃侯元年時夷王即卒,否則此 25 年除包含厲王全部在位時間外,還要包含夷王的一段在位時間。上舉夏含夷文言衛頃侯和夷王至少有一段時間同時在位,夷王之卒年不可能早於頃侯元年,所言也是有道理的。所以,從此段文字看,厲王在位年數也有兩種可能:如夷王卒於頃侯元年,即立頃侯不久即於同年故去,厲王在位年數始於頃侯二年,則有 24 年;如夷王卒於頃侯在位 13 年中某年,則厲王在位年數少於24 年。綜合起來可以説,本段文字表明厲王在位不超過 24 年。

(3)《史記·陳杞世家》:"慎公當周厲王時。慎公卒,子幽公寧立。幽公十二年,周厲王奔于彘。"(幽公十二年,依《十二諸侯年表》當爲十三年①)幽公十二年爲前 842 年,則慎公卒年爲前 854 年(若幽公立十三年厲王奔彘,則爲前 855 年),慎公與厲王有一段時間同時在位。即使當慎公卒年爲厲王元年,則厲王元年也在前 854 年(或前 855 年)。所以,其在位時間至少有 13 年(或 14 年)。

綜合以上對三《世家》資料的分析,周厲王在位年數應在 13 至 24 年之間(如依《十二諸侯年表》幽公十三年厲王奔彘,則是 14 至 24 年之間)。這當然是僅據《世家》資料得出的認識。

今本《紀年》厲王"十二年,王亡奔彘"。雖接近於以上厲王在位年數範圍,但《陳杞世家》資料已證明厲王在位年數不可能少至 12 年,至少要在 13 年以上。所以今本《紀年》12年説不可盡信②。同樣,今本《紀年》所記厲王三年"齊獻公山薨",是與厲王十二年出奔説相協調的,亦不準確。李仲操《西周年代》對於這一點有專門論述。

不少研究者鑒於以上據《世家》得出的厲王在位年代範圍,試圖對《周本紀》所記厲王在位 37 年作出新的解釋。例如戚桂宴《厲王在位年考》認爲《周本紀》"厲王即位三十年"是記厲王在位的通年之數,應在"三十年"下斷句。而厲王"三十四年"弭謗,"三十四"必爲"十四"之誤衍,"三"是因上文"三十年"而衍,乃後人誤以爲厲王好利是在他即位"三十年",所以在"十四"前添一個"三"字。戚文據以上分析,推定:厲王奔彘是從"十四年"弭謗算起之"三年",即十六年。而十六年奔彘正與《世家》記載相合。且厲王於共和十四年死去,通年 30 年,恰合於"厲王即位三十年"之數。戚文的推測有合理性,但因要在關鍵地方("三十四年")刪字方能自圓,故只能成爲一説。

---

① 《陳杞世家》下文繼言"(幽公)二十三年,幽公卒,子釐公孝立。釐公六年,周宣王即位"。幽公十三年爲共和元年(前 841),二十三年卒時,值共和十一年。釐公立於共和十二年。則宣王元年相當於釐公四年。《陳杞世家》中言"釐公六年,周宣王即位"顯然有誤。"六"宜改作"四"。如依《十二諸侯年表》,則幽公十四年爲共和元年,則釐公五年爲宣王元年。

② 陳力:《今本〈竹書紀年〉研究》據今本《紀年》"孝王七年冬,大雨雹,江、漢水"原注"牛馬死。是年,厲王生",又據《太平御覽》卷八七八引《史記》"周孝王七年,厲王生。冬,大雨雹,牛馬死,江、漢俱凍",提出厲王既生於孝王七年,今本《紀年》又記孝王在位 9 年、夷王 8 年、厲王奔彘前後共 26 年,則自孝王七年至共和十四年恰爲 37 年。所以,陳文提出"史遷將厲王之生壽誤作奔彘前在位之年"。其觀點與下文所舉諸家將 30 年當作厲王在位年數的看法不同。但今本《紀年》厲王在位 12 年説有不妥之處,陳文並未述及。

夏含夷《此鼎銘文與西周晚期年代考》,據元年、五年師旋簋推定夷王元年爲前 865 年,據大簋、大鼎推定厲王元年爲前 857 年,得出厲王奔彘前在位共 16 年的結論。此 16 年與奔彘後 14 年總計爲 30 年,可能即是《周本紀》中"厲王即位三十年"的來源。此結論與上述戚文觀點相合。[①] 實際上,新城新藏在《周初之年代》中已推算厲王元年在前 857 年,並將厲王在位年數與共和十四年合併爲 30 年。唐蘭在《西周青銅器斷代中的康宫問題》(《考古學報》1962 年第 1—2 期)中亦據《衛康叔世家》肯定厲王奔彘不會在 37 年,認爲從厲王紀年青銅器看,厲王的在位年數,包括共和行政在內,至少有 31 年,最多不過 38 年。

李仲操《西周年代》從《衛康叔世家》推得厲王奔彘時在位 23 年(假設頃侯二年夷王卒,頃侯三年爲厲王元年),加上共和行政 14 年,正是 37 年。李氏認爲宣王作爲厲王子,記奔彘後歷史,不會用共和紀年,必然是厲王連續年數。司馬遷寫《周本紀》時,有可能把奔彘後年數同奔彘前事迹搞混了。

可以支持以上諸家見解的是,《史記·周本紀》曰"共和十四年,厲王死于彘",宣王立。這説明,雖共和時周厲王被逐而不在位,但並未廢除其王位,不然不會非要待其卒才立宣王。正如上舉李仲操文所言,"厲王未死,新王不立",這是當時王位正統觀念存在的表現。故將共和年數繼續當作厲王在位年數並非不可能。應當説明的是,厲王在位年數,由於《周本紀》與《世家》所載有矛盾,相當多的研究者據此而相信《世家》所記厲王年代範圍較可靠,因而懷疑《周本紀》中厲王在位 37 年奔彘之説,並做出種種修正。這都是相當有道理的。特別是將厲王在位數通共和 14 年計算的看法,也有合理成分。但《周本紀》畢竟明記了厲王在位之年數,且只有改動其記載或對司馬遷有可能出現的疏誤做出某種推測,才能與以上種種修正相適,故不能太肯定。因此奔彘前在位 37 年之説仍應做爲厲王在位年數的重要説法之一。厲王在位年數的確定,僅靠文獻推測難以定論,只有在聯繫西周青銅器銘文中的曆日資料排出較完整的西周王年曆譜之工作中做進一步研究,但厲王年數可不限於 37 年,而有一定文獻根據的 13(或 14)至 24 年之在位年數範圍則爲這種綜合研究提供了可供選擇的另一套年數關係。

四、結　　語

戰國與漢代的文獻有關西周積年的説法中,較可信的最少與最多年數形成一個年代範圍,即在 274 至 306 年間。但綜合起來看,似可以將從戰國文獻中概括出來的 290 年左右這個年數來概括諸種説法,實際的積年數與此相差似不會太多,約在十五、六年。戰國

---

① 榮孟源:《試談西周紀年》則據器銘推算厲王元年爲前 856 年,又將番匊生壺定爲厲王二十六年器,厲王二十六年爲共和十一年,共和與厲王紀年並存,可知厲王奔彘後仍保存周紀年,共和十五年厲王死,是厲王在位 30 年,恰合《周本紀》所説"厲王即位三十年"。按榮氏提出共和是 15 年的看法,是榮氏以《史記》中"宣王立""宣王即位"之第二年爲宣王元年,故給共和加了 1 年。但依《史記》文例,凡言某王"立""初立""即位",均已是指其元年,榮氏所云與《史記》文例有所不合,結論不甚妥當。

與漢代人距西周較我們今日爲近,他們的説法理應重視。

《史記·魯周公世家》除伯禽在位年數未言外,餘魯公年數皆明記。劉歆《世經》所引《魯周公世家》雖與現所見《史記·魯周公世家》有異,但《世經》整個西周積年體系依據三統曆推出,今日已爲研究者所不取,則《史記·魯周公世家》的魯公年數似亦不應根據研究的需要而作隨意性損益,不宜做過大的修正。如以《史記·魯周公世家》所記魯公年數228 年加上伯禽 46 年(皇甫謐所云伯禽 46 年始年之"成王元年"依武王去世後次年計)、武王約 3 年,總計 277 年,與上述戰國至漢的文獻中西周積年數值較接近。

漢代及漢以前文獻中有關西周諸王具體在位年數的記載今日能見到者甚少,此少數記載如無確鑿證據可否定,宜格外尊重。如《史記·周本紀》與有關《世家》中涉及到的西周諸王年數與古本《紀年》中記録的少數幾位王的活動年數,以及有關某幾位王在位年數的集合數,不應簡單否定。此類文獻記載有自相矛盾之處(如厲王奔彘前在位年數),應作細心的辨析,在利用其他資料(如銅器銘文、天文資料等)作綜合研究時決定取捨。

皇甫謐《帝王世紀》未必是本於古本《紀年》,但其所記《史記》所不見的部分周王年數(除昭王 51 年外),如共、懿、夷王年數,當是本於今日已不得見的晉以前古籍,還是很珍貴的。

今本《紀年》非《紀年》原本面貌已無可疑,它是否與古本《紀年》屬於不同形式的整理本,學者間還有不同意見。但其康王年數(26 年)同《帝王世紀》,昭王年數(19 年)與古本《紀年》所記昭王活動最高年數合,穆王年數同《史記》,懿王年數(25 年)同於《太平御覽》引《史記》,均非無據。特別是其魯諸公與周王之間在位年數的聯繫,與《魯周公世家》所記魯公年數大致相合,在推算西周諸王年數時有其參考價值。

文獻史料中有關西周諸王年代的資料對於建立一個科學的西周編年體系可以起到哪些作用呢?有的論著首先據文獻史料(及其它資料)規定武王克商年代,然後在此年代與西周末年(前 771)之間通過不同方法來考察諸王年數,這是一個先限制年數範圍的方法。如果能有充分證據肯定武王克商年代當然是非常有意義的,但在這個問題上的爭執説明很難簡單地確定這個年代。一旦此年代的規定不嚴謹,則下面諸王年代的推定都失去了基礎。所以,先確定武王克商年代,然後再來推考王年,似不是最好的方案。我們可以考慮以下這樣一種研究途徑:通過對諸類文獻中所見西周諸王在位年數作系統、深入研究,可以產生一個西周積年的年代範圍,這樣產生的年代範圍與上述戰國至漢代文獻中直述積年數的範圍(與概括年代)之綜合,可以形成文獻中所見西周積年的年代框架。根據此框架即可以對應形成西周元年(或武王克商年)允許值的年代區間。這實際上是説,以此區間範圍內的年代爲西周元年均可以得到古代文獻典籍記載的支持。但在這個區間內欲確定那一個年代爲西周元年,則光靠文獻是不易做到的,需要將文獻與西周銅器銘文中的曆日資料及天文學研究成果綜合起來篩出,最後篩出的年代應該是能使以其爲元年的編年體系合曆的程度相對高者。這樣得出的結果基本上可以説做到了文獻資料充分、合理的利用，並實現其與金文、天文學研究的結合。

上面談到較科學的西周編年體系應是最合曆的。所謂合曆，不僅是能最大比例地、較合理地排下青銅器銘文中的曆日資料，而且因爲西周早期從武王至康王缺乏有紀時銘文的銅器，這樣就首先必需要能够排下幾條可信的西周文獻中有關這幾位王的曆日資料。即：

> 武王克商年：一月壬辰旁死霸
> 　　　　　　三月既死霸粵五日甲子（《漢書·律曆志》引《武成》）
> 成王七年：二月既望越六日乙未
> 　　　　　三月丙午朏（《召誥》）
> 　　　　　十二月戊辰（《洛誥》）
> 成王終年：四月哉生魄……甲子……
> 　　　　　越翼日乙丑（《顧命》）
> 康王十二年：六月庚午朏（《漢書·律曆志》引《畢命》）

（原載《西周諸王年代研究》，貴州人民出版社，1998 年）[①]

[①] 按：此文係收入《西周諸王年代研究》一書（貴州人民出版社，1998 年）中與張榮明先生合撰的《西周諸王年代研究述評》中的前半部分，此次收入略有訂補。原文後半部分尚有"當代學者利用青銅器銘文研究西周諸王年代之得失"等內容。近二十餘年來，有許多與諸王年代有關的新的有銘青銅器資料發表，學者們在利用西周金文作西周年代學研究中有不少新成果，研究方法亦有長足進步，已需要另作評述。

逨鼎紀年與宣王時紀年銅器的合曆問題

　　陝西眉縣楊家村近期發現的西周窖藏銅器中有逨鼎兩組(以下分稱鼎一、鼎二,《銘圖》2502、2503 等),銘文所記曆日年、月、月相、干支俱全。即:

> 隹卅又二年五月既生霸乙卯(鼎一)
>
> 隹卅又三年六月既生霸丁亥(鼎二)

　　兩組器紀年皆在四十年以上,學者多歸爲宣王時器,應無疑義。但問題在於,如按照《史記·周本紀》與《十二諸侯年表》,以公元前 827 年爲宣王元年,則四十三年鼎曆日可合此宣王年曆,但四十二年鼎乙卯日落在二十五日,顯然不合"既生霸",不能容入此宣王年曆系統中。張培瑜先生著文分析發生這種情況的原因,認爲要使此兩組的月相紀日合曆,很可能需調整《史記》所書宣王紀年,即移後一或二年。下面僅在張先生見解的基礎上,從排西周金文曆譜的角度,探討一下金文曆譜中與宣王元年有關的問題。需説明的是,這種探討只是受逨鼎曆日的啟發,試圖構築一個能盡可能多地排下更多的宣王時紀年銅器的金文曆譜方案,而無意僅因此而否定"斷代工程"已公布的曆譜,也不是簡單的要求改變文獻中所記載過且已爲大家習用的説法。

　　這裏,首先要談到在排西周金文曆譜時遇到的厲王在位末年(厲王三十七年,即奔彘年)與共和元年的關係問題。因爲如像《史記·十二諸侯年表》那樣,將共和元年(前 841)定在厲王奔彘年的次年,類似於王年的踰年改元,則會有一些不能合宣王曆日而應安排在厲王年曆中的高年數銅器被排斥在厲王年曆外。但如將厲王奔彘年(即其在位的三十七年)定在共和元年,即公元前 841 年,則可以使若干高年數銅器容於厲王世,且使厲王銅器有二十餘件合曆。故"斷代工程"現采用的金文曆譜[①]即采用了此一方案。實際上,這樣做亦並非没有史學及文獻之依據。因爲共和行政既非王當政,似用不着踰年改元,且《史

---

① 按:下文所言"金文曆譜"皆指此。見夏商周斷代工程專家組:《夏商周斷代工程 1996—2000 年階段成果報告(簡本)》,世界圖書出版公司,2000 年。

記·周本紀》正義引《魯連子》云："周厲王無道,國人作難,王奔于彘,諸侯奉和以行天子事,號曰'共和'元年。"其文意亦支持將厲王奔彘年與共和元年歸一的認識。

上述金文曆譜雖因采納了厲王三十七年爲奔彘年亦即爲共和元年(前841)的説法而解決了厲王世銅器的合曆問題,但如考慮到《史記》的《魯周公世家》《衛康叔世家》《晉世家》《宋微子世家》等文獻中的記載(因爲這些文獻均明確地説明了各諸侯在位年數與周厲王奔彘年及宣王即位年的對應關係),對這種金文曆譜體系中宣王元年究應落在哪一年的問題似仍值得再斟酌。現將金文曆譜中這種紀年體系和諸《世家》中有關諸侯在位年數與厲王出奔年、宣王即位年的對應關係整合爲一體,列爲下表(表中"·"號表示延續年數的省略):

西周金文曆譜 采用的紀年體系		《史記》諸世家所記年數關係			
		《魯周公世家》	《衛康叔世家》	《晉世家》	《宋微子世家》
厲王三十七(出奔)年即共和元年	前841年	真公十四年("周厲王無道,出奔彘,共和行政")	釐侯十三年("周厲王出奔于彘,共和行政焉")	靖侯十七年("厲王出奔於彘,大臣行政,故曰共和")	釐公十七年
二年 三年 · ·	前840年 前839年 · ·	真公十五年 真公十六年 · ·	釐侯十四年 釐侯十五年	靖侯十八年 靖侯元年	釐公十八年 釐公十九年 ·
十二年 十三年 十四年 宣王元年	前830年 前829年 前828年 前827年 前826年	真公二十八年 真公二十九年 ("周宣王即位")	釐侯二十七年 釐侯二十八年 ("周宣王立")	釐侯十三年 釐侯十四年 ("周宣王初立")	釐公二十八年 惠公元年 惠公二年 惠公三年 惠公四年 ("周宣王即位")

從表中可看出,以往在排金文曆譜時,由於采用了厲王奔彘年(厲王三十七年)即共和元年(前841)的方案,並從此年計算起,將共和所跨年數定爲14,共和行政十四年結束的時間定在了前828年,故使宣王元年仍落在公元前827年。但如果按《史記》諸《世家》以厲王奔彘的第二年爲共和元年的,故共和十四年結束的時間自然即比金文曆譜晚了一年,即到了前827年,這樣也就使宣王元年定在了前826年。如將金文曆譜的年數關係與《史記》諸《世家》的年數關係相整合(亦即也從厲王奔彘年第二年始跨14個年頭作爲共和行政年),即可將宣王元年落在前826年。

如依照宣王元年爲公元前826年的方案,有至少11件銅器可排入宣王年曆中(西周曆日依張培瑜先生《三千五百年曆日天象》一書中《合朔滿月表》),即師獸簋(元年,《集成》4311)、酈簋(二年,《集成》4296)、兮甲盤(五年,《集成》10174)、牧簋(七年,《集成》4343)、虢季子白盤(十二年,《集成》10173)、伯克壺(十六年,《集成》9725)、克鑄(十六年,《集成》209)、吳虎鼎(十八年,《銘圖》2446)、趞鼎(十九年,《集成》2815)、袁盤(二十八年,《集成》

10172,銘文中有"史減",亦見兩組逨鼎)、逨鼎一、二(四十二、四十三年)。

在此曆譜中存在的問題是,逨鼎一"既生霸乙卯"正值朔日,如果從月相含義看,可以視爲先天一或二日;吳虎鼎月相紀日爲"十三月既生霸丙戌",值十六日,後天一或二日。這種情況對於當時的曆法,似應該是在允許的範疇内。金文月相紀日出現先天或後天,透露出當時可能已初行推步曆法,但尚不嚴整。

上述僅是由於兩組逨鼎的發現所引起的對於以往西周金文曆譜研究工作的一點反思,並非成熟的意見。事實上,每一件新的四要素俱全的紀年銅器的發現都會給過去的西周金文曆譜研究帶來影響,驗證或修訂以往的方案,並不斷深化我們對西周曆法問題的認識。

(原載《陝西眉縣出土窖藏青銅器筆談》,《文物》2003 年第 6 期,收入本書時,稍有修訂)

簡論與西周年代學有關的幾件銅器

近幾年來,多有與西周年代學相關的有銘青銅器發現,不斷深化着學者以往對西周年代學的認識,並促進了對西周金文曆譜的補充與修訂工作。以下僅簡要討論此類銅器中的幾件,其中有的是此前曾經發表過的,但也有迄今尚未刊布的資料,對此類新資料筆者亦是初識,思慮未必周到,所論實爲抛磚引玉,惟願藉此使這些資料早日刊布,以爲研究者提供更多的討論之素材。

一、覎公簋補議

覎公簋之器形、銘文,曾由筆者著文在《考古》2007 年第 3 期介紹,因資料重要,經考古所與編輯部領導支持,擠進該期文章中提前發表,但因版面原因,圖版只能給半頁了,故只登載了黑白的器形圖與銘文照片各一張。現經收藏方同意,將該簋的圖像重新刊布,包括器形正視圖(圖一)、俯視圖(内底銘文,圖二)、簋耳與器身的局部圖(圖三,1)、紋飾細部(圖三,2)、銘文照片與拓本(圖四,1、2)。從俯視圖看,該簋器口已呈扁橢圓狀,顯然是在墓葬破壞時被其他重物擠壓所致。有一邊器耳下的小珥之鈎形紋飾向内,結果使兩側小

圖一　覎公簋(正視)

圖二　覎公簋(俯視)

圖三

1. 䚄公簋器身與耳部　2. 䚄公簋紋飾細部

圖四

1. 䚄公簋銘文　2. 䚄公簋銘文拓本

圖五　史簋

珥上的鈎形紋飾同向了,此點已有學者指出。細緻觀察原器(圖三,1),似非器物有損壞修復後接倒造成的,而應是鑄造時作範發生的錯誤。此種情況在已著録的青銅器中很罕見,但亦偶可見,如巴黎賽爾努什博物館(Musée Cernuchi)所藏史簋(圖五)。①

　　䚄公簋銘文的内容,除筆者作過初步探討外,先後有李學勤、彭裕商與李伯謙先生作專門

① Vadime Elisseeff, Bronzes Archaïques Chinois au Musée Cernuschi (Paris, 1977), Vol. I, pl. 12, pp. 36–39.

論述,^①也有其他學者在論晉地考古的文章中兼及。^② 彭裕商先生分別從器形、紋飾與銘文諸方面判定簋的年代,認爲其年代在成康之際的可能性要大一些。李伯謙先生經對銘文內涵分析,並聯繫天馬—曲村遺址的年代,斷定簋銘"唯王廿又八祀"應理解爲成王紀年。兩位教授的意見我是贊同的,拙文在康王、成王兩種可能中,本亦更傾向於簋屬成王時期。李學勤先生的文章更具體地列舉了若干與覎公簋形制、紋飾特徵相近同的器物。現在李先生文章基礎上,再對與覎公簋形制、紋飾特徵有共性的銅器年代作一分析,以進一步推測簋的製作年代。

覎公簋微鼓腹,雙獸首半環形耳下有小長方形珥,圈足斜直而無階。這種形制的簋始出現於殷代末葉,而在西周早期偏早的青銅器中常見,只是有的同形簋圈足下或有階狀足跟,小珥或作較大的鉤狀。這種器形在拙著《中國青銅器綜論》中歸入西周青銅器一期,流行年代在武王至康王時期偏。^③ 因爲至二期時(年代屬康王時期偏晚至昭王時)多數器物已出現微垂腹或已垂腹的特徵。不僅如此,其紋飾亦很有時代特徵。其腹部飾豎條棱紋,此種紋飾亦流行在上述一期時段內,其口沿下頸部飾渦紋搭配一種特殊形式的直身顧龍紋,二者相間構成紋飾帶,圈足上飾所謂"鳥首龍身紋"。在已著錄的考古發掘出土與傳世的銅器中與覎公簋形制、紋飾相近的銅器例如(以下器物分期,均參見上引拙作《中國青銅器綜論》):

韓簋(《銘圖》5140,圖六,1),現藏華盛頓史密森博物院賽克勒美術館,其形制、紋飾近同,唯圈足飾渦紋間以所謂四瓣目紋。^④ 據銘文可知屬殷末器。

甘肅靈臺白草坡 M1 出土簋(M1:10,圖六,2),^⑤屬上述一期器。

陝西寶雞紙坊頭 M3 出土簋(M3:8,圖六,3),其腹部素面,圈足飾⌣形雙首顧龍紋,但頸部紋飾近同覎公簋,^⑥屬上述一期器。

陝西扶風上宋鄉紅衛村北磚廠 M1 出土簋(06FSM1,圖六,4、6),無小珥,但頸部與圈足紋飾和覎公簋亦近同,^⑦屬上述一期器。

河南鶴壁龐村西周墓出土之"伯作簋"(0042,圖六,5),作鉤狀珥,圈足下有高直階,但腹亦飾豎條棱紋,頸部與圈足紋飾均近同覎公簋,^⑧屬一期器。

① 李學勤:《論覺公簋年代及有關問題》,收入《"夏商周斷代工程"簡報》第 163 期,2007 年 4 月 28 日;彭裕商:《覺公簋年代管見》,《考古》2008 年第 10 期;李伯謙:《覎公簋與晉國早期歷史若干問題的再認識》,《中原文物》2009 年第 1 期。

② 孫慶偉:《覎(堯)公簋、晉侯尊與叔虞居"鄂"、燮父都"向"》,《古代文明研究通訊》總第 35 期,2007 年 12 月;田建文:《唐、晉、晉國、晉文化》,《古代文明研究通訊》總第 44 期,2010 年 3 月。

③ 拙作《中國青銅器綜論》第十一章,上海古籍出版社,2009 年 12 月。

④ 柏哥雷(W. Bagley):《賽克勒藏商代銅禮器》(Shang Ritual Bronzes in the Arthur M. Sackler Collections),哈佛大學出版社,1987 年。

⑤ 甘肅省博物館文物隊:《甘肅靈臺縣白草坡西周墓》,《考古學報》1977 年第 2 期。

⑥ 寶雞市考古研究所:《陝西寶雞紙坊頭西周早期墓清理簡報》,《文物》2007 年第 8 期。

⑦ 扶風縣博物館:《陝西扶風縣新發現的一批商周青銅器》,《考古與文物》2007 年第 3 期。

⑧ 周到、趙新來:《河南鶴壁龐村出土的青銅器》,《文物資料叢刊》第 3 輯,1980 年。

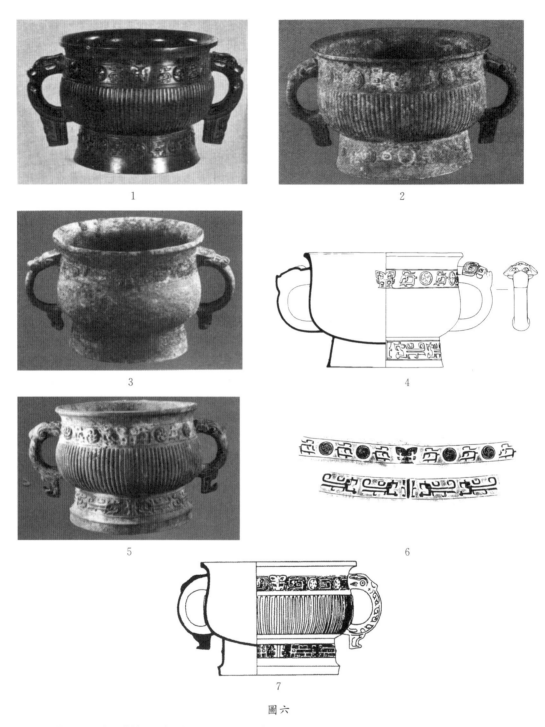

圖六

1. 緋簋 2. 靈臺白草坡 M1 出土簋(M1：10) 3. 寶雞紙坊頭 M3 出土簋(M3：8) 4. 扶風紅衛村 M1 出土簋
5. 鶴壁龐村西周墓出土之"伯作簋" 6. "未目壬"簋紋飾 7. 邢臺葛家莊 M73 出土之狱簋

河南鄭州窪劉西周墓地 M1 出土簋(99M1：6)，腹部亦飾豎條棱紋，[1]屬一期器。

山西曲沃、翼城間的曲村晉國墓地 M6127、M7161 出土簋，[2]亦與覎公簋形近，均

---

① 鄭州市文物考古研究所：《鄭州窪劉村西周早期墓葬(ZGW99M1)發掘簡報》，《文物》2001 年第 6 期。
② 北京大學考古文博學院、山西省考古研究所：《天馬—曲村(1980—1989)》，科學出版社，2000 年。

屬一期器。

河北邢臺葛家莊 M73 出土妖簋（圖六,7）,足有高直階,小鈞狀珥,但腹部與頸部紋飾皆近同覡公簋,[①]亦屬一期。

就上舉諸器的情況看,覡公簋的形制與紋飾所反映的工藝特徵確是流行於西周早期偏早這一時段内,即武王至康王早期。因此簋銘中的"隹（唯）王廿又八祀",比較妥當的解釋,還是歸成王紀年較好。

成王在位年數,現所知漢以前典籍未見有記載。《尚書·顧命》孔穎達疏曰:"成王崩年,經典不載,《漢書·律曆志》云成王即位'三十年四月庚戌朔,十五日甲子哉生魄',即引此《顧命》之文,以爲成王即位三十年而崩,此是劉歆説也。孔以甲子爲十六日,則不得與歆同矣。鄭玄云:'此成王二十八年。'傳惟言'成王崩年',未知成王即位幾年崩也。"劉歆將"甲子"認作"哉生霸"顯然與《顧命》原文意不合,《顧命》先言"唯四月哉生魄,王不懌",下面繼言"甲子,王乃洮頮水,相被冕服,憑玉几"。"越翼日乙丑王崩"是講自哉生魄始,王始感不適,至甲子日王病重,甲子未必屬"哉生魄"内。但孔穎達所總結的漢人對成王在位年的説法,主要即是劉歆的三十年與鄭玄的二十八年,代表了漢人一般看法。三十年或二十八年,皆是從成王在周公致政成王後之第二年親政始算的,漢以後學者多從三十年説。

依據此説,今日作曆表,如以武王卒後第二年爲成王元年,則成王共有三十七年。何尊記成王"五祀"時遷都於成周,此"五祀"即是其親政五年,説明當時實際記成王年,可能確是從其親政開始的,但其親政之"元祀",據《洛誥》,應是在周公致政當年（亦即周公攝政第七年）。[②]所以筆者以爲,如覡公簋"二十又八祀"確是成王紀年,則應是成王親政第二十八年,今日如作曆表,則此二十八年即成王三十四年。成王三十七年説,是容納下覡公簋"隹（唯）王廿又八祀"一個相比較尚可行的方案。[③]《史記·周本紀》記成王業績雖僅很少幾句話,但仍言成王"興正禮樂,度制於是改,而民和睦,頌聲興"。如成王在位時間僅二十一二年,似難以有此局面。康王在位年數,現所見先秦、兩漢典籍中均無明確記載。《太平御覽》卷八十五皇王部引皇甫謐《帝王世紀》云:"康王在位二十六年崩。"今本《竹書紀年》同此説。學者或據《太平御覽》卷八十五皇王部引《竹書紀年》"成康之際,天下安寧,刑措四十餘年不用"（《史記·周本紀》亦有此語,"措"作"錯"）,將成、康王在位積年認作四十餘年,然後以成王在位三十七年,或康王在位二十六年説,來計算康王或成王在位年。但此不用刑措的四十餘年,完全可以理解爲成王後期與康王前期的一段時間,不必非認作是

---

① 任亞姍等:《1993—1997 年邢臺葛家莊先商遺址、西周貴族墓地考古工作的主要收穫》,收入《三代文明研究（一）——1998 年河北邢臺中國商周文明國際學術研討會論文集》,科學出版社,1999 年。

② 參見拙作《〈召誥〉、〈洛誥〉、何尊與成周》,《歷史研究》2006 年第 1 期,亦收録於本書。

③ 如取成王三十七年説,文獻所記與成王有關的曆日數據是大致可以合曆的,參見拙文《覡公簋與唐伯侯于晉》（《考古》2007 年第 3 期,亦收録於本書）所附"武王至康王年曆表"（此表並非要討論武王克商年,僅是表明成王三十七年系統可以合曆）。

成、康全部在位總年數。在目前通過金文排曆譜的工作中,如認定覯公簋是成王二十八年器,則勢必要改動夏商周斷代工程簡本提供的曆表體系,比如調整武王克商年。或如有的學者所建議,據金文資料,壓縮穆王在位年,但後者要觸動《史記》對穆王在位年的明確記載,所以也有體系變動的問題。

二、七年師兌簋蓋與師兌器組年代序列的探討

圖七　七年師兌簋蓋

(一) 七年師兌簋蓋的形制與銘文考略

七年師兌簋蓋見於香港私人收藏家處,是西周中期偏晚出現,至晚期已流行的那種圓鼓腹、腹多飾瓦紋、圈足下多帶三小足的有蓋簋的蓋部(圖七)。其頂部有圈足式捉手,蓋邊緣向下方折,成斜直壁,此折成斜直壁的蓋邊緣部分、蓋頂周圍分別飾一周和兩周重環紋,捉手周圍飾瓦紋,捉手中間飾重環紋一周,中有螺旋形紋飾。蓋口直徑 23.5 厘米。

圖八　七年師兌簋蓋銘文

圖九　七年師兌簋蓋銘文拓片

簋蓋內中部有銘文七列,共七十四字(圖八、九),其釋文如下:

> 隹(惟)七年五月初吉甲寅,王
>
> 才(在)康卲(昭)宮,各康室,即立(位)。畢
>
> 叔右(佑)師兌入門立中廷。王乎(呼)

內史尹册易（賜）女（汝）師兌𦥑雁（膺）

用事。師兌拜頴（稽）首，敢對𩔨（揚）

天子不（丕）顯魯休。余用自乍（作）寶用

𩰫殷，師兌其萬年子孫永寶用。

銘文中字句需討論的問題不多。其言七年五月初吉甲寅"王在康邵宮"，但又言"各康室即位"，與其他銘文記王所在宗廟宮室的形式不同，以往所見形式，例如：

王在康宮大室（君夫簋，《集成》4178）

王在周康宮邵（昭）宮，旦，王各大室（頌鼎，《集成》2827—2829）

王在周康邵（昭）宮，各于大室（趞鼎，《集成》2815）

王在周康穆宮，旦，王各大室（衰鼎，《集成》2819）

王在周康宮𢓊（夷）大室（𤔲攸從鼎，《集成》2818）

王在周康宮𢓊（夷）宮，旦，王各大室（此鼎，《集成》2821—2823）

王在周康宮新宮，旦，王各大室（望簋，《集成》4272）

從這樣的語句形式中，可知：

1. "康宮"或簡稱"康"，初爲康王宗廟所在，後發展爲一大的周王室宗廟建築群，此區域仍以"康宮"爲稱，或簡稱"康"。①

2. 此宗廟區內諸王宗廟，亦稱宮，如上舉康宮、邵（昭）宮、穆宮、𢓊（夷）宮，是康王、昭王、穆王、夷王宗廟。"周康宮新宮"，因"新宮"僅見於在"康宮"下，或可能即是新的重修的康王宗廟。

3. 各宮內，即各位王的宗廟內部均各有"大室"，是宗廟中心舉行政治與禮制活動的廳堂類的建築，故先言王在"康"（或"康宮"）內某王之宮，繼言"王各大室"，此"大室"必是王所居該宮內之大室，因而有時不明言王在"康"（或"康宮"）內入某王宮之大室，而是徑言王在康宮"某大室"，如上引"王在周康宮𢓊（夷）大室"實即周康宮區域內（王室宗廟區內）𢓊（夷）宮（夷王宗廟）內大室。而"王在康宮大室"有可能即是指康王宗廟內的大室。

4. 由先言王在"康"（或"康宮"）內某王之宮，繼言在"旦"（或省去此表時詞語）時"王各大室"，可推知王可能是在前一日晚已入住此大室所屬之宮（即某王宗廟）內。而王各於大室亦多當在"旦"即凌晨時分，相當於後世帝王上早朝。

總結上述西周册命金文所記録之王册命地點與宗廟的關係後，再來看此七年師兌簋（按：以下皆以"七年師兌簋"稱七年師兌簋蓋），②銘文開首所記七年五月初吉甲寅日"王才（在）康邵（昭）宮，各康室"，即可知與上述諸例所見王在某室，一般均是在某王宮內同王

---

① 參見拙文《〈召誥〉、〈洛誥〉、何尊與成周》。

② 據七年師兌簋蓋收藏方告知，此簋器身現爲美國私人收藏，底有殘，但銘文曆日部分仍存。

名的室不同。此銘文言王在康昭宮,是説王在甲寅日在昭宮,但下邊所言各於之"康室"(應即是"康大室"),雖未明言是何時各,應該也是在"旦"時"各康室",值得注意的是,王在"昭宮",而未入"昭大室",而是入"康室"。這即是説,甲寅日王在康宮區域内昭宮(即昭王的宗廟),旦時(即凌晨時)王進入康王之宮(宗廟)内之大室。爲何王册賜師兑不就近在"昭大室"進行而要選在"康室",難能知其詳。元年師兑簋言"王才(在)周,各康廟"(《集成》4274),也是在康王之廟册命師兑的。

本銘中所記王呼内史尹所"册賜"的,僅是賜予師兑 ⽑雁(膺),⽑當從吳振武先生所釋,讀爲鈎。[1] "雁"應讀爲"膺"。"鈎膺"亦見 1990 年上海博物館所獲佟戒鼎銘(《銘圖》2279),也爲賞賜品之名。《詩經·大雅·崧高》"四牡蹻蹻,鈎膺濯濯",毛傳曰:"鈎膺,樊纓也。濯濯,光明也。"毛傳將"鈎膺"當作一類物件,即樊纓。樊纓爲繫在馬胸前的飾件。但同文孔穎達疏則區别鈎、膺爲二物,曰:"乃賜申伯以四牡之馬,蹻蹻然而强壯,又賜以在首之金鈎,在膺之樊纓,濯濯然而光明。""鈎者,馬婁頷之鈎,是器物之名;膺者,直是馬之膺前,非是器物,以鈎類之。明言膺者,謂膺上有飾,故取《春官·巾車》之文以足之,謂膺有樊纓也。按:《巾車》:'金路:鈎樊纓。'"[2]孔穎達的意見顯然是正確的。毛公鼎銘文中記王賜物品中有"金⽥(鈎)、金膺"(《集成》2841),鈎與膺分别冠以金,也證明鈎、膺確是兩類馬飾件。金鈎,很可能如楊英傑先生所云,是考古發掘所發現的那種繫在馬籠頭革帶中間的一長一短的兩件鈎形飾,曾出土於長安張家坡二號車馬坑。[3] 其長者覆於馬鼻前,短者在下,已鈎於馬嘴前,如《巾車》鄭玄注所謂"婁頷之鈎"。"膺"雖不當是用金屬(銅)鑄成的,但既亦冠以"金"稱"金膺",則或許是指綴以銅飾件故而顔色光亮的馬胸前大帶。

在本銘中,王賜給師兑鈎、膺之類馬飾以"用事",也要用"册賜"之近於廷禮册命的較隆重的形式。可能因爲有如下的原由:一方面,當時貴族使用的某類車、馬配飾有比較突出的顯示等級身份高貴的意義,此次賞賜中的膺,在文獻中即可見其有此種意義,如《左傳》成公二年"新築人仲叔於奚救孫桓子,桓子是以免,既,衛人賞以邑,辭,請曲縣、繁纓以朝",又如《周禮·春官·巾車》亦講到天子五路之别與樊纓數目多少有關。[4] 而王所賜的金鈎、樊纓類馬飾可能在質料、形制、紋飾上也有其獨特處,會區别於非王貴族所製作,且此類馬飾因裝飾在馬首正面與馬胸前,非常醒目,[5]故而使受賜者足可以炫耀所受到的王的賞賜之榮光。在毛公鼎銘中,記毛公作爲宣王時的重臣,王所賜馬飾也只有金鈎、金膺,

---

① 吳振武:《佟戒鼎補釋》,《史學集刊》1998 年第 1 期。佟戒鼎"鈎"作⽑,本銘作⽑,字形略有變。
② 《詩經·大雅·韓奕》有"鈎膺鏤錫"句。毛傳:"鏤錫,有金鏤其錫也。"孔穎達疏:"馬則有金鈎之飾,其膺亦有美飾,謂樊纓也……""鈎膺樊纓者,以膺文連鈎,與《巾車》'金路:鈎樊纓'同。故知膺者,見膺上有飾,即樊纓是也。《巾車》注云:鈎,婁頷之鈎。樊讀如鞶帶之鞶,謂今馬大帶,纓今馬鞅,鈎以金爲之,樊及纓皆以五采罽飾之。"
③ 楊英傑:《先秦古車挽馬部分鞁具與馬飾考辨》,《文物》1988 年第 2 期。拙著《中國青銅器綜論》第四章"(十二)馬飾件"之 2、"鈎形飾",圖四,1、2、3。
④ 參見何樹環:《西周錫命銘文新研》第三章,文津出版社,2007 年。
⑤ 參見何樹環:《西周錫命銘文新研》第三章。

也是這兩類馬飾所具象徵意義不凡之證明。另一方面,師兌所以受到天子這種賞賜,當是因其在當時爲王朝建有新功績,只是此銘文言簡未予說明。

(二) 銘文內容所見元年、三年、七年師兌簋之先後次序

元年師兌簋(圖一〇)的銘文(圖一一)之釋文如下:

> 隹(惟)元年五月初吉甲寅,王
> 才(在)周,各康廟,即立(位)。同中右
> 師兌入門立中廷。王乎内
> 史尹册令(命)師兌,疋(胥)師龢父
> 嗣(司)左右走馬、五邑走馬,易(賜)
> 女(汝)乃且(祖)巾(市)、五黃、赤舄。兌拜
> 頴(稽)首,敢對揚天子不顯魯
> 休,用乍(作)皇且(祖)戠公龏殷,師
> 兌其萬年子子孫孫永寶用。

圖一〇　元年師兌簋　　　　　　圖一一　元年師兌簋銘文

三年師兌簋(圖一二)的銘文(圖一三)之釋文如下:

> 隹(惟)三年二月初吉丁亥,王才周
> 各大廟,即立(位)睲白(伯)右師兌
> 入門立中廷。王乎(呼)内史尹
> 册令(命)師兌:"余既令(命)女(汝)疋(胥)師

穌父嗣（司）左右走馬，今余隹（惟）

鼺（申）豪（就）乃令（命），令（命）女（汝）觏嗣（司）走馬，易（賜）

女（汝）簠（秬）鬯一卣，金車：緐軝、朱虢

函簍、虎冟熏裏，右厄（軛）、畫轉、

畫輯、金甬、馬四匹、攸勒。”師

兌拜頴（稽）首，敢對揚天子不顯

魯休，用乍（作）朕皇考釐公龔殷，

師兌其萬年子子孫孫永寶用。

圖一二　三年師兌簋

圖一三　三年師兌簋銘文

　　元年、三年兩器，舊多依銘文內容以爲是同一王前後所作器，在斷代工程排金文曆譜時，因二器曆日不能容入同一王世中，故李學勤先生提出三年簋在前，元年簋在後的看法，[①]指出王任命師兌的官職，三年只是令師兌胥師穌父治理左右走馬，而元年時，除了繼續胥師穌父治理左右走馬外，又增加了胥師穌父治理五邑走馬職，而五邑走馬職甚爲重要，如三年簋在後，王追溯元年所任職務時，不能忽略不提。斷代工程階段成果簡本中的“西周金文曆譜”即采用了這個意見。對李先生的看法，已有學者表示了不同意見，仍堅持三年簋仍應在元年簋後的意見。[②] 其理由主要是：

　　1. 三年簋銘中，王册命師兌，有“余既命汝胥師穌父司左右走馬，今余……”句式，而所

① 李學勤：《論師兌簋的先後配置》《細説師兌簋》，收入《夏商周年代學札記》，遼寧大學出版社，1999 年。
② 彭林：《關於師兌簋二器的排序問題》，《考古》2002 年第 4 期；李朝遠：《師兌簋復議》，《黃盛璋先生八秩華誕紀念文集》，中國教育文化出版社，2005 年。

言既命之職務正見於元年簋銘。此種句式在西周册命金文中多見,二器前後順序明顯。

2. 元年簋銘言王任命師兑僅是胥師龢父治理左右走馬、五邑走馬,而按三年簋銘所記,師兑已被王命"觏嗣走馬",在治理走馬這一職務上已經不再是輔助的身份,而是正職了。

3. 元年簋是爲"皇祖剌公"所作器,三年簋是爲"皇考釐公"所作器。

此三點意見,對於三年簋在元年簋後,還是較有説服力的。至於三年簋銘中追述三年任命師兑之職務時,未提及胥師龢父司五邑走馬職,似可以認爲是一種省略。一則元年簋銘中所見册命師兑是輔助師龢父,且左右走馬排在前,應是所胥之主要工作,可以爲其舊職代表,且此時重在任命新職,以往工作不會再擔任,故有所省略亦在情理之中。二則,三年時王既任命其爲正職,所管轄工作自當包括與各級"走馬"有關的職事,似無必要細數以往輔助之職。

元年簋銘中,王在册命師兑職務時,同時言要將師兑其祖的巾(市)、五黃、赤舄賜予師兑,師兑先祖之服飾有可能本即存於其家族,王此種宣布,只是從法權上肯定師兑可以繼承其祖之官階與等級,或者也可能是王又按其祖之等級規格所製之禮服。[①]

從西周金文看,凡王朝卿士首次受王册命職務時,或時王在自己第一次任命其先王曾任命過的王朝卿士官職時,賞賜物中均有服飾(或有旃),這些服飾可能具有所謂命服之作用。上述元年師兑簋受賞先祖服飾,應該即當屬於此種情況。三年師兑簋中,王所賞賜的物品中,雖有多種車馬器等器物及駕車之馬,但已無服飾無旃,在上舉七年師兑簋中王所賜亦無服飾,這種情況皆可以元年簋銘所記同一王在首次任命師兑時已賜予服飾來解釋。當然如將三年簋據其銘文解釋爲在此前已有任命,此次爲同一王再命故無服飾之賜,而元年簋恰屬於新王首次任命故有服飾之賜,這樣解釋,從字面上看亦無不可。但元年簋如確是在三年簋後,王之册命屬承繼先王任命,按金文慣例,一般均要聲明,是"昔先王既命汝⋯⋯,今余唯肇釁先王命,命女(汝)⋯⋯",文中要有這樣的句式。而元年簋銘册命之語甚簡短,與金文中記初次册命職務文句相類。故而,將元年簋置於三年簋後,於事理與金文文法似多有不暢。

由三年師兑簋知師兑確在官職上有所升遷,且受到隆盛的賞賜,但王並未賜予新的服飾,如王賜服飾確有命服之意義,此或説明官職的提升,並不一定意味着貴族等級的變化。上文曾論及,七年師兑簋銘所記賞賜的兩類馬飾,可能有獨特的顯示尊貴身份的意義。[②]在毛公鼎銘文中,毛公做爲顯赫重臣,王所賜的馬飾也只有"金鈎、金膺",這表明師兑在此時亦具有相當尊貴的身份了。

綜合以上對師兑三器銘文内涵的探討,此三器的時序還是按王年爲序較好,即元年

---

① 陳夢家先生也曾討論元年師兑簋中王所錫"乃且巾(市)"及他銘中所見錫"乃且旃",認爲或是王以同等服色之市若旃賜其子孫,或是以原有之市若旃賜其子孫,如是後者則表明命服於本人故後或多還於王。見所著《西周銅器斷代》(上册),中華書局,2004 年。

② 三年、七年師兑簋銘文中所記師兑先後所受賜之車馬器與西周晚期金文(如師克盨、番生簋蓋、望盨、彔伯或簋、四十三年逨鼎等銘文)中所見其他貴族受賜之車馬器種類近同,惟七年師兑簋銘文中所見鈎、膺,除此簋銘外,迄今還只見於毛公鼎銘文,而爲其他貴族受賞車馬器中所未見。

簋—三年簋—七年簋。三件簋中,元年、三年簋形制、紋飾相同,七年簋蓋由其形制、紋飾與元年、三年簋蓋相合看,其全器形制及紋飾也當與其他兩件簋相合。這三件同形制、同紋飾、同人所製簋應當是在不太長的時段內製造的。此外,三簋銘文中所見受王命册賜或册命師兑的史官皆是"内史尹",很可能是同一人。這些自然皆可以支持將三簋置於同一王年範圍内的設想。

(三)元年、三年、七年師兑簋之曆日排列問題

元年師兑簋與三年師兑簋,雖上文亦持屬同一王世説,但此二簋銘文所記曆日按通常所采用的年末置閏月的曆法,是不能排進同一王年的曆表中的,此亦爲大家所熟知。其中原因,不外乎:其中有一簋銘所記曆日干支有誤,或此時曆法有不爲我們今日所知的細節。

夏商周斷代工程階段成果報告所刊"西周金文曆譜",將元年師兑簋排在厲王元年。[①]從上文所述三年師兑簋、七年師兑簋中所見車馬器之名稱種類多見於西周晚期厲王以後銅器銘文來看,將師兑器置於厲王時還是較合適的。西周晚期約自夷王後,所流行的有蓋瓦紋腹簋的蓋緣,喜作向下方折的形制,師兑作的簋與傳世器中的此簋等皆爲此種形制。

實際上在瓦紋腹有蓋簋流行的西周中期晚葉至西周晚期時段内,在目前多數學者采用的以前899年爲懿王元年的曆日體系中,有若干件應屬於此一時段的元年器(如師虎簋、元年師旋簋、師頪簋、師詢簋等)要安排進去的情況下,元年師兑簋也只有安排在厲王元年(前877)爲較妥。該年五月乙酉朔六日甲寅,與元年師兑簋之"元年五月初吉甲寅"合。[②]

"初吉"在這裏亦采用初一至初十的曆日範圍,亦即指初干(每日前十日)内的吉日。[③]但"初吉"的這個範圍與月相中的"既生霸"的一部分的時日實際是重疊的,那麼對於一個月的前些天,爲何要采用這樣兩種紀時方法,現在似仍不能説明白。"初吉"如果不是月相詞語,而是初干吉日,那麼在初干的十天内,定哪一天爲吉日,是通過何種方式確定的,也並不清楚。筆者曾經設想,當時也可能有一種手段(如占卜)或已有類似於後世的"日書",對每月的初干吉日有某種選擇的方法或規定。[④]

元年師兑簋如定在厲王元年(前877),則厲王七年是前871年,該年五月甲辰朔,十一日甲寅,七年師兑簋的曆日是"七年五月初吉甲寅",即使按初一至初十爲初吉,七年師兑簋曆日實後天一日。在西周中期穆王後,可能已行用推步曆法,只是觀象授時仍並用,在此早期推步曆法實行時,曆法計算有±1天失天是可能的。[⑤] 當然,上述這種安排是將

---

① 見夏商周斷代工程專家組:《夏商周斷代工程1996—2000年階段成果報告(簡本)》,世界圖書出版公司,2000年。拙作《中國青銅器綜論》第十一章即西周一章所論"西周金文年曆表"元年師兑簋也在厲王元年。

② 本文所采用的曆表爲張培瑜:《三千五百年曆日天象》一書中的《合朔滿月表》,河南教育出版社,1990年。

③ 徐鳳先:《以相對曆日關係探討金文月相詞語的範圍》(收入《"夏商周斷代工程"簡報》第168期,2009年2月21日)由曆日的相對限制關係探討各個月相可能包含的範圍,其中對"初吉"的結語是"如果將初吉定爲一個月的前面若干天,所涉及的材料都能合理地排入","由此看來初吉是初干吉日的解釋應該比較可取"。

④ 拙文《師酉鼎與師酉簋》,《中國歷史文物》2004年第1期。

⑤ 參見張培瑜:《逨鼎的王世與西周晚期曆法月相紀日》,《中國歷史文物》2003年第3期。

元年師兌簋定在厲王元年(前 877),即將師兌器組置於厲王紀年內。其實,還有一種可能,即將師兌器組置於宣王紀年內。因爲宣王三年與宣王七年的合天曆日均可與三年師兌簋、七年師兌簋曆日相合。即宣王三年(前 825)二月戊寅朔十日丁亥,與三年師兌簋"三年二月初吉丁亥"合(是年五月丙午朔二十九日甲戌,亦合頌鼎曆日"三年五月既死霸甲戌",見《集成》2827)。宣王七年(前 821)五月甲寅朔,與七年師兌簋"七年五月初吉甲寅"合。

　　根據上述探討,師兌器組按三件簋的形制與其曆日,似可以大致安排在厲王或者宣王紀年範圍內,如在厲王範圍內,僅三年師兌簋曆日與厲王三年合天曆日不合。如是在宣王範圍內,則僅元年師兌簋曆日不合宣王元年曆日,這種不合,如上文所推測,有銘文記曆日疏忽或由於當時曆法有爲我們所不知之細節所致。

三、吳盉的曆日問題

　　吳盉(圖一四)現存香港私人收藏家處。① 器身作罐形,折肩圓鼓腹,腹部側視作扁橢圓形,底微圜;斂口,口沿微敞,方唇,頸部較高,呈弧綫斜坡狀;管狀流向上斜生於腹中部,

圖一四　吳盉

流口斜平,高度與器口近平,與流相對一側有獸首半環形鋬;腹底有三較短的柱形足,其中一足在鋬下。器頸部與上腹部均飾有兩〇形正倒扣合形成的中目形竊曲紋,有雲雷紋底紋(圖一五)。足與流均飾三角形紋與雲紋,鋬身飾重環紋,獸首上端有重疊的鱗紋。通高 20.5 厘米、通長 47 厘米、口徑 25 厘米。器內底有銘文六行,每行十字,共六十字(圖一六、圖一七)。

圖一五　吳盉紋飾

圖一六　吳盉器內底銘文

---

① 按:此盉現藏中國國家博物館。

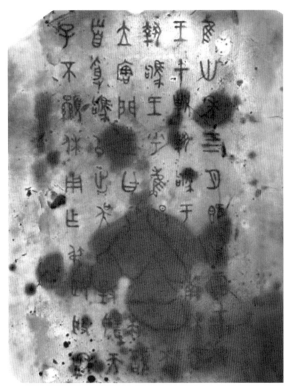

圖一七　吳盉器內底銘文 X 光片

吳盉的形制較別緻,但仍可以從與其形制有共同特徵的同類器探討其年代,與吳盉形制近同的是現藏瑞典的自名曰"鋆"的師轉盉(圖一八,《銘圖》14712),①惟師轉盉的腹部較深而鼓,且其鋬上端接於上腹部,與吳盉鋬上端接在頸部不同。師轉盉口沿下飾分尾的長鳥紋,腹飾瓦紋,綜合銘文字體,其年代約在西周中期偏晚。

與吳盉器身接近的,是行用於西周晚期至春秋早期的以下兩種折肩罐形腹盉:②

一種是短袋足盉,足跟作圓錐形,器身亦作折肩罐形,其腹部最大徑在肩部,腹壁向下斜收,鋬上端接於頸部;管狀流,流口或同於吳盉,如伯百父盉(圖一九,《銘圖》14743),或作獸首、曲喙狀,如季良父盉(《恒軒所見所藏吉金錄》下九三,《銘圖》14774)。以上二器均屬西周晚期。另一種是湖北京山蘇家壠出土的盉(圖二〇),腹身形制近於吳盉,鋬亦接於頸部,但管狀流作獸首而曲喙,足作獸形,約屬春秋早期的曾國器。

1　　　　　　　　　　　　　　　2
圖一八
1. 師轉盉　2. 師轉盉銘文

---

① 高本漢(B. Karlgren):《偉新所藏青銅器》(*Bronzes in the Wessèn Collection*, *Bulletin of the Museum of Far Eastern Antiquities*, No. 30,1958)。

② 折肩罐形腹盉亦見於 1985 年内蒙寧城縣小黑石溝石椁墓中出土的盉,亦管狀流斜生,流口斜平,獸首半環耳,與吳盉有相同特點,惟此盉下腹較深,平底無足,約西周晚期至春秋早期器。見項春松等:《寧城小黑石溝石椁墓調查清理報告》,《文物》1995 年第 5 期。

圖一九　伯百父盉

圖二〇　京山蘇家壠出土盉

　　從以上幾種與吳盉形制有共同點的罐形腹盉的年代看,吳盉的形制應晚於師轉盉而與以上兩種折肩盉接近,屬西周晚期。這種罐形腹盉是西周中期偏晚後出現的新器形,西周早、中期時流行的主要是腹身作分襠鬲形的盉,且一直至西周晚期仍有存在。而罐形腹身的盉存在的時間似並不長,主要行用於西周晚期,大致止於春秋早期。

　　吳盉的年代,亦可以從其所飾竊曲紋的樣式作進一步的推測。吳盉的竊曲紋是由首尾作歧枝狀的〇形竊曲紋正倒扣合,中間夾一目形(上腹部的此型紋飾則在正倒兩〇形之間還各夾以一短枝)。現所見飾有此紋樣的青銅器尚有追簋、琱生鬲(圖二一,1—2;《銘圖》5252、《銘圖》3013)等,此外飾有形式相近、惟無中目的竊曲紋之青銅器,則有不毀簋、善夫克盨、杜伯盨與史頌簋等(圖二一,3—6;《銘圖》5387、《銘圖》5678、《銘圖》5643、《銘圖》5260)。[1] 上舉青銅器的年代,均在西周晚期。

　　從銘文字體上看,吳盉的一些字,也已具有典型的西周晚期字體之特徵,如“出”寫作[字形],“天”作[字形],“月”作[字形],“首”作[字形],“顯”作[字形],“駒”作[字形]等。

　　綜合以上對吳盉的形制、紋飾、字體特徵等情況的分析,可知其年代似應在西周晚期。[2]

　　吳盉的銘文多被銹掩,根據像片與 X 光片,[3]釋文如下:

---

① 紋樣之出處參考了張德良:《西周青銅器竊曲紋研究》(清華大學博士學位論文,2010 年 6 月)。
② 按:這裏將吳盉歸入西周晚期,也有因其曆日不能排入寫此文時筆者所擬定的西周金文曆譜有關。在本文發表後,筆者根據新出現的有關西周金文曆日的新資料,重新構建了西周金文年曆譜,在此曆譜中共王在位年數達到三十年以上,從而使吳盉的年代有可能歸入共王晚年。此時,已進入西周中期晚葉,鄰近西周晚期,所以吳盉的形制與銘文字形均已可能有了西周晚期的某些特徵。請參見拙文《關於西周金文曆日的新資料》。
③ 同時參考了收藏方提供的摹本。

圖二一

1. 追簋　2. 琱生鬲　3. 不嬰簋　4. 善夫克盨　5. 杜伯盨　6. 史頌簋

佳(惟)卅年四月既生霸壬午，
王才(在)斁斁(執)駒于斁南林，衣(卒)
斁(執)駒，王乎(呼)篤邲召乍(作)冊吳
立廏門。王曰：易(賜)駒。吳拜頓(稽)
首，受駒吕(以)出。吳敢對斁(揚)天
子不顯休，用乍(作)叔姬般(盤)盂。

銘文中有幾處需稍作討論。

"王在虡"之虡,地名。散氏盤銘文中有"虡人嗣工駸君"(《集成》10176)。"虡南林",可能是虡地南部之林地,王在此地執駒,則此地有可能是王室飼養、放牧馬之場所,亦即馬場所在。

王所呼"雋𨐌"之雋,職官名,亦見達盨蓋銘(《文物》1990年第7期,《銘圖》5661—5663),其銘文曰"王乎雋趞召達"。𨐌、趞,均是擔任雋職的人名。商金文中已有稱雋的職官名,李學勤先生有專文考證,指出"雋"身份較高,爲王之近臣,其得名可能源自爲王攜持物件,後權力上升,掌理政事。[1] 西周時期此官名亦見於《尚書·立政》:"虎賁、綴衣、趣馬、小尹,左右攜、僕,百司庶府。"舊多以爲"攜僕"是一類官名,上引李學勤先生文則提出攜、僕應是地位相似的兩種職官名稱。西周金文中攜這種官名很少見到,除了見於本銘外,即只見於達盨蓋了。而且二者都出現在王行執駒禮的場合,王呼令雋(攜)召喚受賜者,也可見在西周時期攜仍是在王身邊服事的職官。

有關王"執駒"的器銘,除本銘與達盨蓋外,還見於盠駒尊(《集成》6011)。三銘皆記王在行畢執駒禮後賜王朝卿士駒之事。所以《嘯堂集古録》九八鼎銘曰:"隹三年三月庚午,王才(在)豐,王乎虢叔召瘴,易(賜)駒兩。"所記應也是王在行執駒禮後賜賞駒。執駒禮見於《周禮·夏官》的《庾人》《校人》,是在幼馬斷乳後,將其送進王閑以備使用。在使用前,要"執駒",即給幼馬套上籠頭及繮繩。關於此禮,學者已述之甚詳。[2] 王親自"執駒"應是一種象徵性的禮儀(包括王執駒後要賜貴族駒),以表示王室對此項活動的重視,當然也反映出馬在當時社會生活中所起到的重要作用。

達盨蓋銘曰"唯三年五月既生霸壬寅",此三年,在金文曆表中可排入孝王三年。盠駒尊屬穆王時器。吳盉則當屬西周晚期,由此可知,執駒禮終西周時期均是王親自參加的重要禮儀活動。在王行執駒禮後,受賞賜駒的貴族應具有相當高的等級地位,盠駒尊銘記王在親賜盠駒後,曰:"王弗望(忘)厥舊余小子,毚皇盠身。"盠一説即逨盤(眉縣楊家村窖藏出土,《銘圖》14543)銘文中逨之先祖惠仲盠父,是曾連續服事於昭王、穆王的王朝重臣,屬單氏貴族。達盨蓋出土於灃西張家坡北區之井叔家族墓地中之M152,爲一座中字形大墓,達有可能即該墓之墓主人。井叔氏是姬姓井氏之小宗,也是西周中期時重要世族,達或即其宗子,一代"井叔",亦是較高級的貴族。[3] 由此情況觀之,吳盉之器主人作册吳,既亦能受王賜駒,應該出身於西周時期重要世族。但由其在銘末言"作叔姬般盉",叔姬應是其妻,由此可推知其家族非屬姬姓。

① 李學勤:《商末金文中的職官"攜"》,收入《史海偵迹——慶祝孟世凱先生七十歲文集》,新世紀出版社,2006年。
② 參見陳夢家:《西周銅器斷代》"七、共王銅器:122、盠器組",中華書局,2004年;又見楊寬:《西周史》第十一章,上海人民出版社,1999年。
③ 以上參見拙著《商周家族形態研究》(增訂本)"續編"之第二章,天津古籍出版社,2004年。

　　吳盉銘文曆日爲"卅年四月既生霸壬午",其所記王年爲卅年,學者或據銘文記執駒禮的達盨蓋與盠駒尊均西周中期器,而將此盉歸入穆王時器。但不論穆王元年定在何年,吳盉之曆日均不能與屬穆王時的標準器三十四年鮮簋(《中國文物報》1990 年第 7 期,《銘圖》5188)的曆日相容於同一王。[①] 所以,吳盉即使單從曆日考慮,似亦不能入穆王世。

　　吳盉爲三十年器,在西周晚期王世中,只有厲王、宣王二王過三十年。厲王元年如設爲前 877 年,則其三十年爲前 848 年,是年四月辛酉朔二十二日壬午,與吳盉"三十年四月既生霸壬午"不合,所以吳盉不能歸入厲王。宣王元年爲前 827 年,其三十年爲前 798 年,是年四月辛未朔十二日壬午,可與吳盉"四月既生霸壬午"相合。[②]

　　吳盉之形制、紋飾均對青銅器斷代研究有重要意義。盉的銘文所記王之執駒禮,可以與以往發現的幾件與此禮儀有關的器銘聯繫起來進行研究,加深對此禮儀的了解。銘文中出現的雋(攜)之官職也是研究西周官制的有用材料。

(原載《新出金文與西周歷史》,上海古籍出版社,2011 年)

---

① 例如按夏商周斷代工程階段性成果(簡本)所附"西周王年曆表"以前 976 年爲穆王元年,其三十四年(前 943)爲五月壬寅朔十七日戊午,與鮮簋曆日"隹王卅又四祀唯五月既望戊午"相合,但其三十年(前 947)四月丙寅朔十七日壬午,與吳盉曆日不合。又如穆王元年,按有的學者意見取爲前 956 年,其三十年(前 927)四月庚午朔十三日壬午與吳盉曆日合,而其三十四年爲前 923 年,五月丙午朔十三日戊午(本月辛酉望),與鮮簋曆日"五月既望戊午"卻不合。

② 按:吳盉年代宜入共王三十年,詳拙文《關於西周金文曆日的新資料》。

關於西周金文曆日的新資料

近年來,西周金文中有關曆日的新資料陸續發現,給西周年代學的研究帶來頗多啓發。其中部分資料筆者曾先後有文章作過討論。[①] 現將此前所寫文章未涉及到的或又有不同認識的幾篇金文曆日新資料,集中在此作一探討,並對今後進一步研究西周金文王年曆譜應采用之方法略表淺見。

一、䚘簋與懿王曆日

䚘簋的銘文(圖一)發表於 2012 年出版的吳鎮烽先生的《商周青銅器銘文暨圖像集成》中,[②]編號爲 5386,該器爲某私人收藏,器形圖像未刊。銘文釋文如下:

圖一　䚘簋銘文

　　唯十年正月初吉甲寅,王在周(般)

　　大室,旦,王各廟,即立,瓚王。康公入

　　門右䚘立中廷,北卿(向)。王乎乍冊尹冊

　　命䚘曰:戈𤔲乃且(祖)考諆又(有)𢼸(功)于先

---

① 《士山盤銘文初釋》,《中國歷史文物》2002 年第 1 期;《師西鼎與師西簋》,《中國歷史文物》2004 年第 1 期;《覩公簋與唐伯侯于晉》,《考古》2007 年第 3 期;《簡論與西周年代學有關的幾件銅器》,收入《新出金文與西周歷史》,上海古籍出版社,2011 年。

② 吳鎮烽:《商周青銅器銘文暨圖像集成》,上海古籍出版社,2012 年。

王，①亦弗聖（忘）乃且考舝（登）裏乑典封

于服。② 今朕不顯考龏（共）王既命女（汝）

更乃且考事，乍嗣（司）徒。今余隹

䜌（申）先王命女（汝）龥嗣西躾（朕）嗣（司）徒，訊

訟，取償（徵）十乎，敬勿婺（廢）朕命。易

女（汝）𢊟卣、赤市、幽黄、攸勒。𣅷拜稽首，對

揚天子休，用乍朕（朕）剌（烈）考幽叔寶

尊毁，用易（賜）萬年，子子孫孫其永寶。③

銘文中，記録王册命語中有"今朕不顯考龏（共）王既命女（汝）更乃且考事"句，由此可知，時王即共王之子懿王。銘文既記王年爲"十年"，則懿王在位年必不會少於十年。

這樣一來，《夏商周斷代工程 1996—2000 年階段成果報告（簡本）》所刊布的《西周金文曆譜》中，將懿王在位年數定在前 899 至前 892 年，共八年時間，即必須要調整了。④ 調整的方法無非是兩種，一種是向下延長，一種是向上，衝破前 899 爲懿王元年的設置。

如保留懿王元年爲前 899 年的説法，⑤則只能將懿王在位年下延。依此，懿王十年即前 890 年。但從曆表上看，⑥前 890 年正月丙申朔，十九日甲寅，與簋銘所言曆日"正月初吉甲寅"不合，因爲從迄今所見西周金文資料提供的"初吉"時日範圍（多在每月上旬，即初一至十日的範圍内），無論怎樣，皆不會晚到十九日。這種情況表明，從金文曆譜角度來看，以前 899 年爲懿王元年的設置，也有改動的必要了。

---

① 𢀌，字上部不甚清楚，大致作此形，字應是从奴持𢀌（似三足容器），奴亦聲。同音且同義的字或作叚。從柞伯鼎銘文"在乃聖祖周公縣有共于周邦"（《文物》2006 年第 5 期，第 68 頁）可知，此字"奴"上所持可以有變化，但重在讀"奴"音，即讀同"共"，"共""功"通，皆見母東部字。

② 本銘"聖"字從拓本看寫法較特異，目下之人身不像一般此字作側立形，而似作正立形，其下所從字符看不清楚。

③ 本銘中，少數詞語需作考釋。其中"王各廟，即立（位）"後接"瓚王"句，前所未見。"瓚王"，或即當讀作"贊王"。"贊"義爲導，《國語·周語上》"太史贊王，王敬從之"，韋昭注："贊，導也。"但銘文中王已先即立（位）。所以，"贊"在這裏也似非導義，或當讀如《説文》所釋"見也"，即進見，是司儀禮之官告王已即位，進見之禮開始，屬册命禮之儀式中的一項。由此看，他銘中雖未言此儀式，但很可能也都是有的。"戈畱"應當讀作"在載"，"載"始也，即"在當初"的意思。"舝（登）裏乑典封于服"一句中，"舝"當讀作"承"，受也。二字或章母蒸部字。"裏"讀作"理"，治理之意。此句銘文大意是説，於其職守中受理那個典封之事。"典"是將賜封土田登録在册，封是封土，凡賜封土田皆要封之。六年琱生簋銘文有"余俾勿敢封"句，可參考。𣅷被王命爲司徒，所司正爲土田民人，"典封"即其職事。"西躾（朕）"疑區域名。"取償（徵）"之義參見拙作《西周金文中的"取徵"與相關諸問題》，收入《古文字與古代史》第 1 輯，"中研院"歷史語言研究所，2007 年。

④ 夏商周斷代工程專家組：《夏商周斷代工程 1996—2000 年階段成果報告（簡本）》，世界圖書出版公司，2000 年，第 30—35 頁。

⑤ 定前 899 爲懿王元年，主要是根據將古本《竹書紀年》所載"懿王元年天再旦於鄭"解釋爲"日出之際發生的一次日食"，并將"鄭"的地望定在華縣或鳳翔，然後依據對日食造成的天光視亮度進行測算的數學方法，計算出前 1000—前 840 年間哪幾次日食在西周鄭地可以造成此種"天再旦"的現象。參見前揭《夏商周斷代工程 1996—2000 年階段成果報告（簡本）》第 24—25 頁。

⑥ 本文所據曆表，爲張培瑜先生所作《天象合朔滿月表》（前 1500—2050），收入《三千五百年曆日天象》，河南教育出版社，1990 年。

應該指出的是,近年來新發現的西周曆日資料,已經促使學者們考慮調整十四年前斷代工程確定的《西周金文曆譜》的框架,最明顯的如覬公盨銘文顯示的成王在位不少於二十八年,即已經牽扯到成王或康王乃至宣王以前諸王元年在位年的調整問題。[①] 晩簋銘文的刊布,再次將調整西周金文曆譜的工作提到日程上。

在不明確西周曆法的若干細節的情況下,[②]由西周金文曆日資料去探討王年曆譜,同時體會西周曆法,筆者理解這實際上是一個依靠日益豐富的金文曆日資料逐步摸索,逐漸深化的過程。能容納並排入更多的金文曆日資料的方案,應該是更接近西周王年實際曆日的方案。但如何操作來構建這個方案,還應該建立一個規則,初步考慮,這一規則似應該注意如下幾點:

(一)重視文獻所記西周諸王年數的參考價值。1998 年,筆者在爲所編集的《西周諸王年代研究》一書撰寫的長篇述評中,[③]曾針對西周元年的確定問題寫到"通過對諸類文獻中所見西周諸王在位年數作系統、深入研究,可以產生一個西周積年的年代範圍,這樣產生的年代範圍與上述戰國至漢代文獻中直述積年數的範圍(與概括年代)之綜合,可以形成文獻中所見西周積年的年代框架。根據此框架即可以對應形成西周元年(即武王克商年)允許值的年代區間",同時爲西周諸王在位年數制定可以得到古代文獻典籍支持的年數範圍。但在這個區間內欲確知那一個年代爲西周元年以及諸王在位年數,光靠文獻當然是不易做到的,需要將文獻與西周銅器銘文中的曆日資料及天文學研究成果綜合起來比對篩出。

(二)金文年曆的研究應該重視的是構建王年組。2004 年筆者在討論師西鼎曆日所屬王年時,曾講過如下不成熟的認識:"現在對西周金文王年曆譜的研究成果,已可以大致將西周中期(穆王至孝王)階段的青銅器,按所屬不同王世分組,諸器按王年所排序與器形、紋飾及銘文字體特徵基本相適應,曆日亦相契合。在理論上,這樣的幾個器組,各組所屬王年始年可以按一定時差前後移動。"[④]這種方法當然亦適合於"四要素"俱全的西周晚期各王年器物的分組。各王年組的年代長短,以及彼此的銜接點,應該與以上第一條所言結合起來考慮。

(三)在目前已有斷代工程提供的西周金文曆譜的情況下,即使依據新的資料深化對

① 拙文《覬公盨與唐伯侯于晉》;李學勤:《論覺公盨年代及有關問題》,收入《"夏商周斷代工程"簡報》第 163 期,2007 年 4 月 28 日,後收入《慶祝何炳棣先生九十華誕論文集》,三秦出版社,2008 年;王澤文:《覬公盨試讀》,收入《甲骨文與殷商史》(新一輯),綫裝書局,2008 年;李伯謙:《覬公盨與晉國早期歷史若干問題的再認識》,《中原文物》2009 年第 1 期;彭裕商:《覺公盨年代管見》,《考古》2008 年第 10 期。
② 在《夏商周斷代工程 1996—2000 年階段成果報告(簡本)》第 29 頁上,講到西周金文曆譜的性質時,即已明確"由於對西周曆法的若干細節目前尚有未能掌握之處,金文曆譜只能是一個西周王年表"。
③ 即《西周諸王年代研究述評》,亦收入本書,有修訂,重新名作《典籍所記西周諸王年代研究述評》。
④ 拙文《師西鼎與師酉簋》,亦收入本書,有修訂。實際上,所謂王年組在按上述規律調節其所屬王年之元年時,其中有的器物會被排除,但其中具有典型器意義的器物一般則會保存在內。

金文曆譜的探討,仍可以以此曆譜爲出發點與基礎。因爲此曆譜,雖已發表十余年,且因新資料的發現而被指出不够嚴謹,但其西周元年的設置與王年組的年代範圍劃定,並非離實際年代相差過遠。

(四) 根據以往排西周金文曆譜的情况,斷代工程的曆譜中,西周早期武王克商亦即西周元年的年代不宜再向下延,因爲曆譜中西周中期的年代本已緊張。從依靠金文排曆譜的角度,似宜將西周早期年代上提,即將西周元年酌量提前,從而適當擴大成王與康王年數,特別是適當擴大西周中期穆王後幾位王的在位年數,藉以解决西周中期器物年代過於擁擠的狀態。

按照上述想法,在原有《西周金文曆譜》的基礎上盡量作微調,而對虤簋曆日提出的懿王在位年數的問題,則可以暫將懿王十年的年代定在前 893 年,此年正月癸丑朔,二日甲寅,與虤簋十年正月初吉甲寅的曆日相合。如此,則懿王元年即可以暫定在前 902 年。但是如果將懿王元年定在此年,則距孝王之間的年數已有限,不可能容下理應在共懿時段但又排不進共王曆日中的器物(如十六年士山盤與二十年休盤),故將懿王十年提前 5 年,定在前 898 年,而懿王元年即定在前 907 年。前 898 年正月癸丑朔,二日甲寅,合乎虤簋"正月初吉甲寅"之曆日。

從以上討論可知,虤簋銘文的重要意義,首先在於突破了懿王元年爲前 899 年這一在以往構建西周金文曆譜時必要遵守的基點;其次即是將懿王在位年數延長到 10 年以上(延長後年數暫設爲二十年),而在斷代工程簡本的曆譜中,懿王只給了八年。

二、虤簋與虎簋蓋及共王在位年數

虤簋亦爲《銘圖》著録,編號爲 5295。[1] 其形制爲盆形簋,侈口,腹壁近直,下腹微垂,雙附耳,耳頂高出器口,圈足作斜坡狀,底有極矮的直階,口沿下飾一周對稱的 S 形顧龍紋(圖二),器內底有銘文(圖三)。與此器形制相近的是 1975 年扶風法門鄉莊白村西周墓(即伯戔墓)出土的伯戔簋,唯伯戔簋腹壁稍顯斜直內斂,腹飾瓦紋。[2] 伯戔簋在拙著《中國青銅器綜論》中定爲西周青銅器第三期,即相當於穆王、共王時期。[3] 長安花園村 M15 出土的兩件有蓋簋 M15:15、16,[4]其器身形制亦同於虤簋。在拙著中,此墓出土銅器被排在西周青銅器第三期即穆、共階段。此外 1973 年在扶風劉家溝水庫 M1 出土的伯簋亦與虤簋形近,此墓中與伯簋同出的還有一鼎,垂腹甚劇。[5] 拙著將劉家溝水庫 M1 所出鼎、

① 作器者名"虤",此字見於《説文》,《説文》寫作"虦",曰:"虎聲也。從虎,斬聲。"
② 扶風縣文化館、陝西省文物管理委員會等:《陝西扶風出土西周伯戔諸器》,《文物》1976 年第 6 期。又見曹瑋:《周原出土青銅器》第七卷,巴蜀書社,2005 年,第 1373—1375 頁。
③ 拙著《中國青銅器綜論》中册,上海古籍出版社,2009 年。
④ 陝西省文物管理委員會:《西周鎬京附近部分墓葬發掘簡報》,《文物》1986 年第 1 期。
⑤ 前揭曹瑋:《周原出土青銅器》第六卷,第 1212—1216 頁。

簋定在西周青銅器第四期,即在懿王至夷王階段。斷簋所飾S形顧龍紋亦是上述三、四期銅器常見紋飾,所以,單純從形制與紋飾上看,斷簋大致可以認爲是在穆王至懿孝之間。但斷簋銘文字體仍帶有很強的穆王銅器銘文那種秀雅而拘謹的字體特徵。這樣來看,我們可以先暫將斷簋年代定在穆王至共王階段。下面再根據銘文曆日來看其曆日適合於哪位王。簋銘釋文如下:

> 隹(惟)廿又八年正月既生霸
> 丁卯,王在宗周各大室,即
> 立,毛伯入右斷立中廷,北
> 卿(向)。王令乍册憲(憲)尹易(賜)斷鑾
> 旂,用疋(胥)師毅嗣田(佃)人。斷拜
> 首稽首,對揚天子休,用作朕
> 文孝(考)㱃父寶簋,孫子萬年寶用。

圖二 斷簋器形

圖三 斷簋銘文

在斷代工程所制定的金文曆譜中,穆王元年設定爲前976年,從現有資料看,此設定亦已需要調整,該曆譜中現歸入穆王王年組的銅器有三件,即二十七年衛簋、三十年虎簋蓋(甲、乙)與三十四年鮮簋,其中鮮簋銘文曰"王才(在)莽京啻(禘)于昭王",更是穆王時代的標準器,對可否容入穆王年組的銅器有檢驗作用(即如假設之穆王元年及其曆日系統可以容下某器曆日,但不能同時容下鮮簋曆日,則此假設之穆王系統即未有成立之可能。

反之亦然，即容下鮮簋曆日的穆王元年及其曆日系統如容不下某器曆日，則該器即大致可以認爲不屬穆王時器），凡是可以歸入穆王年組的銅器在曆日上即應該可以與此器相容。

至於二十七年衛簋，因考慮在曆表中，五祀衛鼎入共王，而九年衛鼎、三年衛盉入懿王，故在本文中將之移入共王。

三十年虎簋蓋（圖四，圖五），則涉及到與其相關的師虎簋（圖六，圖七）。師虎簋銘文與虎簋蓋銘文有類似處，如在格式上，均是王令"更乃取（祖）考"之職事，職事皆有關軍事，且二器均是爲"文考（或稱烈考）日庚"作器，故二器名"虎"之作器者應爲同一人。如此，則二器的年代應較爲接近。師虎簋器形爲圓鼓腹、斂口、全瓦紋，上腹部接雙小獸首形半環耳，坡形圈足有矮直階，與此器身大致同型的簋還有即簋、豆閉簋、乖伯簋、無㝨簋、詢簋、遹簋（圈足下帶小柱足）等，這些器物的年代大部分屬於西周中期偏晚，即共王以後至懿、孝王時期，有的已接近西周晚期，[①]似不會早到穆王。所以師虎簋的年代亦應定在西周中期晚葉或入晚期初（本文依其曆日排在夷王元年）。這樣看來，三十年虎簋蓋曆日即亦不適宜排在穆王時期了。以往將其定在穆王，也是因爲依據當時所見資料，西周中期諸王中，穆王以後諸王年代未有在二十五年以上的。在本文中暫將其從穆王中撤出，排在共王三十年。順便説一下，三十年虎簋的字體，雖亦纖小，但不似常見的穆王時期的字體那樣端莊、典雅、凝重，還是與穆王時期的字體有別。從這點來看，將三十年虎簋蓋移入共王末葉應是比較妥當的。

現在來看鮮簋曆日可否歸入斷代工程曆譜中的穆王系統中。按此系統，穆王元年是前976年，廿八年即是前949年，但此年正月己卯朔或己酉朔，己酉朔雖與丁卯在同月，但丁卯在十九日，與鮮簋"正月既生霸丁卯"中丁卯之屬既生霸不能相合。即使按本文調整過的曆表，穆王元年在前996年，二十八年在前969年，該年正月乙巳朔，二十三日丁卯，亦不合鮮簋。這説明簋不屬於穆王時期。下面再看此二十八年是否可以歸入共王曆日中。

共王年數在斷代工程曆譜中，只設置了二十三年，鮮簋的曆日表明，共王在位年數有可能亦得突破，即要適當延長，使不少於二十八年，而且鮮簋在曆譜中的位置要能與以往研究中已排進共王王年組的多數器相容。按上文所論，懿王元年可暫設在前907年，則上溯及共王曆日，在共王曆日中適合鮮簋曆日的是前914年，故可暫將此年擬定爲共王二十八年，該年正月丙辰朔，十二日丁卯，合鮮簋曆日"正月既生霸丁卯"。如此，則共王元年可上溯至前941年。而且依上文所云，將三十年虎簋蓋從穆王器中撤出，目前看在西周中期範圍內也只能歸入共王，如此則共王年數不會少於三十年。此一共王曆日系統當可容下若干共王組器物（見［附表一］"西周金文年曆表"）。

---

① 參見張長壽、陳公柔、王世民：《西周青銅器分期斷代研究》，文物出版社，1999年，第67—69頁。

圖四　虎簋蓋器形

圖五　虎簋蓋銘文

圖六　師虎簋器形

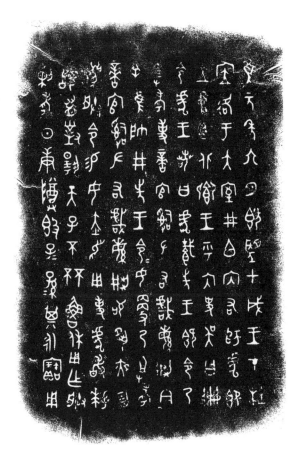

圖七　師虎簋銘文

三、親簋與吴盉的年代

親簋是 2005 年中國國家博物館徵集入藏的西周有銘青銅器。微垂腹,雙鳳鳥形半環耳,腹部飾有對稱的垂冠大鳥紋,圈足下接一鏤空的、波帶狀的支座(圖八)。内底有銘文一百一十字(圖九)。[①] 從器形與紋飾看,應定爲西周中期穆、共王時期器是没有問題的。銘文有曆日爲"唯廿又四年九月既望庚寅",因爲如上文所言,根據當時所掌握的金文曆日資料,西周中期王年,穆王以外未有超過二十五年的,而親簋曆日又恰可排進斷代工程《西周金文曆譜》的穆王曆日中,故多數學者將之認作穆王時銅器。而且按斷代工程金文曆譜,此器曆日亦入不了共王曆日中。但筆者當時未參與討論,主要是頗疑親簋可否入穆王,質疑的主要原因在於該器銘文的字體。衆所周知,穆王時期的青銅器,尤其是當時王畿區域内由王朝卿士們所做器物,銘文風格高度趨同,[②]都是那種非常整齊的小字形,風格典雅、俊秀而又顯拘謹,與親簋銘文有很大區别,親簋銘文字體已非小字形,字體多作長方形,結構、筆畫上已開始具有某些西周晚期之風格。固然即使是在王畿區域,也未必同一時期的字形特徵完全統一,只是穆王時期金文字體的特點與趨同性實在是非常突出的。但是,在新資料未出現前,斷代工程給予的金文曆譜框架中,親簋曆日確只能合乎穆王。

圖八　親簋器形

圖九　親簋銘文

---

① 王冠英:《親簋考釋》,《中國歷史文物》2006 年第 3 期。
② 這反映出,西周王畿區域内青銅禮器的製作在工藝傳統與製作場所上可能有集中化的態勢。關於類似的問題,當另文再作探討。

現在,因爲依上文所論述的那樣,懿王元年已不必固守在前899年,更重要的是共王年數可以擴大,對這一親簋所屬王年自然可以作新的考慮。在本文下面所提供的金文曆表中,當將共王元年選定在前941年時,其二十四年是前918年,該年九月乙亥朔十六日庚寅,合乎簋銘"廿又四年九月既望庚寅"之曆日。

吳盉是中國文物咨詢中心近年來所徵集的西周有銘銅器,原爲香港私人藏家所藏。[①]該器的形制、銘文(圖一〇、圖一一),筆者曾在《簡論與西周年代學有關的幾件銅器》(下簡稱《簡論》)一文中介紹過,[②]亦可見《銘圖》14797。其銘文中所記曆日爲"佳卅年四月既生霸壬午",由銘文知作器者是"作册吳"。在《簡論》中,筆者亦是礙於當時資料所支撐的金文曆譜體系,雖曾試圖將此器置於西周中期,但其卅年的曆日只能考慮入穆王,而又不能納入以鮮簋爲標準器的穆王曆日系統中,故對其年代曾頗感糾結。在《簡論》中,曾根據吳盉的形制、紋飾、字體具有的一些西周晚期特徵,推斷其屬西周晚期,並按曆譜,將其年代歸於厲王,現在看來確當作重新思考了。如今,在新資料的發現使構築金文曆譜新框架成爲可能的情況下,由於共王在位年數已達到三十年以上,所以吳盉的年代已具備重新考慮的條件。

圖一〇　吳盉器形

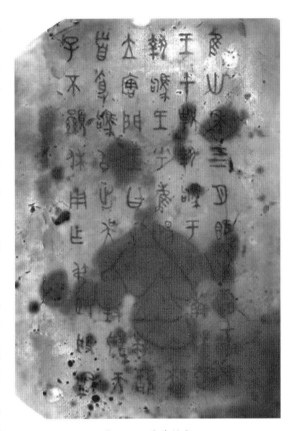

圖一一　吳盉銘文

按照本文所擬定的共王在位年數(35年),共王三十年在前912年,是年四月癸酉朔十日壬午,則與吳盉"三十年四月既生霸壬午"相合。這爲吳盉入共王提供了曆日依據。此外,《簡論》中已經指出過,吳盉的形制與現藏瑞典的師轉盉近同(圖一二),惟師轉盉腹較深而鼓,且其鋬上端接於上腹部,與吳盉接在頸部不同。師轉盉口沿下飾分尾長鳥紋,腹飾瓦紋,綜合其銘文字體,其年代應在西周中期偏晚,這也爲吳盉之歸屬共王晚期提供了形制的依據。在《簡論》中筆者還曾論及吳盉在紋飾、銘文字體等方面接近西周晚期的

① 按：此盉現藏中國國家博物館。
② 該文曾被收入《新出金文與西周史》,上海古籍出版社,2011年；亦收入本書。

圖一二　師轉盉器形

一些特點,這是不能忽視的。吳盉雖可入共王,但已在共王三十年,此時距西周中期開始之穆王元年已有八十五年之久,按照青銅器之形制特徵大約在五十年左右會有變化的估計,則吳盉所具有的西周晚期特徵,表明到了共王時期,亦即進入西周中期晚葉後,青銅器已開始滋生了某些西周晚期的因素。另一作器者亦名"作册吳"的器物吳方彝蓋,在本文所擬曆表中歸入共王二年,是年爲前 941 年,應是同一人先後所作器物。

親簋與吳盉之王年歸屬問題的解決,進一步説明新發現的金文曆日資料對於促進西周金文曆譜的研究向更爲科學、客觀的方向發展,具有極大意義,同時也體現出這些資料對青銅器形制的研究具有重要價值。

四、倗叔壺的王年歸屬

倗叔壺亦爲《銘圖》著録,編號 12401。此壺造型比較特殊,其器身作長頸圓腹形,蓋圓鼓,上有高圈足狀捉手。頸兩側接雙獸首提梁,提梁甚寬扁(圖一三)。器、蓋皆有銘文(圖一四)。此形制容易使人想到殷代早中期流行過的長頸圓腹卣,如安陽小屯 M5(即婦好墓)出土的此型卣(M5：765),小屯 M18 亦出土過同形卣。[1] 但這種形制的卣的提梁均接在上腹部,且均隨器身與長頸形狀彎曲,與此件倗叔壺有所不同。倗叔壺之造型也許與上舉殷代的長頸圓腹卣有一定淵源關係,因爲西周早期壺不甚流行,西周早期稍晚,即出現了所謂"橄欖型壺",而此型壺在西周中期才盛行,與倗叔壺形制頗爲不類。倗叔壺去掉提梁,器身作圓鼓腹,並未受到昭王至穆、共王時期流行的垂腹風格的影響,而器身與蓋的形制也已接近西周晚期開始流行的長頸鼓腹壺(如扶風齊家村窖藏出土的幾父壺)。但倗叔壺腹中部的圓鼓,並沒有西周晚期圓腹壺的垂腹特徵。所以這件器物的造型可以説是比較特殊的,但很可能是殷代的長頸圓腹卣與西周晚期長頸圓腹壺的形制相銜接的綫索(西周早期雖有長頸、扁圓腹的提梁卣,但腹扁圓之特徵難以與西周晚期之圓腹壺相聯繫)。[2] 倗叔壺的頸部、蓋頂邊緣、提梁上面均有對稱的長尾鳥紋飾帶,張懋鎔先生已指出,長尾鳥紋的形象與伯威壺上的鳥紋非常相似,[3]其特徵在於長尾羽與身軀相連,尾羽下有兩反向外勾的短羽。筆者在上舉《中國青銅器綜論》中將伯威墓出土銅器歸入西周銅

---

① 以上二器圖像見前揭拙著《中國青銅器綜論》上册,第 204 頁。

② 在前揭拙著《中國青銅器綜論》中,從器型學分類角度將有提梁的酒器統稱爲"卣"(儘管有的此型器自名爲"壺")。此件倗叔壺器身確與長頸圓腹卣的器身有差距,相當接近於西周晚期以後的壺,爲研究方便,暫從《銘圖》的叫法,稱其爲壺。

③ 張懋鎔：《新見金文與穆王銅器斷代》,收入《古文字與青銅器論集》第 4 輯,科學出版社,2014 年。

器第三期,即穆共時段。此種形式的鳥紋,在此一時段實相當流行。綜合上面對佣叔壺形制、紋飾的分析,其年代還應歸在西周中期時段內,更具體地說,由於其器身(及蓋)的形制已接近於西周晚期有蓋的長頸圓腹壺,所以更大的可能是在西周中期偏晚,不早於共王。

圖一三　佣叔壺器形(正、側面)

佣叔壺的銘文曰:

> 唯廿又六年
> 十月初己卯,佣
> 叔作田(田)帛(帛)寶隣
> 壺,其萬年子子
> 孫孫永寶用。(器銘)
> 叔作
> 田(田)帛(帛)禂壺。(蓋銘)

圖一四　佣叔壺銘文

由於在本文新構擬的"西周金文年曆表(見附表一)"中除穆、共二王外,西周中期另兩位王——懿、孝王在位年數均較短,而佣叔壺的年代爲"廿又六年十月初己卯"("初"應即是"初吉"),故其只能在穆、共二王中尋其歸屬。將此器曆日放到本文所擬金文曆表中的穆王曆日中,以前996年爲穆王元年,則二十六年爲前971年,是年十月壬子朔,己卯已是二十八日,顯然與佣叔壺曆日不合。所以,佣叔壺不會是穆王時器。查本文所擬定的共王曆日,元年爲前941年,二十六年爲前916年,是年十月甲子朔,十六日己卯,亦與佣叔壺曆日不合。佣叔壺未能入本文曆表穆、共王器組中,其原因是多方面的。但如共王元年不像本文那樣設在前941年,而是設在前942年,佣叔壺即可以與共王二十六年(設在前917年)曆日相合。此外,本器銘文字體書寫較爲松散,如是年"己卯"本是"乙卯",則可以入本文金文年曆表共王二十六年(十月壬子朔四日乙卯)。

佣叔壺是佣叔爲田帚(婦)所作,"帚"字寫法不規範,舊或讀作"甫"不妥("甫"上部與此字字形不盡合)。① "田婦"很可能是佣叔的配偶,娶自田氏,但亦不排斥是其嫁予田氏的女兒。佣氏墓地已在山西絳縣橫水鎮被發現並發掘。② 田氏亦見於國家博物館所藏晉侯簋(簋甲,其銘曰"晉侯作田夒[妻]饎毁"),"田妻"是出身於田氏的晉侯夫人。③ 佣氏在西周時是晉國的附庸,晉、佣皆與田氏通婚,知田氏在晉南很有影響。佣叔壺雖因某種原因未能落實其所屬王年器組,但其銘文之學術價值仍是值得重視的。

五、夒簋可入穆王

夒簋爲近年國家博物館入藏器,其形制近同於上舉斷簋,也是敞口、雙附耳的盆形簋,腹壁近直,近底部圓轉內收,圈足作斜坡狀,有短直的階跟,惟腹較淺而顯寬扁,且素面,只在上腹部有雙凸弦紋,口沿下有一道凸弦紋。有蓋,蓋頂有圈足狀提手。與此簋形近的是長安花園村 M15 出土簋(M15:15、16)。④ 花園村 M15 更近於穆王時期。夒簋銘文,前面記曆日曰"唯廿年又四年才(在)八月既望丁巳",其字體亦與穆王時流行的典雅、拘謹風格近合。依照上文對共、懿王年數的推擬,將穆王元年設在前 996 年(穆王在位年仍按《史記》所言之 55 年計),穆王廿四年即爲前 973 年,是年八月乙未朔,丁巳爲二十三日,而本月庚戌望,丁巳在庚戌後第七日,只能大致可以認爲還在"既望"範圍内,其曆日與夒簋"八月既望丁巳"近合。

六、伐簋曆日不在西周中期諸王中

伐簋,2012 年 7 月筆者在北京獲見於中國文物咨詢中心。⑤ 這件簋蓋頂與腹部飾瓦紋,圈足下接三小扁足,口沿下與蓋外圈飾一圈竊曲紋,圈足上飾斜角雲紋(圖一五)。這種形制存在於西周中期偏晚至春秋早期時段内。其器、蓋同銘,器底銘被銹遮掩,蓋内銘文較清楚(圖一六),釋文如下:⑥

---

① "帚"與此銘中寫法近似的例子,見義伯簋("婦"所从"帚"作),又見玕君壺("婦"所从"帚"作), 君鼎("婦"所从"帚"作),均見容庚:《金文編》,中華書局,2011 年,第 794、795 頁。
② 山西省考古研究所等:《山西絳縣橫水西周墓發掘簡報》,《文物》2006 年第 8 期。
③ 拙文《對與晉侯有關的兩件西周銅簋的探討》,《古文字研究》第 29 輯,中華書局,2012 年。
④ 陝西省文物管理委員會:《西周鎬京附近部分墓葬發掘簡報》。
⑤ 此器器形與銘文亦見《銘圖》5321"我簋"("伐",吳鎮烽先生在此書中讀"我")。
⑥ 本銘中"老父"之稱,亦爲前所未見。器主人伐,受王命遺魯侯,則本人當是王朝卿士。故"老"在此也許當釋作《詩經·小雅·采芑》"方叔元老"毛傳"五官之長出於諸侯,曰天子之老"中的"老"。魯侯稱伐爲"父",應是由於伐爲此魯侯之父輩,下邊銘文中伐稱時任魯侯爲"朕公子魯侯",應當理解爲是"朕公"之子魯侯,是上一任魯侯爲伐之兄長,故現任魯侯爲其兄之子。魯侯賜給伐的器物,除圭、瓚等玉器外,尚有彝一肆,即銅禮器一列,"彝"或當讀作"隸",即指一肆彝器中包括有下列"尊"與"備",尊,當是指青銅酒器,"備"或即《周禮·小宗伯》"告備于王"鄭玄注備"謂饌具",在此即青銅食器。按:伐簋器、蓋銘較清楚的拓本刊布於山西省公安廳、山西省公安局編著的《國寶回家(二)》(2019 年 6 月)中。據此拓本,可知"一肆"後面一字的字形當作 。原釋文作"啻"有誤,應隸定作醤,如是,從皀旁,從酋,凡聲,則此字或即當讀作"凡",《説文》:"凡,最括也。"段玉裁注:"(凡,)聚括之謂。"在此是"總括""包括"之義,即指"彝一肆"涵括以下"尊以(與)厥備"。此外,"賜小子耒一家"下一字非"自",從上述器銘拓本看近似於"臣"字。"賜小子耒一家,臣曰引,以友五十夫",是講,賜給伐小子耒下屬的家臣一家,其臣名曰引,屬下有五十夫。

唯王七年正月

初吉甲申，王命

伐遺魯侯，白頯蔑伐

老父伐曆（歷），易圭瓚、彝

一肆，醫尊以舁（厥）備，易小子

幬一家，臣曰引，以友五十夫。伐

拜稽首，敢對揚朕公子魯

侯不顯休，用乍呂姜□

寶尊毁，其用夙夜享

于宗室，用祈屯魯，

世子孫孫永

寶用。

圖一五　伐簋器形

圖一六　伐簋銘文（蓋銘）

　　伐簋銘文所記曆日爲"唯王七年正月初吉甲申"。從器形看，其年代可安排在懿王至
幽王期内。

　　宣王元年爲前827年，是固定的，其七年即爲前821年，是年正月丙戌朔，前二日甲
申，與伐簋曆日不甚相合。

　　幽王元年在前781年，這亦是個定數，其七年在前775年，是年正月戊午朔，甲申爲二
十七日，顯然亦不合於伐簋曆日。

　　在根據上文所討論之結果，延長共、懿王在位年數後，懿王元年已暫設在前907年，其七
年即爲前901年，是年正月如以庚午爲朔日，甲申爲十五日，則與伐簋曆日不合。孝王在位

年,在本文所擬金文年曆表中只有三年(按:孝王是共王弟,共王執政如達三十余年,其子懿王又有二十年,則至孝王及位時,其年歲必已高,在位年數短應是有可能的),故伐簋不會屬孝王。夷王七年設爲前878年,其正月丁巳朔,甲申爲二十八日,亦肯定不在"初吉"範圍内。這即是説按本文所擬新的金文曆日方案,伐簋亦不能進入懿王、孝王、夷王三個王年組。

最後看一下厲王曆日。在斷代工程曆譜中,厲王元年爲前877年,七年爲前871年,此年正月丁未朔,九日甲申,按現在通常采用的,初吉範圍可在初一至初十範圍内,則厲王七年曆日與伐簋曆日相合。這樣看來,伐簋的曆日可容在厲王器組中,故伐簋曆日並不能牽動斷代工程曆譜中王年的調整。

根據《史記·魯周公世家》"(魯)厲公三十七年卒,魯人立其弟具,是爲獻公。獻公三十二年卒,子真公濞立。真公十四年,周厲王無道,出奔彘,共和行政",可知伐簋銘文中所見"魯侯"應是魯獻公,銘文中的"唯王七年",即厲王七年,乃魯獻公十六年。

七、西周中期金文曆譜的調整

根據上文論述,本文將西周中期金文曆譜作了初步調整(見附表一)。像每次根據新曆日資料對金文曆譜作調整一樣,現在提出的方案仍然只是一種力圖容納新的曆日資料的嘗試,因此自然就不可避免地使個別的以往曾納入曆譜的器物未能留在其中。[①] 此外,此表所列銅器曆日中,"初吉"之日期設置與"既生霸"範圍實有部分重合,這是個老問題,對此如何才能作更合理的解釋,依然是今後需要深入探討的問題。

附表一　西周金文年曆表(西周中期,附夷王年曆)

穆王元年	前996				
二十四年	前973	八月乙未朔二十三日丁巳	奠簋	廿年又四年在八月既望丁巳	本月庚戌望
三十四年	前963	五月己亥朔二十日戊午	鮮簋	三十四年五月既望戊午	
五十五年	前942				
共王元年	前941				
二年	前940	二月丙戌朔二日丁亥	吳方彝蓋	二祀二月初吉丁亥	
		三月乙卯朔	趩觶	二祀三月初吉乙卯	
八年	前934	十二月丁丑朔十一日丁亥	齊生魯方彝蓋	八年十二月初吉丁亥	後天一日
十五年	前927	五月庚午朔十三日壬午	十五年趞曹鼎	十又五年五月既生霸壬午	
二十二年	前920	四月庚寅朔二十日己酉	庚嬴鼎	廿又二年四月既望己酉	
二十四年	前918	九月乙亥朔十六日庚寅	親簋	二十四年九月既望庚寅	

---

① 宰獸簋曆日爲"六年二月初吉甲戌",在本文表一中懿王六年(前902)二月丙子朔,前二日甲戌,如將宰獸簋曆日納入此年,則其"二月初吉甲戌"是先天二日,存在同樣問題的還有五祀衛鼎,如將五祀衛鼎歸入懿王,在本表中,懿王五年(前903)正月壬子朔,前二日庚戌,則五祀衛鼎之曆日"正月初吉庚戌"亦先天二日。凡此,均不甚妥當。此二器暫未列入表中。

二十七年	前 915	三月庚寅朔九日戊戌	二十七年衛簋	廿又七年三月既生霸戊戌	
二十八年	前 914	正月丙辰朔十二日丁卯	斨簋	廿又八年正月既生霸丁卯	
三十年	前 912	四月癸酉朔二日甲戌	虎簋蓋	三十年四月初吉甲戌	
		四月癸酉朔十日壬午	吳盂	三十年四月既生霸壬午	
三十五年	前 908				
懿王元年	前 907	九月辛未朔十七日丁亥	師穎簋	元年九月既望丁亥	
三年	前 905	三月壬辰朔十一日壬寅	衛盂	三年三月既生霸壬寅	
四年	前 904	九月癸未朔五日丁亥	師㝨鼎	四祀九月初吉丁亥	
九年	前 899	正月戊午朔二十三日庚辰	九年衛鼎	九年正月既死霸庚辰	
十年	前 898	正月癸丑朔二日甲寅	㝬簋	十年正月初吉甲寅	
十二年	前 896	三月庚午朔二十一日庚寅	走簋	十又二年三月既望庚寅	
十三年	前 895	六月癸巳朔六日戊戌	望簋	十又三年六月初吉戊戌	
十六年	前 892	九月甲戌朔十一日甲申	士山盤	十又六年九月既生霸甲申	
二十年	前 888	正月乙卯朔二十日甲戌	休盤	二十年正月既望甲戌	
孝王元年	前 887	四月丁未朔八日甲寅	元年師旋簋	元年四月既生霸甲寅	
三年	前 885	五月乙未朔八日壬寅	達盨蓋	三年五月既生霸壬寅	
夷王元年	前 884	六月己未朔十六日甲戌	師虎簋	元年六月既望甲戌	
		六月己未朔十七日乙亥	智鼎	元年六月既望乙亥	
二年	前 883	三月乙酉朔六日庚寅	王臣簋	三年三月初吉庚寅	
三年	前 882	四月戊申朔十四日辛酉	師遽簋蓋	三祀四月既生霸辛酉	本月癸亥望
七年	前 878				

　　將這個表與斷代工程曆譜相比,不僅是懿王元年已不固守在前 899 年,懿王、共王、孝王的年數也擴充了,從而使穆王元年由斷代工程金文曆譜所設定的前 976 年,上升至前 996 年。此種擴充,不僅使近年來發現的西周中期的銅器曆日得以容納,而更重要的是,穆王元年的上升勢必影響到西周早期諸王年數的設置與武王克商年數的變動。如上文已提到的,其實在覎公簋發現後,西周早期王年體系即已經要作調整了,這是大家都已知道的。

　　近年來,新發現的西周金文曆日資料,不斷提出新問題,亦就促使研究者不斷修訂所排金文年曆表,但這個調整的過程,也是使我們的認識愈益接近西周金文曆日的實際,從而不斷深化對西周王年認識的過程。當然,西周金文年曆的研究,應該只是西周年代學研究的一個層面,西周王年的研究應當依靠更多的學科及所具有的不同手段綜合進行。

（原載《故宮博物院院刊》2014 年第 6 期）

西周初期王陵的探尋

　　西周王朝,始於公元前 11 世紀中葉,止於公元前 772 年,近三百年,共有十六位王(前841 年後有十四年屬"共和行政",爲短暫的一段無王主政時期),十五世(其中孝王爲共王弟,同爲穆王子)。西周時代是我國古代文明發展中非常重要的一個階段,無論是政治制度,還是物質文化、思想文化皆對後世有重要影響。惟迄今爲止,西周諸王的墓地,亦即他們之陵墓所在,一直没有被發現。可能與此有關的是西周諸王自己製造的青銅禮器,已發現的爲數甚少,屈指可數,如果西周王陵被破壞過,肯定會有相當多的王所作的器物流散於世,至少應有一部分被著録過,但現在没有出現這種情況,從文物保護角度,這當然是一件好事。西周王陵没有被發現,可能没有被破壞的原因,主要是因爲西周時期的墓葬尚未有於地表封土之制,墓上無明顯的標誌,加之深埋,不易被發現。但是位於安陽西北岡的商王陵卻在 20 世紀 20 年代進行考古發掘前即多已被盗。所以,西周王陵如没被盗,只能説是個幸運。

　　現在提出探尋西周王陵這一課題的原因,不僅是因爲這一課題本身無疑具有極重要的學術價值,而且更爲急迫的是,如果這些王陵中真的有位於今西安市區附近(詳下文)的話,大規模、快速度的開發、建設,有可能會使它們遭到破壞。現在尋找西周王陵即有一個很重要也很實際的目的,即在於要保護它們。

一

　　關於西周王陵的地理位置,古代典籍有記載的僅有少數幾位王的墓葬,即便如此,亦有異説。

　　按照文獻成文年代,現在所知與西周王陵有關的年代最早的文獻,是保存西周文句較多的《逸周書·作雒》,其文曰:

> 武王既歸,乃歲十二月崩鎬,殯于岐周……元年夏六月,葬武王于畢。[1]

---

[1] 殯音肆,是以棺木斂尸,淺埋於土中,待其後再正式下葬,所謂暫厝。參見《王力古漢語字典》,中華書局,2000 年。

其次，是成於戰國中晚期之際的《孟子》，其《離婁》篇記曰：

"文王生於岐周，卒於畢郢，西夷之人也。"趙岐注："畢，文王墓，近於酆、鎬也。"

實際《離婁》這段話並未明言文王葬於畢。但因下面要提到的較晚的文獻屢言文王葬於畢，所以也不排除《離婁》所言"卒於畢郢"亦確如趙岐所注，實暗指出了文王墓地所在（一說畢郢即見於《呂氏春秋·具備篇》"武王嘗窮於畢程矣"之畢程）。"郢"當爲畢地中之小地名。文王雖未入西周，但文王是西周王朝之奠基者，如本文所引文獻多次提到的，武王與周公亦均從文王葬於畢，故在此亦將文王墓歸入周初王陵一并探討。

有關西周王陵稍晚的著作是成書於西漢武帝時期的《史記》，書中有幾處亦提到文王與西周早期周公葬於畢，如：

《史記·周本紀》："太史公曰：……所謂'周公葬（我）[於]畢'，畢在鎬東南杜中。"杜，集解引徐廣曰："一做'社'。"

《史記·魯周公世家》："周公在豐，病，將沒，曰：'必葬我成周，以明吾不敢離成王。'周公既卒，成王亦讓，葬周公於畢，從文王，以明予小子不敢臣周公也。"

比《史記》又稍晚，東漢時的馬融，亦提到畢地，如：

《史記·周本紀》："九年，武王上祭于畢。"集解引馬融曰："畢，文王墓地名也。"

同屬東漢時代的《漢書·劉向傳》曰："殷湯無葬處，文武周公葬於畢。"西晉時人臣瓚注曰："畢，西於豐三十里。"

上述自先秦至東漢的文獻均提到畢是文王、武王、周公之葬地，固然有前後相因襲之可能，但也不排除所言各自有其現已不得見的先秦文獻根據。因此，文王與西周初期武王及周公之陵墓在稱作"畢"這個地方，是現所知唯一的較可靠的西周初期王陵所在地點。[①]

問題是畢的具體地望。上面引文中提到這點的，最早的是司馬遷在《周本紀》中所言"畢在鎬東南杜中"。鎬應即西周初武王所建都城鎬京所在。《史記·周本紀》集解引東晉徐廣曰："鎬在上林昆明北，有鎬池，去豐二十五里。"漢昆明池的位置在今長安縣斗門鎮東，北緣在今北常家莊南，南抵細柳原北側，今公石匣口村，所以鎬即當在今斗門鎮東北、南、北豐鎬村一帶[②]。

從 20 世紀 30 年代考古工作者即開始了對豐鎬遺址的調查（圖一），並從 50 年代中期始進行了若干次發掘，1983 至 1984 年期間在今灃東的斗門鎮、官莊村、下泉村、花樓子一帶，發現有十處大型夯土基址（其中最大的 5 號宮室基址面積達 2 891 平方米），1990 年又

---

① 畢應即是文王之子畢公之封地。《左傳》僖公二十四年："昔周公弔二叔之不咸，故封建親戚以蕃屏周。管、蔡、郕、霍、魯、衛、毛、聃、郜、雍、曹、滕、畢、原、酆、郇，文之昭也。"《史記·魏世家》："畢公高與周同姓。武王之伐紂，而高封於畢，於是爲畢姓。"

② 胡謙盈：《漢昆明池及其有關遺存踏察記》，《考古與文物》1980 年創刊號，第 23 頁。

在官莊村發現一處建築基址，①這些遺存均可能屬於鎬京。但鎬京有無城垣及城內布局迄今尚不明朗。西漢時漢武帝在斗門鎮東北、豐鎬村西北引洨水灌注昆明池，可能使西周鎬京遺址部分遭致破壞。②

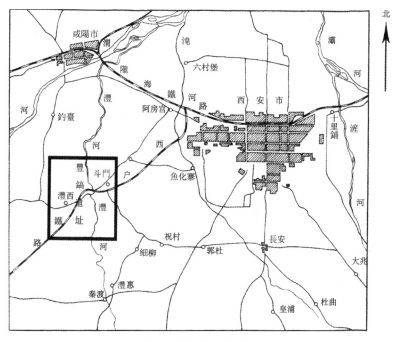

圖一　豐鎬遺址位置圖

　　鎬京之所在，已如上述，大致可以明確。那麼司馬遷所云畢在鎬東南杜中，依鎬之位置，此杜應即是西漢時之杜縣。

　　西周時有畿內封君杜伯，宣王時杜伯被宣王所殺，其封地，當即《史記·秦本紀》所記秦武公"初縣杜、鄭"之杜。集解引《地理志》曰："京兆有鄭縣、杜縣也。"唐《括地志》云：古杜伯國，即下杜故城。"蓋宣王殺杜伯以後，子孫微弱，附於秦，及春秋後武公滅之為縣。漢宣帝時修杜之東原為陵曰杜陵縣，更名此為下杜城"。"下杜故城在雍州長安縣東南九里"。由此可知，西漢時杜縣在漢宣帝時改稱杜陵縣，治所在下杜城，城址位於唐代時之長安縣東南九唐里，合 4.86 公里(九唐里，約相當於 9×540 米＝4 860 米)，③接近 5 公里，此城址位置也即在漢宣帝杜陵之西，約在今長安縣城東與杜陵西，居二縣之間。但漢杜縣有一個轄區範圍。司馬遷云畢在鎬東南杜中，說明杜縣之西北界臨鎬。由此也可知杜即在西起鎬之東南相鄰地帶，約漢昆明湖東，東至今長安東南一帶；其南界，一說已至終南山。《讀史方輿紀要·陝西一》記"晉大興四年，終南山崩，……咸康三年，侯子光聚衆杜南山"。

① 陝西省考古研究所：《鎬京西周宮室》，西北大學出版社，1995 年。
② 《元和郡縣圖志》卷一《長安縣下》："周武王宮即鎬京也，在縣西十八里，自漢武帝穿昆明池於此，鎬京遺址淪陷焉。"《水經注》"渭水注"云："自漢武帝穿鑿昆明池於是地，基構淪褫，今無可究。"
③ 1 唐里爲 360 步，1 步合 5 唐尺，1 唐尺爲 0.3 米，1 步即爲 1.5 米，所以 1 唐里合 540 米。據《中國歷史大辭典》(上海辭書出版社，2000 年)附錄五"中國歷代畝積、里長表"。

終南山在杜轄區內,故亦名杜南山。由上述可知,畢在杜中,杜是今長安南,包括終南山的一塊面積較大的區域。①

西晉時皇甫謐著《帝王世紀》又云:"文武葬於畢,畢在杜南。"所謂杜南即當在今長安縣杜曲鎮一帶,終南山北麓。這對於指示西周王墓所在之畢的具體地點可作爲一個參考。

二

另一有助於了解西周畢地所在的重要資料是西周晚期的青銅器吳虎鼎銘文。

吳虎鼎(《銘圖》2446)是 1992 年在長安縣城南申店鄉徐家寨村南施行引水工程時被推土機推出的,是否出於墓葬或窖藏不可知。該鼎作半球形腹,雙立耳,三蹄足,口沿下飾竊曲紋,爲典型的西周晚期鼎的形制。鼎內腹壁有銘文一百六十五字(圖二),總的內容是記述周王賜封吳虎土地之事。②

圖二　吳虎鼎及銘文

銘文講,某王十八年,"王令(命)善夫豐生、嗣(司)工雝(邑)毅䚻(申)刺(厲)王令(命)",可知這個王當是厲王以後的王,最可能是宣王。宣王即位後多年仍重申厲王之命,可見雖然厲王被放逐,但在西周王朝正統觀念中,厲王作爲天子的地位並沒有被貶低,而且,宣王對於其父仍是尊重的。

① 鄭紅利:《與西周王陵相關的幾個問題》(《文博》2000 年第 6 期,第 30—34 頁)亦考證了秦漢時期杜縣範圍,其結論亦是:"北至今天的雁塔區南端,東達杜陵,南邊最少已至秦嶺山脈,西邊範圍至灃河附近。"
② 穆曉軍:《陝西長安縣出土西周吳虎鼎》,《考古與文物》1998 年第 3 期,第 69 頁。

這篇銘文中與我們要討論的問題直接相關的是,上述宣王要重新頒布的厲王以前的舊命,是要將一個叫吳𥂗的人舊有的土地付給吳虎。吳虎與吳𥂗的關係不清楚,但二人皆吳氏,不排除屬同一家族,因某種原因,其土地被王命轉讓(由此亦可見,西周時王對貴族占有的土地仍有最高所有權與支配權)。其銘文曰:

> 付吳𥂗舊疆付吳虎:氒北疆涵人眔疆,氒東疆官人[眔]疆,氒南疆畢人眔疆,氒西疆荼姜眔疆。氒盠履封,豐生、雝(邕)毅、白(伯)道、内𤔲(司)土寺付。

眔,《説文》訓作"目相及也",在西周金文中常用作聯接詞或介詞,相當於"及"或"及於"。在本銘中當訓作"抵至"。"眔疆"即"抵達疆界"。

可見,吳虎被賜封的土地有明確的四至。四至之地有三地稱"某人",應是某人之田土的意思,另一地稱"荼姜",當是指居住在荼地的姜氏或姜姓的一支。類似的例子如岐山董家村窖藏出土的五祀衛鼎銘文,亦記王命付裘衛田,派三有𤔲等勘查,其文亦言及田之四至:

> 厥逆疆眔厲田,厥東疆眔散田,厥南疆眔散田眔政父田,厥西疆眔厲田。(《集成》2832)

其中厲、散、政父皆人名或氏名。與吳虎鼎銘記田土形式相近。

值得注意的是,吳虎的這塊土地的四至中,南抵"畢人",西抵"荼姜"。顯然,"畢"的大方位應該在"荼"地的東南毗鄰地。由此可見,"荼"的地望對於了解"畢"的地望是個關鍵的因素。

在西周金文中除稱"荼"外,亦有"荼京"之稱。嚴格地説,荼應該是一塊區域的名稱。荼京則是此區域內一座王朝都邑,位居中心,地位重要,所以,或可能稱"荼京"有時亦就代表了荼地。在西周晚期青銅器楚簋銘文中,言王命内史尹氏册命楚,"𤔲(司)荼啚(鄙),官内師舟"(《集成4246—4249》)。可知荼地內在中心都邑(荼京)外圍尚有郊地——鄙。吳虎鼎銘文中的"荼姜"氏,即當爲生活於此鄙中的宗氏。荼京在當時(尤其是西周中期)是周王經常去的一個重要的王都都邑。其中有王朝宮室、王室宗廟,還有學宮與辟雍(王室學校内的建築),還有供王與貴族游戲、消遣用的池苑。從這些情況亦可知,其地似應在王畿中心區之内,是一個很方便王與王室貴族及四方來朝拜的諸侯會面與舉行禮典的地方。

有助於了解荼京具體地望的是以下兩篇銘文:

> 士上卣(一稱臣辰卣):"唯王大禴(禴)于宗周,㳚(遹)饗荼京年。"(《集成》5421、5422)

> 麥方尊:"王令辟井(邢)侯出坋,侯于井(邢)。粵若二月,侯見于宗周,亡述(尤)。迨(會)王饗荼京,彭祀,粵若翌日,在璧(辟)雍,王乘于舟,爲大禮。王射大龏禽,侯乘

于赤旂舟從,死咸。……”(《集成》6015)

士上卣銘文中,“徣”从彳,出聲,在這裏可讀爲“遂”(從楊樹達《積微居金文説》説),[①]“遂”即“遂即”,是上一個行爲完成後緊接着要幹的下一個行爲之間的轉語,所以銘文是言王在宗周(鎬京)行畢大禴之禮後,遂即在葊京行饗祭之禮。麥方尊記邢侯朝見王於宗周鎬京,“迨(會)”(亦即“恰逢”)王在葊京行饗祭之禮。再者,銘文言第二天,在辟雍,王乘舟爲大禮。可見辟雍即在葊京近旁,辟雍見於《詩經・大雅・文王有聲》“鎬京辟雍”,可知此辟雍近鎬京(《詩經・大雅・靈臺》咏庶民建築了靈臺,周王游靈臺,“於樂辟雍”。鄭玄《五經異義》:“左氏説:天子靈臺在太廟之中,雍之靈沼謂之辟雍。”是文王建豐邑、修靈臺近旁亦有辟雍)。由此銘文可見,葊京近辟雍,正因爲宗周有辟雍,所以葊京確應在宗周範圍内。唐蘭先生在考釋高卣蓋時言“葊京應即宗周的一部分”是正確的。[②]

過去許多學者考證葊地所在,或認爲葊即豐,葊京亦即在灃水西文王所都之豐京。但葊从方得聲的可能性較大,而方、豐上古音聲母雖同而韻母差異較大,似不可通。況且西周金文中已有“豐”地之稱,見於岐山董家村出土之三年衛盉(《集成》9456)及作册魖卣(《集成》5432)。所以,葊不大可能是豐。而且,從金文中只見葊與宗周相聯繫,而未見將葊與豐京相聯繫的情況看,葊當靠近鎬京,在所謂宗周範圍内,其地望應在灃水之東,而不靠近與鎬京隔灃水相望的豐京,即不在灃西。

當然,僅據現有資料,還難以説清葊與鎬京確切的相對位置。鎬京近灃水,在灃水東。葊不太可能在鎬西,只可能在鎬東,或在其北,或在其南。但是,因爲葊鄰近於鎬,二者距離不遠,所以,就大的方向來説,上引吴虎鼎銘文中所見在葊之東的吴虎受賜的土地,亦可以認爲即是在鎬京之東。[③] 而在這塊土田之南與之相鄰接的畢地,其大方向即應正在鎬京東南。這恰與上引《史記・周本紀》中司馬遷所云“畢在鎬東南杜中”之説相合。

這樣看來,《史記》與其他先秦、漢、晉文獻中所講的作爲文、武、周公葬地的畢,與上引西周吴虎鼎銘文中講到的畢地應該是指同一個地域,那麽,按照上文的考證,這一在漢代杜縣範圍的畢地即應位於今長安南。

三

根據文獻所記還可以對作爲文、武、周公葬地的畢的地理位置作進一步分析。

具體的以里數標出畢之所在地理位置的是古本《竹書紀年》所記“畢,西於豐三十里”

① 楊樹達:《積微居金文説》(增訂本),中華書局,1997年,第94頁。出、遂韻均屬物部。出聲母爲昌母,遂爲邪母,均爲齒音,亦相近。同屬物部韻而从出聲的字如黜、茁,聲母分别爲从母、清母,均與遂音近同。

② 唐蘭:《西周青銅器銘文分代史徵》,中華書局,1986年。

③ 吴虎所受賜土田的大概位置,當即在今長安縣的西或西北,即約西起今蒲陽寨,東至今杜城一綫以北地區。

（《漢書·劉向傳》臣瓚注引）。此三十里，自然是戰國時里，其一里約爲今 417.6 米，[①]則三十里爲 12 528 米，約 12.5 公里。豐在西周時即是西周豐京。據多年考古調查與發掘，今長安縣内灃西之馬王村、客省莊、張家坡、新旺村、馮村一帶，有豐富的西周文化遺存，其中馬王村、客省莊發現有大型夯土建築基址群，張家坡、馬王村等地點還發現有窖藏銅器。這塊區域，被考古學界視爲豐京遺址的一部分。

上引古本《竹書紀年》所云"畢西於豐三十里"，從字面看，似可以理解爲畢在豐西。但依上文所述，畢在鎬東南，故不可能在豐西。所以這句話似應理解爲畢向西至豐爲三十里。

但問題在於古本《竹書紀年》中所言之"豐"究竟在何地點，如按以上所述現今考古發現情況，將其定在被認爲屬豐京遺址的馬王村一帶，則由其向東 12.5 公里乃今西安市近郊，顯然與上文所考畢的地望不合。所以，這裏的"豐"應該是指另一個地點。

《説文》："酆，周文王所都，在京兆杜陵西南。"上文已言及漢杜陵在今長安東南，酆即豐，既在其西南，就不可能在今灃西馬王村一帶，而應在其南。《左傳》僖公二十四年："故封建親戚以蕃屏周。……畢、原、酆、郇，文之昭也。"杜預注："酆國在始平鄠縣東。"《史記·周本紀》記文王作豐邑，集解引東晉徐廣曰："豐在京兆鄠縣東，有靈臺。"時鄠縣在今户縣城北，則徐廣所言豐應在今户縣東、灃水之西秦渡鎮一帶。此地與《説文》所言豐之地望是相合的。古本《竹書紀年》作爲戰國史書，所言豐或即與漢晉人所言同。由秦渡鎮向東 12.5 公里，是今長安西南的賈里村與里杜村間，也落在上文所述畢所在漢杜縣範圍内，而且與上引《帝王世紀》所謂畢在杜南（今長安杜曲鎮一帶）大致相合。

另一有助於更具體地了解畢之所在的文獻，是《括地志》。《括地志》原書已佚，今有輯佚本。該書成於唐初，爲太宗第四子李泰主編。此書所據自然是唐初人所能見到的有關古代地理的文獻，唐宋時人即已用來作爲解釋古代地理的主要依據。今日自然更應珍視。

該書具體提到文王、武王所葬之地的有以下文字：

畢原在雍州萬年縣西南二十八里。（《史記·魏世家》"武王之伐紂，而高封於畢"正義引）

周文王墓在雍州萬年縣西南二十八里原上。（《史記·周本紀》"西伯崩"正義引）

武王墓在雍州萬年縣西南二十八里畢原上也。（《史記·周本紀》"武王有瘳，後而崩"正義引）

按此書所云，文王、武王墓皆在原上，當因屬畢，故亦稱畢原。"畢原"之稱，前此似未見。當然也可以作這樣的理解，畢是一塊較大的地域，畢原是畢地内的一個原。

現在的問題是，自萬年始至畢原二十八里（當是指唐里，一唐里約合今 540 米，即0.54

公里),是從唐萬年縣何處計算,是從其城垣(當然亦即唐長安城垣。萬年縣轄長安城東,長安縣治長安城西,二縣以朱雀路爲界),還是從其治所(位於今西安市大雁塔北,雁塔北路上之李家村)計算?

爲了確定這一點,可以選幾個《史記正義》與《括地志》也明確提到的距萬年縣若干里的、今天也確知在何處的地點,作一測試。

> 《廟記》云:"霸陵即霸上。"按:霸陵城在雍州萬年縣東北二十五里。(《史記·絳侯周勃世家》正義)

> 《括地志》又云:"杜陵故城在雍州萬年縣東南十五里。漢杜陵縣,宣帝陵邑也,北去宣帝陵五里。《廟記》云故杜伯國。"(《史記·高祖本紀》正義引)

如采用1∶50000的測繪地圖作測量,從唐萬年縣治所(今西安市李家村)起算,到其東北漢霸陵所在(今霸陵鄉毛西村楊屹嶝山)約當13.25公里,與《括地志》所云萬年距霸陵二十五唐里(相當於13.5公里)基本相合。

用同樣地圖,從李家村向東南至漢杜陵邑(在宣帝杜陵北五唐里即約2.7公里處,今繆家寨東)有約7.3公里,與《括地志》所云萬年距杜陵十五唐里(約8.1公里),也大抵相近。

所以,可以初步認爲,《括地志》所云在萬年縣某方向多少唐里,是從萬年縣治所(即今李家村)起算的。由此,我們即可以在地圖上以李家村爲起點向西南方向量出二十八唐里(約合15.12公里)劃一下《括地志》所云畢原的大體方位。

現在測繪地圖上,以李家村爲起點,向西南方劃一個按比例半徑相當於15.12公里的弧綫(圖三),則這條弧綫大致可以劃出東起今長安縣西南的賈里村南(黃良鎮北),西北經郭杜鎮南、大仁村、石匣東,抵細柳鎮與蒲陽村間,這樣一條綫。

所以,《括地志》所指示的畢原所在應在這一弧綫所標及其附近地區尋找。值得注意的是,如本於上文據古本《竹書紀年》與漢晉人所推測得的畢在豐東約12.5公里的記載,亦在此測繪地圖上,以秦杜鎮爲起點,向東劃一按比例半徑相當於12.5公里的弧綫,此弧綫與上一表示距萬年二十八唐里的弧綫交匯處,亦正落在今賈里村與里杜村之間。如果以上據文獻所作分析未有多大謬誤的話,兩條弧綫交匯處之附近地區(可能應是在交匯處東北神禾原南部),應即是西周初期王陵所在區域。

四

自20世紀80年代始,中國社科院考古所灃西隊即曾在灃河沿岸調查過周王陵,約在同時或稍晚,陝西省考古所也曾重點調查過郭杜鎮東北、細柳原東端地帶,且在郭杜鎮西南的大仁村西南之西周遺址中作過局部鑽探。但這些工作並未能提供出有助於探知周王

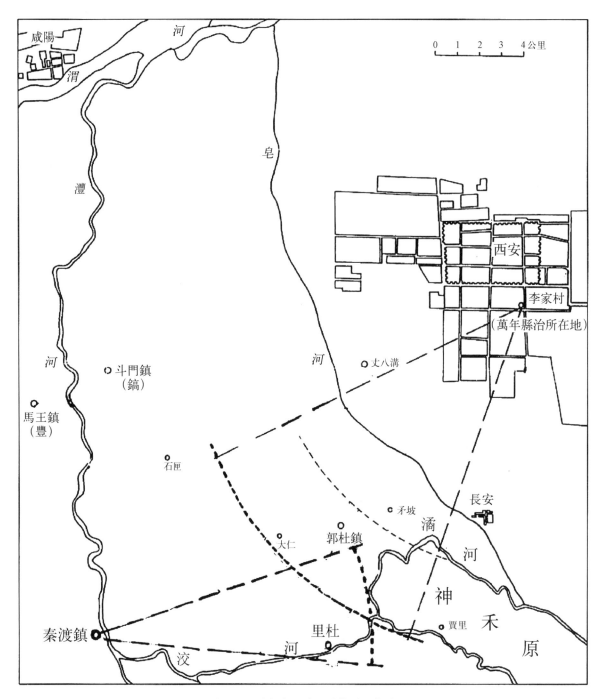

圖三　西周初期王陵位置推測示意圖

陵所在的信息。

　　自 1997 年 11 月以後,陝西省考古所張天恩等先生曾又專門爲尋找西周王陵做過勘察,在今長安縣北鳳坻原原首地區與今長安縣南賈里村及其以北的神禾原作了鑽探與調查,於賈里村發現有一處較大的西周遺址,但亦尚未能發現有助於找尋西周王陵的綫索。

　　需要説明的是,神禾原正在上文據文獻資料所能劃出的西周王陵所在之畢原範圍內。因此神禾原及其鄰近區域的工作還應繼續地更深入地做下去。

據張天恩先生介紹，“豐鎬一帶，長安的神禾原以西，户縣境内的水位均較淺，不宜構築大型陵寢。神禾原以北的細柳原地下水位相對較深，郭杜鎮所在的原東北部最深，約在20—24米以下，具有營建大墓的條件”。所以，他認爲根據這一情況“加之有文獻和墓誌記載的支持，應當有發現周陵的可能”。[1]

總之，在我們上文所劃出的地帶内，特別是屬於這一地帶的神禾原應該是應用現代考古學手段探尋西周王陵的重要區域。[2]

五

文王、武王與周公墓地，在古代文獻中除上文已列舉的在今長安南部一帶的説法外，其它的説法還有咸陽北原説。

如《史記·魯周公世家》正義引《括地志》云：“周公墓在雍州咸陽北十三里畢原上。”《史記·魏世家》集解引杜預曰：“畢在長安縣西北。”在後來刊行的一些書，如北宋宋敏求《長安志》與清代畢沅《關中勝迹圖志》等文獻中也持此説。

但是對於上面的説法，自古即有較大的異議。如《史記·秦本紀》劉宋裴駰集解引三國魏時編輯之《皇覽》曰：“秦武王冢在扶風安陵縣西北，畢陌中大冢是也。人以爲周文王冢，非也。周文王冢在杜中。”漢至三國時期的安陵縣，位於今咸陽東北，所以《皇覽》所指安陵西北即是咸陽北原。關於文王、武王墓非在咸陽北原，焦循《孟子正義》在《離婁章句下》疏中有評考，可以參見。

渭河北岸的咸陽原上現已知有十一個西漢帝陵中的九個。清代時畢沅在考證漢陵分布時，也曾把一批西漢陵墓誤指爲西周王陵及隋煬帝陵，經過數十年來所做的考古實地勘查工作，“已排除咸陽原上有西周王陵的可能性”。[3] 咸陽北原西周王陵的舊説，現在已不當成爲在今長安南尋找西周王陵的干擾了。

（原載《輿地、考古與史學新説——李孝聰教授榮休紀念論文集》，中華書局，2012年）

---

[1] 以上陝西省考古研究所對西周王陵的勘察探尋工作之成果，均見張天恩：《陝西省考古研究所周陵調查概況》（打印文本）。

[2] 2002年秋季至2003年6月，陝西省考古研究所與中國歷史博物館曾聯合運用航空遥感考古手段與田野考古手段在神禾原一帶作過勘察。筆者觀察到今神禾原南部已有相當大一部分被現代居民村落覆蓋，不排斥我們的目標即在居民村落之下的可能。

[3] 中國社會科學院考古研究所：《新中國的考古發現與研究》，文物出版社，1984年，第410頁。

《寶雞戴家灣與石鼓山出土商周青銅器》序

　　號稱"八百里秦川"的關中平原是中國古代文明發生、發展的重要區域,在關中平原西端的寶雞,跨據渭水南北兩岸,滿布自史前以來豐富的文化遺存。從寶雞沿渭水流域向東直抵今岐山、扶風一帶,更是創造了燦爛西周文明的周人發祥之地。2012 年、2013 年因在寶雞渭水南岸的石鼓山兩次發現隨葬大量優美壯觀青銅器的墓葬而引起社會,特別是媒體的廣泛關注。但對於學術界來説,石鼓山的發現還有其更特殊的意義,即是會使學者們愈益感到 20 世紀初即出土有大量青銅器而且與石鼓山遺存有密切關係的戴家灣遺址之重要。

　　戴家灣(舊亦稱鬭雞臺)遺址,在寶雞市東 7 公里之渭水北岸與石鼓山隔水相望的臺地上。20 世紀初,陝西巡撫端方獲得在鬭雞臺出土的一組十三件青銅器,包括一件禁,端方以"柉禁"爲稱的此組器,1924 年爲紐約大都會博物館購入,成爲該館青銅器展廳中魅力經久不息的"明星"。20 世紀 20 年代後期,陝西軍閥党毓琨在戴家灣之戴家溝東盗掘了大量墓葬(據調查約有 50 餘座),出土青銅器約 1500 件,其中大件容器一説即達 740 餘件。在當時社會動亂不息的背景下,屬於此器群的青銅器出土後不久即流落至海内外各公私藏家,其中包括著名的銘文中言及周公東征的𣄽方鼎(《集成》2739)及很少見的魯侯器——魯侯熙鬲(《集成》648)。詳細情況在本書附録的資料中有所記載。[①] 由於係盗掘,其事件雖爲世人所知,但其詳況長久未有正式出版的著作介紹。在本書出版之前,曾有若干學者對戴家灣器群作過調查,並以論文與專著的形式刊布了他們的調查與研究的成果。但由於這一器群中的器物分藏地點甚零散,其資料靠個人力量實難聚合,故此器群一直未得到較爲系統的著録。

　　鑒於上述情況,特別是考慮到此器群的重要學術價值,早自 2009 年,在上述石鼓山遺存發現前,本書的主要編撰者陳昭容、李峰、張懋鎔等幾位教授即成立項目組,在蔣經國國

---

① 按: 本文中"本書"均指陳昭容:《寶雞戴家灣與石鼓山出土商周青銅器》,"中研院"歷史語言研究所,2015 年。

際學術交流基金會的資助下,開始了對戴家灣銅器群的調研工作,在三年多時間内通過對遺址的實地踏查,對器物的海内外尋訪,克服多重困難,並得到許多公私單位與專家學者的幫助,終於將現凡能知曉的屬戴家灣器群的青銅器資料彙集在本書中。可以説此書是迄今有關戴家灣出土青銅器資料相對最爲齊備,有關背景材料最爲詳盡的著作。不僅如此,鑒於戴家灣、石鼓山兩處遺存的密切關係,在陝西省考古研究院、寶雞地區考古文博單位與劉軍社、王占奎等先生支持下,本書還收録了石鼓山 M1—M4 等幾座墓出土的青銅器資料,更是爲這本書生色不少。我覺得,中外學術界,特別是我們所有從事商周考古學、歷史學與青銅器研究的學者們,都應該在充分體會本書編撰之艱辛的同時,對本書的編撰者們表示由衷的感謝。同時,我也認爲,本書編撰者們以他們對學術事業的熱情與嚴謹治學的精神亦堪爲當今學人之楷模。

由於戴家灣器群非考古發掘出土,器物依存的遺迹(如墓葬)形制及共存的器物(如陶器等)均未能確知,所以其所屬時段只能依靠青銅器的形制、紋飾特徵來推斷。目前所見絕大多數器物的年代大致在商後期偏晚與西周早期偏早這一時段内。其中帶族名銘文與日名者,有相當多的應是商後期商人的器物,像衆多西周早期周人墓葬出土的商器一樣,皆屬於周初武王、周公兩次克商後通過不同途徑獲得的戰利品,所以其上族名較雜亂,當然也不排除其中也可能有一些是通過其他渠道如通婚等所得到的。因此,出有商後期偏晚商人器物的墓也多應在西周早期偏早。戴家灣器群中年代較晚者,如魯侯熙鬲(據調查資料,此鬲出於馬午樵所稱第 16 坑)。魯侯熙即魯煬公,在位僅六年,大約卒於康王晚年。所以魯侯熙鬲應屬康王時器,而因某種原因葬於戴家灣當已晚至昭王時,由此可知戴家灣器群的年代亦大致即其墓葬年代的下限可能已到昭王,即西周早期偏晚時。

戴家灣青銅器群與石鼓山 M3、M4 出土青銅器的關係,最容易見到的,最引人注意的,是有幾種器類在形制特徵上有共同性,而且少見於其他遺存中。這即是已爲研究者指出的,大型與小型的禁,體形較大的附耳、深腹、腹與足根帶六道鈎狀扉棱的盆鼎,蓋兩側生雙犄角、蓋腹帶寬大扉棱、高圈足下有高直階、提梁兩端獸首雙角作五齒狀華冠形的卣,直壁、蓋頂生四鈎狀鈕的大型方彝,四具長方形珥的大獸首半環耳、尖刺乳釘紋簋。這幾種在兩處墓地中均出土的形制很別致的大型禮器,其年代皆應在西周早期偏早,確實反映了此兩處遺址可能有的在文化與族屬上的同一性。同時,在目前所見其他西周墓葬中既很少集中出土此幾種極有特色的器型,則此種情況也可以説明西周早期在關中平原西端,今寶雞以東渭水南北兩岸或可能存在著有相當强鑄造能力,並有一定獨特工藝傳統的青銅器鑄造場所。

實際上,西周早期青銅器不僅只有上邊所舉出的爲戴家灣、石鼓山器群中幾種大型禮器所表現的特色,在其他西周墓地中出土的以及傳世的西周早期青銅器,甚至可以説在西周初期器物中,實際上都有若干與商後期商人青銅器所不同的形制與紋飾特徵,比如細高柱足的淺腹方鼎與圓鼎,四獸首半環耳、高圈足的簋,三足作扁平刀片狀的爵,深圓筒狀的提梁卣,還有相當流行的給人以劍拔弩張感覺的寬大扉棱,十字形戟以及所謂"鈎戟",非常盛行的團龍紋,羽冠飛揚的鳥紋,以及從周初即出現的長篇銘文等,這些均是在西周早期即流行的,應該是周人自己的青銅工藝傳統,也反映出周人獨特的審美觀與禮器制度。任何一種工藝傳統的發展都需要有培育期,由於克商前周人的青銅鑄造中心與周人大墓均未有發現,現所發現的所謂先周文化銅器(如常見的乳釘雷紋盆形簋等)未必能顯現當時周人青銅工藝的高端,上述在西周早期周人青銅器上表現出來的種種工藝特色,應該早在商後期即已存在於周人族團中。上述戴家灣與石鼓山青銅器群的鑄造,應該有周人青銅工藝爲基礎。

近年來在安陽殷墟孝民屯東南地鑄造遺址出土的陶範,所用來鑄造的器物,其中有的過去被認爲是西周早期才出現的形制(比如器物下的方座,乳釘豎直棱紋簋,提梁兩端獸首雙角上五齒狀的華冠等)。這種情況與以往認爲簋的長方形小珥是周初以後才出現的,而實際上在殷末的緋簋(《銘圖》5140,現存華盛頓賽克勒美術館)上即已見到,都證明新的青銅器工藝與風格,並不可能是隨著新朝代的建立而驟然產生的,多數應該有一定的沿襲性。商末商王都鑄造作坊中產生的新工藝,亦並未因王朝覆滅而一起消亡。像世界史與中國史上常可見到的那樣,戰爭使政權與權力更迭,但有特殊技藝的工匠都會被新的統治者收留並重用。這些新的工藝應該是隨着有純熟技藝的商人設計師與工匠們歸附於西周王朝以及大的世家貴族而得以保存並發揚。商人青銅技藝嫁接於上述周人傳統工藝的基礎上,從而使西周早期的王室與高級貴族所製作的青銅器既體現出一種成熟的技藝,又充滿嶄新的、別致的藝術風格,並洋溢着作爲勝利者的新興王朝貴族的宏大氣勢,這也許是戴家灣、石鼓山器群中那些大型的有獨特工藝青銅禮器出現的原因。

石鼓山兩座出衆多青銅器的周初墓葬,青銅器等均出於北、東、西三面的壁龕,而且均隨葬有陶高領袋足鬲,發掘者與研究者多依此將墓葬歸之於劉家文化系統,或稱爲"姜戎""姜姓族群"的文化。① 劉家文化約發生於商後期,其分布地區正與此一時期周人主要活動區域相重疊。從考古學資料可以得知劉家文化的載體,即其屬族,應該已在商後期偏晚一個較長的時段内,與以姬姓周人爲主體的周人族群在文化上乃至血緣上相融合,使其自身文化已成爲内涵豐富的周文化的一種,其屬族亦應歸入"周人"這個若干個姓族組合的古代民族共同體内。周人在其史詩中追溯其女性祖先爲"姜嫄",姬、姜姓族很早即相互融合,實際上所謂"周人",不是一個血緣概念,應該包括姬、姜等有世代通婚關係的姓族,以及與姬姓有類似關係的姞姓族等,是一個大的族團或古代民族概念,由若干姓族因處於鄰

---

① 按:學者或認爲劉家文化墓葬只使用單個頭龕,石鼓山 M3、M4 多龕作風並非源於劉家文化。石鼓山 M3、M4 的聯襠鬲、折肩罐均出土於西北角壁龕中,與鳳翔西村墓地 79M42 同,故皆應屬於"鬥雞臺類"墓葬遺存。見張天宇:《石鼓山墓地族屬初探》,收入《青銅器與金文》第 2 輯,上海古籍出版社,2018 年。

近或共同的地域中,漸形成有一定共同性的文化,並在血緣上亦相互融合而形成。而周王族所在之姬姓在此族團中居於領導地位。在這個共同體内,各族群應該仍在一定時段内保存有某些自己獨立的文化因素,從考古學角度看,即表現於墓葬與隨葬品的形制特徵上,並且因此可以通過在同一墓群中共存的不同文化因素,看到當時族群相互融合的趨勢。故而石鼓山墓葬的墓主人雖可能當歸於劉家文化之屬族,但已完全可以稱爲周人,其文化是周文化的一種。

與石鼓山、戴家灣這種分布狀態相近的是,在這兩個遺址西邊,有亦分散於渭水南北兩岸(分布於竹園溝、茹家莊與紙坊頭等遺址)的強氏家族遺存,該家族早期較大型墓葬内出土的青銅器中亦有體形甚大的四耳乳釘紋簋與方座簋、高圈足雙耳簋等具西周初青銅器特色的器物。在這些墓葬中普遍存在的尖底罐與平底罐體現了其文化與蜀文化的關係。但強氏家族應當與可能爲劉家文化屬族的石鼓山墓主人相同,即已經成爲周人共同體的成員,其文化亦是周文化的組成。

石鼓山、戴家灣青銅器群所屬文化以及上述強氏家族的文化遺存,應屬於周文化,也可以從隨葬青銅器制度看出。石鼓山兩座墓 M3、M4 的隨葬青銅器組合因墓葬完整而比較明確。戴家灣器群雖非考古發掘,没有確切的信息,但據王光永先生遺作《陝西寶雞戴家灣出土商周青銅器調查報告》介紹,馬午樵所劃分出的有魯侯熙鬲的第 16 坑(也許應稱 M16)與出土有量方鼎的第 15 坑,均大致可知所出青銅容器的組合形式。將所述組合形式與石鼓山 M3、M4 比較,並與強氏家族的較大型墓(竹園溝 M7 甲、M13 甲、M4 甲,紙坊頭 M1[被盗])隨葬青銅容器組合形式相比較,可知其基本的器類有:

> 食器:鼎、甗、簋(或有鬲)
> 酒器:爵、觶、尊、卣
> 水器:盉、盤

其中鼎多包括幾種不同的器型(如方鼎、圓鼎、鬲鼎)。而這種基本組合形式與其他較典型的西周早期偏早的墓葬(如陝西扶風法門寺李村 M9,靈臺白草坡 M1,陝西涇陽高家堡 M1、M4 等)隨葬青銅容器的組合形式是近同的。而以上幾種器類,亦正是本書所收録的戴家灣青銅器群中數量最多的器物。與商後期偏晚即殷末時殷墟商人青銅器墓中的隨葬容器組合形式相比,其共同點是顯然的,比如甗、觶、尊都是在殷末才成爲隨葬容器中的基本成分,鼎包括幾種不同器形,而且尊與卣、盉與盤組合,也是殷末穩定下來的,這些皆被西周早期的周人(以及商遺民)所承繼。但周人摒棄了商人較穩定的觚、爵組合,以觶漸取代了觚。兩個不同王朝在隨葬青銅容器組合形式上的相對穩定及某些變化,表現了商周文化因素的傳承與變更。而在周初,周人哪怕是拼凑大量的商人遺器也要維持這種隨葬組合,也說明隨葬容器具有濃厚的禮器因素,隨葬容器組合形式已成爲一種禮制(或許這種容器組合也在一定程度上應用至其生活中的禮制活動），對於周人來説，這種禮器制度爲周人共同體中的各族群貴族成員共同遵奉，成爲周人文化認同的重要體現。

　　本書所刊録的豐富的戴家灣與石鼓山出土的青銅器資料能給予學術研究以多種啓示，不僅可藉以深入思考西周早期青銅器鑄造業的淵源與發展狀況，西周早期青銅鑄造工藝特徵的多種文化因素，可以深化對西周時期隨葬青銅禮器制度的理解，並且有助於認識包含著不同族群文化的周文化的豐富内涵。將戴家灣與石鼓山的周文化遺存，與弜氏家族遺存以及近年來新發現的岐山周公廟遺址等相聯繫，也對研究商末與西周時期關中平原西部周人各族群、各族邦分布狀況及其變化有重要價值。

　　應該説，上面所講到的這些學術意義，是從考古學、歷史學與青銅器鑄造史研究角度試作歸納的，但本書的價值自應不止於這幾方面。本書印刷精美，青銅器形制與紋飾圖像多清晰，是中國古代藝術史研究者以及廣大青銅器愛好者極值得收藏的著作。書中對於珍貴的有關戴家灣青銅器群之檔案性資料的刊布，也必然有助於收藏有戴家灣銅器的海内外公私博物館與研究機構對這一重要藏品的深入了解。所以，可以預見本書的出版必將得到海内外學術界與相關的社會各界人士的歡迎與矚目。

2015 年 10 月 20 日於北京大學

（原載《寶雞戴家灣與石鼓山出土商周青銅器》，"中研院"歷史語言研究所，2015 年）

清華簡《繫年》所記西周史事考

新發現的清華簡中由整理者擬題爲《繫年》的史書，前四章均是記載西周史，其文多有可補傳世史書記述之闕者，有助於深化對相關西周史事的了解，但亦有與傳世文獻所言有異者，故而頗令上古史研究者矚目。以下僅對所記史事中之幾則略作考證，並談一下由《繫年》所記引發的一些思考。

一、武王監觀商王之不恭上帝

簡文第一章言：

> 昔周武王監觀商王之不鞏（恭）上帝，禋祀不盙（寅），乃乍（作）帝敂（藉），以黌（登）祀上帝天神，名之曰千畮（畝）。

這是記述周武王對商人亡國之緣由的認識，即認爲商王對上帝不恭，其表現即是“禋祀不盙（寅）”。“寅”，當從整理者據《爾雅·釋詁》讀爲“敬”。《尚書·多方》記周公謂夏桀“弗永寅念于祀”，僞孔傳釋曰“不長敬念于祭祀”，與“此禋祀不盙（寅）”義近。故“禋祀不盙（寅）”，即不以崇敬之心來對待禋祀。而武王“乃作帝藉，以登祀上帝天神，名之曰千畝”正是講武王要反商王之道而行，即爲了提供禋祀上帝天神的祭品而行藉禮，並專爲此設立了名曰千畝之藉田。《國語·周語上》記虢文公諫宣王不藉千畝時言“不可，夫民之大事在農，上帝之粢盛於是乎出”，藉禮不僅是與祭上帝有關，並且可與整個農事聯繫，倒不如簡文明確地將千畝藉田之功用鎖定爲“乃作帝藉，以登上帝天神”。更合乎藉禮主旨與西周初周人設千畝藉田之本意。

周人反思商所以亡之緣由，在周初文獻中多見。其中比較有代表性的説法是“弗惟德馨香祀，登聞于天，誕惟民怨，庶群自酒，腥聞在上，故天降喪于殷”（《尚書·酒誥》）。大意是講商紂王既無德政也無香祀能使上天有聞，以致使民衆怨恨，其群臣皆酗酒，腥味沖于上天，故天將亡國之禍降于殷。對天沒有清新的祭祀亦是造成殷亡相當核心的問題。《酒誥》是周公語康叔,是周人上層貴族内部的思想交流。由此亦可知,即使在周人上層貴族心目中,敬祀天亦是保有天命之根本。

在周初文獻中可見周人崇拜"天",同時也崇拜"上帝",在周人宗教觀念中,二者既有統一性也有區別,但在一般情況下,主要體現同一性。[1] 所以《酒誥》中講紂王"弗惟德馨香祀,登聞于天",也相當於簡文所言對上帝不恭而"禋祀不寅"。由此看來,簡文所言武王對商王不恭上帝之看法是合於周初周人上層貴族普遍認識的。其實,周人不僅自己將此種行爲引以爲戒,而且用這一種説法來爲自己所以能受到上帝寵幸而商人所以被上帝抛棄製造輿論,在思想上征服商人。

這裏需要作深入思考的是,簡文所云武王所監觀商王不恭上帝之具體體現,所謂"禋祀不寅",可以説是既反映了真實的一面,但又不盡真實。這是因爲根據殷墟卜辭資料可知,儘管"上帝"在商人所設立的諸神中占據重要位置,有相當大的自然權能與人事權能,其影響力與破壞力均超過其他神靈,是商王既敬畏而又不能實現有效交流的天神,但是在卜辭中見不到商王祭祀上帝的辭例,商王從不像祭祀其他祖先神與自然神那樣,使用從人牲、獸類到農作物的各種祭品來討得神靈之喜悦,以獲得神之佑助。也正由於上帝不食人間煙火,無法采用祭祀手段來與上帝交流,上帝的行爲即使商王也無法預測與把握,以至於從卜辭可見商王在卜問上帝是否會給自己降下災害,會否給商邑造成破壞性的損失等。依筆者的看法,上帝並非是商人的祖先神、保護神與至上神,而是商人在探索統一世界的神秘力量過程中幻想出來的一種天神,是這種宗教性思考不成熟的產物。與商人不同,從文獻與金文資料可知周人始終有祭祀上帝的傳統,上帝可以説具有周人祖先神的色彩,且被周人視爲保護神。[2]

這樣看來,周武王所監觀到的商王之"不恭上帝,禋祀不寅"的行爲,實際上並非是由於商王對上帝的怠慢,而是商人宗教觀念所決定的,商人本無祭祀上帝之制度。這種對有共同稱謂的天神"上帝"所采取的不同對待方式是商人與周人兩種宗教觀念存在差別所致。克商後的周人未必完全不了解這一點,其所以要將不敬上帝提出來作爲商所以亡之重要緣由,一方面是以自己的上帝觀與宗教思想來作是非之判斷,以將周人的宗教觀作爲統治觀念,消除商人宗教觀的影響,另一方面,也可能是更重要的,則是由商王不敬上帝角度申述商亡而周代之的合理性,這實際是周人所推行的天命觀之宗教政治化的體現。

二、周武王既克殷,乃設三監于殷

簡文第三章言:"周武王既克𨽻(殷),乃埶(設)三監于殷。武王陟,商邑興反,殺三監而立彔子耿。"這一段記述牽涉到以往素有爭議的兩個問題:

其一是"三監"所在邶、鄘、衛之地望;其二是"三監"中有無商王子武庚禄父,亦即本簡

---

[1] 參見拙文《商周時期的天神崇拜》,《中國社會科學》1993 年第 4 期,亦收入本書。
[2] 參見拙文《商周時期的天神崇拜》。

文之"彔子耿"(關於彔子耿即禄父整理者有考證)。

先說第一個問題,簡文這裏所言"設三監于殷"之"殷"的地望與範圍爲何?從下文言"商邑興反"殺三監來看,商邑叛亂即可禍及"三監",可見此"三監"應均在商都邑附近,則此殷地當即商後期王國之王畿區域內。這與《漢書·地理志》所言"周既滅殷,分其畿內爲三國,《詩·風》邶、庸、衛國是也"是相合的,《詩經》之邶、鄘、衛三地,從《邶風》詩句中涉及淇水、衛、浚,《鄘風》有詩句言及沫邑看,三地確在商王畿範圍內,亦即在西周時衛國之中心區域內。以往學者或將此"三監"所在拉得較遠,邶、鄘甚至到了今河北、山東,將商後期王國之王畿範圍說得太寬,實與商後期王國政治地理結構不合。簡文所言似較接近於周初之史實,監是軍事職務,不完全等於封君,所以管叔、蔡叔等在殷地爲監,並不等於在此區域內有封地。

再看第二個問題,"三監"中有無武庚禄父。依簡文,"商邑興反"殺了"三監"而立"彔子耿"(即禄父),則"三監"必不會包括禄父,"三監"應皆是指武王派遣於此擔任監職的周人貴族,但簡文未言"三監"中有無"霍叔"。簡文所記"三監"爲"商邑興反"所殺,亦即爲商邑中的殷遺民所殺,與多種先秦史書所記"三監"叛亂,爲周公東征所剿滅之說不同,其可信程度自然要打折扣,恐當仍以多數文獻所記爲是。但簡文不以禄父爲"三監"之一的記載,要早於鄭玄《詩譜》以管叔、蔡叔、霍叔分尹邶、鄘、衛的說法。顧頡剛先生曾云,以管、蔡、霍爲"三監",不是鄭氏的創造,是東漢中葉以後的一種傳說,而爲鄭氏所采用。[1] 但簡文不晚於戰國中期偏晚,所以顧先生的說法即不甚妥當了。《逸周書·作雒》言"建管叔于東,建蔡叔、霍叔于殷,俾監殷臣",雖未明言"三監",但從文義看亦明是以霍叔爲監的。此簡文的發現,起碼將"三監"中沒有禄父之說出現的年代明確提早到戰國,證明《作雒》以及鄭玄"三監"之說當亦有較早文獻之證據。

三、成王伐商盍,殺飛廉,西遷商盍之民于邾虖

簡文第三章曰:

> 成王屎(矢)伐商邑,[2]殺彔子耿,飛曆(廉)東逃于商盍(奄)氏。成王伐商盍(奄),殺飛曆(廉),西叟(遷)商盍(奄)之民于邾虖,以御奴虖之戎,是秦先人,[3]殊(世)乍(作)周忌(肱)。[4]

此段話中,比較重要者有兩點,其一,講飛廉在成王攻破商邑,殺禄父後向東逃至商奄

---

① 顧頡剛:《"三監"人物及其疆地——周公東征史事考證之一》,《文史》第 22 輯,1984 年。
② 屎,從米尸聲,讀如矢。尸、矢皆書母脂部字。《釋名·釋兵》:"矢,指也,言其有所指向,迅疾也。"
③ "先人"作⚡。整理者讀作"先人",陳劍先生讀作"之先",見復旦大學出土文獻與古文字研究中心讀書會,《清華簡(貳)討論記錄》(2011.12.23 發表),復旦大學出土文獻與古文字研究中心網站 http://www.gwz.fudan.edu.cn/SrcShow.asp?Src_ID=1746。
④ 忌,原篆作⚡,從山弓聲,似可讀若"肱"。弓、肱均見母蒸部字。肱,臂也。《國語·周語下》:"祚四嶽國,命以侯伯,賜姓曰姜,氏曰有呂,謂其能爲禹股肱心膂,以養物豐民人也。"簡文"世作周肱",猶後世言爲左肩右臂,是爲周王朝輔弼之意。

氏。成王繼伐商奄,殺了飛廉。其二,是講成王將"商奄之民"西遷至邾虘,此乃秦之先人。

以上第一點,飛廉即《史記·秦本紀》所記秦之先祖蜚廉,此處簡文記其爲成王殺於商奄,與《孟子·滕文公下》所記"周公相武王誅紂,伐奄,三年討其君,驅飛廉于海隅而戮之"説法接近,但與《秦本紀》所言差別甚大。據《秦本紀》,武王伐紂時,蜚廉並不在商都,而是"爲紂石北方",且在紂死後爲報答紂,而爲紂修壇於晉地之霍太山,且死葬於此。這兩種不同説法,僅據現有史料,尚難以遽定何者爲是,只好存疑。

以上第二點,遷"商奄之民"事,似有討論之必要。按簡文,飛廉是在商邑被攻克後東逃至商奄氏的,既稱"商奄氏",知此"奄氏"爲商人,而奄是商王國屬地。文獻記載盤庚自奄遷至殷,是奄一度曾爲商前期末葉之都城。舊説奄地在今曲阜一帶,惟其在商前期末葉的王都地位,尚未得到考古資料的證實。簡文繼言飛廉是在成王攻滅商奄時被殺,而"商奄之民"被周人西遷至邾虘,成爲秦之先人。"邾虘",整理者認爲即《尚書·禹貢》雍州之"朱圉",即《漢書·地理志》之"朱圄",在今甘肅甘谷西南。簡文這一記載明確了西土嬴姓秦人之具體來源,自然非常重要。但值得注意的是,依簡文,"商奄之民"只應是奄地原居住民,雖可以因西遷而稱爲秦先人,但與《史記·秦本紀》中秦之先祖蜚廉的關係卻未能明朗。《左傳》定公四年記分封魯公伯禽於少皞之虛,使其"因商奄之民",則此由伯禽延因統治之"商奄之民"應是舊商奄之地的土著族群。如此簡文在言及"殺飛廉"後繼言"西遷"之"商奄之民",從前後文義上看,似是因爲與飛廉有關而被一並處置,故此"商奄之民"很可能只是隨飛廉東逃至奄的其族屬。然商邑在周人二次東征時被攻滅至奄地被攻占的時間僅在一、二年內,故飛廉族屬在此地寄居時間甚短。只有作此解釋,此被西遷之"商奄之民"才可能在族源上與文獻記載的秦人先祖相聯繫。但再讀《秦本紀》的記載,實際上西遷的秦人之族屬關係與具體路徑仍有相當多的問題未能明朗。

《秦本紀》對西遷的秦人是從"非子居犬丘"講起,是時已爲周孝王時,但非子這一支與上述簡文所言西遷的曾爲"商奄之民"秦先人的關係如何,目前只能從文獻中尋得蛛絲馬迹。據《秦本紀》記載,蜚廉有子惡來,"父子俱以材力事殷紂",周武王伐紂時,"並殺惡來"。惡來又稱"惡來革",其家族之世襲關係是惡來革—女防—旁皋—太几—大駱—非子。非子既屬惡來支系,惡來又在武王伐紂時被殺,自然有一種可能,即在其被殺後,其族屬即被周人西遷,惡來爲蜚廉子,其族支自然亦是蜚廉族屬。那麽,當然不排斥簡文所謂被西遷的作爲"秦先人"的且與飛(蜚)廉有關的"商奄之民"實際即是惡來一支,或其中即包含了惡來支族。[①] 這樣也有助於解釋非子一支因何以及何時遷到西土的。《秦本紀》不

---

① 此間存在的問題是,《史記·秦本紀》記非子一支,"以造父之寵,皆蒙趙城,姓趙氏"。學者或認爲大駱、非子最初亦曾在山西趙城一帶住過,至非子時已遷到陝西犬丘,見王維商師《秦人的族源及其遷徙》(《中華民族早期源流》,天津古籍出版社,2010 年,第 268、287 頁)。維商師寫此文時,因未能得見清華簡《繫年》,自然是據當時所能見到的文獻作上述推測的。但對於非子一支"皆蒙趙城"的解釋仍值得注意。

言蜚廉在奄被殺,僅言惡來死於武王伐紂,則簡文言飛廉在奄被誅於成王東征時,也可能是惡來被殺之同一事件記載的不同版本。此周初戰亂之事,因西周王朝史官記述傳於世間,後被輾轉傳抄,遂產生出不同的説法是有可能的。司馬遷寫《秦本紀》,應有《秦紀》爲本(司馬遷在《秦始皇本紀》中曰"吾讀《秦紀》"云云,由此可知),所言秦人世系關係,相對來説應較爲可靠。《秦本紀》中記載的,也屬秦先祖而世代居住於晉地的另一族支,即《秦本紀》所記蜚廉子季勝一支(其後世系爲孟增—衡父—造父)的情況相對清楚。造父因善御幸於周穆王,受封於趙城,由此得爲趙氏。在西土之大駱、非子,按輩分講,應是造父的子、孫輩。

有助於證明秦先人確如簡文所言是自周初即遷至今甘肅的,是近年來由甘肅省文物考古研究所等五家單位組成的早期秦文化聯合考古隊所作的工作。自 2005 年至 2010 年,考古隊在渭河上游清水等縣進行了調查與發掘,重要成果之一,是在清水縣城北側發現李崖遺址,在遺址中發掘的 10 多座豎穴土坑墓作東西向,頭西,直肢葬,有腰坑,内殉狗,與春秋後秦貴族墓葬習俗同。隨葬品中有商式風格的陶器,較早者或可到西周早期偏晚。葬俗與陶器皆反映出與商文化的關係。[1] 蜚廉、惡來族屬雖爲嬴姓,但與商人關係密切,其文化必多有商文化特徵。清水縣在簡文所述郱虘即今甘谷之東不遠,二地分處天水東西,皆屬天水地區,在此地區探尋西周早期有商文化因素的遺存,自然是今後早期秦文化探索的重點工作。

四、建衛叔封于康丘

簡文第四章記:

> 周成王、周公既鼉(遷)殷民于洛邑,乃峕(追)念顕(夏)商之亡由,方(旁)埶(設)出宗子,以乍(作)周厚嘑(屏),乃先建壿(衛)弔(叔)垟(封)于庚(康)丘,以侯殷之夋(餘)民。壿(衛)人自庚(康)丘鼉(遷)于沂(淇)壿(衛)。

"旁設出宗子",整理者認爲"出宗子"當指支子而言,即《左傳》昭公九年、二十六年"建母弟以蕃屏周"的"母弟"。聯繫《清華簡·祭公》"惟我後嗣,旁建宗子,丕惟周之厚屏",則"出宗子"或即指由本宗分出另立宗氏(即國氏)而自爲其宗子者,即各同姓諸侯國之始封君,如晉唐叔、衛康叔、魯伯禽等。本段話中明確講到,衛"康叔"之稱所由來,確因其先曾封於康丘之故,而且説明所以封之於康丘,是爲了"侯殷之餘民","殷"在這裏指原商王畿區域,即殷地,所謂"殷之餘民",是殷亡後,原商王畿内的商遺民之大多數已被遷至洛邑(如簡文所言)後,尚餘留在原王畿内的商遺民。《史記·衛康叔世家》"以武庚殷餘民封康叔爲衛君",亦稱"殷餘民",《左傳》定公四年稱爲"殷民七族"。"侯"在這裏作動詞,當讀作

---

① 早期秦文化聯合考古隊:《甘肅清水李崖遺址考古發掘獲得重大突破》,《中國文物報》2012 年 1 月 20 日第 8 版。

"候"，《尚書·禹貢》"五百里侯服"，偽孔傳云："侯，候也。斥候而服事。"孔穎達疏曰："侯聲近候，故爲候也。襄十八年《左傳》稱晉人伐齊，使司馬斥山澤之險，斥謂檢行之也。斥候謂檢行險阻，伺候盜賊。"《淮南子·時則訓》"九月官候"，高誘注："候，望也。"簡文"以侯(候)殷之餘民"，即用以檢查、監視、防守殷餘民。簡文下繼言"衛人自康丘遷于淇衛"，則是言康侯受命將其族屬、部衆由康丘遷入衛地之内，即進入原商王畿區域。可見康丘不會在衛地範圍内，而是在衛地之外，但既要監督殷餘民必亦不會距衛地太遠，應在衛之鄰近地。可以與此簡文内容相佐證的是傳1931年出土於豫北(一說即出土於濬縣辛村)，現藏大英博物館的遙簋，其銘曰"王來伐商邑，徙令康侯啚(鄙)于衛。濟(沫)嗣土遙眔鄙，乍(作)厥考障(尊)彝。朋"(《集成》4059)。"鄙"，是指邊鄙之地，在此指邊邑。"鄙于衛"即不在衛中心區域(那裏當是殷餘民所居處)，而是在其邊域之地建城邑。[1] 在衛地内建邊邑的目的，自然是令康侯將自己的屬下從康丘遷至那裏以控制整個舊商王畿地區。這與簡文所言"衛人自康丘遷于淇衛"當指的是同一件事，也當與《左傳》定公四年記成王時封康叔"命以康誥，而封于殷墟"有關，這一舉措可能是康侯受命封於殷墟的具體行動。

值得注意的是，《左傳》定公四年稱"分康叔以大路"等等，並未稱其爲"衛侯"，不像伯禽，在文中已稱之爲"魯公"，遙簋銘文亦是言令康侯"鄙于衛"，而不是言"侯于衛"，因此康叔雖封於衛地，但並未見稱"衛侯"，康叔在已見青銅器中亦只自稱"康侯"。而且《史記·衛康叔世家》記康叔卒後，其子仍稱"康伯"，此後直至頃侯前的五代，亦皆稱"伯"，未見稱侯，直至頃侯時，由於"頃侯厚賂周夷王，夷王命衛爲侯"。其實，康侯以後長時間未稱"侯"，可能與康叔職務已由"侯"轉爲王朝卿士有關。《史記·衛康叔世家》記曰："成王長，用事，舉康叔爲周司寇，賜衛寶祭器，以章有德。"西周諸侯稱"侯"必有王命之，已有覞公簋銘文"王命唐伯侯于晉"等爲證。[2] 如依此，在頃侯前，並無"衛侯"之稱，也應是無王命封之爲侯，其原因爲何？徐中舒先生解釋説："康叔初封于康，稱爲康侯，康地位置不詳，後徙封于共，統率殷八自，爲方伯征撫東方諸侯，故康叔以後六世皆稱伯，康侯稱侯而不稱伯，知在西周初期。"[3]這是認爲自康叔以後至頃侯前六世君主皆爲方伯(《史記·周本紀》集解引《周禮》曰"九命作伯"，引鄭衆云"長諸侯爲方伯")，故不稱侯。這一問題涉及西周官爵制度，似當再考。[4] 但在頃侯前究竟有無稱"衛"，衛作爲封國名稱當始於何時，也是尚未能明瞭的問題。濬縣辛村西周早期墓出土的銅泡上有"衛自(師)易"銘文(衛師銅泡，《集成》11858)。如參考西周時齊國軍隊稱"齊自"(史密簋，《文物》1989年第7期，《新收》

---

① 《左傳》莊公二十八年："群公子皆鄙"，杜預注："鄙，邊邑。"《左傳》僖公二十四年記王使來告難，曰王"鄙在鄭地氾"，即僻居於鄭地之邊邑氾。此銘言"鄙于衛"則應是指在衛的邊邑内居住或建邊邑於衛，此暫采用後者爲釋。

② 拙文《覞公簋與王令唐伯侯于晉》，《考古》2007年第3期，亦收入本書。

③ 徐中舒：《數占法與〈周易〉的八卦》，《古文字研究》第10輯，中華書局，1983年，第379—387頁。

④ 康叔之後繼任爲君者稱"康伯"，猶如唐叔之子燮父在封爲"晉侯"前稱"唐伯"(見覞公簋銘文)，是知畿外封君未被命爲"侯"者，自第二世起皆可稱"某(國名)伯"。可參看拙文《關於西周封國君主稱謂的幾點認識》，發表於上海博物館"陝西韓城出土芮國文物暨周代封國考古學研究國際學術研討會"，2012年8月13—15日。亦收入本書。

636)、噩國軍隊稱“噩自(師)”(中甗,《集成》949)來看,衛可能亦是國名。當然金文中以地名命師者也有,如“成周八師”,所以似亦不排斥“衛自(師)”之衛是地名。簡文稱康叔爲“衛叔”,稱“衛人”遷於淇衛,應非當時已有之稱呼,顯然是用後世才有的稱謂追稱之,學者已指出此爲史家筆法。[1]

五、戎乃大敗周師于千畝

簡文第一章所記宣王三十九年千畝之戰,亦見於《國語·周語上》。這一軍事上的失利,可以視爲西周王朝滅亡之喪鐘,是西周歷史上重大事件。上文已引第一章開首的簡文是講周武王所以要設藉田之緣由且説明此藉田名千畝,是武王專爲之所命名,[2]而該章末尾則曰“洹(宣)王是㕚(始)弃(棄)帝牧(藉)弗畋(田)。立三十又九年,戎乃大敗周師于千畾(畝)”,又將千畝之戰周師敗潰作爲本章結尾,顯然是强調千畝之戰所以失敗,是因爲宣王不藉千畝,重蹈商人不敬上帝、天神之老路,於是遭致兵敗,且由此可知,本章之主旨即在於此。而特別值得注意的是,由本章上下文意看,始言千畝之由來,文末又回到千畝,給人的感覺是,周師敗績之地點竟然即在周武王所設立的千畝這一周王室藉田所在地(案:“千畝”作爲藉田名,面積再大,亦未必可容下戰場,所以言戎大敗周師之千畝,當是指此藉田所在之地理區域)。這也許是巧合,但史家極重視此點,遂追溯千畝之設立爲藉田的歷史背景,並聯繫及周宣王放棄藉耕之禮的行爲,要從中挖掘出西周王朝滅亡之緣由,從而使這一歷史事件具有了很强的報應之色彩。《國語·周語上》有一大段記述因周宣王即位初始不藉千畝,虢文公力諫宣王之話語,其後亦緊接着記述宣王三十九年,即距即位三十八年後,“戰於千畝,王師敗績於姜氏之戎”,也明顯地看出來史家手法與寫此段歷史之目的,在於將宣王不藉千畝之事與千畝之戰拉合在一起,以追溯周師敗績之根本緣由,同樣是反映了帶有强烈宗教觀念的史觀。簡文第一章有關千畝之記述雖與《周語上》所記内容不盡相合,但史觀頗爲接近,將宣王兵敗所隱含的複雜的政治歷史緣由歸結爲“棄帝藉弗田”,顯然是天命觀下的史觀。

存在的問題是,此作爲戰場所在地的“千畝”之所在,在以往即素有爭議。《史記》正義引《括地志》云“千畝原在晉州岳陽縣北九十里”,索隱則云“在西河介休縣”,二地點實接近。支持此觀點的史料,是《左傳》桓公二年所記“初,晉穆侯之夫人姜氏,以條之役生太子,命之曰仇(杜預注曰“條,晉地,太子,文侯也,意取於戰相仇怨”)。其弟以千畝之戰生,命之曰成師(杜預注“桓叔也。西河界休縣南有地名千畝,意取能成其衆”)”。孔穎達正義

---

① 董珊:《清華簡“繫年”所見“衛叔封”》(2011.12.26發表),復旦大學出土文獻與古文字研究中心網站 http://www.gwz.fudan.edu.cn/SrcShow.asp?Src_ID=1750。
② 《國語·周語上》言“宣王即位,不籍千畝”,韋昭注“籍,借也,借民力以爲之。天子田千畝,諸侯百畝”,是將“千畝”作爲面積大小之稱,由此來解釋此藉田名,與簡文强調其爲武王所命之專名還是有區別。

曰:"案《周本紀》宣王三十九年,王與姜戎戰於千畝,取此戰事以爲子名也。"穆侯夫人姜氏因晉地條之戰時生太子而命之爲"仇",則因千畝之戰時生其弟而命之名"成師",本身即表明"千畝"亦在晉地,故晉人才以此爲命名之由,加上杜預指明界休南有地名"千畝"(此應是《史記》索隱所云之根據),所以千畝在晉地之説不爲無據。中華書局標點本《史記》(1959 年 9 月版)在《周本紀》中"宣王不脩籍於千畝"之"千畝"上未加專名號,但在下文"三十九年,戰于千畝,王師敗績于姜氏之戎"的"千畝"旁則加了專名號,示意此爲地名,似亦是接受千畝之戰之"千畝"位於山西之觀點。

但"千畝"在晉地説早已有學者質疑,如汪遠孫則認爲"王自伐戎而遠戰於晉地,必不然矣"。並引《詩經·小雅·祈父》疏所引孔晁云"宣王不耕籍田,神怨民困,爲戎所伐,戰於近郊",認爲其説近是。[1]汪説自然是有道理的。千畝爲便於王主持藉禮,必在王都城近郊。這從《周語上》虢文公所述王行藉禮之時間安排、禮儀過程與隨從行禮有王朝"百官御事"亦可得知。與汪氏觀點相同者,清代學者中還有不少,如閻若璩《潛丘劄記》亦云"案《國語》宣王不藉千畝,虢文公諫弗聽,此千畝乃周之藉田,離鎬京應不甚遠。……蓋自元年至今將四十載,天子既不躬耕,而百姓又不敢耕,竟久成舄鹵不毛之地,惟堪作戰場,故王及戎戰於此。……《括地志》以晉州、岳陽其北千畝原當之,不應去鎬京如是甚遠,殆非也。"現又有此簡文支持千畝在王畿説,除了上文所云簡文第一章上下文義顯示簡文認爲千畝之戰的千畝,即是周武王所設王室藉田的千畝之外,值得注意的是,《周語上》在言千畝之戰周師敗績後,又言"宣王既喪南國之師",韋昭注:"喪,亡也,敗於姜戎氏時所亡也。南國,江漢之間也。"宣王既調集當時駐紮在南國的周師來抵御姜戎,以其北上拱衛王都,從地理方位看亦較爲合理,如戰場遠在晉地要調南國之師,似有未妥。當然,像千畝之戰這樣重大戰事的戰場竟在王都近郊,而且姜氏之戎戰勝王師後亦並未攻掠王都,均是較費解的,而且"姜氏之戎"在當時之族屬地也有異説。所以,"千畝"之所在,"千畝"之戰究竟發生在何地,還可以再作深入考證。但即便"千畝"在晉地,王師所戰敗之地點竟與宣王不藉千畝之千畝同名,如此巧合亦頗爲奇特,所以此事確實不同尋常。東周史家可能亦正因此,記千畝之戰,總要與"千畝"作爲藉田之提供上帝之粢盛的功能相聯繫,從報應、遭天懲之角度來解釋此一事件,簡文更强化了這一史觀。

六、周亡王九年

簡文第二章有一半內容是講西周末與東周初年史事,其中關於幽王被殺後的史事是這樣叙述的:

　　幽王及白(伯)盤乃滅,周乃亡。邦君、者(諸)正乃立幽王之弟舍(余)臣于虢

---

① 見徐元誥:《國語集解》,中華書局,2002 年,第 21 頁。

（虢），是鑴（攜）惠王。立廿＝（二十）又一年，晉文侯𢧄（仇）乃殺惠王于鄭（虢）。周亡王九年，邦君者（諸）侯女（焉）訇（始）不朝于周。晉文侯乃逆坪（平）王于少鄂，立之于京𠂤（師）。三年乃東遷（徙），止于成周。晉人女（焉）訇（始）啓于京𠂤（師），奠（鄭）武公亦政（正）東方之者（諸）侯。

同樣是講述幽王卒後史事而可以與簡文對照的是《左傳》昭公二十六年正義引《竹書紀年》（下稱《紀年》），文曰：

> 平王奔西申，而立伯盤以爲大子，與幽王俱死于戲。先是，申侯、魯侯及許文公立平王於申，以本大子，故稱“天王”。幽王既死，而虢公翰又立王子余臣於攜。周二王並立。二十一年，攜王爲晉文公所殺，以本非適，故稱“攜王”。

以上“魯侯”，學者多以爲是“曾侯”之訛。《史記·周本紀》文雖晚出，但因其必有所本，與以上簡文相關之内容也有參考價值，兹抄録如下：

> 遂殺幽王驪山下……於是諸侯乃即申侯而共立故幽王太子宜臼，是爲平王，以奉周祀。平王立，東遷于雒邑，辟戎寇。

上引簡文與《紀年》兩種文獻，在史事記載上有一些異說，其重要差别在於幽王及伯盤卒後：

簡　　文	《紀年》（《左傳》昭公二十六年正義引）
幽王及伯盤乃滅，周乃亡。邦君、諸正乃立幽王之弟余臣于虢，是攜惠王。	平王奔西申，而立伯盤以爲大子，與幽王俱死于戲。……幽王既死，而虢公翰又立王子余臣於攜。
（未言之）	先是，申侯、魯侯及許文公立平王於申，以本大子，故稱“天王”……周二王並立。①
立二十又一年，晉文侯仇乃殺惠王于虢。	二十一年，攜王爲晉文公所殺，以本非適，故稱“攜王”。②
周亡王九年，邦君諸侯焉始不朝于周。晉文侯乃逆平王于少鄂，立之于京師。三年乃東徙，止于成周。	（未言之）

---

① 劉恕《資治通鑑外紀》卷三引《汲冢紀年》曰：“幽王死，申侯、魯侯、許文公立平王于申，虢公翰立王子余，二王並立。”
② 《左傳》昭公二十六年正義在引以上《紀年》文字後，繼引束晳之語曰“案：《左傳》‘攜王奸命’，舊説攜王爲伯服，伯服古文作伯盤，非攜王。”《晉書·束晳傳》記“晳在著作，得觀竹書，隨疑分釋，皆有義證。”正義所引《紀年》有可能是附有束晳釋文的本子。由此看，正義所引此段《紀年》文字中似未夾有孔疏之語。

從以上對照可見,簡文與《紀年》有以下主要區別處:

簡文講"幽王之弟余臣"是由邦君、諸正所立,立於虢。而《紀年》則言"王子余臣"是由虢公翰立之,是立於攜。

簡文稱"攜惠王""惠王",而《紀年》稱之爲"攜王",並强調是"以本非適",故作此稱。

簡文不言幽王卒後平王被擁立,而是講"攜惠王"被立,故在講到惠王立二十一年爲晉文侯仇所殺後,繼言"周亡王九年",是簡文實際不承認已有平王存在。《紀年》則言"先是(按此"先是"未必如有的學者所言是説在幽王卒前即立之,而是相對下文立王子余臣之事而言,是説平王立在攜王立前),申侯、魯侯及許文公立平王於申",並且特別强調,平王所以被立,是因爲"以本大子",而且還特別提到平王被稱作"天王"。由於《紀年》强調平王先已立,故講在攜王被立後,出現"二王並立"局面,與簡文言攜王被殺出現"亡王"的局面顯然不同。

簡文先言余臣被邦君、諸正立爲"攜惠王",繼之即言"立二十又一年"晉文侯殺惠王,可知,此二十又一年肯定是指"攜惠王"所立年。這當是由於簡文承認"攜惠王"是合法的王,故以之所立年爲王年,用以紀年。但由於《紀年》强調平王以太子身份立,是爲正統,故《紀年》所云二十一年攜王被晉文公所殺,應當是講平王二十一年。[1] 只是由於《紀年》認爲二王是在同年所立,此二十一年與簡文所言"惠王"被殺年代實際是同一年。從以上分析,可以總結出如下幾點:

其一,簡文史事記述與《紀年》是兩種不同體系。簡文看來先是處於幽王立場,故擁攜王,稱之爲"惠王",在攜王在世時不承認平王,始終承認"惠王"存在。而《紀年》不稱攜王爲"惠王"。也正由此,在攜王被殺後,簡文言周處於"亡王"期,是不承認《紀年》所云此前爲"二王並立"局面。

其二,由於與《紀年》立場不同,簡文講攜王時只講其是幽王之弟,而《紀年》强調平王有太子身份,攜王是"以本非適"故有此稱。

其三,簡文承認攜王,故以之所立年紀年,而《紀年》承認平王,實際是以平王所立年紀年。

這樣看來,簡文與《紀年》所記的基本史事與發生之年代並無不同,所以有差別,是基於對待平王與攜王的兩種不同立場、觀點而言,簡文的價值,實在於講到平王先是被晉文侯逆於少鄂,立於京自,三年後才東遷至成周。《紀年》有關此時段的記述文字已佚。依照簡文體系,平王一直到"攜惠王"立二十一年被殺後又過九年,才被晉文侯立於京自,此後

---

① 對《紀年》此處所記"二十一年"學者或本於"周幽王以後用晉國紀年"的考慮,認爲是晉文侯二十一年,如王國維:《古本竹書紀年輯校》,方詩銘、王修齡:《古本竹書紀年輯證》從之。王國維、方詩銘等説參王國維撰、黄永年校點:《古本竹書紀年輯校　今本竹書紀年疏證》,遼寧教育出版社,1997 年,第 17 頁;方詩銘、王修齡:《古本竹書紀年輯證》,上海古籍出版社,1981 年,第 67 頁。按:筆者後來亦認爲此"二十一年"實乃混入晉史書紀年,乃晉文侯二十一年。詳拙文《清華簡(繫年)"周亡王九年"再議》,亦收入本書中。

又過三年東遷於成周,此時距幽王卒年已有三十三年了。當然如依照《紀年》體系,平王與攜王同年被立,則平王立於京自之三年,也是攜王立於虢地三年,當平王東遷至成周後,又過十八年,攜王才在虢地被殺。

從《史記》對以上史事的記載看,未言及立攜王事,其所據史料很可能立場同於《紀年》,且不提平王先曾立於京自之事,而從語意上看,是説在幽王被殺後,平王即"東遷于雒邑"。《紀年》原文是否如此,現未能得知。

如綜合簡文與《紀年》所記,依《紀年》體系,幽王卒後之史事可記述如下:

幽王在其十一年被殺,是年,平王、攜王分別被擁立,"二王並立"局面出現。平王立於京自(可能即是宗周),攜王立於虢國内之攜地。

平王三年(即攜王三年),平王東遷至成周,攜王仍在虢地。

平王二十一年,攜王被晉文侯所殺,"二王並立"局面結束。

由於依《紀年》體系,平王在幽王卒後即繼位,則其元年仍可從前 770 年計起,其何時遷至成周,固然可以考慮簡文的記述,但不影響傳統的東周元年以平王元年計算的方式。而簡文與《紀年》以及《史記》的主要差別,在於周平王何時被立,以及究竟何時東遷至成周。此外,由以上分析,我們也可以推測,《紀年》講西周史事本於晉國史書,而平王為晉文侯等擁立,自然站在平王立場,那麽,《繫年》中記述"攜惠王"的文字,則很有可能是站在西周末葉擁戴幽王及站在攜王立場的史官所記。

以上,從六個方面,對清華簡《繫年》所記西周重要史事作了探考,僅由上文所論,可以對《繫年》中記西周史事的四章文獻有如下認識:

《繫年》屬楚簡,用楚文字寫成,顯然是戰國中期以前曾在楚地流傳過的史書。但正像李學勤先生所分析的那樣,《繫年》也並非從楚人立場來講歷史,①這從上文所論也可看出。

僅從《繫年》論西周史事的四章看,似乎是一種不同來源的文章之雜抄與編撰,各章所論雖意旨並不相同,但總體看,一是偏重於論西周滅亡之背景與相關史事,二是從西周末史事説明幾個春秋時期重要諸侯國興起、發迹之由來。

第一章論周宣王不藉千畝之危害,其意旨近同於《國語·周語上》,惟是以記事體系叙述,不同於《周語》以記言為主。第二章論西周幽王卒後史事,站在幽王、攜王立場。第三章講"三監"為商邑反叛之所殺,似有為周王室内部紛爭遮掩之意。凡此,似乎均反映出《繫年》記西周史事之四章有可能多本於周王朝史官所記録的舊檔中之一種(講攜王史事時明顯的持幽王、攜王立場)。

---

① 李學勤:《清華簡〈繫年〉及有關古史問題》,《文物》2011 年第 3 期。

　　清華簡中《金縢》《皇門》等篇，筆者曾著文論及此類見於今本《尚書》《逸周書》的文章有可能本自成於西周史官之“書”類文章，其來源與春秋時西周王室貴族攜帶王朝文書檔案奔楚有關。當然，春秋時列國多用各種方式尋覓周王朝文獻以爲貴族子弟教材。春秋晚期後諸子各學派興起，所傳授講學内容，也多有本自西周王朝史官記録之“書”“語”類文獻，列國各派間亦必多有交流。所以，《繫年》中所記西周史事之四章的文本確切來源實難以説清，只能從史家筆法、觀點做一些推測。

　　由於《繫年》年代不晚於戰國中期晚葉，是目前所知成文年代較早的史書，所以儘管所述西周史事多有上文所分析過的諸種史家筆法，並多受不同史觀的影響，但所記史事仍多有可以補今日所見史書之闕的，或有助於促進對西周史上過去多有爭議的一些重要歷史問題再思索、再考察。將此簡文與傳世文獻及西周金文資料相結合，無疑可以細化、深化我們對西周歷史的認識。本文以上所論只是讀《繫年》前四章後的初步體會，誠冀方家指正。

（原載《第四屆國際漢學會議論文集：出土材料與新視野》，“中研院”，2013 年）

清華簡《繫年》"周亡王九年"再議

清華簡《繫年》第二章中有關於周幽王被殺後的一段史事記述,其文曰:

> 幽王及白(伯)盤乃滅,周乃亡。邦君、者(諸)正乃立幽王之弟舍(余)臣于鄭(虢),是曬(攜)惠王。立廿=(二十)又一年,晉文侯恭(仇)乃殺惠王于鄭(虢)。周亡王九年,邦君者(諸)侯女(焉)旯(始)不朝于周。晉文侯乃逆坪(平)王于少鄂,立之于京白(師)。三年乃東遷(徙),止于成周。晉人女(焉)旯(始)啓于京白(師),奠(鄭)武公亦政(正)東方之者(諸)侯。

這段文字很重要的一句話,是"周亡王九年"。對這句話如何理解,不僅牽扯到對兩周之際若干重要史事的了解,而且涉及應該如何理解史書與史官記述等重要史學問題。雖然,在《繫年》刊布後,已有相當多的學者討論過此句話與相關問題,但意見分歧較大,似有必要再作討論。筆者在《清華簡〈繫年〉所記西周史事考》一文中談過對此句話的理解,[①]故將本文名爲"再議"。

一、《繫年》有關兩周之際史事記述之本意

既然是要深入讀《繫年》,則應尊重其文義,按其語句的語法關係來讀,來理解。值得注意的是,這段文字中用了多個"乃"字,在古漢語中,"乃"用在動詞前作副詞使用時,其意或是"於是",亦可以解作"遂""就",是承上啓下(啓下面的動作)之詞,在時間上聯繫前後發生的事情;或是"然後",亦是承上文開啓下文。這段文章正是以若干這兩種用法的"乃"字,有序地將上下文章緊密地聯繫起來講述了先後發生的史事。

這些以"乃"字相聯繫的史事可以分列如下:

第一,幽王及伯盤乃滅,周乃亡。

---

① 拙文《清華簡〈繫年〉所記西周史事考》,李宗焜:《第四屆國際漢學會議論文集:出土材料與新視野》,"中研院",2013 年。

是承上文所説周幽王起師圍平王於西繡(申),"繡(申)人弗敢(畀),曾人乃降西戎,以攻幽王"。此言"周乃亡",因是追記,當是指西周乃亡。

第二,邦君、諸正乃立幽王之弟余臣于虢,是攜惠王。

是言因"周乃亡",邦君與諸位王朝職官於是在虢地立了幽王之弟余臣,即是"攜惠王"。值得注意的是,這裏只講"攜惠王"立,只有一個王被立,未言及平王。

第三,立廿又一年,晉文侯仇乃殺惠王于虢。

依文意,應是説,攜惠王在位二十一年時,晉文侯仇在虢地殺了惠王。

第四,周亡王九年,邦君諸侯焉始不朝于周。

這兩句話没用"乃"字,但夾在上下皆依時序講述的句子中間,比較正常的、合適的理解應該是,此所言亦是依照時序承上一件事所發生的事。

"周亡王九年",即周王朝"無王九年",是説没有王的時間是九年,而所以没有王,正應該是由於緊接着的上面一句話,即"晉文侯仇乃殺惠王于虢",是講惠王被殺的後果,而且由簡文文意看,簡文是承認攜惠王是王而無視平王存在的,惠王被殺,自然進入無王時代。

這"周亡王九年"似不能理解作是幽王卒後九年,因爲簡文既明言幽王卒後已立了攜惠王,則不可能認爲幽王卒後即無王,而且突然插入講幽王,亦不合文章語序,上面已言及。

依簡文叙述方式,這句話似亦可理解作"周乃亡王九年"。因爲已無王,故邦君、諸侯從攜惠王被殺年始即不再朝於周。這當然也透露出攜惠王時尚有邦君、諸侯朝周,即朝過攜惠王。如是,則"朝周"者自然是上文所言及曾參與擁立攜惠王的"邦君",此所言"邦君"不包括諸侯,故另言來朝者還有一些承認攜惠王的侯。

第五,晉文侯乃逆平王于少鄂,立之于京師。

是説因爲已經"無王九年",晉文侯於是就在少鄂逆平王,並立平王於京師。既用"乃"字,則依文意,晉文侯此舉是在"周亡王九年"而諸侯、邦君皆不再朝於周的情況下才做的。依此説,是時乃幽王被殺後三十一年,前740年。

第六,三年乃東徙,止于成周。

這是説,晉文侯立平王於京師的第三年,平王才由京師東遷至成周。依簡文,此年是周幽王被殺後的第三十三年,已是公元前738年。

第七,晉人焉始啓于京師,鄭武公亦正東方之諸侯。

"始啓于京師"句中之"始啓",見於《左傳》僖公二十五年"晉于是始啓南陽",其意是開啓、拓展。在本簡文中是言"始啓于京師",則自非言開拓京師之地,而是説晉人之興盛開始於京師。晉、鄭應皆是在周平王東遷成周前後有功於平王,且晉、鄭地望實扼成周,故此二周受到周平王重視,鄭之地位亦得以躍於諸東方諸侯之上。

以上是依《繫年》這一段文字的語序所做的闡釋,而對其文意的恰當理解應當是進一步辨析文章內涵的前提。

二、《繫年》與古本《紀年》所記兩周之際史事之異同

《左傳》昭公二十六年正義所引《汲冢書紀年》亦有一段文字講到兩周之際這段時間內王室之動蕩:

> 平王奔西申,而立伯盤以爲大子,與幽王俱死于戲。先是,申侯、魯侯及許文公立平王於申,以本大子,故稱"天王"。幽王既死,而虢公翰又立王子余臣於攜。周二王並立。二十一年,攜王爲晉文公所殺,以本非適,故稱"攜王"。

對這段話,也有幾點需要疏通。

其一,"先是",是,此也。"先是"即是講"先於此",從上下文看,應確是講先於幽王與伯盤之死,申侯、魯侯(學者多以爲或是"曾侯")及許文公即立平王於申。如簡文可信,這一事件之發生則是西周王朝史上未有過的事情,依王朝舊制這種事情應是不會發生的。厲王無道,被國人逐於晉中南,但厲王未卒前,宣王並未即位。厲王卒,宣王方即位,可見正統觀念在西周王朝一直很強。[1] 文中曰"以本大子,故稱'天王'",是強調立周平王爲王之正統性。

其二,"周二王並立",是《紀年》認爲幽王卒後實有平王、攜王二王,雖認爲攜王"以本非適",只稱之爲"攜王",但仍承認其被立爲"王"之事實,故有"二王"之語。從文意看,《紀年》認爲此"周二王並立"局面自幽王卒後即開始。

下面將《繫年》《紀年》有關兩周之際史事的內容作一對照:

表一　《繫年》《紀年》兩周之際史事對照表

《繫年》	《紀年》 (《左傳》昭公二十六年正義引)
王與伯盤逐平王,平王走西申。 幽王及伯盤乃滅,周乃亡。 (未言之) 邦君,諸正乃立幽王之弟余臣于虢,是攜惠王。 (未言之) 立二十又一年,晉文侯仇乃殺惠王于虢。 (未言之) 周亡王九年	平王奔西申。 而立伯盤以爲大子,與幽王俱死于戲。 先是,申侯、魯侯及許文公立平王于申,以本大子,故稱"天王"。 幽王既死,而虢公翰又立王子余臣於攜。 周二王並立。 二十一年,攜王爲晉文公所殺。 以本非適,故稱"攜王"。 (未言之)

---

[1] 宋劉恕《資治通鑒外紀》卷三引《汲冢紀年》文則曰:"幽王死,申侯、魯侯、許文公立平王于申。"言立平王是幽王死後所爲,與《左傳》正義所引文有別。

可見，兩種史書記載的最大區別在於對平王與所謂攜王的認知不同。

《繫年》在講到"平王走西申"時，顯然是追稱，在寫此文時平王歷史地位已定，故只能用平王稱之。但在以下記述幽王與伯盤被殺後之史實時，絕口不提平王先已被擁立之事，反而只記"攜惠王"被立與被殺事，而且在"攜惠王"被殺後，繼言"周亡王九年"，這只能解釋爲《繫年》的立場是不承認平王先已被擁立之事，即不承認這一段時間内平王亦是"王"。並且在提到攜王時，還特意記載了其諡號"惠王"，更明顯地表現了對攜王的尊崇。相比之下，《紀年》則暴露出對攜王的鄙視，不僅不記其諡號，而且強調"以本非適，故稱'攜王'"。但對於平王，則強調其被擁立是在立攜王前，而且強調其大子身份與"天王"之稱。但因承認當時有二王被立之事實，故《紀年》有云此一段時期"周二王並立"。以上都是從字面上很容易看到的事。因此，《繫年》所以言有"周亡王九年"這樣一段時間，只能解釋作是因其持有只承認攜王而不承認平王之立場。嚴格地説，這應當是《繫年》所依據的史書有此立場，如果是本自周史官記載，則此亦即該史官之立場與史觀。此史官顯然是站在幽王及攜王立場記錄此史事。《紀年》是魏國史書，魏以前史事當本自晉國史書，晉文侯擁立平王，誅殺攜王，故《紀年》所本晉史官記述中所表現之立場自然在平王一邊。

中國上古史書多出於史官記載，史官傳統應是"秉筆直書"，但"直書"亦會同時表現其立場。《史記·孔子世家》記孔子"因史記作《春秋》"，"約其文辭而指博。故吳楚之君自稱王，而春秋貶之曰'子'；踐土之會實召周天子，而春秋諱之曰'天王狩於河陽'。推此類以繩當世，貶損之義，後有王者舉而開之。《春秋》之義行，則天下亂臣賊子懼焉"。又云"孔子在位聽訟，文辭有可與人共者，弗獨有也。至於爲《春秋》，筆則筆，削則削，子夏之徒不能贊一辭"。由此推之，史書出於史官，亦難免會受史官立場之導向。北大漢簡《趙正書》與《史記·秦始皇本紀》在秦始皇立繼嗣者上有截然不同的記載，蓋亦緣於所據史官記述本即有別。此種事現代實亦然。

學者或有疑問處，是疑《左傳》昭公二十六年孔穎達正義所引《紀年》"周二王並立"之語非《紀年》原有，乃整理者所加。但細讀正義原文，在引《汲冢書紀年》自上引"平王奔西申"至"故稱攜王"這一段文字後，又有記"束晳云：案：《左傳》'攜王奸命'，舊說攜王爲伯服，伯服古文作伯盤，非攜王。伯服立爲王積年，諸侯始廢之而立平王，其事或當然"。《晉書·束晳傳》記"晳在著作，得觀竹書，隨疑分釋，皆有義證"，則孔穎達正義引《紀年》後所引上述束晳之語，應是束晳讀了此段《紀年》文後"分釋""義證"之文，可證"周二王並立"之語應是《紀年》原文，未必夾有後人所加批注語。此外，宋劉恕《資治通鑒外紀》卷第三"幽王"後有曰"劉恕曰：《汲冢紀年》曰：幽王死，申侯、魯侯、許文公立平王于申，號公翰立王子余，二王並立。余爲晉文侯所殺，是爲攜王。案：《左傳》攜王奸命，杜預注曰攜王謂伯服也，古文作伯盤，皆與舊史不同"。劉恕所見《汲冢紀年》與孔穎達所見未必爲同一文本①,亦有"二王并立"句,可爲參考。

三、關於晉文侯立平王之"京師"

這裏兼帶討論一下《繫年》所云"晉文侯乃逆平王于少鄂,立之于京師"中"京師"所在地。或認爲此"少鄂""京師"皆是晉國之地。但此"京師"仍當理解如整理者所言是指宗周爲宜。晉文侯要立平王,使列國諸侯、邦君承認其正統地位,如不在王畿、宗周,而在晉地京師立之,在當時似是不可能的。此晉地説忽視了王畿、宗周在當時列國諸侯、邦君心中之神聖性。這裏可以舉《左傳》昭公二十二年至二十六年所記周王室内亂,王子朝與王子猛(未繼位,謚曰悼王)、敬王爭王位之事爲例以説明王都之於王位之重要。王子朝是周景王長庶子,王子猛則是景王嫡次子,周敬王是王子猛弟,亦是景王嫡子。現將《左傳》所載要點概述如下:

昭公二十二年:景王卒。單子、劉子欲擁立王子猛,王子朝則"因舊官,百工之喪職秩者與靈、景之族以作亂"。雙方遂爭奪對王子猛的控制權,並進出王城,有拉鋸之戰。"冬十月丁巳",單子尋求晉人支助,"晉籍談、荀躒帥九州之戎及焦、瑕、温、原之師以納王(案,即王子猛)于王城"。"十一月乙酉,王子猛卒。己丑,敬王即位"。

昭公二十三年:"天王(即敬王)居于狄泉",敬王撤出王城,是爲了避王子朝。"庚寅,單子、劉子、樊齊以王如劉。"劉,劉子邑,"如劉"亦是爲避王子朝。"甲午,王子朝入于王城"。

昭公二十四年:"戊午,王子朝入于鄔"(鄔在今偃師南),是王子朝退出王城。"晉人乃辭王子朝,不納其使"。

昭公二十六年:"冬十月丙申,王(敬王)起師于滑"。"十一月辛酉晉師克鞏",逼近王子朝。召伯盈(即召簡公)叛王子朝,"逐王子朝"。"王子朝及召氏之族、毛伯得、尹氏固、南宮嚚奉周之典籍以奔楚"。"召伯逆王于尸,乃劉子、單子盟"。"癸酉,王入于成周。甲戌,盟于襄宫(杜預注:襄王之廟)。晉師成公般戍周而還。十二月癸未,王入于莊宫(杜預注:莊宫在王城)"。

可見在雙方爭奪王位過程中,王畿區域内之王城是王子朝與王子猛、敬王及支持此二王的單子、劉子諸黨反復爭奪之地,勝利者必要居王城,當是因立於王城才有正統地位。

如參考上述事例,晉文侯在逆平王於少鄂之後,要特意"立之于京師"即宗周,應該也是在二王并立數年局面結束後,使平王在宗周登王位,從而强化平王作爲"天王"之正統地位。但依《繫年》,過了三年平王即東遷,可見當時的宗周王畿之地實已處於不安定狀態,這種狀態,晉文侯立平王於宗周時未必不知,而所以要先堅持在宗周立之,即當緣於宗周

---

① 如上文曾言及在立平王的時間上二者即有別。

之於王位的特殊意義。猶如上舉王城之於周敬王。"二王"雖亦均被各自的擁立者稱爲"王",但只有正式在王朝都城登基才能普遍地被周之諸侯、邦君承認。平王東遷所選定之成周本是東都,應亦是出於王都與周天子正統地位有密切關係的考慮。

四、《繫年》所涉及的東周初之年代問題

上文曾遵照《繫年》文法梳理了其所述兩周之際史事發生之時序,但如依照此時序,則會出現與其他存世史書記載相違的情況。此點,諸家早已指出,故有再作探討之必要。

《繫年》所記年數中,攜王立二十一年被晉文侯殺,《紀年》亦曰此事在二十一年,但問題實亦出在這個數字。依《史記·晉世家》,晉文侯(即太子仇)是在晉殤叔四年"襲殤叔而立"的,晉文侯元年,應是周幽王二年。文侯十年"周幽王無道,犬戎殺幽王"。按《繫年》所云,在幽王卒後,攜王立二十一年被晉文侯殺,此時已是晉文侯三十一年了。晉文侯在位三十五年,如依《繫年》,則文侯在殺攜王後第四年(即"亡王"之第四年)即去世。而《繫年》云,在晉文侯殺攜王後又有九年"周亡王",則待到"亡王"時段結束時,晉文侯又"逆平王于少鄂,立之于京師",但對於晉文侯來説,這實已不可能。而且《繫年》繼上文所云"晉人焉始啓于京師,鄭武公亦正東方之諸侯"也有了問題,鄭武公二十七年卒(前744),正在《繫年》所云"亡王九年"時段中。所以如依《繫年》,其所記年數必有問題了。

但是對於《繫年》所記"周亡王九年"之"九年"這個數字,似不宜輕易否定,如此具體,似當有所本。故問題可能出在攜王爲晉文公所殺之"二十一年",是平王、攜王各自立後之二十一年,還是晉文侯二十一年。杜預《春秋經傳集解·後序》述《竹書紀年》曰:"其《紀年》篇起自夏殷周,皆三代王事,無諸國別也。唯特記晉國,起自殤叔,次文侯、昭侯,以至曲沃莊伯。"如是,則《紀年》自殤叔起即已特記晉史。殤叔元年爲前784年,時在周宣王四十四年。《晉書·束晳傳》則云"其《紀年》十三篇,記夏以來至周幽王爲犬戎所滅,以事接之,三家分[晉],仍述魏事至安釐王之二十年,蓋魏國之史書,大略與《春秋》皆多相應"。惟《紀年》改以晉侯之年紀年,究竟始於何年,上引杜預説與《束晳傳》似並不明朗。陳夢家《六國紀年》曾疑《紀年》於幽王世,周、晉二年並用。[①] 但王國維《古本竹書紀年輯校》則參考杜預《後序》説法云:"案殤叔在位四年,其元年爲周宣王四十四年,其四年爲幽王元年,然則《竹書》以晉紀年,當自殤叔四年始。"如依此説,則《紀年》以晉紀年始自幽王元年,其所記晉文侯殺攜王之二十一年,自當是晉文侯二十一年,時在幽王卒後十一年。[②]

通觀《繫年》,記晉史事最多,其次爲楚,再次爲鄭,[③]則《繫年》述史事可能頗多參考過晉國史書,則《繫年》此"二十一年"似亦即不排除混入晉史書紀年之可能。當然,如可作此

---

① 陳夢家:《西周年代考·六國紀年》,中華書局,2006年。
② 方詩銘、王修齡:《古本竹書紀年輯證(修訂本)》(上海古籍出版社,2005年)即用此説,將此事列入《晉紀》。
③ 楊博:《戰國楚竹書史學價值探研》,博士學位論文,北京大學,2015年。

解,則是晉文侯二十一年時,亦即平王、攜王各立十一年時,晉文侯殺攜王。九年以後,即晉文侯三十一年(平王立二十一年)時,文侯又立平王於京師,時在前750年。平王立三年,即前748年東遷成周。① 按照這種假設,平王東遷時,爲晉文侯三十三年,鄭武公二十三年,二者尚均可在平王東遷過程中盡力,鄭武公亦方能如《繫年》所云在東方諸侯中强化了其地位。②

依《紀年》體系,幽王卒時(前771)平王已立,儘管按《繫年》所記平王是在攜王被晉文侯殺後,又由晉文侯立於京師(應即宗周)方正式登基,但史學界傳統的以前770年爲周平王元年即東周元年的說法似可不必更改。

（原載《吉林大學社會科學學報》2016年第4期）

---

① 《史記·秦本紀》曰:"周避犬戎難,東徙雒邑,襄公以兵送周平王。平王封襄公爲諸侯,賜之岐以西之地……襄公於是始國。"秦襄公元年爲前777年,卒年爲十二年,即前766年。《秦本紀》所記只有在平王確是在此時段內東遷才有可能成立,但依上文對《繫年》文義的分析,如平王東遷晚至748年,則秦襄公"以兵送周平王"即未必是送其東遷雒邑,而很可能是在平王離開宗周奔西申過程中有過護衛行爲,平王時以"天王"身份對襄公有過封賜。司馬遷寫《史記》時參考了《秦紀》,所記秦史應有一定根據,但司馬遷在《史記·六國年表》序中言秦"燒天下詩書,諸侯史記尤甚……獨有《秦紀》,又不載日月,其文略不具",所以《秦本紀》言秦襄王送周平王事與《繫年》所記狀況難合,如《繫年》所記有據,則其不合或與上述《秦紀》狀況有關。王玉哲先生則疑襄公將兵救幽王抗擊申侯、犬戎之聯軍,即不可能再以兵送平王,而是乘機侵占周人畿內土地。而司馬遷所本之《秦紀》已將真相隱諱(參見《周平王東遷乃避秦非避犬戎也》,收入《中華民族早期源流》,天津古籍出版社,2010年)。
② 《國語·晉語四》言鄭武公"與晉文侯勠力一心,股肱周室,夾輔平王,平王勞而德之,而賜之盟質,曰'世相起也'"。

讀清華楚簡《金縢》兼論相關問題

　　清華楚簡中有幾篇文章可與傳世的《尚書》《逸周書》中的文章對讀,對較準確地把握此類文獻之文義與史學内涵及進一步了解成於先秦的文章之流傳、演變過程都很有價值,其中《金縢》即屬於此類文獻。①

　　下面先對楚簡《金縢》諸家討論中多有異議的字句釋讀談一些看法,然後在此基礎上,扼要地討論一下《金縢》類記事爲主的"書"篇文本流傳情況,以及由簡本的刊布引發的對《金縢》史學價值的新認識,文中"今本"指《十三經注疏》本中的《尚書·金縢》篇。

一

武王既克麿(殷)三年,王不瘥,又(有)尼(遲)。

　　"王不瘥,有尼",今本作"王有疾,弗豫"。"余""豫"均爲喻母魚部字。僞孔傳釋"不豫"爲"不悦豫",孔穎達疏:"《顧命》云'王有疾不懌',懌,悦也,故'不豫'爲'不悦豫'也。"按此説,則今本是説武王已有了疾病,因而不愉悦。《説文》釋"念"曰:"《周書》曰'有疾不念',念,喜也。"是讀《顧命》中的"懌"爲"念","不念"亦釋爲"不喜",與僞孔傳所釋意同。但如按這種解釋,武王只是因爲有疾病心情不好,這種情況似不會引起下文二公爲王穆卜之行爲。段玉裁《古文尚書撰異》認爲"孔傳'不悦懌'猶今人言'不爽快'、'不自在'也,其疾淺"。更明確説明若按僞孔傳之解釋,即使不解釋成不喜、不愉悦,也只能解釋成身體一般性的不適,屬於淺疾,這同樣也不能説明此種武王身體之狀況何以會使三公都很緊張。所以今本之"弗豫",應有其他的解釋。現簡文作"王不瘥,又尼",尼是《説文》"遲"字或體"迡"所從尼。清華簡整理者以《廣韻》"久也"之義釋此"遲"字,可從,"又(有)遲"即今語"有相當一段時間了"。如此,則"王不瘥"之"瘥"即使如今本寫作"豫",也不宜釋作"懌悦",因爲如按此解釋,説"王不懌悦已很久",未説明任何王不懌之理由,還言此況已延續

① 清華大學出土文獻研究與保護中心:《清華大學藏戰國竹簡》(壹),中西書局,2010 年。

很久,很不合情理。所以,"不瘳"之"瘳"肯定是講身體有疾病。《曲禮》正義引《白虎通》"天子病曰不豫,言不復豫政也"。但僅作如此解釋,今本所云"王有疾,弗豫"便不好講通了,王有疾前面已說明白,後邊再講"弗豫"即重複了。所以"瘳"應該是指有疾而尚未能痊癒的病況。依此種分析,簡文"瘳"似應讀作"除",瘳、除皆從余得聲。而從余得聲字均屬魚部韻,聲母分布在喻、定二聲母中。余,喻母魚部;除,定母魚部,韻同而聲相近。《方言》三愈"或謂之除"。《廣雅·釋詁一》:"除,瘉也。"《説文》:"瘉,病瘳也。"是"除"有"瘉"義,即病好康復之義。"不瘉"即有病而不能康復。簡文"王不瘳(除),又(有)尼(遲)",用今語言之,即"王有病不瘉,已經有相當一段時間了"。按此種解釋,簡文"王不瘳(除),又(有)尼(遲)"比今本"王有疾,不豫",多出"有遲",即説明病已久。這樣記載更易與下文三公爲武王病況緊張活動之文句內容相合。所以簡文這句話有可能更符合此篇文章之原本。按照對簡文的此種解釋,今本"王有疾,弗豫"之"豫"既爲喻母魚部字,自然可讀作"除"。

二公告周公曰:"我亓(其)爲王穆卜。"周公曰:"未可目(以)戚(戚)虘(吾)先王。"

今本作:"二公曰:'我其爲王穆卜。'周公曰:'未可以戚我先王。'"與簡文基本相合。要理解這句話的意思似首先應明白周公所言"未可以戚吾先王"之義。今本僞孔傳曰:"戚,近也……周公言未可以死近我先王。"孔穎達疏:"死則神,與先王相近,故言近先王,若生則人神道隔,是爲遠也。"所釋比其他諸説可能要更合乎此句話之本義。按此説,則"戚""戚"可讀作《説文》訓作"迫也"的"慼"字。[1] 周公如此説,實際是認爲二公所言占卜之事,只會出現"慼我先王"之結果,亦即會促使武王早卒,故否定二公"爲王穆卜"之考慮,而認爲此舉"未可以"。

"穆卜"僞孔傳釋曰:"穆,敬。召公、太公言王疾當敬卜吉凶。"但是今本在下文記周公告大王、王季、文王三先王後,"乃卜三龜,一習吉。啓籥見書,乃並是吉。公曰體王其罔害"。僞孔傳釋曰:"習,因也,以三王之龜卜一相因而吉。三兆既同,吉開籥見,占兆書乃並是吉。公視兆曰'如此兆體,王其無害',言必愈"。周公既可以爲武王病體是否可以"無害"、可否痊癒占卜,那麼如果召公、太公之"穆卜"僅如僞孔傳所云是恭敬地占卜,也是爲武王身體康復占卜,則周公似無理由阻止二公爲同樣目標占卜。所以二公所言"我其爲王穆卜"之"穆卜"似不宜釋作"敬卜",而很可能確當如唐蘭先生所云"穆卜"實即卜穆,如以武王爲昭,則武王下一代即爲穆,"爲王穆卜"乃卜武王之繼承者成王,即武王之穆,[2]唐蘭先生之説可以訂補者,是"爲王穆卜"似不必讀作"爲王卜穆",而可以讀作爲"王穆"卜,"王穆"即是"王之穆",此乃占卜是否已要爲王確定下一代繼任者,[3]故周公認爲此舉實不可

---

① 陳民鎮、胡凱:《清華簡〈金縢〉集釋》之按語亦已有此説,見復旦大學出土文獻與古文字研究中心網站,2011 年 9 月 20 日。

② 唐蘭:《西周銅器斷代中的"康宮"問題》,《考古學報》1962 年第 1 期。

③ 馮時:《清華〈金縢〉書文本性質考述》,《清華大學藏戰國竹簡》(壹)國際學術討論會論文,2011 年 6 月。

爲,曰"未可以"作如此占卜,因爲這樣作將會"戚我先王",即會促使武王早卒。如此"王穆"之説確是出於西周時史官記録之原本,則此應是昭穆之稱較早出現的例子。

《史記·魯周公世家》兩次出現"繆(穆)卜",先是記"武王有疾,不豫,群臣懼,太公、召公乃繆卜",相比簡本,將"爲王穆卜"寫作"繆(穆)卜",遂使所卜之内涵不甚明朗。《魯周公世家》還記成王開金縢書後"執書以泣,曰:'自今後其無繆(穆)卜乎!……'",今本也有此句作"王執書以泣曰:'其勿穆卜……'",此句簡文無。如原本確有此句,原文是否有"穆卜"一詞亦未可知。今本僞孔傳釋曰:"本欲敬卜吉凶,今天意可知故止之。"但今本此句與《史記·魯周公世家》所引也有差别,如按《史記·魯周公世家》所引,僞孔傳所云並不妥當,其文曰"自今後其無穆卜乎!"並非講因爲得知此一次天象災異是"天動威以彰周公之德"(今本文)故不用卜,而是説今後不宜再作"穆卜"之舉。由此亦可見此所謂"穆卜"(即簡文"爲王穆卜")必是一種特殊的有固定目的的占卜,而將"穆卜"訓爲"敬卜",亦不能解釋《史記·魯周公世家》所引"自今後其無穆卜乎!"這句話,成王泣而所言,很可能是感慨周公反對"爲王穆卜"以"戚我先王"之舉(此舉顯現了周公對武王的忠心),因此成王要廢除在時王有疾時再舉行"爲王穆卜"(即占卜是否要爲王立繼承人)之行爲,以承繼周公之品德。

這裏需要説明的是,筆者認爲"昭穆"並非制度,而是輩分。如以武王爲昭,成王即爲穆,昭、穆只表示上一代,下一代。且昭或穆並不與某人固定繫聯,上一代爲昭下一代則是穆,是相對的概念。關於周代"昭穆"的内涵,筆者將另文闡述之,此不贅言。

史乃册祝告先王曰:尔(爾)元孫發也,靯(遘)遝(遘)虘(虐)疾。

今本此段文字作"史乃册祝曰:惟爾元孫某遘厲虐疾"。簡文作"尔元孫發",《史記·魯周公世家》亦曰"惟爾元孫王發",亦稱王名,同於簡文。但今本僞孔傳曰:"元孫,武王;某,名。臣諱君,故曰某。"僞孔傳所謂"臣諱君"應指此祝同是由史代讀,故要諱君。但是,史代讀祝詞並不等於是史本人稱呼王,而是代周公言,且祝詞是向三王祈求,無論周公自稱還是稱呼所爲求佑之武王,在祖先神靈面前均没有避諱名字之必要。所以簡文記周公之祝詞稱武王爲"爾元孫發"似非不合禮制。在西周青銅器中,王所作器很少發現,其中以對祖先神祈佑的口吻所寫銘文僅知有周厲王所作的三件器,即默鐘(舊稱宗周鐘,《集成》260),五祀默鐘(《集成》358)與默簋(《集成》4317)。在這幾件器銘所見贊頌先王(或前文人)以祈求福佑的文句中,因是對先王(或前文人)所言,周厲王皆自稱己名"默"。

> ……我唯司配皇天王,對作宗周寶鐘,倉倉悤悤,雖雖雍雍,用邵各不顯祖考先王,先王其嚴在上,彙彙敱敱,降余多福,福余順孫,參壽唯利,默其萬年,畯保四國。(默鐘/宗周鐘)

> ……余小子肇嗣先王配上下作厥王,王大寶,用喜侃前文人,前文人庸厚多福,用齈圉先王受皇天大魯命,文人陟降,降余黃黿,授余純魯,用雍不廷方,默其萬年永畯尹四方,保大命,作疐在下,御大福其格……(五祀默鐘)

王曰：有余雖小子，余亡康晝夜，經擁先王，用配皇天，黃耇朕心，墜于四方，肆余以餱士獻民再盉先王宗室，鈇作靐彝寶毀，用康惠朕皇文烈祖考，其格前文人，其瀕在帝廷陟降，龖圝皇[帝]大魯令，用鬵保我家朕位。鈇身陀陀，降余多福。憲乑宇慕遠猷，鈇其萬年……（鈇毀）

由此幾件周厲王自作器銘的例子，應可以推測西周諸王（及周公之類王室成員）在以先王爲申述對象時徑稱己名，以及簡文記史代周公祝告先王時所稱武王爲"爾元孫發"，是合乎當時制度的。

尔（爾）毋乃又（有）備子之責才（在）上……

簡文"尔（爾）毋乃又（有）備子之責才（在）上"，今本作"若爾三王是有丕子之責于天"，《史記·魯周公世家》作"若爾三王是有負子之責於天"。在此句話之前，周公祝辭已告武王有疾，此句話後，則是下文所載周公願以己代武王去服侍鬼神，所以，此句話主旨必是强調所祝告之在天之周先王有遴選時王或生人執此事之權力，亦即有服侍鬼神之義務，故周公才能有如此向三王所作之請求。作此理解似方能使上下文意貫通。按這一思路去解釋簡文此句話，則諸家意見分歧甚大的"備子"一詞的意思，似還當以曾運乾先生釋作"布茲"較好。《史記·周本紀》記武王克商後，至朝歌祭社時："毛叔鄭奉明水，衛康叔封布茲，召公奭贊采，師尚父牽牲。""布茲"之"布"爲陳列之意，集解引徐廣曰："茲者，籍席之名。諸侯病曰'負茲'。""籍"應讀作"藉"，即草墊，祭祀時陳列祭品之用。《説文》："藉，祭藉也。""布"在幫母魚部，與備、負、丕（此三字音同或音近，備，並母職部，負、丕均並母之部，之職陰入對轉）韻部有差異，從同音假借上難以將"備"徑讀爲"布"。但在"布茲"中，"布"是動詞，作陳列講，而"備"可讀爲"服"，"備""服"二字均並母職部。《爾雅·釋詁》："服，事也。"子，精母之部，茲，從母之部，韻同而聲近，二字可通。先秦典籍"茲""子"通用，可見王引之《經傳釋詞》。依上述，"備子"即可讀爲"服茲"，即"服侍於祭藉"。如是，則"爾毋乃有備子（布茲）之責在上"，這裏的"備子（服茲）"可以理解爲侍奉鬼神。"毋乃"即"無乃"，王引之《經傳釋詞》："'無乃'，猶'得無'也（宣十二年《公羊傳》注）。"大意是言"你們在天上不是有服事鬼神之責任嗎？"從下文繼言"命于帝匽（廷）"看，此"備子（布茲）之責"應講服事於上帝。故才有下文繼言公受命於帝廷之説。由此亦可見，在周人之宗教觀中，已故先王皆陟於帝廷，服事於上帝，受命於帝廷，因而亦才能如簡文所言得以"尃（布）又（佑）四方，以奠爾子孫于下堅（地）"。周先王要服事上帝，從簡文《金縢》中周公自薦自己因多才多藝可以代武王事鬼神亦可得知。

尔（爾）之訽（許）我，我則晉璧與珪；尔（爾）不我訽（許），我乃以璧與珪逯（歸）。

晉，整理者讀爲"晉"，以爲此字從晉聲。學者或據楚簡（新蔡簡）及楚帛書，讀此字爲"厭"。陳民鎮引《集韻》與《莊子·齊物論》，以爲在此處"厭"應訓作閉藏，亦即瘞埋，[1]可

---

① 參見陳民鎮、胡凱：《清華簡〈金縢〉集釋》中陳民鎮按語。

從。此句話的意思是：如先王之神靈能答應我，我則在壇土中埋入璧與珪；如不答應我，我即攜璧與珪歸。今本此句話作："爾之許我，我其以璧與珪歸，俟爾命；爾不許我，我乃屏璧與珪。""屏"即屏閉，亦可引申爲埋藏，義近同於"厭"，由此亦可知今本文字許與不許所承諾之禮玉放置確爲誤倒。依文獻，禮神之玉，祭畢當埋藏之，埋藏玉是完成祭禮中神與之交流的必要環節。① 簡文與今本所言禮玉制度當以簡文爲是。學者或引《禮記·郊特牲》孔穎達疏以爲埋禮玉於地下是祭地祇，但這裏周公所施禮儀對象是先王，由此可知埋璧與珪於地下亦可作爲賓敬祖先神並與之溝通的禮器，並非只是祭祀天神地祇時才用禮玉。② 當然，禮先王亦用玉可能與周人視先王已賓於帝，已兼具天神地位的宗教觀念有關。

周公乃内(納)元(其)所爲釭自以弋(代)王之敚(説)于金絴(縢)之匶，乃命執事人曰……

此句中，"納……于……"是一個句式，"其所爲釭自以代王之説"即所納物，"説"不可能被納，這裏納於金縢之匶的是書寫周公自以爲王之説的簡册。簡文中"釭"的字義是以往研究者考釋多有分歧之處。學者或根據《史記·魯周公世家》"周公於是乃自以爲質，設三壇"句，認爲此"釭"有可能讀爲質，是質的假借字（即認爲"釭"從"示"得聲），或認爲字從工聲應讀爲"功"，而"功"可訓爲"質"。與此説相近的是孫星衍《尚書今古文注疏》所云，"功""質"皆訓"成"。也有學者認爲"釭"當讀作《周禮·春官·大祝》中"掌六祈，以同鬼神示，一曰類，二曰造，三曰禬，四曰禜，五曰攻，六曰説"之"攻"。③ 此"攻"之義，鄭玄注釋爲"以辭責之"，《論衡·順鼓》："攻者，責也，責讓之也。""讓"也是責備之意。但責讓之辭，並不適合"周公乃自以爲釭"句，周公並沒有責備所祈祝之先王，而且"釭"如作爲責讓之辭前面接"自以爲"，亦屬不辭。

在今本中與此句簡文句式相同的句子是"公乃自以爲功，爲三壇同墠""王與大夫盡弁，以啓金縢之書，乃得周公所自以爲功代武王之説"，可見"釭"還應讀作從"工"得聲之字。其最合適的解釋，是讀作"貢"。貢即貢獻。但在簡文此處既言"周公乃納其所爲釭(貢)自以代王之説"，"貢"不是貢獻祭品，既然説"自以代王"，則是以自身貢獻於鬼神以代武王。

周公乃告二公曰："我之□□□□亡(無)以遑(復)見於先王。"

簡文所缺四字，可依今本文字推測，今本此段話作："周公乃告二公曰：'我之弗辟，我無以告我先王。'"現簡文多出一字的位置，是與今本有異文處。今本"弗辟"之"辟"自漢以來諸家解釋亦多有不同，或訓避，如今本所附陸德明《釋文》："馬、鄭音避，謂避居東都。"周公避居東都之説，係將東征説成避居，現學者多不信。或釋"辟"爲"法"，如僞孔傳："辟，法

---

① 參見孫慶偉：《周代用玉制度研究》，上海古籍出版社，2008年，頁280。
② 舊説只有祭天地用玉，如《周禮·春官·大司樂》鄭玄注："先奏是樂以致其神，禮之以玉而祼焉，乃後合樂而祭之。"賈公彥疏："禮之以玉，據天地；而祼焉，據宗廟。以《小宰》注天地大神至尊不祼。又《玉人》《典瑞》《宗伯》等不見有宗廟禮神之玉，是以知禮之以玉據天地，則蒼璧禮天，黃琮禮地是也，而祼焉據宗廟，肆獻祼是也。"
③ 以上諸説出處參見陳民鎮、胡凱：《清華簡〈金縢〉集釋》。

也,告召公、太公言我不以法法三叔,則我無以成周道告我先王。"但單一個"辟"字即能引申出"以法法三叔"之法治的意思,似有未安。而且從上下文意看,簡文上文言:"官(管)叔及其群兄弟乃流言于邦,曰:'公將不利於孺子。'"所攻擊者是周公攝政,如周公聞此流言即言要法治,要鎮壓,並未回答自己爲何攝政,則未能反映出周公政治品德之端正,如此該文作爲教育貴族子弟立"志"的作用即會貶低。較好地反映周公面對流言之態度的是《史記·魯周公世家》所記周公告二公之言:"我之所以弗辟而攝行政者,恐天下畔周,無以告我先王太王、王季、文王。"周公在這裏揭示了其"所以弗辟"而堅持攝政,是擔心西周王朝被顛覆,而自身也無法向先王交代。這樣來看"弗辟"之"辟"仍可讀"避",此"避"不是避居東都,而是回避流言。周公表示自己之所以"弗避"(即不回避流言)而堅持攝政,正是擔心成王年幼,新建立的西周王朝被顛覆。[①] 簡文又記周公言其之所以"弗避"是怕"無以復見于先王",今本作"無以告我先王",而簡文所云即所謂"無臉見先人",似比"無以告"更能貼切表達周公的心情。

於遂(後)周公乃遺王志(詩),曰《周鴞》,王亦未逆公。

"周鴞",整理者讀爲"雕鴞",研究者或疑仍當讀"鴟鴞"。但"周"爲端母幽部字,"鴟"爲端母脂部字,聲母雖同,幽、脂亦皆陰聲韻,但不相近,所以將"周"讀作"鴟"似有未妥。"鴟鴞",毛傳曰:"鸋鴂也。"孔穎達疏引陸璣疏云:"鴟鴞,似黃雀而小,其喙尖如錐,取茅莠爲窠,以麻紩之,如刺襪然,縣著樹枝,或一房或二房。幽州人謂之'鸋鴂',或曰'巧婦'。"如按此種解釋,鴟鴞體形較小屬雀類之一種,善築巢。但《鴟鴞》詩明言"既取我子",可見此詩中的"鴟鴞"不大像是一種雀,而倒像是一種較凶惡之禽類。所以"鴟鴞"也許應當讀作"鴟梟"。梟,見母宵部,鴞,影母宵部,同屬宵部,從"堯"得聲的字既可在影母(如蟯),也可在見母(如澆),見、影母相近,故梟、鴞音可通。朱駿聲《說文通訓定聲》亦有此說,其文曰:鴞,"假借爲梟"。鴟梟即《爾雅·釋鳥》"梟鴟",郭璞注"土梟",邢昺疏:"梟,一名鴟。郭云'土梟',《說文》云:'梟,食母不孝之鳥……'"則"梟鴟"即鴟梟。簡文"周鴞"之"周"似還應當讀作"雕","雕梟"是一種似鷹而貪惡的梟類之鳥。周公賦此詩應是藉此種凶鳥譴責當時破壞、動搖周王室基業的勢力,並以鳥類護巢抒發自己對周王室與王朝的摯愛之心。但簡文所記成王的反映是"王亦未逆公",逆是迎接之意,此句之義應是王並未迎周公回朝,其情詳見下文。今本作"王亦未敢誚公",《史記·魯周公世家》作"王亦未敢訓周公",誚、訓皆責備之意,"誚公"或"訓公"其義與簡文作"逆公"文義有別,此當有文本之別。簡文未像今本過分強調成王對周公之不滿情緒,只言其因未能諒解周公而"未逆公"。

天疾風以雷,禾斯晏(偃),大木斯擻(拔)。

此段話,今本作"天大雷電以風,禾盡偃,大木斯拔"。《史記·魯周公世家》作"暴風雷

---

① 陳民鎮、胡凱:《清華簡〈金縢〉集釋》中所作解釋已取此說。

(雨),禾盡偃,大木盡拔"。簡文"以"當讀作"與",前人已作此讀。"斯"讀作"澌",義爲"盡",見《方言》三。① 臧字,整理者疑從齹(譇)聲而有訛變,認爲如是則與"拔"音近,研究者或從之。但從字形看,難與齹(譇)字相聯繫。而且譇在並母物部,拔在並母月部,聲母同,韻母皆屬入聲,但還是有差别,言譇、拔音近亦較勉强。此字疑當從戵、戕聲(即壯聲)。② 戵字从戕、从月(肉),从止會意。其字義似有兩種考慮:其一,讀如戕。《左傳》宣公十八年"邾人戕鄫子于鄫",杜預注:"戕者卒暴之名。"《公羊傳》何休注:"支解節斷之故變殺言戕。"所从戕,同於戔,《説文》訓賊,《廣雅·釋詁四》:"戔,傷也。""大木斯臧(戕)",即"大樹皆被折斷"。其二,戕字在精母陽部,可讀爲清母陽部的蹌,《説文》:"蹌,動也。"如是,"大木斯蹌"即大樹樹身皆被刮得晃動。其實今本"大木斯拔"之"拔"也可以不讀爲"拔出"之"拔",而當讀爲《史記·樂書》"奮疾而不拔也"之"拔",正義釋"拔"曰:"傾側也。"即大樹皆被刮歪或刮倒。而今本也有句曰"凡大木所偃,盡起而築之",偃即倒下之意。"大木斯蹌",晃動的結果也是傾斜。對比以上二義,考慮到文末有"二公命邦人盡復筑之"句(詳下文),還是選第二種讀法較好。儘管這種天象災異不排斥有部分本來就是被誇大了的,"拔"亦不宜解作拔出,言風能把大樹連根拔出也有些過分。簡文末尾言:"凡大木之所臧(戕),二公命邦人妻(盡)退(復)竺之。""竺"整理者讀作竹聲之"筑",可從。這句話應是説,凡大樹被晃動倒斜者,二公命令邦人皆扶正之且夯實其根部。

二

通過對清華簡《金縢》與今本的對讀,可以加深對《尚書》這種"書"類體裁文獻之文本流傳情況的認識。"書"是周王朝史官對王及像周公之類重要王臣之言行(或稱"事")的實録,其目的如《漢書·藝文志》所云"君舉必書,所以慎言行,昭法式也",亦即要以史爲鑒。因此這些"書"要流傳下來作爲教育王室及貴族子弟、規範其言行的教材。《金縢》篇應屬於"書"中以記行(即記事)爲主,但也兼記"言"的"書"。從來源不同的簡本與今本二者文句次序與内涵大致相同這點可知,《金縢》必有其原本。像《金縢》篇這樣以記行爲主,所記之事不在同一時段的"書"篇,應該是由王朝史官依據王朝檔案中的"書"篇摘録、合并後編撰而成的本子,學者或認爲這種記行類書篇改編的時間集中於西周後期。③ 記言與記行的"書",包括上述被改編過的記行爲主的"書",在春秋中期以前當長久保存於西周王朝。春秋中期以後,西周早期的這些"書"篇因各種原因漸流入各諸侯國,並成爲各諸侯國教育

① 見復旦大學出土文獻與古文字研究中心研究生讀書會:《清華簡〈金縢〉研讀劄記》,復旦大學出土文獻與古文字研究中心網站,2011 年 1 月 5 日。
② 此字與清華簡《祭公之顧命》中"甬(用)臧嫠(成)大商"之"臧"字爲同一字。研究者或認爲此字與睡虎地秦簡《秦律十八種》中被讀爲"畢"的"髼"字亦爲同一字,然字形差别較大,此説似不好確定。《祭公之顧命》中的臧字也當讀爲"戕"聲字,即可讀爲"臧",《左傳》宣公十二年"執事順成爲臧","成"有平意,如《詩經·大雅·緜》"虞芮質厥成",毛傳:"成,平也。"即平息之意。"用臧成大商"即"因而平息了大商"。
③ 參見張懷通:《〈逸周書〉新研》,南開大學博士學位論文,2008 年。

貴族子弟及後起的諸子教育弟子的教材,相關記載可在東周文獻中見到。① 楚國得到上述周王朝"書"篇等典籍的渠道與時間均不會單一,但《左傳》所記的下述事件可能是楚國得到周王朝"書"篇最多、規模最大的一次機會。

《左傳》昭公二十六年:"召伯盈逐王子朝,王子朝及召氏之族、毛伯得、尹氏固、南宮嚚奉周之典籍以奔楚。"王子朝爲周景王之子,他在權力爭鬥中失敗被逐,但他本人貴爲王子,所帶到楚國的召、毛、南宮及尹氏均爲周人世家大族,因此亦可以想象他們所帶至楚的"周之典籍"有多麽豐富。其中"書"類篇章必不在少數。我們所討論的所謂《金縢》之原本也很可能是緣於此而流入楚國的。魯昭公二十六年,時在公元前 516 年,即在春秋晚期中葉時,此類流入楚國的書篇,最先也許會成爲楚國王族與上層貴族子弟之教材,但也可能會逐漸流入楚國社會的士人階層。在流傳過程中,其所謂原本必將會因通過講解、傳授,或輾轉傳抄而有若干文字或句子的改動,也不排斥會加進楚地方言。清華簡《金縢》亦應是這樣一個傳本,但其改編的時間因被用於隨葬而止於戰國中期偏晚。簡本《金縢》在第十四枚簡背有題曰"周武王又(有)疾周公所自以弋(代)王之志","志"即春秋時"書"類中的一種體裁。劉起釪先生曾論及於此,認爲"志"是"當時政治生活中所應注意的要求,或某種規範,某種指導行爲的準則等近似於格言的守則性的話",並認爲這種格言形同詩。② 從楚簡《金縢》篇題本稱"志"來看,劉先生對"志"書的性質與用途的論述是正確的,只是"志"未必全是格言,也未必全是詩(或近似於詩)的形式。簡本以"志"爲篇名,應是保存了西周晚期後改編而成的"書"中對《金縢》之類"書"篇的原稱。

今本《金縢》有若干與簡本不同之處,特別是還有簡本未有的重要内容(如周公"乃卜三龜"及其占卜後所講的一段話),可以肯定今本《金縢》決非脱自戰國中期這個楚簡的本子,而應該是來源於大約在春秋中期後流入東方地區的書篇原本。漢初伏生所傳今文《尚書》二十八篇中即有《金縢》,可見《金縢》原本在戰國時期必已在東方傳存。《史記·儒林傳》記述由於伏生用"書"授教於齊魯之間,"學者由是頗能言《尚書》,諸山東大師無不涉《尚書》以教矣"。可知《金縢》於西漢時亦必在東方民間流傳。③ 東漢時所謂杜林漆書《古文尚書》亦有此篇。現所見今本源自東晉初年元帝時梅賾所獻配以偽孔安國傳的《古文尚書》。由此可知,今本《金縢》比起清華楚簡本來説,多了戰國晚期至西晉數百年流傳於世的過程,其間還經歷了東漢今古文之爭,故將其與清華楚簡本比較看,改動所謂原本的字、句要多,文字總體不如簡本古樸,同時删去了稱爲"志"的原篇題,改以《金縢》爲名,但也保留了上述爲楚簡本未存的一些内容。由於屬於記行爲主的"書"篇,而記行可以在講授中發揮或取其

---

① 張懷通:《〈逸周書〉新研》。
② 劉起釪:《尚書源流及傳本考》,遼寧大學出版社,1997 年。
③ 西漢中葉時,司馬遷編撰《史記》所引用的"書"篇,據《漢書·儒林傳》是"從安國(按:即孔安國)問故,遷書載《堯典》《禹貢》《洪範》《微子》《金縢》諸篇,多古文説",但諸家已指出,司馬遷所用"書"篇皆今文,説孔安國授司馬遷古文"書"實不可信。參見劉起釪:《尚書學史》,中華書局,1996 年,第 118—119 頁。

大意而換個説法,所以記行的書篇更可能被後人在流傳中較多地改動,也正緣於此,今本《金縢》相對今本《尚書》中的屬於西周誥命類記言爲主的書篇對原本面貌改動得要大。

楚簡本《金縢》雖在文句的古樸性上要强於今本,而且如上文所述,可能保留了原本一些非常重要的字句,因此有較高的文本價值,但是此本缺失了周公爲自請作人質以代武王侍奉鬼神事而占卜的重要内容,其原因未能確知。或許與此篇文章在楚地流傳之初,所載占卜行爲不爲楚人信奉而被删去有關,或許是由於删减者認爲周公既不同意二公"爲王穆卜"而自己又進行占卜相互有矛盾而删。如是後者則是與對"爲王穆卜"之句的釋讀有關。

對簡本與今本《金縢》的比較研究,爲從歷史文獻學角度研究先秦記行爲主的"書"篇流傳、分化、演變的過程提供了非常典型的素材。

三

清華簡《金縢》的發現及其與傳世的今本《尚書・金縢》篇的對讀,不僅促進了對這篇文獻的識讀,澄清了以往單純讀今本的一些疑惑,加深了對文章内涵的理解,而且爲正確認識"書"類古代文獻的文本流傳變化情況提供了生動的範例。這兩方面的意義在本文上兩節已有具體的説明。除以上兩方面外,簡本的發現也使研究者對於這篇文獻的史學價值,特別是其所記述的周初一些重要史實有了更新的認識。僅以筆者所體會到的,可以舉出如下幾例:

(一) 簡文在記周公將其願代武王服事鬼神之簡册納於金縢之匱後,言:"臺(就)逡(後),武王力(陟),墬(成)王由(猶)嬰(幼)才(在)立(位)。"與該句相應,今本僅有"武王既喪"一句。簡文多出的這一段話,其實相當重要,因爲以往研究者對於武王去世後,成王是否立即就王位,是否立即稱王,還是在周公還政後才正式稱王,周公有没有先於成王稱王,是素有爭議的。簡文講"成王猶幼",但已"在位",依此記述,成王在武王去世後,當時年紀確尚幼(按:依筆者理解,年幼也並非甚幼,而是已接近或已經成年,只是相對於王位這副重擔來講其年紀應該是"幼"小的),然已就王位,即已稱王,而且也可以證明西周初期與周公東征有關的金文中,記載有王東征的銘文中那個"王"確應指成王。關於這點,筆者有舊作涉及,此不贅述。① 成王曾隨周公東征,雖在實際上未任主帥,而是以周公爲統帥,但從相關金文内容來看,東征仍是以成王名義進行的。

(二) 簡文言:"官(管)弔(叔)及(及)亓(其)群媸(兄)俤(弟)乃流言于邦,曰:'公牁(將)不利於需(孺)子。'"今本此句作:"管叔及其群弟乃流言於國,曰:'公將不利於孺子。'"依今本,散流言於周邦的,僅是管叔與其弟蔡、霍叔等武王、周公之同胞兄弟,而簡文言"群兄弟"則不僅指武王、周公之同胞兄弟,也可能還包括庶出之兄弟,甚至包括有相當勢力的從父

---

① 參見拙文《〈召誥〉、〈洛誥〉、何尊與成周》,《歷史研究》2006 年第 1 期。亦收入本書。

兄弟。由清華楚簡《皇門》(以及今本《皇門》)可知,即使在三監叛亂已平定,周公東征返回王朝後,王朝中仍有不少權臣在用多種方式與周公對抗,特別是愚弄政治經驗不足之成王,甚至使成王所用非人,這些權臣無疑會有王族成員,也許即有簡文所言散布流言的管叔之"群兄弟"中未被削平的王族貴族。由此亦可見周公攝政期間所遇到的絕大困難。

(三) 簡文記"周公石(宅)東三年,禍人乃斯旻(得)",今本相對應作"周公居東二年,則罪人斯得",周公"宅東"或"居東",實即東征,此點已爲多數學者同意。而東征三年説比二年説要更符合史實。《尚書大傳》記曰:"周公攝政,一年救亂,二年克殷,三年踐奄,四年建侯衛,五年營成周,六年制禮作樂,七年致政成王。"明記周公東征(包括"救亂、克殷、踐奄"三個環節)共用了三年時間,與簡文記述相合,可證簡文所記正確,而今本"二年"有誤。

(四) 簡文記周公東征勝利遺王詩《周鴞》(如上文所述或即當讀《雕梟》)後,"王亦未逆公",今本作"王亦未敢誚公",即責讓公,二者之不同當屬文本差異,其所表達的意思近同。簡文言未逆公,實際是説成王確曾聽信周公欲窺奪其權之流言不肯迎接周公返朝,即仍有意放逐周公於外。這比今本所記成王不敢責備周公可能更貼近史實。而且,簡文所言"王亦未逆公",自然是逆生存的周公,則簡文末尾言成王已見到藏於金縢之匱中的"周公之所自以爲礼(貢)以弋(代)武王之敁(説)",且感知天動威之意,表示"佳(惟)余沖(沖)人亓(其)親逆公,我邦豪(家)豊(禮)亦宜之",並且他確實"乃出逆公",所逆也是從東方返朝之周公。而《史記·魯周公世家》將天象災異,成王得周公放入金縢之匱中的自以爲功代武王之書,與成王表示欲親迎之事皆放在"周公卒後",則是史遷所據文本之誤。[①] 成王所言周邦家禮"亦宜之",是説從此周王朝、周王室皆要像成王親迎周公一樣,給予周公近似於王的地位與禮遇,殆正因此周公卒後成王不敢臣周公而反葬周公於畢。

(五) 簡文記周公爲三壇同墠,爲一壇於南方,以禮玉祝告先王,與今本內容大致相同,證明此一記載確應是此文原本所有。周人爲人事祭告先王要在郊野築壇進行,並使用禮玉,頗似祭天神之禮儀,其原因大概正是要通過周先王之侍奉上帝而求得"命于帝庭",即求得上帝之佑助以布佑於四方,而且與周人相信周先王等王室成員去世後"瀕在帝廷陟降"即在天上的信念有關。周人的這種宗教觀念,實際是將上帝視爲自己的保護神與至上神,這與商人對上帝的信念與所反映出的宗教觀是有明顯差別的。[②]

通過對簡本《金縢》與今本《尚書·金縢》的對讀與相互啓迪所獲知的上述認識,無疑也豐富了我們對西周早期歷史的了解。

(原載《簡帛·經典·古史》,上海古籍出版社,2013 年)

---

① 《史記·魯周公世家》索隱亦云:"據《尚書》,武王崩後有此雷風之異。今此言周公卒後更有暴風之變,始開金縢之書,當不然也。蓋由史遷不見《古文尚書》,故説乖誤。"
② 參見拙文《商周時期的天神崇拜》,《中國社會科學》1993 年第 1 期。亦收入本書。

讀清華楚簡《皇門》

　　清華楚簡中有幾篇文章，如《金縢》《皇門》《祭公》等，亦見於傳世的《尚書》《逸周書》今本。這類簡文可以與今本對讀，此不僅有助於讀懂簡文，同時亦可以從這種對讀中認識此類文章流傳、變化的情況，對認識古代文獻的文本變化有極大的好處。現將初讀楚簡《皇門》篇後，在整理者所作注釋基礎上，對文章釋讀中需要討論的問題談一些不成熟的意見，並試作譯文，然後在釋讀基礎上再談兩個問題，其一是對此篇文章文本流傳的認識，其二是對其史料價值的探討。

一、簡文釋讀

　　隹(惟)正[月]庚午，公睪(格)才(在)耆門。

　　今本《逸周書·皇門》作“周公格左閎門”。從簡文與今本《皇門》文義看，言公爲周公應可信。今本孔晁注云：“路寢左門曰皇門，閎音皇也。”閎爲匣母蒸部字，皇爲匣母陽部字，蒸、陽均陽部韻，但不近。簡文作“耆門”，“耆”從古得聲，古爲見母魚部字，整理者讀爲溪母魚部之“庫”，則公所格在庫門。作爲執政大臣而非王之周公會見群臣，按西周制度應該在王宮的哪個門，文獻似缺乏明確記載，將“耆門”讀爲庫門，應可謂一説。[①] 但如上述，皇爲匣母陽部，耆爲見母魚部，見、匣音近，而魚、陽二部爲陰陽對轉，故簡文“耆門”，依音亦可讀爲“皇門”。如此，則此篇簡文仍可從今本名爲《皇門》。

　　今本《皇門》在“周公格左閎門”後有“會群門”句，王念孫認爲此三字原當爲“會群臣”。[②] 但今本《皇門》下文有“乃維其有大門宗子勢臣”，簡文亦有“廼隹大門宗子執臣”，“大門”應即如朱右曾所云“大門，大族也”。所以，“會群門”，也可以解釋爲“會見諸大族之

① 李學勤：《小盂鼎與西周制度》一文（《歷史研究》1987 年第 5 期）曾引朱右曾：《逸周書集訓校釋》所云“大廷，外朝之廷，在庫門内，雉門外”，如“耆門”應讀“庫門”，則周公在庫門内會見群臣即是在大廷。
② 本文所引《逸周書·皇門》諸家解讀，均見黃懷信、張懋鎔、田旭東撰，李學勤審定之《逸周書彙校集注》（上海古籍出版社，1995 年）。下文不復出注。

群臣"。簡文未有此句,疑脱,或是今本由後人增補。

> 公若曰:於(嗚)虐(呼)!朕叚(寡)邑少(小)邦,穧(蔑)又(有)耆耇虡事,哘(屏)
> 朕立(位),緐(肆)朕沓(沖)人,非敢不用明刑。隹(惟)莫覓(開)余嘉惪(德)之
> 兑(説)。

穧字見《説文》,釋爲"禾也"。整理者讀爲蔑訓無。可從。"耆耇"二字皆老人之稱,但二字連稱,前一"耆"字或當有"强"意,①《逸周書》盧文弨校定本《謚法》篇有"耆意大慮曰景"句,並有孔晁注"耆,强也",則簡文此處"耆耇"或即指有强勢之資深老臣。今本言"下邑小國克有耇老據屏位"是將"耇老"連言,耇無强義,但"耇老"同意詞連稱,仍是强調非一般老者,故注釋《逸周書》諸家多釋耇老爲年高而有德者,以揣度其文義。簡文用"耆耇",更貼合於周公誥命中所指稱老者之身份。

虡,《説文》所無,整理者讀作慮,謀思之意。慮,來母魚部字,虡如从虎得聲,則是曉母魚部字,來母爲舌音,而曉母爲喉音,韻同而聲母嫌稍遠。疑"虡"在此當讀作"據",據,見母魚部,見母與曉母相近,故其字音當與虡近同而相通。今本作"克有耇老據屏位",亦以"據"接於"耇老"下。簡文"虡(據)事"似當釋爲就事,"據"釋"就"見《文選·東京賦》"據其府庫"薛注。就事,近同於東周器銘中的"涖事"。

哘(屏)朕立(位),整理者讀屏爲屏藩,可從。《國語·晉語》"以鼂季屏其宗",韋昭注"屏,藩也"。"朕位"當是周公自稱其攝政之位。

沓人,今本作"沈人",簡文整理者據清華簡《金縢》文讀作"沖人"。"沖人"相比今本"沈人"要更合文義。"緐(肆)朕沖人"語句近同於《尚書·盤庚》中盤庚自稱"肆予沖人",僞孔傳曰:"沖,童,童人,謙也。"

"非敢不用明刑","刑"在此當訓刑法,此句話是説不是敢不采用明示的、公開的刑法(來治政)。

"隹(惟)莫覓(開)余嘉惪(德)之兑(説)",今本有近似的語句曰"維其開告于予嘉德之説",相比之下,今本"莫"作"其",且多了"告于"二字。開,莊述祖釋爲啟,訓爲教。簡文"莫",整理者引《詞詮》,訓爲"無人"之意。《詩經·大雅·抑》"莫捫朕舌","莫"即當釋作"無人"。如按此説,則簡文此句話即當解釋爲:惟無人教導我嘉德之説。但"莫"在此似也可讀作"募",《説文》"募,廣求也",②如是,則此句簡文之意即是:惟廣求可啟導我的嘉德之説。"説"在這裏也可理解爲主張。

> 今我卑(譬)少(小)于大。我歆(聞)昔才(在)二又(有)或(國)之折(哲)王,則不
> 共(恭)于卹,迺隹(惟)大門宗子、執臣,楙(懋)昜(揚)嘉惪(德),乞(迄)又(有)寢

---

① 耆字即使是指稱老人,該人也有資深的背景,參見《王力古漢語字典》,中華書局,2000 年。
② 或讀作摹,《説文》:"規也。"亦有廣求、索取之意,參見朱駿聲《説文通訓定聲》。

（寶），以釁（助）丞（厥）辟，董（勤）卹王邦王豪（家）。

簡文"今我卑（譬）少（小）于大"，今本作"命我辟王小至于大"，此"命"應是"今"之訛。辟、卑聲母均爲幫母，韻部辟爲錫部，卑爲支部，支、錫陰入合韻，故从卑得聲字如椑、革等亦皆在錫部，是辟、卑上古音同。可知簡文"卑"與今本"辟"是通假字。辟當從整理者讀爲"譬"，《説文》"譬，諭也"，理解爲比擬即打比方之意。但"譬少于大"，如讀爲取譬小事來説明大事，似有問題，因爲從文義看，周公所用以譬喻之事均夏商哲王之事，周公不當以之爲小事。故此譬亦可釋作"曉"，知曉之意，如《後漢書·鮑永傳論》"若乃言之者雖誠，而聞之未譬"，李賢注："譬，猶曉也。"其實"諭"也有"曉"意。如是，則"譬少于大"，即可以理解爲從大事來知曉小事，這當是周公自謙。以下也要舉例的夏商先哲王（或先哲王之事）爲大，自己（或自己所面臨之事）爲小。

"二有國"之"有"的用法，同於《尚書·君奭》"惟文王尚克修和我有夏"，《召誥》"相古先民有夏"，"比介于我有周御事"，均爲用於名詞前之詞頭，無義。"二國"是指夏、商，亦見《召誥》"我亦惟兹二國命"。"哲王"亦見《詩經·大雅·下武》"世有哲王"。

簡文"則不共于卹"，今本作"不綏于卹"，王引之曰："綏，安也；卹，憂也。……哲王之憂乃其所以得安也。"丁宗洛云："不綏于卹，言不以可憂者爲安也。"簡文之"不共于卹"，整理者讀"共"爲"恐"，如是，則此句話意即不被憂患所嚇倒，這樣讀無論音、義均可通。然此句話似也可以作其他解釋，《尚書·大誥》記周公曰："義爾邦君，越爾多士、尹氏、御事，綏予曰：'無毖于恤，不可不成乃寧考圖功。'"毖，舊注多訓爲勞，恤訓爲憂慮。將"無毖于卹"解釋作"無勞于憂"，即不要爲憂慮之事過分操勞。故本簡文言夏商之哲王"不共于卹"，其義可參考《大誥》之"無毖于恤"作解釋。"共"在此似可讀爲"恭"，[1]《尚書·堯典》："允恭克讓"，孔穎達疏引鄭玄云"不懈于位曰恭"，可知恭有恭勤之意。"不共（恭）于卹"，也可以理解爲不會爲那些憂患之事過分操勞。

簡文下邊即是作解釋，夏商先哲王所以可以不爲憂患之事操勞，是因爲"廼隹（惟）大門宗子、埶臣，楙（懋）易（揚）嘉惪（德），乞（迄）又（有）窫（寶），以釁丞（厥）辟，董（勤）卹王邦王豪（家）"。這段話與今本文字很接近，惟"埶臣"今本作"勢臣"，"勢臣"可以釋作有强勢之權臣。"埶"與"勢"相通。[2]惟孫詒讓讀勢作"埶"，引《國語·楚語》韋昭云"埶，近也"，認爲埶臣猶云近臣。簡文整理者以音讀，讀"埶"爲"邇"，義亦是"近"，與孫詒讓説解同。

簡文"懋揚嘉德"，懋，同茂，當從今本孔晁注訓作勉，勉力之意。揚，應訓爲弘揚之意。

---

① 本文在寫成後，從趙雅思、陳家寧：《清華簡〈皇門〉集釋》（復旦大學出土文獻與古文字研究中心網站論文，2011 年 8 月 24 日）得知孫飛燕已先有讀"共"爲"恭"之説。見其所著《清華〈皇門〉管窺》，《清華大學學報》2011 年第 2 期。
② "埶"與"勢"通，《説文》新附："勢，盛力，權也。从力埶聲。經典通用埶。"埶、勢上古音，韻皆在月部，惟聲母埶爲疑母，勢爲書母，分別爲牙音與正齒音。

嘉,當訓爲美、善。在此作爲"德"之形容詞。今本作"内不茂揚肅德","内",盧文弨改作"罔",對照簡文,這樣解讀顯然是對的。肅,孔晁注釋"敬",如此,則是以"肅"爲動詞。依照簡文,疑今本"肅"當讀爲"淑"。①《詩經·小雅·桑柔》:"其何能淑",鄭玄箋:"淑,善。"《爾雅·釋詁》:"淑,善也。"淑亦訓美。如是,則"肅德"即是善、美之意,與簡文"嘉德"義同。

簡文"迄有寶",今本作"訖亦有孚",寶,幫母幽部;孚,滂母幽部,聲近韻同,故通用。孔晁注曰:"孚,信也。"此説本於《説文》或《爾雅·釋詁》,《詩經·大雅·文王》有"儀刑文王,萬邦作孚","孚"在此亦是有誠信之意。

簡文"王邦王家",今本作"王國王家",其文本應是入西漢後,因避漢高祖之諱而改過。

> 廼方(旁)救(求)巽(選)罜(擇)元武聖夫,媵(羞)于王所,自釐(釐)臣至于又(有)貧(分)厶(私)子,句(苟)克又(有)欨(諒),亡(無)不嘼達,獻言才(在)王所。

"元武聖夫",今本作"元聖武夫",莊述祖曰"元聖可以爲公卿,武夫可以爲將帥者",陳逢衡引《墨子》所引《湯誓》文"聿求元聖",《詩經·周南·兔罝》"赳赳武夫",亦將"元聖武夫"當作兩種人,即"元聖可以資論道,武夫以備腹心"。簡文稱"元武聖夫",元者,大也,長也,"元武"在此相對於"聖夫",亦是他稱,指武藝高强者,稱"元武",自然比單稱"武夫"有更高的層次。聖夫,則指通達事理、品德高尚之人。相對而言,簡文作"元武聖夫"可能要比今本近於原本。

"羞于王所"之"羞"當訓"進",《國語·晉語》"有武德以羞爲正卿",韋昭注:"羞,進也。"在此當是"進奉"之意。"王所"亦見於《左傳》隱公七年"鄭公子忽在王所",即王所居之處、王宫。

簡文言"自釐(釐)臣至于又(有)貧(分)厶(私)子",今本作"其善臣以至于有分私子"。盧文弨認爲"其善臣"上疑本有"自"字,其説是,現爲簡文所證。"釐臣",整理者釋"釐"爲"治",認爲"釐臣"是"治國大臣",可從。今本作"善臣",參照簡文,"善"似當讀作"繕",亦是治理之義。"治臣"即"治事之臣"。此類臣應是相對於上文"執臣"而言,是王朝内非主持政事的一般臣工、官吏。"又(有)貧(分)厶(私)子",陳逢衡釋"分"爲"分土",謂"私子"是"有采邑之庶孽"。但單言"分"似難聯繫及"分土"。"分"在此似當讀爲《禮記·禮運》"男有分",鄭玄注"分,猶職也"之"分"。"私子",似即《詩經·小雅·大東》"私人之子,百僚是試"之"私人之子"。毛傳曰:"私人,私家人也,是試用於百官也。""私人"亦見《大雅·崧高》"王命傅御,遷其私人",毛傳曰"私人,家臣也",這裏是指受封之申伯的家臣。在本文中,應該是指不屬於王朝直轄的諸王朝卿士之家臣。故"私人之子",亦即"私子",即是指貴族家臣之子弟們。"有分私子",是在貴族家族内有職務的、爲家主服役的家臣子弟。

---

① 淑,禪母覺部,肅,心母覺部,聲近韻同。

"句(苟)克又(有)欹",今本作"苟克有常"。① 孔晁云:"常謂常德,言皆信通於義,以益王也。"莊述祖云:"有常,有恒者……即至有在卑賤之中,苟能有恒,無不進達也。"簡文"有欹",整理者讀爲"有諒",即"有信"。但"有常","有恒","有信"似非從卑職選拔人好操作的明顯的個人條件。故今本"常"疑當讀作"黨",黨、常均從尚得聲。《廣雅·釋詁三》"黨,智也",《方言》一:"黨,知也。""有常"即"有黨",有智慧。簡文"有欹",仍可讀作"有諒",但諒取《方言》十二:"諒,知也",《廣雅·釋詁三》"智也"之意,"有諒",即"有智"。

"亡(無)不嚳達",嚳,整理者讀"懬",釋爲"敬也",認爲嚳、懬皆從向得聲。復旦大學讀書會認爲是從賏聲,讀此字爲"榮","嚳達"即"榮達",富貴榮顯之意。② 此句話,今本作"罔不允通"。孔晁解釋云"言皆信通於義",是釋"允"爲"信"。此説當本自《爾雅·釋詁》,《説文》同。疑"允"在此當讀作逡,《方言》十二:"逡,循也。"《説文》"循,行順也",如是,則今本"罔不允通"即"無不順通"。依此再來看簡文"亡(無)不嚳通",嚳在此似可讀作徑。從賏得聲字在影母耕部,從至得聲字亦均耕部韻,聲母分布在曉母(如䋄)、匣母(如脛、踁)、影母(如莖),也有分布於見母、溪母、群母、疑母的,所以從至得聲字的聲母應均與從賏得聲字同或相近,可相通。"徑"有"直接"之意,與"順"意近。簡文"無不嚳達",應可讀作"無不徑通",亦即無不順通。

> 是人斯奡(助)王共(恭)明祀,敷明刑。王用又(有)監,多𢡆(憲)正(政)命,用克和又(有)成,王用能承天之魯命。百眚(姓)萬民用亡(無)不𦜕(擾)比才(在)王廷(庭)。先王用又(有)蔉(勸),以瀕(頻)右(佑)于上。

簡文首句,今本作"人斯是助王恭明祀",莊述祖云:"是,則也。"故簡文將"是"前置,是用以承上文,與今本置於"人斯"後意義同。"斯"在此是語助詞,此處之"人",孔晁注爲"善人君子",不甚具體。陳逢衡注云"人,即指元聖武夫",從上文文義看,亦應包括從"善臣"(簡文作"螯臣")至"私子",所以可以認爲即是指大小王臣。

簡文"王用又(有)監",今本同。"用"在此應是介詞,表原因,是承上文所言,因爲諸王臣能助王恭敬地從事明祀,廣泛布施明刑,故王得以君臨四土。

簡文"多憲正(政)命",今本作"明憲朕命",如是,"朕命"即成爲周公自稱其命,與上面所言"王用有監"顯然不合,故簡文作"政命"所言要優於今本。"多憲政命"之主語,仍應是上一句"王用有監"之王,應承上一句順讀。如此,則"憲"在此似非"效法"之意,而應是公布、布告之意。其意如《周禮·地官·鄉大夫》:"正歲,令群吏考灋于司徒以退,各憲之於其所治之國。"賈公彥疏:"憲者,表縣之也。"故"多憲政命",即是言王即能在君臨四土的狀

① 京爲見母陽部字,欹、諒、琼等從京得聲字,又在來母陽部、群母陽部。可知從京得聲字,聲母分布較廣。"常"禪母陽部,與從京得聲字同韻,音相近。
② 復旦大學出土文獻與古文字研究中心研究生讀書會:《清華簡〈皇門〉研讀札記》,復旦大學出土文獻與古文字研究中心網站論文,2011年1月5日發布。下文凡引"復旦大學讀書會"文,均此文,不再加注。

態下，"多多地發布其政令"。

"用克和有成，王用能承天之魯命"，今本作"用克和有成，用能承天嘏命"。兩個"用"皆作"因此"解。克，能也。朱右曾云："克和，民和也。有成，政立也。承，奉。"

"百姓萬民用亡不顺比在王廷"，"顺"當從簡文整理者讀爲"擾"，訓爲"順"，"順比"，即《詩經·大雅·皇矣》之"克順克比"，朱熹《詩集傳》曰："順，慈和遍服也。比，上下相親也。"

"先王用又(有)董(勤)，以瀕(頻)右(佑)于上"，"勤"在此，其義當如《廣雅·釋詁二》所云"助也"。"瀕"當讀作"頻"，"頻佑"亦即經常的、不斷的保佑。如讀作"賓"，音可通，但字義不甚妥。

> 是人斯既鬙(助)㞢(厥)辟董(勤)勞王邦王豪(家)。先神示遑(復)式(式)用休，卑(俾)備(服)才(在)㞢(厥)豪(家)。王邦用盗(寧)，少(小)民用叚，能豪(稼)嗇(穡)，戕(並)祀天神，戎兵以能興，軍用多實。王用能盍(奄)又(有)四叟(鄰)，遠土不(丕)承，孫=(子孫)用穰被先王之耿光。

"是人斯既助厥辟勤勞王邦王家"，此處的"是人"，應仍是承上文"是人斯助王……"的那些人，即指衆大小王臣。

"先神示遑(復)式(式)用休"，"先神示"之稱，今本作"先人神祇報職用休"，典籍多以"祇"爲地神，今本作"祇"或當是"示"之訛，或是將先人、神、祇相區別，分稱祖先神、天、地三種神靈，如孔晁注所云。簡文只作"先神示"似僅指祖先神。整理者引《左傳》定公四年杜預注曰"復"之義爲"報也"。式(式)，整理者認爲是發聲之語助詞，均可從。《逸周書·祭公》："維天貞文王之重用威，亦尚寬壯厥心，康受乂之，式用休。""重用威"之"重"，盧文弨校本作"董"，與清華簡《祭公》同。清華簡《祭公》這段話則作"隹(惟)天奠我文王之志，達(董)之甬(用)威，亦尚亙(宣)臧(臧)㞢(厥)心，康受亦弋(式)甬(用)休"。此中"康受亦式用休"亦是承上文，乃天所爲，"受"在此當讀作"授"，是講天亦康授文王以休美。"式"夾在句中作爲語助詞而無實義。簡文之"式"，今本作"職"，"式""職"二字均書母職部字，相通。這樣來看，本簡文"先神示復式用休"，即是先人神示報上述那些諸勤勞於王邦王家之王臣們以休美。"卑(俾)備(服)才(在)㞢(厥)豪(家)"，此亦是講先人神示俾上述諸王臣服在王家(因上文有言勤勞於"王家")。

"王邦用盗(寧)"與"少(小)民用叚"對言，"用"皆是"因而"之意。"叚"在此似當讀作"嘏"，《詩經·魯頌·閟宮》："天錫公純嘏"，鄭玄箋："純，大也。受福曰嘏。"簡文"能稼穡"上，依文義與文句氣勢，疑缺一字。今本作"□能稼穡"，即缺一字，朱駿聲補"爰"。

"戎兵以能興，軍用多實"，是叙述式的，而此句話今本作"戎兵克慎，軍用克多"，不僅因對仗句法顯示了對文句的修飾,而且在"戎兵"後用"克愼"亦與簡文語義有所不同。"愼"在此或即用其本義,謹愼之義,則"戎兵克愼",是説軍事行動即能謹愼。陳逢衡云"克愼克多,有備無患也",品其義,亦是將愼理解爲愼用兵而有備。簡文"戎兵以能興","興"當如整理者言是興兵,亦即强兵。此與今本文義之差別,顯示了流傳中所謂版本的差別。

"四鄰"應即是指四方鄰近之地。

> 至于乓(厥)逡(後)嗣立王,廼弗肯用先王之明刑,乃隹(惟)訝＝(汲汲)疋(胥)區(驅)疋(胥)教于非彝。以豪(家)相乓(厥)室,弗卹王邦王豪(家),隹(惟)俞(踰)惠(德)用。

上文追述夏商先哲王政治清明,臣屬亦勤勞於王家,故國家興盛,自此段始,講夏商末世之王(如陳逢衡所云"夏商季世")背離先哲王之道所導致的後果。

"廼弗肯用先王之明刑,乃隹(惟)訝＝(汲汲)疋(胥)區(驅)疋(胥)教于非彝","廼"亦"乃"也,此"廼""乃"在上下兩句中連用,似應屬於對言則異。前一"廼"字讀"則",後一"乃"字應讀作"而"。"訝訝",從復旦大學讀書會説讀"汲汲"。《爾雅·釋詁》:"胥,皆也。"這兩句話大意應是講夏商末世後繼爲王者,則不肯采用先王之明刑(以治理國家),而是皆急切地競相學於非法(之術)。

"以豪(家)相乓(厥)室,弗卹王邦王豪(家)",今本除"邦"作"國"外,與簡文同。俞樾引今本《逸周書·祭公》"汝無以家相亂王室,而莫卹其外",疑今本此處"厥室上亦當有亂字而今本脱之,弗卹二字屬上句讀。以家相亂厥室弗卹,猶云以家相亂王室而莫卹其外也"。但清華簡《祭公》此句作"女(汝)母(毋)各豪(家)相而(乃)室,肰(然)莫血(卹)丌(其)外"。與今本《祭公》不同。"各"在此疑當讀"略",經略也,治也。相,在此似當讀作"攘",①"攘"有"亂"義。結合今本文義,《祭公》簡文這段話似可以理解爲,你不要以家擾亂王室,而不關心其外之事。本簡文中"以家相厥室,弗卹王邦王家",意即"以其家擾亂王室,而不關心王邦與王家",則此"家"應是指王本人所在近親家族,而"室"指王室,"王邦"即王國,"王家"則是廣義的王族。

"隹(惟)俞惠(德)用",今本作"維德是用",孫詒讓認爲"德"上當有一字,而今本脱之。現簡文"德"上有"俞"字,可證孫詒讓説。"俞",疑在此當讀作"踰",《説文》:"踰,越也。"《論語·爲政》:"七十而從心所欲不踰矩。""用"在此用作"爲"。"惟踰德用",即言後嗣之王所爲不遵守德之規範。

> 以龤(問)求于王臣,弗畏不羕(祥),不肯惠聖(聽)亡(無)辠(罪)之謌(辭),乃隹(惟)不訓(順)是綧(治)。

---

① 按:"相"爲心母陽部字,"攘"爲日母陽部字,韻部同,聲母皆齒音。以下一段文字,對原文有所訂正。

從"以……"句式與"求于王臣"之文義看,這一段話還是承上文,仍是以上文夏、商末季不能用先王之明刑的後嗣之王爲主語,講述其行爲。"以䎽求于王臣",今本作"以昏求臣",王念孫據今本,以爲"求"誤入昏、臣二字之間,由簡文知今本此處不誤。"䎽"即"聞"字,整理者讀爲"問",可從。聞、問皆从門得聲。《説文》:"問,訊也。""求",《吕氏春秋·貴公》"上志而下求",高誘注:"求猶問也。"

"弗畏不恙(祥)"(今本作"作威不祥",顯然是傳抄之訛),即不畏懼不祥之音訊。

"不肯惠聖(聽)無罪之辭",今本作"不屑惠聽無辜之亂辭","亂"顯然是衍字,是辭字之誤。"不屑",盧文弨謂是"不肯"之訛,亦被簡文所證(此點簡文整理者已指出)。"惠"在此是慈善之意,這句話是説不肯很善意地聽取無罪之言論,即不能做到所謂"言者無罪,聞者足戒"。

"乃惟不訓是絧(治)","乃惟"亦見《尚書·康誥》"人有小罪,非眚,乃惟終",《多方》"非我有周秉德不康寧,乃惟爾自速辜",惟,即"是",見王引之《經傳釋詞》。"是治"之"是"在此猶"之"也,"是"可讀作"之",亦見王引之《經傳釋詞》。"乃",則也。"訓",整理者讀"順",二字字義實常互訓。《孝經》"先王有至德要道以順天下","順"即"訓","不順之治",即不能以至德要道訓天下之治,亦即無道之治。

> 我王訪良言於是人,斯乃非休惪(德)以麿(應),乃隹(惟)乍(詐)區(愚)以含(答),卑(俾)王之亡(無)依亡(無)鬅(助)。卑(譬)女(如)戎(農)夫,喬(矯)用從矜(禽),亓(其)由(猶)克又(有)臘(獲)。

"我王訪良言於是人,斯乃非休德以應",今本作"王阜良,乃惟不順之言于是,人斯乃非維直以應","阜"在這裏其字義無法與"良"相聯繫,王念孫認爲"阜""良"二字間原應有"求"字,而"良"後應接"言",而"阜求良言"即"謂大求善言也"。從簡文看,王念孫所作推測有相當道理。如是,則與簡文"訪良言"有近似語意。簡文在"訪良言"後接"於是人",今本"于是"移至下句末,並將"人"與"于是"斷開而歸下句。"乃惟不順"簡文見於"我王訪良言於是人"句前。今本"直",對照簡文知是"惪"之殘文。從這些情況看,今本此三句話應不是與簡文不同的"版本"問題,而是已經錯亂,很可能是斷簡、殘簡錯綴所致,今有楚簡得以知其誤。由此亦可證今本《逸周書》諸篇確出自簡册。

"是人",即"此人",應是指王所訪良言之人,在此可以理解爲複數,即這些人。"斯乃非休德以應","斯"在此當讀作"其",見王引之《經傳釋詞》。此句話是説,王所訪之人,非以美善之德而回應。

"乃隹(惟)乍(詐)區(愚)以含(答)",整理者讀"乍"爲"詐",可從。詐,在此爲假裝之意。"區"與"愚"皆侯部韻,區爲溪母,愚爲疑母,聲亦極近,故可通。此句話是承上句,意爲"而是假裝很愚鈍的樣子來回答"。今本此句話爲"維作誣以對","作誣"是講用假話作答。與簡文之意略有所區別,但亦通。正由於王所訪求之人對王進行欺騙,故簡文繼言"俾王之無依無助",即使王至於無依無靠之狀態。①

"卑(譬)女(如)戎(農)夫,喬(矯)用從肸(禽),亓(其)由(猶)克又(有)朕(獲)",此句話今本作"譬若畋,犬驕用逐禽,其猶不克有獲"。"戎夫",復旦大學讀書會依音,讀作"農夫",可從。② "喬"在這裏似當讀作"矯",《大戴禮記·曾子立事》"非其事而居之,矯也",即是言非自己的事情而要參與之,意即不務正業。"用",行也,見《方言》六。"從禽"即畋獵,復旦大學讀書會有論。這句話是説:譬如農夫不務自己的農事而去田獵,那莊稼還能够有收穫嗎? 此句話如承上句來理解,似是指責王身邊之臣屬皆不以善德與真誠侍奉王,猶如農夫不務正業之舉。

> 是人斯廼詝(讒)惻□□,以不利屰(厥)辟屰(厥)邦。

"是人斯廼詝(讒)惻□□","是人",應即上文"我王訪良言於是人"之"是人",可譯爲"此人",在此亦可以理解爲複數,即"這些人"。今本此句話作"是人斯乃讒賊媢嫉",簡文"詝",從言今聲,與讒同屬侵部韻,從"今"得聲之字,聲母也有在從母的,如岑,③與讒聲韻並同,故簡文"詝"與讒可認爲是通假字。"讒"即誹謗、挑撥離間。今本"賊",簡文作"惻",賊、惻均屬職部韻,聲母,賊爲從母,惻爲清母,亦極近,故二字可通。惻(賊)在此應是傷壞、敗壞(他人名聲)之意。這句話中,今文比簡文多出的末兩個字"媢嫉",當如朱右曾注所云,即嫉妒之意。"媢嫉"之詞亦見《禮記·大學》引《尚書·秦誓》"人之有技,媢嫉以惡之"。此句簡文仍是承上文,是對上述欺詐王的那些臣屬的批評。

> 卑(譬)女(如)罟夫之又(有)忞妻,曰余蜀(獨)備(服)才(在)寢,以自雺(露)屰(厥)蒙(家)。忞夫又(有)執(邇)亡(無)遠,乃弇盉(蓋)善夫,善夫莫達才(在)王所。
>
> 乃隹(惟)又(有)奉侯夫,是楊(揚)是纁,是以爲上,是授司事帀(師)長。

簡文此段文字,與今本多數相合或相近。"罟夫"今本作"匹夫"。"罟"當從古聲,整理者讀爲"梏",從《爾雅》郭璞注,釋爲"正直"。疑"罟"在此當讀如"苦",《廣雅·釋詁四》:"苦,窮也。"《史記·匈奴傳》:"不備苦惡",集解:"苦,麤也。"《戰國策·秦策》"不苦一民"注"勞也"。是"罟夫",即勞作之夫,亦即庶人。如取此意,則與今本稱"匹夫"(亦指稱庶人、平民)義近。

"忞妻"之"忞",整理者讀"媢",簡文"忞妻"今本作"婚妻",王念孫認爲本當作"昏妻"。從"矛"得音字與從"昏"得音字,音讀相差較遠。則"忞"字應讀作在字義上與"昏"近似的字。復旦大學讀書會引僞古文《尚書·益稷》僞孔傳與孔穎達疏讀爲"瞀",釋爲"眩惑",或

---

① 之在此訓"至",《詩經·鄘風·柏舟》"之死矢靡它",鄭玄箋:"之,至也。"
② 戎、農均屬冬部韻,戎聲母爲日母,農爲泥母。
③ 見《古韻通曉》侵部韻、從母字。

從《荀子·非十二子》"世俗之溝,猶瞀儒",注"闇也",釋作"闇",均可信。今本"昏"也有"闇"義,《國語·晉語》:"僮昏不可使謀。"韋昭注:"昏,闇亂也。""闇"意謂糊塗,所以"柔"讀作"瞀",釋作"闇",與今本作"昏"亦相合。又,朱駿聲《説文通訓定聲》指出此字亦作"愁",引《廣雅·釋詁一》:"愁,愚也。"即是説"柔妻"亦可釋作"愚妻"。

總之,用"柔妻"來指稱此庶民之妻,言其"糊塗"或"愚蠢"是很合適的。此"柔妻"所曰"余獨備(服)在寢",即是講"在寢室中是我獨自服侍他"。"以自露厥家","露"字從王念孫説是"敗"即"敗壞"之意,這句話應該是承接上文,針對這些屬臣嫉妒善夫的行爲而言,是以打比方的方式云這些屬臣以自己之言行敗壞了王家,如王念孫所云:"賊媚嫉之人專權以敗國,亦若昏妻之專寵以敗家也。"

"柔夫"由上文"柔妻"之釋可知,亦應讀如"愁夫",即"愚夫"。"柔夫有執(邇)亡(無)遠",今本作"媚夫有邇無遠",孔晁注云:"媚夫見近利而無遠慮",故簡文亦是説愚夫只圖近利而未有遠慮。

簡文下文繼言"乃弇盍(蓋)善夫,善夫莫達才(在)王所",陳逢衡云"善夫即善臣",可從。今本作"乃食蓋善夫,俾莫通在士王所","士"應是衍文。王念孫《讀書雜誌》云:"食當爲弇",此説今爲簡文證實。"食"應該是"弇"之訛。今本孔晁注(承上引孔注文)云:"利爲掩蓋善夫使莫通。"是"弇"義與"掩"同,簡文此句話是云愚夫所圖之近利,即是遮蓋、阻攔善夫,使其不能通於王所,即不能事奉於王。

"乃隹(惟)又(有)奉俟夫",俟,整理者讀"疑",今本作"乃維有奉狂夫"。"俟"依音可讀爲"駭",《廣雅·釋詁三》:"駭,癡也。"字亦可假借爲"佁",《説文》:"佁,癡皃。從人台聲,讀若駭。"但將"佁"釋作"癡","癡夫",與上文所言"柔(愁)夫"(釋爲"愚夫")意近,二者從字義上難以區分。而"柔夫"即蒙蔽善夫不能達於王所者,"俟夫"既然換了稱呼,似應該已不是"柔夫"。故"俟"在此似可讀作"駘",①《説文》:"駘,馬銜脱也。"《莊子·天下》"駘蕩而不得",釋文"駘,放也",如是,則"俟(駘)夫"即放蕩之夫,與今本"狂夫"意近。"乃惟有奉俟夫"即是言"於是就尊奉那些狂放之人",其主語從語義看,應是指王,是講王被那些"柔夫"阻斷了任用"善夫"之途徑,只能任用"俟夫"了。

"是楊(揚)是纋"之纋,讀作"興",《廣雅·釋詁一》:"興,舉也。"《詩經·大雅·抑》:"興迷亂于政",鄭玄箋:"興,猶尊尚也。"今本"纋"作"繩","繩"或是"纋"的假借字,但二字聲母略有差異,②《左傳》莊公十四年"繩息媯以語楚子",韋昭注"繩,譽也",則繩與纋(興)也可能是義近字代用。"是揚是纋,是以爲上",即是説讚揚並尊尚那些"俟夫"以他們爲上等人。簡文下文繼言"是授司事、師長"(今本作"是授司事于正長","于"當讀作"與"),是

---

① "俟"與"駘"均屬之部韻。"俟"聲母在邪母。駘,台聲,從台聲之字,聲母多在透、定以及喻母,但也有在心母(如"枲")或邪母(如"枱")的。

② 繩、興均屬蒸部韻。繩,聲母在船母,興在曉母,分屬齒、喉音。

承上文言，王重用那些俟夫，遂授予他們司事、師長之類職務。

> 正（政）用迷禽（亂），獄用亡（無）成。少（小）民用曷（壽）亡（無）用祀，天用弗窹（保）。忍夫先受吝（殄）罰，邦亦不窰（窟）。於（嗚）唐（呼）戠（敬）才（哉）！監于兹。

此段話仍是承上文，講如果王已不能舉賢才而是重用“忍夫”，則其後果是什麼。“用”，介詞，表原因，“政用迷亂，獄用無成”是講政治因而迷亂，獄訟因而不能有結果（亦即司法不能正常施行）。今本作“命用迷亂，獄用無成”，孔晁曰：“命者，教也”，其意與簡文亦有所不同。“政”“命”之差別，如非是抄寫筆誤，即當是文本傳授過程中作意譯而對原本文字有所改動所致。

簡文“小民用曷（壽）亡（無）用祀，天用弗窹（保）”，今本作“小民率穚，保用無用，壽亡以嗣，天用弗保”，二者差別甚大。今本“穚”字，孔晁釋其意作“痛愁困”，丁宗洛以爲應是“憍”，莊述祖則以爲當作“瘴”，均是依孔注而言。孔注將“保用無用”釋作“安民之用，無所宣施”，亦是取大意言之。“壽亡以嗣”之“壽”用的即很突兀。簡文整理者引《逸周書·糴匡》“大荒，有禱無祭”，讀“壽”爲“禱”，可從。並由此可知今本“壽”亦應讀作“禱”。“嗣”應讀作“祀”（均邪母之部）。① 簡文這句話是説小民只進行禱告而未能奉獻祭品，因而天不能降下保佑。

“忍夫”即簡文上文一直在指責的“有邇無遠”而“弄蓋善夫”使之不能達於“王所”的“忍夫”，本文讀爲“愁夫”，即愚夫者，今本均作“媚夫”。簡文“吝罰”，今本作“殄罰”，吝、殄均屬文部韻，聲母，吝爲來母，殄爲定母，均舌音而極近，故相通。孔晁注云：“殄，絕其世也，及其人也”，故“愁夫先受殄罰，邦亦不寧”，是説：愚夫（即那些愚蠢的臣屬）即使先受到絕滅性的懲罰，國家也已得不到安寧了。

“嗚呼！敬哉！監于兹”與今本同。陳逢衡讀“敬”爲“儆”，可從。儆，警戒，戒備。“儆哉”即今語“要警戒呀”。“監于兹”，則相當於今日所云“當以此爲鑒”。莊述祖云“監，鏡也，言當以善者爲法，惡者爲戒”，是解釋其内在含義。

> 朕遺父兄眔朕聿（盡）臣。夫明尔（爾）悳（德），以藚（助）余一人惌（憂）。母（毋）隹（惟）尔（爾）身之醫（經），皆卹尔（爾）邦，叚（假）余憲（憲）。

“朕遺父兄眔朕聿（盡）臣”，“朕”周公自稱。“遺”當讀如《詩經·小雅·角弓》“莫肯下遺，式居婁驕”鄭玄箋“遺，讀曰隨”之“遺”，即聽從、隨從之意。“聿臣”，今本作“盡臣”，聿、盡均精母真部字，“盡臣”，整理者引《詩集傳》朱熹説釋作“忠臣”，可從。這句話是説，“我

---

① 《糴匡》是講，因爲大荒導致無收成，故只能祈禱而未有能力奉獻祭品。這樣看來，今本“小民率穚，保用無用”（“保用無用”如參考簡文後一個“用”字也許當隨下文讀。但這樣一來“保用無”即難通）言及“穚”還是與“禱無以祀”有關的，似是講小民雖然治穚事可以保有收成，但因上文所言政治混亂（以致小民被盤剝）故而“無用”，即無有財用（《論語·顏淵》：“年饑，用不足，如之何？”“用”即指財用），以致“禱無以祀，天用弗保”。簡文未言及“小民用禱無用祀”之原因，也可能是脱落了今本講穚事的一小段文字。

聽從父兄與我的忠臣們"。

"夫明爾德,以助余一人憂",今本同,僅"余"作"予"。夫,發語之語首助詞。此句話大意是言,要求蓋臣們"彰顯你們的德行,以幫助我承擔憂患"。

"母(毋)隹(惟)尔(爾)身之醫(經)","醫"在此疑當讀作"經"。上文將簡文"亡不醫達"之"醫"讀作"徑"時已論及,從"巠"得聲字與從"賏"得聲字聲同或聲近,故"醫"自然可讀作"經",在此當作"治理"解,如《周禮·天官·大宰》:"以經邦國,以治官府。""身"在這裏是"自身"之意,楚辭《九章·惜誦》"吾誼先君而後身兮",故"毋惟爾身之經",大意即不要只治理你自身之事。今本作"維乃身之暴","暴"與文義不可通,應是傳抄訛誤。

"皆卹爾邦,叚余憲",《説文》:"卹,憂也。""叚,至也。從彳,段聲。"至,也可引申爲致送、給予之義,如《墨子·明鬼下》"天乃使湯至明罰焉"。憲,典籍多訓法,如《詩經·大雅·崧高》"文武是憲",亦即效法之榜樣。這句話是承上文,是在要求蓋臣們不要只治私事後,繼言"(你們)都要憂慮你們的國家,給予我榜樣"。簡文"叚余憲",今本作"假予德憲",所多出之"德"不排斥是原本即有而簡文脱。

> 既告女(汝)忝(元)㥁(德)之行。卑(譬)女(如)舭(拄)舟,輔余于險,醫(挺)余于淒(濟)。母(毋)复(作)俎(祖)考頯(羞)才(哉)!

"既告女(汝)忝(元)㥁(德)之行",今本作"資告予元","告汝"訛成"告予",且已是殘文。"既",已也。這句話大意是"我已經告訴了你們施行大德之道"。

"舭(拄)舟"之"舭",音"主",似當讀作"拄",《説文》無此字。《戰國策·齊策六》:"大冠若箕,修劍拄頤","拄"有支撐之意,似可引申爲"撐",例如此處"舭(拄)舟",應即以篙(撐船之杆)撐船。

"輔余于險,醫(挺)余于淒(濟)","輔"即輔助。"醫"上文已論及從"賏"得聲字與從"巠"得聲字音近,也與從"熒"得聲字近同。而有的從呈得聲字,如"郢""涅""桯"亦均與從"熒"得聲字音近,在喻母(或影母)耕部。從"呈"得聲,實即從"壬"得聲,在透母(或定母)耕部。故"醫"在此可讀爲"挺"。"挺"可訓作"引",參見朱駿聲《説文通訓定聲》。"淒"當從整理者讀如"濟",《爾雅·釋言》:"濟,渡也。"所以"譬如拄舟,輔余于險,挺余于濟",這句話大意是說譬如撐船,(你們)要在遇到險情時輔助我,在擺渡時引導我。

"母(毋)复(作)俎(祖)考頯(羞)才(哉)","頯"簡文整理者讀"羞",可從。[1] 在此是羞辱之意。"毋作……羞"之句式亦見於《左傳》襄公十八年所記中行偃禱詞中之"無作神羞",杜預注:"羞,恥也。""作"在此種句子中的意思,當同於《儀禮·鄉飲酒禮》"作相爲司正",鄭玄注:"作,使也。"上引《左傳》文"無作神羞",即不要使神蒙受羞恥。則簡文"毋作

---

① 頯,日母幽部;羞,心母幽部。但羞既從丑得聲,而從丑得聲字如"泅""粈",聲母亦在日母,聲、韻並同於頯。

祖考羞哉",即"不要使(你們的)祖考蒙受羞恥啊"。

爲了便於從總體上把握簡文的內涵,特別是理解這篇簡文的史學價值,現在上文作逐句討論釋讀的基礎上,對簡文試作譯文如下:

正月庚午之日,周公來到耆門。公這樣說道:嗚呼!我們這寡邑小邦,沒有强有力的老臣涖國事,作爲我執政之屛藩。唉,我這後生小子不是敢不采用明示的刑法來治理政事,而是我要廣泛地徵求能開導於我的嘉德之說。現在我以大事來曉喻小事。我聽說在當初夏、商之哲王時,他們不會爲那些憂患之事所操勞,這是由於那些世家大族之宗子與有强勢之權臣皆能勉力弘揚其美德,始終恪守誠信,以此精神輔助其國君,爲王邦王家之事操心。夏商之哲王乃能廣泛地選擇武藝高强的人與通曉事理、品德高尚之人,使他們進奉於王所,而自治事之臣一直到有職務於私家的家臣子弟,如能有智慧,也無不使之能順通地在王所向王建言獻策。諸王臣輔助王恭敬地進行明祀,廣泛地布施明刑,王因而得以君臨四土,並多多地發布其政令,因而能够使天下和諧且政治有所成就。王亦因而能够承奉天所賜予之嘉命,百姓、萬民亦能無不順服,無不相親地相處於王廷之下。夏商之先哲王有了這樣的幫助,繞得以受到上天經常不斷的保護。這些王臣既輔助其國君而勤勞於王邦王家,先人神示即會報以休美於他們,使他們全身心地服事在王家。這樣,王邦即會安寧,小民即會受福,能够安心地稼穡,軍隊即能强盛,軍需即能充備。王因而能擁有四方鄰近之地,並廣闊地承受遠土,子子孫孫亦因而能永久地澤被先王之榮光。至於那些後嗣繼立爲王者,則不肯沿用先哲王之明刑來治理國家,而是皆急切地,競相學於那些非法之術,以其家遮蔽王室,而不關心整個王邦、王家,所做所爲踰越德之規範。這些後王問訊於王臣時,不畏懼不祥之音訊,不肯善意地聽取無罪之言論,此乃是無道之治。

現在我王訪求良言於一些人,但這些人不以美善之德回應王,而是假裝作很愚鈍的樣子來作答,使王陷入無依無靠之困境中。這些人好比農夫,不務自己的本業而去打獵,那莊稼還能够有收穫嗎?這些人乃專營造謠、中傷與嫉妒,這是不利於其國君與國家的。此就好比匹夫有個愚蠢的妻子,說"在寢室中我獨自服侍他",是自己敗壞其家。愚夫只圖近利而未有遠慮,乃掩蓋善夫,使其不能通達於王所。由於被這些人蒙蔽,於是王就尊奉那些狂放之人,贊揚他們,以他們爲上等人,授予他們司事、師長之類職務。政治遂因此而迷亂,獄訟亦因此而不能有結果。小民只能進行禱告而未能奉獻祭品,因而天不能降下保佑。這些愚夫即使先受到滅絕的懲罰,國家也不能得到安寧了。嗚呼!要警戒呀!當以此爲鑒。

我將聽從我的父兄和我的忠臣們。你們要彰顯德行,來幫助我承擔憂患,不要只顧經營你們自身的事,而是都要爲你們的國家分憂解難,在這方面給我作出榜樣。我已經告訴了你們施行大德之道。比如撑船,你們要在遇到險情時扶助我,在擺渡中引導我,不要使你們的祖考蒙受恥辱啊!

二、對簡文内涵的探討

（一）關於《皇門》簡文與今本的關係及其源流

通過將清華簡《皇門》與今本《逸周書·皇門》對讀，對於此篇文章與今本《逸周書·皇門》的關係，及其二者的源流有如下粗淺的認識：

1. 清華簡《皇門》與今本《皇門》有可能源於同一先秦文本，此先秦文本可暫稱"原本"。這首先體現於兩個本子的文句多有相同或大致相同者，其語序亦基本相合。此在文章開頭的一段話即可看出，可以爲例：

今本	簡文
維正月庚午	惟正〔月〕庚午
周公格左閶門，會群門	公器（格）才（在）者門
曰：嗚呼	公若曰：於（嗚）虐（呼）
下邑小國克有耇老據屏位	朕暴（寡）邑少（小）邦穢（蔑）又（有）
	者耇虔事，嘮（屏）
	朕立（位）
建沈人	縣（肆）朕沓（沖）人
非不用明刑	非敢不用明刑
維其開告于予嘉德之説	隹（惟）莫覔（開）余嘉惪（德）之兑（説）

這種文句之基本内容、重要字詞以及句子順序所具有的共同性，清楚地表明了兩者應可上溯至同一文本。

2. 簡文本子流傳於世，約止於戰國中晚期之際，即出土清華簡墓葬之年代，而今本因一直流傳於世，被輾轉傳抄，文字已多帶有後世印記，相比較起來，清華簡文本當保留了較多的此篇之原本形式。如在用字上，簡文"惟"用"隹"，今本用"維"；簡文"於虐"今本已作"嗚呼"；簡文"䏦"字，今本已作"聞"；簡文用作"位"的"立"字，今本已作"位"；常見之"以"字，簡文仍作"目"，今本皆寫作"以"；"無"字簡文用"亡"，今本皆已用"無"；簡文"余一人"，今本已作"予一人"。凡此等等，皆是今本文字較晚，被後人用後代通用文字改寫過的例子。簡文多見"邦"字，而今本凡"邦"均改"國"字，顯然是經西漢時人改過。不僅是文字上，在語句上簡文亦體現出較早的語氣習慣，例如簡文多保留句首語氣詞，如"縣（肆）朕沓（沖）人非敢不用明刑"，"肆"在西周金文中亦多用於句首。

在用詞上，簡文亦相對要更合於原本。如簡文稱"公若曰"，今本只有"曰"。"×若曰"形式乃西周文字中所習見。如簡文"穢（蔑）又（有）者耇虔事，嘮（屏）朕立（位）"，今本作"耇老"，如上文所析，簡文之稱似更合於周公誥命之語義；又簡文"廸旁求選擇元武聖夫"，今本作"乃方求論擇元聖武夫",相比起來"元武聖夫"亦要比"元聖武夫"更準確,可能更近於《皇門》原本之形式,這在上文也有論及。

3. 不僅如此,簡文錯字與文句訛誤較少,在此方面多符合原本面貌。而今本在這幾方面相對問題較多,如:

簡文"昔才(在)二又(有)或(國)之折(哲)王,則不共(恐)于卹",今本作"不綏于卹",綏是安之義,顯然不甚合於此處文義。簡文"共"可讀"恭",與文義可合。

簡文"自釐臣至于又(有)貧(分)厶(私)子",今本作"其善臣以至于有分私子"。"自"字顯然是在傳抄中遺漏。

簡文"王用又(有)監,多憲(憲)正(政)命",後一句話今本作"明憲朕命","朕命"成了周公自言其命,與上面"王用有監"似不能相合,"朕"應是"政"之誤。

簡文"先王用又(有)蘿(勸),以瀕(頻)右(佑)于上",今本作"先用有勸,永有□于上下",佚"王"字。

簡文"少(小)民用段(嘏)",今本作"小人用格","格"在此字義似不合,有可能是因"段"可讀爲"假",此以義近的字改寫所致。

簡文"弗卹王邦王豪(家),隹(惟)俞(踰)喜(德)用",今本作"弗卹王國王家,維德是用","維德是用",顯然是傳抄有誤。

簡文"弗畏不恙(祥)",今本作"作威不祥",與上下文不合,是"弗畏"訛爲"作威"(是因將"畏"理解爲"威")。

簡文"我王訪良言於是",今本作"王臬良,乃惟不順之言于是","王訪良"訛作"王臬良",又將上一句之"乃惟不順"移至句中,亦應是有訛。

簡文"卑(譬)女(如)舡(拄)舟",今本作"譬若衆畎",相比較之下,還應是簡文合於原本。

凡以上諸例,均表明今本相對於簡文此原本有更多的傳抄變化。

4. 今本雖比簡本要晚些,但是否今本即是從簡文這個本子脫變而來呢? 從兩個本子比較看,似還不能得出這個結論。這主要是因爲,兩個本子有一些不同的内容,而且未必有是非之別,而只是説法不同,此或是因爲在傳授中由於講授人理解不同、解説不同所致。例如:

簡文"公格在者門",今本作"周公格左閎門,會群門"。

今本"其善臣以至于有分私子,苟克有常,罔不允通"。簡文作"自釐臣至于又(有)貧(分)厶(私)子,句(苟)克又(有)欰(諒),亡(無)不噐達",今本"善臣""有常""罔不允通"均可與簡文"釐臣""有欰(諒)""亡(無)不噐達"意相協。

簡文"先神示(祇)復式(式)用休","復"今本作"報",亦未有錯,應是同一語義的不同詞語表述。

簡文講"戎兵以能興,軍用多寶",今本則作"戎兵克慎,軍用克多"。兩相對照,顯然二者有文義之差別。①

簡文"乃隹(惟)乍(詐)區(愚)以畣(答)",今本作"維作誣以對",用詞不同,但亦可講通。

又如簡文"卑(譬)女(如)戎(農)夫,喬(矯)用從肣(禽)",今本作"譬若畋,犬驕用逐禽",或以爲"夫"訛爲"犬",但如是"驕犬"逐禽與此文亦不違背,也未必是誤改。

以上例子顯然是在文本傳授中造成的"版本"差異所致。

5. 文句優劣亦似並非皆是簡文優於今本,也有今文保留原本文字較多之情形。例如簡文"少(小)民用曷(壽)亡(無)用祀,天用弗蛊(保)",而今本作"小民率穡,保用無用,壽(禱)亡以嗣,天用弗保",相比之下,今本對小民所以只會祈禱而無以祀交代得較清楚,是因爲"小民率穡,保用無用",所以不排斥簡文字句有脫落。又如簡文"叚餘憲",今本作"假予德憲",有"德"字較好,亦可能是簡文此字抄漏。

綜上所言,筆者以爲,清華簡《皇門》與今本《逸周書·皇門》有可能皆本於同一個原本,即西周時期成文的誥命(史官所作周公之誥命的記錄)。此原本在以傳抄形式流傳過程中形成的不同本子,由於抄寫的訛脫程度不同,在保留原本的程度上有了差異。此外,除傳抄外,也有以講授、記錄形式流傳者,則傳授者會依自己的理解與其當時的語言習慣對原本中的文句或詞語作若干改動,以及很有可能發生的,傳授者依據後世思想學説對原本部分語句内容的改寫。現今所見到的清華楚簡與今本《皇門》這兩個本子,也應均經歷了這一過程,只是相對而言,楚簡本相對今本來説變動較少,而保留原本的面貌要多一些。其原因,也與上文已提到過的此楚簡本流行與存在的年代約不晚於戰國中晚期之際有關。這即是説,此簡本未有再經歷過戰國晚期至漢代官方與私家學者的整理、傳授、傳抄的過程,我們見到的仍是一個戰國中晚期之際的本子,而今本《皇門》則是一個因爲有上述那一時段的那些被改動的經歷而已與原本面貌差異較大的本子。

西周時期王朝史官所記王與像周公之類權臣之言行的檔案文書,其中側重於記錄言論的誥誓號令之類,即後世所謂"周書"之主體。這些周書得以流傳的原因之一,是多被用作貴族子弟學習的教材,也曾被士與瞽史諷誦,②也正由於"周書"之類"書"有如此之用途,因此其文本面貌自西周以後即發生有上述的種種改動,而產生"版本"之差異。③

這些周書也曾傳布於王畿以外各地區。其中流傳到魯國者,據《史記·孔子世家》記

---

① 今本之"戎兵克慎",是否受到孟子反爭地、殺人、爭城以戰等思想(《離婁》上)與墨子"非攻"學説的影響,待再考。

② 《吕氏春秋·審應覽·重言》:記成王戲封叔虞,周公對曰:"臣聞之,天子無戲言。天子言,則史書之,工誦之,士稱之。"

③ 參見張懷通:《〈逸周書〉新研》,博士學位論文,南開大學,2007 年。

載,孔子曾編輯"周書",但有所取捨,可能有一些雖記載有周王言論,但缺少對具體歷史背景記述的篇章曾被孔子刪除。①《漢書·藝文志》所記"六藝略"中之"書類"有已被編成書的《周書》七十一篇,是孔子刪書之餘,學者多以爲此即所謂《逸周書》。據《漢書·藝文志》顏師古注,此七十一篇至唐代時僅餘四十五篇。今本《逸周書》中有一部分應即是上述周王朝史官所記之周書,其中包括《皇門》篇。惟如上所述,此篇文章已是經後世歷年改動過的本子。清華楚簡中的《皇門》篇,固然有可能是戰國早中期時楚國學者受業於中原、齊魯列國某一學派後帶回楚地的一個本子,但其來源也還有另一種可能,即《左傳》昭公二十六年所記"王子朝及召氏之族、毛伯得、尹氏固、南宮囂奉周之典籍以奔楚"。那麼他們帶至楚國的"周之典籍"自然很有可能即包括被稱作《皇門》的這篇誥辭與其他"周書"。如是,則由此途徑傳入楚地之《皇門》及其他"周書"篇章,其初始自然是所謂"原本"狀態,由於一直在楚地流傳,其保存原本之程度與所改動的程度則僅受到楚地文化小氣候的影響,有可能反映出楚地的某些語言與字詞特點,但未有受到今本《逸周書》中《皇門》篇那樣的改動。清華楚簡中其他屬於"周書"的文章很可能亦有類似於上述楚竹書《皇門》的來源與命運。

（二）簡文《皇門》的史學價值

上文曾論及《皇門》現所見的兩個本子,即清華簡本與今本,可能本於同一個原本,而簡本更接近於原本面貌,今本文字則已有相當大的改動。而且這個所謂原本應即是成文於西周早期屬於當時王朝史官所記錄的誥辭,關於此點,清代諸位爲《逸周書》作注釋的學者即已多持此說。現簡本雖非原本,但根據上文的分析,仍保存較多西周文字面貌。周公發布誥辭時雖非具有王的身份,但作爲攝政王公,其實際權勢則相當於王。故此篇誥辭,應與《尚書》以周公口吻(只有"周公曰"沒有"王若曰")發布的另幾篇誥命,即《大誥》《康誥》《酒誥》《梓材》《召誥》《洛誥》《無逸》《召奭》《立政》一樣,也是在西周王朝建立之初,周公爲穩定政局所發布的重要講話,理應受到史家重視。但《皇門》這樣的誥辭,未被孔子編入《尚書》中,成爲所謂《尚書》百篇之餘,其原因或當如學者所揣測,是此篇文章未叙述具體的歷史背景,亦未涉及某一具體歷史事件,可能不合孔子編輯《尚書》之原則。②

通觀簡文《皇門》,周公此篇誥辭之重點在於要規範王臣之所爲,其背景應是文中所言"我王訪良言"(按：既言"我王"即是指周王)於一些臣屬,但那些臣屬對王不"誠實",並營誹謗、妒賢之事,使王不能任用良人,從而嚴重影響王朝政治與國家之安寧。③ 從文意看,周公所言此種情況是已經發生的事,而王亦曾被蒙蔽。這樣一個歷史背景,似只能是發生

---

① 《史記·太史公自序》記孔子修《春秋》之原則是"我欲載之空言,不如見之於行事之深切著明也"。可見孔子刪定編輯"周書"也會采用如此之原則。亦參見上引張懷通文章。
② 參見張懷通:《〈逸周書〉新研》。
③ 可以判定自"我王訪良言於是人"之後均是講周王的證明,除了"我王"之稱外,從文義也可獲知,上文講夏商哲王之後嗣時,指責他們不肯沿用先哲王之明刑,學非法之術,完全是批判的語氣,但"我王"仍要"訪良言",與那些夏商先哲王不肖的後繼者有明顯的區別。

在武王故去而成王剛被立爲王時。成王是在武王逝後即已立爲王的,這在傳世文獻與周初金文中都有明證,且爲大家所熟知。成王繼位爲王時,雖年少,但未必還是幼年,應已有一定政治能力,但只是政治上尚不成熟,故周公要輔佐之,而周公雖攝政,並未稱王。① 那麽上述周公所指出的那種王被一些行妨害良臣之道的屬臣欺騙、遮蔽的史實,應該發生在何時呢? 從簡文周公誥辭中周公自言"朕遺父兄眔朕律(蓋)臣"並要求聽其訓誥的屬臣們"以助余一人憂","父兄"自然是指文王、武王,"余一人"是商以來王自稱之稱呼,這些都指明其時應是在成王尚未親政,周公仍代行王命之七年中。今本《竹書紀年》曰成王元年正月"庚午,周公誥諸侯于皇門",是將《皇門》定在成王元年,亦即周公攝政之元年。但此時成王剛剛繼位,尚不能如《皇門》中周公誥辭所言會"訪良言",會重用那些狂放之人。所以,《皇門》發布於成王初繼位時似不太可能。因此文中周公所言誹謗之風氣也未必是指管、蔡等散布流言事。此當是周公東征歸來後到七年致政成王前的幾年,即《尚書大傳》所言周公攝政之"四年建侯衛,五年營成周,六年制禮作樂,七年制政成王"這四年其間的事。此其間,周公已常居宗周攝政,並監督成周之營建。其重點已由平叛、救亂、處理東方之事,轉向治理朝政。此篇誥辭應是治理朝政過程中所發布。

由周公誥辭中可知,即使在管、蔡、霍叔等"三監"叛亂已平復的情況下,周人貴族集團內部仍圍繞着王朝權力有着較尖銳的矛盾與鬥爭。② 特別是在當時王朝內服諸官中存在着周公在此誥辭中所點出的種種危害於王朝的行爲,其中尤以封閉良臣上達於王所的風氣危害爲大,此種風氣已造成年少的成王在用人上出現偏差,影響波及國家之安寧。周公召集群臣,告誡他們要吸取夏、商末世亡國之教訓,要"明爾德",不要只顧一己之私利,要幫助王分擔國家之憂患。這種以歷史爲鑒教育屬臣的做法,在周初誥命(如《無逸》《多士》)與金文(如大盂鼎銘)中皆可見,應是當時社會上層政治教育的習慣。周公所告誡之屬臣,從周公自言要聽從的忠於自己的"蓋臣",亦即文末所言不要使祖考蒙羞來看,應該主要是一部分出身於周人世族貴族之成員。周公要依靠這部分人,戰勝在王朝內另一股抗拒周公路綫的屬臣,甚至是已被王重用的"俟夫"。

總之,《皇門》向我們展示了周初體現於王朝用人路綫上的周人貴族集團內部的矛盾與鬥爭,特別是記錄了周公爲鞏固新建王朝所作的巨大努力。《皇門》誥辭具體發布的時間難以定準,上文的説法只是推測,對於這點還可以再探討。但是如果不作這麽細的思考,只將《皇門》所展現的歷史作爲周公攝政七年期間發生的事,則實際上也已經是較具體了。

《皇門》這篇誥辭,因有了較接近於原本的清華簡本,其作爲周初史料的可信程度大大

---

① 以上看法參見拙文《〈召誥〉、〈洛誥〉、何尊與成周》,《歷史研究》2006 年第 1 期。此文亦收入本書。

② 《史記·周本紀》記述曰"及成王用事,人或譖周公,周公奔楚",所云奔楚之事雖未能證實,但言當時王朝內有反對周公之勢力或有其根據。清華簡《金縢》與今本《金縢》亦透露出當時確有此種勢力。

提高。其有助於史家加深對周初歷史，特別是周公事迹之了解的重要性也體現得更加明顯。誥辭中周公重視官制建設，重視選擇"元武聖夫"的思考，使我們了解到西周官制在世族世官框架下另一重要的爲周公所實施的制度。

2011 年 6 月初稿

2011 年 8 月修訂

（原載《清華簡研究》第 1 輯，中西書局，2012 年）